COMPREENDER A CHINA CONTEMPORÂNEA
um dicionário

Título original:
Dictionnaire de la Chine contemporaine

© Armand Colin, 2006

Tradução de Victor Silva

Revisão de Luís Abel Ferreira

Capa de FBA
Ilustração de capa: © Corbis/VMI

Depósito Legal n.º 292073/09

Biblioteca Nacional de Portugal – Catalogação na Publicação

SANJUAN, Thierry

Compreender a China contemporânea : um dicionário. – (Extra colecção)
ISBN 978-972-44-1579-6

CDU 908

Paginação, impressão e acabamento:
GRÁFICA DE COIMBRA
para
EDIÇÕES 70, LDA.
em
Abril de 2009

ISBN: 978-972-44-1579-6

Direitos reservados para Portugal e países africanos de expressão portuguesa
por Edições 70

EDIÇÕES 70, Lda.
Rua Luciano Cordeiro, 123 – 1º Esqº - 1069-157 Lisboa / Portugal
Telefs.: 213190240 – Fax: 213190249
e-mail: geral@edicoes70.pt

www.edicoes70.pt

Esta obra está protegida pela lei. Não pode ser reproduzida,
no todo ou em parte, qualquer que seja o modo utilizado,
incluindo fotocópia e xerocópia, sem prévia autorização do Editor.
Qualquer transgressão à lei dos Direitos de Autor será passível
de procedimento judicial.

THIERRY SANJUAN (DIR.)

COMPREENDER A CHINA CONTEMPORÂNEA
um dicionário

Sumário

Prefácio: A China Contemporânea 9

Cronologia 17

Lista dos Artigos 21

Artigos 25

Lista dos Colaboradores 345

Bibliografia e Sítios da Internet 347

   Mapas

Índice de Entradas 353

Índice Geral 357

A China Contemporânea

As reformas em que a China se lançou após a Revolução Cultural têm cerca de trinta anos. Aceleraram-se e radicalizaram-se a partir de 1992. A sociedade chinesa, que procedeu a uma liberalização da economia em todas os seus aspectos, colhe hoje os frutos da sua abertura e encontra-se confrontada com questões profundas sobre os valores que a impulsionaram durante mais de meio século.

A emergência da China como nova grande potência económica mundial tem também os seus reversos. O crescimento é acompanhado de novas dependências energéticas e comerciais em relação à economia mundial e as disparidades internas, sociais e comerciais agravam-se. Poderá a sociedade de consumo satisfazer durante muito tempo uma classe média urbana que se tornou proprietária da sua habitação, que descobriu os prazeres do tempo livre e aspira agora a um nível de vida equivalente ao dos países desenvolvidos?

A China contemporânea não é, evidentemente, a mesma do final dos anos 70, onde prevaleciam o colectivismo e a pobreza, mas também já não é a do início dos anos 90, que ainda se interrogava pela especificidade da via chinesa e pela possibilidade de aliar com eficácia o regime comunista e a economia de mercado. O início do século XX viu emergir uma sociedade chinesa contrastada, mas nova, dominada pelas transformações urbanas, a implantação das empresas privadas e as comunicações via Internet.

Este dicionário tem dois objectivos: dar a perceber a complexidade da transição chinesa actual e esboçar o perfil, quer no plano interno, quer no das suas acções externas, de um país que é já um dos pólos mais importantes do espaço mundial deste novo século.

A China não é susceptível de ser banalizada. Regime ontem totalitário, hoje ainda autoritário, mantém um forte papel do Estado. É manifestamente impossível cotejar as reformas chinesas com o calendário e as modalidades das transições dos antigos países comunistas em direcção à economia de mercado. A China não é a Rússia pós-soviética, nem tão-pouco, aliás, outra América liberal em perspectiva.

É claro que a escolha dos dirigentes chineses foi modernizar as estruturas económicas, os instrumentos de comunicação e os mecanismos de gestão administrativa, seguindo as regras que se vão impondo progressivamente a todos os países. Mas a China adoptou antes de mais uma lógica de transição, e não de ruptura com o passado, ou, melhor ainda, com os passados, o do tempo da «tradição», depois o da modernização republicana e, por último, o da revolução socialista.

A China de Deng Xiaoping reformou progressivamente estas heranças. Os princípios de autoridade que fundiam a política, a administração e a economia e que resultaram em larga medida da implantação de uma sociedade socialista nos anos 50 não foram de imediato postos em causa, mas foram progressivamente atenuados. Aliás, mantêm, muitas vezes, um peso importante nos mecanismos do desenvolvimento. São disso prova as ajudas dos bancos às empresas públicas ligadas às autoridades locais e a criação de grandes grupos que permanecem vinculados ao Estado para desenvolver as suas actividades estratégicas, como sucede com as firmas petrolíferas.

Num primeiro momento, os reformadores efectuaram uma descentralização dos poderes de iniciativa económica e protegeram o sistema socioeconómico interno com uma delimitação tanto geográfica como sectorial das experiências das reformas, que tomaram como modelo os pequenos dragões asiáticos, o Japão e o Ocidente. Esta foi a fase das zonas económicas especiais.

Apenas nos anos 90 a sociedade chinesa foi profundamente renovada pela planificação menos estrita, o recuo do sector estatal na indústria e no comércio, o desenvolvimento das empresas privadas, a implantação rápida dos grandes grupos internacionais nestes domínios, a emergência dos mercados de trabalho e da habitação e, finalmente, a desagregação progressiva das estruturas de enquadramento e de protecção social dos indivíduos.

Estas transformações não ocorreram, aliás, sem fazer reaparecer ou agravar as arbitrariedades locais e a corrupção, nem que se criassem novos fossos entre as gerações, entre os empregados das empresas privadas ou estrangeiras e os operários das antigas empresas públicas e entre o mundo urbano e as zonas rurais.

Para além do Partido Comunista, que continua no poder sem que possa haver actualmente qualquer alternativa para o ultrapassar, há aspectos permanentes da identidade chinesa que continuam a estruturá-la no presente e que, portanto, também o continuarão a fazer no futuro.

O nacionalismo chinês articula-se, na maior parte das vezes, com o desejo de vingança contra as agressões ocidentais e japonesa da época contemporânea, bem como com a incapacidade chinesa, que remonta ao século XVIII, de dar solução aos seus próprios desafios internos. Deve igualmente ser entendido como resposta à imensidão do país e à diversidade das suas populações, sejam os subgrupos Han ou as nacionalidades minoritárias. Para além destes factores de fragmentação, este nacionalismo é também, por outro lado, expressão da continuidade de uma aspiração multissecular de unidade do mundo chinês, eficazmente instrumentalizada desde a época imperial.

Os desafios do território chinês são à sua escala. Levantam a difícil questão do prolongamento do desenvolvimento do litoral em direcção ao interior e ao Oeste. Desde os anos 90, o Estado central tentou dar-lhe resposta com o planeamento do Yangtzé, cujos principais projectos são a construção da barragem das Três Gargantas, com a transferência de uma parte das águas do rio em direcção à China do Norte, e o desenvolvimento do Oeste para desencravar a China Central e as regiões fronteiriças.

No território chinês assiste-se também à imbricação complexa de redes económicas de dimensões e interesses variados, onde têm lugar proeminente os localismos regionais, ainda que os proteccionismos estejam a ser gradualmente atenuados e os pólos de difusão nacional e internacional surjam de forma proeminente, como é o caso da metrópole de Xangai.

O desenvolvimento chinês tem uma forte componente local. É um desenvolvimento que prolonga as compartimentações que resultam de três factores: dos obstáculos topográficos de um espaço de dimensões continentais; das fragmentações regionais em que a história local é fonte de identidade contra o anonimato de um país superpovoado e em que, desde os anos 50, os agentes locais concentraram os poderes nas suas mãos, apesar de uma pretendida centralização nacional; e de um mercado fragmentado entre o Norte e o Sul, entre a China dos Han e as periferias exteriores, entre regiões litorais, interiores e fronteiriças.

O desenvolvimento económico concentrou-se logo de início nas zonas abertas e nas zonas rurais dinâmicas da costa chinesa. A industrialização rural obteve êxito no rio das Pérolas, no delta do Yangtzé e nas províncias de Zhejiang e de Jiangsu, desde cedo inseridas na economia mundial. A partir de 1990, data simbólica da criação da Nova Zona de Pudong, em Xangai, as cidades asseguraram a continuidade do processo e transformaram-se, por sua vez, nos agentes, nos líderes e nas montras do desenvolvimento contemporâneo.

As profundas transformações traduzem-se, evidentemente, na renovação da área construída, no seu aumento e nas novas articulações policêntricas: a criação de centros de negócios nas torres, que vão sendo sempre mais altas, é acompanhada pela redistribuição para a periferia das populações menos adaptadas, das actividades industriais e dos grandes equipamentos urbanos. As cidades chinesas estão a mudar para uma lógica de redes, participando as maiores delas também na rede das grandes metrópoles mundiais e asiáticas e em áreas de influência regionais e nacionais que integram, na medida do possível, as suas zonas interiores.

As cidades são sobretudo lugares privilegiados de recomposição da sociedade chinesa e de novas estratificações sociais. Ao desmantelamento das comunas populares nas zonas rurais sucedeu a descolectivização urbana. A transformação da maior parte das unidades de trabalho obriga as populações a enfrentar os riscos do desemprego, da doença e da velhice e os governos locais tentam com resultados diversos e de formas diferentes novas soluções colectivas para atenuar as desigualdades e as injustiças.

Os homens das cidades têm ainda estatutos diferentes consoante os seus registos de residência e o consequente direito, ou não, de aceder aos serviços urbanos. Enquanto as populações citadinas mais desenvoltas descobrem o prazer da residência secundária de fim-de-semana, os imigrantes, vindos das regiões do interior, trabalham com insegurança e comem e dormem nos estaleiros de construção em troca de um modesto salário.

No entanto, as mudanças operadas na China são fascinantes. As cidades evidenciam novas formas de organização e têm, por vezes, níveis de vida que se assemelham plenamente aos dos países desenvolvidos. Até mesmo nas capitais provinciais do Centro da China as possibilidades de consumo, a elevação do nível de instrução das populações mais jovens e os conhecimentos acumulados em relação ao estrangeiro constituem prova cabal de uma verdadeira abertura do país ao exterior.

Em matéria de educação, e num contexto de privatização, a China esteve a proceder a escolhas determinantes. Nos últimos dez anos, as universidades chinesas multiplicaram consideravelmente o número dos seus estudantes, melhoraram muito as condições fornecidas aos professores e agruparam-se para formar grandes pólos de ensino e de investigação, prontos a enfrentar os desafios internacionais.

As zonas rurais não têm o mesmo destino. Idealizadas no passado pelo discurso maoista, eram locais de forte densidade populacional, terras das experiências decisivas da via chinesa e onde se jogava, aparentemente, o destino do país. De facto, os citadinos que para elas foram enviados durante a Revolução Cultural regressaram com a certeza de que era necessário fazer sair a China do subdesenvolvimento e da miséria, e de que o mundo rural chinês era a maior expressão.

Apesar das primeiras reformas do final dos anos 70 terem tido por objecto o campesinato, com a descolectivização das terras agrícolas, o desenvolvimento económico das cidades abre actualmente um fosso cada vez maior entre os habitantes das zonas rurais e os das zonas urbanas. Os campos tornaram-se espaços desvalorizados, tendo os mais próximos das cidades sido absorvidos pelo crescimento delas.

Na verdade, o mundo rural foi não só profundamente alterado, mas sobretudo desintegrado desde há uma trintena de anos. Os espaços periurbanos, por seu lado, podem valorizar-se e ser renovados de formas diferenciadas, ao integrarem-se na economia urbana: industrialização por desconcentração urbana ou desenvolvimento endógeno, aumento de vastos perímetros residenciais, multiplicação das zonas de lazer e manutenção de produções agrícolas agora especializadas. Estes espaços em mudança possuem ligações cada vez melhores com as redes das cidades, às quais conferem um nova dimensão.

As zonas rurais mais afastadas, mal servidas pelos eixos de transporte e isoladas, dão continuidade a uma produção agrícola de base, tendo sido modernizadas de uma forma muito desigual. Situadas na periferia das regiões de forte desenvolvimento ou no interior do país, são lugares de emigração em direcção aos pólos de desenvolvimento. Os mais jovens e empreendedores deixam então as suas aldeias, onde os braços podem faltar e os serviços públicos, como as estruturas de saúde ou as de ensino, tendem a periclitar.

A sociedade chinesa é assim abalada nas suas estruturas de produção, nos seus modos de vida e nas suas representações. Os valores herdados dos primeiros trinta anos do regime são hoje em dia postos em causa por uma lógica de mercado, de rentabilidade e de sucesso material. As antigas solidariedades desabam frequentemente sob o peso dos egoísmos, do dinheiro e do consumismo. As normas sobre o que é de direito e o que não o é, sobre o justo e o injusto, o legal e o ilegal, estão em permanente redefinição.

Pode ver-se mas mutações actuais uma simples modernização e, por maioria de razão, uma mera ocidentalização da sociedade. A China refaz-se, como é evidente, indo buscar modelos ao estrangeiro ocidental e, mais ainda, a Hong Kong e ao Japão. Todavia, também recupera ritos, costumes e valores que podem sair confusamente da «tradição» pré-moderna ou das modernizações que pretenderam transformar a China durante o regime republicano, o maoismo ou a era das reformas do século XX. As escolas de pensamento, como o confucionismo, ou os ritos, como o culto dos antepassados, devem, por isso, ser abordados segundo as formas que assumiram na contemporaneidade.

Devem também ser sublinhadas as continuidades que subsistem. O primado da família, ainda que remodelado, devido à queda da fecundidade chinesa, continua a estar fortemente presente na mente dos Chineses. Por outro lado, o crescimento actual do individualismo não pode ser confundido com o lugar que ocupa nas sociedades ocidentais. As lógicas do face a face, das relações interpessoais privilegiadas e das redes continuam a ser sinais de identificação dos indivíduos, instrumentos para a acção e protecções contra a adversidade.

A modernização chinesa afecta também as instituições. As reformas do Partido Comunista fizeram dele um partido nacional, que procura com eficácia assimilar as forças que emergem na sociedade, de acordo com o princípio das «três representações». Surgiram formas de democratização local em algumas zonas rurais, bem como em alguns bairros urbanos. Continuam activos dispositivos de expressão popular, como os gabinetes das cartas e das visitas, e os descontentamentos expressam-se mais facilmente nos domínios da vida quotidiana. Embora continue a ser controlada, a Internet permitiu um desenvolvimento extraordinário dos blogues.

A China já não é um mundo reprimido, controlado e comprimido pelo jugo da ideologia, da vigilância contínua de todos por todos e das arbitrariedades políticas e policiais. No entanto, o totalitarismo não deu lugar senão a uma tolerância de ordem exclusivamente apolítica. Os meios de comunicação social continuam a ser censurados. As questões nacionais, de democracia, dos direitos do homem e de autodeterminação das nacionalidades minoritárias continuam a ser domínios reservados ao Partido-Estado.

Apesar das suas reformas institucionais e jurídicas, o Estado chinês continua a ser dirigido a todos os níveis pelo Partido Comunista. Os equilíbrios entre o poder central e os governos locais, por seu lado, mudaram profundamente devido às reformas, às transformações económicas muito diversificadas e, portanto, a novas relações de força. As províncias litorais e, gradualmente, as grandes cidades chinesas adquiriram uma independência financeira que lhes permite adquirir uma verdadeira liberdade de decisão face ao Centro. Sem riscos graves de desintegração do país, as instâncias do poder subestatal chinês relacionam-se entre si umas vezes como concorrentes, até mesmo como adversárias, e outras como simples cooperantes, estando o seu reconhecimento mútuo em contínua negociação.

Em suma, a China surge no mundo actual como uma potência não só política, mas também económica.

Desde o início das reformas, ficaram resolvidos os principais litígios fronteiriços, a que se seguiram frequentemente cooperações transfronteiriças, como a que vigora entre o Nordeste chinês e o Extremo Oriente russo, entre o Xinjiang e os países limítrofes da Ásia Central e entre o Sudoeste e os países da península indochinesa. A China beneficia de uma economia dinâmica, que foi um pólo de estabilidade na região aquando da crise asiática de 1997-1998.

Dando continuidade ao seu antigo esquema imperial, a China parecia reactivar então o posicionamento de «grande» no mundo, na medida em que era um «grande» da região da Ásia. Com este objectivo foram utilizados três instrumentos importantes: a associação com a ASEAN e a vontade chinesa de aparecer como potência que traz tranquilidade, a iniciativa de um reagrupamento das nações da Ásia Oriental, Central e Meridional na Organização de Cooperação de Xangai e o papel de placa giratória regional nas negociações relativas à questão da Coreia do Norte.

A China tirou partido da mundialização. Acolheu investimentos estrangeiros maciços, que contribuíram poderosamente para a modernização da sua indústria. O seu rápido crescimento económico, que é um imperativo para o regime, tornou-se assim dependente dos mercados mundiais, que lhe asseguram o escoamento dos produtos e o aprovisionamento em petróleo e matérias-primas. Após ter tido êxito na sua ascensão a potência económica, a China dá agora início ao seu novo papel político na cena internacional.

Este *Dicionário* pretende dar a compreender a China actual a partir das ciências sociais e graças às investigações de um grande número de especialistas. Pareceu-nos importante propor chaves que permitam compreender a China dos pontos de vista das relações internacionais, da história recente, da política, do direito, da economia, da geografia, da sociologia, da antropologia, das ciências e das técnicas e da cultura.

As ideias que dão origem a artigos correspondem às categorias estudadas pelas ciências sociais, mas têm igualmente em consideração as especificidades chinesas, propondo prioritariamente uma tradução ocidental dos termos chineses, como, por exemplo, «registo de residência» para «*hukou*». Assim sendo, esta abordagem constitui o meio de conduzir o leitor desde as suas expectativas imediatas até níveis de compreensão que nem sempre esperaria vir a encontrar. Por exemplo, se a entrada «religião» é indispensável, a nossa tarefa era também a de lhe dizer que esta ideia ocidental é problemática na China e indicar-lhe outras entradas pertinentes.

A lista de remissões no fim de cada artigo permite, portanto, prolongar a análise do conceito em questão. No fim do livro pode encontrar também a lista completa dos artigos e um índice das ideias e termos chineses que neles são considerados.

Thierry Sanjuan

Cronologia

Período Moderno: 1839-1949

1839-1842	Primeira guerra do ópio e tratado de Nanquim.
1850-1864	Revolta dos Taiping.
1858-1860	Segunda guerra do ópio e pilhagem de Pequim pelos franco-ingleses.
1894-1895	Guerra sino-japonesa e tratado de Shimonoseki.
1900	Insurreição dos Boxers e cerco das legações ocidentais em Pequim.
1912, 1 de Janeiro	Proclamação da república por Sun Yat-sen, em Nanquim.
1916-1927	Período dos «senhores da guerra».
1919	Movimento nacional e modernizador de 4 de Maio.
1921	Criação do Partido Comunista Chinês, em Xangai.
1927	Chiang Kai-shek volta-se contra os seus aliados comunistas em Xangai.
1927-1937	Governo nacionalista de Nanquim.
1931	Os Japoneses invadem a Manchúria.
1934-1935	A Longa Marcha.
1937	Ofensiva geral dos Japoneses e, em Dezembro, massacre de Nanquim.
1945	Capitulação do Japão.
1945-1949	Guerra civil entre nacionalistas e comunistas.

República Popular da China: a partir de 1949

1949, 1 de Outubro	Proclamação da República Popular da China por Mao Tzé Tung na Praça de Tiananmen.
1950-1953	Guerra da Coreia.
1956-1957	Campanha das Cem Flores.
1958-1961	Grande Salto em Frente e fome.
1959	Repressão do levantamento de Lassa e fuga do Dalai-lama.

1960	Ruptura sino-soviética.
1962	Conflito sino-indiano.
1964	Primeiro ensaio nuclear.
1966-1976	Revolução Cultural.
1967-1968	Caos social e político, guerra civil, seguida de repressão contra os guardas vermelhos.
1969	Incidentes sino-soviéticos sobre o Ussuri.
1971	Entrada da República Popular na Organização das Nações Unidas; morte de Lin Biao.
1972	Viagem de Nixon a Pequim.
1976	Morte de Zhou Enlai em Janeiro e de Mao Tzé Tung em Setembro; prisão do «Bando dos Quatro».

Período das Reformas e da Abertura: a partir de 1978

1978	Chegada de Deng Xiaoping ao poder; lançamento das «reformas e da abertura»; início da descolectivização das terras agrícolas; fim dos movimentos de massa.
1979	Movimento democrático da Primavera de Pequim; reconhecimento da República Popular da China pelos Estados Unidos; incursão militar chinesa no Vietname; autorização dos investimentos directos estrangeiros.
1980	Hu Yaobang torna-se secretário-geral do Partido Comunista; criação de quatro zonas económicas especiais (Zhuhai, Shenzhen, Shantou et Xiamen).
1980-1981	Processo do «Bando dos Quatro».
1982	Promulgação de uma nova Constituição.
1983	Descoberta em Cantão do túmulo de Nan Zhao, rei do Nan Yue, no século II a.C.
1984	Lançamento da reforma económica urbana; abertura de catorze cidades costeiras (Beihai, Zhanjiang, Cantão, Fuzhou, Wenzhou, Ningbo, Xangai, Nantong, Lianyungang, Qingdao, Yantai, Tianjin, Qinhuangdao e Dalian); restabelecimento das relações sino-soviéticas; assinatura do acordo sino-britânico para a retrocessão de Hong Kong em 1997.
1985	Abertura dos três deltas (rio das Pérolas, Fujian meridional e Yangtzé).
1986	Descoberta de uma civilização do bronze em Sichuan.
1987	Queda de Hu Yaobang, substituído por Zhao Ziyang; restabelecimento das trocas e dos contactos indirectos com Taiwan.

1987-1988	Tumultos no Tibete.
1988	Criação da Zona Económica Especial de Hainan, abertura das penínsulas de Shandong e de Liaodong e de todas as cidades costeiras.
1989	Movimento estudantil e repressão de Tiananmen em 4 de Junho; Jiang Zemin substitui Zhao Ziyang no lugar de secretário-geral do Partido Comunista.

Período Contemporâneo: a partir de 1990

1990	Criação da Nova Zona de Pudong, em Xangai.
1992	Relançamento em Janeiro/Fevereiro das reformas por Deng Xiaoping; definição em Dezembro de uma «economia socialista de mercado»; abertura dos portos fluviais, bem como das capitais provinciais e de algumas cidades ao longo das fronteiras terrestres; decisão de construir a barragem das Três Gargantas.
1993	Jiang Zemin torna-se presidente da república.
1994	Convertibilidade parcial do *yuan*; novas taxas de câmbio; reforma fiscal que redistribui os impostos entre o governo central e os poderes locais.
1995-1996	Disparos de mísseis continentais sobre Taiwan após a viagem do presidente Lee Teng-hui aos Estados Unidos e antes da sua reeleição por sufrágio universal.
1997	Morte de Deng Xiaoping; retrocessão de Hong Kong.
1998	Inundações catastróficas no vale do Yangtzé e no Nordeste.
1999	Retrocessão de Macau.
2000	Lançamento da política de desenvolvimento do Oeste Chinês.
2001	Entrada na Organização Mundial do Comércio.
2002	Inscrição da teoria das «três representações» (forças produtivas, mundo cultural moderno e povo) nos estatutos do Partido Comunista; Hu Jintao torna-se secretário-geral do Partido Comunista.
2003	Hu Jintao torna-se presidente da república; entrada em funcionamento da barragem das Três Gargantas e subida do nível das águas no reservatório a montante; primeiro homem chinês no espaço.
2004	Hu Jintao torna-se presidente da Comissão Militar Central.
2005	Lei anti-secessão relativa a Taiwan; conflitos comerciais sobre os têxteis com os Estados Unidos e a União Europeia; manifestações antijaponesas; taxa de câmbio do *yuan* fixada em relação a um cabaz de moedas (dólar, euro, yen).

Lista dos Artigos

A

Abertura (Lugares de)
Acupunctura
Adivinhação
Administração Territorial
Adopção
Advogado
África (A China e a)
Agricultura
Água
Águas Territoriais
Álcool
Aldeãos (Comités de)
Aldeias Administrativas
Alimentação
Almanaque
Ambiente
América Latina (A China e a)
Analfabetismo
Ano Novo
Antepassados (Culto dos)
Antropologia
Arqueologia
Arqueologia e Poder Local
Arquitectura
Arroz
Arrozais
Arte Contemporânea
Artes Marciais
Ásia Central (A China e a)
Assembleia Nacional Popular
Automóvel (Sector)

B

Balança de Pagamentos
Banca
Bicicleta
Blogues
Bolsa
Budismo
Burocracia

C

Calamidades Naturais
Caligrafia
Camponeses
Campos de Reeducação pelo Trabalho
Cantoneses
Carvão
Casamento
Catolicismo
Cem Flores
Centros Comerciais
Cereais
Cerimónias Fúnebres
Chá
Chiang Kai-shek
Chinatowns
Chineses do Estrangeiro
Cidade Proibida
Cidades
Cidades e as Zonas Rurais (As)
Ciências e Técnicas
Cinema
Circulação Urbana
Comércio Externo
Comércio Interprovincial
Comunas Populares
Comunismo
Confucionismo
Constituição
Consumo
Contestação
Contrafacção
Controlo Político e Censura
Cooperativas Rurais de Crédito
Coreia do Norte (A China e a)
Cores
Corrupção
Crescimento
Criminalidade
Crise Asiática (A China e a)
Cultura

D

Dai
Dança Popular
Defesa
Democracia e Movimento Democrático
Deng Xiaoping
Descentralização
Descolectivização
Desemprego
Desigualdade de Rendimentos
Desporto
Dialecto
Direito
Direito de Propriedade
Direito de Trabalho
Direitos do Homem
Disparidades Regionais
Dissidentes
Distribuição
Divórcio
Droga

E

Economia Socialista de Mercado
Editorial (Sector)
Educação
Eleições
Elites
Emprego
Empresas Colectivas
Empresas de Capital Estrangeiro
Empresas do Estado
Empresas Privadas
Empresas Rurais
Energia e Recursos Naturais
Epidemias
Escrita
Espaço (Conquista do)
Espaços Públicos
Estado
Estados Unidos (A China e os)
Estatísticas
Estratificação Social
Exército

F

Face
Falungong
Família
Farmacopeia
Fauna
Festas Sazonais
Filho Único
Fiscalidade
Flora
França (A China e a)
Fronteiras
Fundiário (Sector)

G

Gabinetes das Cartas e Visitas
Gastronomia
Geomancia
Governo
Gramática
Grande Muralha
Grande Passo em Frente
Grandes Grupos

H

Habitação
Hakka
Han
Hidráulica
História
Homossexualidade
Hong Kong
Hu Jintao
Hui

I

Ideologia
Imigrantes
Imobiliário (Sector)
Imprensa
Índia (A China e a)
Indústria e Política de Industrialização
Informal
Internet
Investigação e Desenvolvimento
Investimento Directo Estrangeiro
Islão

J

Japão (A China e o)
Jiang Zemin
Jogo
Jogos Olímpicos
Justiça

L

Laser
Linhagem
Local
Longa Marcha

M

Macau
Manchus
Mandarim
Mao Tzé Tung
Maoismo
Mediação Social
Medicina
Medicina Tradicional
Médio Oriente (A China e o)
Megalópoles
Mercado (Transição para a Economia de)
Miao
Migrações Internacionais e Diáspora
Migrações Internas
Mongóis
Mosso
Mulher
Mundo Chinês
Música e Política

N

Nacionalidades
Nacionalismo
Nanquim (Massacre de)
Não Proliferação (A China e a Política de)
Nomadismo
Nordeste
Novas Tecnologias

O

Obesidade
Oeste (Projecto de Desenvolvimento do)
Ópera
Operários
Orçamento
Organismos Geneticamente Modificados
Organização das Nações Unidas (A China e a)
Organização Mundial do Comércio (A China e a)
Organizações de Camponeses
Organizações de Massa
Organizações não Governamentais

P

Parentesco
Parques e Jardins
Partido Comunista
Partidos Democráticos
Pátios
Património
Pena de Morte
Pequim
Peregrinações
Petróleo
Pobreza
Política Demográfica
Política Externa
Poluição
População
Prática Recreativa
Precedente Histórico
Primavera de Pequim (Movimento da)
Prisões e *Laogai*
Privatizações
Prostituição
Protecção Social
Protestantismo
Pudong

Q

Qi Gong
Quadros e Funcionários
Quarteirão (Gabinetes de)
4 de Junho de 1989 (Acontecimentos de)
4 de Maio de 1919 (Movimento de)
Quatro Modernizações (As)

R

Redes
Reforma (Sistema de)
Reforma Agrária
Reformas e Abertura
Regiões de Emigração
Regiões Fronteiriças
Regiões Industriais (As Velhas)
Registo de Residência
Relações Interpessoais
Religião
República Popular
Residentes (Comités de)
Revolução Cultural
Revoluções
Rio das Pérolas (Delta do)
Rock

Romance
Ruelas
Rússia (A China e a)

S

Saúde
Seda
Seitas
Serviços
Sexualidade
Sida
Sindicatos
Sociologia
Sudeste da Ásia (A China e o)
Sun Yat-sen

T

Taiwan
Taiwan (A República Popular da China e)
Taoismo
Teatro
Teatro de Sombras
Televisão
Templos
Terceiro Mundo (A China e o)
Tiananmen (Praça de)
Tibetanos
Tibete
Tontinas
Trabalho
Transportes
Três Gargantas (Barragem das)
Três Representações
Turismo

U

Uigures
Um País, Dois Sistemas
União Europeia (A China e a)
Unidades de Trabalho
Urbanismo

X

Xangai
Xinjiang

Y

Yangtzé
Yao
Yuan

Z

Zhao Ziyang
Zhou Enlai
Zhu Rongji
Zhuang
Zonas Económicas Especiais

ABERTURA (LUGARES DE)

O território chinês conheceu períodos sucessivos de abertura e de fechamento à influência estrangeira.

Quando as reformas foram lançadas em 1978, o que estava em causa com a nova abertura oferecia múltiplos aspectos.

Tratava-se de abrir à economia mundial territórios claramente delimitados em obediência ao modelo das zonas francas dos novos países industriais asiáticos, sem com isso permitir o acesso ao conjunto da China, nem, dessa forma, colocar em perigo o seu equilíbrio económico e social interno.

Os lugares de abertura deveriam tornar-se centros de experimentação das reformas, sob o controlo continuado do regime comunista.

Por fim, a recordação da abertura forçada pelas potências ocidentais e japonesa no século XIX reforçou o desejo dos Chineses de terem um processo de integração no sistema mundial sob o seu controlo e que trouxesse benefícios a uma nova visibilidade nacional da China.

O governo central favoreceu inicialmente as províncias meridionais do Guangdong e do Fujian. São historicamente terras de emigração e de comércio com os estrangeiros. Para além disso, há territórios chineses desenvolvidos que com eles confinam.

Em 1980, foram abertas quatro zonas económicas especiais: Shenzhen, ao norte de Hong Kong; Zhuhai, ao norte e a oeste de Macau, ambos na embocadura do delta do rio das Pérolas, no centro da província de Guangdong; Shantou igualmente situado nesta província fortemente ligada à diáspora com origem em Chaozhou; e, finalmente, Xiamen, em Fujian, no paralelo do estreito de Taiwan.

Em 1984, foram abertas e providas de zonas de desenvolvimento económico e técnico catorze cidades litorais, entre as quais pelo menos onze eram portos abertos ou colónias estrangeiras no final do século XIX.

Foram Beihai, em Guangxi; Zhanjiang e Cantão, em Guangdong; Fuzhou, em Fujian; Wenzhou e Ningbo, em Zhejiang; Xangai; Nantong e Lianyungang, em Jiangsu; Qingdao e Yantai, em Shandong; Tianjin; Qinhuangdao, em Hebei; e Dalian, em Liaoning.

Em 1985, três regiões litorais abertas incluíam não só cidades, mas também espaços rurais: o delta do rio das Pérolas, a região meridional do Fujian e o delta do Yangtzé.

Em 1988, Pequim oficializou a sua «estratégia de desenvolvimento económico das zonas costeiras».

A província de Guangdong foi declarada laboratório das reformas chinesas. Hainan tornou-se uma província de pleno direito e a quinta zona económica especial.

A abertura generalizou-se a todo o litoral e chegou, no Norte, ao golfo de Bohai e às penínsulas do Shandong e do Liaodong.

Em 1990, foi criada em Xangai a Nova Zona do Pudong.

Em 1992, foram abertos a maioria das capitais provinciais, os portos fluviais ao longo do Yangtzé e muitas cidades fronteiriças ligadas às dinâmicas comerciais que se instalaram entre o Heilongjiang e o Extremo Oriente russo, entre o Xinjiang e os Estados da Ásia Central, e entre o Sudoeste e os países vizinhos da península indochinesa.

Em 1992, estava aberto o conjunto do território chinês. Todavia, dez anos mais tarde as disparidades continuavam a ser grandes: o litoral chinês continuava a acolher 87% dos investimentos directos estrangeiros e efectuava 92% das exportações do país, em 2003.

Thierry Sanjuan

➤ ÁSIA CENTRAL (A CHINA E A), DISPARIDADES REGIONAIS, HONG KONG, MACAU, NORDESTE, REFORMAS E ABERTURA, RIO DAS PÉROLAS (DELTA DO), TAIWAN, XANGAI, XINJIANG, ZONAS ECONÓMICAS ESPECIAIS

ACUPUNCTURA

A acupunctura (*zhenjiu*) é um procedimento terapêutico que consiste em inserir agulhas metálicas finas, que eram classicamente de nove tipos, em determinados pontos rigorosamente localizados no corpo, para tratar perturbações previamente diagnosticadas.

Os pontos da acupunctura encontram-se em canais «fictícios», que não correspondem, nem aos vasos sanguíneos, nem aos nervos, e aos quais os seus praticantes ocidentais chamam «meridianos», nos quais se propaga o *qi*, ou seja, para falar de modo simplificado, o sopro vital. Estes canais – doze principais e oito considerados «extraordinários» – estão relacionados, segundo a teoria médica chinesa, com as vísceras e um certo número de ideias de ordem cosmológica.

Assim sendo, o médico considera que se pode agir no interior do organismo intervindo na sua superfície. Graças a determinadas manipulações das agulhas, procura-se regularizar a propagação do *qi* nas suas diferentes modalidades e tratar os desequilíbrios que são considerados pelo médico como causa das doenças.

Ao contrário do que é por vezes afirmado, não há qualquer documento que ateste a existência da acupunctura, enquanto sistema terapêutico coerente, antes do século II ou I a.C. Os primeiros manuscritos que nos chegaram, dos séculos III e II a.C., e que descrevem o trajecto dos «canais» em que os médicos intervêm, dizem respeito à moxibustão, técnica de cura conceptualmente semelhante à acupunctura e mediante a qual os pontos são aquecidos com cones ou varinhas de pó de artemísia.

A acupunctura foi-se desenvolvendo a partir desde período no seio do sistema médico. O número de pontos foi aumentando até ser da ordem das centenas. As suas indicações terapêuticas tornaram-se mais precisas e a transmissão do seu conhecimento foi organizado graças sobretudo a mapas ou estátuas de bronze que representavam o trajecto dos canais e os respectivos pontos. Conservam-se cerca de 180 obras da época do Império.

A acupunctura foi avaliada diversamente ao longo das épocas, sendo por vezes valorizada e outras vezes desprezada e mesmo oficialmente rejeitada, tal como sucedeu no início do século XIX.

Actualmente, pelo contrário, a sua notoriedade ultrapassa largamente as fronteiras da China, tendo desempenhado em certos momentos um papel simbólico e ideológico. Foi o que aconteceu em relação à anestesia pela acupunctura, durante os anos da Revolução Cultural, que fez dela um instrumento diplomático.

Na China, a acupunctura continua a ser um dos instrumentos terapêuticos mais importantes, estando inserida na nebulosa da chamada «medicina tradicional chinesa», neste caso sob a forma de electropunctura. Procura-se provar e explicar a sua acção, isto é, provar a sua eficácia, segundo critérios bioquímicos.

Paralelamente, a acupunctura conseguiu impor-se no Ocidente sob uma forma algo modificada. Ela representa a medicina chinesa no cortejo das medicinas complementares ou alternativas.

Frédéric Obringer

➤ FARMACOPEIA, MEDICINA, MEDICINA TRADICIONAL, SAÚDE

ADIVINHAÇÃO

Na China, a prática da adivinhação não é tanto um conhecimento do futuro, mas sobretudo um meio de agir sobre o destino que se perfila, não como um dado incontornável, mas como um fenómeno dinâmico sobre o qual é possível intervir, em primeiro lugar, revelando-o e, depois, em função do diagnóstico, modificando o seu curso.

O recurso à adivinhação não é de forma alguma uma prática marginal na sociedade chinesa actual. Pelo contrário, esta forma de adivinhação activa, totalmente dedicada à «busca da sorte e à conjuração do nefasto» (*quji bixiong*), acompanha a busca do sucesso económico em que estão envolvidos destinos doutra forma entregues aos riscos da economia de mercado.

Há diversas técnicas que tornam possível este domínio do destino, desde a simples manipulação de objectos e a observação de precauções linguísticas e gestuais, realizadas por qualquer pessoa, até aos métodos mais complexos de «cálculo do destino» (*suanming*), que requerem a intervenção de pessoas formadas na interpretação dos sinais divinatórios.

O destino individual pode ser inflectido pela atribuição de um nome pessoal, escolhido em função do seu significado ou da sua eufonia, e se a sua escolha se revelar infeliz, o nome é ulteriormente modificado.

A consulta do calendário lunissolar ou de um almanaque basta para a escolha de um momento favorável à realização de um acto importante (casamento, inauguração de uma habitação, abertura de uma loja).

As datas oficiais, embora fixadas segundo o calendário gregoriano, também não são deixadas ao acaso: a data da proclamação da República Popular da China, por Mao Tzé Tung, no dia 1 de Outubro de 1949, teria sido cuidadosamente escolhida de maneira a colocar o destino da «nova China» sob os melhores auspícios.

Mais recentemente, por proposta do presidente da Câmara de Pequim, a data de abertura dos Jogos Olímpicos foi adiada para 8 de Agosto para se obter a data auspiciosa de 08/08/2008, em vez do dia do fim do mês, previsto inicialmente para poupar os atletas ao calor tórrido do Verão pequinês: a sua pronúncia aproxima, de facto, o número oito (*ba*) da palavra *fa*, que designa a manifestação da riqueza.

A escolha de um lugar favorável para construir uma casa baseia-se num sistema de leitura dos influxos ou correntes positivas e negativas que de libertam da configuração topográfica de um sítio. A boa localização geomântica de um imóvel contribui para o seu valor imobiliário e para o bem-estar dos seus ocupantes. Mas uma construção infeliz na vizinhança pode destruir o equilíbrio dos fluxos positivos desta geografia simbólica e afectar desta forma o capital de sorte dos interessados.

São muitos os conflitos sobre a protecção do valor geomântico dos sítios importantes, como, por exemplo, os túmulos dos antepassados. Este motivo é regularmente invocado para justificar a oposição a uma construção susceptível de afectar o valor imobiliário do sítio.

Em 2003, em plena epidemia da SRAS (síndrome respiratória aguda severa), promotores imobiliários tentaram interromper a construção de um hospital num pequeno burgo da periferia de Pequim com o argumento de que o local escolhido pelas autoridades prejudicava um lugar sensível da geografia simbólica da capital (a veia do dragão).

A leitura dos sinais não consiste apenas em anunciar ou traduzir a realidade. O acto divinatório, enquanto instrumento de acção sobre o real, tende a suscitar a realidade ou o acontecimento desejado.

O lançamento de blocos divinatórios com forma de meia-lua (mas também de moedas antigas ou de ossículos), uma das técnicas mais comuns e frequentemente usada no final de um rito de oferenda propiciatório, em casa ou num templo, é, por isso, geralmente repetido até que se obtenha satisfação. Trata-se de provocar o que se pretende, de trazer ao ser a realidade que se deseja.

A prática da adivinhação necessita de especialistas, consultados no seu domicílio ou num templo, mestres taoistas ou qualquer laico formado num determinado método, que, para além de terem conhecimentos técnicos, possuam igualmente qualidades de psicólogo.

A leitura das fichas de bambu tiradas à sorte ou o lançamento de sapecas deixa assim lugar à interpretação do oficiante, cujo diagnóstico não se baseia apenas na exegese que corresponde a cada ficha divinatória ou signo formado pelo lançamento das moedas: combinações de linhas contínuas, ou signos *yang*, e linhas descontínuas, ou signos *yin*, simbolizam as forças cósmicas que estão na base da constituição do universo e cuja combinação traduz as realidades em mutação, de que deriva o nome *Yijing* («I Ching»), o mais antigo manual de adivinhação por intermédio de hexagramas. Os especialistas de fisionomia (*xiangming*), técnica fundada numa cosmologia do corpo humano, têm de possuir a mesma subtileza.

Embora conhecer a origem de um problema que afecta o destino pessoal seja desde logo trazer-lhe remédio, curar a fonte do desequilíbrio, ao restabelecer a harmonia natural, pode exigir uma intervenção a jusante, sob a forma de exorcismo ou de rito de correcção do destino.

Abandonamos aqui o campo do racionalismo divinatório para entrar no da adivinhação mediúnica, que se baseia no contacto directo com o mundo dos espíritos divinizados e das almas dos mortos.

Os ritos de possessão mediúnica são específicos da acção ritual destes seres de destinos singulares, que não puderam escapar a uma vocação muitas vezes apresentada como imposta: «crianças de adivinhação» (*tongji*) em Fujian, «mulheres dos espíritos» (*shenpo*) do Norte da China e «mulheres que interrogam o arroz» (*manmaipo*) do Guangdong.

Béatrice David

➤ GEOMANCIA

ADMINISTRAÇÃO TERRITORIAL

A República Popular da China é um Estado unitário plurinacional. Desde o Império que a China ficou unificada no quadro de um só Estado, tendo recusado uma solução federal para governar o seu imenso território.

Hoje em dia, a China é herdeira de divisões provinciais muito antigas, às quais se juntaram as entidades territoriais específicas das suas maiores cidades, das suas principais nacionalidades minoritárias e das suas antigas colónias meridionais.

A primeira subdivisão territorial verifica-se ao nível provincial. Há 23 províncias (*sheng*) e a sua superfície média é equivalente à da Grã-Bretanha.

Dezassete delas são originárias da China imperial das «dezoito províncias»; três correspondem aos antigos territórios manchus que permaneceram integrados na China (Liaoning, Jilin e Heilongjiang); o Qinghai e Hainan vêm, respectivamente, do Tibete e do Guangdong; e, finalmente, a 23.ª província é, segundo Pequim, a de Taiwan.

Quatro municipalidades de nível provincial (*zhixiashi*) dependem directamente do poder central (*zhongyang*): as grandes cidades de Pequim, Tianjin e Xangai, e Chongqing. Esta última foi separada do Sichuan em 1996 e cobre a maior parte dos distritos banhados pela bacia da barragem das Três Gargantas.

Perante a extensão das terras habitadas por populações de etnias diferentes da Han e em obediência à sua política para as nacionalidades, o poder chinês criou territórios de gestão autónoma *a priori*. Podem encontrar-se tais territórios em todos os níveis da administração. Sobrepõem-se frequentemente.

Ao nível provincial, a região autónoma (*zizhiqu*) da Mongólia Interior foi fundada em 1947, a do Xinjiang em 1955, tendo como principal nacionalidade minoritária a uigure, a do Ningxia em 1957, destinada à nacionalidade chinesa, embora muçulmana, dos Hui, a do Guangxi em 1958, para os Zhuang, e a do Tibete em 1965, amputada do Qinghai e de uma parte do território actual do Sichuan.

As duas regiões de administração especial (*tebie xingzhengqu*) de Hong Kong, restituída à China em 1997, e de Macau, restituída em 1999, relevam, por fim, do princípio «um país, dois sistemas», que foi enunciado nos anos 80.

Têm por objectivo transferir para a soberania chinesa territórios anexados pelas potências britânica e portuguesa no século XIX, permitindo-se, no entanto, que vigore localmente a economia de mercado durante, pelo menos, cinquenta anos.

Desde as reformas de 1983-1984, as províncias têm tendência para se subdividirem em municipalidades ao nível da prefeitura (*dijishi*) e do distrito (*xianjishi*). Estas municipalidades abrangem uma cidade de bairros urbanos (*shiqu*) e distritos inicialmente rurais (*xian*).

Nas municipalidades, a cidade central tem os seus bairros subdivididos em quarteirões (*jiedao*) e depois em comités de residentes (*jumin weiyuanhui*).

Os distritos são espaços mistos, englobando um ou mais núcleos urbanos e espaços rurais. Uma vila central (*zhen*), governada por comités de residentes, desempenha o papel de sede administrativa e os cantões em seu redor (*xiang*) dividem-se em aldeias administrativas, dirigidas por comités de aldeãos (*cunmin weiyuanhui*).

Todas estas entidades administrativas têm como contraparte uma secção equivalente do Partido Comunista, e é aqui que as decisões são muitas vezes verdadeiramente tomadas.

Os comités de residentes e os comités de aldeãos são territórios administrativos essenciais à vida quotidiana dos Chineses, nomeadamente desde a marginalização das unidades de trabalho nas cidades.

Thierry Sanjuan

➤ ALDEÃOS (COMITÉS DE), NACIONALIDADES, RESIDENTES (COMITÉS DE), «UM PAÍS, DOIS SISTEMAS»

ADOPÇÃO

As adopções pelas famílias chinesas têm uma longa história. As práticas da doação e da adopção sempre existiram e são o resultado de decisões colectivas que mobilizam os pais, os avós, os tios e as tias das crianças em causa. Abandonar, doar, entregar ou adoptar uma criança podem ser actos reflectidos ou espontâneos da parte das famílias.

A doação e a adopção «tradicionais» são a transferência de uma criança no interior de uma mesma linhagem. Na dinastia Qing (1644-1911), apenas era permitida a adopção de um varão, como, por exemplo, aquando da doação de um filho ao irmão primogénito por um irmão mais novo, ao passo que a dos estrangeiros era formalmente proibida. No entanto, eram e continuam a ser frequentes as práticas de abandono, doação e adopção de estrangeiros.

Surgiram práticas novas, influenciadas directamente pelo controlo dos nascimentos. Por exemplo, uma mulher pode fingir que a sua segunda filha, nascida para além do que estava planeado, foi gerada por uma irmã ou uma prima, para assim conseguir obter o certificado de filho único, as vantagens sociais que daí advêm e, sobretudo, para evitar o pagamento de uma multa.

A frequência de abandonos de bebés do sexo feminino é elevada, porque as famílias, obrigadas a ter apenas um filho, tendem a preferir descendentes masculinos.

Os camponeses imigrantes internos praticam em grande número esta forma de abandono: trabalhando na cidade durante um período determinado e pensando regressar à sua aldeia natal, necessitam de descendentes masculinos para obterem terras. O seu filho, colocado na aldeia, é o garante da obtenção de terrenos de cultivo, apesar da ausência mais ou menos prolongada dos pais.

Por outro lado, os aldeãos, contrariamente aos citadinos, não beneficiam de nenhuma espécie de protecção social. Não têm rendimentos fixos, nem recebem qualquer reforma. Por isso, ter um filho equivale a um seguro de vida.

No campo, uma filha não pode ter o mesmo valor que um descendente masculino. A filha não é relevante para o desafio que representa a aquisição de terras. Para além disso, é uma força de menor importância no trabalho agrícola e é aos seus (futuros) sogros que vai ficar a dever obediência.

A família natural pode abandonar o seu bebé em vários locais públicos (nos hospitais, em patamares de residências, à beira das estradas ou nas casas de banho) ou dá-la a uma terceira pessoa, que se encarregará directa ou indirectamente de lhe encontrar uma família adoptiva.

A maioria das práticas de abandono, de doação e de adopção não ocorre, talvez, nos orfanatos, nem nos centros de beneficência, mas têm lugar em acordos privados que requerem a intervenção de vários intermediários oficiosos, quer se trate de pessoal médico, de pais ou de amigos próximos das famílias.

Ao contrário da adopção internacional, que requer a intervenção dos orfanatos, os Chineses não se dirigem às instituições públicas para proceder a uma adopção, quer por pudor, porque se trata da fundação de uma família e da fecundidade do casal, quer por prudência, porque os pais adoptivos raramente satisfazem os requisitos da adopção legal, nomeadamente o de não terem um filho.

A maior parte das práticas de doação e de adopção são secretas e não ficam registadas, porque não estão em conformidade com as leis que regulam o casamento, a adopção e o planeamento familiar.

Nos casos em que a criança chega a ser registada, a família adoptiva mobiliza diversas relações pessoais para legalizar tal filiação, mas sem que esta passe, por isso, a ser parte integrante de uma adopção.

Os abandonos e as adopções são mais frequentes do que as estatísticas oficiais poderiam levar a supor, porque são verdadeiramente ocultados. Na China, todos conhecem de perto ou de longe casos de famílias que doaram os filhos ou os adoptaram.

Por outro lado, dispomos do total das adopções internacionais: 11 000 das 40 000 crianças adoptadas em 2004 por intermédio de organismos internacionais eram originárias da China.

Karine Guérin

▶ CASAMENTO, DIVÓRCIO, FAMÍLIA, FILHO ÚNICO, PARENTESCO

ADVOGADO

A profissão de advogado, que fora suprimida em 1957, foi reintroduzida em 1979.

Regidos por um regulamento provisório de 1980, os advogados eram então funcionários juristas que dependiam do ministério da Justiça. Uma lei que entrou em vigor no dia 1 de Janeiro de 1997 permitiu uma mudança fundamental no estatuto jurídico dos advogados, que passaram a ser definidos como «trabalhadores jurídicos ao serviço da sociedade», e o desenvolvimento de escritórios privados de advogados associados, para além dos escritórios públicos.

A grande maioria dos advogados tem actualmente estatuto privado. Para aceder à profissão, desde 2002 os candidatos têm de obter aprovação num concurso nacional comum às profissões jurídicas. O ministério da Justiça continua, porém, a emitir uma licença anual de exercício da actividade.

Apesar do entusiasmo recente, os advogados continuam a ser pouco numerosos (cerca de 150 000) e estão mal repartidos pelo território chinês. Uma nova lei em preparação deverá aproximar um pouco mais o estatuto do advogado chinês dos padrões internacionais e reforçar os direitos da defesa.

Desde 1992 que os escritórios de advogados estrangeiros necessitam de obter do ministério da Justiça uma licença válida por cinco anos para abrirem um escritório de representação na China. Desde 2002 que, de três em três anos, podem pedir uma licença para abrir um novo escritório. No entanto, os advogados estrangeiros nem sempre podem aplicar o direito chinês, nem exercer a sua actividade nos tribunais chineses.

Yves Dolais

▶ DIREITO, DIREITOS DO HOMEM, JUSTIÇA

ÁFRICA (A CHINA E A)

A política africana da China teve início, timidamente, nos anos 60, devido ao fim da era colonial e ao desenvolvimento do movimento afro-asiático. Marrocos, o Sudão e a Guiné foram os primeiros Estados africanos a estabelecer laços diplomáticos com a China, no final dos anos 50, mas as relações políticas e comerciais permaneceram modestas.

A partir dos anos 60, não só a China se opôs à União Soviética, mas a sua debilidade no domínio económico reduziu também a sua capacidade de atracção nos países africanos. Por outro lado, o início do desenvolvimento económico de Taiwan e o lugar que o seu governo ocupou, até 1971, no Conselho de Segurança das Nações Unidas levaram alguns países africanos a continuar a privilegiar este parceiro.

Durante os anos 70, uma maior moderação da política externa chinesa e a melhoria do relacionamento com os Estados Unidos permitiram à China estabelecer relações oficiais com a maioria dos países africanos. No entanto, em matéria económica, a China restringiu os seus compromissos a projectos de grande relevância (o comboio Tanzam, que faz a ligação entre Dar-el-Salam e Lusaca) ou preferiu realizá-los num quadro multilateral.

Desde o fim dos anos 80, o acesso às matérias-primas tornou-se um factor fundamental nas relações da China com o continente africano, como foi o caso do Sudão, onde a China investiu largamente no sector petrolífero, de Angola e do Gabão.

Por isso, embora as relações comerciais com a maioria dos países africanos continuem a ser limitadas, as trocas com a África do Sul e os países ricos em recursos naturais não cessam de crescer, contribuindo para o aumento da influência da China no continente.

O comércio entre a China e a África cresceu rapidamente na viragem do século, passando de 2,53 milhões de dólares em 1993 para 39 milhões em 2005.

Para consolidar ainda mais a posição chinesa na região, em Outubro de 2000, foi inaugurado o Fórum de Cooperação Sino-Africana, no quadro do qual se realizaram encontros oficiais anuais e que contribuiu para a expansão da actividade chinesa no continente.

Desde então, estão presentes em África 674 empresas estatais chinesas, tendo investido em 2004 mais de 900 milhões de dólares (num total de 15 000 milhões de investimentos internacionais em África nesse mesmo ano), não só na exploração de minas, mas também na pesca, no tratamento de madeiras e nas telecomunicações.

Em suma: apesar de continuar a utilizar uma retórica terceiro-mundista em relação à África, a China prossegue nela objectivos que são simultaneamente pragmáticos e de grande potência.

Michal Meidan

➤ ENERGIA E RECURSOS NATURAIS, PETRÓLEO, POLÍTICA EXTERNA

AGRICULTURA

Representando apenas 15% do PIB e 40% da mão-de-obra activa, a agricultura tornou-se um sector minoritário.

Devido às dimensões do país, a China continuou, porém, a ser o primeiro produtor mundial de trigo (90 milhões de toneladas), de arroz *paddy* (190 milhões de toneladas) e de carne de porco (cerca de 50 milhões de toneladas).

Em situação de quase auto-suficiência, a China garante à população um alto nível de consumo alimentar (mais de 2900 kcal por pessoa, por dia) e já iniciou em grande escala a transição para uma alimentação baseada na carne, ao estilo ocidental (mais de 40 kg de carne consumidos por pessoa, por ano).

Desde a descolectivização do início dos anos 80, quando as famílias camponesas passaram a explorar individualmente, como rendeiros, as terras que são propriedade colectiva das aldeias, a agricultura chinesa passou a ser de minifúndios. Duzentos milhões de explorações familiares cultivam cerca de 100 milhões de hectares, produzindo anualmente 150 milhões de toneladas de colheitas.

Os elevados rendimentos por hectare das diferentes culturas (seis toneladas de arroz *paddy*, cinco toneladas de milho, quatro toneladas de trigo, etc.) correspondem a uma agricultura intensiva, devido ao forte consumo de adubos químicos (mais de 300 kg de elementos activos por hectare cultivado) e ao recurso à irrigação (55 milhões de hectares cultivados).

A revolução verde dos anos 70, baseada em variedades cruzadas anãs de trigo e de arroz, continuou com novos avanços tecnológicos, como a popularização de variedades de arroz híbrido em mais metade dos arrozais, no início da primeira década deste século.

No entanto, esta agricultura é frágil. O défice hídrico da China do Norte (20% apenas das águas de superfície para 60% da área cultivada) pesa como uma grave hipoteca sobre as colheitas futuras de trigo e de milho. No entanto, foram estas as que no passado registaram as maiores subidas de rendimento. A este défice vem juntar-se a concorrência cada vez maior entre a agricultura, a indústria e o sector urbano no uso dos recursos hídricos e, por outro lado, a poluição das águas, que não cessa de se agravar.

À descolectivização seguiu-se uma liberalização progressiva do comércio interno dos produtos agrícolas. Desde 1985 que esta se efectuou com êxito no domínio dos produtos animais, das frutas e dos legumes. Em contrapartida, durante uma vintena de anos, os monopólios continuaram a vigorar no domínio dos cereais, das oleaginosas e do algodão, considerados produtos estratégicos.

Em 1985, a fim de atenuar o monopólio das compras por parte do Estado, foi instituído para os cereais um duplo padrão: preços baixos administrados para as entregas obrigatórias e preços de mercado ou negociados para as entregas acima das quotas obrigatórias. Devido a muitas disfunções, este sistema foi definitivamente abolido em 2004, tendo ficado o mercado dos cereais totalmente liberalizado e aberto à concorrência. Subsiste o monopólio no caso do algodão, mas desde 1999 que os preços que vigoram são os do mercado.

A esta liberalização interna veio juntar-se, em Dezembro de 2001, a abertura das fronteiras, devido à adesão da China à Organização Mundial do Comércio. A baixa geral das tarifas no conjunto dos produtos agrícolas foi compensada, no caso dos cereais, com quotas tarifárias, fixadas a um nível muito baixo (9,6 milhões de toneladas para o trigo, 5,3 milhões de toneladas para o arroz), para as quais os direitos aduaneiros são simbólicos, protegendo assim os agricultores das importações maciças.

Esta liberalização influencia fortemente os preços agrícolas, pelo que os camponeses não podem de forma alguma basear-se nas receitas da actividade agrícola para melhorar os seus rendimentos. É certo que estes continuam a crescer, mas o fosso entre os rendimentos nas zonas rurais e nas cidades não cessa de aumentar. Estes últimos são o triplo daqueles.

Nos rendimentos dos camponeses, a parte dos rendimentos não agrícolas (salários dos operários das «empresas das vilas e cantões», remessas de emigrantes, etc.) já se tornou maioritária. Sem estes contributos não agrícolas dos membros que trabalham fora da terra arrendada, as pequenas explorações familiares que caracterizam a China não poderiam subsistir.

Para além das diferenças existentes entre os terrenos agrícolas, são precisamente as desigualdades de acesso a estas ocupações não agrícolas que explicam a grande disparidade regional dos rendimentos dos camponeses.

As regiões do Centro e sobretudo do Oeste, pobres ou muito pobres, opõem-se, deste modo, à costa leste mais próspera, sendo de um para três a proporção entre as províncias mais pobres, no interior, e as mais ricas, situadas junto à costa.

A esta dualidade acresce a que opõe a economia camponesa das zonas rurais (culturas campestres e explorações pecuárias em terras arrendadas) e a dos subúrbios das grandes cidades, onde as hortas e as explorações pecuárias industriais em estábulo proporcionam altos valores acrescentados às empresas de tipo industrial.

A diferença entre os rendimentos rurais e os rendimentos urbanos está na origem da migração de 150 milhões de camponeses, que vão trabalhar durante todo o ano ou parte dele para as cidades, completando desta forma os rendimentos das explorações familiares.

As restrições de natureza administrativa (em particular os registos familiares da residência ou *hukou*) têm evitado até hoje que estas migrações temporárias assumam a dimensão de um verdadeiro êxodo. No entanto, o futuro da agricultura chinesa, a estrutura das suas explorações e a produtividade da mão-de-obra irão depender estreitamente das formas que este êxodo terá, inevitavelmente, a longo prazo.

Claude Aubert

▶ ALDEÃOS (COMITÉS DE), ALDEIAS ADMINISTRATIVAS, CIDADES E AS ZONAS RURAIS (AS), DESCOLECTIVIZAÇÃO, DESIGUALDADE DE RENDIMENTOS, EMPRESA RURAL, MIGRAÇÕES INTERNAS, ORGANIZAÇÃO DOS CAMPONESES, ORGANIZAÇÃO MUNDIAL DO COMÉRCIO (A CHINA E A), POBREZA, REGISTO DE RESIDÊNCIA

ÁGUA

A China é um país relativamente bem provido de água. A quantidade de água bruta por habitante, que era da ordem dos 2200 m^3 em 2005, não representa, na verdade, senão um terço do nível mundial médio, mas constitui, apesar de tudo, uma dotação estatística muito acima do limiar de *stress* hídrico, que se inicia quando uma população utiliza mais de 40% dos recursos renováveis.

Todavia, este valor não toma em consideração os grandes contrastes regionais que existem no país e que só por si indiciam a gravidade da questão da água na China.

O Sudeste do país, muito irrigado, possui recursos abundantes, que se elevam a 32 000 m^3 por pessoa, por ano.

Pelo contrário, as três principais bacias hidrográficas do Norte da China, as dos rios Amarelo, Hai e Huai, que cobrem 39% das terras aráveis do país, acolhem 35% da população nacional (cerca de 460 milhões de habitantes) e geram um terço do produto interno bruto chinês, apenas possuem 7,7% dos recursos hídricos nacionais.

Em 2001, o Banco Mundial estimava que aqui o défice hídrico era de 37 mil milhões de m^3.

Nesta região, o sinal mais dramático do desaparecimento dos recursos hídricos diz respeito, sem dúvida alguma, ao rio Amarelo, que seca todos os anos antes de atingir o mar. Entre 1985 e 2000 secou todos os anos. O período de seca mais prolongado foi de 226 dias, em 1997.

Esta escassez da água não afecta apenas a planície do Norte. O Nordeste, nomeadamente a bacia do rio Liao, e a maioria das cidades do país confrontam-se também com ela. Das seiscentas cidades chinesas, quatrocentas têm escassez de água e uma centena confronta-se mesmo com um défice grave.

O défice hídrico chinês não se resume, no entanto, a uma simples luta pela água. As autoridades chinesas estão também empenhadas numa verdadeira luta contra a água: a bacia do Yangtzé, o Sul da China e o curso inferior do rio Amarelo estão ainda sob a ameaça permanente de inundações.

A isto acrescem os crescentes problemas com o desperdício e a poluição, responsáveis, em grande parte, pela escassez que, a continuar neste ritmo, ameaça estender-se ao todo o país e poderá, a prazo, prejudicar o seu crescimento económico.

Embora alguns destes problemas hídricos da China dependam de dados geográficos, as principais causas são sobretudo humanas e estão relacionadas com o rápido desenvolvimento chinês. Os crescimentos demográfico e urbano, a industrialização, a irrigação, a intensificação das produções agrícolas e as transformações dos modos de consumo pesam cada vez mais sobre os recursos hídricos.

Deste modo, muito mais do que um problema técnico, a água levanta à sociedade chinesa um problema político. Os governantes devem estar atentos à raridade da água, ao seu excesso e à sua salubridade.

As autoridades tentam pôr em prática uma política activa da água, cujos resultados são, de momento, medíocres, embora encorajadores. A abordagem escolhida baseia-se, por um lado, no desenvolvimento das infra-estruturas hidráulicas (elevação dos diques, reabilitação do sistema de distribuição, tratamento das águas poluídas, construção de estações de tratamento, extensão das redes de esgotos nos meios urbanos e desenvolvimento de novos sistemas de irrigação, nomeadamente por aspersão, nos meios rurais) e, por outro lado, no incitamento à mudança dos modos de consumo pelos diversos utilizadores (licenças de captação e de despejo, taxas de poluição e aumento do preço da água).

Foram executados também grandes projectos hidráulicos à escala regional e continental (barragem das Três Gargantas, transferência de águas entre o Norte e o Sul).

Objecto de vivos debates no seio da sociedade chinesa, as motivações que levaram as autoridades centrais a adoptar estes projectos não parecem, todavia, ser apenas hidrológicas e poderiam fazer parte de uma luta política entre os dois pólos de crescimento chinês, Pequim e Xangai.

Observemos finalmente que as crescentes necessidades de água levam a China a captar este recurso e a construir estruturas hidráulicas em alguns cursos de água internacionais (Ili, Ertix, Amur, Ussuri, Mekong, Salouen) com o risco de alimentar tensões diplomáticas com os vizinhos cazaques, russos, birmaneses, tailandeses, laocianos e vietnamitas.

Sébastien Colin

➤ AMBIENTE, HIDRÁULICA, POLUIÇÃO, TRÊS GARGANTAS (BARRAGEM DAS), YANGTZÉ

ÁGUAS TERRITORIAIS

Criado em 1982, durante a Conferência de Montego Bay, o direito do mar definiu três tipos de espaço marítimo, correspondentes a três critérios jurídicos diferentes.

Encontramos, em primeiro lugar, o mar territorial. Delimitado por 12 milhas náuticas, depende apenas da soberania do Estado, que deve, no entanto, conceder direito de passagem inofensiva e de colocação de cabos submarinos aos navios de outros países.

Encontramos depois a zona contígua. Adjacente ao mar territorial, mede também 12 milhas náuticas e permite ao Estado costeiro exercer o controlo preventivo de infracções eventuais que poderiam ser cometidas no seu território.

Há, finalmente, a zona económica exclusiva (ZEE). O seu limite situa-se a 200 milhas náuticas da costa. Está aberta à navegação, mas o Estado tem o direito exclusivo de gerir os seus recursos haliêuticos e minerais. Pode também assumir a forma de uma zona de pesca em que apenas se exercem os direitos inerentes aos recursos haliêuticos.

Os Estados definiram estas três zonas, estabelecendo pontos de linha de base na proximidade das suas costas e atrás das quais se situam as águas interiores. Os espaços marítimos situados para além da ZEE são qualificados como alto-mar.

Vigora no alto-mar o princípio da liberdade de navegação, de pesca, de sobrevoo aéreo, de investigação científica e ainda de actividades militares, desde que estas não restrinjam o acesso dos outros Estados ao alto-mar.

A ratificação da Convenção de 1982 pelas autoridades chinesas data de 15 de Maio de 1996. Pôs termo à perspectiva negativa que a China até então tivera do direito do mar e a que teve de chegar à sua custa.

Enquanto as noções de «mar territorial» e de «alto-mar» emergiram progressivamente na Europa entre os séculos XV e XVII, o espaço marítimo chinês permaneceu livre de qualquer divisão até meados do século XIX.

Os diversos tratados desiguais assinados a partir de 1842 incluíam muitas vezes cláusulas relativas à jurisdição das águas chinesas. À semelhança do que se praticava na Europa, as águas territoriais da China foram então limitadas a três milhas náuticas. Esta extensão, apesar da junção de uma zona aduaneira preventiva com uma largura de 12 milhas náuticas, em 1934, permaneceu em vigor até 9 de Setembro de 1958. De facto, foi nesta data que as autoridades comunistas promulgaram um mar territorial de 12 milhas náuticas, contrariando o direito do mar, que apenas o estabelecia em 3 milhas náuticas, direito sempre controlado pelas nações ocidentais.

A abertura e o lançamento das reformas chinesas, bem como a evolução do direito do mar, que se tornou mais receptivo às reivindicações dos países em vias de desenvolvimento, permitiram a aproximação das duas partes.

Em 25 de Fevereiro de 1992, as autoridades chinesas promulgaram uma lei sobre o mar territorial e a zona contígua, que fixaram então em 12 milhas náuticas cada uma, em total conformidade com o direito do mar de 1982. Aquando da ratificação, foi adoptado o princípio de uma ZEE de 200 milhas náuticas. Esta importante evolução não deve, contudo, fazer esquecer a política marítima expansionista e de segurança da China.

Ao mesmo tempo que ratificavam o direito do mar, as autoridades chinesas publicaram as coordenadas dos pontos de linha de base do país, ficando alguns deles muito afastados da costa. Esta escolha visava considerar como águas interiores cinco espaços marítimos importantes: o golfo de Bohai, o estreito de Qiongzhou (entre a ilha de Hainan e o continente), o delta do rio das Pérolas, o estuário do Yangtzé, a baía de Hangzhou e as ilhas taiwanesas de Quemoy, Matsu e Wuchiu.

De modo análogo, embora a natureza semifechada dos mares costeiros, cuja largura é por vezes inferior a 400 milhas náuticas, a obrigue a negociar a delimitação das fronteiras marítimas com alguns dos seus vizinhos, estas são muito complicadas, devido à presença de muitos territórios insulares em disputa.

Com a lei de 1992, a China definiu as ilhas Paracels (Xisha), Spratly (Nansha), Pratas (Dongsha), Macclesfield (Zhongsha) e Pescadores (Pengshu), no mar da China Meridional, as ilhas Senkaku (Diaoyutai), no mar da China Oriental, e a ilha de Taiwan como partes integrantes do território chinês.

Prevê dotá-las de pontos de linhas de base, a fim de lhes atribuir um mar territorial e uma zona contígua, com 12 milhas náuticas cada uma, e uma ZEE de 200 milhas náuticas.

Para além disso, a China reivindica o direito geralmente concedido aos Estados arquipelágicos de ligar estas diferentes ZEE ao continente, o que transformaria todo o mar da China Meridional em águas chinesas. É o que as autoridades mostram com satisfação nos seus mapas oficiais.

Estes objectivos expansionistas da China nos espaços marítimos resultam de várias razões de ordem estratégica e económica.

Devem ser relacionados, em primeiro lugar, com a modernização da marinha chinesa, em curso desde a década de 80, e cujo objectivo final é ter capacidade oceânica estratégica, o que lhe permitiria aumentar a sua presença no Pacífico para além do arco insular asiático. Motivada, em primeiro lugar, pela ameaça naval soviética, esta estratégia corresponde a ambições de potência regional e mundial. Trata-se, numa perspectiva a prazo mais ou menos longo, de fazer concorrência à potência naval americana e de vigiar, ao mesmo tempo, um possível regresso da potência marítima japonesa.

No plano económico, o objectivo da China é sobretudo proteger os seus interesses, que estão cada vez mais afastados das suas costas.

O grande crescimento da sua marinha mercante, o desenvolvimento da pesca de alto-mar e a exploração crescente dos recursos petrolíferos *offshore* obrigam-na actualmente a dotar-se dos meios que assegurem as grandes vias marítimas por onde transita o grosso das suas trocas comerciais, nomeadamente grande parte das suas importações de petróleo.

No entanto, devido à preocupação de se apresentar como potência responsável, a China, ao mesmo tempo que mantém as suas reivindicações, pronuncia-se há alguns anos a favor da resolução destes diferentes litígios insulares e marítimos de forma pacífica, pela via da negociação e da cooperação.

Após ter estabelecido zonas de pesca conjunta com a Coreia do Sul e o Japão como sinal de uma futura delimitação da sua ZEE respectiva, a China assinou em 25 de Dezembro de 2000 um acordo (ratificado em 30 de Junho de 2004) com o Vietnam que demarca os mares territoriais, as ZEE e a plataforma continental dos dois países no golfo de Tonquim. Em Novembro de 2002, um acordo de boa conduta no mar da China Meridional foi igualmente adoptado no seio da ASEAN.

Apesar de tudo, os territórios insulares, devido à sua posição estratégica na proximidade das vias marítimas e das jazidas *offshore*, bem como a imbricação de alguns deles com a questão de Taiwan, arriscam-se a permanecer o principal ponto de discórdia entre a China e os seus vizinhos, impedindo a curto e médio prazo qualquer delimitação rigorosa das águas territoriais chinesas.

Sébastien Colin

➤ DEFESA, EXÉRCITO, POLÍTICA EXTERNA, REGIÕES FRONTEIRIÇAS, SUDESTE DA ÁSIA (A CHINA E O), TAIWAN (A REPÚBLICA POPULAR E)

ÁLCOOL

Desde a Antiguidade chinesa que as bebidas alcoólicas ocupam um lugar importante nas refeições festivas, como as libações aos antepassados, e no imaginário dos letrados e dos poetas. O carácter *jiu* designa todas as suas espécies, quer fermentadas, quer destiladas: cerveja, vinhos de cereais ou de uvas e aguardente.

Entre as bebidas fermentadas, citemos o *huangjiu* (vinho amarelo), sendo o mais célebre o produzido na província de Shaoxing, no Sul da China, que é obtido pela fermentação de um mosto de arroz glutinoso e de teor alcoólico entre os 12º e os 17º.

O produto da destilação de diversos vinhos de cereais, que pode atingir graus alcoólicos muito elevados, chama-se *shaojiu* (vinho queimado) na China meridional, *baijiu* (vinho branco) no Norte, e, ainda, *maotai*, um álcool de sorgo branco com 53º.

Devemos referir igualmente os alcoolatos medicinais, entre os quais o famoso vinho de ginseng.

Se o vinho amarelo é indispensável em qualquer casamento, o consumo de bebidas alcoólicas, sobretudo nos meios urbanos, tende a modificar-se devido à diversificação da oferta, que vai do conhaque ao vinho de uvas – o qual começa a ser produzido na própria China, por vezes com um efectivo sucesso, como acontece em Shandong e em Xinjiang –, mas onde releva sobretudo a cerveja (de Qingdao).

Sinal da modernização em curso, foram realizadas recentemente campanhas que chamam a atenção para os perigos do álcool ao volante e, por outro lado, a venda de bebidas alcoólicas passou a ser interdita aos menores.

Frédéric Obringer

➤ ALIMENTAÇÃO, FESTAS SAZONAIS, GASTRONOMIA

ALDEÃOS (COMITÉS DE)

Os comités de aldeãos (*cunmin weiyuanhui*) constituem, a par dos comités do Partido Comunista (PC), os órgãos de poder oficial nas aldeias chinesas, após o desmantelamento das comunas populares e da redistribuição das terras pelos lares camponeses, sobre as quais estes últimos, contudo, não dispõem senão direito de usufruto.

A palavra «aldeia» é ambígua: trata-se mais precisamente de «aldeias administrativas», segundo a terminologia chinesa, ou seja, de unidades territoriais que substituíram as brigadas de produção do período colectivista e que podem englobar uma ou várias aldeias «naturais».

Estas unidades são divididas em «pequenos grupos camponeses», os quais substituíram as equipas de produção anteriores. Possuem um comité do PC, ausente ao nível inferior dos «pequenos grupos de camponeses».

Em Novembro de 1987, o comité permanente da Assembleia Nacional Popular aprovou uma lei provisória sobre a gestão aldeã.

Esta lei retoma a expressão «comité de aldeãos», que aparecera pela primeira vez na constituição de 1982, e designa-o como o órgão principal da gestão das aldeias. Em Novembro de 1998, após onze anos de debates intensos, esta lei foi adoptada de forma definitiva.

A lei define os comités de aldeãos como organizações de massa autónomas, graças às quais os aldeãos podem gerir os seus próprios assuntos. Concede aos comités uma certa independência em matéria económica, mas também nos domínios da manutenção da segurança, da oferta de benefícios sociais, da resolução das disputas por mediação e na gestão dos bens colectivos.

Contrariamente ao projecto de lei, o texto definitivo insiste, porém, no papel dirigente do PC nas aldeias. Indica igualmente que os comités de aldeãos devem apoiar os níveis administrativos superiores do distrito e da municipalidade para aplicar as políticas locais e nacionais.

Os membros dos comités de aldeãos, cujo número pode variar entre três e sete, e sobretudo o chefe do comité, são eleitos para um mandato de três anos.

Os adultos, isto é, todos os indivíduos com mais de dezoito anos de idade, são eleitores e elegíveis. As eleições processam-se por voto secreto. O número de candidatos deve exceder o dos postos a preencher. Uma queixa colectiva que reúna pelo menos cinquenta habitantes de uma mesma aldeia pode ser fundamento para a demissão de um membro do comité antes do termo do seu mandato.

É impossível saber quantos comités de aldeãos, entre as 700 000 aldeias administrativas recenseadas, foram instalados após eleições efectivamente concorrenciais, ou seja, durante as quais a lista dos candidatos não foi fixada pelo precedente comité ou pelo secretário do PC. As estimativas variam entre 10 e 60%.

Apesar destas incertezas, as reformas políticas conduzidas ao nível das aldeias – na verdade, a realização das eleições para designar os comités de aldeãos goza de uma certa autonomia – encorajam, sem dúvida, a necessidade de maior transparência na gestão comunal.

As reformas colocaram à disposição dos camponeses novas bases para tornar pública a legitimidade ou, pelo contrário, a ilegitimidade das acções conduzidas pelos responsáveis aldeãos.

Por isso, nas localidades onde as eleições se desenrolaram em conformidade com o que está estipulado pela lei, o número de queixas colectivas contra os responsáveis aldeãos e a administração não diminuiu, mas, pelo contrário, muitas vezes aumentou.

Isabelle Thireau

➤ ADMINISTRAÇÃO TERRITORIAL, ALDEIAS ADMINISTRATIVAS, CAMPONESES, ELEIÇÕES

ALDEIAS ADMINISTRATIVAS

O desaparecimento súbito das comunas populares e, por consequência, das brigadas e equipas de produção, afectou a gestão dos assuntos aldeãos no início dos anos 80.

A autoridade dos responsáveis aldeãos perdeu as suas fontes de legitimidade perante lares camponeses que ganharam autonomia. Estes últimos viram ser-lhes atribuída a exploração de uma parte das terras colectivas e conquistaram uma nova liberdade na escolha das culturas e dos modos de comercialização.

Para conseguir contrariar o caos ou a paralisia que reinava em muitas localidades, foi então aplicada uma reforma institucional.

A Constituição de 1982 refere a criação de comités de aldeãos, que devem substituir as antigas brigadas de produção. Uma lei provisória, tornada definitiva em 1997, fixou em 1987 as prerrogativas destes comités: estes são designados por eleições e, enquanto governos aldeãos, possuem uma esfera de actividade autónoma.

O debate em torno das eleições aldeãs deslocou-se, todavia, rapidamente para as unidades territoriais onde as eleições poderiam ter lugar. Houve dois grupos que se opuseram.

Alguns consideraram que as eleições se deviam desenrolar ao nível das aldeias ditas «naturais», que constituíram durante o período colectivista uma equipa de produção e, por vezes, várias, ou uma brigada.

Outros pensaram que as eleições não podiam ter lugar senão ao nível das antigas brigadas de produção, independentemente da sua composição, pois estas eram o último escalão em que o Partido Comunista (PC) estava formalmente representado.

Foram os segundos que ganharam: as eleições dos comités de aldeãos passaram a ter lugar ao nível das aldeias ditas «administrativas» (*xingzhengcun*), ou seja, das antigas brigadas de produção, independentemente da sua composição. As equipas de produção transformaram-se desde então em «pequenos grupos de camponeses».

Uma aldeia administrativa pode ser constituída, portanto, actualmente, por uma grande aldeia natural ou agrupar várias aldeias e lugares, mais ou menos distantes entre si, distinção que tem profundas implicações sociais, políticas e económicas. A aldeia administrativa é dirigida por um comité de aldeãos e por um comité do PC.

Trata-se de uma entidade administrativa inédita, que simboliza a reorganização do mundo camponês e as novas prerrogativas concedidas às comunidades locais, mas que herdou os conflitos e certas instituições dos primeiros trinta anos do regime comunista. Há actualmente cerca de 700 000 aldeias administrativas.

Isabelle Thireau

▶ ADMINISTRAÇÃO TERRITORIAL, ALDEÃOS (COMITÉS DE), CAMPONESES, COMUNAS POPULARES, ORGANIZAÇÕES DE CAMPONESES

ALIMENTAÇÃO

A importância da comida na civilização chinesa ultrapassa a mera necessidade de comer para sobreviver.

É claro que, num país cuja história foi marcada por grandes fomes, esta função de subsistência é muitas vezes a mais importante. Por exemplo, a fome subsequente ao Grande Salto em Frente, de 1959 a 1961, provocou, segundo as estimativas, entre 30 e 60 milhões de vítimas, principalmente nas províncias centrais do Henan, do Anhui e do Shandong.

No entanto, um saber prático complexo e a ligação cultural à cozinha e aos alimentos confere à arte de se alimentarem um lugar eminente na vida dos Chineses, desde os aspectos dietéticos à alta gastronomia, passando pelos alimentos rituais e festivos, como os ravióis (*jiaozi*) do Ano Novo e as bolinhas recheadas de arroz glutinoso da festa das lanternas.

A alimentação chinesa caracteriza-se por uma grande homogeneidade das técnicas culinárias em todo o país, mas também apresenta uma grande diversidade de tipos de cozinha segundo as regiões.

Basta uma faca para cortar e um *wok* (uma espécie de caçarola de fundo convexo) para cozer, o resto depende da habilidade. Como se utilizam pauzinhos para comer, os alimentos são sempre servidos já cortados. São cozidos, porque os alimentos crus são sinal de selvajaria.

De modo geral, tomam-se três refeições por dia, sendo todas elas compostas por cereais cozidos em água ou no vapor e por pratos de acompanhamento, legumes, carne ou peixe, sendo extremamente vasta a gama dos ingredientes.

Opõe-se classicamente o Sul consumidor de arroz ao Norte consumidor de trigo, milho e milho-miúdo. Todavia, o consumo do arroz alargou-se a todo o país.

A tradição culinária meridional é de uma grande riqueza. A sua cozinha, de tendência adocicada, utiliza também preparações de sabor intenso à base de alho, pimenta e molho de o stras. O Fujian é célebre pelo seu peixe, os seus caranguejos e o molho de soja, ao passo que em Cantão, onde não há nada que não se coma, se destacam os mariscos cozidos no vapor e o leitão assado.

A cozinha do Oeste (Hunan e Sichuan) faz uso generalizado dos pimentos e privilegia a associação dos sabores.

Os pratos do Norte são mais simples, sendo constituídos por alimentos salteados na frigideira, pães cozidos no vapor e massa em tiras.

Por último, encontramos tradições diferentes nas regiões fronteiriças, desde os iogurtes e o leite de jumenta fermentado dos Mongóis até à farinha de cevada misturada com chá e manteiga rançosa de iaque dos Tibetanos.

Embora se conservem as especificidades locais, assiste-se, no entanto, a uma mudança do regime alimentar, em particular nas cidades, nomeadamente a partir de 1990.

O arroz vem perdendo importância e o consumo de carne, que triplicou entre 1978 e 1994, de óleos vegetais para as frituras, de açúcar e de bebidas alcoólicas aumentou rapidamente. A produção de aves, ovos e sobretudo de porcos está em forte expansão. O consumo de produtos lácteos tem igualmente tendência para aumentar nas grandes cidades, embora se mantenha abaixo do que se observa na Europa e na América do Norte.

Por último, o vegetarianismo, com as suas especificidades chinesas, entre as quais se contam a interdição do uso de plantas aliáceas e do álcool, está a desenvolver-se, muitas vezes em relação com o budismo.

Em suma, a evolução da situação alimentar na China é muito rápida. Embora continue a haver de zonas penúria nas áreas rurais, a tendência é, no entanto, de aumentar fortemente o consumo diário em termos calóricos. O consumo médio é actualmente de cerca de 3000 kcal/dia, enquanto os europeus e os Norte-Americanos consomem 3700 kcal/dia, o que se afigura excessivo. Nas condições de vida actuais, em que a actividade física tende a desaparecer, tal situação conduz ao surgimento de perturbações alimentares como o peso excessivo.

Frédéric Obringer

➤ ÁLCOOL, ARROZ, BUDISMO, CEREAIS, GASTRONOMIA, OBESIDADE

ALMANAQUE

A China adoptou oficialmente o calendário gregoriano em 1912. No entanto, a vida quotidiana continua a ser ritmada pelo calendário tradicional, que combina o calendário solar com o lunar. Este sistema de calendário lunissolar esteve em vigor desde o ano 104 a.C. e continua a ser apresentado nos almanaques (*lishu*).

Segundo este modo de calcular, o ano tem, na maior parte das vezes, 12 luas de 29 ou 30 dias, ou seja, 354 dias. Para corrigir a diferença entre o ano lunar e o solar (365 dias), é adicionado um mês intercalar sete vezes em cada período de 19 anos (nos anos 1, 4, 7, 10, 12, 15 e 18), com a consequência de alguns anos terem 13 luas (384 dias).

O primeiro dia do ano (a Ano Novo chinês) corresponde à 12.ª lua após o solstício de Inverno. Varia de ano para ano, situando-se nos meses de Janeiro ou Fevereiro do calendário Gregoriano. As grandes festas pertencem ao tempo lunar.

Combinando duas séries de marcadores, os 10 troncos celestes e os 12 ramos terrestres, estabeleceram-se ciclos de 60 anos (5×12), sendo cada ano designado por dois signos, um dos troncos e um dos ramos.

Estes últimos estão associados a um animal emblemático (rato, búfalo, tigre, lebre, dragão, serpente, cavalo, carneiro, macaco, galo, cão e porco), de onde se derivam as designações como «ano do rato» ou «ano do dragão», por exemplo, que se repetem todos os 12 anos.

Os ramos terrestres servem também para designar as 12 horas duplas de cada dia, indo a primeira das 11 horas da noite até à uma da manhã.

Há outra divisão do ano que se baseia nos equinócios e nos solstícios, ou seja, no calendário solar. São 24 secções, que correspondem a 24 posições do Sol na eclíptica. O nome das secções evoca a vida campestre.

Os almanaques populares dão indicações precisas a respeito da composição do ano em curso (número de dias de cada mês, fases da lua e horas do nascer e do pôr-do-sol, indicadas para cada dia e em cada província).

No entanto, a função dos almanaques não se limita ao que ficou indicado. Também fornecem informações astrológicas e indicam os momentos fastos e nefastos para efectuar os actos mais ou menos importantes dos domínios familiar e profissional, como o casamento, a mudança de casa e as viagens.

Frédéric Obringer

➤ ADIVINHAÇÃO, ANO NOVO, FESTAS SAZONAIS, GEOMANCIA

AMBIENTE

Seria necessário ser muito ingénuo ou ignorante para pensar que o discurso de tendência taoista de fusão na natureza ou que a exaltação das belas paisagens pelos poetas e os pintores chineses puderam atenuar, por pouco que fosse, a brutalidade exercida sobre o ambiente que, por razões várias, há muito se manifesta na China, com um agravamento particular na segunda metade do século XX.

Recordemos que existe desde a Antiguidade chinesa uma tradição de grandes trabalhos destinados a dominar e a transformar profundamente as condições naturais, frequentemente muito adversas, o que remonta, aliás, aos primeiros mitos da civilização chinesa: segundo se conta, foi Yu, *o Grande*, o mítico fundador da dinastia Xia, quem dividiu o mundo em nove regiões, dominou as águas e disciplinou os rios.

O tipo de desenvolvimento enaltecido pelo regime comunista até ao final dos anos 70 baseava-se, em grande parte, no modelo soviético, que privilegiava a indústria pesada, muito poluente, e a exploração violenta dos recursos naturais. A ideologia voluntarista e, por vezes, autista que prevalecia então também lançou o país, por diversas vezes, em aventuras que pouco se preocuparam com a população e o ambiente.

Após os anos 80, o desenvolvimento económico e o crescimento urbano muito rápidos exacerbaram a fragilização do meio natural. Problema recorrente desde há séculos, devido à necessidade de madeira para aquecimento e para a construção, mas que aumentou ainda mais no século XX, a desflorestação da China é difícil de estancar. Em 1998, a superfície das florestas chinesas era de 134 milhões de hectares, ou seja, 14% do território, metade da média mundial. A taxa de cobertura florestal é ainda mais reduzida (2 a 10%) na bacia do rio Amarelo.

As florestas belíssimas da China Meridional, entre as quais se contam as últimas florestas primárias chinesas, de uma grande biodiversidade e que possuem essências preciosas, são cada vez mais exploradas sem que se saiba exactamente o nível da sua devastação, sobretudo nas zonas fronteiriças do Sudoeste.

As florestas do Nordeste, em regiões pouco hospitaleiras, são ainda muito extensas (18 milhões de hectares), mas foram vítimas de um gigantesco incêndio, em 1987, que destruiu 1,3 milhões de hectares. Este facto conduziu à reorganização dos meios de combate aos incêndios.

A grande riqueza da flora e da fauna está ameaçada devido a esta desflorestação. Algumas plantas medicinais sofrem de sobreexploração, o que pode provocar, a prazo, o seu desaparecimento.

Para lutar contra a rápida diminuição dos recursos florestais, foram tomadas medidas importantes de repovoamento florestal com o objectivo de atingir uma cobertura de 23% do país. Estas medidas são ainda mais cruciais por se destinarem também a lutar contra a crescente desertificação do Noroeste, pois o deserto cobre actualmente 28% do território chinês, ameaçando inclusivamente a região de Pequim.

A alteração do coberto vegetal, devido à desflorestação e à exploração agrícola de pradarias, provocou também o aumento das tempestades de areia e a erosão dos solos numa área de milhões de quilómetros quadrados, tendo sido acompanhadas de inundações cada vez mais graves, porque as florestas já não funcionam como tampão.

Estas inundações são reveladoras do problema mais inquietante para o futuro, o dos recursos hídricos. Os recursos de água potável actualmente disponíveis no Norte da China são de 501 m^3 por habitante, ou seja, $1/_5$ da média nacional e $1/_{12}$ da média mundial.

O rio Amarelo secou todos os anos desde 1972, a 300 quilómetros da sua embocadura, durante períodos que atingiram os três meses.

A urbanização crescente e a extensão da irrigação nas zonas que não eram antes cultivadas conduzem também ao esgotamento ou a uma baixa dos níveis dos lençóis freáticos, devido aos furos.

Para tentar resolver uma parte destes problemas – luta contra as inundações, fornecimento de água para irrigação e, ao mesmo tempo, produção de electricidade –, as autoridades chinesas promovem diversos projectos e a construção de grandes barragens.

Após a barragem de Sanmenxia, no rio Amarelo, construída em 1957, foi erguida a de Xiaolangdi, um pouco a jusante, entre 1999 e 2001. A turvação muito grande do rio é um obstáculo ao bom funcionamento destas construções.

Foram iniciados dois outros estaleiros enormes, o da barragem das Três Gargantas, no Yangtzé, e o do Triplo Canal, destinado a desviar uma parte da água deste rio para o rio Amarelo.

A realização de todos estes trabalhos conduziu ao deslocamento de centenas de milhares de habitantes das zonas afectadas.

Para além dos problemas da erosão e do abastecimento em água potável, o aumento muito preocupante da poluição do ar e da água conduziu recentemente a uma tomada de consciência dos problemas ambientais e das suas consequências, tanto no plano sanitário, como no económico, por parte das autoridades e da população chinesas. Um relatório do Banco Mundial calculava o seu custo económico entre 3,5% e 8% do produto interno bruto.

Todavia, foi apenas em 1998 que a Agência Nacional para a Protecção do Ambiente viu garantido um estatuto equivalente ao de ministério, não se sabendo se os meios utilizados serão suficientes para poupar a China à grande crise ecológica que alguns especialistas antecipam.

Frédéric Obringer

▶ ÁGUA, HIDRÁULICA, POLUIÇÃO, SAÚDE, TRÊS GARGANTAS (BARRAGEM DAS)

AMÉRICA LATINA (A CHINA E A)

Até à reaproximação sino-americana de 1972, as relações da República Popular da China (RPC) com a América Latina foram distantes.

Apenas Cuba era excepção à regra, mas, a partir de 1964, as relações entre Pequim e Havana deterioraram-se em consequência directa do conflito sino-soviético.

O Chile de Salvador Allende foi o primeiro país da região a estabelecer laços diplomáticos com a China, no início dos anos 70. Apesar do golpe de Estado do general Pinochet, em 1973, Pequim manteve relações estreitas com Santiago.

Logo após a visita de Richard Nixon a Pequim, em 1972, a China normalizou as relações com os Estados não comunistas, como o Peru, a Argentina, o México, a Venezuela e o Brasil.

A entrada da China na Organização das Nações Unidas, em 1971, favoreceu também o fortalecimento dos laços com a América Latina, um continente afastado que o governo de Pequim conhecia mal e pelo qual manifestava interesse limitado.

A partir dos anos 80, a vontade das autoridades chinesas de se demarcarem das políticas e das acções dos Norte-Americanos na região, bem como o seu apoio a todas as tentativas de associação capazes de aí reduzirem a presença das superpotências, e sobretudo da União Soviética, permitiram-lhe adquirir uma melhor imagem nestes países.

Não obstante, as relações económicas e comerciais entre a China e a América Latina permaneceram modestas durante um longo período, tendo a China concentrado a sua cooperação num número limitado de fornecedores de matérias-primas inexistentes na China (cobre).

As suas actividades políticas e económicas encontram sempre pela frente a acção do governo de Taipé, que ainda mantém relações com uma quinzena de países da América Central, da América Latina e das Caraíbas.

Apesar do domínio dos Estados Unidos e da influência de Taiwan que ainda continua, a presença da RPC na América Latina aumentou nitidamente desde o início deste século.

A China reforçou em particular os seus laços com os países de que a sua economia tem necessidade, como o Brasil, o México, a Argentina e, mais recentemente, a Venezuela. O volume do comércio entre a China e a América Latina passou de 2,29 mil milhões de dólares em 1990 para 26,8 mil milhões em 2003.

Estas trocas deverão registar um crescimento importante no futuro, devido à riqueza da região em matérias-primas (o Chile no que se refere aos minerais de cobre e de ferro, a Venezuela em relação ao petróleo).

O peso político da China nesta região reforçou por isto, contribuindo para a consolidação do seu estatuto de potência mundial.

Michal Meidan

▶ ENERGIA E RECURSOS NATURAIS, ESTADOS UNIDOS (A CHINA E OS), PETRÓLEO, POLÍTICA EXTERNA

ANALFABETISMO

Uma tendência secular levou a China a proporcionar gradualmente, durante o século XX, uma instrução de base ao conjunto da sua enorme população, tal como os países da Europa Ocidental fizeram em relação à sua, um pouco mais cedo e numa escala mais reduzida.

Ao elevar de 40% para 90% a escolarização primária das crianças, os quarenta primeiros anos do regime comunista diminuíram muito o peso do analfabetismo dos adultos.

Campanhas repetidas de alfabetização e aulas especiais tiveram por objectivo que os alunos aprendessem entre 1500 e 2000 caracteres, a ler e a redigir textos simples, cálculo e algumas noções gerais. Os custos financeiros e a responsabilidade técnica destas medidas foram sobretudo das comunidades locais.

Após a instituição da escolaridade obrigatória, por uma lei de 1986, foi desenvolvido um grande esforço, com ajuda internacional, para se atingir a escolaridade universal e baixar a taxa de abandono escolar, que era então de 34% no ensino primário, a fim de pôr cobro à renovação permanente do analfabetismo.

Foram recenseados 180 milhões de analfabetos com mais de quinze anos, em 1990, e 85 milhões, em 2000. A diminuição ficou a dever-se à mortalidade natural de 70 milhões de pessoas e o restante às campanhas de alfabetização.

O analfabetismo persistia sobretudo nas zonas rurais e entre as minorias nacionais, mas acompanhava também o crescimento urbano das zonas costeiras, devido ao afluxo de trabalhadores rurais incapazes de pagar as propinas dos seus filhos nas escolas citadinas.

A diminuição prosseguiu depois sobretudo graças à extensão da escolaridade e à redução das taxas de abandono escolar.

O número anual de novos analfabetos, calculado em 3,5 milhões em 2000, diminuiu para metade em 2005. É, por isso, inferior a 2 milhões por ano, que é o efectivo médio de diplomados saídos das aulas de alfabetização dos últimos dez anos.

A introdução progressiva da gratuitidade do ensino primário, a partir de 2006, em primeiro lugar nas regiões mais pobres, com subsídios do governo central, visa consolidar uma vitória ainda parcial e frágil e para a qual as autoridades locais de base se mobilizam com empenhamento desigual.

Marianne Bastid-Bruguière

➤ EDUCAÇÃO, IMIGRANTES

ANO NOVO

Nenhuma festa rivaliza em importância com o Ano Novo lunar, celebrado entre 21 de Janeiro e 19 de Fevereiro, primazia que lhe é reconhecida pelo Estado, porque a «passagem ao novo ano», designada oficialmente como «festa da Primavera» (*chunjie*) para a distinguir do dia 1 de Janeiro, é até hoje a única festa tradicional inscrita no calendário das festas legais. Os dois primeiros dias do ano civil são feriados. No entanto, o «Ano Novo ocidental» não é ocasião para nenhuma festa familiar.

Com grandes limpezas, renovação das decorações rituais sobre papel vermelho a enquadrar a porta de entrada e compra de vestuário, esta passagem sazonal manteve a sua dimensão de rito de renovação característico das festas da Primavera.

Festa da família, o Ano Novo evoca sobretudo os ritos que encenam o ideal da harmonia familiar.

O jantar de fim do ano reúne em volta dos avós paternos os seus filhos, tanto casados como solteiros, e os seus netos. No dia seguinte de manhã, após as oferendas aos antepassados, a família procede aos ritos de saudação e de troca de votos, durante os quais os avós e os pais distribuem às crianças ofertas de dinheiro em envelopes da sorte vermelhos.

Este círculo familiar restrito abre-se nos dias seguintes às outras relações familiares e sociais, durante visitas que contribuem para a reactivação dos laços que se tornaram frouxos ou se romperam durante o ano.

Fora do cenáculo doméstico, a festa contemporânea nas cidades reencontrou nestas últimas décadas a efervescência das festividades de antanho: exibições de danças do leão ou do dragão, danças de *yangge*, no Norte, demonstrações de artes marciais, feiras primaveris nos parques ou nos templos públicos, concursos de cânticos modernos e tradicionais e espectáculos folclóricos oficiais, que exaltam a unidade da «grande família multiétnica» formada pelas 56 «nacionalidades».

Sinal das transformações económicas e sociais em curso, o Ano Novo desperta uma das migrações sazonais mais fenomenais à escala mundial.

A obrigação de passar o Ano Novo em família atrai às respectivas regiões de origem as dezenas de milhões de trabalhadores imigrantes de origem rural, instalados nas cidades e regiões industrializadas, provisoriamente ou não. Foram registadas mais de 185 milhões de viagens de comboio e autocarro na semana de férias do Ano Novo de 2004.

Embora o número de deslocações revele a importância desta festa, estas deslocações sazonais devem também ser associadas ao desenvolvimento do turismo e do lazer, na sequência do prolongamento das férias durante as festas legais. O Ano Novo lunar é, juntamente com o 1.º de Maio e a festa nacional do 1.º de Outubro, uma das três «semanas de ouro» introduzidas em 1999 com o objectivo de promover as despesas de lazer.

Béatrice David

➤ ALMANAQUE, DANÇAS POPULARES, FESTAS SAZONAIS, LAZER, NACIONALIDADE, TURISMO

ANTEPASSADOS (CULTO DOS)

«Quem bebe água deve lembrar-se da fonte.» Este aforismo não perdeu nada da sua força moral numa sociedade onde a ancestralidade continua a ser estruturante na construção da ideia de si.

Garantes da coesão social, os antepassados desempenham igualmente o papel de censores e de autoridade jurídica sobre os seus descendentes, cujos direitos legitimam e cujas violações das normas sancionam.

Expressão ritual da organização das relações de parentesco no seio dos grupos familiares formados em obediência ao critério da descendência em linha patrilinear em relação a um ancestral comum, o culto dos antepassados celebra-se a diversos níveis da sociedade.

O culto doméstico dos antepassados congrega os membros da família alargada, geralmente dispersa por grupos domésticos autónomos e definida a partir de uma linhagem de três ou cinco gerações de ascendentes directos.

O culto da linhagem associa vários familiares que formam uma linhagem localizada à escala de uma ou mais aldeias, ou então os membros de uma associação voluntária, formada devido ao reconhecimento de uma relação genealógica com um ancestral comum.

A ideologia patrilinear inspira igualmente a concepção da nação chinesa (*zhonghua minzu*) como linhagem que reúne os descendentes dos soberanos lendários Huangdi e Yanhdi, cujo culto oficial foi retomado no decurso dos anos 90.

Durante a Revolução Cultural, a estatueta do presidente Mao Tzé Tung, a única figura divinizada oficialmente habilitada a presidir aos destinos de milhões de lares chineses, ocupou um lugar de honra na habitação familiar, na sala comum, de frente para a porta (orientada para leste ou para o sul, nas aldeias).

A reinstalação do altar doméstico, no final dos anos 70, foi um dos primeiros sinais anunciadores da recuperação destas tradições, que foram maltratadas no decurso de campanhas sucessivas contra as «superstições».

Os objectos rituais (tabuinhas de madeira, folhas de papel vermelho e fotografias a preto e branco) materializam os antepassados, que recuperam assim o seu lugar honorífico na habitação familiar.

Como a orientação das habitações urbanas não obedece a estas regras tradicionais, a colocação mais favorável do altar doméstico pode ser determinado por um especialista de *feng shui* ou obedecendo às recomendações dos livrinhos de geomancia.

Os rituais colectivos do culto da linhagem dirigem-se a instâncias sociais que legitimam os direitos dos sobreviventes do grupo. Os antepassados da linhagem formam um corpo frequentemente anónimo, definido por referência a um fundador (*shizu*).

A proibição destes cultos durante a colectivização dos anos 50 visava sobretudo minar as solidariedades de linhagem reafirmadas regularmente durante os ritos colectivos junto ao túmulo de um fundador ou no templo ancestral.

O culto doméstico dos antepassados não tem os mesmos objectivos sociais, territoriais e económicos. É dirigido a defuntos próximos, que ainda não se juntaram à massa anónima dos ancestrais da linha paterna, recebendo um tratamento ritual individualizado nas datas de nascimento e de falecimento.

As datas importantes do ciclo das festas sazonais (Ano Novo, meio do Verão, meio do Outono e solstício de Inverno) são assinaladas com ofertas aos antepassados. Numa sociedade maioritariamente rural, em que o consumo de carne está muitas vezes reservado para as refeições festivas, estes ritos são também ocasião para se efectuar um corte com o quotidiano.

Os ritos de oferta não desapareceram, aliás, completamente durante o período da repressão dos cultos. Também se mantiveram as visitas aos túmulos durante as festas do *qingming*, a festa da pura claridade, e do *chongyang*, no início de Abril e em Outubro. A dupla faceta do culto dos mortos, particularmente dos antepassados, explica em parte esta continuidade ritual.

A atitude do regime oscila, com efeito, entre a repressão e a tolerância, conforme estas práticas são consideradas «superstições feudais» ou racionalizadas como dever de honrar a memória dos ascendentes já falecidos.

O Estado comunista exorta à celebração dos ritos seculares, como o depósito de ramos, como sucede durante as comemorações oficiais dos mortos por ocasião do *qingming*.

Oferecer flores aos mortos é considerado como um acto mais civilizado do que oferecer alimentos cozidos e cozinhados, incenso e moedas rituais emitidas pelo «banco dos infernos».

Estas práticas rituais, que se relacionam com a ideia de uma vida póstuma dos mortos ao serem consideradas da perspectiva desta componente simbólica do ser humano que sobrevive à morte biológica do corpo chamada «alma» (*shen, hun, bo, gui*), são pura e simplesmente rebaixadas ao nível da «superstição».

Esta categorização exclui efectivamente estes cultos, expressão importante da realidade religiosa da China, do campo oficial da religião, que se restringe às cinco religiões instituídas, e nega-lhes qualquer lógica social, cultural ou simbólica.

O culto dos antepassados não é senão um aspecto do culto dos mortos. Os mortos de um grupo familiar não passam todos a ser antepassados. Não podem aspirar a este estatuto ritual senão os «bons mortos», os que falecem numa idade avançada e após terem assegurado a sua descendência.

No entanto, é possível modificar os destinos póstumos de condenação a uma vida errante das vítimas de uma morta trágica, transformando-as em antepassados.

Béatrice David

➤ ANO NOVO, CERIMÓNIAS FÚNEBRES, FESTAS SAZONAIS, GEOMANCIA, LINHAGEM, RELIGIÃO, TEMPLOS

ANTROPOLOGIA

Após mais de vinte anos de proibição como «ciências burguesas», a antropologia e a sociologia foram reabilitadas em 1978.

A Associação Chinesa de Antropologia foi restabelecida em 1980. Pouco tempo depois, foram reabertos dois antigos departamentos de antropologia: na Universidade Sun Yat-sen, em Cantão, em 1981, e depois na de Xiamen, em Fujian, em 1984.

Contudo, a formação está ainda centrada na etnologia, reservada na China ao estudo das «nacionalidades» não Han e ensinada também nos institutos das nacionalidades, em Yunnan, em Guangxi e em Pequim.

Só em 1993 o Instituto de Sociologia da Universidade de Pequim se passou a chamar Instituto de Sociologia e de Antropologia.

O registo dos hábitos e costumes estava institucionalizado no império, mas apenas no início do século XX começou o desenvolvimento dos estudos sobre o folclore (*minsuxue*), a etnologia (*minzuxue*) e, depois, a antropologia social e cultural (*renleixue*).

A reflexão intelectual sobres estas disciplinas foi sendo realizada em relação com as diferentes correntes das ciências sociais do Ocidente e, sobretudo, com a escola funcionalista britânica.

Durante a ocupação japonesa do Norte e, depois, do Sudeste do país, entre 1937 e 1945, diversas instituições universitárias retiraram-se para o Sudoeste. Durante o seu exílio nestas regiões montanhosas do interior, os etnólogos realizaram inquéritos pioneiros no terreno sobre os Han e as minorias.

Quando a República Popular foi fundada, algumas das grandes figuras da antropologia, como Lin Chunsheng e Rui Yifu, partiram para Taiwan, onde criaram os departamentos de antropologia e de arqueologia da Universidade Nacional e o Instituto de Etnologia da Academia Sínica.

Na China continental a disciplina adoptou o modelo evolucionista da etnologia soviética e teve de contribuir para o projecto político de reconhecimento das nacionalidades. A etnologia concentrou-se desde então unicamente no estudo das minorias, até ao movimento das Cem Flores, em 1957-1958, na sequência do qual um grande número de universitários foi preso ou deportado para campos de reeducação.

Nos anos 80, os pioneiros da disciplina, como Liang Zhaotao, Chen Guoqiang e Fei Xiaotong, apesar da sua idade, estiveram na origem da sua renovação.

A inovação mais importante no decurso dos anos 90 foi a abertura da antropologia ao conjunto da sociedade chinesa, sobretudo aos Han, que não eram objecto de estudo desde os anos 50. Estes trabalhos conduziram ao reconhecimento da diversidade dos Han e das «culturas locais».

Os temas privilegiados pelos estudos foram as comunidades aldeãs (linhagens, cultos, etc.), a urbanização, as migrações, o consumo, a saúde e o turismo.

Actualmente, a formação dos estudantes tende a diversificar-se, nomeadamente devido ao acesso às obras teóricas em língua inglesa ou traduzidas para chinês. A antropologia continua a defrontar-se, porém, com as limitações que decorrem de ser uma disciplina que tem de dar resposta às necessidades do Estado e de os seus objectos de estudo serem de antropologia aplicada.

Élisabeth Allès et Béatrice David

➤ CEM FLORES, HAN, NACIONALIDADES, SOCIOLOGIA

ARQUEOLOGIA

A arqueologia chinesa desenvolveu-se em três fases.

Desde o século XI que houve letrados que seguiram uma abordagem que se pode qualificar de científica em relação ao seu passado: compreenderam o interesse de exumar vestígios com a finalidade de completar ou corrigir as informações que as fontes escritas antigas lhes transmitiam em relação à Antiguidade. Mais do que os sítios, foram sobretudo os objectos e as suas inscrições que chamaram a sua atenção. Ao publicar as suas descobertas em catálogos, os eruditos defenderam pela primeira vez a ideia de que a epigrafia podia servir para corrigir os erros contidos na literatura herdada.

Desta fase, que se prolongou até ao início do século XX, há duas características que continuam a influenciar actualmente a prática e as problemáticas da arqueologia: por um lado, o interesse dos arqueólogos continua centrado nos objectos encontrados nos túmulos, em detrimento de questões sobre o *habitat*, as aldeias e as rotas das trocas, por outro lado, o estudo dos textos encontrados nas escavações predomina sobre o estudo da cultura material.

No início do século XX, a arqueologia tomou um novo rumo com a introdução de métodos de investigação ocidentais.

Em 1921, J. Gunnar Anderson (1874--1960) foi o primeiro a identificar sítios neolíticos na China Central. Posteriormente, arqueólogos chineses que haviam aprendido os métodos ocidentais realizaram, por sua vez, escavações. Doutorado em antropologia pela Universidade de Harvard, Li Chi (Li Ji, 1895-1979) dirigiu a estação arqueológica da última capital, Shang (ca. 1500-1050 a.C.), perto de Anyang (Henan), escavada pela Academia Sínica entre 1928 e 1937.

O surgimento, em Outubro de 1949, da República Popular da China não iria modificar as orientações seguidas anteriormente pelos arqueólogos chineses, excepto dos pontos de vista ideológico e organizacional. Com a modernização do país, foram realizadas descobertas notáveis. Sem as interromper, a Revolução Cultural teve, no entanto, a consequência de fechar a China a toda a inovação na investigação arqueológica.

A abertura económica introduzida pelas reformas de Deng Xiaoping em 1978 materializou-se em inúmeras escavações em todo o território, dando origem a uma quantidade considerável de descobertas importantes. Iniciou-se então uma era de desenvolvimentos fértil em inovações.

Os arqueólogos chineses tomaram consciência do seu atraso ao descobrirem como se aprendiam no estrangeiro temas como a reconstituição das técnicas do passado, graças à arqueologia experimental, ou o ambiente das épocas antigas. Em 1991, foi aprovada uma lei que permitiu aos especialistas estrangeiros participar nos trabalhos arqueológicos de qualquer tipo, desde a prospecção dos sítios à restauração dos objectos.

Actualmente, apesar da escassez dos meios humanos e financeiros e da impossibilidade de acabar com as escavações clandestinas que alimentam um comércio internacional florescente, a China introduziu a arqueologia preventiva. Vira-se para novas problemáticas e envia para o estrangeiro os melhores dos seus jovens arqueólogos a fim de completarem a sua formação.

Alain Thote

▶ ARQUEOLOGIA E PODER LOCAL

ARQUEOLOGIA E PODER LOCAL

A abertura económica da China contribuiu para modificar a representação que o país, as províncias e as regiões têm de si mesmos, partindo do seu património arqueológico.

Em particular, a ideia tradicional de que a civilização chinesa teve início num único pólo, a planície central, para se expandir até às regiões mais afastadas e assim se tendo formado o país que hoje conhecemos, foi refutada pelas descobertas realizadas em províncias como as do Liaoning, no Norte, o Zhejiang e o Jiangsu, no Sudeste, o Hunan e o Jiangxi, no Sul, e o Sichuan, no Ocidente.

Desde o neolítico que culturas ricas e originais se desenvolveram nestas regiões. No segundo milénio, em plena Idade do Bronze, algumas civilizações, como a de Sanxingdui, em Sichuan, rivalizaram com a civilização dos Shang (ca. de 1500-1050 a.C.). No entanto, contrariamente aos Shang, não dispunham de escrita e não puderam deixar outros vestígios para além dos materiais descobertos na sequência do desenvolvimento económico recente.

Desde os anos 80-90 que a arqueologia contribuiu para a criação de novas identidades nacionais e locais. Surge actualmente uma identidade nacional fundada na ideia de que a civilização chinesa se formou a partir de diversos núcleos, por vezes muito distantes uns dos outros, mas em certa medida interdependentes. Para reforçar esta identidade, atribui-se-lhe arbitrariamente 5000 anos, em correspondência com o Próximo Oriente e o Egipto.

Formaram-se paralelamente identidades aos níveis provincial e local com a descoberta de vestígios notáveis, como, por exemplo, os do reino de Chu, em Hubei (mais ou menos entre o século VIII e o século III a.C.).

Isto deu origem a querelas a favor da conservação ao nível local, e não ao nível provincial, e deste, e não ao nível nacional, dos objectos encontrados nas escavações, muitas vezes testemunho de um esplendor registado no passado, mas que se entende serem actualmente factores de prosperidade.

Alain Thote

➤ ARQUEOLOGIA, LOCAL

ARQUITECTURA

A arquitectura é considerada uma arte antiga na China. A tradição associou-a frequentemente a outras formas de arte como a escultura, a pintura, a caligrafia, a poesia e a literatura.

A longa história da arquitectura chinesa começa pelas práticas dos mestres das construções, formados ao longo de muitos anos de aprendizagem, atentos às tradições orais e às regras dos tratados tradicionais.

Ao contrário dos edifícios antigos do Ocidente, realizados sobretudo com pedra ou tijolos, a estrutura dos edifícios tradicionais chineses é maioritariamente feita de madeira, o que explica a raridade do património arquitectónico ainda existente.

Dominada pelos carpinteiros, a construção é muito codificada e padronizada. O primeiro manual de construção oficial, o *Yanzhao Fashi*, foi publicado em 1100, na dinastia Song (960-1279). Normaliza o princípio dos módulos, o nome e a composição de cada elemento e define as regras e os procedimentos de uma arte da construção que se reparte por treze profissões.

Nesta época, as casas eram consideradas reflexo da identidade social do seu proprietário e a sua construção era estritamente regulamentada em termos de dimensão, forma, uso das cores e decoração.

Até ao início do século XIX, a tradição arquitectónica continuou a ser muito forte e pouco influenciada pelas culturas estrangeiras. A arquitectura ocidental surgiu com as concessões estrangeiras. Especuladores ocidentais, acompanhados pelos seus arquitectos, construíram então bairros inteiros. A passagem para esta arquitectura diferente foi brutal.

O início da arquitectura moderna chinesa ficou assinalado pela criação por Liang Sicheng (1901-1972), filho do célebre reformista Liang Qichao (1873-1929), dos primeiros departamentos de arquitectura nas universidades, em primeiro lugar na do Nordeste, em 1928, e depois na de Qinghua, em 1946.

Após ter tido três anos de formação clássica, segundo o modelo das belas-artes, na Universidade da Pensilvânia, Liang Sicheng, com o seu regresso à China, introduziu os métodos de concepção e construção e as práticas dos arquitectos ocidentais.

Desde o início que a difusão destes conhecimentos fez parte da busca da integração das técnicas de construção modernas na cultura tradicional chinesa.

Foi nesta perspectiva que Liang Sicheng realizou a primeira investigação sistemática sobre a história da arquitectura chinesa. Nisso foi imitado pela maioria dos grandes arquitectos da época, também eles formados na Europa ou nos Estados Unidos, como foi o caso, por exemplo, de Tang Tingbao, Chen Zhi e Tong Jun. As realizações notáveis desta geração ficam a assinalar o renascimento da arte da arquitectura no século XX.

Após 1949, a actividade da construção, interrompida por guerras sucessivas, foi rapidamente retomada. A necessidade de reconstruir rápida e maciçamente proporcionou uma rara oportunidade aos arquitectos chineses, para além de ter representado um grande desafio.

Os princípios arquitectónicos do movimento modernista, que eram os que melhor correspondiam às condições económicas e sociais da época, tornaram-se então a doutrina predominante.

Em 1952, a Universidade Tongji, em Xangai, criou o seu próprio departamento de arquitectura, dirigido por Huang Zuoshen (1915-1975), o primeiro aluno chinês de Walter Gropius, na Universidade de Harvard. A Escola de Tongji tornou-se rapidamente a principal difusora do pensamento e das técnicas da Bauhaus e o símbolo do novo espírito modernista da arquitectura.

Estas duas grandes correntes, o modelo clássico das belas-artes, e o movimento da arquitectura modernista, promovidos, respectivamente, pelas duas grandes escolas de Qinghua e Tongji, dominaram até hoje a evolução da arquitectura da China. Razões políticas concederam igualmente um lugar à arquitectura russa durante os anos 50 e 60.

Desde os anos 80, à medida que o país se ia abrindo ao exterior e se globalizava, a criação arquitectónica chinesa perdeu-se num pluralismo total. Uma nova geração de arquitectos começou a surgir e interroga-se se será pertinente hoje em dia levantar a questão de uma arquitectura contemporânea especificamente chinesa.

Zhuo Jian

➤ CIDADES, EXÉRCITO, PATRIMÓNIO, URBANISMO

ARROZ

A história, a cultura material, a vida quotidiana e o próprio imaginário da China foram e continuam ainda a ser profundamente marcados e modelados pelo arroz, ainda que este cereal não tenha sido o único a fazer parte do menu quotidiano, em particular no Norte, onde os milhos-miúdos e o trigo predominam.

Sem que se possa afirmar que a domesticação das espécies de arroz selvagem tivesse ocorrido primeiramente na China, porque se pensa actualmente que aconteceu em vários locais do Sudeste da Ásia (de Myanmar até ao Vietname), no sopé das montanhas, a cultura deste cereal acompanha há milhares de anos o desenvolvimento da civilização chinesa.

As variedades de arroz cultivadas na China pertencem todas à espécie *Oryza sativa*.

Distinguem-se actualmente cerca de mil variedades, que diferem pela morfologia, período de maturação, necessidade de água, resistência às doenças e carácter glutinoso, perfumado ou colorido (branco ou vermelho).

Estas variedades repartem-se por dois grandes grupos: *japonica*, de grão curto e largo, cultivado sobretudo na província de Shandong e em altitude (500-2000 metros), e *indica*, de grão alongado e que fica mais inteiro depois de cozido.

Estes grupos subdividem-se em arroz glutinoso e não glutinoso. Os arrozes glutinosos, muito apreciados como alimentos de cerimónia e para fabricar vinhos de arroz, devem o seu carácter, não à presença de glúten, mas à de dextrina e de maltose.

Base da alimentação chinesa, o arroz vê todavia a sua cultura ameaçada.

Devido à industrialização e à urbanização, a superfície dos arrozais diminui na China. A salinização e a obstrução dos solos e a diminuição da qualidade e da quantidade de água disponível para a orizicultura provocam a estagnação ou a diminuição da produção.

O aumento necessário da produção não poderá acontecer senão com a melhoria dos procedimentos de armazenagem e de transporte, bem como com a investigação agronómica.

Esta última está centrada nas variedades híbridas, chamadas de «superarroz», e nas modificações genéticas.

As variedades de superarroz, que surgiram em meados dos anos 90, permitem ultrapassar em 20% as colheitas tradicionais das variedades de alto rendimento, podendo atingir até 12 toneladas por hectare.

Asseguram cerca de dois terços da produção nacional chinesa, ocupando mais de 50% da superfície total dos arrozais.

No entanto, as estratégias de desenvolvimento orizícola diferem de região para região. O Anhui, por exemplo, desenvolve o arroz de crescimento rápido, mas o Jiangsu e o Zhejiang já não, pois não o consideram bom.

Quanto ao arroz geneticamente modificado, a investigação concentra-se em espécies produtoras de betacaroteno, precursor da vitamina A (é o arroz dourado, que se considera contrariar os problemas oculares) e nos arrozes tolerantes aos herbicidas ou resistentes a certas doenças, domínios em que a China adquiriu uma efectiva competência.

A China possui, de facto, vantagens técnicas na cultura do arroz híbrido, face aos países da ASEAN. Propôs-lhe uma cooperação económica e tecnológica neste domínio, instalando, por exemplo, um centro de cultura de arroz híbrido nas Filipinas.

Frédéric Obringer

➤ AGRICULTURA, ÁGUA, ARROZAIS, CEREAIS, HIDRÁULICA, ORGANISMOS GENETICAMENTE MODIFICADOS

ARROZAIS

A China é o primeiro produtor mundial de arroz. Este representava 44% da sua produção cerealífera em 2002. As exportações chinesas eram de dois milhões de toneladas e as importações de 240 000 toneladas.

A China, porém, só produziu 160,7 milhões de toneladas em 2003, o que representava o seu nível mais baixo desde 1994, tendo-se tornado importadora em 2004, com um total entre 400 000 e 500 000 toneladas.

As superfícies de cultura do arroz, e, mais em geral, de cereais, não cessam, de facto, de baixar: 32,090 milhões de hectares em 1992 e 28,202 milhões em 2002, ou seja, uma baixa de 12%, enquanto as superfícies cultivadas aumentaram globalmente 5 % no mesmo período.

Esta diminuição observa-se nomeadamente nas regiões litorais: 24% em Guangdong e 19% em Jiangsu. Mais para o interior do país, os arrozais perderam 15% da sua superfície em Hunan e 9% em Sichuan e em Chonqing.

Várias razões explicam este fenómeno.

As produções agrícolas de base são pouco rentáveis e estão integradas no mercado de forma desigual. O autoconsumo nas aldeias continua, na verdade, a ser importante, com apenas um terço dos cereais a ser vendido fora delas.

Verifica-se também uma baixa global do consumo de cereais de base, acompanhada entre os camponeses por uma especialização e uma diversificação para produções mais lucrativas (óleos, bebidas alcoólicas e criação de gado), destinadas aos mercados urbanos.

A concorrência pelo solo nas regiões em desenvolvimento, relacionada com a industrialização, a urbanização e a multiplicação dos equipamentos, nomeadamente de transportes, é outro factor determinante da redução dos arrozais, a que acresce com demasiada frequência a poluição das águas e do ar.

As autoridades chinesas, como as do delta do rio das Pérolas, em 1994, aplicaram muito cedo uma política de luta contra a conversão dos espaços orizícolas ou agrícolas de base a fim de limitar os riscos de dependência inter-regional.

Thierry Sanjuan

➤ AGRICULTURA, ÁGUA, ARROZ, CEREAIS, CIDADES E AS ZONAS RURAIS (AS), HIDRÁULICA, URBANIZAÇÃO

ARTE CONTEMPORÂNEA

A arte contemporânea surgiu muito tardiamente na China, no início da sua abertura.

Em 1979, os jovens estudantes descobriram com estupefacção, em catálogos que circulavam ainda às escondidas, as múltiplas correntes da arte contemporânea internacional que se desenvolveram longe deles durante cerca de meio século. Nos limites da tolerância política, um pequeno grupo lançou-se neste universo e criou o Movimento das Estrelas (*Xingxing*). Deram origem a uma arte contemporânea chinesa muito criativa. Estes artistas de vanguarda absorveram e recriaram, com atraso, o trabalho dos artistas ocidentais. Em 1984, teve lugar uma exposição dadaísta na cidade de Xiamen, em Fujian.

Em Abril de 1989, alguns dias após o início do movimento democrático de Tiananmen, teve lugar no Palácio das Belas Artes, em Pequim, uma primeira grande exposição intitulada «A Vanguarda da China», que reuniu mais de cem artistas, e que ambicionava fazer um balanço desta primeira década de arte contemporânea independente. No entanto, a exposição foi proibida algumas horas após ter sido inaugurada.

A repressão de 1990-1991 remete os artistas de vanguarda, que estiveram bastante envolvidos nos acontecimentos de Tiananmen, para o fundo dos seus *ateliers*. Alguns deles exilaram-se na Europa ou nos Estados Unidos.

Foi no Brasil, durante a Bienal de São Paulo de 1993, que o mundo da arte internacional descobriu as criações destes artistas chineses.

Adolescente e em busca da sua própria identidade, a arte chinesa de vanguarda questiona-se e suscita ela mesma outras questões.

Na cena internacional, os artistas chineses foram uma lufada de ar fresco. A sua consagração teve lugar em 1999, na Bienal de Veneza, onde estiveram presentes mais de vinte artistas chineses.

Através da sua pesquisa pessoal, o resto do mundo descobriu outra face da China, afastada dos *clichés* convencionais. Os artistas traduziam a complexidade dos sentimentos por que passa a sociedade chinesa actual, como, por exemplo, a nostalgia e a mágoa pelo passado, o orgulho do grande reencontro, a competição do presente, as interrogações relativas ao futuro e a integração da China num mundo moderno e globalizado. Redescobriram o erotismo, a poesia, as cores.

Este reconhecimento internacional e a autonomia que por fim foi permitida aos *ateliers*, ainda que estes artistas não tenham qualquer lugar nas exposições realizadas nos espaços públicos da China, permitiram uma imensa criatividade.

Da sua formação na escola do realismo soviético, estes artistas chineses conservaram uma mestria perfeita do óleo sobre tela, a precisão do traço e a profundidade perturbante dos retratos da gente do povo. Herdaram da grande tradição pictórica chinesa a capacidade de traduzir uma emoção simples em poucos traços.

Há várias correntes diferentes, cada uma orientada por um «fundador». Wang Guangyi, à frente do movimento *Pop-Político*, ridiculariza velhas imagens de propaganda, os realistas cínicos (Fang Lijun e Yue Minjun) suscitam um riso amargo dirigido aos desvios da sociedade actual e os realistas surrealistas (Zhang Xiaogang) levantam a questão da memória e do esquecimento.

A escola *Kitsch* (Feng Zhenjie) iniciou a segunda geração (nascida no final dos anos 60 e nos anos 70), que se interessa sobretudo pela China actual e futura. Nas outras artes, o videasta Zhang Peili e o escultor Sui Jianguo fizeram igualmente parte dos fundadores, enquanto Gu Dexin abriu a porta às instalações.

Surgiu por fim uma terceira geração de artistas, nascida na China das reformas, no final dos anos 70 e nos anos 80. A sua visão mais comercial foi encorajada pela subida dos preços da arte contemporânea chinesa no mercado internacional da arte. Todavia, ainda que alguns destes jovens artistas tenham a tentação de se inspirar nos mais velhos, não transmitem para as obras a mesma força.

Caroline Puel

➤ CINEMA, CULTURA, ROMANCE

ARTES MARCIAIS

As artes marciais chinesas inscrevem-se numa longa história e, com as suas implicações, ultrapassaram sempre o quadro estrito dos exercícios físicos. Têm ainda hoje um valor simbólico impregnado de orgulho nacional.

Um dos lugares emblemáticos deste treino do corpo e do espírito, o templo budista de Shaolin, na província de Henan, foi fundado em 495. Solicitou em 2005 (sem sucesso até hoje) ser proposto pelo regime de Pequim para património mundial da UNESCO. A humilhação do movimento dos *boxers* em 1900 pelas tropas aliadas ocidentais está ainda presente na memória ferida dos Chineses.

O termo *wushu* (arte marcial) e o de *kung fu* (mestria virtuosa das artes de combate) referem-se hoje em dia a múltiplas escolas de boxe de mãos livres (*quan fa*), como o boxe do Norte e o do Sul e o *tai chi chuan* (boxe da cumeeira suprema), que tem mais implicações médicas do que belicosas. Há igualmente técnicas de armas, como a espada, o pau ou a alabarda.

A febre das artes marciais nos anos 80 ocorreu ao mesmo tempo que a do *qi gong*, com um forte envolvimento sociológico, ideológico e prático das associações que congregavam os discípulos destes dois movimentos.

Os filmes e os romances de artes marciais, vindos em primeiro lugar de Hong Kong e de Taiwan e cujo exemplo mais célebre é *O Templo de Shaolin*, encontraram então um entusiasmo extraordinário na juventude de um país em plena mutação, seduzida pelo carácter espectacular de exercícios em que a força do espírito parece ser capaz de todas as proezas, enquanto os templos de Shaolin, Wudang e de Emei assistem à chegada de numerosos adeptos.

Calcula-se que 60 milhões de Chineses praticavam artes marciais no início do novo século.

Frédéric Obringer

➤ BUDISMO, CINEMA, MEDICINA TRADICIONAL, *QI GONG*

ÁSIA CENTRAL (A CHINA E A)

O nascimento de cinco repúblicas na Ásia Central, o Cazaquistão, o Quirguistão, o Tajiquistão, o Uzbequistão e o Turquemenistão, na sequência da derrocada da União Soviética, em Dezembro de 1991, permitiu à China recuperar uma certa influência na região, após várias décadas de ausência.

As relações políticas, comerciais e culturais entre a China e a Ásia Central são, de facto, muito antigas.

As dinastias chinesas sempre procuraram estender-se para o Ocidente, muitas vezes com ameaças, a fim de melhor proteger o coração do império.

Nos períodos de paz, as relações comerciais com a região foram muitas vezes frutuosas, como se prova com as rotas da seda e o esplendor de alguns oásis que ainda se mantêm na actual região autónoma do Xinjiang. Foi também pela Ásia Central que o Islão fez a sua entrada no mundo chinês.

No entanto, a afirmação da potência russa na segunda metade do século XIX, o nascimento da URSS em 1917 e, depois, a ruptura sino-soviética na viragem dos anos 60 atenuaram progressivamente a influência chinesa nesta região até a fazerem desaparecer.

O nascimento das repúblicas da Ásia Central constituiu assim uma mudança geopolítica importante para a China, mas teve dois aspectos.

Por um lado, representou o desaparecimento da ameaça soviética e o afastamento do grande vizinho russo das fronteiras ocidentais chinesas e anunciava a reconstrução de uma região onde a China em desenvolvimento podia, por fim, assumir um lugar diplomático e económico.

Por outro lado, foi também uma fonte de inquietação. Os temores chineses dizem fundamentalmente respeito à segurança da região autónoma do Xinjiang, onde vivem importantes minorias turcófonas (Uigures, Cazaques) e persófonas (Tajiques), na sua maior parte muçulmanas, e que possuem afinidades étnicas, linguísticas, culturais e religiosas com as populações situadas do outro lado da fronteira.

Para as autoridades chinesas, o novo destino nacional dos povos da Ásia Central era, por isso, susceptível de revigorar o nacionalismo uigure e de encorajar o separatismo regional. Temiam também que surgissem nestas repúblicas nascentes movimentos pan-turcos ou islâmicos radicais, considerados perigosos para a estabilidade regional.

Os receios forçaram a China a reconhecer rapidamente os seus novos vizinhos. Foram assim encetadas negociações fronteiriças com o Cazaquistão, o Quirguistão e o Tajiquistão, herdeiros do antigo traçado fronteiriço sino-soviético que estivera em litígio e que os dois inimigos comunistas nunca conseguiram delimitar.

Estas negociações tornaram-se difíceis devido à topografia, nomeadamente no maciço do Pamir, bem como por algumas contestações no Quirguistão e no Tajiquistão de populações locais e de alguns oficiais que criticaram as cedências territoriais feitas à China pelos respectivos governos. No entanto, acabaram por ser concluídas: a delimitação da fronteira sino-cazaque foi efectuada em 1988, ao passo que as das fronteiras sino-quirguiz e sino-tajique o foram em 2002.

Paralelamente, a China convidou os seus três vizinhos para discutirem questões de segurança regional numa estrutura multilateral, a que também foi associada a Rússia. Criada em 1996 para organizar a delimitação das suas fronteiras comuns, esta estrutura, designada de início como «os Cinco de Xangai», transformou-se na Organização de Cooperação de Xangai (OCX) em Junho de 2001. Passou então a ter seis membros com a entrada do Uzbequistão.

Para a China, os objectivos políticos e estratégicos desta estrutura consistem em lutar contra o «separatismo nacionalista», o «radicalismo religioso» e o «terrorismo internacional». Noutros termos, a OCX é um instrumento para a China defender a estabilidade da região autónoma do Xianjiang.

Para abandonar esta obsessão com a segurança, que, no entanto, é considerada indispensável pelos diferentes Estados e que continuará a ser, sem dúvida, o motor desta cooperação, a China tenta introduzir nesta estrutura multilateral um objectivo económico.

Em Setembro de 2003, o primeiro-ministro chinês, Wen Jiabao, propôs aos seus parceiros da OCX a criação de uma zona de comércio livre entre os seis países e um banco de desenvolvimento.

Com esta proposta, a China espera sobretudo criar um ambiente estável e dinâmico que permita o desenvolvimento do Xinjiang, que foi também transformado por aquela num dos principais beneficiários do seu projecto de desenvolvimento do Oeste.

A Ásia Central apresenta-se como um novo mercado para as produções chinesas, embora a fraqueza da estrutura económica dos diferentes Estados não permita de momento dar efectivamente início a um processo dinâmico. Em 2003, o comércio da China com a Ásia Central não representava senão 0,5% do total do seu comércio externo.

Por ora, são sobretudo as ricas jazidas de petróleo do Cazaquistão e as de gás do Turquemenistão que suscitam a cobiça das autoridades chinesas. Com o objectivo de diversificar as fontes de abastecimento, as companhias petrolíferas chinesas são das mais activas na região. Em 2003, foi assinado o acordo sino-cazaque que prevê a construção de um oleoduto de 3100 quilómetros entre a jazida de Aktyubinsk e Urumqi.

A Ásia Central é, portanto, uma região eminentemente estratégica para a China. A influência desta encontra-se, contudo, limitada pela da Rússia, que continua a considerar esta zona como seu próprio feudo, bem como pela dos Estados Unidos, que aumentou muito desde o começo da guerra do Afeganistão no Outono de 2001.

Sébastien Colin

➤ ENERGIA E RECURSOS NATURAIS, ISLÃO, NACIONALIDADES, OESTE (PROJECTO DE DESENVOLVIMENTO DO), POLÍTICA EXTERNA, REGIÕES FRONTEIRIÇAS, UIGURES, XINJIANG

ASSEMBLEIA NACIONAL POPULAR

A Assembleia Nacional Popular (ANP) e as assembleias populares são oficialmente os «órgãos através dos quais o povo exerce o poder de Estado».

Eleitas em princípio directamente aos níveis do cantão e do distrito e indirectamente nos escalões superiores (municipal, provincial e nacional) para um mandato de cinco anos, as assembleias populares são, na verdade, constituídas com base em listas de candidaturas formadas pelo Partido Comunista (PC). Embora tenha sido introduzida alguma incerteza no escalão de base, quanto mais nos aproximamos do centro, maior é o número de deputados que são quadros ou membros do PC.

Na APN eleita no início de 2003 (2985 membros), os quadros (33%) e os «intelectuais» (21%) constituem os principais grupos socioprofissionais, à frente dos operários e dos camponeses (18%). Os militares (9%) e os membros do PC (mais de dois terços) estão nela largamente sobre-representados.

Desde os anos 80, no entanto, a ANP aumentou pouco a pouco o seu papel institucional em matéria legislativa e, em menor medida, de controlo das actividades do governo central.

Reunindo-se em sessão plenária todos os anos no mês de Março, os deputados da ANP não exercem qualquer influência nos processos de decisão. Utilizam sobretudo esta tribuna como caixa de ressonância nacional dos problemas que enfrentam ao nível local. Embora possam expressar o seu mau humor ao designar «mais ou menos bem» este ou aquele dirigente do Estado, nunca rejeitaram uma só candidatura oficial (não podem propor outras candidaturas), nem um só projecto de lei submetido pelo Conselho dos Assuntos de Estado.

Reunindo-se todos os dois meses, o Comité Permanente da ANP (175 membros) possui poderes mais amplos. Por isso, esta instância recusou por vezes submeter à votação alguns projectos de lei. Por outro lado, trabalham sob a sua orientação as comissões especializadas da ANP e um certo número de comités de trabalho, entre os quais o Comité Legislativo, que, formado por juristas profissionais, desempenha um papel notável na elaboração das leis.

Todavia, os trabalhos da ANP continuam a ser dirigidos no dia a dia pelo Conselho da Presidência, uma instância de 16 membros (um presidente, que é sempre o número dois do Gabinete Político do PC, actualmente Wu Bangguo, e 15 vice-presidentes, sendo um deles secretário-geral), composta por antigos ministros e personalidades não comunistas ou pertencentes às principais minorias étnicas do País. São as cidades mais importantes que nela exercem o poder real.

As prerrogativas das assembleias populares locais continuam a ser muito limitadas. Ao passo que nos domínios legislativo e regulamentar o seu papel começa a afirmar-se, sobretudo quando os deputados representam grupos de interesse mais profissionais ou privados, as suas competências em matéria de nomeação dos responsáveis do mesmo escalão raramente são reconhecidas. Consequentemente, a influência destas assembleias sobre a tomada de decisão continua a ser desproporcionalmente pequena e, no seu conjunto, modesta.

Jean-Pierre Cabestan

➤ ADMINISTRAÇÃO TERRITORIAL, CONSTITUIÇÃO, ELEIÇÕES, GOVERNO, PARTIDO COMUNISTA, QUADROS E FUNCIONÁRIOS

AUTOMÓVEL (SECTOR)

O crescimento súbito da produção automóvel constitui um dos aspectos mais impressionantes do aumento do poder da indústria chinesa.

A China, que ultrapassou a Alemanha em 2004, é agora o terceiro construtor mundial (atrás do Japão e dos Estados Unidos) e é razoável que possa pretender atingir o primeiro lugar até ao final da próxima década. Em 2004, a produção ultrapassou 5 milhões de veículos, dos quais 50% eram particulares. Após um crescimento recorde de 34% em 2003, a produção abrandou em 2004 e 2005 (aumentos de 10 e 15%, respectivamente).

Enquanto há 20 anos atrás os veículos particulares eram na sua quase totalidade possuídos pelas administrações e pelas empresas, agora são os particulares os seus maiores clientes.

Alguns grandes grupos realizam 90% das vendas: Shangai Automobile Industry Corp (SAIC), First Auto Works (FAW) e Dongfeng Motor Corp (DFM). Estes grupos chineses estabeleceram acordos com parceiros estrangeiros (a SAIC com a Volkswagen e a General Motors, a FAW com a Volkswagen e a Toyota e a DFM com a Nissan e a PSA). No entanto, os Chineses, que pretendem manter o seu controlo, limitam as tomadas de participação estrangeiras a 50%.

Não há muito espaço para uma produção propriamente chinesa. A Chery, detida em 20% pela SAIC, copiou um modelo da General Motors (sócia da casa-mãe), que pediu uma indemnização. A empresa privada Geely, que firmou um acordo com um grupo de Hong Kong, tem uma quota de 4% no mercado de veículos particulares e cresce rapidamente, porque o seu modelo é muito menos caro do que os dos concorrentes. Produziu 165 000 veículos em 2004 e planeou um 1 000 000 para 2007. A Geely, que beneficia da fraca protecção da propriedade intelectual, foi processada pela Toyota por contrafacção.

Embora os direitos de importação tenham sido fortemente reduzidos após a entrada na Organização Mundial do Comércio, as importações continuam a ter pouca expressão (5% da procura).

As opiniões dividem-se no que respeita às perspectivas de futuro. Os mais optimistas acentuam a importância do mercado chinês e o aparecimento de uma classe média que vai poupando para adquirir automóvel. Todavia, há o risco do excesso de capacidade, que se traduziu, a partir de 2004, numa concorrência feroz, que, por sua vez, conduziu à baixa dos preços e à queda dos lucros, sobretudo em 2005.

Por último, a necessidade de proteger o ambiente e o custo do petróleo (de que um terço é importado) poderá levar a rever em baixa previsões demasiado optimistas.

A China não poderá absorver a totalidade dos veículos que constrói. A estratégia do governo é exportar a prazo 40% dos veículos produzidos, ao mesmo tempo que procede ao resgate das empresas estrangeiras (a SAIC, que acabou por renunciar a comprar; a Rover adquiriu, no entanto, as suas licenças)

Podemos esperar, portanto, nos próximos anos, que surjam na Europa e na América do Norte viaturas chinesas a preços reduzidos, o que irá provocar bastantes conflitos com os parceiros estrangeiros, que são, ao mesmo tempo, associados e concorrentes.

Yves Citoleux

➤ AMBIENTE, CIRCULAÇÃO URBANA, CONSUMO, CONTRAFACÇÃO, EMPRESAS DE CAPITAL ESTRANGEIRO, INVESTIMENTO DIRECTO ESTRANGEIRO, PETRÓLEO, POLUIÇÃO, TRANSPORTES

B

BALANÇA DE PAGAMENTOS

Desde o início dos anos 90, a China tem uma balança de operações correntes regularmente excedentária: o excedente das suas trocas comerciais é superior ao défice resultante da soma das suas trocas de serviços com o pagamento dos juros da sua dívida externa. Com os seus rendimentos correntes a superar as despesas correntes, a China regista uma poupança líquida.

A balança financeira, que descreve como o défice (ou o superavit) das operações correntes é equilibrado pelas entradas (ou as saídas) de capitais, também regista um saldo positivo, quer dizer, tem entradas de capitais superiores às saídas. As entradas de capitais resultam fundamentalmente de investimentos directos estrangeiros (criação de empresas de capital misto ou totalmente estrangeiro), porque estes foram promovidos pela política chinesa, que, pelo contrário, limitou os investimentos de carteira (compra de títulos na bolsa) e os empréstimos do estrangeiro. As saídas de capitais pelas empresas e particulares são limitadas por regulamentos.

O duplo excedente da conta corrente e da conta de capital traduz-se pela entrada líquida de divisas no país, o que leva as autoridades chinesas a acumular as respectivas reservas.

Entre 1995 e 2000, a acumulação das reservas abrandou, devido a saídas ilegais de capitais. As fugas de capitais (que transparecem na rubrica «erros e omissões» da balança de pagamentos) realizam-se nomeadamente mediante a subfacturação das exportações, sendo paga a diferença em contas detidas no estrangeiro. Estas fugas atingiram o seu máximo em 1997-1998, quando a crise financeira asiática levava a prever a desvalorização do *yuan*.

Desde 2002, pelo contrário, as antecipações de uma revalorização do *yuan* conduziram a entradas maciças de capitais especulativos, o que contribuiu para o aumento das reservas de divisas. Estas passaram de 212 mil milhões de dólares em Dezembro de 2001 para mais de 800 mil milhões no final de 2005. Dois terços são detidos em dólares, 20% em euros e 5% em ienes. Uma parte das reservas de divisas em dólares é colocada em títulos do Tesouro americano e a China é, por isso, o segundo credor dos Estados Unidos, após o Japão.

A balança de pagamentos da China após 2002 faz transparecer uma situação paradoxal: a de um país ainda pobre cujo excedente contribui para financiar a economia de um dos países mais ricos do planeta.

Françoise Lemoine

➤ COMÉRCIO EXTERNO, ESTADOS UNIDOS (A CHINA E OS), INVESTIMENTO DIRECTO ESTRANGEIRO, *YUAN*

BANCA

O sistema bancário da China é composto por quatro grandes bancos do Estado (o Banco da China, o Banco Industrial e Comercial, o Banco da Construção e o

Banco da Agricultura), bem como por outros bancos de menor envergadura (bancos municipais e locais, bancos estrangeiros), a que se juntam as cooperativas urbanas e rurais de crédito.

Os quatro bancos do Estado detêm ainda mais de metade dos activos e dos empréstimos do sistema bancário, embora o seu peso tenha tendência a reduzir-se. Os outros bancos também são controlados pelo governo central ou pelos governos locais, à excepção de um banco privado chinês e dos bancos estrangeiros.

Ainda mais do que na indústria, o governo adiou a privatização do sector bancário e a quase ausência de banca privada revela as reticências das autoridades políticas em abandonar este importante instrumento do poder. O sector bancário privado está, portanto, reduzido aos circuitos informais, que são muitas vezes a única fonte de financiamento das pequenas empresas privadas.

Os bancos estrangeiros foram autorizados em 2002, aquando da entrada da China na Organização Mundial do Comércio, e a maioria das restrições à sua actividade desapareceria em 2007. Todavia, o seu peso é ainda mínimo (1,5% dos activos em 2003).

O sistema bancário chinês é, ao mesmo tempo, poderoso e frágil. Dispõe, na verdade, de uma enorme massa de liquidez, que provém da elevada poupança das famílias, que não dispõem de alternativa a depositá-la na banca. Mas os bancos chineses são frágeis, porque os créditos que concedem não são muitas vezes reembolsados ou são-no com atraso, e estes «créditos duvidosos» são, por isso, a praga do sistema bancário.

Os bancos chineses não têm, de facto, a cultura de gestão dos riscos de que dispõem os bancos das economias de mercado, porque, até 1995, não passavam de meros *guichés* de distribuição de fundos às ordens do governo. A capacidade de analisar e de seleccionar projectos só lentamente se adquire.

A lei bancária de 1995 transformou-os em sociedades, conferindo-lhes a responsabilidade pelos lucros e as perdas, mas, de facto, manteve-se a pressão das autoridades políticas, nomeadamente das locais, sobre a distribuição do crédito.

Desde 1998, as autoridades chinesas tiveram de proceder a operações onerosas de salvamento dos grandes bancos do Estado.

Entre 1998 e 2005, o ministério das Finanças e o Banco Central aplicaram o equivalente a 430 mil milhões de dólares, ou seja, cerca de 30% do produto interno bruto (PIB) do país, na recapitalização destes bancos e na anulação dos créditos de cobrança duvidosa. Tendo em consideração o que continua por realizar, a factura total deve aproximar-se de 600 mil milhões de dólares, ou seja, 40% do PIB chinês.

É claro que os grandes bancos viram o seu balanço grandemente beneficiado e se esforçam por aplicar as normas internacionais à sua gestão. Os créditos duvidosos não representam mais do que 10% dos saldos dos seus empréstimos em Junho de 2005, contra 26% ainda em 2002. Mas continua a existir o risco de que esta melhoria seja de curta duração e que os créditos concedidos continuem a fazer aumentar os créditos de cobrança duvidosa. Ora, as finanças já não poderão cobrir os custos de uma nova recapitalização.

Para que os bancos chineses obtenham os capitais, a competência e a formação de que carecem, o governo chinês aposta nos investimentos estrangeiros. Desde 2002, as sociedades estrangeiras têm o direito de tomar uma participação directa nos bancos chineses até 25% do capital (20% por um mesmo accionista), tendo sido neles investido mais de 14 mil milhões de dólares (valores de meados de 2005).

Os investimentos estrangeiros estão presentes numa quinzena de bancos, entre os quais três grandes bancos do Estado, e a sua lista não cessa de aumentar. Para além disso, as autoridades têm um programa destinado a cotar os bancos na bolsa. Em Junho de 2004, o Banco das Comunicações, o quinto banco chinês, passou a ser cotado na bolsa de Hong Kong, o Banco da Construção passou a sê-lo em Outubro de 2005 e o Banco da China em 2006.

Os bancos chineses, tal como os bancos estrangeiros, preparavam-se entretanto para a abertura do mercado à concorrência em Janeiro de 2007.

Para os bancos estrangeiros, atraídos pelas enormes reservas e o crescimento económico excepcional do país, investir num banco local é um bilhete de entrada no mercado, o que lhes dá acesso à rede e aos recursos em moeda local.

Quanto aos bancos chineses, agora confrontados com a concorrência dos bancos estrangeiros, têm necessidade destes investidores estratégicos para se prepararem para a enfrentar. O governo chinês cede, portanto, uma parte do seu controlo sobre os bancos para que o sector adquira os mesmos níveis de competência do ponto de vista dos controlos do risco e da oferta de produtos.

Todavia, a opacidade das contas dos bancos chineses e das regras de gestão actuais e o carácter muito minoritário das participações autorizadas fazem dos investimentos dos bancos estrangeiros na China uma verdadeira aposta.

Françoise Lemoine

➤ BOLSA, COOPERATIVAS RURAIS DE CRÉDITO, EMPRESAS DE CAPITAL ESTRANGEIRO, EMPRESAS DO ESTADO, TONTINAS

BICICLETA

Popularizada quando Mao Tzé Tung detinha o poder, estando então reservada a uma elite operária, a bicicleta só se generalizou verdadeiramente a partir do final dos anos 70, sob o efeito combinado do aumento dos rendimentos, da reestruturação da indústria chinesa de velocípedes e da reforma do sector da distribuição.

O produto final evoluiu muito, passando da robustez austera das marcas Fénix e Pombo para uma gama de produtos variada e adaptada a uma procura mais volátil.

Actualmente, a bicicleta é um dos modos de transporte dominantes da China urbana, onde a taxa de equipamento das famílias é de 143% e ainda maior nas grandes cidades.

Se este modo de transporte conheceu o seu apogeu nos anos 80 com a aplicação de um verdadeiro «sistema para bicicletas» (vias reservadas aos ciclistas, parques de estacionamento, reparadores de rua, etc.), regista desde então uma diminuição da sua participação nos transportes em benefício dos modos motorizados.

Jean-François Doulet

➤ AUTOMÓVEL (SECTOR), CIDADES, TRANSPORTES

BLOGUES

Ultrapassando oficialmente a população de internautas da China os 110 milhões, um inquérito realizado por um dos principais motores de busca do país, o Baidu, indica que em Novembro de 2005 haveria nada menos de 16 milhões de bloguistas chineses, num total de 36,82 milhões de blogues registados em 658 sítios. Os principais sítios que os acolhem são o MSN Spaces, o Bokee, o Tianya, o Bogcn, o Blogbus e o Netease.

«*Blog*» («blogue» em português) é uma contracção do termo inglês «*weblog*» (literalmente «um caderno na rede») e apresenta-se sob a forma de um jornal pessoal semelhante a um sítio cujas entradas textuais, muitas vezes breves, são datadas e apresentadas na ordem inversa da cronológica.

Acompanhando os estados de humor do seu criador, constitui um espaço privilegiado na fronteira do privado e do público, no qual se comunicam ideias e impressões sobre assuntos diversos, enriquecidos com excertos de textos de outros autores e imagens simples, ligações para hipertextos, citações, etc. O leitor é em geral convidado a deixar os seus comentários.

A importância do fenómeno na China ficou amplamente reconhecida em Novembro de 2003 com o sucesso retumbante do blogue de Wu Zimei, a jornalista de Cantão que relatava o dia a dia das suas aventuras e fantasmas sexuais, que se tornou em poucos dias o sítio mais visitado do país.

O sítio deu depois origem a um livro, imediatamente proibido, que foi publicado em francês no Outono de 2005 com o título de *Diário Sexual de uma Jovem Chinesa na Net*.

Alguns vêem no blogue o último progresso tecnológico que vai permitir ao administrado chinês tornar-se cidadão completo e libertar-se do controlo político e da censura.

A simplicidade e a flexibilidade do meio – qualquer internauta é um «multibloguista» potencial –, o seu carácter supostamente inatingível – abertura, fecho e migração eventual do blogue quase imediatos – e o seu imenso sucesso alimentam muitas fantasias sobre o triunfo do instantâneo, que é em grande medida moderno, senão pós-moderno.

Tal significa esquecer algo depressa demais que o «*daily me*» muito raramente se transforma num «*daily we*», para retomar a bela fórmula do jurista americano Cass Sunstein, e que o regime comunista parece, pelo contrário, beneficiar amplamente do que se poderia considerar a «atomização do social».

Há sempre alguns blogues que são «mais iguais do que os outros» e é sobre eles que a censura, como sempre, se exerce de forma total.

A MSN Spaces, e portanto a Microsoft, fechou, por isso, o blogue do jornalista chinês Zhao Jing, em 30 de Dezembro de 2005, o qual, sob o pseudónimo de Michel Anti, assinava no seu caderno virtual crónicas políticas frequentemente trocistas e por vezes críticas. Chegou a atrair 15 000 visitantes por dia.

A última destas crónicas, de maneira irónica e simbólica, protestava contra o afastamento abusivo de Li Datong e Lu Yuegang, o chefe de redacção do *Bingdian* (*Ponto de congelação*, suplemento semanal do *Diário da Juventude*) e o seu adjunto, cuja liberdade de escolha de assuntos e de tratamento da informação se tinham tornado manifestamente inaceitáveis.

Éric Sautedé

➤ CONTROLO POLÍTICO E CENSURA, INTERNET

BOLSA

Os mercados financeiros apareceram na China Continental a partir da primeira etapa das reformas lançadas por Deng Xiaoping, porque as primeiras emissões de obrigações datam de 1981.

Porém, será preciso esperar por 1987 para se iniciar a experiência de um mercado de acções informal na zona económica especial de Shenzhen. A criação do primeiro mercado financeiro organizado, em Xangai, data do final do ano de 1990 e foi apenas em Julho de 1991 que foi inaugurada a bolsa de Shenzhen.

Pouco sofisticados, quer em termos de produtos oferecidos, quer de sistemas de transacções ou de pagamentos, os mercados financeiros da China Continental estão longe de terem atingido a maturidade. A regulamentação, a supervisão e a gestão das empresas estão, assim, ainda bastante longe dos padrões internacionais, ainda que deles se tenham aproximado nos últimos quinze anos. Sinal desta ausência de maturidade é a elevada volatilidade das cotações.

O mercado obrigacionista é embrionário, com o valor das obrigações não vencidas a não ultrapassar 10% do produto interno bruto. O sector público, em particular o Estado, é praticamente o seu único emissor e os investidores institucionais públicos internos são os únicos a subscrevê-las. Neste contexto, o financiamento obrigacionista não é uma alternativa credível ao financiamento bancário.

O mercado accionista teve, aparentemente, um desenvolvimento mais substancial. Em 2004, os valores cotados nas bolsas de Xangai e Shenzhen atingiram o equivalente a 450 mil milhões de dólares, ou seja, cerca de 2,7% do total mundial, o que colocava as bolsas chinesas no 12.º lugar em todo o mundo, bem atrás, todavia, de Hong Kong, com 860 mil milhões de dólares. Estes valores são, porém, enganadores, na medida em que apenas um terço das acções é negociável, conservando o Estado, na maior parte dos casos, a maioria do capital das empresas cotadas.

O montante das transacções (517 mil milhões de dólares em 2004, correspondente ao 15.º lugar mundial) é certamente importante, mas reflecte também a imaturidade de um mercado que continua a ser muito especulativo e governado por investidores individuais.

O mercado está compartimentado entre acções de tipo A, consignadas em *yuans* e reservadas aos residentes da China continental, acções de tipo B, abertas apenas a não residentes e negociáveis em divisas, e acções do tipo C, unicamente abertas às instituições públicas e não negociáveis no mercado.

O mercado das acções de tipo B não se desenvolveu, porque está em concorrência directa com as acções de tipo H (sociedades chinesas cotadas na bolsa de Hong Kong) e as *red chips* (filiais de Hong Kong das sociedades chinesas). Esta concorrência favoreceu Hong Kong, mais bem apetrechada para dar resposta às necessidades dos investidores internacionais: os valores chineses representam mais de um terço da capitalização e de metade das transacções da bolsa de Hong Kong, que se tornou a praça financeira internacional da China Continental.

Pretendido pelas autoridades chinesas, o desenvolvimento dos mercados financeiros da China continental encontra vários obstáculos de monta, não podendo alguns deles ser removidos senão com o termo da transição para a economia de mercado.

Os mercados financeiros chineses não podem ter dimensão internacional enquanto subsistir o controlo de câmbios dos movimentos de capitais. Os mercados de acções são entravados pela vontade das autoridades chinesas manterem o controlo do capital das sociedades mais importantes. Finalmente, e mais em geral, os mercados financeiros são prejudicados por as autoridades os julgarem mais difíceis de controlar dos que os financiamentos bancários.

Bruno Cabrillac

➤ BANCA, MERCADO (TRANSIÇÃO PARA A ECONOMIA DE), PRIVATIZAÇÕES

BUDISMO

Durante o século XX, o budismo fez parte das cinco religiões reconhecidas pelo Estado chinês e os seus grandes mosteiros (que funcionavam como centros de formação e de ordenação) foram relativamente protegidos das vagas de destruição maciça que atingiu os templos. Por outro lado, já não se encontram como outrora monges e monjas a assegurar o serviço religioso nos inúmeros templos dos cultos locais. O recurso aos monges para os rituais fúnebres também diminuiu.

Embora o processo tenha provocado uma relativa separação do budismo elitista dos mosteiros em relação à religião das massas, o prestígio social e intelectual do budismo continuou a ser muito grande no conjunto da sociedade. Está hoje florescente na China Popular como, aliás, no conjunto do mundo chinês.

A Associação Nacional do Budismo da China, em estreita ligação com o governo, gere os grandes mosteiros que formam uma nova geração de monges e monjas. Tenta recuperar, para além disso, antigos estabelecimentos confiscados durante o século XX, ao mesmo tempo que procura demarcar-se dos grupos «sectários» e dos mestres carismáticos exteriores às instituições monásticas, que se socorrem amplamente da herança budista no seu ensino e nas suas práticas.

Como sempre sucedeu, os esforços das instituições oficiais para controlar o budismo e os seus numerosos rebentos têm tido pouco sucesso.

A liderança do budismo oficial, tanto monástico como laico, entre os intelectuais universitários de tendência budista continua a ser maioritariamente assinalada pela influência do budismo «humanista» (*renjian fojiao*), reformador e contrário aos rituais e às superstições de Taixu (1890-1947).

As instituições educativas (universidades e centros de estudos budistas) e caritativas (fundações médicas e humanitárias) ligadas a esta corrente existem sobretudo em Taiwan, mas a sua influência está em crescimento na China Popular. No entanto, a influência budista no seio da sociedade não se limita a esta corrente muito intelectual.

A população recorre amplamente aos serviços litúrgicos oferecidos pelos mosteiros às famílias e aos indivíduos, sobretudo nas cidades, o que revela o impacto limitado do discurso anti-ritualista dos intelectuais budistas reformadores. De igual modo, os esforços dos monges para «reformar» as práticas religiosas da população têm tido apenas um sucesso mínimo.

Pelo contrário, práticas outrora reservadas em grande medida ao mundo monástico (meditação Chan, vegetarianismo) expandem-se na sociedade através de grupos laicos e de redes que se formam à volta de monges carismáticos.

É cada vez mais habitual entre as classes médias haver quem se afirme especificamente «budista» na sua espiritualidade e no seu modo de vida.

Aliás, o interesse pelo budismo tibetano-mongol e pela sua liturgia cresce continuamente nas grandes cidades chinesas.

Vincent Goossaert

➤ MUNDO CHINÊS, PEREGRINAÇÕES, RELIGIÃO, TEMPLOS, TIBETANOS, TIBETE

BUROCRACIA

A ideia «legista» de uma administração hierarquizada, baseada em documentos escritos e confiada a funcionários escolhidos pela sua competência, pagos e podendo ser destituídos impôs-se durante a unificação da China pelos Qin, em 221 a.C. Nunca deixou de informar o sistema imperial, embora com grandes variações na sua aplicação, nomeadamente no primeiro milénio, quando prevaleceram o poder militar e a condição social.

Os exames de concurso datam do século VII, mas foi a partir do século XI, na dinastia Song (960-1279), que se tornaram a via real para aceder à função pública e que surgiu uma classe de letrados-burocratas, que dominava a vida política e era legitimada pelo seu domínio dos clássicos e da literatura. Este domínio foi quase absoluto durante a dinastia Ming (1368--1644).

Em contrapartida, na dinastia Qing (1644-1911), os «licenciados» e os «doutores» tinham de contar com a concorrência dos canais «étnicos», favorecidos pelos conquistadores manchus, e sobretudo com um sistema de venda de graus e de postos, que assumiu uma grande amplitude durante o século XIX.

Embora o recrutamento tenha variado, a burocracia civil continuou sempre hierarquizada num sistema rígido de níveis que correspondiam, mais ou menos, à hierarquia das funções, quer no governo central, quer nas províncias.

Durante as dinastias Ming e Qing, as principais agências metropolitanas foram os Seis Ministérios, cujas responsabilidades se repartiam de acordo com uma grelha que remonta à Antiguidade e que reencontramos na administração territorial: função pública, finanças, ritos, exército, justiça e obras públicas. A elas se devem juntar algumas agências especializadas, bem como os censores, corpos pouco numerosos, mas que dispunham, em princípio, de poderes alargados de fiscalização e de crítica.

A administração central, donde dimana uma regulamentação proliferante e que troca com as províncias uma massa enorme de documentos, estava sob o controlo estrito do imperador e dos seus conselheiros próximos. Estes últimos, com os chefes dos ministérios e da censura, constituem o que se convencionou designar como Corte. Teoricamente, nada pode ser feito sem autorização do imperador.

Desde os Song (960-1279), a centralização passou a ser máxima. O trono nomeava e destituía não só os governadores das províncias, estabilizadas na sua configuração moderna desde a dinastia mongol dos Yuan (1271-1368), mas também os prefeitos e os subprefeitos. Estes últimos constituíam, juntamente com os seus adjuntos, o escalão mais baixo da hierarquia regular.

Notavelmente pouco numerosos, tratando-se de um império tão vasto (cerca de 2000 no conjunto das províncias), os funcionários da administração territorial eram proibidos por lei de exercer funções nas suas regiões de origem. Estavam à frente de vastas equipas de agentes subalternos, de conselheiros privados e, sobretudo no século XIX, de funcionários estagiários sem funções atribuídas, que executavam o essencial do trabalho administrativo e eram muito menos controlados pelo poder do que os burocratas titulares.

Os regimes pós-imperiais do século XX esforçaram-se por integrar mais estritamente este pessoal no aparelho de Estado e por alargar o controlo do Centro até à administração das aldeias.

A função dos subprefeitos (ou «magistrados»), a mais modesta da hierarquia regular, era considerada também a mais difícil, porque eram eles que estavam em contacto com as populações, tinham de cobrar os impostos, fazer justiça, assegurar a ordem e até inculcar no povo os valores aprovados pela ortodoxia, ao mesmo tempo que mantinham sob a sua autoridade um pessoal menor numeroso e indisciplinado.

Esta «ciência da administração», para a qual não receberam formação nos seus estudos, era exposta em manuais especializados, cujos autores desejavam representar uma elite burocrática que aliava a competência técnica, a integridade e a abnegação ao trabalho com uma dedicação sem falhas ao bem-estar das populações e aos interesses do trono.

Estes valores não desapareceram com o Império e são actualmente ainda apresentados como exemplo aos quadros da República Popular.

Pierre-Étienne Will

► ESTADO, HISTÓRIA, QUADROS E FUNCIONÁRIOS

C

CALAMIDADES NATURAIS

As calamidades e catástrofes naturais foram sempre tão numerosas e importantes na China que lhes foi reservada uma categoria historiográfica nas histórias dinásticas e nas monografias locais.

Inundações, secas, terramotos, tufões e o seu cortejo de fomes e epidemias ritmam, assim, o tempo chinês, assumindo por vezes uma tal amplitude que estes fenómenos foram muitas vezes interpretados como sinais celestes anunciadores de mudanças políticas importantes.

Esta situação fica a dever-se, em primeiro lugar, às condições físicas do espaço chinês. Situada na junção das cinturas sísmicas circunterrestres e em redor do oceano Pacífico, a China é uma das regiões do mundo mais sujeitas a sismos. O terramoto de 28 de Julho de 1976, que fez desaparecer a cidade mineira de Tabgshan (Hebei), que tinha então um milhão de habitantes, matando centenas de milhares de pessoas, foi um dos piores sismos do século XX (magnitude 7,8 da escala de Richter).

Do ponto de vista climático, a existência da barreira dos Himalaias, responsável pelo défice hídrico do Oeste da China, e as chuvas de monção, que podem, em determinadas circunstâncias, atingir características de ciclone e provocam, por isso, inundações devastadoras e assassinas, ficam a assinalar também o passado e o presente chineses.

Os cursos dos rios são, por vezes, desviados (como acontece, em particular, com o rio Amarelo) e o esgotamento frequente dos lençóis freáticos faz do problema da água uma das questões económicas e ecológicas mais importantes da China do século XXI.

Frédéric Obringer

➤ ÁGUA, AMBIENTE

CALIGRAFIA

A arte da escrita (*shufa*) é célebre na China desde há 2000 anos como acto estético ideal da realização intelectual.

Considerada superior à pintura, que é uma sua emanação, a caligrafia ocupa os espíritos e o olhar dos Chineses desde o primeiro contacto com a escrita, que é a sua base semântica e o seu repertório de formas.

«Utilização consciente da escrita com objectivos que ultrapassam os da comunicação», de acordo com Pierre Ryckmans, a caligrafia tornou-se uma disciplina autónoma por volta do início da era cristã. Nesta época, acedeu ao primeiro plano das preocupações da elite culta. Foi então que surgiram os primeiros grandes autores e foram produzidos os primeiros textos de recenseamento histórico, de observação crítica e de reflexão teórica (os «tratados de caligrafia»).

Depois, ao passo que os amadores letrados e os calígrafos profissionais se consagraram à produção artística propriamente dita, todos os «homens mundanos», quer pertencessem à sociedade civil, quer à militar ou à religiosa, se entregaram ao exercício da caligrafia. Este proporcionava elevação moral, tranquilidade de espírito e consideração entre os seus pares.

Foi nas cortes meridionais dos séculos III e IV que a evolução dos estilos de escrita e, desta forma, dos estilos de caligrafia, atingiram o seu estádio definitivo. Foi nesta época que a «tradição clássica», ou seja, o começo de linhagens de mestres de referência, ficou estabelecida de uma vez por todas.

Ficaram definidas desde então duas grandes famílias estilísticas, que irão perdurar até ao final do século XX.

Por um lado, as caligrafias regulares: «grande sigilária», «pequena sigilária», que correspondem à escrita padronizada do reinado de Qin Shihuang; dos «escribas» ou das «chancelarias»; e, finalmente, a «regular», que ainda hoje se utiliza.

Por outro lado, as caligrafias cursivas: «correntes» e «cursivas rápidas», que nem sempre respeitam os critérios de legibilidade, nomeadamente nas suas formas mais desabridas como a escrita «cursiva louca».

Uma personalidade única encarna o prestígio raro de que a prática da caligrafia nunca deixou de gozar em todas as épocas: Wang Xizhi (321-379). Modelo de uma perfeição quase sobrenatural, o mestre dos mestres foi apreciado não só pelo seu virtuosismo em todos os estilos, mas também pelas suas elevadas qualidades morais e intelectuais.

A sua obra, «em comunhão com o ritmo da criação universal», inspira ainda hoje os inovadores mais audaciosos das jovens gerações, que têm revelado uma extraordinária fecundidade no desejo de criar uma caligrafia nova, mais de harmonia com a China do nosso tempo.

André Kneib

➤ ESCRITA

CAMPONESES

Glorificados em meados do século XX como verdadeira força do movimento revolucionário, os camponeses são hoje em dia alvo de muitos preconceitos e ostracismos na sociedade chinesa, sobretudo citadina.

Trabalhos sociológicos que dividem esta sociedade em dez estratos, colocam-nos, aliás, na penúltima posição, logo acima dos desempregados. Ocupam o 46.º lugar numa escala de prestígio estabelecida pelos investigadores chineses que conta 50 profissões.

O corte entre os mundos rural e urbano, efectuado durante o período colectivista, e os privilégios concedidos durante mais de duas décadas aos citadinos, precisamente quando ser enviado para as zonas rurais significava uma indignidade política, explicam, em parte, esta situação.

Esta percepção negativa da figura do camponês contrasta com as dificuldades encontradas actualmente para identificar os membros deste grupo.

Na verdade, é preciso desconfiar das definições institucionais, que tendem a considerar todos os indivíduos detentores de uma caderneta de registo de residência dito agrícola como camponeses.

Os acasos do lugar de nascimento não implicam que o domicílio efectivo e a actividade económica sejam as tradicionalmente associadas ao estatuto de camponês.

É preciso desconfiar também da herança maoísta que tende a estabelecer uma equivalência entre camponês e agricultor.

A política de colectivização posta em prática na China durante os anos 50 não só aboliu a distinção entre proprietários e não proprietários na sociedade rural. Como o Estado estabeleceu o seu monopólio no comércio, na indústria e no artesanato, as distinções entre os aldeãos desapareceram.

Até então, estes dedicavam-se, quer aos trabalhos agrícolas, quer, em parte ou na totalidade, a actividades comerciais ou artesanais. Com a criação das cooperativas e, depois, das comunas populares, os habitantes das zonas rurais foram destinados à agricultura e excluídos de qualquer actividade mercantil durante mais de duas décadas.

Desde a descolectivização parcial efectuada no início dos anos 80, o camponês chinês reencontrou a liberdade de organizar o seu trabalho particular, de circular para vender os seus produtos e de ser contratado pelas empresas industriais ou comerciais.

Pôde, portanto, retomar duas tradições: as actividades múltiplas e a mobilidade. Mas os trabalhadores do sector agrícola, ou seja, os indivíduos que têm por actividade dominante a agricultura, são hoje apenas 40% da população chinesa.

Embora o governo chinês se esforce por ajudá-los a manter um rendimento mínimo, ao diminuir as taxas e os impostos agrícolas, as expropriações abusivas das terras colectivas prosseguem há vários anos: foram responsáveis em 2004 por 66% dos conflitos importantes que se eclodiram entre os camponeses e as autoridades locais.

Os lares rurais empenham-se, portanto, quando isso lhes é possível, em actividades ligadas ao artesanato, ao comércio ou à indústria.

Hoje em dia, cerca de metade do rendimento camponês provém, por isso, de actividades não agrícolas. Alguns camponeses especializam-se na piscicultura ou na horticultura. Aparecem oficinas particulares, dedicadas a uma actividade artesanal tradicional ou, pelo contrário, à confecção de artigos modernos, inspirados, por vezes, em imagens vistas na televisão. Abrem-se lojas junto às habitações ou ao longo das vias de comunicação. Surgem novos espaços comerciais.

30% da mão-de-obra camponesa é empregada por empresas rurais, enquanto alguns camponeses preferiram trabalhar nas grandes cidades da sua província ou das zonas costeiras.

É preciso, portanto, desconfiar da interpretação que apresenta o campesinato como formando um grupo claramente circunscrito e em grande parte homogéneo.

Este termo abrange, na verdade, uma pluralidade de actividades e de modos de organização do trabalho particular.

Abrange igualmente diversos níveis de vida. Embora nos seis primeiros meses do ano de 2005 o rendimento monetário por camponês se tenha elevado a 1586 *yuans*, este valor oculta diferenças importantes entre as regiões e também no interior de cada região e até da mesma localidade.

A China é um dos países da Ásia onde as disparidades económicas nos meios rurais são mais acentuadas, disparidades que se explicam pelo desenvolvimento desigual das possibilidades de emprego não agrícola e pelo desaparecimento de recursos e de serviços colectivos.

A palavra «camponês» designa, por isso, um grupo heterogéneo cujos membros possuem acesso muito desigual a bens como a água, a electricidade, a educação e a saúde e exercem actividades diversificadas.

Isabelle Thireau

➤ AGRICULTURA, ALDEÃOS (COMITÉS DE), CIDADES E AS ZONAS RURAIS (AS), COMUNAS POPULARES, EMPRESAS RURAIS, ESTRATIFICAÇÃO SOCIAL, MIGRAÇÕES INTERNAS, ORGANIZAÇÕES DE CAMPONESES, REGISTO DE RESIDÊNCIA

CAMPOS DE REEDUCAÇÃO PELO TRABALHO

O *laojiao* (*laodong jiaoyang*) ou «reeducação pelo trabalho» é uma sanção administrativa imposta pela Segurança Pública às pessoas com mais de dezasseis anos que tenham cometido delitos menores que não suscitam processos penais no sistema jurídico chinês. A duração máxima de detenção num campo de reeducação pelo trabalho não pode exceder quatro anos.

Desde a criação dos *laojiao*, nos anos 50, estiveram neles presas 3,5 milhões de pessoas. Actualmente haverá 300 000 prisioneiros num dos 300 campos repartidos pelo território chinês.

Um terço deles seria constituído por drogados, prostitutas e seus clientes e outro terço seria formado por pequenos delinquentes. Muito heterogéneo, o resto da população compreenderia um número importante de adeptos do Falungong, porque 20 000 teriam passado pelo *laojiao*.

Os fundamentos legais destas medidas de detenção administrativa são dos mais vagos que se possam conceber e não está previsto qualquer controlo da sua legalidade. Três textos principais enquadram, no entanto, esta prática.

Uma decisão do Conselho dos Assuntos de Estado, de 1957, dando seguimento a uma directiva de 1955 do Partido Comunista, define o domínio de aplicação do *laojiao*. Diz respeito a quatro categorias de pessoas: os indivíduos que cometeram delitos menores não sancionados pelo direito penal, os contra-revolucionários que não são objecto de processos penais, mas são excluídos das unidades de trabalho, os empregados excluídos da sua unidade de trabalho por falta de disciplina e as pessoas que não aceitam a função que lhes foi atribuída com carácter obrigatório e impedem, assim, o bom funcionamento do Estado.

Durante a campanha contra os «direitistas», em 1957, o *laojiao* foi muitíssimo utilizado para punir os dissidentes políticos e os intelectuais. No final dos anos 50, estes constituíam mais de 60% da população dos campos de reeducação pelo trabalho, estando neles detidas cerca de 500 000 pessoas no total.

Durante a Revolução Cultural, o *laojiao* registou um efectivo declínio. Foi restaurado após as decisões do Conselho dos Assuntos de Estado, de 1979, e do ministério da Segurança Pública, de 1982.

O domínio de aplicação do sistema dos campos de reeducação pelo trabalho alargou-se desde então, o mesmo sucedendo com as suas funções. Continua a contribuir para a repressão de qualquer forma de oposição política e para prolongar a duração das detenções para fins de inquérito e interrogatório.

O *laojiao* serve também de punição da pequena delinquência e também, quase exclusivamente em certas regiões, de centro de reeducação dos consumidores de droga (84% da população do *laojiao* de Gansu).

A economia do *laojiao* parece ser, aliás, muito rentável. A principal tarefa da polícia não seria, portanto, reeducar os detidos, mas sim garantir a sua produtividade para maximizar o lucro numa base contratual.

Embora o poder chinês pondere a reforma do *laojiao* no sentido de um controlo judicial independente da sua aplicação (projecto sobre a «rectificação das actividades ilegais»), é pouco provável que esta instituição seja suprimida num futuro próximo.

Leïla Choukroune

➤ DIREITO, DIREITOS DO HOMEM, PRISÕES E *LAOGAI*

CANTONESES

Embora se deva entender por «cantoneses» o conjunto dos habitantes da província de Guangdong, em português esta transliteração designa de maneira indiferenciada realidades sociais e culturais que não se sobrepõem e que as práticas linguísticas chinesas distinguem com clareza.

Na sua definição mais ampla, designa o grupo linguístico formado pelo conjunto dos falantes do dialecto cantonês, ou dialecto *yue*, que perfazem mais de 60 milhões de pessoas na China, essencialmente fixadas nas planícies da rede do rio das Pérolas, desde a região do delta, centrada em Cantão, a capital da província, até ao Guangxi ocidental, bem como na costa do mar do Sul.

Estas regiões, sobretudo no delta, são o centro da importante emigração cantonesa que se dirigiu para o Sudeste da Ásia e o continente americano a partir da segunda metade do século XIX.

No delta do rio das Pérolas o termo «cantonês» tem um sentido mais restrito e usa-se comummente como sinónimo do nome chinês «Punti» (*Bundeyan*) que, em relação aos Hakka, vindos a partir do século XVII do Nordeste da província, e à «gente da água» (outrora chamada Tanka), designa como «nativos» ou «gente da província» os habitantes das aldeias das planícies fluviais e marítimas.

Embora o carácter étnico continue a ser uma faceta da identidade colectiva e pessoal, bem como um recurso disponível para a acção social (redes económicas, redes de entreajuda, redes matrimoniais), os laços que se baseiam nele não são os únicos e sobretudo a identidade étnica não tem a mesma pertinência social que no tempo em que estas diferenciações internas do Sul da China coincidiam com as clivagens sociais.

Assim, a diferenciação entre «gente da província» e «gente da água», outrora fundada na discriminação social e na estigmatização cultural dos Tanka, perdeu a sua relevância, devido às transformações sociais e políticas que sucederam no século passado, nomeadamente na sequência da relocalização maciça em terra da «gente dos barcos», após os anos 50.

Actualmente, a diferenciação local faz-se sobretudo mediante a oposição entre, por um lado, os imigrantes vindos do interior da região cantonesa, que alugam à população local, liberta das actividades agrícolas, as terras contratadas ao Estado, e, por outro lado, a «gente do Norte», que fornece a maior parte da mão-de-obra das oficinas e das empresas, que se multiplicaram durante as últimas décadas.

A vitalidade económica desta região, situada na vanguarda das reformas aplicadas no final dos anos 70, fez dela durante os anos 80 e 90 uma das montras principais da modernização económica da China.

O sucesso do seu modelo de desenvolvimento teve um impacto profundo na imagem da província, identificada com as suas localidades costeiras e com a sua região do delta, ao passo que a proximidade geográfica e cultural, nomeadamente linguística, a Hong Kong, reforçada pelos laços familiares, realçou nestas localidades, donde provém a grande maioria da população daquela, a aura da metrópole vizinha, que está em pleno surto económico.

A euforia económica favorece uma reafirmação identitária com formas culturais diversas. As obras que procuram as múltiplas fontes da singularidade da «cultura do Lingnan» multiplicaram-se neste período de redescoberta das «culturas locais» na China.

A descoberta oportuna, no início dos anos 80, do túmulo de um soberano de Nanyue fez ressurgir este antigo reino autónomo no tempo presente, em pleno centro da capital provincial, Cantão.

O nome Yue é, não só o brasão de uma identidade regional e cultural cantonesa, mas também o símbolo da breve autonomia política destas terras meridionais das antigas populações yue, anexadas ao império chinês dois séculos antes de Jesus Cristo.

Os discursos identitários insistem igualmente nas múltiplas qualidades desta cultura regional, que delas fez um vector da modernização política da China no início do século XX.

Na longa lista de Cantoneses que trabalharam para a construção do Estado-nação moderno, destacam-se os nomes dos reformadores Kang Youwei e Liang Qichao e do fundador da primeira república chinesa, Sun Yat-sen.

No início do século XXI, o cantonês continua a ser a força serena de uma afirmação identitária que se exprime numa língua que acompanhou a modernização desta região.

A aprendizagem do mandarim é mais um factor que favorece o plurilinguismo da população local do que uma ameaça à língua regional em que são ministrados a instrução primária e o primeiro ciclo do ensino secundário nas localidades do delta.

As agências publicitárias ao serviço das grandes marcas internacionais estão, aliás, muito atentas ao peso económico representado por cerca de 60 milhões de consumidores, mais susceptíveis de reagir a campanhas realizadas nesta língua, usada nas várias relações comunitárias e íntimas.

Béatrice David

➤ ARQUEOLOGIA E PODER LOCAL, DIALECTO, HAKKA, HONG KONG, REGIÕES DE EMIGRAÇÃO, RIO DAS PÉROLAS (DELTA DO)

CARVÃO

Com mais de 2 mil milhões de toneladas (Gt) de carvão extraídas em 2005, a China produziu o dobro dos Estados Unidos e quatro vezes mais do que a Índia.

Tais resultados baseiam-se em recursos importantes, numa longa experiência de produção e utilização do carvão, na certeza de que este último continuará a ser a única fonte fóssil segura, ao passo que aumentará a dependência externa em petróleo e gás natural, e maugrado a existência de obstáculos ambientais consideráveis.

As reservas chinesas de carvão, para além dos recursos que se julga serem consideráveis, mas que não estão inventariados, situam-se entre 187 Gt e 332 Gt, ou seja, um volume pouco inferior ao dos Estados Unidos e comparável ao da Rússia.

Estas reservas estão dispersas por todas as regiões, mas as mais ricas estão concentradas na província de Shanxi e na região autónoma da Mongólia Interior.

Maioritariamente subterrâneas, as jazidas exploradas situam-se, em média, a uma profundidade de 600 metros. A produtividade de trabalho é ainda muito baixa (300 toneladas por mineiro por ano). A parte do carvão lavado (25%) é sempre muito fraca por falta de água. As condições de transporte ferroviário e portuário para as regiões altamente consumidoras (costa oriental) vão melhorando, mas continuam a ser difíceis.

Após vários séculos de produção artesanal para uso estritamente local, a indústria carbonífera da China foi instalada a partir de meados o século XIX por companhias inglesas, russas e sobretudo japonesas (Manchúria).

O verdadeiro arranque data do primeiro Plano Quinquenal e da assistência técnica soviética. De 43 milhões de toneladas (Mt) em 1950, a produção elevou-se a 400 Mt em 1960. A persistência da escassez de carvão, sobretudo para o aquecimento dos particulares, obrigou a duplicar a produção das grandes minas do Estado com a das minas aldeãs, a partir de 1980.

As condições anárquicas da sua extracção (mortalidade e morbilidade dos mineiros) obrigaram a encerrar muitas delas a partir de 1998, antes de se começar uma reestruturação de toda a indústria, centrada em sete ou oito grandes companhias, e de se liberalizar muito rapidamente os preços do carvão.

Nos próximos decénios, a indústria carbonífera chinesa vai continuar a crescer em resposta à forte expansão do parque de centrais térmicas (de 281 GW em 2003 para 605 GW em 2020), às necessidades de uma siderurgia sempre dinâmica e devido à vontade de conservar uma capacidade mínima de exportação (80 Mt em 2004).

Este crescimento significa também mais poluição local, cujo custo social começa a ser bem conhecido, e mais emissões de CO_2. Daí o interesse crescente da China pelo desenvolvimento das *clean coal technologies* e pelos programas internacionais de investigação e desenvolvimento sobre a captura e sequestro do CO_2.

Jean-Marie Martin-Amouroux

➤ AMBIENTE, ENERGIA E RECURSOS NATURAIS, INDÚSTRIA E POLÍTICA DE INDUSTRIALIZAÇÃO, POLUIÇÃO

CASAMENTO

A primeira lei sobre o casamento da República Popular da China (RPC) entrou em vigor em 1 de Maio de 1950. Foi também a primeira lei promulgada pela RPC após a sua fundação, em 1949, o que é sinal da importância do casamento e da família na sociedade chinesa.

Esta lei aboliu os regimes matrimoniais feudais (casamento arranjado, forçado e comprado), recusou a superioridade do homem sobre a mulher e condenou a indiferença aos interesses dos filhos, favorecendo a liberdade de casamento, a monogamia, a igualdade entre o homem e a mulher, e a protecção dos interesses da mulher e dos filhos.

A lei proibia a bigamia, o concubinato, a prática da criança casada e a ingerência no casamento em segundas núpcias das viúvas. Proibia a quem quer que fosse retirar benefícios das questões matrimoniais, extorquindo dinheiro ou bens.

A segunda lei sobre o casamento entrou em vigor em 1 de Janeiro de 1981, no contexto da nova política de controlo da natalidade, recomendando aos casais terem apenas um filho. Agir em conformidade com a lei era tanto responsabilidade do homem como da mulher.

Foi promulgada em Abril de 2001 uma terceira lei sobre o casamento. As alterações ao texto precedente dizem respeito à violência doméstica (os polícias devem intervir para auxiliar as vítimas de tais violências, ainda que não tenha sido feito nenhum pedido nesse sentido), a possibilidade da vítima obter uma compensação do cônjuge em caso de adultério, bem como a proibição dos filhos se imiscuírem no casamento em segundas núpcias dos seus pais.

Esta lei recorda igualmente a responsabilidade que incumbe a cada um de cuidar das pessoas idosas.

O registo dos casamentos foi facilitado desde a lei de 1 de Outubro de 2003. Os que desejarem casar já não têm necessidade de uma carta de apresentação da sua empresa ou do gabinete de quarteirão do seu domicílio e já não têm de submeter a uma exame médico prévio, que era anteriormente obrigatório para iniciar o processo de casamento.

O homem com mais de 22 anos de idade e a mulher com mais de 20 têm agora direito de se casar, bastando para tal a apresentação do bilhete de identidade, da caderneta de residência e um formulário em que atestem que são celibatários e não pertencem à mesma família.

O casamento tende a tornar-se um assunto pessoal, sendo dada prioridade à felicidade individual. É dada atenção às necessidades psicológicas, sentimentais e sexuais de cada um. As mulheres tomaram consciência do seu lugar na família e não querem ficar na dependência dos maridos. Exigem um casamento de qualidade, a satisfação dos seus sentimentos e o respeito pelos seus direitos.

No entanto, a fidelidade continua a ser um valor muito importante da sociedade chinesa e o adultério tornou-se motivo suficiente para obter o divórcio sem acordo do cônjuge.

Karine Guérin

➤ DIVÓRCIO, FILHO ÚNICO, MULHER, POLÍTICA DEMOGRÁFICA

CATOLICISMO

Os católicos chineses, que perfazem 12 milhões, estão repartidos por 138 dioceses, tendo 126 bispos e mais de 3000 padres e 5000 religiosas.

O cristianismo fez a sua primeira aparição na China no século VII, mas só se implantou com a chegada dos jesuítas no século XVI. A assinatura dos «tratados desiguais» de meados do século XIX originou a chegada de muitos missionários e o desenvolvimento do cristianismo em todo o território.

Em 1946, o Vaticano elevou as missões na China ao estatuto de igreja local.

Quando se deu a vitória comunista, em 1949, os católicos eram mais de 3 milhões. Esta igreja sofreu então uma profunda transformação em resultado da expulsão dos missionários e da criação, em 1957, da Associação Patriótica, encarregada de controlar as suas actividades. Os que se opuseram foram encarcerados. No ano seguinte, o papa declarou ilícitas as ordenações episcopais dos padres «patriotas».

A Revolução Cultural trouxe consigo a suspensão das actividades religiosas, a prisão de todos os padres e religiosas e a confiscação dos bens da igreja.

Actualmente, a realidade da igreja católica na China continua a ser complexa e fluida.

Um dos ramos reúne-se nas igrejas devidamente registadas nas autoridades civis. Continua a estar sob o controlo da Associação Patriótica, que os cristãos ao nível local transformaram muitas vezes num organismo ao serviço da comunidade.

O outro ramo, cimentado por um lealismo indefectível ao papa, recusa qualquer controlo da Associação Patriótica e reúne-se clandestinamente. Considerados fora da lei, os seus adeptos são frequentemente importunados pela polícia.

Contrariamente aos comunicados da imprensa ocidental, que afirmam que há duas igrejas, as duas formas de organização da igreja católica são aproximadas. Na verdade, a legitimidade dos bispos reconhecidos pelo governo não é posta em causa, porque quase 90% foram legitimados pelo papa durante os últimos vinte anos.

Desde finais dos anos 80, a China e o Vaticano mantêm conversações privadas de carácter semioficial para explorar a possibilidade de retomar as relações diplomáticas interrompidas em 1951.

Jean-Paul Wiest

➤ PROTESTANTISMO, RELIGIÃO

CEM FLORES

Em Maio de 1965, o Partido Comunista (PC) sentia-se suficientemente seguro do seu domínio para lançar uma campanha política que apelava à crítica.

A palavra de ordem emblemática era retirada de um poema antigo: «Que cem flores desabrochem, que cem escolas rivalizem.» Tratava-se desta vez de pedir a colaboração dos intelectuais para se avançar na realização do socialismo, para se criticar, com moderação e dentro de limites precisos, a burocracia a fim de melhorar o seu funcionamento e, por fim, para suster as tensões na China que poderiam conduzir a um levantamento do tipo a que se assistiu na Hungria.

Durante cerca de um ano, o movimento não avançou. Escaldados pela brutalidade da repressão contra Hu Feng, os intelectuais abstiveram-se de tomar a palavra ou de expressar a mínima censura. É verdade que a campanha desencadeada no ano anterior contra o discípulo de Lu Xun, escritor incensado pelo poder, conduzira, num clima de terror, à eliminação de todo o espírito crítico. O movimento afrouxou, travado pelos quadros políticos. Mais a par do que os dirigentes do ressentimento da população, após sete anos de domínio comunista, os quadros temeram ser arrastados pela tormenta.

O movimento disparou no início de Maio de 1957. Durante cinco semanas, professores, estudantes, engenheiros e responsáveis dos partidos democráticos expressaram-se com enorme coragem muito para além dos limites que lhes foram concedidos. Não só os quadros políticos foram atacados devido à sua gestão pessoal, mas o PC no seu conjunto, o seu modo de direcção e as suas relações com a população foram submetidos a uma crítica devastadora.

A legitimidade de o PC dirigir a sociedade foi violentamente contestada. O movimento não se limitou aos intelectuais. Operários e empregados participaram também na contestação: greves, tumultos e incidentes violentos, mais ou menos contidos pelos sindicatos oficiais.

Em Junho de 1957 e até ao Outono, a repressão, legitimada pela publicação do discurso de Mao Tzé Tung sobre as contradições no seio do povo, foi terrível. Foi coordenada por Deng Xiaoping, secretário-geral do PC.

Tiveram lugar execuções em Wuhan. Mais de 500 000 pessoas foram deportadas para campos de reeducação ou para zonas rurais sob a acusação de direitismo. Só foram reabilitadas em 1979, três anos após a morte de Mao Tzé Tung. O primado da ideologia sobre a competência, vigorosamente reafirmado, constituiu o fundamento ideológico da campanha seguinte, o Grande Salto em Frente.

François Gipouloux

➤ CAMPOS DE REEDUCAÇÃO PELO TRABALHO, DENG XIAOPING, GRANDE SALTO EM FRENTE, MAO TZÉ TUNG

CENTROS COMERCIAIS

Desde o fim dos anos 80, os centros comerciais desenvolveram-se muito rapidamente nas grandes cidades chinesas.

São símbolos da economia de mercado e transformaram-se nos ícones da modernidade e da urbanidade, a par dos edifícios administrativos. O seu desenvolvimento constitui um excelente exemplo para apreender as evoluções actuais do urbanismo e dos modos de vida nas cidades.

Uma das particularidades dos centros comerciais da China é a sua localização. Encontram-se geralmente nos centros das cidades, nas zonas pedonais, mais bem servidas de transportes públicos, ao contrário da Europa e dos Estados Unidos, onde os centros comerciais se situam, em princípio, nas zonas periféricas próximas dos acessos rodoviários.

Quando apareceram nas cidades chinesas, as viaturas particulares eram ainda demasiado caras e pouco acessíveis ao grande público. Tal contexto permitiu, desta forma, o desenvolvimento na China de um mesmo conceito, mas segundo lógicas totalmente diferentes.

Enquanto os centros comerciais ocidentais resultam do alargamento das áreas urbanas, induzido pelo crescimento da mobilidade devido ao automóvel, os das cidades chinesas estão relacionados com o intensivo renovamento urbano, submetido a fortes restrições fundiárias.

Tal como noutros países, os centros comerciais chineses são espaços comerciais de grande dimensão. Reúnem lojas diferentes, que são na sua maior parte alugadas e nisso se distinguem dos grandes armazéns.

No entanto, a disposição interna dos centros comerciais chineses apresenta características próprias. As lojas sobrepõem-se verticalmente, de baixo para cima, em redor de um grande átrio vazio.

Estão dispostas por sectores: o supermercado e a comida rápida situam-se no subsolo, os produtos de luxo no rés-do-chão, as lojas de moda, os electrodomésticos, os produtos para a casa e os restaurantes ocupam os andares intermédios e os espaços de lazer (cinemas, salas de jogos de vídeo, ginásios, etc.) ficam nos últimos andares. Esta estratificação, que pode ocupar até uma dezena de andares, constitui uma verdadeira «rua vertical», servida por um grande número de escadas rolantes e elevadores.

O desenvolvimento dos centros comerciais insere-se numa política de renovação urbana que visa o desenvolvimento do sector terciário e, em particular, a valorização fundiária.

O antigo tecido urbano do centro das cidades, nomeadamente a continuidade do espaço da rua tradicional, tornou-se a primeira vítima desta urbanização revolucionária.

O espaço público está em vias de extinção, em benefício da circulação automóvel e dos espaços quase privados, no interior de máquinas de consumo que, todavia, se chamam Plaza, Cidade, Palácio ou Square.

Zhuo Jian

➤ CIDADES, CONSUMO, ESPAÇOS PÚBLICOS, URBANISMO

CEREAIS

Os cereais constituem a base da alimentação chinesa desde a mais alta antiguidade até aos nossos dias.

Uma refeição chinesa tem de ter obrigatoriamente dois elementos: por um lado, cereais cozidos (*fan*) e, por outro lado, os outros vegetais e a carne ou o peixe (*cai*). Esta divisão alarga-se aos próprios utensílios de cozinha, alguns dos quais se destinam apenas à cozedura do *fan* e os outros à cozedura do *cai*.

Ao contrário do que se pensa frequentemente, durante muito tempo a alimentação dos Chineses não era constituída por arroz, mas por papas de milho-miúdo. Ainda hoje o Norte da China cultiva e consome, em primeiro lugar, trigo e milho-miúdo, enquanto o arroz prevalece no Sul.

Os Chineses da Antiguidade, apaixonados pelas classificações numerológicas, já tinham distinguido cinco espécies de cereais: o milho-miúdo (*Setaria indica*), o milho-alvo (*Panicum miliaceum*), o arroz, o trigo e a cevada, mais uma última categoria que inclui leguminosas como o feijão e a soja.

Para além destas plantas, encontramos também cereais que foram aclimatados durante séculos, como o sorgo, de origem africana, cuja importância foi crescendo desde os Yuan (1271-1368), no Norte da China, em concorrência com os milhos-miúdos e o milho, vindo da América do Sul no século XVI e que só lentamente se impôs, entre os séculos XVIII e XIX.

Num plano mais geral, a predominância dos cereais no regime alimentar necessitou de um trabalho de elaboração e domínio progressivo de diversos procedimentos técnicos que vão da irrigação à transformação dos cereais e que tiveram a sua influência tanto na vida quotidiana como na organização social e política.

A partir de meados dos anos 90, a China passou a ser auto-suficiente em cereais, com as importações líquidas a nunca ultrapassarem 5% da produção interna. No entanto, pelo menos em relação ao trigo e ao arroz, a tendência nos últimos anos (até 2003) era para a baixa da produção, devido sobretudo à diminuição das terras semeadas. A cultura dos cereais foi abandonada em proveito doutras mais rentáveis, como as dos legumes, das flores, do chá e da fruta.

A colheita de trigo elevou-se, assim, em 2003, a 86 milhões de toneladas, ou seja, 5% menos do que em 2002 e 15% menos do que a média dos cinco últimos anos, sendo o valor mais baixo desde meados dos anos 80.

Em relação ao milho, a produção da China, em crescimento constante desde há 10 anos, devido sobretudo ao apoio interno aos preços, situa-se no segundo lugar a nível mundial, atrás dos Estados Unidos. Paralelamente, o consumo aumentou regularmente devido ao súbito crescimento dos sectores da pecuária e avícola.

Assinalemos, finalmente, que a China é o segundo produtor mundial de cerveja e, por isso, o mercado mais importante da cevada dística, parcialmente importada.

Para lutar contra a tendência decrescente da produção cerealífera, o ministério da Agricultura começou a aplicar um programa que prevê a produção de 455 milhões de toneladas de cereais em 2004, com o apoio a nove grandes regiões especializadas.

O Estado aumentou também os investimentos para generalizar a utilização das melhores variedades e financiar a investigação agronómica.

De acordo com estatísticas recentemente publicadas, a produção cerealífera na China terá batido um recorde histórico em 2004, após uma baixa de produção durante cinco anos consecutivos, tendo atingido 469,5 milhões de toneladas de cereais, ou seja, mais 38,8 milhões de toneladas do que no ano anterior.

Futuramente, as consequências da entrada da China na Organização Mundial do Comércio – o país tornou-se importador de cereais – e a atitude de Pequim em relação à cultura de organismos geneticamente modificados irão condicionar em parte a produção cerealífera.

Frédéric Obringer

➤ AGRICULTURA, ÁLCOOL, ALIMENTAÇÃO, ARROZ, ARROZAIS, ORGANISMOS GENETICAMENTE MODIFICADOS

CERIMÓNIAS FÚNEBRES

A padronização dos ritos, particularmente no domínio dos ritos fúnebres e matrimoniais, foi um importante factor de unificação cultural durante o império.

A elaboração de novos ritos, inspirados em parte nos ritos ocidentais contemporâneos, acompanhou a experiência chinesa da modernidade desde o início de século XX.

Prosseguindo a «reforma dos costumes» aplicada nos anos 20 pelo governo nacionalista, o Estado comunista empreendeu durante o Grande Salto em Frente uma reforma das práticas funerárias para substituir uma tradição qualificada de «maus costumes feudais» por um «modo funerário e ritos de luto apropriados ao sistema socialista». Os mortos deviam ser incinerados, e não inumados, e o serviço fúnebre limitar-se a uma cerimónia sóbria de comemoração secular.

Tal como os outros ritos de passagem que assinalam o ciclo da vida, a entrada na morte, apesar da tendência para a simplificação dos ritos mortuários, continua hoje a ser marcadamente ritualizada.

Tanto nas zonas rurais como nas cidades, a repressão exercida sobre os oficiantes taoistas e budistas, levada ao paroxismo durante a Revolução Cultural, levou ao abandono dos serviços meritórios (*gongde*), que são da competência destes especialistas religiosos.

Estes serviços reapareceram a partir de finais dos anos 70, por vezes celebrados em intenção dos mortos que, nas últimas décadas, não tinham podido receber estes cuidados rituais.

Estas cerimónias mortuárias são conduzidas com o objectivo de transformar a alma do defunto em alma de antepassado, se se tratava de um «bom morto», o que acontece quando alguém morreu de morte natural e assegurou a sua descendência, ou então libertar do sofrimento de errar no mundo *yin* dos mortos a alma órfã (*guhun*) de uma vítima de morte trágica.

O ciclo completo destes ritos mortuários prolonga-se por um ano (de sete em sete dias nos 49 dias que seguem ao falecimento, depois ao centésimo dia e, por fim, no termo do luto oficial).

Nas cidades, estas cerimónias mortuárias não se desenrolam no domicílio da família do defunto, onde, aliás, os oficiantes não podem entrar. A pedido da família, são realizadas, ou num templo, ou num santuário privado de um mestre taoista.

Estes ritos religiosos são cumpridos independentemente das representações relacionadas com o conceito de alma e o seu destino póstumo. Expressão de piedade filial e de afecto para com os familiares, mas também fonte de identidade cultural, tal como sucede com qualquer tradição que estabeleça uma continuidade com o passado, estes ritos acompanham o trabalho de luto e ajudam a enfrentar a dor da separação.

A morte serve igualmente demonstrar prestígio social, expresso, por vezes, no fausto funerário, sobretudo nas zonas rurais, onde a inumação é ainda autorizada.

A revitalização dos ritos da morte não significa, porém, uma flexibilização da regulamentação dos ritos funerários, particularmente da obrigação da incineração, que vigora desde os anos 50.

Nas necrópoles situadas na periferia das cidades, a forma mais comum é a conservação de urnas cinerárias em nichos alugados por um prazo variável. A dispersão das cinzas, proposta por alguns serviços municipais, como, por exemplo, em Xangai, no termo de uma cerimónia a bordo de um navio funerário, é ainda pouco praticada.

As festas dos mortos (*qingming* e *chongyang*), que em Abril e Outubro reúnem as famílias no cemitério, continuam a ser observadas por grande número destas.

Num só dia, por altura do *qingming* de início de Abril, os cemitérios de Pequim podem por isso acolher um fluxo de cerca de 500 000 visitantes. Perpetuam-se os ritos de oferta de incenso, alimentos (porco assado), papéis que representam objectos materiais e moedas em papel, enviados por oblação aos mortos. Estes ritos das necrópoles urbanas de forma alguma chegam a ter a mesma dimensão dos ritos aldeãos das zonas rurais. As famílias dispersam-se rapidamente após as oferendas.

A urbanização cada vez maior das zonas rurais nos centros económicos do país submete agora as aldeias a estas prescrições funerárias que racionalizam a presença dos mortos.

Por exemplo, no início dos anos 90, a municipalidade de Zuhai, no delta do rio das Pérolas, ordenou a evacuação de todos os sítios de inumação tradicionais aldeãos, situados na periferia das terras agrícolas (colinas, terrenos de areia).

Espoliados deste lugar de enraizamento e de coesão social que é o túmulo da família, os habitantes de várias aldeias, com os fundos recolhidos igualmente junto de familiares estabelecidos no exterior, construíram depois na orla das aldeias o seu próprio columbário e trasladaram para este os restos dos seus mortos, que haviam ficado instalados, num primeiro momento, no columbário público da vila.

São fiéis, deste modo, aos versículos célebres segundo os quais «o pássaro no termo da sua vida toma o caminho de regresso, a folha que cai junta-se às raízes da árvore».

Béatrice David

➤ ADIVINHAÇÃO, ANTEPASSADOS (CULTO DOS), FESTAS SAZONAIS

CHÁ

Embora o chá (as folhas, fermentadas ou não, do arbusto *Camellia sinensis*) tenha surgido, provavelmente, um pouco antes dos Han, por volta do século III a.C., na província de Sichuan, foi apenas a partir dos Tang (618-907) que o seu uso foi codificado, como é disso prova a publicação em 760 do *Chajing* («Clássico do Chá»), de Lu Yu. O seu comércio tomou então uma tal amplitude que o governo da época criou taxas muito rentáveis.

Há várias formas de chá, segundo o tratamento que lhe é dado: chás brancos de Fujian, chás verdes, cujas folhas são simplesmente secas, chás semifermentados (*wulong*), cujas folhas são um pouco fermentadas antes da secagem, e chás negros (*hong*, vermelhos, em chinês), totalmente fermentados, que são pouco apreciados na China.

As grandes regiões produtoras encontram-se no Sudoeste (Yunnan e Sichuan) e no Centro oeste (Hubei, Hunan, Anhui, Jingsu, Zhejiang e Fujian).

A produção atingiu cerca de 800 000 toneladas em 2004, o que representa uma viragem neste país onde os canais comerciais começam a sentir os efeitos das políticas de promoção da produção e de comércio do chá.

As exportações aumentaram mais de 7%, fixando-se em 282 000 toneladas. Foram dominadas pelo chá verde, que representou mais de 75% do total das exportações.

Tomar chá entre amigos continua a ser um momento sensível de partilha e cristalização furtiva de um saber que é um dos grandes sucessos da cultura material chinesa.

Frédéric Obringer

➤ ALIMENTAÇÃO

CHIANG KAI-SHEK

Nascido em Zhejiang, filho de um notável, Chiang Kai-shek (ou Jiang Jieshi, 1887-1975) optou por uma carreira militar, impressionado como muitos jovens do seu meio e da sua geração pela vitória do Japão sobre a Rússia (1905), que atribuiu às qualidades marciais dos nipónicos.

Estudou no estabelecimento de formação da Escola de Oficiais de Tóquio (1907-1910), onde se envolveu desde 1907 no movimento revolucionário antimanchu e republicano de Sun Yat-sen.

Regressado à China após a insurreição de Wuchang (1911), tomou depois partido contra o regime de Yuan Shikai (1859-1916). Procurado pela polícia, encontrou refúgio no Bando Verde de Xangai, sociedade secreta de tendência mafiosa.

A sua ascensão política data da aliança entre Sun Yat-sen e a União Soviética (1923). Nomeado director da Academia Militar de Whampoa, em 1924, viveiro dos oficiais do Exército Nacional Revolucionário (ENR), de que será em breve o chefe, Chiang Kai-shek estava em condições de arbitrar as rivalidades dos herdeiros de Sun Yat-sen, desaparecido em 1925.

Contra a opinião dos Soviéticos, desencadeou em Julho de 1926 a Expedição do Norte (*Beifa*). Ainda antes de a ofensiva do ENR ter acabado por derrubar os senhores da guerra nortistas, Chiang Kai-shek esmagou em Abril de 1927 o jovem movimento comunista chinês, aliado do Kuomintang no quadro da Frente Unida, primeiramente em Xangai e depois no resto do país.

Concluído isto, impulsionou a revolução iniciada por Sun Yat-sen num recentramento conservador. Chiang passou a controlar o exército e o Kuomintang e a dominar o regime nacionalista, que se esforçou por reunificar toda a China entre 1928 e 1949.

Após a invasão da Manchúria pelo Japão (1931), conduziu uma política muito impopular, que combinava um compromisso temporário com o agressor nipónico, busca de alianças externas – de início principalmente com a URSS – e luta contra a dissidência comunista.

A partir de 1938, Chiang Kai-shek dirigiu de Chongqing a resistência da China nacionalista, reduzida às províncias do Sudoeste.

Após a capitulação do Japão, em Setembro de 1945, o regime do Kuomintang, minado pela corrupção e a inflação, sucumbiu aos comunistas, apesar da ajuda americana. Contestado no interior do próprio regime, tendo de ceder uma parte do poder, Chiang dirigiu o êxodo dos restos do exército e da administração nacionalistas para a ilha de Taiwan, em 1949.

Aqui manteve durante um quarto de século, até à sua morte em 1975, a esperança de reconquistar o Continente, o que a Guerra Fria anulou de imediato.

Laurent Galy

➤ COMUNISMO, PARTIDO COMUNISTA, SUN YAT-SEN, TAIWAN

CHINATOWNS

As *Chinatowns* são as manifestações espaciais mais visíveis da diáspora chinesa no mundo.

Algumas delas resultam de uma fixação muito antiga, como as de Saigão (Cholon) e a de Nagasaki. Entre as mais importantes ou mais conhecidas contam-se as de Nova Iorque, São Francisco, Toronto, Vancôver, Paris, Londres, Lima, Singapura, Banguecoque, Kuala Lumpur e ainda Vladivostok e Dubai.

A sua geografia e a sua história estão estreitamente relacionadas com as migrações que lhes estão na origem, com o seu desenvolvimento e com as suas vicissitudes, conforme eram toleradas, encorajadas ou combatidas. São também, em graus diversos, o resultado de reagrupamentos voluntários ou da segregação de que eram vítimas os imigrantes em certas sociedades em que se estabeleceram.

Apareceram sob a forma de concentrações residenciais e comerciais, assinalando e simbolizando aos olhos dos outros a presença chinesa neste ou naquele lugar, ainda que não abrangessem senão uma parte reduzida da população.

As *Chinatowns* são lugares de acolhimento, de trânsito de imigrantes, de encontros, de informações, de negócios e de investimentos. Nelas se situam lojas, produções e serviços orientados em primeiro lugar para a população residente de origem chinesa e asiática, mas também, e cada vez mais, para o resto da população, a ponto de as *Chinatowns* dos centros das cidades se terem tornado em lugares de consumo exótico, frequentemente recomendados pelos guias turísticos.

Apresentam-se como os lugares de exposição da diáspora através das actividades comerciais e das manifestações festivas (Ano Novo chinês, danças do dragão), abrindo-se assim à sociedade de acolhimento e oferecendo-lhe uma imagem de população laboriosa, dedicada ao comércio e acolhedora, bem diferente da que poderia ter noutras épocas e noutros lugares. Desempenham, portanto, na diáspora um papel essencial de representação própria no exterior.

Emmanuel Ma Mung

➤ CANTONESES, CHINESES DO ESTRANGEIRO, HAKKA, MIGRAÇÕES INTERNACIONAIS E DIÁSPORA, MUNDO CHINÊS, NORDESTE, REGIÕES DE EMIGRAÇÃO, RIO DAS PÉROLAS (DELTA DO)

CHINESES DO ESTRANGEIRO

As comunidades chinesas no mundo formam diásporas que manifestam realidades diferentes consoante o país de residência, a nacionalidade, o estatuto socioeconómico, a identidade cultural e as gerações dos indivíduos.

Os Chineses do estrangeiro são, na sua grande maioria, originários das províncias do Sudeste e, desde há poucos anos, das províncias setentrionais. Pertencem aos grupos linguísticos mandarim, *yue*, *hakka*, *min* e *wu*, subdivididos em muitos dialectos cantoneses, *teochiu* (*chaozhou*), *hokkien* (*fujian*), *hakka* (*kejia*), de Xangai, pequinense, de Hainan, wenzhou, qingtiano, etc.

De uma maneira geral, o cantonês do delta do rio das Pérolas é a língua de comunicação dos Chineses da diáspora.

A emigração chinesa para o estrangeiro é antiga, mas, como todas as emigrações, é encarada como temporária. Começou por se dirigir essencialmente para o Sudeste da Ásia.

Só a partir da segunda metade do século XIX se desencadearam vastos movimentos de saída, tendo-se dispersado por todo o mundo. As suas causas são múltiplas: pressões demográficas, perseguições, insurreições camponesas, agressões de potências estrangeiras e necessidade de mão-de-obra nas colónias europeias do Sudeste da Ásia, nas Américas, na África do Sul, nas ilhas das Caraíbas e no oceano Índico ocidental.

O número de Chineses que abandonou o seu país entre 1850 e 1900 foi calculado em 2 355 000, dos quais 1 500 000 se dirigiram para o Sudeste da Ásia, 410 000 para os Estados Unidos, 400 000 para a América do Sul e as Caraíbas e 45 000 para a Austrália, as ilhas do Oceano Índico e a África do Sul.

Durante a primeira metade do século XX, as saídas continuaram, nomeadamente quando se deu a invasão japonesa. Após uma pausa entre 1950 e 1980, a abertura da China e a liberalização económica desde os anos 80 reactivaram movimentos a partir das regiões de emigração tradicionais (Guangdong, Fujian, Zhejiang). Ao mesmo tempo, observou-se uma nova vaga de emigração das províncias do Nordeste (Liaoning, Jilin, Heilongjiang), na sequência da reestruturação industrial que provocou um desemprego maciço.

Nas primeiras décadas após a sua chegada a território estrangeiro, durante o século XIX, os recém-chegados foram empregados em minas ou em plantações tropicais do Sudeste da Ásia, das Caraíbas, da Austrália e da Nova Zelândia, ou então na construção dos caminhos-de-ferro dos Estados Unidos.

Quando acabava o seu contrato de trabalho, abandonavam as regiões rurais para se instalarem nas cidades e para mudarem de estatuto, tornando-se merceeiros, proprietários de restaurantes ou de lavandarias, artesãos, vendedores ambulantes ou empregados domésticos. O comércio é um dos sectores económicos mais acessíveis aos novos imigrantes que pretendem integrar-se na sociedade de acolhimento. Essa é uma das razões por que os Chineses da diáspora formam essencialmente colectividades artesanais e mercantis.

Por outro lado, desempenharam um papel considerável na história política da China ao apoiarem a fundação da república em 1911.

A organização social dos Chineses do estrangeiro baseia-se na existência de associações (de clã, económicas ou culturais), de templos, de escolas, de jornais e de festas tradicionais. Os imigrantes podem nelas encontrar o seu equilíbrio, perpetuando o seu modo de vida num novo ambiente.

Conforme os países e as situações em que se encontravam, alguns Chineses foram assimilados pelas culturas autóctones, chegando a misturar-se com as populações locais. Outros conservaram as suas tradições, a sua língua, a sua cultura e a sua nacionalidade, apesar de estarem fixados há várias gerações na sociedade de acolhimento.

Nos países industrializados, sobretudo na América do Norte e na Europa, os descendentes dos imigrantes ascenderam na escala social devido aos estudos, em particular de engenharia, química, medicina, optometria, farmácia e arquitectura. O seu poder económico baseia-se na articulação das redes de solidariedade familiar e/ou social.

Os Chineses que têm o mesmo patronímico, falam o mesmo dialecto ou são originários da mesma região ou do mesmo distrito agrupam-se em associações profissionais para se entreajudarem e monopolizarem um sector de actividade.

Actualmente, variando de país para país, controlam a maior parte do comércio e das finanças, da indústria e do artesanato na Tailândia, em Myanmar, nas Filipinas, na Malásia e na Indonésia.

No entanto, o sucesso económico de uma minoria de Chineses não acontece sem suscitar invejas e ressentimentos da parte das autoridades e das populações autóctones, o que conduz, por vezes, às exacções de que são vítimas.

A complexidade das situações nos diversos países levanta problemas de definição de «chinês no estrangeiro» e, por isso, também, de cálculo do seu número. Usar um ou mais critérios de definição num caso pode ser contraditado noutro.

Por outro lado, muitas pessoas, sobretudo nas gerações nascidas fora da China, não se reconhecem na designação de Chineses do estrangeiro, considerando-se cidadãos do país de nascimento e/ou de socialização. Por conseguinte, seria vão avançar números sobre os seus efectivos, que não passariam de estatísticas aproximadas.

Live Yu-sion

➤ CANTONESES, *CHINATOWNS*, *HAKKA*, LINHAGEM, MIGRAÇÕES INTERNACIONAIS E DIÁSPORA, MUNDO CHINÊS, NORDESTE, REGIÕES DE EMIGRAÇÃO, RIO DAS PÉROLAS (DELTA DO)

CIDADE PROIBIDA

A Cidade Proibida é hoje em dia, por certo, um dos vestígios mais impressionantes e um dos símbolos mais significativos do que foi a monarquia burocrática chinesa. A sua história confunde-se com a de Pequim, capital do país quase sem descontinuidades desde o início do século XV. Foi edificada nesta época para servir de sede do governo e de residência principal dos imperadores.

Situada mesmo no centro da capital, a Cidade Proibida assinalava o coração do império. A sua posição também fazia recordar o papel conferido ao soberano pela ideologia imperial. Enquanto laço directo entre a Terra e o Céu, sendo depositário do mandato deste para governar, o imperador simbolizava o eixo em torno do qual o mundo girava.

Contrariamente ao que o termo «proibida» possa sugerir, as poucas centenas de hectares do Palácio não eram totalmente inacessíveis. Dirigindo o país deste lugar, os soberanos ali recebiam todos os dias em audiência funcionários metropolitanos e administradores provinciais. Centenas de soldados encarregavam-se da sua segurança e milhares de eunucos e de servas encarregavam-se todos os dias da intendência.

Verdadeira cidade dentro da cidade, a Cidade Proibida serviu de residência permanente a 24 imperadores sucessivos, entre 1420 e 1911, e pode-se considerar que acolheu ao longo destes séculos várias dezenas de milhares de pessoas.

Apesar disso, o acesso a ela era estritamente regulamentado. Os conhecimentos muito parciais de que a população dispunha sobre a Cidade Proibida alimentavam também a aura de mistério que envolvia o soberano, que a tradição dizia que se mantinha ao abrigo dos olhares.

A Cidade Proibida foi transformada em museu após a queda do regime imperial, no Inverno de 1911-1912. O último imperador foi, no entanto, autorizado a residir nela até 1924.

Os tesouros que continha então sofreram muitas tribulações nas décadas seguintes, como reflexo da história agitada do país. Transferidos de Pequim para Nanquim, em 1937, por causa do avanço do invasor japonês, acompanharam depois o governo nacionalista no seu exílio em Chongqing, terminando o seu curso em Taiwan, no final dos anos 40, após o salve-se quem puder que ficou a assinalar a retirada das forças de Chiang Kai-shek face à vaga comunista.

Lugar mítico e cheio das memórias seculares do poder imperial chinês, a Cidade Proibida não deixou de continuar a exercer o seu fascínio sobre as novas gerações de dirigentes.

Quanto aos caciques do regime comunista, liderados por Mao Tzé Tung, foi no recinto fechado do parque imperial que confinava com ela a oeste que eles escolheram, desde o início dos anos 50, estabelecer o centro nevrálgico do seu novo império, uma espécie de Kremlin chinês, que é comummente designado como Zhongnanhai.

Luca Gabbiani

➤ BUROCRACIA, PEQUIM

CIDADES

As cidades chinesas registaram profundas transformações desde o início dos anos 90.

Tornaram-se as montras das reformas e do regresso em força da China a um espaço mundializado. As cidades muito grandes não estão apenas a ser reabilitadas e em vias de reestruturação, mas ambicionam também ser metrópoles de nível internacional, ambição estimulada pela escolha de Pequim para a realização dos Jogos Olímpicos, em 2008, e pelo projecto de uma exposição universal em Xangai, em 2010.

Ao mesmo tempo, estas cidades confrontam-se com os desafios de uma sociedade em rápida mutação, onde as diferenças sociais aumentam, as reformas estruturais das empresas do Estado estão muito avançadas e novas aspirações urbanas deverão suplantar a prazo a descoberta frenética da sociedade de consumo.

As cidades são o fermento de novas relações com as suas zonas rurais, os pólos da reorganização global do espaço chinês e os lugares de novos laços a ligar a China com a sua diáspora e os países da Ásia desenvolvida.

As políticas urbanísticas são o resultado de um esforço verdadeiramente notável num prazo muito curto de realização: o de uma racionalização do espaço urbano que também toma em consideração as exigências pós-modernas de valorização e de criação da identidade da cidade.

Os actores urbanos multiplicam-se. O encorajamento do acesso à propriedade privada, as reestruturações económicas e as reorganizações espaciais são acompanhados pela multiplicação das iniciativas das autoridades públicas ao nível do bairro urbano e do comité de quarteirão e pelo peso crescente das sociedades de construção e dos grupos de investimentos chineses e estrangeiros.

As cidades chinesas têm grandes diferenças na intensidade e no modo de reestruturação do seu espaço. No entanto, são todas objecto de um zonamento funcional que impõe à maioria da população residente nos seus centros a substituição das suas casas por novos imóveis de escritórios ou habitações de luxo e terem de se transferir para os subúrbios próximos.

As cidades chegam, por vezes, a duplicar os seus centros, como sucedeu em Cantão com o quarteirão oriental de Tianhe e em Xangai com o de Lujiazui, no Pudong.

Aparecem novas formas de habitat. Os condomínios fechados são entidades urbanas muradas, compostas por imóveis frequentemente em co-propriedade, onde a gradação entre os espaços públicos e privados dos antigos *lilong* de Xangai dão lugar a rupturas espaciais nítidas e reveladoras da descolectivização urbana em curso.

As novas práticas urbanas resultam do desenvolvimento de uma sociedade de consumo que faz da frequentação dos centros comerciais uma das principais actividades urbanas e de uma sociedade do automóvel que obriga a cidade a criar novas vias, bem como a dar resposta ao tráfego crescente e a velocidades que já não são as das bicicletas da China socialista.

As cidades mudam sobretudo de escala. Trata-se agora de criar verdadeiras aglomerações com subúrbios que, embora com melhores ligações aos centros das cidades, se articulam também com centros secundários ricos. Desenha-se uma lógica policêntrica nas cidades muito grandes.

A criação de loteamentos na periferia, formados por imóveis colectivos pouco altos ou vivendas, reforça esta tendência geral. Protegidos também por muros e instalações de guardas, esta ilhotas, muitas vezes luxuosas, são espaços de vida autónoma e fornecem aos seus residentes todos os serviços elementares, comerciais e de lazer de que necessitam.

A modernização urbana em curso levanta, finalmente, as questões difíceis da identidade chinesa das cidades, das suas relações com a modernidade ocidental e das escolhas sobre o que conservar do património edificado.

As cidades chinesas inserem-se actualmente numa tensão extraordinária entre a criação de edifícios com formas arquitectónicas inéditas na China e no estrangeiro, tal como o Grande Teatro Nacional, em Pequim, e a necessidade de mostrar a tradição chinesa sob a forma de *chinatowns* como em Chengdu e na velha cidade chinesa de Xangai.

Thierry Sanjuan

➤ CENTROS COMERCIAIS, CIDADES E AS ZONAS RURAIS (AS), EMPRESAS DO ESTADO, ESPAÇOS PÚBLICOS, HABITAÇÃO, IMOBILIÁRIO (SECTOR), PATRIMÓNIO, URBANISMO

CIDADES E AS ZONAS RURAIS (AS)

A China assiste hoje em dia ao fim do predomínio numérico do seu mundo rural sobre as cidades.

A mão-de-obra agrícola não representava mais do que 42% da população activa total e não originava mais do que 16% do produto interno bruto chinês, em 2002. O quinto recenseamento geral da população, realizado no ano 2000, permitiu concluir por uma taxa de urbanização de 36% no conjunto do país, a qual deverá ser de 50% no final da década de 20 do século XXI.

Para além disso, a diferença muito grande entre os rendimentos urbanos e rurais aumentou novamente após 1997. Em 2002, atingiu uma percentagem inédita em todo o período das reformas, a favor dos citadinos: o rendimento rural médio não representava mais do que 32% do rendimento urbano.

Um tal hiato revela um dinamismo que já não se encontra nas actividades agrícolas, nem sequer na produção industrial das empresas das vilas e dos cantões, mas sim na economia das cidades, que se tornaram muito atractivas.

Na origem desta evolução estão uma grande porosidade entre as cidades e as zonas rurais em termos de complementaridade económica e mobilidade, bem como a polarização do espaço chinês nas grandes cidades.

Neste aspecto, a inversão fica a dever-se à descompartimentação do território chinês e ao abandono, desde o final da época da ideologia maoista, de um discurso globalmente anti-urbano.

Os trinta primeiros anos do regime foram, na verdade, uma época de compartimentação que isolou as cidades, ao mesmo tempo que assegurou aos citadinos vantagens desconhecidas das populações rurais. A caderneta de registo de residência foi instituída em 1958, proibindo na prática o acesso às cidades.

Após 1978, foi mais difícil ao Estado chinês conter as massas rurais, que se foram revelando superabundantes à medida que a descolectivização das terras e a liberalização das produções agrícolas e do seu comércio tornavam evidente o subemprego das antigas comunas populares: o excesso de camponeses é calculado actualmente em nada menos de 150 milhões de pessoas e o número de imigrantes em 100 milhões.

Embora o governo chinês tenha tentado inicialmente regular a torrente e só aos camponeses que eram capazes de prover à sua subsistência tenha permitido dirigirem-se para as cidades, de facto, grandes vagas de imigrantes tentaram rapidamente invadir os interstícios urbanos abertos pelas reformas, sem possuírem registo e, por vezes, organizados em redes administrativas ou de clã.

Perante estas ameaças aos equilíbrios sociais em recomposição e à estabilidade política, o governo chinês, desde o início das reformas, incitou os camponeses a «deixar a terra sem abandonar as zonas rurais» (*litu bu lixiang*), tendo assim legitimado o surto de industrialização das zonas rurais do litoral.

Muitos camponeses reconverteram-se para actividades industriais mais terciárias: as zonas rurais chinesas tinham 23% dos activos não agrícolas em 2002.

Esta política não impediu a emigração, mas limitou-a num primeiro momento. Desenvolveu-se deste modo a mobilidade no seio do mundo rural à escala local – da aldeia para vila, da vila para a pequena cidade, da pequena cidade para a cidade – e à escala nacional – das regiões pobres das periferias litorais ou das províncias interiores para os centros da industrialização rural.

Foi apenas nos anos 90 que os fluxos de emigrantes parecem ter claramente aumentado e ultrapassado as capacidades de absorção das empresas industriais rurais, tendo passado a orientar-se principalmente para as cidades.

À diferença que vai aumentando entre as cidades e as zonas rurais acresce sobretudo o divórcio que ocorreu nas próprias zonas rurais chinesas. Deu-se uma fragmentação do mundo rural, provocada por dinamismos internos muito diversos e por uma integração com as cidades e a economia de mercado muito desigual.

Podem assim ser identificados vários tipos de espaços rurais em função das suas articulações com as polaridades urbanas.

As antigas zonas rurais periurbanas foram conquistadas pela industrialização, os equipamentos urbanos e, cada vez mais, as operações imobiliárias e os espaços de lazer.

Tendo as periferias agrícolas reorientado a sua produção em função do mercado urbano (aves, legumes, frutos e flores), são continuamente deslocadas para mais longe, devido ao crescimento das cidades.

Plenamente integrados na economia urbana e nos mercados locais, nacionais e até internacionais, os espaços rurais industrializados desenvolveram-se e viram nascer no seu seio os núcleos urbanos e as infra-estruturas de produção industrial e de transporte indispensáveis ao desenvolvimento económico.

As zonas rurais marginais, alimentando com homens os pólos do dinamismo económico, mantiveram com maior facilidade as produções de base e não diversificaram a sua orientação económica, devido às suas fracas ligações com a economia de mercado.

Por último, os espaços rurais afastados, encravados e com más ligações às cidades e aos mercados permanecem como zonas pobres e que afastam as gentes.

Thierry Sanjuan

➤ CAMPONESES, CIDADES, EMPRESAS RURAIS, MEGALÓPOLES, MIGRAÇÕES INTERNAS, REGISTO DE RESIDÊNCIA

CIÊNCIAS E TÉCNICAS

Desde o século XVII que as elites chinesas, e sobretudo o imperador Kangxi (1654-1722), evidenciaram um grande interesse pelas ciências ocidentais, em particular a matemática e a astronomia, junto dos missionários jesuítas.

Foi na segunda metade do século XIX que a questão das ciências e das técnicas se tornou crucial na China para a corrente reformista e teóricos como Feng Guifen (1809-1874) e Kang Youwei.

Após as derrotas militares sofridas pelo império ao enfrentar as potências ocidentais, atribuídas à superioridade técnica das nações inimigas, impôs-se a ideia de que era preciso, como afirma uma fórmula célebre, «o saber ocidental para a prática e o saber chinês como fundamento».

O primeiro presidente da república chinês, Sun Yat-sen, interessou-se pessoalmente pela questão, porque estudou de 1887 a 1892, em Hong Kong, no Colégio de Medicina para os Chineses, dependente da London Missionary Society.

Ainda nos nossos dias, a história «mundial» das ciências e das técnicas tem ressonâncias ideológicas tingidas de «vingança». É sentido como importante pela população chinesa tentar provar, por vezes à custa de anacronismos lamentáveis, que existiu durante toda a história da China um forte tradição «científica».

Esta tradição teria colocado, por vezes, o país à cabeça da «concorrência internacional», e para além mesmo de algumas invenções famosas agora constantemente referidas, como a imprensa, a bússola e a pólvora para canhões.

Por isso, o historiador inglês Joseph Needham (1900-1995), que organizou em Cambridge a edição da obra monumental *Science and Civilisation in China*, em 20 volumes, foi saudado na China como uma espécie de herói nacional.

Desde há alguns anos, o desenvolvimento das ciências e das tecnologias tornou-se uma prioridade para as autoridades chinesas.

Em 2004, as despesas relativas à investigação científica aumentaram 19,7%, tendo atingido 184,3 milhares de milhões de *yuans*, ou seja, 1,35% do produto interno bruto (PIB), com uma larga predominância da investigação aplicada. A China contava então com 27,16 milhões de investigadores, engenheiros e técnicos a trabalhar em organismos do Estado.

Em Fevereiro de 2006, foi adoptado um programa nacional no domínio do desenvolvimento das ciências e das tecnologias, a médio e longo prazos (2006-2020).

Baseando-se numa reorganização da investigação que prevê o reagrupamento e a coordenação dos organismos civis e militares, o objectivo é duplicar a percentagem da investigação e desenvolvimento no total do PIB.

Outro objectivo é diminuir em 30% a dependência da China em relação às tecnologias estrangeiras e colocar o país entre os cinco primeiros do mundo em registo de patentes de invenção e em publicações científicas de nível internacional.

Os grandes eixos de investigação dizem respeito à energia (incluindo o nuclear), agricultura, informática e comunicações, indústria da reciclagem, economia dos recursos e protecção do ambiente, luta contra as doenças graves e as epidemias, modernização do sistema de saúde, armamento, tecnologias espaciais e oceânicas, nanotecnologias, novos materiais, genética e biotecnologias.

Para realizar tais objectivos, terá de ser feito um esforço particular na formação dos estudantes e no desenvolvimento da cooperação internacional entre os laboratórios, procurando ao mesmo tempo dominar a propriedade intelectual das inovações.

Frédéric Obringer

➤ CONTRAFACÇÃO, ESPAÇO (CONQUISTA DO), INVESTIGAÇÃO E DESENVOLVIMENTO, NOVAS TECNOLOGIAS

CINEMA

A indústria cinematográfica chinesa fez cem anos em 2005. O seu desenvolvimento histórico reflectiu as mudanças da sociedade chinesa no seu conjunto. Mais ainda, o cinema chinês foi sempre marcado por tensões entre a expressão artística e a política de Estado.

Nos anos 20, realizadores formados na tradição ocidental do teatro e influenciados pelos filmes de Hollywood exploraram com talento as possibilidades da nova arte.

Os anos 30 ficaram assinalados como a «idade de ouro» do cinema chinês, cuja qualidade dos dramas sociais antecipava o neo-realismo europeu do pós-guerra. Foi também a partir deste período que as pressões políticas se tornam recorrentes, nunca mais tendo desaparecido: o cinema passou a ser considerado como um instrumento privilegiado de propaganda, tendo sido constantemente censurado.

Após a capitulação japonesa, o período da guerra civil e dos conflitos sociais entre 1946 e 1949 forneceu ao cinema um material excepcional, tendo sido um momento de liberdade de expressão para os realizadores chineses, nomeadamente os de Xangai.

Entre os filmes, citemos *Yijiang chunshui xiang dongliu* (*As Lágrimas do Yangtzé*), de Cai Chusheng e Zeng Junli, de 1947, *Xiaocheng zhi chun* (*A Primavera de uma Pequena Cidade*), de Fei Mu, de 1948, e *Wuya yu maque* (*O Corvo e os Pardais*) de Zhang Junli, de 1949.

Com a República Popular, o governo comunista colocou o cinema sob o duplo controlo do Gabinete do Cinema, ele mesmo tutelado pelo ministério da Cultura, e do Departamento da Propaganda do Comité Central do Partido Comunista.

Em 1986, o Gabinete foi transferido para o novo ministério da Rádio, do Cinema e da Televisão, até ser colocado sob a responsabilidade do Gabinete Governamental Independente da Rádio, do Cinema e da Televisão.

A interacção entre o cinema e a política na China aconteceu de forma particularmente complexa. Filmes como *Wuxun chuan* (*A Vida de Wuxun*), de 1949, ou a série de televisão *Heshang* (*A Elegia do Rio*), de 1988, deram origem a violentas controversas.

Após 1949, foi dada prioridade ao «cinema revolucionário». Em 1953, os procedimentos administrativos foram padronizados e os assuntos abordados pelos filmes severamente controlados. No entanto, a Academia do Cinema de Pequim foi inaugurada em 1956 e cineastas como Sun Yu, Shui Hua, Sang Hu e Ling Zifeng continuaram a filmar.

Os ataques aos filmes fizeram parte do prelúdio da Revolução Cultural, durante a qual a produção quase ficou parada. A maior parte dos «trabalhadores do cinema» morreu na prisão e os recursos da indústria cinematográfica foram suspensos. Apenas Xie Jin, anteriormente criticado devido ao seu notável *Wutai jiemei* (*Irmãs de Cena*), de 1964, conseguiu continuar a filmar.

Os anos 1984-1989 constituíram um período de expressão mais livre e ficaram assinalados pela emergência de cineastas nascidos nos anos 50. A Academia do Cinema de Pequim reabriu em 1978 e a primeira classe, com diploma de 1982, é considerada como uma «quinta geração». Wu Tian Ming, director dos estúdios de Xi'an, apoiou-a como produtor.

Citemos entre os realizadores Zhang Yimou, Huang Jianxin, Tian Zhuangzhuang e Chen Kaige, cujo filme *Huang tudi* (*Terra Amarela*), de 1984, chamou a atenção.

Antigos «reeducados», enviados para as zonas rurais, expressaram abertamente o seu desencantamento, evitando deliberadamente as convenções. Os seus filmes exploratórios suscitaram o interesse dos *media* ocidentais e a inquietação das autoridades chinesas.

Nos anos 90 do pós-Tiananmen, o cinema oficial virou-se para os filmes comerciais. A «sexta geração» (classe de 1989) afirmou-se, desafiando a censura e realizando filmes independentes de orçamento reduzido. A profunda transformação das condições sociais voltou a despertar o talento dos cineastas chineses em relação ao realismo, que se manifestou tanto nas longas-metragens (*Ning Ying*) como em documentários e ficções de qualidade realizados em vídeo numérico (*Jia Zhangke*).

Filmes *underground* sobre assuntos tabu (homossexualidade, alcoolismo), são realizados devido ao seu impacto provocador (Zhang Yuan). Como não se servem dos canais oficiais, não é possível na China nenhuma projecção pública. Tendo sido projectadas e premiadas várias das suas obras em festivais internacionais, estes cineastas, tal como os que os precederam, têm tendência para conceber os seus projectos em função do público internacional, o que lhes permite obter apoios financeiros privados.

A autocensura é a consequência mais grave da censura oficial. Todavia, a imaginação amordaçada dos argumentistas é compensada pelo talento dos directores de fotografia, em estilos variados que vão do registo quase etnográfico a uma grande estilização. Apesar do seu público limitado, a qualidade dos documentários, como *Tie xi qu* (*A Oeste dos Carris*), de Wang Bing, de 2003, é reconhecida.

Actualmente os maiores problemas são económicos: custos de produção a subir, crescimento rápido da televisão e descida das audiências.

O público prefere ver filmes em DVD em casa e tem uma nítida preferência pelos filmes estrangeiros, sobretudo pelos americanos.

Os grandes sucessos internacionais assinados por Chineses beneficiam, por vezes, de financiamentos importantes, ao passo que o cinema independente luta frequentemente pela sobrevivência.

A dupla vocação de divertimento e de observação social que o cinema chinês revelou nos seus primeiros tempos contribuiu para a vitalidade da produção recente, das epopeias espectaculares de Chen Kaige e Zhang Yimou até aos sóbrios documentários de Wang Bing.

Nina Levin-Jalladeau

► ARTE CONTEMPORÂNEA, CONTROLO POLÍTICO E CENSURA, CULTURA, ROMANCE

CIRCULAÇÃO URBANA

As cidades chinesas registam um forte aumento do fluxo de pessoas e de bens.

Este aumento explica-se por um crescimento demográfico rápido e forte, pelo desenvolvimento de funções de troca desde as reformas urbanas de 1984 e por se ter posto em causa o modelo da unidade de trabalho, que restringia as deslocações ao espaço mais próximo.

Os fluxos aumentaram enormemente desde meados dos anos 90, devido ao processo de motorização que se desenvolve sob todas as formas, na sua maior parte colectivas (táxis e veículos das empresas). Este facto impõe escolhas de infra-estruturas que privilegiam a velocidade, marginalizando progressivamente o uso da bicicleta,

que se generalizara desde o início dos anos 80.

Esta motorização das deslocações vai ao encontro das práticas de mobilidade caracterizadas pela diversificação dos motivos das deslocações e das distâncias mais importantes a percorrer e porque as deslocações passaram a fazer parte do espaço metropolitano.

As políticas urbanas em matéria de transportes são dominadas pela preferência atribuída às infra-estruturas rodoviárias, influenciada quer por um modelo de desenvolvimento urbano voluntarista e de facilidades de acesso aos financiamentos, quer pela pressão da indústria automóvel nacional.

Desde o final dos anos 90 que se perspectiva uma mudança que favoreça uma estratégia mais equilibrada de transportes.

De facto, o apoio actual do governo aos transportes colectivos e a um urbanismo mais desejoso de qualidade de vida nas cidades implica acções mais precisas de divisão das vias rodoviárias pelos diferentes modos de transporte (ruas pedonais), melhor inserção das redes dos transportes colectivos na cidade (programas de financiamento mais ambiciosos) e modos de gestão mais limitadores do uso dos modos motorizados, mediante o controlo da poluição emitida e do acesso de alguns veículos ao centro das cidades.

Jean-François Doulet

► AUTOMÓVEL (SECTOR), BICICLETA, CIDADES, POLUIÇÃO, TRANSPORTES, URBANISMO

COMÉRCIO EXTERNO

O comércio externo da China registou uma expansão muito rápida desde 1980. As exportações e as importações subiram 15% ao ano, em média, nos últimos 25 anos. Desde 2003 que a China se tornou a terceira potência comercial do mundo (atrás dos Estados Unidos e da

Alemanha). O seu peso nas trocas internacionais passou de menos de 1% a mais de 7%.

Desde 1979, a China seguiu uma política de abertura económica ao exterior que começou por ter como prioridade o desenvolvimento das suas exportações, ao mesmo tempo que protegia o mercado interno. Desde os anos 80, desenvolveu as suas indústrias exportadoras, nomeadamente com incentivos às empresas estrangeiras para que se instalassem no seu território. Foi apenas nos anos 90 que reduziu progressivamente as suas barreiras à importação (direitos de importação e contingentação). A sua entrada na Organização Mundial do Comércio, em Dezembro de 2001, consagrou esta estratégia de abertura. A tarifa aduaneira média passou de 43% em 1992 para 9% em 2005.

A China tornou-se um parceiro importante dos países asiáticos, que assumiram também um lugar de relevo nas suas trocas. Em 2004, a Ásia fornecia dois terços das suas importações e recebia metade das suas exportações.

A China realiza com a União Europeia 12% das suas importações e 18% das suas exportações e com os Estados Unidos 7% e 21%, respectivamente.

O Japão é o seu primeiro fornecedor. Os Estados Unidos são o seu mercado mais importante. Hong Kong desempenha um papel de intermediário e recebe uma grande parte das exportações chinesas, de que reexporta a quase totalidade.

A indústria transformadora foi a ponta de lança das exportações chinesas: forneceu 95% das exportações chinesas em 2005, contra 50% em 1980. Nesta época, os produtos tradicionais (vestuário, calçado e brinquedos) eram as rubricas mais dinâmicas. Desde os anos 90, foram os produtos das indústrias eléctricas e electrónicas que mais aumentaram e ultrapassaram desde então o conjunto dos têxteis e do vestuário. Estas mudanças reflectem uma notável adaptação das exportações chinesas à procura internacional.

A China obteve um lugar preponderante nalguns mercados mundiais. Em 2004, realizou mais de 20% das exportações mundiais de vestuário, calçado, brinquedos, electrodomésticos e electrónica de grande consumo.

Desde o início dos anos 90, o dinamismo das suas exportações assegura-lhe um excedente comercial estrutural. As indústrias exportadoras chinesas conseguiram tomar posição nos sectores mais fundamentais, porque aquelas fazem parte integrante das redes de produção de empresas multinacionais. As filiais de empresas estrangeiras, implantadas na sua maioria nas províncias costeiras, realizam mais de metade das exportações chinesas. Esta proporção atinge 80% nas exportações de material electrónico.

As exportações chinesas mais dinâmicas resultam, portanto, da deslocalização de produções anteriormente realizadas em economias avançadas da Ásia (Japão, Hong Kong, Coreia do Sul e Taiwan) e que se deslocaram para a China para tirar partido dos baixos custos da mão-de-obra local.

Os países asiáticos passaram a fornecer peças e componentes a fábricas de montagem situadas na China. Estas actividades de montagem permitiram à China desenvolver exportações que incorporam uma forte proporção de produtos de alta tecnologia (importados). Fazem com que a China tenha excedentes comerciais com os Estados Unidos e a Europa, mas trocas deficitárias com os países da Ásia que lhe fornecem o essencial dos produtos intermédios (componentes electrónicos).

Para além das importações destinadas às indústrias de montagem, as que são destinadas a satisfazer as necessidades do mercado interno também cresceram rapidamente.

A aceleração do crescimento económico de 2003 a 2005 fez aumentar as suas necessidades de importação de produtos agrícolas, matérias-primas e combustíveis. A China tornou-se um comprador de primeiro plano em muitos mercados, onde contribuiu para a alta das cotações (petróleo, níquel, cobre, alumínio, soja, algodão e óleo de Palma).

A emergência da China transformou profundamente a economia mundial. É um concorrente directo dos países em desenvolvimento, nomeadamente nos têxteis, após as trocas mundiais destes produtos terem sido completamente liberalizadas em Janeiro de 2005 (com o fim do acordo sobre os têxteis e o vestuário, que permitia que os importadores impusessem quotas). As suas imensas reservas de mão-de-obra com baixos salários, associadas às tecnologias e ao capital estrangeiros foram o que mais contribuiu para uma vantagem potencial em muitos sectores, incluindo aqueles que eram até então apanágio das economias desenvolvidas.

Os baixos custos de produção na China exercem desde o final dos anos 90 uma pressão para a baixa dos preços mundiais dos produtos manufacturados.

Françoise Lemoine

➤ BALANÇA DE PAGAMENTOS, EMPRESAS DE CAPITAL ESTRANGEIRO, ESTADOS UNIDOS (A CHINA E OS), INDÚSTRIA E POLÍTICA DE INDUSTRIALIZAÇÃO, JAPÃO (A CHINA E O), ORGANIZAÇÃO MUNDIAL DO COMÉRCIO (A CHINA E A), UNIÃO EUROPEIA (A CHINA E A)

COMÉRCIO INTERPROVINCIAL

As relações comerciais no território chinês registaram modificações muito profundas desde que as reformas económicas foram lançadas em 1978. Até esta data, a tónica incidia na auto-suficiência de cada província, pelo que o comércio entre elas era residual.

Depois, as trocas entre as províncias tiveram um desenvolvimento rápido. Este surto não se efectuou sem problemas. Durante os 80, a descentralização e as distorções de preços entravaram as trocas. Foi uma luta feroz a que ocorreu em 1987-1988 para se abastecerem de matérias-primas (algodão, seda, tabaco, lã, géneros alimentares) e, no final dos anos 80, para venderem nos mercados os produtos manufacturados.

Os governos locais socorriam-se então de todos os meios para proteger da concorrência «externa» os seus produtores: bloqueio de estradas, sequestro de mercadorias, taxas *ad hoc*, taxas de registo, normas técnicas e proibição de venda de determinados produtos «importados». Paralelamente as produções locais beneficiavam de financiamentos preferenciais.

Há duas razões que permitem explicar este proteccionismo local: por um lado, a preocupação das províncias em fazer aumentar os seus rendimentos para fazerem face a despesas acrescidas devido à descentralização e, por outro lado, a vontade das regiões menos desenvolvidas de continuarem uma política de industrialização e não dependerem das províncias mais avançadas.

Apesar destes episódios proteccionistas, o comércio entre províncias chinesas é relativamente intenso. No início dos anos 90, as trocas com o resto do país representavam em média 50% do produto interno bruto (PIB) das províncias, um peso três vezes superior ao das trocas entre os países membros da União Europeia a 15.

A importância do comércio entre províncias parece, contudo, ter diminuído no final dos anos 90, enquanto as trocas com os países estrangeiros se intensificavam: a progressão do comércio internacional da China foi mais rápido do que a das suas trocas internas.

A directiva aprovada em Abril de 2001 pelo Conselho dos Assuntos de Estado que proíbe o proteccionismo local e os entraves ao comércio é uma prova da persistência deste fenómeno no início do século XXI.

Apesar da melhoria das infra-estruturas de transporte e da redução das distorções dos preços, os obstáculos à unificação do mercado interno persistem.

Ficam a dever-se sobretudo à acção das autoridades, que são, ao mesmo tempo, reguladores e agentes da actividade económica e perseguem objectivos muitas vezes contraditórios. O proteccionismo local incide principalmente nos sectores que são fonte de importantes receitas fiscais e que têm uma organização monopolística (tabaco, bebidas alcoólicas).

Sandra Poncet

➤ DESCENTRALIZAÇÃO, DISPARIDADES REGIONAIS, TRANSPORTES

COMUNAS POPULARES

Mais conhecidas do que o Grande Salto em Frente, as comunas populares (*renmin gongshe*) derivavam dele.

Foi para levar a bom termo os trabalhos colectivos iniciados pelo Grande Salto em Frente que as cooperativas de produção começaram por ser fundidas e depois, na Primavera de 1958, foi criada, em Henan, a primeira comuna popular. Honrada no Verão com a visita de Mao Tzé Tung, que proclamou que «as comunas populares são o caminho», estas foram oficialmente adoptadas em Agosto. No final de 1958, mais de 99% das famílias rurais eram membros de comunas populares.

Imensas, as comunas populares agrupavam, em média, cerca de uma dúzia de antigas cooperativas agrícolas e entre 4000 e 5000 lares camponeses, ou seja, 25 000 habitantes. Eram, ao mesmo tempo, circunscrição política e administrativa de base, unidade de produção agrícola e industrial inteiramente colectivizada e centro médico (com o seu hospital), educativo (com as suas escolas «geridas pelo povo») e militar (com a sua milícia).

Na atmosfera do Grande Salto em Frente, isso implicava possuir todos os meios de produção (terras, gado e fábricas) e tudo decidir: o que, onde, quando e de que forma semear e que brigada ou esquadrão (usavam terminologia militar, como era conveniente) afectar à tarefa. Como os quadros dirigentes da comuna conheciam mal as suas tropas e o próprio trabalho agrícola, desperdiçaram a mão-de-obra e não sabiam como a remunerar.

Pouco importava: de «a cada um segundo o seu trabalho» passou-se a «a cada um segundo as suas necessidades». Os salários, proclamou Mao Tzé Tung, era «uma concessão à burguesia» que se podia dispensar no momento em que a China entrava na era comunista, que os revisionistas soviéticos adiaram para um futuro longínquo.

Apesar de estar subordinada ao Grande Salto em Frente, era a comuna que melhor encarnava a utopia, pois fazia reinar o igualitarismo e introduzia as inovações sociais.

Antes de 1958, a desigualdade entre as cooperativas de produção era, por vezes, acentuada. Mas depois as brigadas e equipas de produção (subdivisões da comuna) mais desprovidas passaram a ser tão bem (ou tão mal) remuneradas como as «prósperas». As parcelas privadas e os mercados livres foram abolidos e ninguém se tornava mais rico do que qualquer outro. A vida comunitária alargou-se mesmo às refeições, servidas gratuitamente na cantina colectiva. Portanto, já não eram necessários os utensílios de cozinha, requisitados pela comuna para alimentar os seus altos-fornos das «traseiras».

Naturalmente, as refeições gratuitas e as comezainas (empanturravam-se cinco ou seis vezes por dia no Outono de 1958) não duraram muito tempo.

A partir da Primavera de 1959, muitas aldeãos começaram a queixar-se da dieta frugal e monótona, enquanto outros já não conseguiam suportar a fome. A crise impôs a redução da dimensão das comunas, três vezes mais pequenas em 1962 do que em 1958, e que se reduzisse a sua unidade de base, primeiramente às brigadas e depois às equipas, ou seja, se atenuasse o igualitarismo e moderasse o intervencionismo burocrático. Em 1962, a organização da produção agrícola deixou de ser da responsabilidade da comuna.

Vinte anos mais tarde, as comunas populares foram definitivamente abolidas. Nos campos, duraram o período de uma geração, de 1958 a 1982, nas cidades, o tempo de uma estação, o Verão de 1958.

Lucien Bianco

➤ DESCOLECTIVIZAÇÃO, GRANDE SALTO EM FRENTE

COMUNISMO

O Partido Comunista Chinês (PC) foi fundado em Julho de 1921 por um punhado de intelectuais.

Não passava então de uma das muitas sociedades de eruditos que procuravam um modelo ocidental susceptível de salvar a China. Foi a sua aliança com o Kuomintang de Sun Yat-sen, partido a que os primeiros comunistas aderiram, aquando do congresso realizado por este em Cantão, em 1924, que permitiu o primeiro surto de um comunismo que era na altura quase exclusivamente urbano.

O movimento de 30 de Maio de 1925, que mobilizou centenas de milhares de operários e de jovens intelectuais de Xangai e Hong Kong / Cantão contra os imperialismos japonês e britânico, transformou o partido numa força política real, tendo desempenhado plenamente o seu papel durante a Expedição do Norte, a partir de Julho de 1926.

No entanto, o próprio sucesso dos comunistas na mobilização popular, que explica, em parte, os sucessos militares das forças armadas comandadas por Chiang Kai-shek, gerou uma dinâmica social que destruiu o seu quadro político. O Kuomintang recusou a reforma agrária que as uniões camponesas procuraram realizar nas províncias do Sul, dirigidas de forma hesitante por um PC assustado por um movimento que escapava ao seu controlo. Entre 12 de Abril e 15 de Julho de 1927, o Kuomintang consumou de forma sangrenta a sua ruptura com o PC.

O comunismo chinês iniciou então a segunda fase da sua história, que decorreu entre 1927 e 1949. Adquiriu características originais. Instalado de início no Sul da China, principalmente em Jiangxi, dispunha de uma base exclusivamente camponesa. Controlando territórios onde estabeleceu um governo soviético, em Novembro de 1931, formou um exército vermelho de que o PC era o núcleo dirigente e iniciou uma guerra civil prolongada.

Tendo deslocado o seu centro de gravidade para ao Noroeste da China, na sequência da Longa Marcha de 1935, foi a partir de então dirigido por Mao Tzé Tung, que o VII Congresso do PC, realizado em Junho de 1945, transformou no teórico de uma adaptação chinesa bem sucedida do marxismo. Paralelamente, a guerra sino-japonesa permitiu ao PC aumentar consideravelmente as suas bases territoriais e as suas forças militantes e militares.

De 1949 a 1976, este comunismo chinês, vencedor da guerra civil, foi cada vez mais influenciado pelas ideias utópicas de Mao Tzé Tung, a quem o culto que lhe era tributado permitiu reforçar o poder tirânico.

Consciente das contradições que minavam o socialismo soviético, Mao Tzé Tung não se satisfez com tal modelo, que substituíra a apropriação privada do excedente da riqueza produzida pelos trabalhadores pela apropriação pelo Estado e os altos quadros do PC. Pretendia realizar de imediato o comunismo, aproveitando a pobreza do país. Pretendia pôr fim à separação entre o trabalho intelectual e o trabalho manual. Pretendia suprimir as desigualdades e o dinheiro.

Após ter acelerado a colectivização das terras no Verão de 1955, lançou em Maio de 1958 o Grande Salto em Frente, que deveria fazer da China uma vasta federação de «comunas populares» auto-

-suficientes. Foi um fracasso terrível, que haveria de se repetir na Revolução Cultural, iniciada em Maio de 1966, que se propunha destruir a opressão que se considerava ser imposta pelos quadros do PC ao entusiasmo criador das massas populares.

Desde 1978, a reforma económica lançada por Deng Xiaoping e alargada em seguida pelos seus sucessores baseia-se no reconhecimento da necessidade prévia de um certo desenvolvimento das forças produtivas antes de ser realizada qualquer mudança radical da sociedade.

O período actual, assinalado pela abertura ao mundo e o desenvolvimento da economia de mercado, insere-se num «estado primitivo do socialismo» que deve durar um século, até permitir a passagem ao verdadeiro socialismo e ao comunismo. Esta etapa, durante a qual os empresários capitalistas se tornam produtores em pé de igualdade com os trabalhadores, a ponto de serem admitidos no PC, desembocou progressivamente num capitalismo sob o controlo do Partido Comunista

Alain Roux

➤ COMUNAS POPULARES, DENG XIAOPING, ECONOMIA SOCIALISTA DE MERCADO, GRANDE SALTO EM FRENTE, MAO TZÉ TUNG, PARTIDO COMUNISTA, REFORMAS E ABERTURA

CONFUCIONISMO

O termo «confucionismo» foi um neologismo inventado pela sinologia ocidental para se referir à figura de Confúcio (cerca de 551-479 a.C.). Abrange realidades muito diversas, tanto intelectuais como sociais e institucionais, que evoluíram ao longo de dois mil e quinhentos anos de história chinesa.

Aqui bastará caracterizar sumariamente a doutrina confuciana como um projecto de humanização que se baseia nos laços humanos e sociais, convicta de que o homem é susceptível de se aperfeiçoar indefinidamente e que possui em si mesmo tudo o que é preciso para aprofundar esta aprendizagem no sentido de uma cultura civilizadora que se transmite de maneira contínua através dos tempos.

O destino do confucionismo, ou, pelo menos, do que dele resta na era moderna, confunde-se com os sofrimentos intensos e sucessivos que a China conheceu desde meados do século XIX, quando teve de enfrentar a irrupção das potências colonizadoras ocidentais.

A marca do confucionismo, que moldou a sociedade e o homem chineses desde há 25 séculos, tende a desaparecer, mas continua a ser profunda a diversos níveis: mentalidades, comportamentos, valores e instituições.

No entanto, o que se passou a chamar «novo confucionismo contemporâneo», enquanto realidade intelectual, teve de encontrar o seu lugar relativamente a todos os grandes desafios lançados à China do século XX.

Podemos distinguir três fases sucessivas. A primeira é representada por eminentes intelectuais que estiveram activos desde os anos 20 até aos anos 40. Herdeiros do movimento de 4 de Maio de 1919, que pretendera fazer tábua rasa do passado e da tradição clássica, fazendo-se eco do slogan «Abaixo a espelunca de Confúcio!», preocuparam-se sobretudo em saber se, no caso da China, a modernização significava fatalmente a ocidentalização e, por conseguinte, a rejeição total dos valores próprios da cultura chinesa, entendidos como entraves e à frente dos quais estava, entre outros, o confucionismo. Outros, que se tornaram ainda mais radicais por desejarem restaurar uma «ordem moral» confucionista, nomeadamente sob o poder discricionário de Yuan Shikai e depois do Kuomintang presidido por Chiang Khai-shek, pensaram numa fecundação da tradição chinesa pelos contributos ocidentais, incluindo o do pensamento marxista.

Formou-se uma segunda vaga precisamente fora da China marxista (instituída como República Popular em 1949), em Hong Kong e Taiwan, onde alguns intelectuais tentaram revalorizar a tradição chinesa, sobretudo confucionista, adoptando uma atitude crítica em relação aos males da civilização tecnológica ocidental.

Quanto à terceira vaga, a mais recente, surgiu como resultado de dois fenómenos concomitantes. Por um lado, o espectacular desenvolvimento económico dos «pequenos dragões» da Ásia Oriental (Taiwan, Hong Kong, Singapura e Coreia do Sul), cuja cultura sínica e impregnada de confucionismo acabou por chamar a atenção dos economistas anglo-saxões a partir de finais dos anos 70. Por outro lado, numa perfeita coincidência com o retomar do interesse pela cultura e a ética confucionistas, relacionadas com um novo tipo de dinamismo económico, assistiu-se a uma reabilitação dos valores tradicionais na China popular após a chamada Revolução «Cultural» (1966-1976), durante a qual a tradição confucionista e os seus supostos representantes foram postos no pelourinho, sobretudo durante a campanha de «crítica a Confúcio e Lin Biao», em 1971.

As campanhas e os ataques repetidos contra a herança confucionista, que pontuaram todo o século XX chinês, acabaram por conduzir, numa suprema ironia da história, à reapropriação ideológica dela por parte do discurso actual sobre os «valores confucionistas», erigidos como um novo humanismo apropriado ao mundo globalizado do futuro. Este resultado ficou a dever-se a intelectuais eminentes, não só da China Popular, onde os dirigentes de um regime ainda muito autoritário procuravam legitimação moral, mas também doutras zonas do «mundo sínico».

Singapura criou por inteiro e para si mesma uma nova ordem moral, a Coreia do Sul apresenta-se como um reservatório vivo das práticas confucionistas e nos Estados Unidos existe mesmo um *confucionismo de Boston*, sob a égide de universitários prestigiosos de Harvard, muito activos nos diálogos interculturais e inter-religiosos.

É necessário sublinhar que esta leitura culturalista do desenvolvimento actual da Ásia Oriental é, porém, vivamente contestada e que, de facto, está longe de explicar as rápidas transformações económicas, geopolíticas e sociais desta região do mundo.

Anne Cheng

➤ MUNDO CHINÊS, REVOLUÇÃO CULTURAL

CONSTITUIÇÃO

A palavra «constituição» (*xianfa*) foi introduzida na China muito tardiamente, no início do século XX, pela via do Japão, onde já se impusera na era Meiji. O termo chinês antigo mais próximo, *fatong*, expressa a unidade necessária do sistema das leis enquanto igualdade de todos perante a lei, mas não a ideia do Ocidente de um texto fundamental que organiza o desenvolvimento institucional do Estado, bem como as liberdades dos seus cidadãos.

No espaço de um século, a China foi desenhando uma história constitucional própria. No entanto, o constitucionalismo continua a ser entendido em grande medida como um conceito importado.

Foi apenas no declinar do reino dos Qing que um movimento (1905-1911), conduzido sobretudo por Kang Youwei (1858-1927), Liang Qichao (1873-1929) e Shen Jiaben, tentou impor reformas constitucionais inspiradas em reflexões sobre os regimes ocidentais.

Em contrapartida, desde a sua fundação, em 1912, a república esforçou-se por fundar a sua autoridade numa constituição. Sun Yat-sen continua a ser o único a ter proposto uma adaptação propriamente chinesa da teoria da separação dos poderes. Tendo finalmente sido aprovada em 1946, a constituição republicana esteve muito pouco tempo em vigor no continente.

Após a partida do Kuomintang para Taiwan, em 1949, esta constituição foi ali tornada inactiva durante um longo período, por imposição da lei marcial, e foi apenas graças à democratização da ilha, nos anos 80, que começou, num contexto muito diferente, a ser aplicada.

Após a instauração da república popular, em 1949, a China de Mao Tzé Tung adoptou, em 1954, uma primeira constituição de inspiração soviética. As constituições de 1975 e 1978 ilustram o contexto ideológico da Revolução Cultural e, depois, a vontade de lhe pôr termo.

Promulgada em 1982, a constituição actualmente em vigor pretendia assinalar o regresso à «legalidade socialista». Posteriormente, graças às reformas, foi pouco a pouco despojada da sua retórica revolucionária por emendas sucessivas: em 1988 e 1993 (diversidade dos direitos de propriedade e passagem à economia socialista de mercado) e em 1999 e 2004 (reconhecimento do conceito de Estado de direito socialista e protecção dos direitos do homem). Embora sejam garantidas oficialmente muitas liberdades, o direito à greve e a liberdade de associação de carácter político continuam proibidos.

O não respeito frequente da constituição explica-se pela ausência de definição das fontes do direito, pela inexistência de uma clara definição da posição deste texto na hierarquia do sistema normativo e, sobretudo, pela autoridade concorrente dos estatutos do Partido Comunista (PC), num sistema que, para além disso, carece de controlo independente da constitucionalidade.

Apesar disto, a instituição suprema do Estado, a Assembleia Nacional Popular (ANP), embora dirigida pelo PC, profissionalizou-se e especializou-se no trabalho legislativo. A ANP, e em particular o seu comité permanente, desempenham um papel cada vez maior em matéria de controlo da legalidade (e, em consequência, indirectamente, da constitucionalidade) dos regulamentos promulgados pelos governos locais e, mais em geral, da coerência do edifício jurídico.

Por outro lado, multiplicam-se as referências à constituição na vida judiciária e política. Assim, em Agosto de 2001, uma explicação judiciária (*sifa jieshi*) muito controversa do Supremo Tribunal Popular (o caso Qi Yuling contra Chen Xiaoqi) procurou criar um precedente, ao reconhecer aos tribunais populares o direito de invocar directamente a constituição nas suas decisões judiciais.

Para além disso, há um número cada vez maior de petições, geralmente preparadas por profissionais do direito, que são dirigidas à ANP para que seja abolido ou emendado este ou aquele regulamento anticonstitucional.

Stéphanie Balme

➤ ASSEMBLEIA NACIONAL POPULAR, DIREITO, ESTADO, GOVERNO, REPÚBLICA POPULAR

CONSUMO

Com uma taxa de crescimento assinalável desde o início das reformas, o consumo dos Chineses, evidentemente, alterou-se muito. Mantém-se, todavia, num nível relativamente modesto. Quando as reformas foram lançadas, o peso do consumo final no produto interno bruto (PIB), que representava 62,1% em 1978, foi diminuindo regularmente, excepto entre 1996 e 2000, até atingir apenas 53% em 2004.

Esta evolução processou-se em benefício do investimento, o principal motor do crescimento chinês. Este país apresenta a particularidade de ter uma forte taxa de poupança, essencialmente por precaução. Este facto torna a política monetária muito pouco eficaz para relançar o consumo.

Em termos globais, o consumo das famílias cresceu muito, com uma diferença de relevo, porém, entre os habitantes das cidades e dos campos. Esta diferença faz-se sentir ao nível da estrutura do consumo: o coeficiente de Engel (que mede a parte das despesas de alimentação no total das despesas) diminui com o aumento dos rendimentos, tendo passado, no período de 1978 a 2004 de 57% para 38% para os primeiros e de 68% para 47% para os segundos.

Após anos de austeridade, as reformas permitiram o aparecimento de um grande número de bens que situam uma larga parte da população num novo modo de vida.

Foi possível assistir à formação de uma classe média que representa cerca de 20% das famílias urbanas, tendo orientado o seu consumo para os bens e serviços «superiores» como os equipamentos para o lar. Há, por exemplo, 133 televisores a cores por cada 100 famílias. Em 2004, a taxa de penetração dos telefones fixos nos meios urbanos era de 96,2% e a dos telemóveis de 109,1%. Quanto às compras de computadores pessoais, registam um crescimento contínuo.

A parcela dos transportes, lazer e actividades culturais também cresceu muito, tendo atingido 12% do consumo no caso dos citadinos e 9% no das famílias rurais, em 2004. As despesas de saúde e de educação revelam igualmente uma nítida progressão, na sequência da privatização destes serviços sociais. Mais em geral, o crescimento das despesas com serviços, que representam cerca de um terço do consumo final, é um dos traços que marcam a evolução do consumo.

As despesas com o sector imobiliário estão a crescer desde que as unidades de trabalho deixaram de fornecer habitação aos seus membros. Os preços deste sector dispararam, o que não impede os mais ricos de comprarem uma casa individual.

Quase inexistentes antes de 1978, os automóveis invadiram as cidades, mas a taxa de equipamento continua a ser relativamente moderada, porque havia apenas 2 por cada 100 famílias em 2004. O sector tem, portanto, potencial de crescimento.

Porém, a sua evolução é representativa de um dos paradoxos do consumo chinês: a necessidade de crescer, ao mesmo tempo que tenta limitar os efeitos nefastos que tal facto terá sobre o ambiente.

Num futuro próximo, é provável que estas tendências se confirmem em cinco sectores-chave: restauração, telecomunicações, turismo e lazer, habitação e, por último, automóvel.

No entanto, o crescimento do consumo vai tornar ainda mais sensível o aumento das desigualdades entre citadinos e rurais. Tal crescimento enfrenta também restrições de ordem ambiental com o aumento da dependência energética e da poluição.

Mary-Françoise Renard

➤ AMBIENTE, AUTOMÓVEL (SECTOR), LAZER, SERVIÇOS, TRANSPORTES, TURISMO

CONTESTAÇÃO

A contestação social intensificou-se continuamente nestes últimos anos, apesar de ter de enfrentar muitas limitações para se organizar e estruturar.

Emana de grupos sociais tão diversos comos os camponeses, os operários – sobretudo os operários imigrantes – e os proprietários de bens imobiliários, expropriados ou confrontados com projectos de desenvolvimento atentatórios do seu ambiente.

Expressa-se de múltiplas formas: paragens do trabalho nas fábricas, queixas colectivas apresentadas nos gabinetes das cartas e visitas, invocação dos textos legislativos existentes para denunciar os abusos da administração local, cerco dos edifícios administrativos e uso das novas tecnologias, como a Internet, para expor as injustiças com que deparam.

O ano de 2005 foi dominado pela agitação camponesa. No início dos anos 80, as terras foram redistribuídas nos campos chineses. Estas terras continuam sob o regime de propriedade colectiva. Os camponeses apenas têm direito a usá-la em parcelas arrendadas.

Há alguns anos já que não são as empresas colectivas de vilas e cantões, nem a colecta de impostos e taxas diversas que asseguram o financiamento da administração local, mas sim a expropriação das terras aldeãs. Estas expropriações são pouco ou mal compensadas e são realizadas sem que tenha sido requerido o acordo das famílias envolvidas: os seus representantes (chefes de aldeia, de vila ou de cantão) conduzem as negociações e decidem a atribuição das compensações recebidas. Daí tantos abusos observados. Nos arredores das grandes cidades, a expropriação das terras está também relacionada com a urbanização. No total, mais de 40 milhões de camponeses foram afectados pelos processos de expropriação.

Há vários meses que as acções colectivas organizadas para protestar contra tais transacções ou para contestar as suas modalidades se sucedem. Em 12 de Março de 2006, 8000 camponeses do distrito de Shunte, na província de Guangdong, cercaram os edifícios do governo do distrito para denunciar a sua expropriação forçada de cerca de 300 hectares de terras.

Face à extensão da contestação social, o governo chinês endureceu ainda mais a sua posição. No Outono de 2005, foram dadas instruções para que os organizadores de «perturbações sociais» sejam sancionados, ainda que tenha sido dada resposta satisfatória às reivindicações apresentadas.

Mais do que nunca, trata-se de evitar que as acções colectivas realizadas pareçam eficazes, o que seria susceptível de encorajar o aumento da contestação.

No entanto, estes movimentos não deixam de influenciar as orientações políticas decididas. As directivas emitidas no início do ano de 2003 pelos dirigentes nacionais, que pretendiam limitar, na medida do possível, os pagamentos de retroactivos, resultavam, em parte, da frequência e da intensidade das acções de contestação dos trabalhadores imigrantes.

Os apelos oficiais lançados em Março de 2006 para garantir aos camponeses o acesso à terra não podem ser compreendidos se se ignorarem a extensão e a intensidade da mobilização camponesa nos meses que os antecederam.

Isabelle Thireau

➤ CAMPONESES, GABINETES DAS CARTAS E VISITAS, IMIGRANTES, INTERNET, LOCAL, OPERÁRIOS, 4 DE JUNHO DE 1989 (ACONTECIMENTOS DE)

CONTRAFACÇÃO

A explosão da pirataria económica é a consequência do crescimento do poder económico e da participação cada vez maior da China nas trocas a nível mundial. Estas actividades, que envolviam mais de 5 milhões de pessoas em 2004, representavam 8% do produto interno bruto.

As firmas estrangeiras terão sofrido perdas correspondentes a 20% das suas vendas na China e calculam que a diminuição das receitas foram superiores a 60 milhares de milhões de dólares em 2004. Deploram igualmente a degradação da sua imagem de marca, porque o produto contrafeito é, em geral, de qualidade inferior ao original.

A contrafacção incide em muitos sectores de actividade: os produtos de luxo (a França é particularmente afectada com Louis Vuitton), os relógios de pulso (apenas um relógio Rolex em cada mil seria autêntico), as motas (Yamaha), os programas de computador (90% de cópias ilegais) e os medicamentos. Esta lista está longe de ser exaustiva.

Os produtos contrafeitos são escoados, em primeiro lugar, no território da China para serem vendidos aos nacionais, mas também aos turistas estrangeiros. Destinam-se, em segundo lugar, à exportação. É desta forma que chegam à América do Norte, por trajectos indirectos (Brasil, Panamá), muitas peças sobressalentes de automóvel e de avião falsas, pilhas Duracell, motas Yamaha, etc.

A China dispõe, no entanto, de um arsenal jurídico satisfatório para combater esta forma de delinquência. Em 1992, assinou a Convenção de Berna relativa à protecção das obras artísticas e literárias e, antes da sua entrada na Organização Mundial do Comércio, em 2001, ratificou o acordo TRIP (*Trade Related Aspects of Intelectual Property*).

Todavia, tal como sucede frequentemente na China, as práticas não estão em conformidade com os textos. Os acordos assinados por Pequim são muitas vezes ignorados pelos governos locais, que, por intermédio de empresas que controlam, podem lucrar com estas actividades ilegais num contexto em que a conivência entre funcionários, empresários e polícia é manifesta.

O governo central decidiu agravar as sanções penais que eram até então pouco dissuasoras, embora certos grupos mafiosos chineses, verificando que determinados tráficos se tornavam demasiado perigosos (droga), se tenham reconvertido a esta actividade bastante lucrativa e muito menos arriscada.

Nota-se também a persistência de um discurso latente com um certo pendor nacionalista, segundo o qual a China, país em vias de desenvolvimento, não teria de obedecer às ordens dos países ricos.

Também não se pode ignorar que na China a cópia foi sempre uma arte em si mesma, que o original não é ali objecto de culto como no Ocidente – embora não seja anormal que uma pintura copiada seja mais apreciada do que o modelo inicial.

Perante tal situação, as firmas vítimas da pirataria dispõem de poucos meios para fazer valer os seus direitos. Algumas delas dirigem-se a gabinetes de advogados chineses, outras, como a Microsoft, propõem os seus produtos a preços muito inferiores aos que praticam noutros países.

Na verdade, a situação não poderá melhorar a não ser que os Chineses verifiquem que eles mesmos são vítimas das contrafacções e, de facto, é isso que se assiste há pouco tempo: morreram milhares de Chineses depois de terem tomado medicamentos falsificados. Mas o mais importante é que a China, que pretende realmente não ficar reduzida ao papel de fábrica do mundo, investiu na investigação e desenvolvimento e sentiu desde então a necessidade de proteger as suas invenções. A indústria de programas informáticos, a que foi dado especial relevo, fica particularmente comprometida pela pirataria.

Assim, parece que se assiste à reprodução de um cenário bem conhecido, cujos actores foram outrora o Japão, Taiwan e a Coreia do Sul, primeiramente denunciados por pirataria (mas em proporções bem menores) até se aproximarem progressivamente das normas ocidentais.

Yves Citoleux

▶ CRIMINALIDADE, INFORMAL, NACIONALISMO, ORGANIZAÇÃO MUNDIAL DO COMÉRCIO (A CHINA E A)

CONTROLO POLÍTICO E CENSURA

A imprensa chinesa transmite uma imagem de saúde florescente. Os patrões da imprensa são encorajados a multiplicar os seus lucros, recorrendo à publicidade e à publicação de artigos sensacionalistas. No entanto, continuam a depender do departamento da Propaganda, recentemente rebaptizado, pelo menos em inglês, como departamento da Publicidade.

Este organismo encontra-se sob o controlo do Comité Central do Partido Comunista e emite regularmente instruções à imprensa sobre os temas que não devem ser tratados e as personalidades que não devem ser objecto de publicação, encorajando assim a autocensura nas salas de redacção. Em Novembro de 2004, foi deste modo emitida uma lista de seis comentadores, partidários de reformas políticas, que incluía nomeadamente Jiao Guobiao, professor da Universidade de Pequim, com a finalidade de proibir a publicação dos seus artigos.

O medo desempenha também o seu papel e a condenação a dez anos de prisão de Shi Tao, jornalista do *Dangdai shangbao* (*Jornal do Comércio Contemporâneo*), em Abril de 2005, por «divulgação de segredos de Estado» ao estrangeiro, contribuiu para manter a pressão sobre o conjunto da imprensa. Isso não impediu, todavia, que uma petição assinada por 2356 jornalistas circulasse em Junho de 2005 para exigir a libertação de dois dos seus confrades, os dirigentes do *Nanfang dushi bao* (*Novas da Metrópole do Sul*) Yu Huafeng e Li Minying, detidos por crimes económicos há mais de um ano na prisão de Panyu, em Cantão.

A informação difundida por via electrónica é igualmente controlada, graças a procedimentos de filtragem designados como «grande muralha de fogo», bem como pela presença de 30 000 funcionários encarregados de vigiar constantemente o conteúdo das trocas e das informações que circulam na China entre os cerca de 100 milhões de utilizadores da Internet.

A independência dos *media* é, portanto, impossível. Segundo os Repórteres sem Fronteira, no início do ano de 2005 encontravam-se presos 27 jornalistas chineses. Se considerarmos os 65 internautas e todas as pessoas encarceradas por delito de opinião, o número é muito mais elevado.

A censura é mais discreta, mas também detectável, noutros domínios culturais como o cinema e a literatura. A exibição dos filmes chineses mais conhecidos (de Jia Zhangke, Zhang Yimou e Chen Kaige) é frequentemente proibida na China e as obras de muitos autores, como o prémio Nobel Gao Xingjian, que tem nacionalidade francesa, mas é de origem chinesa e escreve em chinês, não são vendidas na China.

Marie Holzman

➤ CINEMA, DIREITOS DO HOMEM, IMPRENSA, INTERNET, PARTIDO COMUNISTA, ROMANCE

COOPERATIVAS RURAIS DE CRÉDITO

As cooperativas rurais de crédito (*nongcun xinyong hezuoshe*) de cooperativas só têm o nome. Presentes nas zonas rurais desde a colectivização dos anos 50, trata-se de agências governamentais, tanto de depósitos, como de créditos, específicas destas zonas. São um elemento essencial do financiamento da agricultura, a par doutras instituições financeiras que a ele se dedicam, nomeadamente, o Banco Agrícola da China (empréstimos comerciais) e o Banco de Desenvolvimento Agrícola da China (empréstimos para compras estatais de cereais e algodão).

Teoricamente autónomas e responsáveis pelos seus lucros e perdas, estas cooperativas funcionaram até 1996 sob o estrito controlo do Banco Agrícola da China. Este papel de supervisão foi depois transferido directamente para o Banco Popular da China. Os regulamentos aprovados por este último e que regem a sua gestão não permitem, no entanto, um funcionamento satisfatório.

Os direitos de propriedade e as responsabilidades dos membros das cooperativas de crédito são apenas nominais e as decisões tomadas pelos comités de gestão e de supervisão estão estritamente dependentes das autoridades locais de tutela (cantões e distritos).

A oferta de produtos financeiros não corresponde às necessidades reais dos camponeses e empresários locais e as taxas de juro, estritamente controladas, não são suficientemente flexíveis para garantir a rentabilidade das suas operações. Em

2002, considerava-se que mais de dois terços dos empréstimos concedidos não eram recuperáveis.

No entanto, após a retirada, ao longo dos anos 90, dos principais bancos comerciais, que preferiram concentrar as suas operações nos sectores rentáveis das zonas urbanas, as cooperativas rurais de crédito, dispondo de mais de 35 000 agências nos campos, tornaram-se a principal via de concessão dos empréstimos que emanam das instituições oficiais, quer destinados à agricultura, quer às empresas rurais.

Mais de três quartos destes empréstimos são concedidos, com efeito, por seu intermédio. No entanto, continuam a ser insuficientes para satisfazer a procura. O total dos empréstimos agrícolas (de todas as instituições financeiras) não representava em 2001 senão 5% do total dos empréstimos na China e apenas 6% dos empréstimos concedidos às empresas rurais. De facto, a dificuldade dos camponeses acederem aos empréstimos das cooperativas (formalidades administrativas, ausência de garantias, custos de aliciamento dos funcionários relacionados, etc.) leva os interessados a recorrer ao crédito informal.

Como apenas 25% dos camponeses têm acesso aos serviços das cooperativas, mais de 70% dos empréstimos concedidos às zonas rurais são-no por canais informais: redes de parentes ou de amigos, tontinas nas regiões desenvolvidas do Leste de economia mais monetarizada e, o que é mais frequente, emprestadores individuais mais ou menos usurários.

Estão em curso reformas para melhorar o funcionamento das cooperativas de crédito (uniões locais, maior flexibilidade das taxas).

Tal não impede que se reflicta nas instituições rurais de crédito a parcialidade de um sistema bancário que privilegia o desenvolvimento das zonas urbanas. Os capitais das zonas rurais drenados para as cidades, através dos depósitos das cooperativas de crédito, totalizariam cerca de 300 mil milhões de *yuans* por ano, aos quais seria necessário acrescentar cerca de 100 mil milhões depositados todos os anos nos postos de correio das zonas rurais, ainda que estes montantes acabem por ser residuais face aos 11,2 biliões milhões de *yuans* que os empréstimos totalizariam na China, em 2001, na sua maior parte financiados pelos recursos urbanos.

Claude Aubert

► BANCA, EMPRESAS RURAIS, INFORMAL, REDES, TONTINAS

COREIA DO NORTE (A CHINA E A)

A China e a Coreia do Norte são geralmente reconhecidas como aliadas de longa data: a sua amizade remonta ao final da Guerra da Coreia (1950-1953). No entanto, as suas relações não deixaram de conhecer períodos de tensão, nomeadamente durante a Revolução Cultural, entre 1994 e 1998 – após a primeira crise nuclear e a morte de Kim Il-sung – e, mais recentemente, depois da segunda crise nuclear, iniciada pelo regime norte-coreano no Outono de 2002.

Sobretudo a partir do início dos anos 90, as relações sino-norte-coreanas passaram a ser determinadas pelo contexto económico e político interno da Coreia do Norte.

Esta está mergulhada numa grave crise económica e alimentar. Tenta recuperar há alguns anos pela aplicação de uma política de abertura, sobretudo em locais situados nos extremos norte e sul da fronteira com a China.

Também há mais de cinco anos que refugiados ou imigrantes temporários norte-coreanos tentam abandonar definitivamente o país, utilizando o território chinês como trampolim para destinos mais clementes, nomeadamente a Coreia do Sul, ou pura e simplesmente encontrar algo com que subsistir.

Estes refugiados e imigrantes não deixam de representar aos olhos das autoridades chinesas uma ameaça à estabilidade das regiões fronteiriças do Nordeste chinês, povoadas por uma forte minoria de origem coreana.

A parte oriental da província de Jilin (municipalidades de Jilin, Tonghua e Baishan e a prefeitura autónoma dos Coreanos de Yanbian) congrega uma população coreana de mais de um milhão de indivíduos.

Apesar desta preocupação, as autoridades chinesas nunca tomaram a iniciativa de encerrar a fronteira. Evidentemente, consideram os refugiados norte-coreanos como imigrantes ilegais e organizam perseguições, após as quais os devolvem à Coreia do Norte. No entanto, a fronteira, que é de natureza muito permeável, está sempre aberta aos fluxos económicos e migratórios legais.

A China continua a fornecer regularmente assistência energética e alimentar ao regime norte-coreano, a par da qual se realiza um activo pequeno comércio fronteiriço, que está sobretudo na mão das populações coreanas da China e cujas consequências sobre as regiões fronteiriças norte-coreanas não se devem negligenciar.

Este auxílio económico e a implicação recente da China no relançamento das reformas norte-coreanas têm apenas um objectivo: manter o regime de Pyongyang. Aos olhos do governo chinês, a queda do regime norte-coreano teria um efeito prejudicial na segurança fronteiriça do país. A perda deste Estado tampão provocaria desde logo a chegada de milhões de refugiados ao seu território, com o risco de criar desestabilização política e económica no Nordeste chinês.

O que se seguiria seria igualmente incerto, na medida em que implicaria o estacionamento de tropas americanas nas proximidades das margens do Yalu e do Tumen. Por último, a Coreia do Sul herdaria as armas do Norte e, numa dinâmica de nacionalismo exacerbado, poderia representar, por sua vez, uma ameaça às regiões fronteiriças.

Se a crise económica e alimentar já fazia da Coreia do Norte uma zona de grande instabilidade aos olhos da China, a aventura nuclear em que o regime de Pyongyang se empenhou a partir do Outono de 2002 tende a acentuar esta ameaça de instabilidade na fronteira e, para além dela, no conjunto da região.

Esta situação impele as autoridades chinesas a desempenhar um papel determinante na organização das reuniões a seis (China, Coreia do Norte, Coreia do Sul, Estados Unidos, Japão e Rússia) e a posicionar-se assim como potência mediadora entre a Coreia do Norte e os Estados Unidos.

Com estas reuniões, cujo objectivo é levar o regime de Pyongyang a abandonar o seu programa de armamento nuclear, as autoridades chinesas vincam sobretudo a sua vontade de lutar contra a nuclearização da Coreia do Norte, com receio de que esta provoque, por um efeito de dominó, uma corrida aos armamentos no Nordeste da Ásia, incluindo a Coreia do Sul, o Japão e Taiwan.

Sébastien Colin

▶ FRONTEIRAS, NACIONALIDADES, NORDESTE, POLÍTICA EXTERNA, REGIÕES FRONTEIRIÇAS

CORES

Para expressar as realidades do presente, quer as revolucionárias do período maoista, quer as consumistas da época actual, cada período vai buscar ao simbolismo tradicional das cores as suas poderosas metáforas e significações, em parte herdadas do antigo sistema de correspondências, a teoria dos cinco elementos.

Esta teoria associa cada uma das cinco cores fundamentais a um dos cinco «elementos» ou «estados de mutação» e a um lugar do espaço e do tempo (estações e pontos cardeais). A madeira está assim associada à Primavera, ao leste e ao verde, o fogo ao Verão, ao sul e ao vermelho, a terra a uma quinta estação de transição, ao centro e à cor amarela, a água ao Inverno, ao norte e ao negro e o metal ao Outono, ao oeste e ao branco.

A propaganda visual do período revolucionário utilizou o valor simbólico atribuído à cor vermelha nas suas práticas e representações. Nesta encenação do espírito revolucionário da época, o vermelho dominava, por ser, é claro, o símbolo da internacional revolucionária, mas também, e talvez sobretudo, a cor fausta, associada ao fogo, ao Verão e ao oriente: «o Sol ergue-se no Oriente vermelho», clamava o hino revolucionário, hoje em dia limitado a não ser mais do que um toque de telemóvel.

Na história social e política da época imperial, o vermelho foi várias vezes a insígnia dos insurrectos. Em 1949, a bandeira vermelha com as cinco estrelas amarelas tornou-se a insígnia do país. O vermelho é também a cor da substância da vida, o sangue, que a palavra «vermelho», aliás, frequentemente designa. O sangue retirado da crista de um galo (animal que simboliza o *yang*) e misturado com o álcool de arroz (outra substância *yang*) serve, aquando dos ritos de animação, ditos de «abertura da luz» (*kaiguang*), para consagrar as estátuas das divindades, as tabuinhas dos ancestrais ou qualquer objecto destinado a ser animado (cabeça de unicórnio ou de leão, durante as paradas, barco-dragão, etc.). O rito secular confiado a um dignitário político socorre-se preferencialmente de uma substância vermelha mais «civilizada» e que lhe é simbolicamente equivalente: a tinta vermelha (cor de cinábrio).

Apesar da adopção do vestido branco de estilo ocidental, sobretudo nas cidades, o casamento, também chamado os «assuntos vermelhos», continua a ter como seu símbolo esta cor fausta. O vestido branco não é usado, aliás, senão em certas fases do ritual, nomeadamente para tirar a fotografia de casamento no estúdio do fotógrafo, antes da cerimónia. Noutros momentos desta (ritos de prosternação diante dos antepassados e banquete), a noiva enverga o vestuário vermelho, de estilo tradicional ou moderno.

O branco nupcial do casamento moderno não tem o mesmo valor simbólico que a cor dos «assuntos brancos», que são as cerimónias fúnebres e o luto, assim designados menos por referência à cor do vestuário de luto (tradicionalmente de cânhamo natural, actualmente de algodão branco) e mais à perda da substância da vida (sangue e respiração) que animava o corpo.

No fim do império, o nacionalismo moderno forjou os mitos políticos de uma nação chinesa redefinida em termos sociobiológicos como linhagem dos descendentes de Huangdi, o imperador amarelo, herói civilizador e fundador lendário da unidade política chinesa.

Esta racialização da identidade chinesa, inspirada em parte pelas teorias evolucionistas ocidentais da segunda metade do século XIX, reinterpretou a mitologia e a cosmologia chinesas e atribuiu a esta cor, tradicionalmente associada ao centro, uma nova qualidade, o quinto oriente, o lugar da autoridade política do soberano. Cor da dignidade imperial, o amarelo passou a impor-se como símbolo de uma identidade chinesa racializada.

O valor simbólico da cor branca, associada ao oeste, o lugar simbólico para onde se dirigem as almas dos defuntos, não é sempre negativo. Ela tem também a conotação da pureza. Uma tez clara era outrora uma importante marca de distinção, creditando as mulheres das famílias desafogadas, não expostas aos trabalhos no exterior, com um capital de beleza.

Actualmente, numa China que estigmatiza o mundo rural, uma tez branca (*baijing*) é sinal de nobreza urbana. Desde os anos 90, como aliás no resto da Ásia, o mercado dos produtos cosméticos «branqueadores», muitas vezes cheios de mercúrio, regista um crescimento fulgurante. Representava mais de 30% da venda de cosméticos.

Béatrice David

➤ CERIMÓNIAS FÚNEBRES, HAN, LINHAGEM

CORRUPÇÃO

A corrupção é intrínseca ao processo chinês de transição para a economia de mercado, na medida em que, para o aparelho do Partido-Estado, se trata converter o seu poder de decisão num poder de apropriação e valorização dos activos públicos.

Já importante nos anos 80, a nomenclatura que desviava em seu benefício o diferencial entre os preços administrados e os preços de mercado na afectação dos recursos materiais e financeiros passou a agir nos *stocks* de activos fundiários, imobiliários, industriais e financeiros, nos anos 90 e na década actual, tirando partido da indefinição dos direitos de propriedade no quadro das políticas de privatização.

O sistema produtivo tem tendência a ser reformado segundo o princípio da «privatização das actividades lucrativas e da colectivização das perdas». Muitos projectos urbanos ou periurbanos ocupam terras cultiváveis, cuja superfície diminuiu 5% nos últimos anos, deslocando autoritariamente populações que são insuficientemente indemnizadas.

Activos financeiros são maciçamente desviados para fins especulativos na bolsa ou no mercado imobiliário, dando origem a excesso de oferta de habitações de luxo e aumentando a percentagem dos empréstimos bancários de cobrança duvidosa, estimados em pelo menos 25% do produto interno bruto.

Independentemente destes desvios, os financeiros podem apropriar-se directamente dos fundos, como Yu Zhengdong, Xu Chaofan e Xu Guojun, três quadros de uma filial cantonesa do Banco da China, que bateram todos os recordes ao desviarem durante vários anos 483 milhões de dólares, antes de fugirem para os Estados Unidos e para o Canadá, via Hong Kong.

Entre 2001 e 2003, as fugas de capitais ligadas à corrupção atingiram 60 mil milhões de dólares, ou seja, o equivalente a cerca de um terço das entradas de capitais sob a forma de investimentos directos estrangeiros.

As interpretações funcionalistas e culturalistas da corrupção acentuam os seus efeitos redistributivos no quadro das famílias, das empresas e das colectividades locais, que são na China os três níveis de protecção social, contrariamente ao modelo europeu de Estado redistribuidor e ao sistema americano, que valoriza a concorrência e um Estado mínimo.

Não podem explicar, porém, a dinâmica de polarização social que acompanha a dimensão sistémica do fenómeno.

Os lucros da corrupção concentram-se em função das posições de poder na pirâmide hierárquica do Partido-Estado. Mas estes custos repartem-se pelo conjunto do corpo social e, sobretudo, pelas populações mais vulneráveis: os 900 milhões de rurais, submetidos à arbitrariedade das autoridades locais, nomeadamente em matéria fiscal, os trabalhadores imigrantes, mal pagos, quando o são, e os operários e empregados das empresas públicas, vítimas das reestruturações e das privatizações espontâneas.

Perante a multiplicação dos conflitos de interesse relacionados com o direito de propriedade, o poder encontra-se perante o dilema que consiste em, ou combater a corrupção, porque esta pode ameaçar a sua legitimidade e a sua sobrevivência, ou não a combater para preservar e estabilizar o Partido-Estado mediante a concessão de rendas e privilégios em contrapartida da não hostilização.

Para ultrapassar o dilema, a luta contra a corrupção não pode deixar de ser selectiva e exemplar, sob pena de suicídio colectivo. Foi por isso que as comissões de disciplina do Partido Comunista (PC) lidaram de forma puramente organizacional, de acordo com procedimentos internos, com 75% dos 11 milhões de casos de corrupção detectados no período de 1991-2001. Não levaram a cabo sanções internas senão em 11% doutros casos. Nos restantes, apenas 11% foram submetidos aos tribunais e 3% do total foram efectivamente objecto de sentença.

Nestas condições, a pertença ao PC constitui um meio privilegiado de procurar obter rendas e privilégios, para além de protecção contra o delito da corrupção, sem que possa garantir, todavia, uma completa impunidade.

Guilhem Fabre

➤ CRIMINALIDADE, IMOBILIÁRIO (SECTOR), MERCADO (TRANSIÇÃO PARA A ECONOMIA DE), PRIVATIZAÇÕES

CRESCIMENTO

A China teve duas grandes fases de desenvolvimento económico, desde há mais de meio século: a primeira prolongou-se da instauração da república popular, em 1949, até 1978 e a segunda iniciou-se em 1979 com o lançamento da política de reformas e de abertura.

Entre 1952 e 1978, o crescimento económico na China foi em média de 5,4% ao ano, um ritmo relativamente elevado, mas que dissimula grandes irregularidades, como a crise de 1960-1962, em consequência do Grande Salto em Frente, e as recessões de 1967-1968, durante a Revolução Cultural, e de 1976, ano da morte de Zhou Enlai e Mao Tzé Tung. Tendo em consideração o forte aumento da população (2% ao ano), o crescimento do produto interno bruto (PIB) por habitante foi de cerca de 3% ao ano.

O crescimento deste período explica-se principalmente pelo aumento dos factores de produção, que são o capital investido (máquinas e equipamento) e a mão-de-obra. A estratégia de desenvolvimento privilegiou a indústria pesada (siderurgia, química, máquinas) em detrimento da agricultura e da indústria ligeira (bens de consumo) e requereu um grande esforço de investimento. O crescimento foi de natureza extensiva, porque se baseou mais na mobilização de recursos cada vez mais importantes do que em ganhos de eficácia na sua utilização.

Após 1978, o crescimento económico da China acelerou-se nitidamente. A taxa de crescimento anual média do PIB foi de 9,4% durante os últimos 25 anos, ou seja, 8,1% por habitante, e apenas os anos de 1989 e 1990 ficaram assinalados por uma recessão. Este crescimento económico, de uma dimensão e duração notáveis, colocou a China entre as grandes potências económicas do mundo.

O crescimento económico chinês continua a beneficiar do forte aumento da mão-de-obra, pois muitas gerações vão atingindo a idade de trabalhar. É continuamente apoiado por investimentos maciços. O peso dos investimentos no PIB fixou-se em 32% entre 1978 e 2003, mas ultrapassou 40% em 2003 e 2004. A poupança das famílias, que é muito elevada, permite financiar este esforço.

Após 1978, a economia chinesa caracteriza-se por ganhos elevados de produtividade. Resultam, por um lado, de uma gestão empresarial que tendeu a fazer crescer os lucros e a rentabilidade e, por outro lado, de transferências de mão-de-obra da agricultura para actividades de forte valor acrescentado, em particular para a indústria transformadora. Baseiam-se também na aquisição de tecnologias modernas de produção, graças a investimentos estrangeiros e à importação de máquinas e equipamentos e, finalmente, às economias de escala relacionadas com o forte crescimento de indústrias exportadoras muito dinâmicas.

Sylvie Démurger

➤ GRANDE SALTO EM FRENTE, INDÚSTRIA E POLÍTICA DE INDUSTRIALIZAÇÃO, MERCADO (TRANSIÇÃO PARA A ECONOMIA DE), REFORMAS E ABERTURA

CRIMINALIDADE

Nos anos 90, assistiu-se a um forte aumento da criminalidade na China, que prosseguiu nos anos seguintes. Nas cidades, a maioria dos delitos é praticada por trabalhadores imigrantes, num quadro de urbanização acelerada do país.

A população móvel, estimada entre 120 e 140 milhões de pessoas, não beneficia de nenhuma forma de protecção social e encontra-se frequentemente submetida a arbitrariedades nos empregos menos qualificados. O fosso crescente entre o modelo consumista e a impossibilidade de a ele aceder por vias legais podem conduzir à criminalidade, praticada sobretudo por indivíduos não escolarizados. Nos anos 80, cerca de um quarto dos alunos deixou a escola primária na maior parte das vezes para «ganhar dinheiro».

Independentemente desta criminalidade desorganizada, o crime organizado impôs-se progressivamente nos anos 90 com a penetração maciça das tríades de Hong Kong e Taiwan, nomeadamente a 14 K, o Gangue dos Bambus Unidos, que conta 1171 membros, e o dos Quatro Mares, que tem 726 membros com base em Taiwan.

Para além destes grupos enormes, que beneficiam de sólidas ligações nacionais e internacionais a partir de bases situadas nas províncias de Guangdong e de Fujian, há ainda uma multiplicidade de organizações provinciais e locais que se dedicam sobretudo ao jogo, à indústria do sexo, ao tráfego de seres humanos, à emigração ilegal, ao contrabando e ao tráfico de estupefacientes.

O conjunto destas actividades constitui desde logo uma economia criminosa, cujos lucros anuais disponíveis para branqueamento representarão entre 2 e 5% do produto interno bruto, ou seja, entre 28,2 e 70,5 milhares de milhões de dólares. Tais rendimentos explicam a capacidade de neutralização do aparelho do Estado que estas organizações criminosas possuem num país em que a corrupção se tornou sistémica. Um grande traficante do Triângulo de Ouro, Tang Mingling, aliás Tang Xiaolin, conseguiu assim introduzir, entre 1995 e 2001, três toneladas de heroína na China, até ser preso e executado em 2004.

As estratégias de corrupção podem corresponder, por vezes, às lógicas institucionais do Estado ao nível local ou de certos sectores, que têm interesse, no quadro da descentralização, em maximizar os rendimentos das empresas sob sua tutela e em minimizar a concorrência.

Quando ao «proteccionismo local», tão denunciado, se soma a colaboração dos «órgãos da ditadura», da justiça e da polícia, há territórios ou sectores que podem inclinar-se pacificamente para os caminhos mafiosos, o que se pode ver em muitos exemplos, como no caso de contrabando de Xiamen, que totalizou seis mil milhões de dólares, nos anos 90.

O Estado central é obrigado a reagir, sob pena de renunciar ao monopólio da violência e ao ideal do bem público que supostamente encarna. Fá-lo de forma violenta, se tivermos em consideração o grande número de execuções, mas ao mesmo tempo selectiva, como nos casos de corrupção. As intervenções mais determinadas enfrentam, por vezes, acções terroristas, como a explosão de uma bomba em Shenzhen, a capital das tríades, em Julho de 2004, na sequência de várias detenções.

As organizações criminosas têm também tendência para investir na economia lícita, a tal ponto que os magistrados de alguns tribunais, ameaçados durante os seus inquéritos sobre os casos de corrupção, estão obrigados a usar coletes à prova de bala e a rodear-se de guarda-costas.

O poder chinês pretende assim reafirmar a sua tutela e a sua capacidade de controlo com base num compromisso implícito com as organizações criminosas, tolerando as actividades mais lucrativas e menos perigosas (jogo e indústria do sexo) e banindo, na medida do possível, o tráfico de armas e de estupefacientes, o contrabando e a emigração clandestina.

Guilhem Fabre
➤ CORRUPÇÃO, DROGA, PROSTITUIÇÃO

CRISE ASIÁTICA (A CHINA E A)

Após uma década de crescimento espectacular, as economias asiáticas foram atingidas por uma crise violenta em 1997--1998, com desvalorização maciça das moedas, grandes quebras nas bolsas, recessão económica e baixa dos salários. A crise foi desencadeada em Julho de 1997 por um ataque especulativo contra a moeda tailandesa (o *baht*) e propagou-se depois aos outros países da região, afectando sobretudo a Indonésia, as Filipinas, a Malásia e a Coreia do Sul.

A crise teve a sua origem nos desequilíbrios e tensões que acompanharam o crescimento económico rápido destes países desde meados dos anos 90: os países da região receberam um afluxo maciço de capitais internacionais, atraídos pelos seus bons desempenhos macroeconómicos. Estas entradas de capitais corresponderam a empréstimos a curto prazo por parte da banca. Somada a uma poupança interna já importante, esta liquidez serviu para financiar projectos mal seleccionados em países em que os bancos tinham competências limitadas, havia um débil sistema de controlo e ligações fortes aos meios políticos. Entre outros efeitos, este facto provocou bolhas especulativas no sector imobiliário e nas bolsas, nos anos anteriores à crise.

A confiança dos investidores internacionais diminuiu drasticamente logo após o aparecimento dos primeiros sintomas de crise na Tailândia (crise imobiliária e degradação da balança comercial) e a fuga de capitais ter obrigado as autoridades tailandesas a abandonar a paridade da sua moeda em relação ao dólar. O pânico apoderou-se então dos países vizinhos, onde os investidores tinham encontrado os mesmos atractivos e aos quais passaram a atribuir os mesmos riscos.

A fuga de capitais conduziu a desvalorizações em cadeia (da ordem de 15% a 70%, consoante os países), apesar da intervenção da comunidade internacional (Fundo Monetário Internacional e Banco Mundial), que forneceu 100 milhares de milhões de dólares para apoiar a Coreia do Sul, a Tailândia e a Indonésia.

A confiança foi progressivamente restabelecida e as trocas estabilizaram após os países terem procedido a subidas das taxas de juro e firmado acordos com os bancos credores. Em 1998, a crise financeira provocou uma enorme recessão na maior parte dos países do Leste e do Sudeste da Ásia, exceptuando o Japão e a China.

A China é dos raros países emergentes da Ásia a ter escapado à tormenta financeira. A sua pequena dívida externa e o seu regime de controlo de câmbios colocaram-na ao abrigo dos movimentos especulativos de capitais a curto prazo.

Durante esta crise, a China desempenhou notável um papel estabilizador. De facto, manteve fixa a taxa de câmbio do *yuan* face ao dólar, o que provocou a sua valorização em relação às moedas asiáticas, desvalorizadas em 1998-1999. Isso prejudicou a competitividade das exportações chinesas, mas as autoridades resistiram à tentação de desvalorizar o *yuan* e, sobretudo, mantiveram a paridade fixa do dólar de Hong Kong, submetido a fortes ataques especulativos. A China contribuiu desta forma para a estabilização das moedas asiáticas e reforçou consideravelmente a sua influência na região.

A China retirou também algumas lições da crise financeira que os seus vizinhos conheceram e adiou *sine die* a liberalização dos seus movimentos de capitais, que estava inicialmente prevista para o ano 2000. A crise evidenciou, com efeito, os riscos que as economias emergentes correm quando liberalizam as entradas e as saídas de capitais internacionais, numa altura em que o seu sistema financeiro interno é ainda imaturo.

Françoise Lemoine

➤ BALANÇA DE PAGAMENTOS, JAPÃO (A CHINA E O), SUDESTE DA ÁSIA (A CHINA E O), YUAN

CULTURA

A cultura chinesa contemporânea é assinalada por dois processos sociais que se verificaram no século XX: o movimento antitradicionalista, suscitado pelo choque do encontro com o Ocidente, e a construção de um Estado nacional no sentido contemporâneo do termo sobre as ruínas das instituições imperiais.

Mudança em parte exógena e forçada, a modernização da China significou, em primeiro lugar, uma ruptura com a tradição. O Movimento para uma Nova Cultura, simbolizado pelo 4 de Maio de 1919, pôs em causa tanto a moral como a visão do mundo dominadas até então pelo confucionismo. Desde este momento, a cultura tradicional, que inspirou os Chineses a todos os níveis da sua existência durante vários séculos, perdeu o seu carácter de evidência.

Após 1949, a política cultural antitradicionalista passou a ser ainda mais radical. A cultura, considerada atrasada e feudal, foi denunciada como prejudicial e perdeu toda a legitimidade.

Com um aparelho estatal moderno, capaz de influenciar em profundidade a vida e a consciência das comunidades e dos indivíduos, a experiência maoista teve efeitos, não só sobre o património histórico visível, mas também sobre as instituições familiar, escolar e religiosa. Houve valores chineses fundamentais que se desmoronaram: o ideal da harmonia entre o céu e o homem deu lugar à ambição de transformar a natureza, a ética das relações humanas foi substituída pelo princípio da luta de classes e a identificação dos Chineses com critérios de civilização partilhados foi substituída pela adesão ao novo poder político, que lhe era reclamada.

Ultrapassados os anos 70, o Estado chinês, para manter a sua legitimidade num período atravessado por muitas crises sociais, empreendeu reformas que visavam favorecer o crescimento económico. Tal implicou importantes transformações no plano ideológico.

Assim, a cultura tradicional foi progressivamente reabilitada e foi-lhe concedido espaço para se desenvolver. As artes e os saberes tradicionais passaram a ser novamente um capital cultural de valor. As religiões, institucionais ou não, registaram todas um crescimento importante e, embora tenham sido reformuladas, voltaram a ser fontes de sentido e de referência moral. Nalguns meios intelectuais emerge hoje me dia uma espécie de conservadorismo cultural, acentuado pelos discursos nacionalistas e contrários à modernização.

A relativa liberalização ideológica a que assistimos na China permite igualmente a expressão e o grande desenvolvimento de elementos culturais não tradicionais. Com a diversificação das trocas económicas e sociais e a abertura do país ao exterior, o confronto de valores e a sua interacção passaram a ser características da sociedade chinesa actual.

O individualismo moderno, que afirma a autonomia do sujeito, a cultura de massas recebida dos países asiáticos vizinhos, mas também dos Estados Unidos e da Europa, e o cristianismo, que se expande rapidamente em todos os meios sociais, influenciam profundamente os costumes, a estética e as crenças dos Chineses.

Perante as culturas estrangeiras, a cultura chinesa já não é actualmente um sistema estável de referências comuns. Para além disso, goza de um autonomia que é ainda limitada. A politização da esfera cultural continua a ser forte: o controlo exercido sobre a literatura, a arte, a religião, a educação e os meios de comunicação social continua a ser severo.

O Estado investiu muito na produção cultural, utilizando para fins de propaganda ou de legitimação elementos culturais tradicionais ou populares, confundindo as fronteiras entre as identidades cultural, política e nacional para poder surgir como o representante legítimo da cultura chinesa.

Desta forma, enquanto princípio de organização da vida moral dos Chineses, a cultura chinesa contemporânea apresenta uma configuração móvel de elementos variados e, por vezes, até contraditórios.

Os pensamentos, os discursos, as práticas e os produtos culturais actuais são híbridos, atravessados por tensões que reflectem as contestações, as negociações e os compromissos entre as manifestações oficiais e as necessidades populares, entre o ideal tradicional e os valores modernos, entre a expressão das elites e a experiência dos membros comuns da sociedade.

Ji Zhe

➤ BUDISMO, CONFUCIONISMO, CONTROLO POLÍTICO E CENSURA, INTERNET, 4 DE MAIO DE 1919 (MOVIMENTO DE), TAOISMO

D

DAI

Habitantes do Yunnan meridional, os Dai, 1,2 milhões no total, são parentes próximos das populações do grupo linguístico tai-kadai, do Sul da China (Zhuang, Buyi) e da península indochinesa (Lao, Thaï). Partilham com elas certos traços da estrutura social: modo de filiação indiferenciado, estratificação e organização política em chefaturas ou principados.

A nacionalidade dai reúne, na verdade, vários grupos distintos, sendo os dois principais os Tai Lü (prefeitura dos Sishuang banna) e os Tai Nüa (a de Dehong), possuindo cada um deles o seu próprio alfabeto.

Os Tai Lü constituíram no século XII um reino tributário da corte imperial chinesa cuja única linhagem reinante conservou o poder até ao desmantelamento da estrutura monárquica pelos comunistas.

Os Dai habitam em casas grandes sobre estacaria, rodeados de jardins vedados. As aldeias estão disseminadas no fundo de vales situados na proximidade de cursos de água ou de lagos. O seu sistema de orizicultura alagada permite-lhes obter até três colheitas por ano. Tal como os seus vizinhos Laocianos e Birmaneses, são seguidores do budismo theravada.

Pascal Bouchery

▶ NACIONALIDADES, ZHUANG

DANÇA POPULAR

O *yangge*, dança colectiva ritual de origem rural do Nordeste da China, que remonta ao século X, significa literalmente «canto [popular dos plantadores] de rebentos de arroz», porque era dançado durante a preparação da terra para as novas sementes. O *yangge* apresentou formas diversas ao longo da sua história.

Tradicionalmente, os camponeses artistas amadores, paralelamente às suas actividades nos campos, reuniam-se em associações de *yangge* durante o período do Ano Novo para desejar bom ano aos membros da comunidade local e regional (funcionários governamentais, parentes e aldeãos) e reforçar os seus laços políticos, económicos, sociais, culturais e religiosos.

Esta actividade assumia a forma de múltiplos ajuntamentos regulares, que se desenrolavam durante quinze dias. Eram constituídos por diversas danças (com lanternas, sobre andas), números cómicos (corrida atrás de um burro, passeio a cavalo em bambus, barco em seco) e pequenas peças teatrais (mimos de histórias locais), destinados a divertir a população.

Com a chegada do exército vermelho a Yan'an, nos anos 30, o *yangge* adquiriu uma nova dimensão. Mao Tzé Tung tomou consciência do potencial de uma tal prática no seio das colectividades rurais e encarregou os quadros culturais do Partido Comunista de transformar esta dança popular para dela fazer um instrumento de propaganda.

O *yangee* tradicional, despojado dos seus elementos rituais e «feudais», foi convertido numa nova dança, tanto na forma, como no conteúdo, e tornou-se um dos símbolos da «nova China». Os movimentos foram simplificados, foram introduzidos novos personagens e novos temas e os atributos simbólicos foram adoptados à ideologia revolucionária. Passou desde então a ser regularmente praticado nos tempos livres, durante as festividades ou nas celebrações oficiais.

Proibido no início da Revolução Cultural, o *yangge* reapareceu na China das reformas como actividades quotidianas levadas a efeito pelas associações de bairro. Organizadas de maneira espontânea por iniciativa de uma personalidade local, estas reuniões juntam mais de uma vintena de dançarinos e alguns músicos. Homens e mulheres, jovens e velhos, com todas as classes sociais misturadas, procuram por intermédio delas uma nova forma de sociabilidade e bem-estar físico e psíquico.

Nos anos 90, o governo soube beneficiar deste entusiasmo e apresentou o *yangge* como um dos símbolos da cultura nacional chinesa no quadro da sua nova política, a «civilização espiritual socialista».

Florence Graezer-Bideau
► CULTURA, PRÁTICA RECREATIVA

DEFESA

Apesar da evolução por que passou desde o início dos anos 80, a política de defesa da China foi sempre definida como «estritamente defensiva».

A partir de meados dos anos 80, foi apresentada uma nova doutrina, a de «guerra popular em condições modernas». Destinada a assinalar a referência ideológica ao pensamento militar de Mao Tzé Tung, a ideia de «guerra popular» corresponde também a uma realidade de «última instância»: a de o território chinês acabar por ser ocupado.

As «condições modernas» reflectem a análise da situação estratégica internacional e dos desafios vitais do país, realizada pela direcção do Partido Comunista (PC) após o lançamento das reformas. Actualmente, os analistas chineses consideram que a probabilidade de uma guerra global nuclear será nula durante um período muito extenso, dando lugar a guerras limitadas.

A partir de 1991, após a primeira guerra do Golfo, os estrategas chineses tornaram mais precisa a definição das «condições novas», nelas incluindo a dimensão da «alta tecnologia», que tende a integrar os desenvolvimentos rápidos das transformações no domínio militar.

Expresso nos livros brancos da defesa, o «único objectivo» da doutrina de defesa da China é, portanto, «garantir um ambiente de segurança estável para o desenvolvimento do país», mantendo ao mesmo tempo a sua soberania e integridade.

Todavia, para além da afirmação do pacifismo fundamental da doutrina de defesa da China, encontramos um segundo elemento que é a afirmação do seu poder, entendido como faculdade de conservar uma margem de manobra importante e de impedir qualquer «ingerência».

As prioridades da doutrina de segurança da China são impedir o aparecimento de potências concorrentes no plano regional, sobretudo nos «países envolventes», e excluir as potências exteriores (Estados Unidos), susceptíveis de comprometer esta estratégia chinesa de poder.

Para além disso, a definição dos interesses nacionais estendeu-se hoje em dia às «fronteiras estratégicas» e inclui tudo o que se reveste de interesse estratégico vital para Pequim «na terra, nos ares, no mar e no espaço».

A ideia de «segurança ideológica», face às teorias de evolução pacífica e de mudança de regime, é também tomada em consideração.

Por último, «a manutenção da unidade territorial e da integridade da nação» como marca de poder é oficialmente colocada no primeiro lugar dos interesses nacionais considerados pela doutrina de defesa.

Neste contexto, a questão de Taiwan ocupa um lugar especial, na medida em que a manutenção da sua autonomia e a recusa em se submeter, ainda que simbolicamente, às exigências de Pequim contribuem para enfraquecer o poder chinês.

Apesar de um discurso que se baseia numa cultura estratégica descrita como essencialmente pacífica, o papel concedido ao plano militar para «proteger ou promover» os interesses nacionais da China é, portanto, considerável. O desenvolvimento das capacidades militares constitui um elemento indispensável ao sucesso das pressões diplomáticas.

A principal característica da doutrina de defesa e de segurança da China é, na verdade, a de se destinar, em primeiro lugar, à protecção do regime político actual.

Apesar dos debates sobre a «estatização» das forças armadas, o Exército Popular de Libertação em todas as suas componentes (polícia armada, milícia, forças de reserva) continua a ser o exército do PC. É este que define a «linha militar», garantia, em última instância, da segurança do PC e dos seus dirigentes.

Esta osmose expressa-se na instância suprema constituída pela Comissão Militar Central, actualmente dirigida por Hu Jintao, que é também presidente da república e secretário-geral do PC, que, assim, reúne na sua pessoa as três funções do poder.

Neste contexto, a «segurança» significa, na verdade, a manutenção de uma ordem, e não a protecção dos interesses da nação.

Valérie Niquet

➤ ESTADOS UNIDOS (A CHINA E OS), EXÉRCITO, IDEOLOGIA, POLÍTICA EXTERNA, TAIWAN (A REPÚBLICA POPULAR DA CHINA E)

DEMOCRACIA E MOVIMENTO DEMOCRÁTICO

Desde o início do século XX que surgiu uma corrente democrática na China, a qual teve a sua expressão mais eloquente no movimento do 4 de Maio de 1919.

O movimento democrático chinês contemporâneo tomou forma no Inverno de 1978-1979 com a emergência de reivindicações claramente expressas por um pequeno grupo de dissidentes a favor da criação de um sistema democrático e do respeito pelos direitos do homem. As personalidades mais notórias deste movimento, Wei Jingsheng, Xu Wenli e Ren Wanding, foram condenadas pouco depois a penas de prisão entre 10 e 15 anos.

A segunda «Primavera de Pequim» irrompeu em Abril de 1989. Ao passo que a primeira «Primavera de Pequim» não fora instigada por mais de uma centena de indivíduos, os efeitos do movimento democrático da Praça de Tiananmen alastraram pelo país e suscitaram a participação de milhões de Chineses em manifestações pacíficas nas ruas da maioria das grandes cidades.

Este fenómeno é uma prova da emancipação rápida dos espíritos durante o decénio de 1980 e da tomada de consciência de que a abertura económica da China devia ser acompanhada de reformas políticas.

O massacre de 4 de Junho de 1989 foi o dobre de finados do movimento reformista influenciado pela evolução da União Soviética governada por Gorbachev e que, no entanto, encontrara simpatizantes entre um bom número de intelectuais e dirigentes chineses altamente colocados.

Com efeito, nos anos 90 tiveram lugar novas tentativas, sobretudo com a criação do Partido Democrático da China, em 1998. Mas os seus animadores, agrupados em torno de Wang Youcai, foram rapidamente detidos e 34 dos seus 200 membros foram condenados a penas de prisão.

No momento actual, demasiado perigoso, todas as reivindicações abertamente políticas foram substituídas por reivindicações sociais. Intelectuais e militantes reúnem-se em trono de causas humanitárias como a defesa das populações imigrantes, dos doentes com sida, das meninas excluídas do sistema escolar ou do ambiente. Este estratagema evita que estes militantes sejam acusados de pretender subverter o Estado, mas não protege todos eles da repressão.

Formou-se também um movimento democrático fora da China, na sequência do êxodo maciço de estudantes e intelectuais objecto da repressão do movimento de 1989 e da expulsão para os Estados Unidos de alguns prisioneiros políticos comuns.

O movimento democrático no exílio estrutura-se à volta de algumas organizações e personalidades como Liu Qing, presidente na China da Human Rights, com sede em Nova Iorque, Wei Jingsheng, presidente da Coligação dos Democratas Chineses do Estrangeiro, Harry Wu, criador da Fundação Laogai, em Washington, Han Dongfang, animador do China Labour Bulletin, em Hong Kong, e muitos outros.

Nenhuma destas personalidades conseguiu, no entanto, impor a sua liderança neste feudo proteiforme, em contraste com o governo tibetano no exílio e sobretudo com o Dalai Lama, que reúne à sua volta os emigrantes tibetanos e muitos militantes que apoiam a sua causa.

Marie Holzman

➤ DIREITOS DO HOMEM, DISSIDENTES, 4 DE JUNHO DE 1989 (ACONTECIMENTOS DE), TIANANMEM (PRAÇA DE)

DENG XIAOPING

Deng Xiaoping, nascido em 1904 e falecido em 1997, permanecerá na história da China contemporânea como o artesão da reabertura do seu país ao exterior e de uma reforma económica bem sucedida, embora com um sistema do governo que continuou a ser profundamente autoritário e repressivo.

Por isso, Deng Xiaoping tinha já uma longa carreira atrás de si quando, com 74 anos, convenceu a maioria da direcção do Partido Comunista (PC), no final de 1978, a romper com os princípios do fechamento económico e ideológico preconizados por Mao Tzé Tung, o fundador do regime.

Originário do Sichuan, Deng era muito jovem quando aderiu ao movimento comunista chinês. Nos anos 20, passou algum tempo em França, o que reforçou os seus laços com o PC (Zhou Enlai) e a Internacional Comunista. Reuniu-se depois à guerrilha de Mao Tzé Tung, onde subiu rapidamente e se tornou comissário político de um dos quatro grandes exércitos da estrada, em 1945. Após a batalha da Huai, em 1948, onde se distinguiu, passou a ser procônsul político e militar do Sudoeste da China. Foi chamado a Pequim em 1954, onde ocupou de imediato o lugar de vice-primeiro-ministro e depois, em 1956, o de secretário-geral e número seis do PC.

Deng Xiaoping não era, evidentemente, um liberal. Apoiou activamente Mao Tzé Tung na repressão dos «direitistas», em 1957, na sequência das Cem Flores. Revelou-se partidário do Grande Salto em Frente. Foi um dos principais porta-vozes do conflito ideológico que opôs a China à União Soviética, a partir de 1959.

No entanto, Deng Xiaoping percebeu rapidamente as consequências dramáticas das iniciativas de Mao Tzé Tung. Com Liu Shaoqi, restabeleceu a partir de 1961 o sistema de exploração familiar das terras, modelo que será novamente enaltecido no final dos anos 70. Opôs-se às manifestações mais violentas da Revolução Cultural.

Destituído dos seus cargos, Deng Xiaoping não foi, porém, excluído do PC. Foi pouco a pouco reabilitado a partir de 1973, graças à intervenção de Zhou

Enlai, que pretendia fazer dele seu sucessor. A oposição dos radicais a este projecto precipitou a segunda exoneração de Deng Xiaoping, após o falecimento de Zhou Enlai, em Janeiro de 1976.

No entanto, a morte de Mao Tzé Tung, a queda do «Bando dos Quatro» e a fraqueza do novo número um do país, Hua Guofeng (nascido em 1920), tornou inevitável o regresso de Deng Xiaoping à actividade política, o que se concretizou a partir de Julho de 1977.

A vitória de Deng Xiaoping e dos seus partidários contra Hua Guofeng abriu a porta a uma década de impressionantes transformações económicas e institucionais. Contudo, no fim deste período de relativa liberalização, Deng confirmou a sua adesão ao modelo político de partido único, reprimindo de forma sangrenta o movimento democrático da Primavera de 1989.

Porém, foi o próprio Deng Xiaoping que, em Janeiro de 1992, após o desmoronar do bloco soviético, decidiu relançar as reformas económicas e promover, ao lado de Jiang Zemin, um sucessor para este último na pessoa de Hu Jintao. Foi a última grande iniciativa política de Deng Xiaoping.

A partir de 1994, afastou-se do activo à medida que a sua saúde declinava. Faleceu em Fevereiro de 1997.

Jean-Pierre Cabestan

➤ CEM FLORES, GRANDE SALTO EM FRENTE, HU JINTAO, JIANG ZEMIN, MAO TZÉ TUNG, PARTIDO COMUNISTA, 4 DE JUNHO DE 1989 (ACONTECIMENTOS DE), REFORMAS E ABERTURA, ZHOU ENLAI, ZONAS ECONÓMICAS ESPECIAIS

DESCENTRALIZAÇÃO

«Desconcentração administrativa», e não tanto «descentralização», é a expressão que melhor se aplica à China actual.

De facto, as instâncias locais em que foi delegado um certo número de competências não são eleitas, mas designadas pelo Partido Comunista. Continuam a estar directamente subordinadas no plano hierárquico ao escalão superior do bloco Partido-Estado.

Para além disso, a desconcentração a que assistimos desde o início dos anos 80 manifestou-se sobretudo nos domínios fiscal, económico e cultural. Em matéria política e ideológica, as competências continuam muito concentradas em Pequim.

O lançamento das reformas económicas por Deng Xiaoping propiciou um aumento importante do poder das colectividades territoriais. Todavia, este aumento da autonomia não foi homogéneo, tal como sucedeu com o ritmo de desenvolvimento das diversas regiões do país. De uma maneira geral, foram as províncias e as municipalidades ricas – as regiões costeiras, os grandes centros urbanos e a sua periferia imediata – que, muito libertas de dependências financeiras em relação ao Centro, conseguiram alargar a sua margem de manobra. A urbanização rápida do país também aumentou os poderes de muitas cidades novas, incluindo as criadas nos distritos rurais que administram directamente.

Em contrapartida, tributários do escalão superior, mas muitas vezes deixados entregues a si mesmos, os distritos rurais mais pobres e um grande número de regiões interiores não tiraram partido algum desta delegação de poderes e de responsabilidades. Incapazes de cumprir a sua missão, abandonaram largas parcelas das suas actividades tradicionais (educação, protecção social, saúde) sem que, por enquanto, o escalão superior ou o Centro estejam em condições de as assumir.

Os cantões rurais e as vilas encontram-se igualmente numa situação precária, quer estejam sob a tutela de distritos pobres que continuam a gerir directamente a maior parte das empresas locais, quer estejam dependentes de distritos ricos que os julgam inúteis e caros.

Quanto às regiões de minorias étnicas, a sua autonomia é em geral inversamente proporcional ao nível de tensão política com o Centro (e os Han). Assim, as zonas mais sensíveis (Tibete, Xinjiang) são provavelmente as colectividades territoriais menos autónomas do país.

Por esta razão, a vasta descentralização de poderes introduzida a partir de 1979 segregou um certo número de efeitos perversos, que Pequim tenta corrigir desde meados dos anos 90. Este movimento esvaziou os cofres do Estado, obrigando a capital a introduzir, em 1994, uma reforma fiscal que apenas equilibrou parcialmente a situação. Também favoreceu a duplicação de muitos projectos económicos e, em consequência, desperdícios importantes.

Por último, esteve na origem de um enorme proteccionismo local que, para além de económico, foi também administrativo e judiciário, travando a edificação, não só de um «Estado de direito socialista», mas também, mais em geral, de um Estado moderno, capaz de aplicar em todo o território as regras e as políticas instituídas à escala nacional.

Jean-Pierre Cabestan

➤ ADMINISTRAÇÃO TERRITORIAL, DISPARIDADES REGIONAIS, ESTADO, GOVERNO, LOCAL

DESCOLECTIVIZAÇÃO

Os campos chineses sofreram uma colectivização forçada no Inverno de 1955-1956, os excessos do Grande Salto em Frente e a instauração das comunas populares em 1958.

A partir de 1962, entrou-se numa fase de cerca de 20 anos de colectivização «normalizada», em que a «equipa de produção» (uma vintena de famílias ou o bairro da aldeia) se tornou a unidade colectiva de produção agrícola e de repartição dos recursos.

O regresso a resultados agrícolas normais nas estruturas colectivas viáveis ocultava mal, todavia, a grande instabilidade destas. A tendência recorrente para a divisão das terras teve de ser incessantemente contrariada por campanhas de mobilização política que visavam, pelo contrário, conduzir a colectivização a um nível superior, o das «brigadas de produção» (aldeias inteiras).

Para além disso, as dificuldades de aplicação dos sistemas de remuneração nos colectivos nunca puderam ser resolvidas de maneira satisfatória, quer os pontos de trabalho remunerassem tarefas específicas, demasiado diversificadas e complexas para que os contabilistas as conseguissem medir e controlar com eficácia, quer pagassem os dias passados nos campos, recompensando nesse caso a presença e não o trabalho. Foi precisamente para resolver estas dificuldades que foram lançadas as reformas agrícolas após o regresso de Deng Xiaoping ao poder, em 1978. Tratava-se então de «relacionar a remuneração com a produção» nos colectivos de trabalho. Tendo em consideração a especificidade da agricultura, isso não poderia ser levado a cabo sem individualizar as produções e, portanto, dividir as terras.

Com a designação de «sistemas de responsabilidade» (*zeren zhidu*), que relacionavam a remuneração com a produção, foram sucessivamente percorridas várias etapas. Segundo os «contratos de produção com grupos» (*baochan daozu*), todos os excedentes de produção, para além das quotas submetidas à redistribuição colectiva, eram propriedade do grupo sob contrato (quatro a cinco famílias, as mais das vezes amigas ou aparentadas). Os «contratos de produção com as famílias» (*baochan daohu*) permitiam que o excedente fosse propriedade da família signatária. Por fim, os «contratos de exploração com as famílias» (*baogan daohu*, ou «contrato integral, *«da baogan»*) consagravam o termo da redistribuição colectiva (mesmo se parcial nos contratos precedentes) e, portanto, do salariato dos pontos de trabalho, restabelecendo a autonomia financeira e de exploração das famílias e instaurando o arrendamento individual generalizado nas terras que continuavam a ser propriedade colectiva das aldeias.

As famílias que exploravam as terras continuavam submetidas a quotas obrigatórias de entrega de cereais ao Estado (pagas a preços administrativos), ao imposto agrícola, a diversos pagamentos locais (entre os quais as «retenções» para fazer face às despesas de administração das aldeias) e as corveias para manutenção das infra-estruturas. A partir de 1981, este sistema generalizou-se a toda a China, o que significou o fim da colectivização e a partilha das terras.

A rapidez da descolectivização e o próprio facto de os contratos de produção transitórios terem tido apenas uma existência efémera assinalavam o triunfo da economia camponesa familiar, estranha à ideia de salariato agrícola, que 20 anos de colectivização não tinham conseguido fazer desaparecer.

As comunas populares foram oficialmente extintas em 1984 e substituídas pelas administrações dos cantões.

Claude Aubert
➤ AGRICULTURA, CAMPONESES, COMUNAS POPULARES, GRANDE SALTO EM FRENTE

DESEMPREGO

A reestruturação do sector público traduziu-se nos anos 90 no aparecimento de um desemprego elevado, fenómeno desconhecido na China até então. Até 1978, o sector público e o seu avatar, o sector colectivo, tinham um monopólio quase total do emprego. A produtividade era baixa e o excesso de efectivos enorme. Durante os anos 90, a reestruturação das empresas do Estado tornou visível um desemprego que até então fora latente.

Fenómeno novo, o desemprego é difícil de determinar com rigor. Isso deve-se sobretudo à diversidade dos estatutos dos que procuram emprego. Devem, de facto, ser tomadas em consideração duas categorias que raramente são agregadas nas estatísticas oficiais.

Os desempregados regularmente inscritos nos gabinetes de trabalho eram cerca de 6 milhões em 1990, 6,7 milhões em 2002, 6,9 milhões em 2003 e 7,2 milhões em 2004. A taxa de desemprego urbano assim definida foi de 2,5% a 3% nos anos 90 e atingiu 4,6% em 2005. Este cálculo do desemprego é, no entanto, parcial: não toma em consideração senão os que procuram emprego e têm uma idade compreendida entre 16 e 45 anos no caso das mulheres e entre 16 e 55 no caso dos homens, dispondo de um certificado de residência (*hukou*) não agrícola e estando inscritos regularmente num gabinete de procura de emprego.

Os *xiagang* são trabalhadores que as suas empresas despediram, mas que mantêm um relacionamento com elas sob a forma de pagamento de subsídios e apoio social parcial. Se o seu número for contabilizado, a taxa real de desemprego atinge 5,5% no final de 2002.

No entanto, há grandes diferenças entre as províncias. Em dez cidades e províncias da China, a taxa real de desemprego era superior a 10% em 2003, segundo um estudo do Banco Mundial. Ora, só menos de metade dos trabalhadores urbanos têm seguro de desemprego, devido, nomeadamente, à importância dos empregos no sector informal.

A soma apenas dos desempregados oficialmente registados e dos empregados despedidos que continuam a receber um pequeno subsídio das suas empresas (os *xiagang*) subestima a dimensão real do desemprego.

O cálculo não toma em consideração o subemprego rural, que é muito importante, como é visível através do número de imigrantes rurais que procuram trabalho nas cidades, mas raramente são integrados nas estatísticas oficiais.

Finalmente, também não foi tomado em conta o desemprego oculto nas cidades, ou seja, o pessoal das empresas que é remunerado, mas sem ter uma verdadeira ocupação. Um inquérito aprofundado do Gabinete de Estado das Estatísticas permitiu estimá-lo em 20% dos efectivos das empresas chinesas, com variações muito grandes entre as províncias, conforme o seu sistema industrial é dominado, ou não, pela propriedade do Estado.

François Gipouloux

➤ EMPREGO, EMPRESAS DO ESTADO, PROTECÇÃO SOCIAL, REGISTO DE RESIDÊNCIA

DESIGUALDADE DE RENDIMENTOS

Desde o início das reformas, o crescimento económico chinês foi acompanhado do aumento das desigualdades de rendimentos, criando tensões sociais e afectando a evolução da procura. Este problema adquiriu uma tal amplitude que a luta contra as desigualdades passou a ser apresentada com um dos objectivos essenciais do governo.

As reformas inspiradas por Deng Xiaoping eram de natureza deliberadamente não igualitária, tanto no plano individual como no das províncias.

Depois de décadas de políticas igualitaristas, a instauração progressiva de uma economia concorrencial deu prioridade à eficácia, mais do que à igualdade. Apesar do carácter gradual das reformas, esta mudança foi brutal e o desenvolvimento da China registou dentro de pouco tempo, não só desequilíbrios entre as cidades e as zonas rurais, mas também entre as regiões.

O coeficiente de Gini, que mede a desigualdade dos rendimentos individuais, passou de 0,30 no fim dos anos 70 para 0,45 no início do século XXI, o que faz da China um país com maiores desigualdades do que a Índia (onde o coeficiente é de 0,3).

Os salários, que desempenharam um papel cada vez mais importante na determinação dos rendimentos dos meios rurais, foram uma das fontes destas desigualdades, mas estas também resultaram das insuficiências das políticas de redistribuição.

De 1978 a 1985, os rendimentos nas cidades e nas zonas rurais cresceram a par, graças ao aumento da produtividade na agricultura e à alta dos preços dos produtos agrícolas.

A diferença agravou-se depois cada vez mais. Os rendimentos rurais cresceram muito pouco, enquanto o crescimento dos rendimentos urbanos não registou praticamente qualquer abrandamento. A reforma urbana induziu uma maior liberdade de fixação dos salários, o que se traduziu na subida dos rendimentos urbanos. Em 2003, a proporção entre as cidades e as zonas rurais era de um para três, quando em 1978 fora de 1 para 2,5.

Estas desigualdades são o resultado da fraca produtividade da agricultura, do nível baixo da educação nas zonas rurais e do controlo do êxodo rural.

Sendo já grandes as diferenças de rendimentos entre as zonas urbanas e as rurais, a diferença de nível de vida foi agravada pelas reduzidas transferências públicas e a inexistência de cobertura social nas zonas rurais.

A disparidade dos rendimentos entre as cidades e as zonas rurais teve influência nas desigualdades entre as províncias, sendo as mais pobres as menos urbanizadas.

Para além disso, o contraste entre o Leste e o Oeste do país acentuou-se com o desenvolvimento muito grande das regiões costeiras, nomeadamente as que acolhem as zonas económicas especiais.

Se se considerarem os casos extremos, a situação não mudou muito. Em 1978, tal como em 2003, a província mais pobre em termos de produto interno bruto (PIB) por habitante era a do Guizhou e a mais rica era, de facto, uma cidade, a de

Xangai. A relação entre as duas era de 9,5 no início do período e de 10 em 2003 (em *yuans* de 1995).

O debilitamento das empresas do Estado explica também as divergências entre as províncias.

As empresas do Estado, que estão sobretudo situadas nas províncias do Nordeste da China, estiveram a perder velocidade nos últimos vinte anos. Tiveram, nomeadamente, de reduzir os seus efectivos, criando um desemprego importante e crise económica nestas regiões.

O enfraquecimento das empresas do Estado modificou a hierarquia das províncias. O Liaoning, província do Nordeste, até há pouco tempo um modelo de desenvolvimento baseado na indústria pesada e nas grandes empresas do Estado, tinha em 1978 um PIB per capita 1,9 vezes superior ao do Zhejiang, uma província costeira. Em 2003, era a província de Zhejiang, cujo crescimento fora estimulado pelo súbito desenvolvimento do sector privado, que tinha um PIB per capita 1,3 vezes mais elevado.

O sucesso económico da China foi construído, portanto, à custa de desigualdades internas crescentes. Para atenuar estas desigualdades, o governo criou zonas preferenciais nas províncias interiores, no final dos anos 90. Começou também a realizar grandes investimentos em infraestruturas nas províncias do Oeste, cujo desenvolvimento é considerado prioritário.

Mary-Françoise Renard

➤ AGRICULTURA, CIDADES E AS ZONAS RURAIS (AS), DISPARIDADES REGIONAIS, EMPRESAS RURAIS, OESTE (PROJECTO DE DESENVOLVIMENTO DO), POBREZA, PROTECÇÃO SOCIAL

DESPORTO

Corridas de carros e movimentos gímnicos na dinastia Han (206 a. C – 220 d. C.), jogo do pólo, muito apreciado pelos aristocratas do Norte, nos séculos VII e VIII, concursos de luta e de boxe ou mesmo um antepassado do futebol na dinastia Song (960-1279): não há dúvida de que as actividades desportivas não eram desconhecidas da China imperial.

No entanto, foram muitas vezes desprezadas pelas elites, sobretudo a partir dos Ming (1368-1644), que deixavam ao povo o encargo do esforço físico.

Só no século XX o desporto despertou pouco a pouco o interesse da China, sob outras formas e devido aos países anglo-saxónicos.

Foi ainda mais recentemente, nos anos 80, que o país se dotou de infra-estruturas e de organismos destinados a desenvolver uma prática desportiva de competição capaz de conquistar o seu lugar no plano internacional.

A ideia de que uma grande nação dever ser representada pelos seus campeões ao mais alto nível mundial e que o desporto tem actualmente um valor emblemático, económico e urbanístico eminente levou as autoridades chinesas a apresentar a candidatura do seu país à organização dos Jogos Olímpicos.

Após diversas peripécias, a China foi escolhida para acolher a 29.ª Olimpíada, em Agosto de 2008.

Durante a anterior olimpíada, em Atenas, em 2004, a China classificou-se em segundo lugar no quadro da obtenção de medalhas, com um total de 63, entre as quais 32 de ouro, tendo brilhado sobretudo em desportos como o ténis de mesa, a ginástica, a halterofilia, os saltos para a água, a natação e o voleibol feminino.

A vitória de Liu Xiang nos 110 metros barreiras masculinos, com um tempo que igualou o recorde mundial, também obteve grande eco na China, porque assinalava o coroamento deste país na disciplina mais famosa, o atletismo.

Estes êxitos são o resultado de uma rede de escolas e de clubes desportivos que descobre e apoia, desde a mais tenra idade, os talentos individuais, para finalmente seleccionar um viveiro de atletas de alto nível que abrange cerca de 20 000 pessoas.

Ao mesmo tempo, é encorajada a prática desportiva de massa, tanto nas escolas como nas empresas, por razões de higiene pública e de coesão social.

Calcula-se que 300 milhões de Chineses participem em actividades desportivas, número que está a crescer com a urbanização do país. Há mesmo aparelhos de ginástica instalados, e até muito utilizados, nos passeios das grandes cidades.

O sector desportivo tende finalmente a assumir uma importância económica inegável. O futebol chinês empenhou-se, por isso, na via da profissionalização, a partir de 1994, com um orçamento anual de 700 milhões de *yuans*.

Foi criado um sistema de apostas desportivas, aumenta o número de transmissões televisivas das competições e a imagem dos atletas mais célebres é utilizada cada vez mais do ponto de vista comercial e ideológico.

Segundo algumas previsões, o valor da produção do sector desportivo poderia atingir 1,5% do produto interno bruto chinês em 2010.

Frédéric Obringer

➤ JOGOS OLÍMPICOS, LAZER

DIALECTO

O «chinês» é a denominação comum de um grande número de línguas faladas há mais de 3000 anos em zonas cada vez mais vastas do que é actualmente a China.

Apesar do uso constante de uma mesma escrita, que remonta à época arcaica, as formas faladas das línguas chinesas não são mutuamente compreensíveis. Entre o mandarim e o *wu*, entre o *yue* ou cantonês e o *min* as diferenças são tão importantes com as que existem entre o francês e o italiano, por exemplo.

O termo «dialecto», utilizado durante muito tempo para designar estes grandes conjuntos, é mais adequado para referir as suas variantes locais. Assim, os falares de Xangai e de Suzhou são dois dialectos da língua *wu*, os falares de Cantão e de Hong Kong são dois dialectos da língua *yue* (ou cantonês). Os dialectos de uma mesma língua, por exemplo o *wu* de Xangai e o de Suzhou, compreendem-se mutuamente, o que já não acontece entre línguas diferentes.

Assim, conhecer o *wu* não permite sem aprendizagem compreender o cantonês ou o mandarim. Fora das zonas dos falares mandarins, que estão na base da «língua comum» (*putonghua*), o ensino desta aos habitantes faz dela a sua segunda língua.

As principais línguas chinesas (e a proporção dos habitantes de que são a língua materna) são: o *beifang guanhua* ou mandarim 71% (Norte do Yangtzé e Sudoeste); o *wu* 9% (Jiangsu, Norte do Fujian); o *xiang* 5% (Hunan); o *yue* ou cantonês 5% (Guangxi e Guangdong); o *min* 4% (Fujian, Hainan, Taiwan), o *kejia* 4% (comunidades hakka do Sudoeste da China); e o *gan* 2% (Jiangxi).

Em Hong Kong, colónia britânica até 1997, o cantonês era a língua materna declarada de 88,7% dos habitantes, em 1996, o ano que antecedeu a sua devolução à soberania chinesa. Calcula-se que 95% dos habitantes podem compreender e exprimir-se em cantonês.

Em Taiwan, a maioria dos habitantes são de língua materna *min* (66,7%), repartindo-se a restante população entre o mandarim (20,1%) e o *hakka* (11%).

As línguas das zonas costeiras do Sudeste ocupam um lugar importante nas comunidades do estrangeiro. Por exemplo, na Malásia, onde 20 % da população são de língua materna chinesa, os dialectos *min*, chamados localmente *hokkien* e *teochiu*, são dominantes.

Como na China a «língua comum», baseada no mandarim, é obrigatória no ensino e na administração e preponderante nos meios de comunicação social, os jovens com instrução que vivem nas cidades como

Xangai tendem a usar esta segunda língua em detrimento da sua língua materna.

Viviane Alleton

➤ CANTONESES, CHINESES DO ESTRANGEIRO, EDUCAÇÃO, HAKKA, MANDARIM

DIREITO

A partir de 1979, a China lançou-se progressivamente numa reabilitação do direito e da «legalidade socialista».

Após a adopção de leis sumárias nos anos 80, os anos 90 caracterizaram-se por uma aceleração do processo de elaboração da legislação e, a partir de 1997, pela instituição do que o Partido Comunista chama de «Estado de direito socialista».

A perspectiva da entrada da China na Organização Mundial do Comércio também contribuiu para modernizar o sistema jurídico do país, o tornar mais transparente e o aproximar das normas internacionais.

No domínio do direito civil, por razões políticas e de evolução das estruturas económicas e sociais, a China, após a promulgação em 1986 de um texto de referência intitulado «princípios gerais de direito civil», privilegiou até hoje a adopção de leis específicas, nomeadamente em matéria de direito de família, das obrigações e dos bens.

A lei das sociedades, de 1993, a lei uniforme sobre os contratos, de 1999, e a nova lei sobre o casamento, de 2001, são reveladoras, quer de uma progressiva fusão entre direito económico, de origem soviética, e direito civil, de inspiração ocidental, quer de uma viragem na sociedade chinesa.

Após ter regido durante muito tempo a vida das pessoas, o Estado reconheceu a separação entre o seu papel, por um lado, e a vida privada e as actividades civis e económicas, por outro.

Após 1 de Outubro de 2003, a autorização do empregador deixou de ser necessária para alguém se casar ou divorciar. A lei dos contratos instaurou um verdadeiro direito comum dos contratos, consagrando os princípios da liberdade contratual, da boa fé, da igualdade das partes e do efeito obrigatório dos contratos.

Paralelamente, a emenda constitucional de 14 de Março de 2004 reconheceu a protecção da propriedade privada sob todas as suas formas.

Perspectivado por diversas vezes e depois suspenso, está a ser elaborado um projecto de código civil (*minfadian*) de mais de 2000 artigos e que reúne o conjunto dos diplomas em vigor. Surgiu um primeiro projecto em Dezembro de 2002, mas ainda não pôde ser aprovado, devido a divergências entre os seus autores sobre o carácter «compilador» ou «inovador» deste futuro código.

Ao fazer em 1997 uma profunda revisão da antiga lei penal de 1979, a China modernizou igualmente o seu direito penal. Adoptou princípios de legalidade das penas e dos delitos e de proporcionalidade entre estes e aquelas que estão mais em conformidade com as normas gerais do direito penal internacional. O conceito de «crimes contra-revolucionários» foi substituído pelo de «crimes que ameaçam a segurança do Estado».

O novo código de processo penal, que entrou em vigor em 1 de Julho de 1997, introduziu ideias fundamentais tal como os princípios da presunção da inocência, de proporcionalidade das medidas de coacção e de prazo razoável.

Todavia, a reeducação pelo trabalho (*laojiao*), sanção administrativa não supervisionada pelos tribunais, não foi abolida e os prazos de «*garde à vue*» (10 ou 37 dias, prolongáveis) continuam a ser abusivos.

Numa sociedade chinesa apegada à exemplaridade das penas e confrontada com uma criminalidade crescente, a pena de morte ainda continua a ser largamente aplicada. Tendo a injecção letal substituído agora a execução por uma bala, o debate incide mais no respeito por um processo imparcial e não arbitrário de aprovação das condenações à morte, que fora confiado aos tribunais superiores provinciais, do que sobre a supressão desta pena. Por isso, o Supremo Tribunal Popular empenhou-se em 2005 na revisão das condições de aplicação da pena de morte.

Embora a China tenha ratificado em 1988 a Convenção das Nações Unidas contra a tortura, esta continua a ser praticada pela polícia. O direito penal é ainda caracterizado pela severidade, desproporção e arbitrariedade das penas.

Em termos de direito administrativo, a fim de conter a desordem administrativa existente, bem com a multiplicidade e a arbitrariedade dos regulamentos administrativos locais, foi aprovada em 15 de Março de 2000 uma lei sobre a elaboração das normas jurídicas (*lifa fa*).

Esta importante lei tem por objectivo separar melhor as competências legislativas e regulamentares centrais e locais e controlar também melhor a elaboração dos regulamentos administrativos locais,

Introduzido em 1990, com a entrada em vigor da nova lei de processo administrativo e a criação de câmaras administrativas nos tribunais, o contencioso administrativo permite apenas o controlo jurisdicional dos «actos administrativos concretos» da administração.

Fica excluído, portanto, qualquer controlo jurisdicional dos regulamentos administrativos. O Supremo Tribunal esclareceu em 2002 e 2003 os conceitos dos actos administrativos e as regras sobre a prova a fim de reforçar e tornar mais eficaz o controlo da legalidade dos actos administrativos.

A longa tradição burocrática e o fenómeno da corrupção explicam a lentidão da passagem de uma cultura da arbitrariedade para uma cultura da legalidade no comportamento da administração e dos funcionários.

Yves Dolais

➤ CAMPOS DE REEDUCAÇÃO PELO TRABALHO, CONSTITUIÇÃO, DIREITOS DO HOMEM, JUSTIÇA, PENA DE MORTE, PRISÕES E *LAOGAI*

DIREITO DE PROPRIEDADE

As reformas chinesas não são acompanhadas da privatização em massa dos activos possuídos pelo Estado.

O Estado libertou-se sobretudo de pequenas e médias empresas urbanas pertencentes ao sector estatal ou colectivo. Foram cedidas aos seus empregados, a pessoas privadas ou a outras empresas. Outras firmas controladas pelo Estado mudaram de regime jurídico, transformando-se em sociedade de responsabilidade limitada ou em sociedades por acções, o que significa que adoptaram técnicas de direito privado sem que tivessem mudado de proprietário.

O objectivo visado não foi a transferência dos direitos de propriedade para agentes privados, mas a modernização da gestão das empresas. Na China rural, o desenvolvimento rápido das empresas de vilas e cantões durante os anos 80 realizou-se no quadro de instituições colectivas herdadas da economia planificada.

Durante os anos 90, a evolução do quadro jurídico fez emergir um sector económico privado e os meios de negócios pressionaram o governo central a conceder a este último a mesma protecção que à propriedade do Estado.

Foi o que aconteceu em Março de 2004 com a revisão da constituição pela X Assembleia Nacional Popular. Enquanto até então apenas a propriedade pública era reconhecida como «sagrada e inviolável», o artigo 13 revisto passou a estipular que «a propriedade privada legal dos cidadãos é inviolável». Em caso de expropriação ou de requisição de bens privados pelo Estado, a constituição prevê uma indemnização. Na maior parte dos casos, a propriedade pública e privada passou, portanto, a ser garantida.

Esta revisão foi objecto de controvérsias que não incidiram tanto sobre a protecção da propriedade privada em si mesma, mas mais sobre a legalização dos bens adquiridos ilegalmente, fosse por corrupção, por desvio de bens públicos ou por outros meios ilegais. Segundo o texto adoptado, a protecção da propriedade privada aplica-se apenas aos bens adquiridos legalmente.

O facto de não ter havido uma transformação radical e rápida do quadro institucional da China, tal como ocorreu na Europa de Leste, e a escolha do gradualismo suscitaram intensos debates entre os economistas.

Para alguns, a economia chinesa aproxima-se progressivamente das economias de mercado dos países desenvolvidos.

Para outros, embora a fronteira entre o público e o privado seja incerta (*de jure* privada, uma empresa pode ser *de facto* propriedade de agências do Estado) e muitas empresas tenham um estatuto misto (associando investidores públicos, privados e estrangeiros), a China estaria prestes a inventar um novo paradigma.

Gilles Guiheux

➤ EMPRESAS COLECTIVAS, EMPRESAS DO ESTADO, EMPRESAS PRIVADAS, EMPRESAS RURAIS, MERCADO (TRANSIÇÃO PARA A ECONOMIA DE), PRIVATIZAÇÕES

DIREITO DO TRABALHO

O direito do trabalho é o conjunto de regras que regem a relação entre o trabalhador e o seu empregador.

Na China, há quatro categorias de pessoas que pertencem ao seu domínio de aplicação: os trabalhadores das empresas, os empregados das organizações individuais privadas (*geti jingji zuzhi*), os empregados vinculados por contrato de trabalho aos órgãos governamentais e aos estabelecimentos públicos (*shiye danwey*) e trabalhadores dos estabelecimentos públicos de financiamento privado. O pessoal doméstico (empregadas domésticas, etc.) não está abrangido pelo direito do trabalho.

O direito do trabalho organiza ainda hoje o emprego e os regimes de segurança social. Porém, estes últimos vão-se separando progressivamente. Os regimes de segurança na doença, velhice, maternidade, desemprego e invalidez transformam-se progressivamente em sistemas autónomos de protecção social.

Subordinada ao Partido Comunista, a Federação Panchinesa dos Sindicatos e os seus comités em todos os escalões constituem a única organização sindical autorizada. Há uma célula sindical em cada empresa com mais de 25 trabalhadores sindicalizados, com autorização prévia do comité sindical do escalão superior. Os trabalhadores não têm direito à greve. Os sindicatos não a podem declarar.

Até 1980, o direito do trabalho resumia-se a alguns decretos que regiam a administração da mão-de-obra urbana. Foi a contratualização das relações de trabalho a partir dos anos 90 que favoreceu a emergência de uma série de regulamentações neste domínio.

Actualmente, os regulamentos dos níveis nacional e local são muito abundantes, mas as leis são pouco numerosas. Questões como as cotizações sociais, o salário mínimo e as cláusulas do contrato de trabalho são fixadas por regulamentos locais e podem variar profundamente entre províncias ou entre municipalidades. As convenções colectivas, pouco habituais, estão longe de constituir uma fonte de direito.

Não há actualmente senão cinco leis relativas ao direito do trabalho: a lei sobre a segurança nas minas, de 1992, a lei sobre o trabalho, de 1994, a lei sobre os sindicatos, de 2001, a lei sobre a prevenção e a assistência nas doenças profissionais, de 2001, e a lei sobre a segurança no trabalho, de 2002.

A lei essencial é a lei sobre o trabalho, aprovada em 14 de Julho de 1994. Os seus 107 artigos, agrupados em 12 capítulos, incidem em todos os domínios das relações de trabalho, nomeadamente os despedimentos, as condições de trabalho e a resolução dos conflitos.

Os conflitos de trabalho que seguem os trâmites legais, são resolvidos pelas câmaras civis dos tribunais. No entanto, antes de recorrer à justiça, o trabalhador deve começar por se dirigir à comissão de arbitragem do governo local onde se situa a sua empresa. O número de diferendos tem aumentado rapidamente. Em 2004, os litígios submetidos à arbitragem e aos tribunais eram, respectivamente, 260 000 e 163 151.

Esta evolução obrigou as autoridades, desejosas de manter a estabilidade da sociedade, a revelar-se pouco a pouco mais atentas às reivindicações dos trabalhadores.

Zheng Aiqing

➤ DIREITO, PROTECÇÃO SOCIAL, SINDICATOS, TRABALHO

DIREITOS DO HOMEM

Embora a constituição chinesa imponha o respeito pelo conjunto das liberdades fundamentais que os países democráticos subscrevem e, após 2004, que o Estado garanta expressamente «a protecção dos direitos do homem», o governo chinês continua a ser apontado por muitas instituições e organizações não governamentais como um dos menos respeitadores dos direitos dos seus cidadãos.

Apesar de certos avanços na esfera das actividades quotidianas (trabalho, casamento, deslocações, distracções, consumo, etc.), os direitos políticos fundamentais (direito de voto, direito de associação, liberdade de expressão) são inexistentes.

Os direitos económicos (direito à saúde, à educação, à habitação) continuam a ser desrespeitados em relação à maioria da população e grandes parcelas da vida social continuam sujeitas a um controlo estrito.

Os direitos sociais (direito a sindicatos livres, por exemplo) não são respeitados em lado nenhum e os direitos ambientais estão cada vez mais ameaçados (degradação rápida do ambiente).

A ausência de reformas políticas e a preocupação de manter a estabilidade social conduzem as autoridades a reprimir sem contemplações todos os grupos ou organizações considerados como ameaçadores, seja no domínio religioso, seja no político ou no social.

Esta preocupação é particularmente acentuada nas datas simbólicas, como o aniversário do massacre de 4 de Junho de 1989, as celebrações da festa nacional (1 de Outubro) ou o Ano Novo.

O governo também se socorreu do pretexto da luta internacional contra o terrorismo internacional para aumentar a repressão contra os muçulmanos uigures da região autónoma do Xinjiang, suspeitos de veleidades separatistas. A repressão na região do Tibete é igualmente preocupante: pelo menos 135 presos políticos tibetanos, laicos e religiosos, definhavam na prisão, no início de 2005.

A China assinou em 1997 e ratificou em 2001 o Pacto Internacional sobre os Direitos Económicos, Sociais e Culturais, mas ainda não ratificou o Pacto sobre os Direitos Civis e Políticos, que assinou em 1998.

A manutenção de campos de reeducação pelo trabalho (*laojiao*) é, de facto, incompatível com os termos deste último pacto. Esta vasta rede de 300 prisões, que albergam cerca de 300 000 presos de direito comum, drogados, prostitutas, prisioneiros políticos e membros do movimento Falungong, é independente do sistema judiciário, gerindo as prisões ou *laogai*, campos de reabilitação pelo trabalho e os seus dois a três milhões de presos.

Os *laojiao*, criados em 1957, permitem à Segurança Pública proceder a detenções administrativas que podem ir até a quatro anos de prisão sem que as pessoas implicadas tenham direito a advogado ou a um processo.

A aplicação expedita e excessiva da pena de morte é também frequentemente denunciada, tendo mesmo sido avançado o número de 10 000 execuções capitais por ano por um representante da Assembleia Nacional Popular, em 2004, sem que, no entanto, fosse possível verificá-lo.

A Amnistia Internacional menciona números que vão de 1500 a 3000 execuções anunciadas por ano, salientando não haver dúvida de que não se trata senão de uma «fracção do número real das execuções na China».

Marie Holzman

➤ CAMPOS DE REEDUCAÇÃO PELO TRABALHO, CONSTITUIÇÃO, DEMOCRACIA E MOVIMENTO DEMOCRÁTICO, DIREITO, DISSIDENTES, FALUNGONG, JUSTIÇA, ORGANIZAÇÃO DAS NAÇÕES UNIDAS (A CHINA E A), PENA DE MORTE, PRISÕES E *LAOGAI*, 4 DE JUNHO DE 1989 (ACONTECIMENTOS DE), SINDICATOS, TIBETANOS, UIGURES

DISPARIDADES REGIONAIS

As profundas transformações do espaço chinês desde o final dos anos 70 levam os analistas a dividi-lo regionalmente em função do grau e do tipo de desenvolvimento económico. Preocupam-se menos com os condicionamentos topográficos e com a diversidade histórica e cultural da China. Impõe-se uma leitura do espaço chinês, já não dividido entre as grandes regiões do Norte, do Centro e do Sul, mas em três grandes faixas longitudinais (litoral, interior e Oeste).

Uma primeira zona corresponde aos territórios de povoamento Han e que participam na organização litoral e se integram de maneira privilegiada na economia mundial. Trata-se de Pequim, Tianjin e Xangai e das províncias de Liaoning, Hebei, Shandong, Jiangsu, Zhejiang, Fujian, Guangdong, Guangxi e Hainan.

Devido aos desafios geopolíticos internos que o caracterizam, o Oeste chinês engloba todos os territórios de nível provincial onde as nacionalidades minoritárias têm um peso demográfico igual ou superior a 20% na população total. Compreende as províncias de Guizhou, Qinghai e Yunnan e as regiões autónomas da Mongólia Interior, Ningxia, Tibete e Xinjiang.

A China interior abrange, por defeito, os outros territórios de nível provincial que não beneficiam do dinamismo do litoral e se situam nas antigas terras da China histórica e nas terras interiores do Nordeste. Trata-se de Chongqing e das províncias de Anhui, Gansu, Heilongjiang, Henan, Hubei, Hunan, Jiangxi, Jilin, Shaanxi, Shanxi e Sichuan.

Esta regionalização revela as disparidades e mesmo as tendências de deslocamento no território chinês. Põe em destaque a concentração dos habitantes, da produção e da abertura em benefício do litoral chinês.

Em 14% da superfície do país, o litoral tem nada menos que 42% da população total, uma densidade demográfica mais de três vezes superior à média nacional, 60% do produto interno bruto (PIB) do país e, sobretudo, 87% dos investimentos directos estrangeiros (IDE) e 92% das exportações, em 2004.

Numa situação dramaticamente inversa, o Oeste representa, nesse mesmo ano, 56% do território da República Popular da China, mas apenas 11% da sua população, 6% do seu PIB, 0,5% dos seus IDE e 2% das suas exportações.

Numa situação intermédia, a China interior possui fortes densidades demográficas, relacionadas com um povoamento Han muito antigo, mas um PIB reduzido relativamente à sua população e principalmente uma abertura económica muito inferior em relação ao litoral.

Esta divisão territorial pode também caracterizar-se com uma combinação mais complexa de factores como a abertura económica, a produção interna e o número de habitantes, tendo por índices, respectivamente, as relações dos IDE e do PIB com o número de habitantes de cada um dos territórios de nível provincial e a sua densidade demográfica.

A mundialização económica em que a China se empenhou conduziu, assim, a seis grandes tipos regionais de desenvolvimento. As suas diferenças em termos de PIB por habitante agravaram-se sensivelmente entre 1992 e 2004.

Os lugares onde se processa a mundialização propriamente dita incluem as três grandes metrópoles litorais (Xangai, Tianji e Pequim), bem como as províncias que se lançaram mais precoce e fortemente nas reformas económicas e na abertura (Guangdong, Jiangsu e Zhejiang). O conjunto registou uma nítida melhoria, com um ganho de 5% do seu PIB por habitante em relação à média chinesa entre 1992 e 2004.

As franjas em vias de integração são as províncias litorais que também participam no processo de inserção no sistema económico mundial, mas que não possuem pólos metropolitanos dominantes, estão geograficamente mais encravadas (Fujian) ou descentradas (Hainan), ou se lançaram mais tardiamente nas reformas (Shandong, Liaoning). Tal como as três províncias litorais do primeiro tipo, registaram um crescimento do seu PIB por habitante em relação à média chinesa de nada menos de 12% nos anos 90.

Neste aspecto, a China litoral beneficiou muito, neste período, com o processo global de concentração do desenvolvimento económico e da riqueza ao longo da sua frente costeira, embora não tenha havido uniformização numa faixa litoral que vai de Cantão a Dalian.

As províncias intermédias estão articuladas com os centros de desenvolvimento constituídos pelo delta do Yangzi (Hubei, Hunan) e as municipalidades de Pequim e Tianji (Hebei) ou que beneficiam de uma abertura fronteiriça continental (Heilongjiang, Jilin). São penalizadas, todavia, por estruturas produtivas e especializações económicas muitas vezes envelhecidas. Estão confrontadas com a difícil reforma das empresas do Estado nas cidades. O seu atraso em relação à média do PIB chinês por habitante não se modificou desde 1992.

As terras encravadas registam um desenvolvimento francamente insuficiente: o seu PIB por habitante não progrediu em relação à média chinesa desde 1992. São regiões interiores que estão ainda mal articuladas com o dinamismo costeiro, o que as impede de ser localizações importantes para a redistribuição das actividades a partir dos pólos litorais. Sendo terras que se situam, na sua maior parte, entre os pólos litorais e os eixos fluviais de desenvolvimento, o Jiangxi, o Shaanxi, o Anhui e o Henan fazem figura de bolsas de desenvolvimento na expectativa.

As margens próximas estão situadas no prolongamento interno ou na periferia da China histórica dos Han. São pouco dinâmicas, sendo penalizadas por uma população muito numerosa (Shanxi, Sichuan, Ningxia e Guangxi) ou por condições geográficas desfavoráveis (Qinghai, Mongólia Interior). O seu atraso económico agravou-se claramente nos anos 90: o seu PIB por habitante perdeu 6% em relação à média nacional entre 1992 e 2004.

As periferias continentais estão a perder velocidade. Apesar de um PIB multiplicado por 5,5 em valor absoluto, a diferença acentua-se em relação às outras regiões chinesas. As periferias continentais mergulham num subdesenvolvimento relativo e o seu PIB por habitante é apenas metade da média nacional, contra dois terços há doze anos. Trata-se do grande Oeste chinês (Xianjiang, Tibete, Gansu) e do Sudoeste interior (Yunnan, Guizhou).

Nesta segunda tipologia regional da China voltamos a encontrar a primazia do litoral, mas fica em destaque a diversidade regional, o reforço das províncias que se lançaram mais precocemente na abertura e o peso das metrópoles costeiras, nomeadamente Xangai. As regiões geográfica e economicamente intermédias não revelam uma verdadeira recuperação do atraso em relação a um litoral de que são a província. Ou seja, impõe-se ao analista uma China fragmentária, se se considerar o subdesenvolvimento das margens e das periferias do território chinês.

Thierry Sanjuan

➤ ABERTURA (LUGARES DE), CRESCIMENTO, PEQUIM, REFORMAS E ABERTURA, XANGAI

DISSIDENTES

Os dissidentes chineses (*yiyi fenzi*) apresentam-se raramente como tais, porque se consideram mais como «conselheiros do príncipe» críticos do que como opositores.

No entanto, intelectuais, operários, religiosos e personalidades saídas de minorias étnicas encontram-se em situação de dissidência a partir do momento em que o poder os considera uma ameaça ao regime e os reprime.

O esquema é quase sempre o mesmo: um indivíduo toma a iniciativa de organizar uma manifestação, de criar uma revista, de lançar uma petição ou de publicar artigos de reflexão na Internet. Se o Partido Comunista se sente ameaçado pelos objectivos ou pelas iniciativas deste indivíduo, manda-o prender e condenar a alguns anos de prisão, ou então demite-o das suas funções, ou, ainda, expulsa-o da China. O grau de tolerância do poder, e, portanto, de severidade para com os dissidentes, varia consoante os casos de forma que parece ser puramente arbitrária.

Os dissidentes mais conhecidos, Wei Jingsheng, Liu Qing, Wang Dan, Wang Xizhe e Wang Juntao, para referir apenas estes, sofreram todos pesadas penas de prisão por delito de opinião, antes de serem expulsos para os Estados Unidos.

Outros tão célebres quanto estes e que foram também presos, como Liu Xiaobo e Ren Wanding, estão autorizados a viver na China uma vez cumprida a pena. São vigiados de perto e é-lhes imposto que saíam da capital durante alguns dias por ocasião de acontecimentos importantes, como a visita de um presidente estrangeiro à China, mas conseguem expressar-se, apesar de tudo, quer publicando artigos na imprensa chinesa do estrangeiro, quer participando num dos muitos sítios de discussão da Internet.

A severidade do poder exerce-se, pelo contrário, de forma muito pesada sobre os que são considerados cabecilhas ou vectores potenciais do descontentamento popular. É que se passa com os que se aventuram a fundar um partido oposicionista. É o caso, igualmente, dos operários que se arriscam a representar os colegas através dos seus escritos ou em manifestações importantes.

Estes «activistas» são severamente punidos, como sucedeu com Zhang Shanguang, preso em 1998, em Shenyang, por ter «fornecido informações a organizações estrangeiras», e Yue Tianxiang, preso em 1999, também no Nordeste da China, por «tentativa de subversão do Estado». Cumprem ambos penas de 10 anos de prisão. De igual modo, quatro jovens intelectuais, Yang Zili e os seus amigos, que se reuniram de maneira informal para reflectir e discutir na Internet sobre as dificuldades da classe camponesa, foram condenados em 2003 a penas de oito a dez anos de prisão.

Marie Holzman

➤ CONTROLO POLÍTICO E CENSURA, DEMOCRACIA E MOVIMENTO DEMOCRÁTICO, IMPRENSA, INTERNET, 4 DE JUNHO DE 1989 (ACONTECIMENTOS DE)

DISTRIBUIÇÃO

Entre meados dos anos 50 e o início da liberalização da economia, em 1978, a distribuição na China estava totalmente em conformidade com os cânones de uma economia planificada.

As empresas de distribuição por grosso e a retalho eram totalmente controladas pelo Estado. Os preços de compra e de venda e, portanto, as respectivas margens eram fixados pelo poder central, no quadro dos imperativos do plano. O comércio por grosso era dominado por algumas grandes empresas do Estado e a distribuição a retalho era partilhada por uma multidão de pequenos armazéns, que propunham um sortido muito limitado de produtos, e alguns grandes armazéns, nos grandes centros urbanos, que ofereciam uma gama mais ampla.

Tal como nos outros países socialistas de economia planificada, a ausência de ajustamentos entre a oferta e a procura, devido à inexistência de regulação através dos preços, causava frequentes situações de escassez e acumulação de stocks de produtos invendáveis.

À semelhança do resto da economia, o sector da distribuição foi progressivamente liberalizado. No comércio a retalho, o Estado abrandou pouco a pouco o controlo sobre os preços e abriu o sector a empresas controladas pelas colectividades locais e, posteriormente, a empresas privadas. Mas foi apenas em 1992 que foram tomadas as primeiras medidas de abertura do sector aos operadores estrangeiros.

O processo de liberalização do comércio por grosso e das importações e exportações seguiu a mesma lógica, mas foi muito mais tardio. A última fase de abertura, lançada no quadro dos compromissos assumidos pela China aquando da sua entrada na Organização Mundial do Comércio, ficou concluída no final de 2004. Desde então os operadores estrangeiros podem exercer o comércio por grosso de forma livre (excepto o de certos produtos sensíveis como os agrícolas e farmacêuticos, os combustíveis e o tabaco) e sem terem obrigatoriamente um parceiro chinês, a distribuição de retalho, o *franchising* e as importações e as exportações. No entanto, estas disposições nem sempre são aplicadas, continuando a haver muitas barreiras à sua entrada.

Em 2004, o comércio (incluindo a restauração) contribuiu com menos de 8% para o produto interno bruto (PIB) e com um quarto do valor acrescentado do sector terciário. A parte da distribuição no PIB, que declinou ligeiramente desde meados dos anos 80, é nitidamente inferior à média dos países desenvolvidos e à dos grandes países emergentes, como reflexo da fraca terciarização da economia chinesa.

O sector emprega cerca de 40 milhões de pessoas, ou seja, um pouco menos de 8% do emprego não agrícola. Estes valores estão, todavia, muito subestimados, devido ao desenvolvimento, a partir de meados dos anos 90, de um amplo sector informal na distribuição a retalho.

No sector formal, as empresas colectivas e do Estado representam ainda mais de 55% do comércio por grosso, mas apenas 30% do comércio a retalho.

Apesar de uma certa concentração no final dos anos 90, relacionada sobretudo com as dificuldades das sociedades do Estado, a emergência da grande distribuição e o aumento do número de operadores estrangeiros, o sector continua a estar muito fragmentado.

No entanto, começam a aparecer grandes agentes locais de função generalista (WuMart, A-Best) ou especializada (Gome), enquanto a grande distribuição internacional, tendo à cabeça a Wal-Mart e o Carrefour, se desenvolvem rapidamente. A parte de mercado das sociedades estrangeiras (incluindo as de Taiwan e de Hong Kong) continua a ser, porém, nitidamente inferior a 40%.

O crescimento do consumo, superior a 8% ao ano em volume na última década e que deverá continuar forte, bem como a emergência de uma classe média ainda quantitativamente limitada, mas cujo poder de compra aumenta rapidamente, oferecem amplas perspectivas à distribuição moderna sob todas as suas formas: grandes superfícies generalistas ou especializadas, armazéns de proximidade e cadeias de franchisados. O mercado já possui uma dimensão significativa: as ventas a retalho devem ter ultrapassado 600 milhões de euros em 2005.

Bruno Cabrillac

➤ CONSUMO, EMPRESAS DE CAPITAL ESTRANGEIRO, ORGANIZAÇÃO MUNDIAL DO COMÉRCIO (A CHINA E A), SERVIÇOS

DIVÓRCIO

Em 2004, segundo as estatísticas do ministério dos Assuntos Civis, divorciaram-se 1 613 000 casais, tendo-se casado 8 341 000. Trata-se de um aumento de 283 000 casais divorciados em relação a 2003, ou seja, uma subida de 21,2%.

Segundo os peritos chineses, três factores estão na origem do forte aumento do número de divorciados nos últimos anos: uma maior tolerância da sociedade perante o divórcio, a simplificação das formalidades e maior liberdade em matéria de casamento.

Embora o divórcio fosse já autorizado pela segunda lei do casamento, de Janeiro de 1981, e pela terceira, de Abril de 2001, era considerado uma vergonha pessoal e um ataque à sociedade. Os que o pediam encontravam-se muitas vezes confrontados com as críticas e as pressões da sociedade. Tinham de obter uma autorização prévia da sua empresa, que agia como mediadora e obrigava o casal a manter-se unido.

O registo dos divórcios (e dos casamentos), foi igualmente facilitado com a lei de 1 de Outubro de 2003, que estipula que os que se desejam divorciar já não necessitam de carta da sua empresa ou do gabinete do bairro mais próximo do seu domicílio. Podem dirigir-se directamente ao Gabinete de Assuntos Civis ou aos gabinetes locais com as suas cadernetas de residência e os bilhetes de identidade, sendo o divórcio considerado um assunto privado e pessoal.

Uma ligação extraconjugal é o motivo principal do divórcio, referido em 70% a 80% dos casos. Uma separação de longa duração (numa conjuntura em que a mobilidade da população se acentuou), uma vida sexual insatisfatória (abertamente tomada em consideração para avaliar a qualidade do casamento), a violência doméstica, diferenças irreconciliáveis e personalidades incompatíveis são os motivos de divórcio mais frequentemente invocados pelas partes.

Mais de 80% dos casais divorciados têm entre 30 e 40 anos. Grande número deles possui uma educação muito boa e registam grande êxito profissional. Com melhor acesso à educação e salário mais elevado, há cada vez mais mulheres que pedem o divórcio.

Nas regiões rurais, é sobretudo a incompatibilidade de caracteres que é invocada, nomeadamente nos casamentos combinados entre os pais, forçados e comprados, mas também são invocados os casamentos precoces, a bigamia, o adultério e o abandono da mulher.

O desemprego e a pesada responsabilidade financeira das pessoas de idade intermédia, que têm de prover às necessidades das crianças e dos avós, favoreceram o aumento dos divórcios.

A elevada taxa de divórcios tem graves repercussões sociais: problemas de educação das crianças e de repartição de bens, tais como os bens imobiliários ou os automóveis comprados a crédito.

As mulheres e as crianças ficam muitas vezes em desvantagem na partilha dos bens e são geralmente os homens que obtêm a guarda do filho.

Karine Guérin

➤ CASAMENTO, FAMÍLIA, SEXUALIDADE

DROGA

No imaginário colectivo ocidental, a China esteve muito tempo associada ao ópio. É preciso recordar, todavia, que esta droga, o látex espesso que se obtém das cápsulas de *papaver somniferum*, apenas de propagou na China durante o século XVII e que o seu uso como medicamento, afrodisíaco e estupefaciente não se vulgarizou senão no século seguinte.

Não deixa de ser verdade que a China conheceu durante todo o século XIX, no contexto geopolítico particularmente perturbado de confrontação com o Ocidente (daí as famosas guerras do ópio), uma toxicomania de massa, que afectou todas as classes sociais e foi extraordinariamente difícil de erradicar. Só as mudanças políticas internas e internacionais permitiram que se ultrapassasse o problema no fim do império e no início da república.

Em condições muito diferentes, a China está de novo confrontada, desde os anos 90, com um aumento acentuado do tráfego e do consumo de estupefacientes.

Segundo as estatísticas da Comissão Nacional de Controlo dos Estupefacientes, havia oficialmente 1,05 milhões de consumidores de droga na China em 2003, mais 5% do que no ano anterior. As fontes não oficiais avançam o número de 7 milhões.

Os jovens, os desempregados e a população imigrante eram os mais afectados. Cerca de 72,2% dos consumidores registados tinham menos de 35 anos e 643 000 consumiam heroína. Dos 2863 distritos e cidades do país, 2200 estariam fortemente atingidos pela toxicomania.

As principais drogas são a heroína, o *ecstasy* (metildioximetanfetamina), a quetamina e uma mistura dos dois. A marijuana é muito popular na região autónoma uigure do Xinjiang e nas grandes e médias cidades costeiras, ao passo que a petidina (analgésico) se expande no Nordeste.

Uma grande parte da heroína e da metanfetamina produzidas no Triângulo de Ouro (zonas fronteiriças de Myanmar, Tailândia e Laos) chega aos mercados pelo Sul da China, sobretudo desde a reabertura da rota da Birmânia (de Lashio, em Myanmar, até Kunming), tornada a rota da heroína e das pedras preciosas.

O Crescente de Ouro (Afeganistão e Paquistão), que substituiu o Triângulo de Ouro como maior exportador de ópio do mundo (3600 toneladas em 2003) e é também produtor de marijuana e cocaína, envia uma parte destes produtos para o Noroeste da China, ou seja, para o Xianjiang, o Gansu e o Shaanxi.

Segundo o Gabinete Chinês de Controlo da Droga, a polícia continental teria apreendido 9,53 toneladas de heroína em 2003, ou seja, mais 2,2% do que em 2002, e 5,8 toneladas de metanfetamina, contra 4,8 toneladas em 2001.

Em 1998, o Conselho dos Assuntos de Estado autorizou o ministério da Segurança Pública a criar um Gabinete Antidroga, que é, ao mesmo tempo, um órgão administrativo da Comissão Nacional de Luta Contra a Droga.

Actualmente, estão instalados órgãos antidroga em 31 províncias, regiões autónomas e municipalidades que dependem directamente da autoridade central, bem como na maior parte dos distritos (municipalidades e bairros).

Do ponto de vista repressivo, a posse de quantidades determinadas de estupefacientes pode valer uma condenação à morte.

Um dos aspectos mais problemáticos do aumento da toxicomania na China é, evidentemente, a relação entre a injecção de drogas e a sida. Nas regiões mais afectadas, a taxa de seropositividade dos toxicómanos pode atingir 75%.

Os toxicómanos detidos pelo Gabinete de Segurança Pública são enviados para centros de desintoxicação durante um máximo de seis meses e para campos de reeducação durante um máximo de dois anos.

Deve notar-se, porém, que, neste contexto essencialmente repressivo, a atitude das autoridades chinesas perante este fenómeno está a evoluir lentamente. Apesar de fortes resistências e falta de meios financeiros, estão a ser introduzidas terapias de substituição com metadona e distribuídas seringas para evitar os contágios devido à injecção com seringas usadas. É o caso do Yunnan, que legalizou em Março de 2004 um programa relativo às agulhas.

Frédéric Obringer

➤ CAMPOS DE REEDUCAÇÃO PELO TRABALHO, CRIMINALIDADE, EPIDEMIAS, SIDA, XINJIANG

E

ECONOMIA SOCIALISTA DE MERCADO

A «economia socialista de mercado» é, à primeira vista, um conceito paradoxal. De facto, como combinar uma organização económica fundada sobretudo na planificação com um sistema de oferta e de procura, e, portanto, de fixação de preços, que decorre essencialmente do mercado? Todavia, é este o princípio que, desde 1992, justifica o abandono de qualquer plano imperativo na China e a integração progressiva da economia chinesa na economia mundial, a crescente privatização das empresas e a generalização dos mecanismos do mercado.

Adoptado pelo Partido Comunista (PC) no seu XIV Congresso, em Outubro de 1992, o conceito de «economia socialista de mercado» supõe e vem legitimar no plano ideológico o lançamento das reformas, após a derrocada do bloco soviético e, por conseguinte, do modelo económico socialista clássico.

Este conceito deve ser relacionado com o de «etapa primária do socialismo», que, depois de aprovado por influência dos reformistas do PC (Zhao Ziyang), no congresso precedente, em 1987, e reafirmado por Jiang Zemin, em 1992, se esforçava por fazer entrar nos cânones do marxismo-leninismo as reformas e a abertura económicas introduzidas a partir de 1979.

A economia socialista de mercado tornou-se, por fim, e mais recentemente, o contraponto do «Estado de direito socialista», conceito-projecto adoptado em 1997 para legitimar a modernização autoritária de um sistema jurídico e judiciário que deveria continuar a ficar sob a direcção do PC.

Jean-Pierre Cabestan

➤ IDEOLOGIA, JIANG ZEMIN, MERCADO (TRANSIÇÃO PARA A ECONOMIA DE), REFORMAS E ABERTURA, ZHAO ZIYANG

EDITORIAL (SECTOR)

A China conta um pouco menos de 600 casas editoras oficiais. A mais importante é o China Publishing Group (Zhongguo chuban jituan), que resulta da fusão, em 2002, de 13 das mais importantes sociedades de edição e de distribuição do país, entre as quais a Shangwu yinshuguan (Commercial Press) e a Xinhua shudian (Livraria Xinhua).

Até ao fim dos anos 70, a edição chinesa, monopólio do Estado, não se preocupava com a rentabilidade. Era um instrumento ideológico ao serviço do governo e do Partido Comunista para educar, informar e distrair.

No início dos anos 80, as casas editoras mudaram de estatuto para se tornarem sociedades estatais geridas de maneira comercial. Entraram em concorrência entre si, têm de decidir os títulos a publicar e a quantidade de volumes a imprimir em função do mercado e pagam impostos como qualquer sociedade comercial.

No entanto, continuaram a ser subsidiadas pelo Estado, para além de submetidas à censura do Gabinete de Propaganda e ao controlo da Administração da Imprensa e da Edição (AIE), que concede as autorizações de publicação.

Desde o final dos anos 90 e com a entrada da China na Organização Mundial do Comércio, em 2001, o poder encorajou a constituição de grandes grupos editoriais e de distribuição, sob a forma de sociedades por acções, para fazer face à chegada dos concorrentes estrangeiros.

No entanto, em 2005, o acesso ao mercado editorial por parte das companhias estrangeiras continuava a passar por acordos de sociedade em que a parte chinesa era obrigatoriamente maioritária e decisória.

Diversamente doutras actividades do sector do Estado, a editorial é florescente. A maior parte das casas editoriais beneficia com a situação de monopólio de que gozam. Todos os anos a AIE lhes atribui os números de ISBN que valem como autorizações de publicação.

Muitas casas oficiais tiram partido da sua posição: a venda dos números de ISBN a empresas privadas representa um terço das receitas de algumas delas. Há assim editores privados que se vão desenvolvendo à sombra das casas editoriais oficiais.

No entanto, uma obra pode ser censurada mesmo depois de ter sido publicada, como foi o caso da proibição do *Relatório sobre os Camponeses Chineses* (*Zhongguo nongmin diaocha*), no início de 2004, um *best-seller* de que já tinham sido vendidos centenas de milhares de exemplares nas livrarias.

O número de títulos publicados na China é impressionante, mas são muitas as reedições e as reimpressões: foram publicados cerca de 190 000 títulos em 2003, contra uma média de 8000 no início dos anos 70, dos quais 105 000 eram novidades.

As obras destinadas ao ensino representavam 15% dos títulos e um pouco mais de metade dos 7 milhares de milhões de volumes impressos. Os manuais escolares do ensino primário e do liceu só em 2002 ultrapassaram a barreira dos 40% do montante anual das vendas.

Desde a passagem à «economia socialista de mercado», os livros de economia e de gestão encontram-se entre os mais vendidos. A literatura para a juventude está igualmente bem representada. Os títulos estrangeiros ocupam nela um lugar importante: a série *Harry Potter* é um sucesso de livraria.

Em 1992, a China aderiu à Convenção de Berna para a protecção das obras literárias e artísticas. Entre 1992 e 2002, adquiriu os direitos de cerca de 50 000 obras estrangeiras, três quartos das quais provenientes dos Estados Unidos.

A pirataria é, contudo, uma prática corrente, tanto de obras nacionais como estrangeiras. As obras pirateadas representam metade do mercado livreiro. Um *best-seller* americano cujas vendas ultrapassaram três milhões de exemplares teria esgotado, paralelamente, na edição pirata de seis milhões de exemplares. Os editores americanos calculam que as suas perdas de receitas anuais serão de 40 milhões de dólares.

A concorrência e procura do lucro começaram a transformar radicalmente o sector editorial chinês, obrigado agora a adaptar-se aos imperativos de uma cultura mercantil.

Patricia Batto

➤ CONTROLO POLÍTICO E CENSURA, EDUCAÇÃO, IMPRENSA, INTERNET, LAZER, TELEVISÃO

EDUCAÇÃO

A tradição chinesa, traduzida no *Clássico dos Ritos*, afirmou sempre a responsabilidade do Estado em matéria de educação. Esta responsabilidade exerceu-se durante muito tempo principalmente através da organização dos concursos mandarínicos, abolidos em 1905, que se destinavam a seleccionar os letrados susceptíveis de serem nomeados para cargos públicos.

A obrigação da escolaridade primária foi proclamada em 1909, durante o Império. Nunca posta em prática, por não ser gratuita, foi abandonada pelo regime comunista, que também não aprovou a gratuitidade do ensino, excepto ao nível universitário.

Em 1986, o governo chinês inscreveu de novo na lei a escolaridade obrigatória com uma duração variável segundo a residência (cinco anos nas zonas rurais, seis nas cidades). Foi prolongada para nove anos para todos em 1998, mas sempre não gratuita. A gratuitidade do ensino superior foi mesmo suprimida em 1996.

O «desenvolvimento nacional pela ciência e a educação», que o governo proclama desde 1995, não teve tradução em prioridade orçamental. O esforço financeiro das famílias aumentou e o recurso à privatização do ensino generalizou-se.

Perante a perspectiva da redução do número de alunos do ensino primário, em consequência do controlo dos nascimentos, os meios públicos e a ajuda internacional procuraram, em primeiro lugar, a melhoria da qualidade dos diplomados de elite e a renovação e a abertura do ensino superior.

Em 2006, a promessa reiterada de elevar a 4% do produto interno bruto a despesa pública com a educação, que se limitava então a 3,5%, foi acompanhada de um programa de gratuitidade da escolaridade obrigatória para 2015.

A escolarização primária e secundária continua relacionada com o registo de residência e com os meios atribuídos pela administração local, provocando um sobrecusto às famílias cujos filhos frequentarem uma escola fora do seu lugar de origem.

Os filhos dos trabalhadores imigrantes são as primeiras vítimas. O resultado é o aumento da iliteracia urbana. Ora, a taxa de escolarização primária crescia regularmente desde 1932.

O sistema escolar actual compreende o ensino primário de seis anos, frequentado por 112,5 milhões de alunos, ensinados por 5,6 milhões de professores. Os seus diplomados totalizam 96% deste sector etário.

O ensino secundário está dividido em dois ciclos de três anos cada um. No primeiro ciclo, frequentado por 65,2 milhões de alunos, o fluxo de entrada e de diplomados são, respectivamente, de 95% e 81% do sector etário. O segundo ciclo conta 36,2 milhões de alunos, dos quais 37% frequentam escolas técnicas. Os fluxos de entrada e de diplomados são, respectivamente, de 48% e 36% do sector etário.

O ensino superior oferece cursos longos, ditos «principais» (*benke*), comumente de quatro anos (seis ou sete em medicina, cinco em física) e cursos curtos, ditos «especializados» (*zhuanke*), de dois ou três anos. Estes últimos existem em todas as disciplinas e em todos os estabelecimentos, mas não permitem que se prossiga com uma formação em investigação ao nível do mestrado e do doutoramento, nem que se solicite uma bolsa de estudos oficial para estudar no estrangeiro.

O acesso ao ensino superior é feito por concurso nacional e em modalidades variáveis. Muito restrito há longo tempo, abrangia 21% da classe etária em 2005. Mais de metade frequentava cursos curtos. A população estudantil mais do que quadruplicou em dez anos. Em 2005, era de 13,3 milhões alunos, que frequentavam 1731 estabelecimentos de ensino, dotados com um pessoal universitário de 1,6 milhões de efectivos, metade do qual professores, e ocupavam uma área que decuplicara entretanto. O número anual de mestrados defendidos foi de 127 300 e o de doutoramentos de 23 500. Em 2004, as universidades chinesas acolhiam 110 000 estudantes estrangeiros, cujo número aumenta 20% ao ano.

Com uma relativa autonomia pedagógica e financeira, o desenvolvimento dos laboratórios e da investigação eleva o nível do ensino e o papel social das universidades. A avaliação e a emulação permanentes, bem como o surto do intercâmbio internacional, contribuem também para eles.

Até 2001, um terço dos 450 000 estudantes enviados para o estrangeiro desde 1980 havia regressado. A partir desta data, saíram 125 000 todos os anos, 90% a expensas próprias.

Para além do ensino regular, mas assumido em parte por estes estabelecimentos, existe ao nível secundário e sobretudo ao nível superior um vasto dispositivo de ensino para adultos, essencialmente para formação profissional de curta duração e por objectivos. Os seus efectivos médios são de 80 milhões de alunos.

O rápido progresso alcançado desde há vinte anos é acompanhado de grandes disparidades, mas as aulas com 50 a 120 alunos é a sorte de todos. A hierarquia das escolas, os exames e sobretudo o custo elevado, que filtram os melhores, são fontes de tensões permanentes.

Todavia, nas regiões das minorias e também em relação às populações rurais e urbanas mais pobres, a escolarização de base continua a ser incompleta e pouco sólida, tributária do financiamento do Estado Central e da fiscalização deste sobre as instâncias locais.

A insuficiência das vias profissionais e a mediocridade dos estudos em grande parte dos ensinos secundário e superior traduzem-se numa taxa de desemprego que atinge 30% dos diplomados deste último, pondo em causa o princípio da rentabilidade comercial e colocando em evidência os desperdícios do sistema educativo.

Marianne Bastid-Bruguière

➤ BUROCRACIA, ILITERACIA, IMIGRANTES, INVESTIGAÇÃO E DESENVOLVIMENTO, MIGRAÇÕES INTERNAS

ELEIÇÕES

As eleições foram sempre um princípio constitucional da China Popular. Não obstante, as eleições livres e pluralistas são ilegais e inexistentes neste país, excepto, por vezes, no escalão de base da organização administrativa, ou seja, nos comités de aldeãos e de residentes urbanos.

Oficialmente, todos os responsáveis do Estado são eleitos pelas assembleias populares do escalão correspondente, elas mesmas eleitas directa ou indirectamente pelo conjunto dos cidadãos de mais de 18 anos.

De facto, o conjunto destas eleições é organizado e dirigido pelo Partido Comunista (PC), que limita à sua vontade o leque da escolhas possíveis. Qualquer organização política não enfeudada ao PC fica proscrita. Por maioria de razão, qualquer campanha eleitoral sustentada por interesses financeiros particulares é proibida. Mesmo se, em princípio, dez cidadãos podem recomendar um candidato independente para as eleições das assembleias de base (cantões e distritos), a maior parte dos candidatos são propostos pelo PC.

As circunscrições eleitorais são formadas com base nas unidades de trabalho, dos bairros e das aldeias. As campanhas eleitorais reduzem-se à apresentação pelos comités eleitorais dos candidatos oficialmente aprovados. Dirigindo os comités eleitorais, o PC continua em muitos casos a rejeitar as candidaturas «selvagens» que julga inconvenientes.

Não deixa de ser verdade que foi introduzida alguma incerteza desde 1979: legalmente, o número de candidatos deve ultrapassar entre 33% e 100% o número de lugares a preencher. Por outro lado, estas eleições surgem cada vez mais como campos em disputa aos olhos das novas elites locais, como os empresários, que não hesitam, por vezes, em comprar os votos a fim de assegurar a vitória.

As eleições indirectas das assembleias municipais, provinciais e municipais apresentam igualmente um certo grau de incerteza (20% a 50%). Mas quanto mais nos aproximamos do centro mais os deputados são maioritariamente quadros e membros do PC.

Quanto aos responsáveis do Estado, embora legalmente designados pelas assembleias populares, são de facto «recomendados» pelo PC, que continua a proscrever as candidaturas múltiplas. Embora tenha acontecido que uma assembleia se tenha recusado a eleger o candidato oficial, estes casos são raros e são reflexo de divisões ou de rivalidades no seio da organização local do PC. A fim de conter esta evolução, o secretário do PC de uma circunscrição administrativa preside muitas vezes à assembleia popular local.

As únicas eleições que podem apresentar um certo carácter competitivo são, desde 1987, as dos comités de aldeãos e, desde 2003, as dos comités de residentes de algumas cidades piloto.

Também aqui estas eleições apresentam uma grande variedade de situações, onde sempre paira a sombra tutelar do PC. De facto, as poucas competências detidas por estes comités, bem como as relações estreitas e, em geral, de subordinação que mantêm com os comités do PC, nestas comunidades de base, reduzem o alcance desta reforma política.

Jean-Pierre Cabestan
➤ ALDEÃOS (COMITÉS DE), ASSEMBLEIA NACIONAL POPULAR, CONSTITUIÇÃO, PARTIDO COMUNISTA, RESIDENTES (COMITÉS DE)

ELITES

Este termo designa na China uma realidade particularmente complexa e mutável. Podemos distinguir duas grandes categorias de elites: as políticas e as socio-económicas.

As primeiras constituem a nomenclatura do Partido-Estado. São mais antigas e estáveis, embora também tenham sido vítimas, à semelhança doutras categorias sociais, das campanhas políticas e tenham sofrido com as purgas recorrentes da história da república popular, como as que ocorreram durante a Revolução Cultural ou após Tiananmen.

Desde o lançamento das reformas, em 1978, a diversificação das trajectórias na sociedade chinesa permitiu, contudo, a renovação progressiva das elites políticas. Assim, hoje em dia, embora a grande maioria dos quadros dirigentes (*lingdao ganbu*) tenha tido formação científica, muitas vezes em escolas de engenharia, há também, ao nível local, um número cada vez maior de responsáveis saídos dos cursos de economia, direito ou administração pública.

A promoção de Hu Jintao, antigo estudante da Universidade de Qinghua, ao lugar de secretário-geral, no XVI Congresso do Partido Comunista (PC), em Novembro de 2002, simboliza esta ascensão de uma nova geração de responsáveis comunistas.

Marcada pela Revolução Cultural, mas promovida na era das reformas, esta quarta geração é manifestamente muito diferente das três precedentes, como as de Mao Tzé Tung, Deng Xiaoping e Jiang Zemin. Porém, ao mesmo tempo, estes novos dirigentes centrais e locais são ainda em grande parte promovidos segundo as mesmas regras de cooptação que os seus antecessores. A passagem pelas escolas do PC continua a ser o complemento obrigatório da formação de qualquer quadro que ambicione integrar esta elite, calculada em cerca de 80 000 dirigentes.

Formadas por categorias socioprofissionais que emergiram ou foram reabilitadas após 1978 (universitários, investigadores, empresários e altos quadros do sector privado, jornalistas, artistas, advogados, etc.), as elites sociais são dominadas por citadinos da China costeira. Exibem um certo desafogo material, mas a sua bagagem sociocultural e riqueza económica são heterogéneas. Embora alguns empresários privados tenham tido êxito nos negócios e acumulem uma fortuna impressionante, apesar de terem interrompido a escolaridade devido à Revolução Cultural, a maior parte destas elites saiu, no entanto, das universidades chinesas e uma parte não negligenciável das grandes universidades ocidentais.

Desde Julho de 2001, o PC adoptou uma linha ideológica elitista, convidando para se lhe juntar novas elites socioprofissionais com vista a renovar a sua base social e, deste modo, reforçar a sua legitimidade e autoridade.

Apesar de os empresários privados continuarem a ser muito minoritários no PC (cerca de 200 000), parece que esta política deu os seus frutos, porque embora alguns membros destas elites sejam verdadeiramente cosmopolitas, liberais e mesmo democratas, tendo amplamente beneficiado das reformas e sendo ainda mais consultados pelo poder, a maioria está animada de um forte sentimento patriótico, senão mesmo abertamente nacionalista, mas que é muitas vezes manipulado por este mesmo poder.

Apesar da corrupção endémica do sistema político, mantida pela fraqueza das instituições administrativas e judiciárias, que acima de tudo temem a instabilidade social, a maior parte destas elites parece ser favorável à manutenção do domínio exclusivo do PC.

Pode-se certamente esperar que a diversificação da sociedade e a autonomia crescente das camadas socioeconómicas superiores tragam consigo divisões nas elites políticas, que irão contribuir para acabar com o monopólio do PC e favorecer, pouco a pouco, a liberalização do regime.

Todavia, após Tiananmen, a aliança crescente das elites socioprofissionais com os dirigentes políticos permite antes entrever a manutenção de um regime autoritário e elitista.

Émilie Tran

➤ PARTIDO COMUNISTA, TRÊS REPRESENTAÇÕES

EMPREGO

Nas últimas três décadas, as reformas alteraram profundamente a fisionomia do mercado de trabalho na China: crescimento lento dos empregos na agricultura, redução dos efectivos nas empresas do Estado, participação cada vez maior do sector privado e forte crescimento das migrações internas.

Embora o crescimento demográfico se tenha atenuado, a população em idade de trabalhar continua a aumentar, pelo que a mão-de-obra cresce 1,5% ao ano.

A China continua a ser um país rural, com 60% da sua população a residir nestas zonas, segundo o recenseamento de 2000, tendo sido de 80% em 1980. No entanto, observa-se nelas um rápido crescimento do emprego não agrícola, representando mais de um terço do emprego rural.

As alterações do regime de propriedade alteraram profundamente a estrutura do emprego.

Nas cidades, o emprego nas empresas do Estado aumentou entre 1978 e 1997, tendo passado de 78 para 110 milhões, mas diminuiu drasticamente para 67 milhões em 2004. No sector industrial e comercial, deu-se em dez anos uma quebra profunda do número de efectivos das empresas públicas e colectivas e um crescimento considerável dos empregos nas empresas privadas. As empresas públicas e colectivas, que asseguravam 75% dos empregos urbanos em 1995, perderam 68 milhões de empregos e não representavam senão 25% do emprego urbano em 2004.

Durante o mesmo período, as empresas privadas criaram mais de 35 milhões de empregos, as empresas de capitais estrangeiros mais 5 milhões e as «outras formas de propriedade» cerca de 20 milhões.

As reduções dos efectivos das empresas públicas não foram completamente compensadas pela criação de empregos pelas empresas privadas, sino-estrangeiras e outras empresas não estatais, cujos efectivos totais aumentaram 60 milhões e passaram de 15% a 33% do emprego urbano. No entanto, os números referentes aos efectivos empregados nas diferentes categorias de empresas apenas reflectem de maneira muito incompleta as mutações da situação do emprego.

À margem dos diferentes tipos de empresas reportadas, há um sector informal que assegura uma parte importante do emprego. Mal inventariado, nele se incluem os pequenos vendedores de rua, certos ofícios da construção, os serviços ao domicílio e os trabalhadores imigrantes ilegais. Os empregos precários multiplicaram-se, de facto, devido à incapacidade das empresas privadas em criar empregos suficientes, porque são travadas no seu desenvolvimento, em particular, devido às suas dificuldades de acesso ao crédito bancário.

Mudanças importantes continuarão a afectar o mercado de trabalho nos anos futuros: em 2010, a população activa da China deverá atingir, segundo o ministério do Trabalho, 800 milhões (752 em 2004). A repartição do emprego entre os três grandes sectores de actividade deverá aproximar a China dos outros países em desenvolvimento: a parte do emprego agrícola deverá cair para 40% (46% em 2004), a dos serviços subir para 36% (31% em 2004) e a da indústria e construção estabilizar em cerca de 24%.

O rápido movimento migratório em direcção às cidades, observado desde 2001, continuará até 2010 e entre 160 e 180 milhões de camponeses deverão estabelecer--se nelas.

François Gipouloux

➤ DESEMPREGO, EMPRESAS DE CAPITAL ESTRANGEIRO, EMPRESAS COLECTIVAS, EMPRESAS DO ESTADO, EMPRESAS PRIVADAS, INFORMAL, MIGRAÇÕES INTERNAS, TRABALHO

EMPRESAS COLECTIVAS

As empresas colectivas foram criadas em simultâneo com a economia planificada, no início dos anos 50. Geralmente de envergadura modesta, não dependem do orçamento de Estado. Ao contrário das empresas do Estado, não estão sob a autoridade dos ministérios centrais, mas sob a tutela das autoridades locais (governos das aldeias, municipais ou provinciais).

O lançamento das reformas permitiu o seu rápido desenvolvimento nas zonas rurais. As empresas das vilas e dos cantões foram um dos principais motores do crescimento durante a década de 80. Estão na origem de um desenvolvimento sem precedentes da China rural durante este período.

O seu aparecimento explica-se pela necessidade dos governos locais encontrarem novas fontes de financiamento após a reforma fiscal de 1980, que tornou cada nível administrativo responsável pelas suas receitas e despesas.

As empresas das vilas e cantões apareceram de início nas regiões costeiras ricas em recursos (deltas do rio das Pérolas e do Yangtzé) e próximas dos mercados e da grande indústria urbana, para a qual trabalham por vezes em subcontratação.

Nas zonas rurais, as empresas das vilas e dos cantões empregaram sempre uma parte importante da mão-de-obra (136 milhões de pessoas, ou seja, mais de um quarto da população activa rural, ou, ainda, 17% da população activa total do país), ao passo que as empresas colectivas urbanas viram a sua parte decrescer entre 1992 e 2003 (de 5,5% para menos de 2% da população activa total).

Entre 1992 e 2003, a parte das empresas colectivas na produção industrial total decresceu de 35% para 7%. Esta evolução deve-se a um processo de privatização que assumiu diversas formas (venda do capital aos empregados, venda em hasta pública e cedência a pessoas privadas) e a um aumento rápido da produção industrial das empresas registadas com outros estatutos (principalmente empresas privadas).

Gilles Guiheux

▶ DIREITO DE PROPRIEDADE, EMPREGO, EMPRESAS RURAIS, PRIVATIZAÇÃO

EMPRESAS DE CAPITAL ESTRANGEIRO

Em 1979, o governo chinês autorizou a criação de empresas de capital estrangeiro, definindo depois, progressivamente, o seu quadro legal.

A lei de Julho de 1979 permitiu o estabelecimento de sociedades de capital misto nas quais a participação estrangeira no capital deve ser de pelo menos 25% e os lucros são distribuídos na proporção do capital investido. A lei de 1988 legalizou as sociedades mistas contratuais e prevê acordos mais flexíveis, nomeadamente em matéria de repartição dos benefícios. Desde 1986, há uma lei que autoriza a constituição de sociedades de capital 100% estrangeiro. A política do governo consistiu em atrair investimentos estrangeiros para determinados sectores.

As empresas estrangeiras beneficiam de vantagens fiscais: estão isentas de imposto sobre os lucros durante dois anos após o seu primeiro ano com resultados positivos e pagam imposto de taxa reduzida (7,5%) durante os três anos seguintes. Após este período, ficam sujeitas a uma taxa de imposto sobre os lucros de 24% ou de 15%, em vez da taxa normal de 33%.

As vantagens concedidas variam em função das regiões e dos sectores de implantação. Uma classificação que vai mudando ao longo do tempo define diferentes categorias de sectores nos quais os investimentos estrangeiros são considerados «encorajados», «autorizados», «limitados» ou «proibidos». São encorajados nas indústrias de alta tecnologia, na agricultura, nas infra-estruturas, na energia, nos sectores exportadores e nas regiões do centro e do Oeste do país. São proibidos os projectos que prejudicam o ambiente e na defesa.

Qualquer criação de uma empresa de capital estrangeiro necessita de autorização, ou das autoridades locais, quando o investimento está abaixo de um determinado limite (100 milhões de *yuans* em 2004), ou das autoridades centrais, no caso de projectos superiores a tal limite, bem como nos sectores em que são considerados «limitados».

Desde 2001 que a China eliminou muitas das restrições à criação de empresas de capital estrangeiro, de acordo com os compromissos assumidos aquando da entrada na Organização Mundial do Comércio.

O sector dos serviços foi aberto ao investimento estrangeiro, nomeadamente o comércio por grosso e a retalho, o comércio externo, os serviços bancários e financeiros e as telecomunicações. A maior parte destes sectores agora abertos pertencem ao grupo em que o investimento estrangeiro é «limitado». Foram abolidas as restrições à criação de sociedades de capital totalmente estrangeiro, embora haja excepções, como a indústria automóvel, a banca, os seguros de vida e os serviços de telecomunicações.

As empresas de capital estrangeiro assumiram um lugar importante na economia chinesa e principalmente na indústria transformadora, sector onde se concentrou até agora a maioria do investimento estrangeiro. Estas empresas, onde se incluem as criadas por investidores de Hong Kong e Taiwan, desempenharam um papel decisivo na modernização do aparelho industrial chinês.

Em 2003, a produção industrial da China, não considerando as pequenas empresas, proveio em 30% das empresas de capital estrangeiro, proporção que atingiu os 70% na indústria electrónica. Realizaram 55% das exportações e das importações chinesas e três quartos das suas exportações de alta tecnologia.

Em muitos sectores, assumiram uma importância maior do que as empresas privadas puramente chinesas. O governo tem adiado, contudo, a supressão das vantagens fiscais concedidas às empresas de capital estrangeiro, porque desempenham um papel motor no crescimento da economia chinesa e na sua integração na economia mundial.

Quanto dispõem dessa possibilidade, os investidores estrangeiros manifestam uma nítida preferência pelas sociedades em que controlam 100% do capital. Cerca de dois terços das entradas de investimento estrangeiro destinam-se actualmente a sociedades totalmente estrangeiras. Estas efectuam nomeadamente cerca de 40% das trocas externas da China.

Françoise Lemoine

➤ AUTOMÓVEL (SECTOR), COMÉRCIO EXTERNO, FISCALIDADE, INVESTIMENTO DIRECTO ESTRANGEIRO, NOVAS TECNOLOGIAS, ORGANIZAÇÃO MUNDIAL DO COMÉRCIO (A CHINA E A), SERVIÇOS

EMPRESAS DO ESTADO

Pilares do sistema económico durante os primeiros 30 anos do regime comunista, as empresas do Estado foram, por razões políticas e estratégicas, muito poupadas pelas reformas durante os anos 80. Até 1996, permaneceram como a fonte mais importante de criação de emprego nos meios urbanos.

Desde o início dos anos 90, o modelo económico e social que veiculavam manifestou-se, porém, em contradição com a economia de mercado. As empresas do Estado não podiam continuar a financiar a protecção social e a habitação dos seus empregados num momento em que a concorrência das empresas privadas e estrangeiras se tornava cada vez mais acentuada. O seu modo de financiamento, fundado em subsídios e créditos bancários muitas vezes não reembolsados, implicava o crescimento dos créditos de cobrança duvidosa no sector bancário, o que fazia perigar o equilíbrio financeiro do país.

A partir de 1994, as autoridades chinesas lançaram um plano de reformas ambicioso e os crescimentos do sector privado e dos investimentos estrangeiros permitiram amortecer o choque de uma reestruturação que se anunciava difícil.

As pequenas empresas do Estado mais ineficazes foram encerradas (perto de 20 000 falências), fundiram-se ou foram privatizadas (cerca de 25 000 casos). O Estado conservou uma parte maioritária nas empresas de maior dimensão, mas abriu cerca de 30% do seu capital aos investidores privados.

O sistema de gestão dos activos do Estado foi simplificado e centralizado numa só entidade, a Comissão Estatal de Gestão e Supervisão dos Activos do Estado, situada ao nível dos ministérios. Foram instituídos em todas as empresas do Estado instrumentos de gestão empresarial (conselho de administração, conselho fiscal).

As habitações foram privatizadas e as actividades sociais (escolas, hospitais) transferidas para as municipalidades.

Após mais de uma década de reformas, a face do sector do Estado ficou radicalmente transformada. O número de empresas e de efectivos empregados foram reduzidos (cerca de 25 milhões de empregos destruídos).

No entanto, a melhoria da gestão ficou muito aquém dos objectivos anunciados. A rentabilidade muito fraca das empresas e a persistência de créditos de cobrança duvidosa importantes no sistema bancário traduzem uma eficácia insuficiente na utilização do capital.

As contribuições das empresas do Estado para a produção e o valor acrescentado da indústria passaram a ser inferiores a 50%, mas estas empresas ainda continuam a ser maioritárias nas províncias do interior e são os parceiros muito frequentes nas *joint-ventures* com os investidores privados e estrangeiros.

Jean-François Huchet

▶ GRANDES GRUPOS, INDÚSTRIA E POLÍTICA DE INDUSTRIALIZAÇÃO, PRIVATIZAÇÃO, PROTECÇÃO SOCIAL, UNIDADES DE TRABALHO

EMPRESAS PRIVADAS

Em Junho de 1988, o Conselho dos Assuntos de Estado adoptou três regulamentos relativos a estas unidades de produção que passaram a ser designadas como empresas privadas.

Estes documentos definem empresa privada como «uma organização que realiza lucros, que é propriedade de indivíduos e que emprega pelo menos oito pessoas». São considerados três tipos de empresas privadas: de proprietário único, de proprietários em sociedade e de responsabilidade limitada.

As empresas privadas são a componente da economia chinesa que cresce mais rapidamente desde o início da década de 90. A par das empresas estrangeiras, são um dos dois motores do crescimento. Entre 1992 e 2002, o seu número passou de 140 000 para 2,4 milhões, ou seja, um crescimento de 33% ao ano. Este crescimento resulta, por um lado, da privatização das pequenas e médias empresas do Estado e colectivas e, por outro, e sobretudo, da criação de novas empresas.

Os efectivos empregados aumentaram cerca de 15 vezes (de 2,3 para 34 milhões). As empresas privadas são, portanto, criadoras líquidas de emprego, ao passo que os efectivos do sector do Estado estão em queda.

As empresas privadas, em média de pequena dimensão e de carácter familiar, deparam com vários desafios: o acesso ao crédito bancário (reservado às grandes empresas do Estado e colectivas), a fraca profissionalização da sua gestão e o seu insuficiente conhecimento tecnológico.

Às empresas oficialmente registadas como privadas junto da administração chinesa seria necessário acrescentar as empresas individuais (*getihu*), que contam menos de oito empregados, e as empresas estrangeiras.

Avaliar a contribuição global destas três categorias de empresas (privadas, individuais e de capital estrangeiro) para o produto interno bruto (PIB) chinês é tanto mais difícil quanto muitas empresas possuem estatuto misto (o capital é detido por diferentes tipos de agentes públicos e privados).

O recenseamento económico realizado em 2004, mais completo do que os anteriores, permitiu conhecer a dimensão das actividades privadas que não eram contempladas até então pelas estatísticas e pertenciam ao sector informal. A sua inclusão faz aumentar o PIB chinês em 17%.

Podemos assim estimar que as empresas privadas contribuíram para mais de 60% do PIB em 2004. Na indústria, o seu peso ultrapassa 50% da produção, representando as empresas de capital estrangeiro um terço desta percentagem.

Gilles Guiheux

▶ DIREITO DE PROPRIEDADE, EMPREGO, EMPRESAS DE CAPITAL ESTRANGEIRO, INFORMAL, PRIVATIZAÇÕES

EMPRESAS RURAIS

O desenvolvimento das empresas rurais não agrícolas, frequentemente designadas em chinês pela expressão *xiangzhen qiye* (empresas de vilas e de cantões), ou, em inglês, *township village entreprises*, foi um dos factos mais marcantes após a descolectivização do início dos anos 80. Transformou profundamente as zonas rurais nestas duas últimas décadas.

Sucedendo às empresas colectivas ou estatais que, nos anos 70, tentaram industrializar os campos em torno das «cinco pequenas» (energia, cimento, adubos químicos, metalurgia e mecânica), que se considerava que iriam fornecer inputs industriais ao sector agrícola, as empresas rurais desenvolveram, a partir dos anos

80, as indústrias ligeiras de transformação e os serviços, que tinham sido anteriormente negligenciados.

Beneficiaram então da liberdade que passou a ser concedida aos camponeses para trabalharem fora da agricultura com o intuito de se começar a absorver o enorme excedente de mão-de-obra agrícola que se acumulara durante a colectivização.

As empresas rurais não empregavam senão 28 milhões de pessoas em 1978, ou seja, menos de 10% da mão-de-obra rural, mas já tinham 70 milhões de empregados em 1985, representando 19% daquela mão-de-obra, logo após terem sido integradas nelas as novas empresas das aldeias.

Cerca de 20 anos mais tarde, tinham mais 70 milhões de trabalhadores, totalizando 139 milhões de empregados em 2004, ou seja, 28% da mão-de-obra rural.

O efeito sobre os rendimentos foi considerável, porque os salários não agrícolas representam agora 34% do rendimento líquido dos camponeses, incluindo o autoconsumo, ou, se incluirmos as remessas dos emigrantes, mais de metade do rendimento monetário líquido.

A evolução dos últimos vinte anos revela, tanto uma alteração gradual de regimes de propriedade e de gestão destas empresas, como as limitações da industrialização rural.

De início, pelo menos ao nível dos cantões e das vilas, eram empresas colectivas da iniciativa das autoridades locais, que as encorajavam com políticas proteccionistas, porque viam nelas fontes de rendimento, ao mesmo tempo que contribuíam para aliviar o excesso de mão-de-obra agrícola. Pôde falar-se então de *local state corporatism*. O objectivo oficial era permitir aos camponeses «deixar a agricultura sem que abandonassem as zonas rurais» (*litu bu lixiang*).

Era costume opor o modelo colectivo do Sul do Jiangsu, baseado em laços estreitos com uma base industrial tradicional do Estado, ao modelo mais capitalista de Wenzhou, fundado em oficinas familiares que funcionavam em coordenação com grandes redes comerciais privadas.

Confrontadas com uma concorrência cada vez maior das empresas urbanas mais eficientes, durante os anos 90, e com progressos efectivos no funcionamento da economia de mercado, estas empresas viram-se perante a necessidade de resolver os seus problemas financeiros e tiveram de proceder a uma ampla diversificação dos seus regimes de propriedade.

A diversidade das categorias por que se passaram a distribuir (colectivas, cooperativas, sociedades de responsabilidade limitada, empresas individuais, etc.) oculta, de facto, uma tendência geral de privatização.

O desenvolvimento das empresas rurais reforçou as disparidades geográficas dos rendimentos dos camponeses. Já em 1985 metade dos trabalhadores das empresas rurais se concentrava nas províncias costeiras do Leste (que possuíam menos de 40% da mão-de-obra total da China). Após 1985, metade dos 70 milhões de novos empregos não agrícolas criados nas zonas rurais situavam-se nestas províncias do Leste, onde os activos não agrícolas das empresas rurais passaram a representar cerca de 45% da mão-de-obra rural local, contra 25% nas províncias do centro e menos de 20% no Oeste subdesenvolvido.

Esta desigualdade de desenvolvimento traduziu-se numa disparidade acrescida dos rendimentos dos camponeses, os quais, no ano de 2004, se situavam entre 1720 *yuans* por pessoa em Guizhou (dos quais 500 *yuans* eram salários) e 5950 *yuans* em Zhejiang (dos quais 2900 *yuans* eram salários).

A capacidade de absorção de mão-de-obra agrícola excedentária por estas empresas rurais parece ter, para além disso, os seus limites. Embora o número dos seus empregados continue a aumentar (as estatísticas respectivas estão, todavia, sujeitas a caução), é evidente que as migrações sazonais em direcção às cidades se tornaram dominantes nesta reconversão da mão-de-obra agrícola, a qual, passou a «deixar, não só a agricultura, mas também as zonas rurais» (*litu lixiang*). O número destes imigrantes (cerca de 150 milhões de pessoas) ultrapassa agora o de empregos nas empresas rurais.

De facto, nas zonas desenvolvidas, onde as empresas rurais empregam também imigrantes, a distinção entre empresas rurais e empresas locais ligadas às companhias industriais urbanas e mesmo internacionais deixou de ter pertinência. No entanto, mantém-se a questão da industrialização das zonas do interior e dos papéis respectivos que as empresas rurais e as migrações entre as províncias podem nelas desempenhar.

Claude Aubert

➤ CAMPONESES, CIDADES E AS ZONAS RURAIS (AS), DESCOLECTIVIZAÇÃO, DESIGUALDADE DE RENDIMENTOS, DIREITO DE PROPRIEDADE, EMPREGO, MIGRAÇÕES INTERNAS, PRIVATIZAÇÕES, REFORMA AGRÁRIA

ENERGIA E RECURSOS NATURAIS

A China é hoje o segundo consumidor de energia do mundo, depois dos Estados Unidos, e o terceiro produtor, atrás dos Estados Unidos e da Rússia. É também o primeiro produtor mundial de carvão e o segundo país em potência eléctrica instalada.

As projecções de crescimento fazem da China o maior mercado mundial de produtos, serviços e tecnologias relacionados com a energia e indicam que esta potência será a maior fonte de crescimento da procura de energia no período de 2000-2020. Deverá representar então 23% do total mundial. A sua procura global de energia primária passará de 864 milhões de toneladas equivalentes de petróleo (TEP) em 1995 para 2,1 milhares de milhões de TEP em 2020 e a sua parte no total mundial passará de 11% em 1995 para cerca de 16% em 2020.

Primeiro produtor e consumidor mundial de carvão, a China é também o país que mais depende dele em todo o mundo.

O carvão corresponde a 70% (contra 95% nos anos 50) da sua oferta de energia primária total. As projecções indicam que a preponderância do carvão se irá manter, ainda que diminua ligeiramente para 67% em 2020.

O petróleo, segunda fonte energética, satisfazia 25% das necessidades de energia primária. Com uma produção de 180 milhões de toneladas e um consumo de 310 milhões de toneladas em 2005, a China é o sexto produtor e o segundo consumidor de petróleo do mundo e um interveniente importante no comércio mundial.

Regista, contudo, um défice crescente: enquanto o rácio entre as importações e a procura global era insignificante até ao final dos anos 90, atingia cerca de 40% em 2004 (com um total recorde de 122 milhões de toneladas de petróleo bruto importadas, ou seja um aumento de 75% em relação a 2002). Perante esta dependência cada vez maior, a China procura garantir a segurança dos seus aprovisionamentos, diversificando-os.

A ambição da China na indústria de gás é tornar-se um verdadeiro interventor a nível mundial, interligado e integrado em termos de cargas de alimentação de gás natural e de gás líquido natural, nas cenas interna e internacional, e em termos de gasodutos e jazidas de gás. O gás mal representa 2% da balança energética total e deverá atingir um máximo de 5 a 10% no horizonte de 2020.

A electricidade (nuclear e hidráulica) não representa senão 3% da oferta de energia primária, um rácio que deverá atingir 4,5% em 2020.

A China tem reservas consideráveis de minerais metálicos. É um dos principais produtores de alumínio (17% da produção mundial), de cobre (10%), de zinco (22%), de chumbo (19%) e de estanho (29%).

No entanto, as suas produções são frequentemente inferiores às necessidades da sua indústria em crescimento rápido. As suas importações de alumina, de cobre, de zinco, de níquel e de minério de ferro têm um impacto importante no equilíbrio dos mercados mundiais e conduzem à subida dos preços.

Alain Sépulchre

➤ AMBIENTE, CARVÃO, COMÉRCIO EXTERNO, INDÚSTRIA E POLÍTICA DE INDUSTRIALIZAÇÃO, PETRÓLEO

EPIDEMIAS

As histórias dinásticas e as monografias locais registaram com regularidade, desde a Antiguidade, as epidemias que atingiram a China, acompanhadas frequentemente de fomes e de perturbações políticas. Os períodos de miséria favoreceram a sua expansão.

As grandes epidemias, provavelmente de peste, que enlutaram os últimos tempos da dinastia Ming, no início dos anos 40 do século XVII, aceleraram, ou provocaram mesmo, a vitória dos Manchus em 1644 e o surgimento dos Qing (1644-1911).

Estes episódios dizem respeito, em primeiro lugar, à história da China, mas é evidente que tiveram consequências no plano internacional, até porque os agentes patogénicos ignoram fronteiras.

É ainda num contexto que ultrapassa largamente os quadros nacionais que é preciso perspectivar três doenças infecciosas epidémicas que há vinte anos atingem a China: a sida, a SRAS e a gripe das águas, uma epizootia que se arrisca a transformar-se igualmente em epidemia.

A sida, após alguns casos no final dos anos 80, atingiu verdadeiramente a China a partir de 1990. Foi então que mais de 70% dos heroinómanos das zonas fronteiriças do Yunnan e do Xinjiang foram atingidos pela infecção. A sida chegou então rapidamente a outras províncias. A Organização Mundial de Saúde calculou que o número de seropositivos era de 15 000 em 1993.

A epidemia expandiu-se depois de forma contínua e crescente. Uma das causas deste crescimento foi o drama, denunciado em 2000, do comércio de sangue envolvendo os camponeses do Henan, que foram infectados quando lhes reinjectaram glóbulos vermelhos sem controlo serológico prévio.

Segundo um estudo efectuado pelo ministério da Saúde chinês, em colaboração com o Programa Comum da Organização das Nações Unidas sobre a Sida, tornado público em Janeiro de 2006, o número de seropositivos no país era de 650 000 em 2005, tendo 70 000 sido infectados neste ano.

A maior parte das novas infecções (80%) ficar-se-ia a dever à injecção de drogas por via intravenosa e à prostituição. Todavia, a doença começa a propagar-se na população em geral a partir de grupos de alto risco.

Há alguns anos que vem sendo tomado um certo número de medidas preventivas e de informação importantes por parte das autoridades chinesas, tal como a disponibilização de seringas aos toxicómanos. Os medicamentos retrovirais são agora produzidos na China a um custo muito inferior aos que são fabricados no estrangeiro.

Contudo, os doentes são com demasiada frequência rejeitados pela sociedade. A ausência de protecção social e sanitária de uma parte importante da população (por exemplo, os imigrantes) pode levar a temer que a epidemia não esteja dominada antes de passado muito tempo.

A SRAS (síndrome respiratória aguda severa), provocada por um novo coronavírus, cujos portadores são mamíferos como a civeta, vendida nos mercados, apareceu pela primeira vez em Novembro de 2002, no Sul da China. A epidemia alastrou rapidamente nos meses seguintes, tendo feito centenas de vítimas. Colocou em evidência a insuficiência da vigilância epidemiológica chinesa da altura, o que provocou a demissão do ministro da Saúde e o desbloqueamento de créditos importantes para se criar uma rede de vigilância mais eficaz.

Por último, a China confronta-se desde há alguns anos com uma grave epizootia, a gripe das aves, devida ao vírus H5N1. Os primeiros casos de transmissão deste vírus ao homem apareceram em 1997, em Hong Kong, com 18 casos de infecção humana e 6 mortes.

No início do ano de 2006, registaram-se na China vários casos mortais e a situação sanitária relativa a esta epidemia, que se pode transformar numa pandemia, continua incerta.

Frédéric Obringer

➤ DROGA, FAUNA, MEDICINA, PROSTITUIÇÃO, SAÚDE, SIDA

ESCRITA

Apesar dos contrastes evidentes entre as formas gráficas do chinês e das escritas alfabéticas, resultados experimentais convergentes demonstram a proximidade dos processos cognitivos utilizados pela leitura destas escritas de tipos diferentes.

A leitura de uma palavra pode resultar de dois processos distintos, a captação directa, visual, no caso das palavras familiares, ou a «recodificação fónica», indispensável nas palavras pouco frequentes ou irregulares. Isto é válido para o chinês e para as escritas alfabéticas.

Um texto chinês é composto de caracteres de dimensões homogéneas, separados por espaços iguais. Cada carácter tem um determinado número de traços, segmentos de recta mais ou menos alongados e diversamente orientados que devem ser traçados numa dada ordem.

Nenhum carácter é uma organização original de traços totalmente diferente de todos os outros. A maior parte deles é decomponível em subconjuntos (outros caracteres ou elementos não autónomos). Estes componentes são da ordem das centenas.

Na fala chinesa, a unidade essencial é a sílaba. Um carácter corresponde a uma sílaba e a um dos sentidos que ela pode ter. Não remete para objectos (mito pictográfico), nem para ideias (mito ideográfico), mas para uma palavra ou um elemento de palavra (morfema) que tem um sentido e uma pronúncia.

A diferença em relação ao alfabeto é que a pronúncia do carácter não é susceptível ser analisada em fonemas, como é o caso com as nossas letras. A sua decomposição em elementos não dá uma indicação directa da pronúncia nem do sentido.

No entanto, há um certo número de elementos que figuram em séries de caracteres de pronúncia próxima. Estes «índices fónicos» permitem em cerca de um terço dos casos adivinhar a pronúncia do carácter em questão por analogia com os caracteres que possuem o mesmo elemento e de que conhecemos a pronúncia.

Mais de 90% dos caracteres que se usam actualmente são compostos por um elemento fonético e por outro chamado «chave». Estes últimos, destinados originariamente a distinguir os homófonos, sugerem um domínio, mas não fornecem o sentido. São utilizados para classificar caracteres nos dicionários.

O facto de haver tantos caracteres diferentes quantas as palavras ou os elementos das palavras parece constituir um desafio para a aprendizagem. Ora, centenas de milhões de Chineses lêem e escrevem utilizando esta escrita.

Em cada época apenas é utilizada uma fracção do stock total: actualmente os dicionários comuns têm um pouco mais de 9000 caracteres.

No entanto, cada indivíduo conhece apenas uma parte proporcional ao seu próprio vocabulário, 2000 no mínimo e 4000 a 5000 em média. No final da escolaridade, um adolescente chinês domina tão bem a leitura quanto um europeu da sua idade.

A escrita chinesa não é das mais antigas: os primeiros textos datam do século XIII a.C., ou seja, dois mil anos após o começo da escrita na Suméria. No entanto, a relação que subsistiu durante mais de 2500 anos entre uma escrita relativamente estável e uma língua chinesa que foi evoluindo sem perder a sua identidade é um fenómeno notável.

Duas reformas importantes foram introduzidas em 1958 pelo governo da República Popular da China. Em primeiro lugar, foram tornadas obrigatórias formas simplificadas que têm um menor número de traços dos que os caracteres correspondentes habituais. Esta reforma, destinada a facilitar o acesso à escrita ao maior número possível, complicou a comunicação entre os continentais e os Chineses do estrangeiro, que se opunham ao novo regime. Hoje em dia, são diferentes as normas e os usos dos Chineses que vivem no continente e os de Taiwan e das comunidades no estrangeiro, mas a intensificação dos contactos faz com que cada vez maior número de pessoas domine os dois estilos gráficos, o tradicional e o simplificado.

Em segundo lugar, o governo adoptou um sistema de transcrição para letras latinas, o chamado *pinyin*, destinado a facilitar a aprendizagem da leitura por parte das crianças e a normalizar a pronúncia nas zonas dialectais. O *pinyin* é ensinado na escola primária, mas muitas vezes esquecido a partir da escola secundária, porque não tem qualquer função na vida social. No entanto, o desenvolvimento da informática introduziu nestes últimos anos os gérmenes de uma grande transformação.

Podem-se escolher os caracteres chineses a partir de um teclado de computador comum: basta dispor de um programa que tenha em memória os caracteres e que permita uma ou várias modalidades de acesso, o que sucede agora em geral. Há dois tipos de código: um deles baseia-se na forma do carácter (codificação gráfica) e o outro na pronúncia (codificação alfabética).

No futuro, a familiaridade acrescida com o *pinyin*, mediante a codificação alfabética, a utilização cada vez mais frequente do inglês nos meios urbanos e a multiplicação dos nomes de marcas estrangeiras tendem a criar as condições favoráveis ao uso do alfabeto. No entanto, a integração da escrita chinesa nos sistemas informáticos demonstra que ela não levanta nenhum obstáculo à modernização: não há, por isso, razão para abandonar uma tal herança.

Viviane Alleton

➤ CALIGRAFIA, DIALECTO, EDUCAÇÃO, MANDARIM, MUNDO CHINÊS

ESPAÇO (CONQUISTA DO)

A conquista do espaço é importante para a China, não só dos pontos de vista técnico e científico, mas também militar, económico e, poderíamos dizer, «geo-simbólico».

O primeiro voo chinês tripulado, realizado em Outubro de 2003, foi vivido pelos Chineses como uma afirmação de poder do seu país a um nível equivalente aos Estados Unidos e à Rússia, apesar de, do ponto de vista estritamente científico, ser frequentemente contestado o interesse dos voos tripulados.

Este êxito foi preparado a longo prazo pelo gérmen de programa espacial aprovado por Mao Tzé Tung, em 1958, incentivado pelo grande cientista Qian Xuesen, expulso dos Estados Unidos três anos antes. O primeiro satélite chinês, Dongfanghong («O Oriente é Vermelho»), seria lançado em 1970.

Foi sobretudo a partir de Setembro de 1992 que a política espacial chinesa se intensificou, quando o projecto 921 foi oficialmente aprovado. Alicerçava-se na construção de uma cápsula inspirada na

Soyouz russa, o que demonstra a influência preponderante da colaboração neste domínio entre a China e a ex-URSS.

Depois de ter testado com êxito, em Setembro de 2003, na base de Taiyuan, um lançador de satélites de quatro andares com combustível sólido, tornando-se assim o terceiro país, após os Estados Unidos e a Rússia, a dominar esta tecnologia, a China lançou o Shenzhou V («Nave Divina V»), em 15 de Outubro de 2003, do centro de lançamentos de Jiuquan (província de Gansu), tendo a bordo Yang Liwei. Este efectuou 14 voltas à Terra em 21 horas antes de pousar nas estepes da Mongólia Interior.

Dois anos mais tarde, a 12 de Outubro de 2005, o foguetão «Longa Marcha 2F» enviou o Shenzhou VI e os dois «taiconautas» Fei Junlong e Nie Haisheng para orbitar a Terra num voo que durou cinco dias.

A China ambiciona desenvolver progressivamente, nos próximos anos, técnicas fundamentais como a saída dos tripulantes para o exterior da cabina, o acoplamento dos engenhos e a criação de estações espaciais.

Sempre na mesma perspectiva, simultaneamente científica e estratégica, a China fabricou um satélite e o seu lançador para uma primeira missão chinesa à Lua, lançada em 21 de Outubro de 2007. Segundo o programa chinês de exploração lunar, oficialmente iniciado em 2004, o lançamento deste satélite deve ser seguido, em 2010, da alunagem de um veículo não habitado.

Como tem sido observado, até a designação dos exploradores espaciais chineses foi objecto da criação de uma palavra com uma marca identitária. O termo «taiconauta», que vem do chinês *taikongren* («homem do espaço») impôs-se pouco a pouco na imprensa das línguas ocidentais, contrapondo-se ao «astronauta» americano e ao «cosmonauta» soviético e, em seguida, russo.

De uma maneira geral, as actividades espaciais chinesas, que empregam mais de 250 000 pessoas, para além do seu carácter simbólico e das suas implicações na investigação científica e técnica, apresentam um interesse económico de relevo num mercado que se deverá desenvolver muito no futuro.

Desde os anos 80, a China propôs lançamentos de satélites científicos e comerciais, por exemplo no domínio das telecomunicações, a preços muito vantajosos em relação aos seus concorrentes americanos e europeus e, em menor medida, russos.

Ainda que a fiabilidade destes lançamentos se tenha revelado «perfectível», sobretudo nos anos 90, o seu menor custo torna-os competitivos e é provável que, se tiver êxito a construção de uma estação espacial chinesa nos próximos anos, os serviços desta sejam igualmente propostos a tarifas atractivas.

Frédéric Obringer

➤ CIÊNCIAS E TÉCNICAS, INVESTIGAÇÃO E DESENVOLVIMENTO

ESPAÇOS PÚBLICOS

A cidade chinesa é um lugar de poderes e de rápidas evoluções sociais, traduzindo também a produção actual de novos espaços públicos.

Há relativamente pouco tempo, era o colectivo, mais ainda do que o público, que tendia a predominar, situando-se na dependência da unidade de trabalho, do comité de residentes e da célula do Partido Comunista. O espaço público, que lhe escapava, o espaço em negativo – o que estava fora do controlo oficialmente legitimado – era raro.

Na verdade, as populações apenas podiam dirigir-se aos parques e aos jardins públicos, lugares permissivos situados fora dos quadros do trabalho e do grupo familiar, para se descontrair, tagarelar, jogar xadrez, tocar música, cantar árias de ópera ou velhas canções populares. Os parques e os jardins estavam também reservados aos negócios proibidos (livros, revistas, cassetes) e mesmo aos amores clandestinos ou ilícitos.

Os prazeres simples de tais espaços públicos continuam actualmente a eles ligados. Aliás, foram criados milhares de parques na China. No entanto, a tendência contemporânea é sobretudo para a multiplicação e a diversificação das formas de espaço público: praças públicas, ruas pedonais e centros comerciais.

Tendo as casas de chá sido fechadas nos anos 50, vêm aparecendo cafés com os seus terraços, restaurantes e vastas galerias comerciais, instaurando novas centralidades na cidade. São também criadas ruas pedonais, como o troço oriental da Rua de Nanquim, em Xangai, o Sul da Rua Jianghan, em Wuhan, e Wangfujin, em Pequim. As margens dos rios são muitas vezes reformuladas em função do turismo e de uma nova encenação da cidade, tomando como modelo o Bund, em Xangai.

No entanto, as municipalidades chinesas criam sobretudo praças públicas, que são agora menos destinadas a celebrar o regime e mais a servir como espaços de vida onde os indivíduos vão passear, encontrar-se e discutir unicamente por residirem na cidade.

Historicamente, a civilização chinesa não conhece o princípio da ágora grega. As praças públicas são raras e não se destinam à reunião de cidadãos iguais. Pelo contrário, devem servir para a manifestação, a encenação e o exercício do poder, à semelhança da execução das sentenças do mandarim diante das portas do *yamen* (tribunal e residência do funcionário).

A Praça de Tiananmen foi o exemplo típico, retomado depois para a celebração da «nova China». De facto, tomando-a como modelo, o poder comunista construiu muitas praças grandes para manifestações políticas, que ficavam enquadradas por construções de glorificação do regime.

Estas vastas praças públicas não eram verdadeiros entroncamentos da circulação, nem lugares de encontro de peões. As estradas que aí se cruzam em ângulo recto, tal como na Praça de Tiananmen, em Pequim, isolam o espaço central das outras ruas ou cortam nitidamente a praça em duas, impedindo o seu atravessamento de norte a sul fora das passagens situadas nas suas extremidades. É o que acontece na actual Praça do Povo, em Xangai.

Contudo, hoje em dia, este tipo de praças tornou-se uma excepção na China. As municipalidades multiplicam sobretudo espaços mais reduzidos, afastados dos eixos rodoviários e mesmo ocultos por fachadas exteriores, reconstruídas a partir de antigas ilhas urbanas, definindo desta forma uma relação estranha entre a função pública do espaço e a sua necessidade de intimidade, dedicada a um grupo apenas determinado pelos edifícios que o abrigam da rede viária, ela sim realmente pública.

Neste novo tipo de praças, feitas de espaços vazios, de alamedas sinuosas e enquadradas por vegetação e com lugares onde nos podemos sentar, podem também ser organizados exposições e espectáculos, após autorização das autoridades do gabinete de quarteirão, de bairro ou da municipalidade.

Em frente do monumental Palácio do Povo, em Chongqing, que, inaugurado em 1953, alia o gigantismo soviético com o conforto pré-revolucionário, e cujo edifício central, que obedece ao modelo arquitectónico do templo do Céu, em Pequim, é simbolicamente a sede da Assembleia Popular da municipalidade, são também encorajados espectáculos de dança e de canto pelo governo local. Os dançarinos, vestidos de igual e executando uma coreografia comum, não são, de facto, profissionais, mas os próprios habitantes da cidade, que se tornam assim actores e espectadores do seu próprio espectáculo.

Esta implicação dos citadinos, frequente em todas as cidades da China e herdeira das actividades artísticas que eram antes organizadas pelas unidades de trabalho, traduz a nova utilização das praças públicas como espaços de sociabilidade, onde os habitantes se reúnem ou se encontram devido ao mero facto de pertencerem à cidade, e não por se relacionarem com as unidades de trabalho ou a família. O anonimato torna-se, deste modo, o instrumento da formação progressiva da consciência urbana.

Actualmente, os poderes municipais da China constroem espaços para todos, mas já não são espaços públicos de recurso ou clandestinos. As praças públicas traduzem agora a necessidade social de uma nova expressão da comunidade, fora da arregimentação ideológica, da empresa ou da família e em reacção às novas segregações sócio-espaciais. As pessoas encontram-se aqui porque residem na cidade.

O território urbano torna-se, portanto, o lugar e o instrumento de algo que poderá participar, a prazo, na constituição de uma sociedade civil, articulada com identidades abertamente urbanas e locais.

Thierry Sanjuan

➤ CIDADE, ESPAÇO COMERCIAL, PARQUES E JARDINS, PRÁTICA RECREATIVA, RESIDENTES (COMITÉS DE), TIANANMEN (PRAÇA DE), URBANISMO

ESTADO

Valor estruturante da civilização Han desde a unificação do país por Qin Shihuang (221 a.C.) até aos nossos dias, o Estado, não um mero Estado, mas um Estado maciço, unitário e doutrinário, foi sempre objecto, na China, de um verdadeiro culto. Esta ideologia do Estado explica-se, quer pela riqueza das suas tradições, quer por divisões históricas sucessivas, que funcionam actualmente como um traumatismo e uma alavanca.

Exceptuando uma tentativa tardia de instituir uma monarquia constitucional, entre 1905 e 1911, e, depois, a instauração da república em 1912, não só o modelo político do Estado imperial se opôs a todos os que foram concebidos pelo Ocidente (cidade, realeza e regime parlamentar), mas também lhes foi indiferente.

Tradicionalmente, o Estado baseou-se numa concepção do poder que é, ao mesmo tempo, xamânica – pois o soberano, filho do céu, tem o dever moral de «civilizar (*jao*) e alimentar (*yang*)» o seu povo – e confucionista – que impõe, através do culto do que é escrito, da lei e da hierarquia, uma cultura do «bom governo» e do saber administrativo.

Assim, desde o final do século x, na dinastia Song (960-1279), depois na dos Ming (1368-1644), e até à sua abolição em 1905, foi instituída uma administração de letrados funcionários, essencialmente recrutados por concurso.

Finalmente, o contacto com o Ocidente acelerou a transformação do Estado-civilização em Estado-nação moderno, de início com a instauração da República da China, em Nanquim, em 1928, e depois com a fundação por Mao Tzé Tung de uma república popular de obediência marxista.

Estado multi-étnico, mas sempre unitário e centralizado, a República Popular da China (RPC) possui uma estrutura administrativa complexa, que compreende 22 províncias, cinco regiões autónomas, quatro municipalidades de nível provincial e duas regiões administrativas especiais.

Nascida com a vitória do Partido Comunista (PC) sobre o Kuomintang, a RPC enquanto Estado é estruturalmente dependente do PC que a fundou. Concretamente, este último dispõe de uma preeminência institucional sobre o Estado, que é responsável pela aplicação das políticas do PC. Após a Revolução Cultural, as reformas de Deng Xiaoping procuraram reconstruir o Estado, que estava quase absorvido por um PC ele mesmo exangue.

Actualmente permanece a confusão quanto a saber se a Constituição da RPC pode, de facto, sobrepor-se à do PC e, portanto, controlar este último. Inscritos no Preâmbulo da lei fundamental, os quatro princípios básicos do Estado são, na verdade, uma espécie de resumo dos princípios do PC, ou seja: a via socialista, a ditadura democrática popular, a direcção do PC, guiada pelo marxismo-leninismo, e o pensamento de Mao Tzé Tung, ideologia completada mais recentemente pelos escritos de Deng Xiaoping e a teoria das «três representações» de Jiang Zemin.

De modo análogo, embora formalmente a instituição suprema do regime seja a Assembleia Nacional Popular, que promulga as leis, ratifica os tratados e nomeia o presidente da república, o primeiro-ministro e os membros do Conselho dos Assuntos de Estado (o governo), ela encontra-se, de facto, sob a direcção do PC.

Por isso, o presidente da RPC e o secretário-geral do PC são geralmente a mesma pessoa. Por outro lado, a Comissão Militar Central do Estado, dirigida por este último (Hu Jintao, desde 2003), é idêntica à do PC.

Apesar da transformação dos fundamentos ideológicos do Estado chinês ao longo do século XX, permanece o desafio da sua governação.

Stéphanie Balme

➤ ADMINISTRAÇÃO TERRITORIAL, BUROCRACIA, CONFUCIONISMO, CONSTITUIÇÃO, GOVERNO, PARTIDO COMUNISTA, REPÚBLICA POPULAR, TRÊS REPRESENTAÇÕES

ESTADOS UNIDOS (A CHINA E OS)

Desde o sucesso inesperado da revolução chinesa, em 1949, até à ascensão, não menos inesperada, da China ao quarto lugar da economia mundial, em 2006, detectam-se constantes nas relações sino-americanas que transcendem as suas peripécias, por vezes dramáticas, de curto prazo.

Estas relações influenciam, desde logo, os debates políticos internos dos dois países.

A vitória do Partido Comunista chinês pela força das armas, em 1949-1950, seguida do despoletar da Guerra da Coreia, em Junho de 1950, provocou nos Estados Unidos o *red scare*, vaga anticomunista que marcou a sociedade americana de uma forma ainda mais concreta do que a Guerra Fria com a União Soviética.

Na China, o endurecimento político do regime e a sua política do *yibian dao* («inclinação só para um lado») ficaram a dever-se ao afrontamento com os Estados Unidos na Ásia-Pacífico, onde Mao Tzé Tung e os seus procuraram durante muito tempo contrabalançar a influência da China de Chiang Kai-shek nos meios dirigentes americanos.

Actualmente, as controvérsias em torno da política dos Estados Unidos em relação à China dividem Republicanos e Democratas. Alguns vêem na China um concorrente estratégico e uma ameaça militar, já no presente ou apenas no futuro. Outros estão convencidos de que uma política de empenhamento construtivo deste país o levará a privilegiar a interdependência, a integração global e a transição do regime.

Na China, a imagem dos Estados Unidos é muito diversificada. Sonho dos indivíduos, nomeadamente devido à educação e ao consumo, e modelo em muitos domínios, os Estados Unidos suscitam ao mesmo tempo uma reacção nacionalista que vai muito para além dos círculos do poder.

As polémicas e a confrontação verbal não deram origem a conflitos directos, mesmo durante algumas grandes perturbações internacionais, excepto em situações raríssimas.

A ficção dos «voluntários chineses» na Coreia evitou uma verdadeira guerra regional. O único verdadeiro incidente militar armado no estreito de Taiwan foi o bombardeamento de Quemoy e de Matsu, no Verão de 1958, seguido de uma interposição da VII Esquadra americana. Em Março de 1996, dois tiros de mísseis chineses ao largo de Taiwan deram origem à passagem de porta-aviões americanos sem que se tivesse verificado qualquer escalada. Os incidentes directos permaneceram isolados e sem consequências.

No plano político, foi Richard Nixon, um dos partidários mais encarniçados da «cortina de bambu», nos anos 50, quem reatou relações com a China de Mao Tzé Tung, em 1971-1972, firmando os termos de um compromisso central entre os dois países.

Este compromisso central, segundo o qual os Estados Unidos e a China reconheciam os seus desacordos mútuos sobre a questão de Taiwan, mas concordavam em congelar a situação, nunca foi verdadeiramente posto em causa por qualquer das partes, que se empenham hoje em dia em travar as tentações independentistas de Taiwan, sem que, no entanto, a reunificação tenha registado verdadeiros progressos no plano político e diplomático. Os Estados Unidos continuam, aliás, obrigados à defesa de Taiwan pelo *Taiwan Relations Act*, votado pelo Congresso em 1979.

Para além disso, uma certa interdependência económica, já manifesta na China dos anos 20-30, quando o contributo alimentar americano foi em socorro da sociedade chinesa e os estudantes chineses partiam para os estabelecimentos científicos americanos, foi não só retomada, mas generalizou-se a partir de 1978, data do estabelecimento das relações diplomáticas. Esta interdependência traduz-se, nomeadamente, em mais de 200 milhares de milhões de dólares de défice comercial americano com a China, em 2005; em quase 850 milhares de milhões de dólares de reservas chinesas em divisas, na sua maior parte detidos sobre o Tesouro Americano, quer na forma monetária, quer em obrigações; em os Estados Unidos serem a primeira fonte de formação superior dos jovens chineses e de transferência de tecnologia e de *know-how*, apesar das restrições legislativas adoptadas no domínio militar após Tiananmen (Junho de 1989); e, finalmente, no equilíbrio estratégico na Ásia, onde os Estados Unidos, devido ao seu papel de polícia, minimizam a ascensão doutras potências regionais e a escalada das confrontações, ao mesmo tempo que passaram a procurar o apoio ou, pelo menos, a neutralidade da China nos grandes dossiês internacionais.

Tudo isto faz da relação sino-americana a principal polaridade das relações internacionais após a Guerra Fria.

Nem amigos nem inimigos, ambos fascinados pela aura de poder do outro e profundamente imbricados no plano económico, a China e os Estados Unidos, devido ao seu peso, colocam-se numa posição que está para além de qualquer tendência de integração e de supranacionalidade nas relações internacionais.

François Godement

➤ COMÉRCIO EXTERNO, DEFESA, POLÍTICA EXTERNA, TAIWAN (A REPÚBLICA POPULAR DA CHINA E)

ESTATÍSTICAS

Em todos os países é difícil responder à questão «as estatísticas são fiáveis?». No caso da China há dificuldades específicas quer devido à evolução passada, quer a problemas mais estruturais.

O Gabinete Central de Estatísticas chinês foi extinto no início dos anos 60 e só retomou a sua actividade uma quinzena de anos mais tarde. Depois, ainda durante os anos de Deng Xiaoping, as estatísticas continuaram a ser consideradas «segredo de Estado».

Após os acontecimentos de Tiananmen, os países ocidentais congelaram as acções de cooperação estatística com a China, que só foram retomadas em meados dos anos 90.

Muitos quadros dirigentes do Gabinete de Estado das Estatísticas tinham, reconheça-se, recebido formação inspirada no modelo soviético, nomeadamente em matéria de contabilidade nacional. Por isso, consideravam que a estatística oficial era essencialmente um ingrediente necessário para preparar os planos quinquenais centralizados.

Esta perspectiva foi gradual e profundamente alterada passados quinze anos. A abertura da China ao exterior e uma política que privilegiava os mecanismos de mercado conduziram o aparelho dirigente chinês a reconhecer a necessidade de dispor de estatísticas fiáveis. As estatísticas adquiriram assim o estatuto de «bem público».

Na década que se seguiu deu-se uma recuperação espectacular do atraso da China no domínio da estatística. A maior parte dos especialistas estaria de acordo em que os principais indicadores macroeconómicos retirados das contas nacionais podem ser utilizados para avaliar o estado da economia chinesa sem muito mais riscos de erro do que na maior parte dos países ocidentais, ainda que alguns índices de preços (e, portanto, as grandezas em volume que lhes correspondem) sejam ainda discutíveis.

Esta melhoria não pode deixar de continuar, graças aos progressos feitos para a adequação completa do sistema das contas nacionais ao preconizado pela Organização das Nações Unidas e à adopção de uma política de revisão das contas à medida que se dispõe de mais informações estatísticas.

A um nível pormenor, todavia, subsistem muitas lacunas nas estatísticas chinesas. Os especialistas que trabalham em questões «difíceis» têm sempre a sensação de que uma etapa prévia e substancial do seu trabalho é constituir a sua própria base de dados a partir de informações fragmentárias de qualidade discutível.

Subsistem, portanto, obstáculos estruturais até que as estatísticas chinesas tenham o grau de cobertura e de fiabilidade que constituem o objectivo das «melhores práticas» dos países ocidentais.

A própria dimensão do país e da sua população impõe restrições de gestão às operações estatísticas que são desconhecidas noutros lugares.

As transformações que afectam a economia e a sociedade chinesas são tão rápidas e colossais que o sistema de recolha estatística não pode deixar de se lhes adaptar com atraso.

A organização administrativa do país faz com que o sistema estatístico chinês seja ao mesmo tempo centralizado e muito descentralizado.

Embora seja o Gabinete Nacional das Estatísticas, com um efectivo de cerca de meio milhar de pessoas apenas, o responsável pela política estatística global da China e a entidade que apura os resultados a nível nacional, são as cerca de 30 províncias e municipalidades que, na verdade, aplicam esta política e de que depende directamente a maioria dos estatísticos no terreno.

Esta descentralização teve um efeito perverso sobre a fiabilidade das estatísticas que as províncias remetem para Pequim.

Temendo ser avaliados por estes números, os responsáveis locais tendiam, evidentemente, a «melhorá-los», o que prejudicava a qualidade das estatísticas nacionais calculadas por agregação dos dados das províncias.

Ainda que este facto seja hoje oficialmente reconhecido, será necessário tempo para obviar a este tipo de desvios, apesar da ênfase posta no desenvolvimento da ética profissional e dos meios electrónicos modernos para transmitir os dados de base.

Em síntese: não podemos deixar de matizar a resposta à questão «as estatísticas chinesa são agora aproximadamente tão fiáveis quanto as dos países ocidentais?».

Provavelmente sim quando se trata dos principais indicadores macroeconómicos de crescimento, mas certamente ainda não no caso da maioria dos dados microeconómicos ou microssociais, apesar do progresso inegável dos estatísticos chineses em matéria de transparência.

Pascal Mazodier

➤ CRESCIMENTO

ESTRATIFICAÇÃO SOCIAL

A expressão «estratificação social» designa um processo de diferenciação interna no seio de uma sociedade, o qual é frequentemente estudado à escala nacional.

Três dimensões são em geral utilizadas para identificar e hierarquizar um certo número de classes: as taxas de riqueza, de prestígio e de poder possuídos. Ora, cada uma destas dimensões levanta problemas particulares, por vezes muito complexos, a quem tenta medi-las na China.

Embora se admita que nem todos os cidadãos chineses beneficiaram igualmente com as reformas, reconhecer a natureza e a importância das novas desigualdades também não deixa de ter consequências no plano político. Daí o carácter pouco fiável e naturalmente normativo da maioria dos inquéritos conduzidos na China sobre a estratificação social.

Estes inquéritos são, no entanto, em grande número e sem precedentes, porque oficialmente as diferentes constituições chinesas não reconheceram até agora senão duas classes sociais, os operários e os camponeses, sendo os intelectuais mencionados como terceira força social desde 1982.

Para além disso, durante o período maoísta a hierarquia social era organizada segundo etiquetas de classe atribuídas aos indivíduos, não só em função da sua origem social, mas também do seu comportamento político ou dos seus próximos.

Às cinco «categorias vermelhas», operários, camponeses pobres e médios, quadros, mártires e intelectuais revolucionários, opunham-se as cinco «categorias negras», proprietários fundiários, camponeses ricos, contra-revolucionários, maus elementos e direitistas.

Estas etiquetas de classe desapareceram com o abandono do princípio da luta de classes no final dos anos 70 e muitas das vítimas das campanhas políticas passadas foram então reabilitadas. Sem estas reformas políticas, que não se apresentaram como tal, teria sido muito mais difícil iniciar as reformas económicas.

Estas encorajaram o surto de novas formas de emprego e de actividade económica. Deram nova configuração à distribuição dos bens e dos recursos e modificaram os processos de mobilidade social. Contudo, continua a ser difícil perceber a nova estratificação social que se vai formando.

Alguns trabalhos identificam assim dez estratos na sociedade chinesa em função da profissão exercida e da posse de três capitais por cada uma destas: os capitais organizacionais (por exemplo, as relações com o governo e o Partido Comunista), os capitais económicos e os capitais culturais ou tecnológicos.

Estes 10 estratos são os seguintes: pessoal dirigente do Estado e da sociedade, gestores, empresários privados, técnicos especializados, empregados, patrões de empresas individuais, tanto industriais como comerciais, empregados de comércio e dos serviços, operários, camponeses e desempregados.

Por inédita e audaciosa que seja esta representação da sociedade chinesa, nomeadamente devido à posição inferior atribuída aos operários e aos camponeses, os procedimentos utilizados para medir cada um destes capitais e para os ponderar permanecem obscuros.

Outros trabalhos têm por objectivo a descrição das representações efectivas e analisar como é que os membros da sociedade chinesa – trata-se em geral de citadinos – vêem as diferentes profissões e as hierarquizam em função do nível de rendimento, poder e prestígio a que estão associadas.

Um inquérito conduzido em Xangai concluiu por uma lista de 50 profissões: os responsáveis pelas fábricas e os directores de empresa estão em primeiro lugar e os «homens para trabalhos indiferenciados» em último, estando os advogados, por exemplo, no oitavo lugar da lista, os professores dos ensinos primário e secundário no 33º e os operários têxteis no 47º.

No entanto, vários investigadores chineses insurgiram-se contra estas descrições, que dão a ilusão da emergência de um classe média onde precisamente se deveria falar de polarização e de crescimento das desigualdades e que evocam a diversificação dos interesses dos diferentes estratos sociais onde se deveria falar de fragmentação.

"Em direcção a uma classe média ou à coexistência de duas sociedades?" era o título de um destes estudos. O aumento das desigualdades tanto na população citadina como na rural, mas também entre as regiões e entre os sexos alimenta assim muitas controvérsias sobre os critérios de medida e a interpretação dos resultados obtidos.

Apesar destas abordagens divergentes, a intensidade dos debates confirma o carácter central da questão da estratificação e das desigualdades sociais para se poder apreciar os efeitos, por vezes não antecipados, das reformas introduzidas, identificar novas formas de mobilidade social, mas também de vulnerabilidade, e rever os dispositivos de redistribuição e de solidariedade existentes.

Isabelle Thireau

➤ CAMPONESES, DESIGUALDADES DE RENDIMENTOS, OPERÁRIOS, POBREZA

EXÉRCITO

As forças armadas chinesas registaram alterações importantes desde o início dos anos 80 e a introdução por Deng Xiaoping de uma nova política de reformas e abertura, destinada a formar as bases da futura potência chinesa.

Por um processo de reduções sucessivas, o Exército Popular de Libertação (EPL) passou de um efectivo de mais de 4 milhões de homens em 1980 para 2,3 milhões actualmente.

Desde o início dos anos 90, após o choque da primeira guerra do Golfo, o orçamento da defesa registou um crescimento regular de mais de 10% em média, a fim de conduzir progressivamente o EPL a um nível tecnológico que permitisse à China ganhar uma «guerra limitada em condições de alta tecnologia». De um montante oficial de 30,7 mil milhões de dólares em 2005, o orçamento da defesa deve ser, na verdade, multiplicado por dois.

O objectivo actual é ter forças armadas mais reduzidas, mas mais bem equipadas, mais bem treinadas e mais operacionais.

No plano diplomático e internacional, este esforço assume a forma de uma participação acrescida em operações de manutenção da paz. Na prática, assiste-se a um desenvolvimento selectivo das capacidades em função de objectivos que continuam a ser muito diversificados.

Apesar da doutrina oficial, que continua a ser estritamente defensiva, o EPL tem por missão contribuir para manter a ordem interna e nas fronteiras e, em paralelo, apoiar a estratégia diplomática da República Popular da China (RPC), mediante a obtenção de meios de coerção credíveis.

Face a Taiwan, a credibilização da capacidade de recorrer à força é considerada pelos estrategas chineses como um meio dissuasor essencial, não só contra as tentativas independentistas do poder político da ilha, mas também contra os riscos de intervenção dos Estados Unidos.

Por razões de custo e capacidade aquisitiva, face a meios globais que continuam a ser limitados (cerca de 3% de um PIB semelhante ao francês), a China optou por eixos de desenvolvimento fundados na constituição de unidades de alto nível, capazes de realizar acções rápidas nas fronteiras e dotadas dos meios tecnológicos mais modernos de que dispõe o exército chinês, nomeadamente em tecnologias de informação. É realizado igualmente um esforço particular de reforço das capacidades logísticas relacionadas com a constituição destas unidades.

Pelo contrário, a grande maioria das forças armadas, bem como as unidades da polícia armada (um milhão de homens) e, por maioria de razão, as milícias, cujas missões são essencialmente manter a ordem interna e a participar em operações de salvamento em caso de catástrofes naturais, continuam a estar muito mal equipadas.

A China deu igualmente prioridade ao desenvolvimento das suas capacidades navais e aéreas, que têm um atraso considerável em relação aos países ocidentais e sobretudo aos Estados Unidos e ao Japão.

Embora o embargo europeu à venda de armas à China, decidido após a repressão do movimento democrático na Praça de Tiananmen, em 1989, não tenha sido levantado, o desenvolvimento destas capacidades foi realizado graças a um programa dinâmico de aquisições, nomeadamente à Rússia, que é desde os anos 90 o principal fornecedor de armas à China.

Assim, no domínio naval, a China adquiriu quatro contratorpedeiros do tipo Sovremennyy, equipados com mísseis de cruzeiro, destinados a tornar mais improvável uma intervenção americana no estreito de Taiwan. A China equipou-se também com os novos submarinos Kilo, mais silenciosos do que aqueles de que dispunha anteriormente.

Pequim tenta também desenvolver de uma maneira autónoma as suas capacidades navais, registando, porém, resultados que continuam a ser limitados, nomeadamente no que respeita à capacidade de defesa antiaérea e às tecnologias de informação.

Para modernizar a sua força aérea, a China fez importantes aquisições à Rússia (SU-27 e SU-30) e desenvolve as suas capacidades de transporte de tropas e de reabastecimento em voo. Embora não possua ainda AWACS, adquiriu, no entanto, a este país Il-96, que lhe permitem reforçar as suas capacidades de alerta.

Aliás, a actualização destas armas técnicas, sobretudo em relação aos Estados Unidos, é extremamente custosa dos ponto de vista financeiro e tecnológico.

Por isso, a China continua a privilegiar o desenvolvimento de capacidades «que constituem uma vantagem decisiva», em obediência a uma estratégia assimétrica de relação do fraco com o forte. Para Pequim, continua a ser uma prioridade o reforço das suas capacidades balísticas e nucleares, que, num contexto de estratégia de terror, podem proporcionar a vitória «sem combate». Por isso, a China desenvolveu quantitativa e qualitativamente o seu arsenal balístico e nuclear, sobretudo para dar resposta aos projectos de defesa antimíssil introduzidos pelos Estados Unidos e os seus aliados.

Para Pequim, as capacidades nuclear e balística são, de facto, um diferencial de poder que a China não pode abandonar, nomeadamente face aos seus vizinhos. Em relação a Taiwan, a RPC, numa clara estratégia de terror, continua a acumular centenas de mísseis convencionais de curto alcance, destinados a desencorajar qualquer vontade de resistência do adversário. A estratégia nuclear da RPC, apesar do posicionamento virtuoso de que não será o primeiro país a utilizar este tipo de armas, continua a estar manchada por uma ambiguidade estratégica, que caracteriza também a posição da China em matéria de não proliferação.

Valérie Niquet

▶ DEFESA, ESTADOS UNIDOS (A CHINA E OS), NÃO PROLIFERAÇÃO (A CHINA E A POLÍTICA DE), RÚSSIA (A CHINA E A), TAIWAN (A REPÚBLICA POPULAR DA CHINA E)

F

FACE

«Toda a árvore tem casca, todo o homem tem face»: este provérbio ilustra a importância do conceito de face na sociedade chinesa. A face, ou *mianzi*, é o rosto no sentido próprio, quer dizer, um elemento fundamental da identidade individual, graças ao qual cada um é conhecido e reconhecido. Mas sendo o ser humano, antes de mais, um ser social, ele não tem a capacidade de definir por si só esta identidade. A face, entendida como identidade ou consideração social, resulta, portanto, de um processo de interacção entre o indivíduo e a sociedade. O primeiro possui a iniciativa, feita de escolhas, e fixa objectivos, esforçando-se por agir segundo critérios partilhados e historicamente situados, que permitem obter a estima dos outros. Mas apenas a resposta e o juízo de outrem, que se materializam em gestos que expressam a consideração que efectivamente tem pelo indivíduo, permitem determinar o grau em que este possui tal face. Por vezes, estas manifestações de consideração provêm, não das qualidades e competências reconhecidas ao indivíduo, mas do grande poder que detém e, portanto, das ameaças potenciais que representa e que há que evitar. Por isso, na China é costume contrapor «a verdadeira face» possuída pelo primeiro à «face falsa» atribuída ao segundo.

A face é considerada como um capital: pode perder-se, em parte ou na totalidade, é concedida ou retirada e aumenta ou diminui consoante as circunstâncias. Este capital constitui um empréstimo da sociedade cujo montante nunca é estabelecido de forma definitiva. Qualquer acção julgada positiva aumenta-o ou conserva-o; qualquer acção julgada repreensível destrói-a, por vezes de forma irreversível. A sua evolução é captada graças às acções concretas realizadas por outrem, estando desta forma estritamente associadas a estima que é reconhecida e as marcas de estima que são expressas, tal como estão associados a face de um indivíduo e a imagem pública dos grupos a que pertence.

A face é também um recurso: reconhecer a face de uma pessoa é, por exemplo, mostrar-lhe consideração e evitar criticá-la abertamente. É também responder de maneira positiva às suas solicitações, apoiar as suas iniciativas e aumentar assim a sua capacidade de acção. Neste sentido, a face é, por um lado, sinónimo de controlo social, porque depende do juízo de outrem, e, por outro lado, de aumento da capacidade de agir, de liberdade, de que os indivíduos dispõem. Quanto maior é o grau da face de uma pessoa, mais esta se encontra em condições de aumentar rapidamente os recursos económicos e sociais de que já dispõe.

Isabelle Thireau

➤ REDES, RELAÇÕES INTERPESSOAIS

FALUNGONG

Fundado em 1992 por Li Hongzhi, nascido em 1952, em Gongzhulin, na província de Jilin, o Falungong («Exercício da Roda do Darma») ou Falun dafa («Grande Lei da Roda do Darma») foi, a partir de 1999, o alvo da maior campanha de repressão contra um movimento popular a que se assistiu na China desde a Revolução Cultural.

Nascido do movimento do *qi gong*, forma modernizada das tradições chinesas de treino da respiração, o Falungong propõe uma via de acesso à «Grande Lei» cósmica, através da prática de cinco séries de posições gímnicas e de meditação e do estudo dos escritos do mestre Li Hongzhi, nomeadamente o *Zhuan Falun* («Girar a Roda do Darma»).

Estes textos descrevem sobretudo os estados paranormais e os mundos superiores que o adepto deve supostamente atingir com a prática dos exercícios, bem como os ciclos de destruição e de renascimento da civilização. O todo da doutrina baseia-se numa visão dualista de um mundo que é presa de demónios e de extraterrestres responsáveis pela sua corrupção.

Embora apoiado no início da sua carreira de mestre pela Federação Nacional do Qi Gong, que promove a difusão do Falungong por toda a China, Li Hongzhi distanciou-se a partir de 1994 dos meios do *qi gong* e os seus escritos afastaram-se da ideologia oficial.

Em 1996, o Falungong foi criticado na imprensa como «pseudo-ciência» e «superstição» e as obras de Li Hongzhi passaram a ser de publicação interdita. Os adeptos, cujo número continua a aumentar, tendo atingido algumas dezenas de milhões em 1999, resistem publicamente a estes ataques, organizando manifestações sempre que um jornal ou uma cadeia de televisão difunde posições críticas a seu respeito.

Quando foram impedidas manifestações na cidade de Tianjin, no dia 23 de Abril de 1999, 10 000 adeptos, na sua maioria reformados, convergiram para Pequim e cercaram Zhongnanhai, o quartel-general da direcção do Partido Comunista (PC) durante todo o dia de 25 de Abril.

Símbolo da capacidade de mobilização do Falungong, a manifestação colocou Jiang Zemin, presidente do PC, perante o espectro das rebeliões sectárias que muitas vezes no passado precederam e até provocaram o fim das dinastias.

A campanha de repressão mobilizou todos os meios do Estado. Os principais líderes, excepto Li Hongzhi, residente nos Estados Unidos desde 1996, foram condenados a penas de prisão. Milhares de activistas foram enviados para campos de trabalho. A propaganda do Estado descreveu o Falungong como uma «seita perniciosa», tendo sido promulgada no final de 1999 uma nova regulamentação anti-seitas.

O Falungong desenvolve-se no Ocidente, tentando mobilizar a opinião internacional em nome dos direitos do homem e difundir a sua mensagem na China.

A expansão fulgurante do Falungong no final dos anos 90 explica-se pelo facto de Li Hongzhi, melhor do que os outros mestres do *qi gong*, ter podido oferecer uma resposta à preocupação popular a vários níveis, no contexto da desagregação do sistema das unidades de trabalho, que enquadrara a vida dos citadinos desde os anos 50.

Às experiências de saúde e de cura provenientes da prática do *qi gong*, o Falungong não só acrescentava uma ideologia fundada em valores tradicionais, que podiam substituir os esgotados ideais colectivos do contexto pós-maoista, mas podia tornar-se também fonte de crítica à corrupção e ao declínio dos valores morais.

Para além da sua capacidade de mobilização e dos seus antecedentes históricos, foi ao voltar a apresentar a questão da relação entre a moral e a política que o Falungong minou a legitimidade do regime e suscitou a resposta deste.

David A. Palmer

▶ CONTROLO POLÍTICO E CENSURA, *QI GONG*, SEITAS

FAMÍLIA

A família é o fundamento da organização da sociedade chinesa desde há dois mil anos.

A ideia de família é omnipresente no universo social, nomeadamente através da língua, que é fortemente colorida pela semântica familiar. Há um sistema de termos rico e complexo para as relações de parentesco.

A utilização do campo semântico familiar no vocabulário corrente, nomeadamente no domínio político, revela o laço estreito que existe, desde a constituição do império, entre o sistema político e o sistema familiar, o que corresponde ao pensamento confuciano.

Estes sistemas utilizam um vocabulário comum que tende a perspectivar a sociedade como uma unidade familiar. O conjunto dos Chineses, incluindo os do estrangeiro, é considerado como pertencendo a uma mesma unidade, os *tongbao* (literalmente «do mesmo ventre»). Para além disso, os Chineses têm o hábito de interpelar as pessoas que não conhecem com nomes utilizados para designar os membros da família (*shushu*: tio; *ayi*: tia).

O modelo familiar actualmente dominante é o da família nuclear. A família compreende, em primeiro lugar, o casal e os seus filhos, participando todos num orçamento comum.

As estratégias individuais elaboram-se e desenvolvem-se no seio desta família estruturada em torno de um fundamento económico. Cada membro é incorporado numa estratégia global de enriquecimento do grupo familiar, o que implica deveres a que é difícil alguém eximir-se.

A família é também a estrutura das relações interpessoais: a identidade individual define-se por seu intermédio e pela posição nela ocupada.

A família alargada constitui um recurso indispensável para alimentar a rede de relações (*guanxi*) da família nuclear e dos indivíduos que a compõem. Assim, a grande maioria dos empréstimos em dinheiro que as famílias nucleares actualmente efectuam ocorrem no círculo da família alargada. Os laços de solidariedade no seio desta exprimem-se igualmente nas trocas de presentes por ocasião das cerimónias rituais (casamentos, funerais).

A família continua a ser, de facto, uma ideia central do universo chinês que estrutura o pensamento e a vida das pessoas.

A família registou, no entanto, transformações notáveis no período recente: durante as primeiras décadas do comunismo, o regime lutou com violência contra a organização familiar e as suas solidariedades tradicionais para impor uma nova ordem social. Embora não tenha conseguido, de facto, pôr em causa o modelo familiar, a política do filho único, aplicada a partir de 1979, afectou profundamente o quadro e o desenvolvimento da família. As estratégias e a solidariedade familiares viram, na verdade, reduzidos os seus campos de acção, nomeadamente no que diz respeito à ajuda intergeracional: são menos os filhos que podem tomar a seu cargo a geração anterior.

O aumento do individualismo, que vem acompanhando a modernização da sociedade, transforma igualmente o lugar e as estratégias do indivíduo no seio da família. Os membros da família adquirem uma nova autonomia graças ao trabalho não agrícola, quer através do acesso a estudos superiores, quer à possibilidade de abrir uma loja ou à oferta de trabalho nas fábricas.

O poder económico passa assim para as mãos dos filhos e desfaz a autoridade patriarcal.

O modelo ocidental, que penetra na sociedade através dos meios de comunicação social, valorizando a escolha individual em domínios como o trabalho ou a escolha do cônjuge, contribui para transformar as ideias e as práticas.

Estelle Auguin

➤ ADOPÇÃO, CASAMENTO, DIVÓRCIO, FILHO ÚNICO, LINHAGEM, MIGRAÇÕES INTERNAS, MULHER, PARENTESCO, REDES, SEXUALIDADE

FARMACOPEIA

A riqueza da farmacopeia chinesa, seja de origem vegetal, animal ou mineral, deriva tanto da diversidade do meio natural como de uma longa história, que permitiu a acumulação ponderada de saberes e de técnicas relacionadas com os medicamentos.

Os primeiros textos que fornecem informações técnicas (nomes, lugares de recolha ou de cultura, características, indicações terapêuticas e modos de preparação) apareceram a partir dos séculos III-II a.C. (documentos de Mawangdui).

Tornaram-se cada vez mais completos ao longo dos séculos. Os tratados mais recentes abordam vários milhares de produtos (apenas algumas centenas são de uso corrente, sendo o ginseng certamente o mais célebre). A *Farmacopeia Oficial da República Popular da China* expõe normas para as substâncias que pertencem tanto à farmacopeia contemporânea como à tradição chinesa.

De uma maneira geral, as prescrições associam muitas vezes vários ingredientes. A tendência actual é para a produção industrial dos medicamentos tradicionais em formas galénicas variadas (pó, pílulas, cápsulas, extractos, soluções injectáveis, etc.).

A outra vertente é a exploração por meios farmacológicos modernos (*screening*, extracção dos princípios activos) da *materia medica* tradicional.

Foram assinados muitos contratos sobre este domínio entre a China e grandes firmas farmacêuticas multinacionais, por vezes com resultados encorajadores, como foi o caso célebre da artemisina, uma molécula antipalúdica muito utilizada nos nossos dias, extraída da *Artemisia annua*.

O comércio dos produtos farmacêuticos tradicionais reveste-se actualmente de uma importância económica indesmentível, tanto no interior da própria China como para exportação. Os valores, nem sempre disponíveis de uma maneira transparente e exaustiva, elevar-se-ão a milhares de milhões de dólares por ano.

Frédéric Obringer

➤ FAUNA, FLORA, MEDICINA TRADICIONAL, SAÚDE

FAUNA

A enorme riqueza da fauna chinesa, desde as espécies siberianas da Manchúria até às espécies tropicais da China Meridional, reflecte a grande diversidade dos climas e dos habitats.

Entre os mamíferos, assinalemos os numerosíssimos cervídeos, o camelo bactriano, quatro espécies de tigres, todas muito ameaçadas, o urso-de-colar, macacos como os gibões e os rinopitecos e caprídeos como o goral e o takin.

Nos outros grupos, para além de muitos insectos e borboletas, devemos salientar algumas espécies endémicas de aligátores e de salamandras, bem como duas famílias de aves particularmente bem representadas, os faisões e os grous.

O animal mais emblemático é, evidentemente, o panda gigante, originário do Sudoeste da China e que se alimenta de bambus. Foi promovido a instrumento político e tornou-se símbolo mundial da protecção de uma parte da natureza que proporciona grandes espectáculos.

A relação do homem com a fauna ultrapassa, na verdade, o mero interesse zoológico. A protecção do património natural passou a fazer parte do domínio geopolítico.

Por isso, a China assinou a Convenção sobre o Comércio Internacional de Espécies da Fauna e da Flora Selvagens Ameaçadas de Extinção e elaborou um plano de acção, em 1994, para proteger a biodiversidade.

A medicina tradicional e a gastronomia não se dão sempre bem com a sobrevivência das espécies animais, tal como os tigres, os ursos, as cobras e as tartarugas poderiam testemunhar.

Para além disso, a fauna selvagem desempenhou também um papel importante na economia e na dinâmica de algumas epidemias. Foi o que se passou com a peste da Manchúria, no início do século XX. Recentemente, um dos portadores do coronavírus responsável pela síndrome respiratória aguda severa (SRAS) foi provavelmente a civeta, um pequeno mamífero carnívoro, fonte de perfume e vendido pela sua carne nos mercados da China Meridional.

Frédéric Obringer

➤ AMBIENTE, EPIDEMIAS, FARMACOPEIA, MEDICINA TRADICIONAL

FESTAS SAZONAIS

A adopção oficial do calendário gregoriano durante a república, em 1911, não interrompeu o desenrolar do ciclo anual dos ritos familiares sazonais do calendário lunissolar tradicional (calendário agrário, *nongli*). Todavia, as festas oficiais, como a festa nacional que comemora a proclamação da república popular, em 1 de Outubro de 1949, e as festas internacionais, como o 1.º de Maio, a festa dos trabalhadores, e o 8 de Março, a festa das mulheres, e, finalmente, as inovações recentes, são calculadas segundo o «calendário ocidental» (*yangli*).

Muitas festas tradicionais deixaram de ser celebradas. Em contrapartida, as festas que têm por principal vocação a esfera familiar mantiveram a sua pertinência. Estes ritos, celebrados durante uma refeição tomada em comum, são ocasião para reafirmar laços tornados mais frouxos ou mesmo perdidos durante o ano anterior.

O Ano Novo lunar, designado oficialmente como «festa da Primavera», para o distinguir do 1º de Janeiro, manteve-se como a festa mais importante.

Em duas festas dos mortos (*qingming* e *chongyang*), em Abril e Outubro, a família reúne-se em frente das tumbas ou das urnas funerárias dos seus próximos.

A festa de meados do Verão (*duanwujie*), no quinto dia do quinto mês lunar, recorre sobretudo ao consumo de pequenos pães de arroz recheados (*zongzi*) e às regatas de barcos-dragão, desporto agora mundializado, que se vem desenvolvendo há vinte anos, sobretudo nos países de imigração cantonesa.

Por último, a festa de meados de Outono (*zhongqiujie*). No 15.º dia do oitavo mês lunar, é assinalado por uma refeição familiar, seguido de actividades ao luar, em família e sobretudo entre amigos. Símbolo alimentar da festa, os bolos redondos em forma de Lua (plenitude que simboliza também a harmonia familiar) têm como primeira vocação ser presenteados e propiciar o reconhecimento das relações sociais.

O filho único é o centro da festa contemporânea. Proporciona a ocasião para um passeio nocturno em família e para se exibirem com lanternas de papel ou de plástico e cujas formas e motivos se inspiram na tradição (a lebre associada à lenda da divindade Chang'e, condenada a uma imortalidade solitária na Lua), mas também inovam (automóvel, avião, espada das personagens do filme *A Guerra das Estrelas* ou outros heróis da cultura mundializada).

A estas celebrações familiares, herdadas de uma tradição festiva em constante transformação, juntaram-se nos últimos anos outras festas não familiares, tais como o Natal e o São Valentim, que estão cada vez mais difundidas na juventude e nos casais jovens das cidades.

O Ano Novo lunar é a única festa tradicional inscrita no calendário das festas legais. Por outro lado, para defenderem uma tradição chinesa que pensam estar ameaçada por estes produtos da mundialização cultural, vários representantes da Assembleia Nacional Popular pronunciaram-se recentemente a favor da legalização de pelo menos duas outras festas tradicionais: o *qingming* e a festa do meio do Verão.

A interpretação popular segundo a qual esta última festa estival comemora o suicídio do «poeta patriota» Qu Yuan (cerca de 340-278 a.C.) confere-lhe, para além disso, uma dimensão política que abre caminho à manifestação de sentimentos nacionalistas.

Por isso, o pedido apresentado à UNESCO pela Coreia do Sul, em 2004, para que fosse inscrita como património coreano uma sua versão da festa dos barcos-dragão suscitou na China a cólera dos defensores de um património considerado inalienável.

Estes debates revelam a dimensão política das festas enquanto marcas de identidade. O «Ano Novo chinês» não se tornou ele mesmo numa festa mundializada, que leva aqui e ali uma China desterritorializada e que se reinventa segundo imaginários transnacionais?

Béatrice David

➤ ALMANAQUE, ANO NOVO, ANTEPASSADOS (CULTO DOS), CERIMÓNIAS FÚNEBRES, FAMÍLIA, FILHO ÚNICO, PARENTESCO

FILHO ÚNICO

A política do filho único ou de controlo da natalidade foi lançada em 1979 para travar uma demografia galopante. Não teve força de lei senão em 1 de Setembro de 2002, data em que foi promulgada a lei da população e do planeamento familiar, que restringe o número de filhos por casal.

No entanto, os casais rurais em que a primeira criança é uma menina, os casais constituídos por filhos únicos, os casais cujo primeiro filho é deficiente (física ou mentalmente) e os casais em segundas núpcias (viúvos ou divorciados) que só têm um filho podem ter um segundo.

A planificação familiar actual encoraja a relação entre o casamento e a procriação. Proíbe as ecografias destinadas a determinar o sexo do feto, o aborto por coacção e o aborto selectivo do feto de sexo feminino pelos casais que preferem ter um rapaz. Proíbe igualmente que se entreguem os filhos para adopção ou que se proceda a adopções ilegais.

Para incitar à prática do planeamento familiar, são prometidas várias vantagens sociais às famílias modelo. Assim, os funcionários que se casam e só tarde têm um filho podem beneficiar de licenças de casamento e de maternidade suplementares, bem como de licenças específicas após intervenções cirúrgicas de esterilização (laqueação das trompas, vasectomia e dispositivo intra-uterino).

Graças a um «certificado de filho único», até aos catorze anos é paga uma ajuda de 10 *yuans* e a criança beneficia normalmente de entrada prioritária na creche, no jardim infantil e na escola.

Nas zonas rurais, o filho único tem direito a exames médicos gratuitos e regulares. Na província de Yunnan, as famílias camponesas com filho único identificadas como «tendo reais dificuldades» beneficiam, em teoria, de ajudas complementares como os empréstimos financeiros, a obtenção de terrenos para construir habitação ou contratação prioritária para determinados empregos. A pensão ou ajuda à reforma de pais de filhos únicos pode, finalmente, em certos casos, ser majorada em 5%.

Para desencorajar os nascimentos foram do planeamento, são infligidas penalidades, designadas como «compensações sociais», que variam segundo as regiões. Nas cidades do Yunnan, os pais têm de pagar cinco a dez vezes o montante do rendimento médio anual por habitante.

Nas zonas rurais desta mesma província, esta penalidade representa cinco a oito vezes o rendimento médio anual por habitante.

O montante destas «compensações» é multiplicado pelo número de filhos para além do plano. A penalidade tem de ser paga num prazo de treze dias, prolongado até ao máximo de dois anos após obtenção de uma derrogação.

Na ausência de pagamento da penalidade, o gabinete administrativo do planeamento familiar pode apelar para o tribunal popular para que seja aplicada a sanção de confiscação de determinados bens que o casal possua.

O governo chinês definiu o princípio de responsabilidade penal do conjunto da população neste domínio, porque as empresas públicas que empregam pessoas acusadas de ter tido filhos fora do plano são sancionadas. A delação de práticas não conformes com o planeamento familiar é recompensada.

A aplicação do planeamento familiar varia de um lugar para outro, porque as províncias e as regiões ajustam os seus regulamentos em função das realidades locais. Daí a importância considerável dos poderes locais.

Assim, numa região, as nacionalidades minoritárias podem ser submetidas à obrigação de ter um filho apenas, mas poderiam ter vários noutras regiões de condições de vida mais difíceis.

As regras e as práticas diferem também devido à hostilidade da população a estas medidas e à corrupção dos quadros. Estes últimos estão frequentemente divididos entre a sanção das pessoas suas familiares e as contas a prestar às autoridades superiores.

Em consequência, o número de filhos não registados (*hei haizi*) não cessa de aumentar.

Karine Guérin

➤ ADOPÇÃO, OBESIDADE, POLÍTICA DEMOGRÁFICA, POPULAÇÃO

FISCALIDADE

Antes de 1978, as receitas das empresas eram directa e integralmente afectadas ao orçamento de Estado. Mas quando a China decidiu responsabilizar as empresas e deixar os seus lucros à sua livre disposição, impôs-se a necessidade de instituir um sistema fiscal compatível com uma economia de mercado.

No prolongamento das disposições e experiências locais de finais dos anos 70, foi adoptado em 1980 um primeiro modo de cobrança fiscal baseado em contratos.

Este sistema tinha dois aspectos. Por um lado, eram estabelecidos acordos entre o Centro, as províncias e os governos locais para se determinar o montante das receitas entregues ao escalão administrativo superior. Por outro lado, em cada nível, os governos negociaram o montante de lucros com as empresas que controlavam e que lhos deveriam remeter sem que houvesse qualquer regra que se impusesse no todo nacional.

Em consequência, as províncias mais ricas, que dispunham de um grande poder de negociação com o Centro, conseguiram impor regras de divisão que lhes eram altamente favoráveis, em contraste com as regiões do interior, que eram as mais pobres. Foi por esta razão que foi diminuindo a parte que competia ao Centro no total das receitas, passando de 34,8% em 1985 para 22% em 1992.

Surgiu, portanto, a necessidade de reformar este sistema de negociação generalizada, racionalizando-o e aprovando regras uniformes que permitissem um novo equilíbrio mais favorável ao Centro.

A reforma de 1994 perseguia este objectivo. Instituiu três tipos de impostos, consoante eram recebidos directamente pelo Centro, pelos governos locais ou davam lugar, em princípio, a uma partilha entre os dois segundo regras uniformes (para o IVA, por exemplo, 75% destinavam-se ao Centro e 25% ao escalão local).

Foi instituída assim, pela primeira vez, uma administração fiscal central, quando antes a totalidade dos impostos era recebida pelas administrações locais.

Em 2003, o imposto progressivo sobre o rendimento dos particulares representava apenas 9,2% das receitas governamentais, o das sociedades 23,4%, enquanto o IVA constituía a primeira fonte de rendimento com 32,3%.

O IVA incide sobre os bens de consumo com taxas que variam de 3 a 45% (tabaco), sobre alguns produtos exportados e sobre os investimentos.

Os rendimentos dos impostos directos e indirectos são medíocres por haver muitas excepções. As práticas efectivas ficaram muito longe do modelo de 1994, porque se autorizaram medidas transitórias (reactualizadas várias vezes). Deste modo, os governos locais mantiveram as vantagens de que gozavam no antigo sistema dos contratos.

A parte das receitas recebida pelo Centro ascendeu a 56% em 1994, mas desceu em seguida, o que complicou a indispensável política de redistribuição entre regiões ricas e pobres. Desde 2002, esta parte estabilizou em cerca de 55%.

O mais importante foi a reforma das receitas fiscais não ter sido conduzida em harmonia com a da afectação das despesas, embora os governos locais, para fazerem face aos novos encargos, tenham contornado as directivas oficiais e procedido a cobranças parafiscais, o que conduziu ao aumento dos fundos extra-orçamentais.

Yves Citoleux
► DESCENTRALIZAÇÃO, ORÇAMENTO

FLORA

A flora e a vegetação chinesas são de uma riqueza muito grande. Os números mais recentes permitem falar de 32 200 espécies de plantas vasculares indígenas na China (contra 12 500 na Europa), entre as quais 7 000 espécies de árvores, representando 3 000 géneros e 300 famílias no total, ou seja, cerca de um oitavo do total mundial.

Esta diversidade fica a dever-se, como é evidente, à grande diversidade do território e do clima chineses, mas não apenas a estes dois factores.

O país beneficiou, com efeito, de um clima muito estável desde o Cretáceo, sendo poupado às últimas glaciações, que afectaram a Europa, por exemplo.

Para além disso, a ausência de uma cadeia montanhosa orientada no sentido este-oeste no interior do território permitiu que as espécies migrassem por vezes para sul, voltando depois para norte, o que explica uma analogia entre a flora da China e a dos Estados Unidos, que viveram uma situação semelhante.

Isto dito, a forte pressão antrópica exercida desde há muito tempo ocasionou uma degradação assinalável da vegetação e do coberto florestal natural, que não representa senão cerca de 10% do território.

Ao criar cada vez mais reservas naturais – são várias centenas –, tenta-se, no entanto, introduzir medidas de protecção da flora e da fauna.

A riqueza da flora forneceu à civilização chinesa muitos medicamentos e uma ampla gama de frutos e legumes.

Recentemente, o carácter indígena de algumas plantas pôde também levar à emergência de domínios que poderemos qualificar de ideológicos: pensemos nos debates a respeito da domesticação do arroz selvagem. Cientistas chineses defendiam que ela ocorrera em primeiro lugar no seu país, durante a Alta Antiguidade, o que não parece ter sido o caso, pois deu-se, provavelmente, em vários locais: Assam, Birmânia, Sul da China e Vietname.

Recordemos finalmente que o resto do mundo beneficiou com a flora chinesa. Muitas moléculas activas contra doenças têm nela a sua origem. Os nossos jardins devem-lhe as rosas modernas e as glicínias, as nossas cidades muitas árvores de alinhamento como o ginkgo e os nossos pratos os kiwis.

Frédéric Obringer

▶ AMBIENTE, ARROZ, CEREAIS, FARMACOPEIA, FAUNA

FRANÇA (A CHINA E A)

Tal como sucedeu em muitos países do campo ocidental, as relações entre a França e a China Popular foram de início tributárias da Guerra Fria e, mais precisamente no caso francês, do apoio dado por Pequim ao Viet Minh e depois à FLN argelina.

Ultrapassados estes contenciosos, a França não esperou pelos primeiros sinais da normalização sino-americana para reconhecer, em 1964, a República Popular da China, provocando assim a ruptura das relações diplomáticas entre Taipé e Paris.

As relações franco-chinesas, à luz do gesto histórico do general de Gaulle, são muitas vezes consideradas excepcionais sem que, no entanto, tenham estado isentas de fortes tensões.

Após se ter associado à política de sanções contra a China na sequência do massacre de Tiananmen, a França foi, por sua vez, ostracizada pelo governo chinês por ter vendido armas a Taiwan em 1991 e 1992, apesar de Paris se ter abstido de qualquer tipo de apoio ao regime de Taipé nessa altura.

Encerrada em 1994, esta crise foi seguida da reafirmação periódica de laços estreitos a unir os dois países.

Foi celebrado um acordo global em 1997 (tornado estratégico em 2004), tendo a França recusado desde esta data a associar-se a qualquer condenação da China na Comissão dos Direitos do Homem das Nações Unidas. Neste domínio, a França privilegia o diálogo bilateral e defende hoje em dia o levantamento do embargo europeu à venda de armas à China, imposto em 1989.

Por isso, estas relações, que se desejam estreitas no plano político, não se traduzem em resultados equivalentes ao nível das trocas comerciais: o volume das importações e das exportações da França é um terço das da Alemanha. Na União Europeia, a França é o segundo exportador e o terceiro importador da China.

Françoise Mengin

▶ POLÍTICA EXTERNA, TAIWAN (A REPÚBLICA POPULAR DA CHINA E), UNIÃO EUROPEIA (A CHINA E A)

FRONTEIRAS

As autoridades comunistas delimitaram as fronteiras do país em duas fases, correspondendo ambas a desafios políticos internos e externos específicos.

As primeiras delimitações foram efectuadas no início dos anos 60 com a Birmânia, o Nepal, o Paquistão, o Afeganistão, a Coreia do Norte e a Mongólia. Constituíram uma resposta a muitas rebeliões que surgiram no Tibete e em Xinjiang e que levaram as autoridades chinesas a temer uma desestabilização generalizada das regiões fronteiriças.

No plano externo, foram motivadas pela ruptura sino-soviética, consumada na viragem dos anos 60, e pelo conflito fronteiriço sino-indiano de 1962.

A segunda fase das delimitações fronteiriças está em curso e começou no início dos anos 90. Foi marcada pela assinatura de acordos fronteiriços com a URSS/Rússia, o Vietname, o Laos, o Cazaquistão, o Quirguistão e o Tajiquistão. Foi o restabelecimento das relações com a URSS, no final dos anos 80, e depois a queda desta em 1991 que, ao modificarem o ambiente regional da China, permitiram estas delimitações.

O contexto era favorável então a uma aproximação com os vizinhos indianos e vietnamitas.

Ao mesmo tempo, o aparecimento de novos Estados na Ásia Central relançou as questões dos litígios territoriais e de estabilidade fronteiriça em Xinjiang.

Deste modo, no início do ano 2005, o perfil fronteiriço chinês estava em grande parte definido. Apenas as fronteiras com a Índia e o Butão continuavam em litígio, mas a sua resolução parecia estar no bom caminho e poderia concretizar-se nos próximos anos.

A questão da delimitação das fronteiras da China está, portanto, prestes a terminar, depois de ter estado no centro da política fronteiriça chinesa nos últimos 150 anos.

Com estas novas delimitações fronteiriças, as autoridades chinesas reformularam simbolicamente os «tratados desiguais» do «século da vergonha» e abandonaram, assim, um passado julgado humilhante. Esta importante evolução tende, na verdade, a enterrar um dos temas principais e recorrentes da literatura consagrada às fronteiras chinesas: o dos «territórios perdidos».

Os diferentes tratados fronteiriços assinados pela República Popular da China durante os anos 60 e desde o início dos anos 90 não passam, de facto, na sua maior parte, de renegociações de antigos tratados fronteiriços, herdados da China imperial, e que já tinham dado lugar a uma primeira fixação mais ou menos completa de algumas fronteiras.

Assinados entre meados do século XIX e o início do século XX, período durante o qual o império chinês esteve sob o domínio dos imperialismos ocidentais e japonês, estes diferentes tratados não foram reconhecidos pela China republicana, que emergiu em 1911, nem pela China comunista, a partir de 1949, que os qualificaram de «desiguais» e reclamaram a sua dissolução e renegociação.

Algumas destas antigas fronteiras serviram de base às delimitações fronteiriças ulteriores, quer estas tenham sido efectuadas com as potências ocidentais e japonesa, quer, em seguida, durante o poder comunista.

As várias renegociações fronteiriças realizadas desde o início dos anos 90 foram utilizadas pelas autoridades chinesas como passos prévios à nova política de abertura das fronteiras, que começou timidamente na década de 80, até se institucionalizar verdadeiramente a partir do ano de 1992.

Esta abertura, por sua vez, tornou-se necessária e possível devido à evolução do contexto interno e do ambiente internacional da China. Corresponde essencialmente a desafios de desenvolvimento, sobretudo das regiões fronteiriças onde vivem grupos importantes de nacionalidades minoritárias.

No plano internacional, a abertura fronteiriça chinesa integra-se também em novas estratégias políticas e económicas em direcção aos Estados vizinhos.

Embora esta abertura tenha provocado o aparecimento de novas dinâmicas fronteiriças, algumas delas incontestavelmente favoráveis ao desenvolvimento, não deixou, porém, de criar problemas de natureza geopolítica (questões das populações transfronteiriças, emigração chinesa para os países vizinhos).

Sébastien Colin

➤ ÁSIA CENTRAL (A CHINA E A), ÍNDIA (A CHINA E A), REGIÕES FRONTEIRIÇAS, RÚSSIA, TIBETE, XINJIANG

FUNDIÁRIO (SECTOR)

A política agrária tem um lugar central na economia da China, devido ao peso ainda maioritário dos camponeses.

Antes da proclamação da China Popular, em 1949, os proprietários fundiários eram sobretudo privados.

A lei de 28 de Junho de 1950 relativa à reforma agrária modificou radicalmente a estrutura fundiária do país, seguindo o princípio de «a terra aquém a trabalha».

Consistiu em distribuir pelos camponeses as terras dos proprietários fundiários (*dizhu*), dos partidários do antigo regime nacionalista e das congregações religiosas.

O seu termo em 1953 assinala o fim da reforma agrária: 46 milhões de um total de 107 milhões de hectares mudaram de mãos e 300 milhões de camponeses pobres acederam à propriedade ou viram aumentada a dimensão da sua parcela.

Ora, a partir de 1951 foi lançada a colectivização agrária. A prática renascente da usura e do comércio das terras foi de novo proibida. Foram criadas experimentalmente as primeiras cooperativas de produção socialistas em zonas modelo, tendo-se generalizado depois a todo o país.

A quase totalidade dos 120 milhões de lares camponeses foi integrada no sistema cooperativo no final de 1956. Os camponeses conservaram teoricamente a propriedade das suas terras, bem como uma pequena parcela para uso privado. Após a dedução dos impostos devidos ao Estado, dos investimentos, dos custos de gestão e das obras sociais, eram remunerados exclusivamente em função do seu trabalho.

Durante o Grande Salto em Frente, desencadeado em 1958, as cooperativas de produção agrícola foram progressivamente transformadas em comunas populares.

Estas últimas eram muito mais vastas do que as cooperativas e controlavam todas as actividades (a indústria, o comércio, a agricultura, a educação e os assuntos militares). A instituição destes novos organismos como autoridades locais foi ratificada em Agosto de 1958.

Tratava-se de passar da colectivização ao comunismo: as cooperativas cederam às comunas a propriedade do solo, dos instrumentos de trabalho e dos bens colectivos e os camponeses as suas parcelas de terreno. Para além disso, a remuneração do seu trabalho, regulamentada, em princípio, pela comuna, combinava critérios socialistas (o trabalho realizado) e comunistas (as necessidades). As comunas modelo proviam às necessidades alimentares e de vestuário dos seus aderentes.

A situação permaneceu inalterada após a supressão das comunas populares, em 1983. No entanto, a reforma agrária desencadeada em 1979 introduziu um sistema de exploração prefixado, que redistribuía os direitos de exploração dos solos aos lares camponeses em função do número dos seus membros.

O artigo 10 da constituição, revisto em 1982, confirmou que as terras agrárias, exceptuando as que pertenciam ao Estado, eram transferidas para as colectividades (incluindo as parcelas de terra para uso privado).

A situação foi menos complexa nas zonas urbanas. Após a nacionalização progressiva das indústrias durante os anos 50, o Estado recuperou a propriedade fundiária e imobiliária dos terrenos urbanos, exceptuando uma pequena parte alugada às empresas cooperativas.

O Estado redistribuiu depois os terrenos pelas empresas nacionais e pelas cooperativas em função de quotas planificadas.

Excluídos da propriedade fundiária e imobiliária, os citadinos dependiam do Estado, que redistribuía os alojamentos e os bens de consumo por intermédio das empresas, segundo um sistema de racionamento.

O sistema de «distribuição graciosa dos solos» permaneceu em vigor até aos anos 80.

No entanto, o desenvolvimento progressivo da economia de mercado obrigou ao reconhecimento do valor fundiário. A lei relativa à gestão fundiária, votada em 1986, introduziu um novo sistema de «ocupação paga». Definia os conceitos de propriedade e de concessão, que outorgava às empresas privadas para explorarem o solo durante um período de tempo determinado. Esta nova política permitiu que as cidades criassem um mercado fundiário e que o Estado conservasse teoricamente a propriedade dos solos.

Fundiário (Sector)

Em 1987, o método do zonamento (*zoning*) foi aplicado pela primeira vez no plano de ordenamento do quarteirão de negócios de Hongqiao, em Xangai, para propor a concessão de parcelas de terreno através de licitações internacionais.

O sucesso desta experiência conduziu ao desenvolvimento de um novo tipo de procedimento regulamentar: o plano de urbanismo detalhado controlado.

A concessão dos direitos de exploração dos solos tornou-se o principal instrumento financeiro das cidades para realizarem grandes ordenamentos urbanísticos.

Zhuo Jian

➤ CIDADES, COMUNA POPULAR, DESCOLECTIVIZAÇÃO, GRANDE SALTO EM FRENTE, REFORMA AGRÁRIA, URBANISMO

G

GABINETES DAS CARTAS E VISITAS

Os gabinetes das cartas e visitas (*xinfang bangongshi*) são dos principais lugares de manifestação dos descontentamentos e das queixas por injustiças que ocorrem na sociedade chinesa contemporânea. Desde 1993, o número de testemunhos escritos ou orais recebidos por estas instâncias administrativas, e não judiciais, aumenta 10% ao ano.

Em 2002, chegaram mais de 10 milhões de queixas à rede da administração das cartas e visitas, existente à escala do distrito, da cidade, da província e do país.

A maior parte destes testemunhos, participados por correio normal, electrónico ou por telefone ou formulados durante visitas feitas aos serviços respectivos, incide actualmente nos seguintes domínios: trabalho e segurança social, resolução julgada insatisfatória das disputas levadas a tribunal, expropriações de terras nas zonas rurais, violação das leis ou das regras disciplinares pelos quadros, demolições urbanas e expulsões de citadinos que as acompanham e, finalmente, a segurança.

Por outro lado, o número de testemunhos colectivos ou que evocam problemas gerais e partilhados, e não dificuldades específicas a uma família ou localidade, não cessa de aumentar há alguns anos.

Face a esta utilização maciça dos gabinetes das cartas e visitas, foram promulgadas novas directivas em 1995. Foi iniciada, nomeadamente, uma reforma administrativa, em 1 de Maio de 2005, que se esforça por redefinir quer os direitos e as obrigações destas instâncias administrativas, quer os dos queixosos que a elas apelam.

Oficialmente, o apelo directo ao Partido Comunista (PC) e ao governo por intermédio das Cartas e Visitas deve permitir aos dirigentes locais e nacionais manterem-se em contacto com a população e estabelecerem com ela uma associação estreita como a que existe, para utilizar uma expressão comum, entre unha e carne.

Os gabinetes devem também permitir aos poderes públicos compreender os sentimentos da população com o triplo objectivo de ser informados, evitar o aparecimento de desordens sociais e tomar medidas políticas que eventualmente se imponham.

As Cartas e Visitas, finalmente, são apresentadas como contributos para a supervisão da administração.

O espaço aberto por esta rede administrativa foi diversamente utilizado segundo as épocas. No final dos anos 70 e no início dos anos 80, foi o principal instrumento da reabilitação de várias dezenas de milhões de vítimas das campanhas políticas do passado, nomeadamente das sanções políticas ou administrativas levadas a cabo entre 1969 e 1976.

Nos decénios precedentes, foram não tanto uma arma de luta de classes, mas um espaço onde prevaleciam os testemunhos que apontavam para uma realidade social julgada negativa: acusações aos quadros locais, exigências de assistência perante as situações dramáticas enfrentadas e apelos contra sanções julgadas injustas. Os queixosos manifestavam as suas decepções e as suas dificuldades, apesar da sua margem de manobra ser reduzida.

São hoje um lugar onde se associam os juízos morais e os juízos políticos e onde se afirma e exerce a capacidade crítica de todos os indivíduos.

Há quatro grandes categorias de testemunhos.

A primeira é a de «acusar e denunciar» (*konggao jiefa*). Nela se incluem as cartas e as visitas que denunciam acções contrárias à lei e à disciplina do PC e que foram cometidas por indivíduos ou por colectividades, por unidades de trabalho ou serviços administrativos.

A segunda categoria é chamada *shensu* e é parecida com os testemunhos dos que pensam ter sido injustamente vítimas de uma sanção política, administrativa ou jurídica.

O *piping jianyi*, a terceira categoria, cujo nome é formado pela adjunção das palavras «crítica» e «sugestão», engloba os dossiês que exprimem críticas acerca do estilo de trabalho do PC e do governo ou dos costumes sociais julgados nefastos, formulando sugestões ou propostas para melhorar estas situações.

Finalmente, o *jiujue*, ou «pedido de resolução», é parecido com os pedidos de ajuda ao Estado, formulados pelas autoridades locais, colectividades ou indivíduos cujos interesses vitais estão ameaçados.

Isabelle Thireau

➤ CONTESTAÇÃO, GOVERNO, MEDIAÇÃO SOCIAL, PARTIDO COMUNISTA

GASTRONOMIA

O visitante que passeie hoje em dia pelas grandes cidades chinesas tem o sentimento de descobrir um paraíso. Abundam nelas os restaurantes de todos os géneros e as próprias ruas, com os seus pequenos vendedores ambulantes e de fruta e legumes, parecem um lugar de extrema abundância.

As estatísticas confirmam, aliás, esta impressão, porque o sector agro-alimentar é um dos mais dinâmicos e o comércio alimentar a retalho regista anualmente um crescimento de mais de 20%.

Os Chineses gostam de comer e isso vê-se. Tendo sido impedidos de gulodices para não cederem a nenhuma tentação burguesa durante a época glaciar maoísta, comeram a dobrar a partir dos anos 80 com o auxílio dos seus governos, que tudo fizeram para revitalizar um sector então arruinado.

O primeiro objectivo das autoridades chinesas foi fazer brilhar de novo o brasão da alta cozinha chinesa, recuperando a sua longa tradição e formando os cozinheiros na sua arte.

Foi realizado um grande trabalho de explicitação e de regresso às fontes por parte do ministério do Comércio, que lançou a revista *Cozinha Chinesa*, destinada aos cozinheiros, e colocou à sua disposição os grandes textos culinários clássicos, traduzidos e anotados em edições baratas. A cozinha chinesa deve ser entendida como uma das expressões mais notórias desta cultura, ao lado da caligrafia e das outras artes maiores.

Assim, em poucos anos, os cozinheiros chineses ficaram a conhecer a sua tradição, ao mesmo tempo que se aperfeiçoavam no plano técnico.

Um dos textos fundadores de referência foi o do cozinheiro-ministro Yi Yin, que explica ao futuro soberano da dinastia Shang (séculos XIV-XI a.C.) como harmonizar os cinco sabores pelo domínio perfeito do fogo e da cozedura. Na verdade, expõe ao seu senhor o bê-á-bá da política sob aparência de uma lição de cozinha. O seu eco soará cerca de 20 séculos mais tarde para glória da tradição gastronómica chinesa.

Os pratos chineses devem revelar um equilíbrio perfeito nas cores e nos sabores, destinados a seduzir os cinco sentidos dos comensais que os degustam, partilhando a alegria e o prazer. Estes são os princípios de base que regem o consumo gastronómico na China.

Hoje em dia, os cozinheiros manifestam à-vontade e domínio na sua arte. Os maiores não se consideram apenas herdeiros de uma longa e respeitável tradição, mas estão ao nível dos chefes mais prestigiados do mundo da alta gastronomia.

A gastronomia chinesa transformou-se num mercado em que os seus consumidores gastam sem pensar duas vezes. Estão dispostos a saborear caviar e *foie gras*, a beber os vinhos mais cotados, a perder a cabeça pelos primeiros caranguejos da época, o *sashimi* mais fresco e os melões ou as maçãs importados a preços proibitivos.

Passaram a ser uma elite de gastrónomos, abertos ao mundo e exigentes, a quem é preciso saber satisfazer o menor desejo.

Françoise Sabban

➤ ÁLCOOL, ALIMENTAÇÃO, ARROZ, CHÁ, CULTURA, TURISMO

GEOMANCIA

O termo «geomancia» traduz a expressão chinesa *feng shui*, que significa literalmente «vento e água».

Foi sobretudo a partir dos Tang (618-907) e ainda mais dos Song (960-1279) que o *feng shui* se impôs na sociedade chinesa, mantendo nela um lugar não negligenciável até aos nossos dias.

Esta prática divinatória e manipuladora baseia-se em ideias da cosmologia e da filosofia da natureza que, desde a Antiguidade, colocam o homem em interacção com o céu e a terra. Trata-se sobretudo de encontrar a melhor disposição possível no espaço e, de certa forma, no tempo, para situar um túmulo, uma habitação ou outro edifício.

A ideia fundamental consiste em acreditar que se os antepassados estiverem contentes na sua sepultura, tudo farão para ajudar a família. Quanto às habitações e às cidades bem implantadas, não poderão deixar de proporcionar, com a sua influência, uma vida feliz aos seus habitantes, os quais, pelo contrário, não terão senão infelicidade e pobreza se a arquitectura não respeitar as boas regras.

Para determinar o lugar propício onde estão concentradas as energias favoráveis, o mestre do *feng shui* utiliza a bússola dos geomantes durante uma cerimónia que deve inspirar respeito. Analisa também as formas da paisagem natural ou construída que envolve o lugar a avaliar.

Poder-se-á dizer que este procedimento sobrepõe à arquitectura real uma espécie de arquitectura imaginária que permite a apropriação socializada dos lugares por parte dos seus habitantes.

Baseando-se no pensamento analógico, sem fundamentos científicos, a geomancia chinesa foi frequentemente denunciada como pura superstição, quer pelos ocidentais, no século XIX, quer pelos reformadores chineses. A modernização rimou muitas vezes com a condenação oficial do *feng shui*, acusado também de ser causa de múltiplos conflitos e processos judiciais.

No entanto, esta prática, de que se encontram adeptos em todas as camadas sociais, continua hoje em dia a ter o seu lugar na vida quotidiana da China.

Para além dos usos convencionais da geomancia, foi recentemente possível mostrar que os mestres de *feng shui* tendiam a substituir os especialistas médicos tradicionais, cujo número diminui. Por outro lado, cerca de dois terços dos incidentes pelos quais os geomantes são consultados relacionam-se com casos de «má sorte» e problemas de dinheiro.

Neste sentido, a geomancia desempenha também um papel de revelador de problemas sociais.

Frédéric Obringer

➤ ADIVINHAÇÃO, ALMANAQUE, ANTEPASSADOS (CULTO DOS), ARQUITECTURA, CERIMÓNIAS FÚNEBRES, MEDICINA TRADICIONAL, URBANISMO

GOVERNO

A estrutura governamental chinesa é composta, a nível nacional, pelo Conselho dos Assuntos de Estado (*Guowuyuan*) e, nos quatro escalões da administração territorial (província, prefeitura, distrito e cantão), pelos governos locais (*difang zhengfu*).

Como «executivo do órgão supremo do poder do Estado», quer dizer, da Assembleia Nacional Popular (ANP), o governo central possui muitas prerrogativas, tanto constitucionais, como reais.

As primeiras destas competências são particularmente amplas e compreendem o conjunto das tarefas de qualquer governo: poder regulamentar, poder de submeter projectos de lei à ANP e poder hierárquico sobre as comissões e ministérios centrais (que eram 28 em 2006) e sobre os departamentos administrativos locais.

Os poderes reais são importantes, mas mais restritos. Assim, embora o Conselho dos Assuntos de Estado oriente os negócios estrangeiros e a defesa, estes dois domínios, em particular o segundo, apenas são parcialmente controlados pelos ministérios colocados sob a direcção do primeiro-ministro.

O grupo dirigente do Partido Comunista (PC) encarregado da política externa e a Comissão Militar do Comité Central (CC) são as instâncias principais de decisão nesta matéria.

A polícia e a justiça são igualmente coordenadas pelo PC, através da comissão política e judiciária do CC, que tem de prestar contas, não ao governo, mas ao gabinete político e ao seu comité permanente.

O mesmo acontece com as questões geridas pelo ministério do Pessoal, que, estando encarregado dos funcionários, trabalha sob a tutela directa do departamento da organização do CC. Por outro lado, embora a educação e a cultura dependam do Conselho dos Assuntos de Estado, estes dois sectores são também dirigidos pelo departamento de propaganda do CC.

No entanto, no que diz respeito à economia, finanças, ciências e técnica, assuntos sociais, sanitários e desportivos, os ministérios governamentais não são reforçados, nem supervisionados por administrações do PC (contrariamente ao modelo soviético clássico).

Tal não significa de modo algum independência, por pequena que seja, em relação ao PC. Este facto explica-se sim por uma evolução institucional característica da China, que, a partir da Revolução Cultural, contribuiu para uma maior importância do Conselho dos Assuntos de Estado e de muitas administrações que dependem directamente dele (entre as quais, para além dos ministérios, se encontram várias dezenas de gabinetes e de estabelecimentos públicos especializados).

Oficialmente responsável perante a assembleia popular do mesmo escalão, que o designa, qualquer governo local se encontra, de facto, colocado sob a direcção do comité do PC da circunscrição que administra. Símbolo desta imbricação é o facto de o primeiro secretário adjunto deste comité ser quase sempre o governador ou o presidente da câmara desta circunscrição.

Embora seja maior a sua responsabilidade no desenvolvimento económico e social das suas circunscrições, os governos locais estão, portanto, colocados sob a direcção dos comités do PC destas últimas.

Finalmente, ao passo que no escalão provincial há uma certa repartição das tarefas, à semelhança da observada ao nível central, à medida que se desce na hierarquia administrativa, quanto maior é a imbricação dos serviços do comité do PC com os do governo local menos sentido tem a distinção entre o PC e o Estado.

Jean-Pierre Cabestan

➤ ADMINISTRAÇÃO TERRITORIAL, ASSEMBLEIA NACIONAL POPULAR, DESCENTRALIZAÇÃO, ESTADO, LOCAL, PARTIDO COMUNISTA

GRAMÁTICA

A gramática do chinês mandarim parece ser muito diferente da das línguas europeias: as palavras são invariáveis e não há marcas morfológicas como a conjugação dos verbos ou o plural dos substantivos.

Contudo, a sintaxe rigorosa permite indicar a relação que existe entre os diversos elementos da frase, o tempo, as modalidades enunciativas e todas as variações gramaticais possíveis.

A unidade de base é a sílaba (transcrita pelo carácter). Qualquer sílaba tem, em princípio, um sentido: é um morfema. A palavra, que é uma unidade sintáctica, é, mais frequentemente, ou monossilábica, ou, por composição, dissilábica.

A construção da frase é indicada pela ordem das palavras e das orações e pelo uso de palavras gramaticais.

O verbo, identificável devido à sua compatibilidade com uma negação, é o centro obrigatório da oração. A ordem de base é sujeito-verbo-objecto. O sujeito não é obrigatoriamente expresso, pois, no início da frase, pode ser destacado outro elemento (tematização).

Os principais tipos de verbos são, para além dos que significam «existência» (*shi* «ser», *you* «existir»), os verbos de acção, os verbos de qualidade (uso verbal dos adjectivos) do tipo *hao* «ser bom» e os verbos auxiliares que assinalam a possibilidade, o dever, a vontade, etc.

O determinante precede o determinado. Advérbios, particularmente abundantes, e grupos preposicionais precedem o verbo.

A expressão do tempo fica garantida pelas formas nominais que indicam a data (antes do verbo) ou a duração (depois do verbo). Os sufixos verbais, palavras que se seguem imediatamente ao verbo, precisam o aspecto deste: acontecimento em curso ou concluído.

As «partículas finais» mais frequentes são *ma*, que indica uma interrogação que se refere a todo o enunciado, e *le*, que, nesta posição, acentua a tomada em consideração pelo locutor de uma mudança passada, presente ou futura: de acordo com o contexto, o que começa ou o que foi concluído.

O único domínio onde é necessário memorizar um conjunto de formas é a enumeração. Não basta, como em português, por exemplo, indicar o número e o nome do objecto em questão. É preciso indicar uma unidade de conta arbitrária, que é necessário conhecer. Diz-se: *ye ge ren* (um – *ge* – homem) «um homem», *wu tiao gou* (cinco – *tiao* – cão) «cinco cães». Por isso, há três termos tanto para os objectos que se contam como para os que se medem: *yi ben shu* (um – *ben* – livro) «um livro», *san gongjin fan* (três – quilo – arroz) «três quilos de arroz».

Evidentemente, objectos de forma análoga são com frequência associados a uma unidade de conta determinada, mas isso não é de forma alguma necessário, sendo requerido memorizá-la a par do nome. Há uma centena que é mais habitual.

As orações subordinadas circunstanciais (causa, condição, hipótese, etc.) precedem a oração principal. As conjunções subordinativas não são indispensáveis. O verbo principal é acompanhado de advérbios para precisar as subtilezas da relação.

Viviane Alleton

▶ MANDARIM

GRANDE MURALHA

A Grande Muralha da China marcou durante muito tempo a fronteira entre dois mundos, o mundo civilizado e o mundo «bárbaro».

Esta função simbólica suplantou sempre a utilidade defensiva da construção, como se pode verificar pela história de mestiçagem da China do Norte, lugar de encontro, de trocas e de conflitos entre populações da Ásia Central e Setentrional.

A Grande Muralha foi sempre o limite simbólico e físico do que se convencionou chamar a China propriamente dita. Os primeiros muros foram edificados pelos soberanos das pequenas monarquias do período dos Reinos Combatentes (séculos V-III a.C.). Nos séculos XV e XVI, os imperadores Ming ordenaram que estes vários troços ficassem ligados entre si num único muro de cerca de 3000 km, acompanhando o relevo, desde o golfo do Bohai, no Nordeste da China, até às planícies áridas e desérticas das províncias de Shaanxi e de Gansu.

Com a aceleração da expansão ocidental na Ásia, nos séculos XIX e XX, a simbólica da Grande Muralha centrou-se na imagem que podia reflectir da civilização chinesa. No país, tal como no estrangeiro, alguns viram nela o símbolo do fechamento da China sobre si mesma, quando se impunha que se libertasse do seu imobilismo, aproveitando a ocasião única da sua abertura forçada ao Ocidente. Outros interpretaram-na como uma monstruosidade cuja escala revelava o carácter inumano dos que a tinham concebido. Outros, enfim, tomaram-na por uma maravilha que reflectia a grandeza da civilização que a erigira.

Promovida a atracção turística importante dos arredores de Pequim com os grandes trabalhos de restauro e de melhoria das infra-estruturas de acesso, a Grande Muralha tornou-se nas últimas décadas um objecto de orgulho nacional. Visitá-la é uma etapa incontornável de qualquer chinês de passagem pela capital.

A Grande Muralha seria a única construção humana visível a olho nu a partir do espaço, crença alimentada em parte por estar ainda hoje inscrita nos manuais do ensino primário. Com o aproximar dos Jogos Olímpicos de 2008, em Pequim, é quase certo que a popularidade do lugar nada sofrerá com a recente confissão do primeiro taiconauta chinês, que disse ao regressar à Terra que não conseguira distinguir os seus contornos durante a sua estadia em órbita.

Luca Gabbiani

➤ FRONTEIRAS, PEQUIM, TURISMO

GRANDE SALTO EM FRENTE

O Grande Salto em Frente foi a primeira grande catástrofe do regime e esteve na origem da segunda: a Revolução Cultural.

Embora o seu desencadear, oficial em Maio de 1958, mas preparado desde o final de 1957, tenha sido motivado em parte pela crítica ao modelo soviético de desenvolvimento, não pôs em causa o essencial da estratégia estalinista de industrialização adoptada durante o primeiro Plano Quinquenal. A indústria pesada beneficiou mesmo de mais investimentos e Mao Tzé Tung pretendeu duplicar a produção de aço em 1958. No entanto, a economia chinesa tinha de passar a «caminhar sobre as duas pernas»: o sector moderno e o sector tradicional, que deveriam avançar a par.

Sem capitais e sem técnicas de ponta, a perna tradicional mobilizou uma mão-de-obra rural superabundante. Solicitada por grandes obras públicas hidráulicas, pela construção de estradas e pontes e a produção de aço (inutilizável) nos «pequenos altos-fornos» aldeãos, esta mão-de-obra acabou por fazer falta nos campos, onde a boa produção de 1958 apodreceu sem ser colhida, não tendo sido armazenada.

A partir do Outono de 1958, Mao Tzé Tung recomendou prudência e um ritmo mais moderado, não por ter sido o primeiro a tomar consciência dos desequilíbrios, mas porque era o único com a autoridade política necessária para criticar os erros «esquerdistas»: objectivos irrealistas decretados de cima, voluntarismo impetuoso, guerra à natureza desencadeada numa atmosfera pouco propícia aos avisos dos especialistas, etc.

Uma medida tão necessária como a descentralização agravou os desequilíbrios, devido à natureza do regime, que incitava os quadros locais e regionais a fazerem prova de que cada um se empenhava mais do que o vizinho: mais valia «errar à esquerda do que à direita».

Foi no escalão supremo que o mal maior do regime provocou o desastre. Tendo ido à reunião estival dos dirigentes, realizada em Lushan, em Julho de 1959, resolvido a fazer marcha atrás, Mao Tzé Tung fez exactamente o contrário, dado que o ministro da Defesa, Peng Dehuai (1898-1974), ousou criticar o Grande Salto e pô-lo pessoalmente em causa.

Os outros dirigentes deixaram Mao Tzé Tung desencadear uma campanha contra a clique «antipartido» de Peng e relançar o Grande Salto.

O relançamento foi mais funesto do que os erros iniciais: a colecta de cereais por parte do Estado aumentou em 1959-1961, precisamente quando a produção foi altamente deficitária. Morreram de fome muito mais Chineses (15 milhões?) do que em 1959, sobretudo camponeses, devido ao relançamento do Grande Salto em 1960 e 1961.

Conscientes de que Peng Dehuai tinha razão, mas ousando ainda menos opor-se a Mao depois de Lushan, os outros dirigentes contentaram-se a partir de então em sabotar a aplicação das suas directivas, o que levaria Mao Tzé Tung a desencadear a Revolução Cultural contra eles.

Para além do excesso de zelo, a falta de preparação, a desordem e o «fiasco estatístico» (Li Chohming) conduziram ao fracasso do Grande Salto.

Continha, porém, elementos pragmáticos (descentralização, recurso às técnicas intermédias, desenvolvimento das pequenas indústrias rurais e utilização de mão-de-obra agrícola subempregada durante a estação morta) que, num contexto político diferente, se revelaram frutuosos no Japão, em Taiwan e na Coreia do Sul e contribuiriam para melhorar a sorte da geração chinesa seguinte.

Lucien Bianco

➤ MAO TZÉ TUNG, MAOISMO

GRANDES GRUPOS

De 1949 a 1978, a noção de «grupo», tal como é entendida em qualquer economia capitalista, estava em grande medida ausente da China.

O desenvolvimento de uma economia socialista à imagem da experiência soviética levou a China a criar empresas muito grandes durante este período. Todavia, tal como sucedeu com as grandes unidades industriais da URSS e da antiga Alemanha Oriental, estas empresas estavam fortemente integradas quanto a processos industriais, mas eram muito pouco diversificadas.

Os grandes grupos chineses apareceram apenas em meados dos anos 80 quando o governo chinês quis imitar a experiência japonesa dos *kereitsu* e a experiência coreana dos *chaebols*. Ao mesmo tempo, o desenvolvimento da concorrência provocou a concentração industrial, com perdedores e ganhadores, e a transformação das empresas em sociedades por acções.

Estas duas evoluções conduziram ao aumento das fusões e das aquisições. No final dos anos 90, o governo chinês acelerou a sua política de «mecânico» industrial, ao favorecer a criação de 196 grandes grupos do Estado, pretendendo com isso que 50 deles se transformassem em grandes grupos de dimensão internacional.

Esta política voluntarista, directamente orquestrada pela Comissão de Gestão e Supervisão dos Activos do Estado, esteve particularmente activa nos sectores industriais ainda bastante fechados à concorrência, tais como o tabaco, o petróleo e o gás, a produção de electricidade, a madeira, as telecomunicações, a transformação do petróleo, os metais ferrosos, os metais não ferrosos, os transportes e os produtos químicos de base. É nestes sectores que se encontram os grandes grupos industriais chineses.

Nos sectores mais abertos à concorrência, como a indústria ligeira, a agro-alimentar e a electrónica, o Estado foi muito menos dirigista. Nestes sectores, operou-se uma concentração bastante rápida a partir de meados dos anos 90 com o aparecimento de grandes grupos considerados actualmente como «campeões nacionais», como o Haier, o Konka, o TCL e o Lenovo.

A grande maioria destes grandes grupos continua a ser controlada directa ou indirectamente pelas instituições públicas. No entanto, nestes sectores abertos à concorrência, apareceram alguns grandes grupos inteiramente privados que rivalizam com os grandes grupos do Estado, como o New Hope (no sector agro-alimentar, que é a maior empresa privada do país) e o Yuanda no sector de electrodomésticos.

Por último, desde o início dos anos 80, emergiu também uma categoria particular de grandes grupos directamente controlados pelo Estado, do tipo conglomerado e cuja vocação principal é comercial ou financeira: CITIC, China Resources e COSCO.

Estes grandes grupos continentais têm a particularidade de terem sido os primeiros a utilizar a bolsa de Hong Kong (onde são chamados *red chips*) para financiarem o desenvolvimento das suas actividades.

No início da actual década, os grandes grupos chineses desenvolveram uma estratégia internacional e multiplicaram os seus investimentos no estrangeiro com diferentes objectivos: garantir o seu aprovisionamento em recursos naturais (petróleo) e adquirir tecnologias, redes de distribuição e marcas. A empresa Lenovo adquiriu, assim, a divisão de computadores pessoais da IBM e tornou-se o terceiro produtor mundial neste domínio.

Jean-François Huchet

➤ EMPRESAS DO ESTADO, INDÚSTRIA E POLÍTICA DE INDUSTRIALIZAÇÃO

H

HABITAÇÃO

Os Chineses atribuem uma grande importância à vida familiar e à sua habitação. A tradição de três e mesmo quatro gerações sob o mesmo tecto é sistemática nas zonas rurais e está ainda muito difundida nas cidades.

A política em matéria de habitação é, no entanto, nitidamente diferente nas zonas rurais e nos meios urbanos.

Os camponeses, oficialmente registados com a sua residência rural (*nongcun hukou*), conservaram a propriedade de uma pequena parcela de terreno para uso privado. Isso permitiu-lhes construir casa individual com os seus próprios meios. Pouco depois, o Estado seguiu uma política de incentivos que visava promover habitações colectivas integradas no processo de planeamento.

O habitat urbano era quase totalmente colectivo. Locatários dos seus apartamentos, os citadinos não detinham a propriedade do solo.

A reforma do sistema de distribuição das habitações urbanas, lançada nos anos 90, fez passar a habitação do estatuto de bem gerido pelo Estado ao de produto de consumo regulado pelo mercado. Fez surgir promotores imobiliários privados e transformou-os em agentes importantes da construção urbana.

Durante vários anos seguidos, o crescimento do sector imobiliário revelou-se o mais elevado de todos os sectores da economia. Os recenseamentos anuais do ministério da Construção mostram que a superfície média nacional das habitações urbanas passou de 13,6 m^2 por pessoa em 1989 para 23,67 m^2 em 2003.

O desenvolvimento espectacular do habitat mudou radicalmente a paisagem urbana. As filas de edifícios habitacionais uniformes de quatro ou cinco andares, construídas em massa pelas autoridades públicas entre os anos 50 e 80, foram substituídas por torres de 10 a 30 andares com elevador, recentemente erigidas pelos promotores privados.

Os novos conjuntos são frequentemente fechados e mantidos por sociedades de gestão especializadas, formando assim *gated communities* no próprio interior das cidades. Ultimamente, na periferia de algumas metrópoles, desenvolve-se, para além disso, uma nova forma de habitat, devido à crescente motorização: a moradia individual.

Na ausência de uma política de habitação social, o acesso à habitação efectua-se exclusivamente através do mercado imobiliário. Tal constitui um factor decisivo de segregação social.

A escassez de habitações deu lugar ao excesso, com o sector imobiliário urbano de algumas cidades a ser objecto de especulação por parte dos investidores privados nacionais e até internacionais. O preço médio do metro quadrado em Xangai duplicou em apenas três anos.

Entre as maiores fortunas da China recenseadas pela *Forbes*, metade são dos investidores do sector imobiliário.

Zhuo Jian

➤ CIDADES, CIDADES E AS ZONAS RURAIS (AS), DESIGUALDADE DE RENDIMENTOS, FUNDIÁRIO (SECTOR), REFORMAS E ABERTURA, URBANISMO, XANGAI

HAKKA

Os Hakka representam uma cultura local da China Meridional que se formou nos vales e nas montanhas do interior do Guangdong, do Fujian e do Jiangxi, onde vive actualmente a maioria dos falantes do hakka (37 milhões).

Todavia, foi a partir do século XVI, fora da sua região de origem, nas regiões vizinhas e depois no estrangeiro, durante as migrações, que a se formou a identidade hakka.

O nome *«hakka» (kejia)* designa-os, aliás, como «imigrantes» e «recém-chegados», relativamente às populações autóctones ou de estabelecimento mais antigo, como os Cantoneses (Punti).

Até aos anos 80, os Hakka eram sobretudo associados às suas experiências migratórias no exterior da China, onde são cerca de dez milhões, ou seja, um terço das comunidades da diáspora chinesa das migrações para Taiwan, Sudoeste da Ásia, ilhas do Pacífico e continente americano.

Os sucessos económicos e a promoção social dos Hakka a partir do século XIX contribuíram para a redefinição de uma identidade que foi desprezada e estigmatizada durante muito tempo. A imagem revalorizada do grupo, agora divulgada nos sítios hakka da Internet, insiste numa ficção histórica que exalta o patriotismo dos seus antepassados, vindos das planícies centrais da China na sequência da invasão mongol, e atribui-lhes uma «ética hakka» cujas virtudes principais são a frugalidade, o entusiasmo pelo trabalho, a solidariedade no seio do clã e a importância atribuída à educação.

Desde os anos 80, as localidades hakka vêm beneficiando com os resultados económicos da reactivação dos laços com a diáspora. A recuperação dos cultos de linhagem e territoriais, bem como a promoção de uma «cultura hakka», representada nomeadamente pelas aldeias fortificadas, a tradição culinária e festas do templo, contribuíram para o desenvolvimento de um turismo direccionado para os membros de uma diáspora «à procura das suas raízes».

Na China continental, a identidade hakka, definida em termos de «cultura local» e de «grupo dialectal» no seio da «nacionalidade Han», não é reconhecida oficialmente, ao contrário do que se passa em Taiwan, onde a mobilização dos Hakka (mais de 15% dos taiwaneses), centrada na defesa da sua língua, conduziu à criação de um «Conselhos dos Assuntos Hakka».

Béatrice David

➤ CANTONESES, CHINESES DO ESTRANGEIRO, HAN, REGIÕES DE EMIGRAÇÃO

HAN

A «nacionalidade Han» *(hanzu)* representa mais de mil milhões de pessoas, ou seja, cerca de 92% da nação chinesa, oficialmente definida como Estado multinacional composto por 56 nacionalidades.

Este nome identifica os Han com a dinastia Han (206 a.C. – 220 d. C.), que continuou as conquistas territoriais do império fundado pelo primeiro imperador dos Qin (221 a.C.).

Começou por ser em referência aos Han [*Hanmin* («súbditos dos Han») ou *Hanren* («gentes dos Han»)] que o nacionalismo chinês moderno, na segunda metade do século XIX, forjou a noção de «povo chinês».

Unificou assim numa só entidade populações de línguas chinesas muito heterogéneas, opondo-se, por um lado, à dinastia manchu dos Qing, o estrangeiro tártaro do interior, e, por outro, às potências ocidentais que, nomeadamente, submetiam a China aos ultrajes da colonização.

O «povo» ou «nação» Han continuou depois a encarnar a nação chinesa, redefinida como *zhonghua minzu*, formada por cinco «povos», os Han e as «populações das fronteiras (Mongóis, muçulmanos, Manchus e Tibetanos), aquando da fundação da república, em 1911, e por 56 «nacionalidades», actualmente.

O nome Han é usado hoje dia sobretudo na China, onde a política das nacionalidades obriga a dissociar a nacionalidade maioritária da China do interior, a das nacionalidades minoritárias.

No estrangeiro, nas comunidades da diáspora de origem chinesa, afirmou-se nas últimas décadas a designação «gentes de Hua» (*Huaren*) para designar a identidade chinesa, perspectivada em termos étnicos ou culturais, mediante a identificação com os Hua, nome de uma população da Antiguidade chinesa.

A sua demografia impressionante faz dos Han o todo nacional mais numeroso da época contemporânea a nível mundial. Uma concepção rácica e étnica da «nacionalidade» confere-lhes a dimensão biológica da comunidade de sangue e a dimensão de grupo da descendência comum.

O princípio da descendência, que estrutura a relação de parentesco nas linhagens patrilineares, forneceu a base ideológica desta analogia da nação moderna com a linhagem.

Alicerçada no modelo dos mitos de linhagem, foi assim construída a ficção de uma ancestralidade comum dos Han como sendo descendentes dos soberanos míticos Yandi e Huangdi, fundadores lendários do primeiro Estado chinês, até que a definição plural oficial da nação chinesa obrigou a alargar a putativa descendência deste símbolo nacional comum, incluindo nela os que não são Han.

O esquema evolucionista sobre o qual se apoiou, em parte, a classificação das nacionalidades colocou os Han no estádio de desenvolvimento mais avançado da nação chinesa. Daí a sua exclusão, até aos anos 80, dos estudos etnológicos realizados na China, reservados desde os anos 60 ao estudo das «minorias».

A imagem oficial da família plurinacional chinesa continua a dissociar os Han das «nacionalidades minoritárias» (*shaoshu minzu*), cujas culturas reificadas e folclorizadas são «tradicionalizadas», ao passo que a cultura de vocação civilizadora dos Han faz deles os principais vectores da modernidade da nação chinesa.

O seu domínio político, económico e cultural sobre as outras nacionalidades toma hoje ainda outra dimensão.

Embora os Han estejam ainda sobretudo repartidos pelas bacias fluviais da China Oriental, a sua conquista do planalto tibetano, das estepes e dos desertos da Ásia Central e da Mongólia Interior e das florestas tropicais das regiões fronteiriças onde a China toca o Sudoeste da Ásia passou a processar-se aos ritmos acelerados que a política de desenvolvimento do Oeste favorece.

O aumento da presença de populações alógenas Han, prestes a ultrapassar em número a das «nacionalidades minoritárias», tende a «hanificar» as regiões autónomas, ao passo que as forças da sinização dos não Han alargam actualmente o espaço cultural chinês ao conjunto das populações do território nacional.

Béatrice David

► LINHAGEM, MANCHUS, NACIONALIDADE, OESTE (PROJECTO DE DESENVOLVIMENTO DO), REGIÕES FRONTEIRIÇAS

HIDRÁULICA

A civilização chinesa é uma civilização dita «hidráulica».

Num país atravessado por redes fluviais enormes, de cheias muito violentas, que podem inundar milhões de hectares, muito cedo se revelou ser necessário represar as águas. Os relatos míticos e históricos dão testemunho da existência de uma organização hidráulica tradicional na China.

Assim, Yu, *o Grande*, «cavou os rios» e «salvou o país do dilúvio», ao passo que Niukoua, para colocar o país «em equilíbrio», «acumulou cinza de canas para travar as águas licenciosas» que «provocavam inundações sem nunca abrandarem».

Mais tarde, na China imperial, o poder chamou a si obras efectuadas pelas comunidades locais com o objectivo mais amplo do ordenamento do território.

Os trabalhos destinavam-se então sobretudo ao desenvolvimento de sistemas de irrigação e de drenagem das terras cultivadas, bem como à melhoria da navegação fluvial. O Grande Canal dos Tang (618-907), que liga a bacia do Yangtzé à do rio Amarelo, desde Hangzhou até Pequim, é o seu exemplo mais célebre e, indubitavelmente, o mais bem conseguido.

A China comunista conservou esta herança hidráulica. A necessidade de resolver os desafios hídricos do país (falta de água, inundações, desperdícios e poluição) obriga-a hoje a modernizar e a desenvolver novas infra-estruturas hidráulicas nas cidades (sistemas de esgotos, tratamento das águas residuais) e nas zonas rurais (sistema de irrigação).

Todavia, é sobretudo o aluviamento dos grandes rios que impõe a manutenção permanente dos diques, que ainda são o meio principal de protecção contra as inundações.

As autoridades também não abandonaram a lógica das grandes obras hidráulicas, juntando-lhes alguns ingredientes novos, dignos de um país comunista, em desenvolvimento e aberto ao exterior: o gigantismo, a tecnologia e os financiamentos externos.

Estas obras são duas e estão actualmente em estreita conexão. Trata-se da barragem das Três Gargantas, cuja construção começou em 1993 e terminou em 2006, e do projecto de transferência das águas do Sul para o Norte, aprovado pelo governo central em Novembro de 2002.

A realização destes dois projectos foi justificada em parte pelos problemas hídricos com que o país se confronta.

Assim, a barragem das Três Gargantas deverá regularizar o curso do Yangtzé para diminuir os riscos de inundações, enquanto o projecto de transferência das águas de Sul para Norte visa desviar uma pequena parte das águas da bacia do Yangtzé para alimentar a planície do Norte da China e, em particular, as duas grandes cidades que serão permanentemente deficitárias em água nas próximas décadas, Pequim e Tianjin.

Foram propostos três traçados para esta transferência, com ênfase no traçado oriental, que mais não é do que voltar a fazer funcionar o Grande Canal, e no traçado central, que parece ter a preferência das autoridades da capital.

Este último irá ligar Pequim ao reservatório da barragem de Danjiangkou, situado no Han e regularmente alimentado pelo reservatório das Três Gargantas através de um canal.

Devido às consequências hidrológicas e ambientais nefastas que se podem registar tanto a montante como a jusante, estes dois projectos foram muito criticados.

Sobretudo ao privar o Yangtzé de uma parte das suas águas, em benefício de Pequim, e ao ameaçar afectar os equilíbrios naturais do delta, junto ao qual se situa Xangai, o projecto de transferência das águas de Sul para Norte parece ficar no centro das rivalidades entre as duas principais cidades do país.

Na China como noutros países, a hidráulica é, portanto, incontestavelmente, um assunto político.

Sébastien Colin

► CALAMIDADES NATURAIS, ÁGUA, AMBIENTE, TRÊS GARGANTAS (BARRAGEM DAS), YANGTZÉ

HISTÓRIA

Ao fixar as condutas dos soberanos, dos seus ministros e dos seus povos, bem como as normas e as hierarquias que cada um devia respeitar, a escrita da história, que a tradição erudita faz remontar ao próprio Confúcio, modelou numa única cultura política a evolução dos principados chineses do século VII a.C.

Cerca de cinco séculos mais tarde, os valores desta cultura partilhada foram refundidos pelos historiadores das instituições imperiais, na esteira do primeiro grande historiógrafo, Sima Qian (135-93 a.C.). Estes apresentaram então o império como a expressão acabada e perene de um destino histórico comum dos povos da China, que integravam os conceitos intangíveis de centralidade do poder, comunidade política unificada e encaixe hierarquizado dos territórios.

A história do Estado assumiu então duas formas complementares. A continuidade da história confundiu-se com a sucessão dos Estados dinásticos. Os letrados funcionários compilavam a história da dinastia precedente, ao mesmo tempo que acumulavam escrupulosamente os documentos destinados aos historiadores da dinastia seguinte.

Ao mesmo tempo, a história contínua do império sugeria uma síntese progressiva de uma nação singular que impunha os seus modelos de governo a todas as populações que fossem capazes de assumir o seu controlo militar, até 1911.

Este Estado imperial, definido como produto e agente de uma civilização que tinha verdadeiramente inventado e modelado a história, forneceu naturalmente a matriz do Estado moderno.

Na sua preocupação de conferir uma identidade nacional ao seu país, em crise perante as agressões ocidentais do século XIX, os historiadores modernos reapropriaram-se rapidamente das ideias de soberania, interesse nacional, hegemonia económica e centralidade cultural para fazerem do império o antepassado do Estado-nação e, logo de seguida, a encarnação do feudalismo, que era a perspectiva das teorias do materialismo histórico.

Por trás desta reconfiguração afirmou-se, tanto em Taiwan como no continente, uma visão nacionalista da história, que colocou a modernização da sociedade e das instituições ao serviço da identidade chinesa e de um poder centralizador perene.

A China, considerada como modelo alternativo no antigo mundo comunista, tendo-se transformado numa potência regional e mundial, pretende hoje em dia reafirmar a sua vocação histórica: a de ser um centro organizador.

Christian Lamouroux

➤ BUROCRACIA, ESTADO, NACIONALISMO

HOMOSSEXUALIDADE

Nos anos 90, alguns grupos homossexuais começaram a organizar-se e a reivindicar o reconhecimento dos seus direitos na China.

A actividade sexual entre pessoas do mesmo sexo foi despenalizada em 1997 e integrada na «classificação chinesa das desordens mentais». Foi «retirada da classificação das patologias em 2001», em conformidade com a classificação internacional das doenças da Organização Mundial de Saúde.

A mudança de estatuto jurídico das práticas homossexuais e o activismo anti-sida fizeram aumentar a visibilidade dos «camaradas», que é como se designam todas as pessoas que têm práticas de minorias sexuais (*gays*, lésbicas, *queers*, transgéneros) no mundo chinês.

No entanto, esta maior visibilidade não deve fazer esquecer as dificuldades de viverem a sua homossexualidade, ainda estigmatizada e considerada uma doença ou um delito por uma larga maioria da população. Segundo inquéritos sobre a sexualidade, a grande maioria dos homossexuais da China não se reconhece numa identidade de minoria sexual.

As histórias de vida revelam que os homossexuais chineses negoceiam hoje em dia a tolerância social sem colocarem em causa o modelo familiar enquanto fundamento da estrutura social: 90% deles contraem matrimónio e têm relações heterossexuais com o seu cônjuge, pelo menos para procriar.

Os «camaradas» organizam-se em grupos, redes e associações activos na Internet e através de revistas apoiadas, por vezes, por organizações internacionais.

Na China, os seus lugares de encontro incluem parques e banhos públicos, lugares de prazer como salões de massagens, karaokes, bares e salões de grandes hotéis. Estes lugares, sobretudo urbanos, são, por vezes, efémeros e correm o risco de serem sancionados ou encerrados sob qualquer pretexto.

Évelyne Micollier
▶ PROSTITUIÇÃO, SEXUALIDADE, SIDA

HONG KONG

Hong Kong nasceu de um estabelecimento britânico nas margens meridionais do Sul da China, no século XIX.

A colónia era composta por três territórios: a ilha fora doada com plena propriedade pelo império chinês à coroa britânica, em 1842, a península de Kowloon fora cedida por aluguer perpétuo, em 1860, e os Novos Territórios foram cedidos apenas por 99 anos, em 1898.

Aquando do tratado sino-britânico de 1984, o governo chinês conseguiu que o conjunto lhe fosse devolvido em 1997. Hong Kong é hoje uma região de administração especial, cujo regime económico foi garantido por 50 anos, segundo o princípio de «um país, dois sistemas».

À exiguidade do território, com uma superfície de 1070 km^2, junta-se a dispersão em ilhas (de dimensões variadas), penínsulas e baías (encravadas por colinas muito pontiagudas, que têm um alto risco de deslizamento de terrenos, devido ao clima tropical). Apenas um quinto do território é utilizável pelo homem. Importantes trabalhos de terraplanagem permitiram atenuar estas deficiências, nomeadamente ao nível da baía central.

A densidade populacional é, por isso, o maior desafio de Hong Kong. A sua população de 6,8 milhões de habitantes em 2004, que começou por ser, em grande parte, o resultado dos fluxos de refugiados chineses de finais dos anos 40, teve de ser instalada em parques de alojamento colectivos, construídos pelo governo na periferia dos quarteirões centrais e nas novas cidades e desencravados por uma rede densa de transportes públicos, a partir dos anos 70.

A população de Hong Kong esteve também na origem do crescimento económico da colónia. As restrições provocadas por um clima de Guerra Fria, pela dependência alimentar e energética e pela necessidade de encontrar mercados no exterior foram transformadas em oportunidades com o desenvolvimento da indústria ligeira de vocação exportadora, em ligação com actividades portuárias tradicionais.

Hong Kong transformou-se, por isso, numa metrópole moderna, numa placa giratória portuária e aeroportuária e numa nova região industrial da Ásia Oriental.

No entanto, desde o início dos anos 80, a reestruturação da sua economia levou Hong Kong a deslocar as suas indústrias mão-de-obra intensivas, baixo valor acrescentado, exigentes em espaço e poluidoras para o delta do vizinho rio das Pérolas, região central do Guangdong que, a prazo, poderia formar com o primitivo território a região da Grande Hong Kong.

Hong Kong especializou-se desde então em serviços financeiros, bolsistas, de seguros e de consultadoria, que são prestados a empresas locais, continentais e estrangeiras. Posto avançado da diáspora chinesa e dos investidores taiwaneses, japoneses e ocidentais, Hong Kong desempenhou um papel decisivo de placa giratória na abertura da China litoral (capitais, informações, *know-how*) e reforçou a sua posição de capital económica do Sul da China.

Os acontecimentos de Tiananmen foram decisivos para uma tomada de consciência identitária e política de uma parte da população de Hong Kong.

Os Chineses de Hong Kong construíram o sucesso da colónia ao virar a costas ao continente e definiram constantemente o seu carácter chinês em contraposição ao poder colonial britânico.

Em 1989, quando o regime comunista, ao qual a metrópole desenvolvida e liberal seria entregue dentro em pouco, se revelou violentamente repressivo em relação à juventude pequinesa, o povo de Hong Kong compreendeu rudemente que passaria a ter de encontrar, não só a sua identidade chinesa, mas também a sua especificidade face aos continentais.

Nos últimos anos da colónia, nomeadamente por impulso do governador britânico Chris Patten, o debate político ganhou vida com a criação de partidos e uma representatividade eleitoral acrescida no Conselho Legislativo.

Opondo-se de início a esta democratização, o governo chinês soube organizar rapidamente contrafogos com partidos «patrióticos» e o apoio dos meios de negócios de Hong Kong.

Em 1997, Pequim nomeou Tung Chee-hwa, um armador de Xangai, para chefe do executivo, tendo-lhe sucedido em 2005 Sir Donald Tsang, antigo secretário-chefe da colónia britânica, formado em Harvard e católico fervoroso.

Instaurou-se igualmente um jogo complexo entre autocensura local (sobretudo nos meios de comunicação social) e autonomia.

A crise asiática acompanhou a bolha especulativa fundiária no território, a qual se agravou continuamente nos anos 90. Em 1997-1998, esta crise abalou toda a economia de Hong Kong, fazendo recuar o consumo, provocando uma recessão industrial e desemprego.

Posteriormente, embora a taxa de desemprego em 2004 fosse ainda de 7,3%, o crescimento da economia voltou a ser significativo.

Thierry Sanjuan

➤ ABERTURA (LUGARES DE), ADMINISTRAÇÃO TERRITORIAL, MEGALÓPOLES, REFORMAS E ABERTURA, RIO DAS PÉROLAS (DELTA DO), «UM PAÍS, DOIS SISTEMAS»

HU JINTAO

Hu Jintao, originário de Anhui e nascido em 21 de Dezembro de 1942, entrou para o Partido Comunista (PC) em 1964.

Engenheiro, formado na Universidade Qinghua, tal como muitos membros da elite dirigente da sua geração, diplomou-se em 1965.

Hu começou a sua carreira em Pequim (1964-1974), depois prosseguiu-a em Guansu (1974-1982), tornando-se em seguida secretário do PC em Guizhou (1985-1988) e depois no Tibete (1988-1992).

Colocado em províncias afastadas, pobres e difíceis, Hu não lhes proporcionou, contudo, nenhuma melhoria sensível e salientou-se mesmo, no caso do Tibete, pelo seu absentismo, tendo passado mais tempo na capital do que em Lassa.

No entanto, pertencendo à Liga da juventude comunista, que dirigiu entre 1982 e 1985, e apoiado na rede de Qinghua, tornou-se aos 49 anos o membro mais jovem do comité permanente do Comité Político.

Figura de proa da quarta geração de dirigentes, após Mao Tzé Tung, Deng Xiaoping e Jiang Zemin, Hu Jintao dirigiu a Escola Central do PC (1993-2002), antes de suceder a este último nos lugares de secretário-geral do Comité Central, em 2002, presidente da república popular, em 2003, e, por fim, presidente da Comissão Militar Central, em 2004.

Desde a sua entrada em funções, Hu Jintao revelou-se mais preocupado com os que ficaram marginalizados pelo crescimento e tentou alargar a política de reformas e abertura ao Oeste do país, advogando uma prosperidade modesta, mas partilhada pelo maior número de pessoas possível.

No plano político, Hu Jintao prosseguiu a tarefa de modernizar e racionalizar a administração chinesa iniciado pelos seus antecessores, fazendo seu o conceito de «bom governo». Apareceu como um justiceiro implacável em relação aos quadros corruptos a fim de manter a legitimidade e a autoridade do Partido-Estado.

Em contrapartida, frustrou qualquer esperança de liberalização do regime ao fazer calar as vozes da oposição, como se pode verificar pelo controlo dos meios de comunicação social e da Internet.

Na cena internacional, procura fazer da China um actor regional incontornável, umas vezes responsável e pacífico (mediação entre os Estados Unidos e a Coreia do Norte), outras vezes fazendo despertar a fibra nacionalista dos Chineses (face ao Japão), mas sempre sem fazer concessões a Taiwan (lei anti-secessão, aprovada em 2005).

Émilie Tran

▶ DENG XIAOPING, JIANG ZEMIN, OESTE (PROJECTO DE DESENVOLVIMENTO DO), PARTIDO COMUNISTA, TIBETE

HUI

Desde o século XV que o termo *hui* significa «muçulmano». Designa actualmente a nacionalidade hui (*Huizu*), formada por cerca de 10 milhões de muçulmanos de língua chinesa.

Os Hui possuem desde 1955 a região autónoma hui do Ningxia. Caracterizam-se por uma dupla filiação cultural: muçulmana e chinesa.

Dispersos por todo o território chinês, todas as grandes cidades e a maioria dos distritos, em particular nas províncias do Noroeste, de Henan e de Yunnan, não se diferenciam de forma alguma dos seus vizinhos, excepto no que se refere à religião.

Sendo uma população cuja referência comum era essencialmente religiosa, foi levada a pensar-se como uma nacionalidade (*minzu*).

Sunitas de rito hanefita, seguem rigorosamente os preceitos muçulmanos, em particular a abstinência da carne de porco. Há no Islão chinês uma característica distintiva: a organização de mesquitas femininas em paralelo com as dos homens. As diferentes correntes do Islão tradicional – confrarias sufistas e movimentos fundamentalistas – grassam entre os membros das comunidades locais.

Os Hui não são uma comunidade homogénea nem unificada. Estiveram sempre presentes em todas as facções, tanto nas instâncias do poder, como nas das rebeliões.

Actualmente, apenas a filiação pode servir para a transmissão do estatuto de hui. Com a actual intensificação dos proselitismos na China, tal princípio acentua a tensão entre o quadro da nacionalidade e o desenvolvimento efectivo do Islão.

Élisabeth Allès

▶ ISLÃO, NACIONALIDADE, RELIGIÃO

I

IDEOLOGIA

A ideologia do Partido comunista (PC) registou uma mutação progressiva, mas profunda, desde o lançamento das reformas em 1979.

Sendo embora uma «ideologia organizacional» (Franz Schurmann), apregoa ainda os mesmos fundamentos: o marxismo-leninismo e o pensamento de Mao Tzé Tung. No entanto, a «teoria» de Deng Xiaoping e depois os escritos de Jiang Zemin não só relegaram progressivamente para segundo plano o carácter comunista e revolucionário destes princípios, mas também esvaziaram de conteúdo a ideia de socialismo.

Segundo o PC, «a etapa primária do socialismo» em que a China se encontra actualmente e que se prolongará durante um demorado período deverá permitir ao país desenvolver-se e favorecer a criação de uma «economia socialista de mercado», de um «Estado de direito socialista» e de uma «sociedade próspera» (*xiaokang shehui*).

Colocando indirectamente em causa a ditadura do proletariado e o próprio conceito de classe social, Jian Zemin foi mais longe em Julho de 2001 com a sua teoria das «três representações». Desde então o PC tem por missão representar as forças produtivas avançadas, incluindo o «estrato» dos empreendedores privados, a cultura avançada e os interesses fundamentais da grande maioria do povo. Estes princípios estão inscritos na carta do PC, desde o seu XVI Congresso, realizado em Novembro de 2002.

Hoje em dia, para disfarçar a crise ideológica em que está mergulhado desde o início das reformas, o PC promove sobretudo as duas ideologias seguintes: o nacionalismo – fazer da China um país rico e poderoso (*fuqiang*) – e uma certa forma de culturalismo moralizador, que retira grande parte da sua inspiração do confucionismo e lhe permite promover uma «democracia socialista à chinesa» (governo para o povo, mas não, certamente, pelo povo).

Destinadas a congregar um grande número de Chineses e a melhor gerir – e a fazer esquecer – as desigualdades sociais que o país tem, bem como a resistir melhor às ideias ocidentais relativas à democracia, estas ideologias têm igualmente por objectivo legitimar o papel dirigente do PC e, em particular, a sua missão.

Jean-Pierre Cabestan

➤ CONFUCIONISMO, DENG XIAOPING, ECONOMIA SOCIALISTA DE MERCADO, JIANG ZEMIN, MAO TZÉ TUNG, NACIONALISMO, PARTIDO COMUNISTA, REFORMAS E ABERTURA, TRÊS REPRESENTAÇÕES

IMIGRANTES

A mobilidade que se observa na China há duas décadas é oficialmente considerada a partir das categorias administrativas relacionadas com o sistema de registo de residência (*hukou*).

São assim qualificados como imigrantes e considerados problemáticos os indivíduos que não residem onde estão oficialmente domiciliados. Daí os termos utilizados para os designar, quer se trate de opor os «locais» aos que «vieram do exterior», os operários regulares aos operários-camponeses (*nongmingong*) ou os operários e os empregados aos «operários prestadores de serviços» (*laowugong*).

Em 2000, durante o último recenseamento nacional, 11,6% da população, ou seja, cerca de 145 milhões de pessoas, tinham iniciado esse tipo de mobilidade geográfica.

As experiências migratórias diferem muito entre os indivíduos. Os imigrantes não constituem um grupo social homogéneo, ainda que os especialistas e os observadores tendam a agregá-los, porque adoptam uma lógica institucional (a natureza dos direitos de residência que têm), económica (as disparidades económicas entre localidade de origem e localidade de acolhimento) ou ideológica (os imigrantes considerados como camponeses, sendo contrastados do ponto de vista ético, social e cultural com os citadinos).

Os emigrantes podem ser indivíduos tão diferentes como um professor de uma universidade pequinesa que partiu para tentar a sua sorte em Shenzhen, um antigo assalariado de uma fábrica colectiva, que deixa a sua cidade de origem para encontrar algures um emprego melhor remunerado, ou um jovem camponês de 16 anos que vira as costas à sua aldeia para ir aprender algum ofício técnico ou acumular um pequeno capital numa das metrópoles costeiras.

Os projectos migratórios elaborados, a sua redefinição contínua e o seu desenrolar efectivo variam segundo factores como as motivações dos emigrantes, o género, a idade no momento da partida, o nível de instrução, a experiência profissional, as ligações concretas de que dispõem e os acontecimentos vividos ou observados na localidade de acolhimento.

Apesar desta diversidade, a mobilidade geográfica, sobretudo a dos emigrantes com menos recursos económicos ou culturais, é mais frequentemente individual do que familiar.

Os direitos de residência temporários reconhecidos aos imigrantes colocam, de facto, esta mobilidade sob o signo da curta duração e do provisório e encorajam frequentes deslocações entre as regiões e as empresas a fim de contornar os obstáculos encontrados ou tirar o melhor partido possível da estadia fora do lugar de domicílio oficial.

Para além disso, o dispositivo de registo de residência impõe às famílias imigrantes, em geral menos remuneradas do que as que têm direitos de residência permanentes, despesas muito mais elevadas em alojamento, saúde e educação.

O carácter frequentemente individual da mobilidade explica igualmente que esta seja de curta e não de longa duração. Nem as migrações sazonais, nem a instalação definitiva na localidade de acolhimento, ainda que esta esteja a aumentar, são, de facto, maioritárias, mas sim a estadia de alguns anos numa ou várias cidades chinesas.

Este carácter individual e instável das migrações internas suscita desconfianças e suspeitas em relação ao imigrante, considerado como um indivíduo de passagem, livre de se movimentar, porque sozinho, agindo em função do curto prazo, porque não se pode instalar, e susceptível de desaparecer de um dia para o outro.

Este preconceito influencia os laços entre os imigrantes, entre estes e os não imigrantes e entre eles e o Estado. Este facto traduz-se na multiplicação dos instrumentos de caução: operários que têm de se tornar garantes dos parentes próximos que fazem entrar na fábrica, citadinos «oficiais» que têm de ser fiadores da honestidade dos imigrantes que acedem a determinados empregos, «locais» que têm de prestar aval no acesso a uma linha de telefone fixo ou na compra de um automóvel aos imigrantes que se podem furtar sem pré-aviso aos seus compromissos, etc.

Há, portanto, desconfiança do Estado em relação aos seus administrados itinerantes, desconfiança dos citadinos em relação a estes visitantes anónimos e desconfiança também, por vezes, dos imigrantes entre si, devido aos comportamentos oportunistas e às decepções de alguns, quer sejam de origem urbana ou rural.

Os direitos temporários detidos pelos imigrantes influenciam igualmente a maneira como estes se sentem expostos ao poder de outrem, seja próximo ou afastado. Perante todas as hierarquias com que se defrontam na cidade, algumas dependem directamente do registo de residência. É o caso, claramente, da repartição desigual dos direitos à saúde, à educação e à habitação.

Mas é o caso também das desigualdades encontradas no mundo do trabalho. Algumas, na verdade, estão inscritas no funcionamento da empresa, qualquer que seja o estatuto jurídico desta, e baseiam-se nos direitos de residência detidos pelos trabalhadores.

Estabelece-se frequentemente uma hierarquia formal nos lugares de trabalho entre dois grupos, os empregados regulares e os empregados temporários (englobando, por vezes, imigrantes de origem urbana e rural), ou os operários regulares e os operários-camponeses, ou mesmo entre três grupos, os assalariados regulares, os assalariados imigrantes de origem urbana e os assalariados imigrantes de origem rural.

Esta hierarquia afecta principalmente a remuneração. Em lugares iguais, o montante do salário, a existência ou inexistência de prémios e o montante destes últimos diferem.

Afecta igualmente a natureza dos postos ocupados e os direitos e obrigações que lhe estão adstritos. Os assalariados imigrantes não podem muitas vezes recusar as horas suplementares.

Diz respeito ainda às formas de assistência ou de auxílio, como os empréstimos concedidos pelas empresas aos seus empregados. Algumas empresas recusam estes empréstimos aos operários imigrantes ou fixam escalas de empréstimos que variam com o tipo de registo de residência possuído.

Os imigrantes são, finalmente, afectados, no seu próprio estatuto. Mencionemos, por exemplo, a proibição de determinados assalariados imigrantes participarem em concursos internos sobre competência técnica e *know-how*.

Perante esta situação, os imigrantes organizam-se de maneira mais ou menos formal. Viram-se maciçamente para instâncias como os gabinetes das cartas e visitas locais. A intensidade e a frequência das suas queixas contribuíram para diversas melhorias no domínio do direito do trabalho.

Agrupam-se em alguns quarteirões em função da origem geográfica comum, criando escolas para os seus filhos. Por exemplo, há em Pequim 500 escolas privadas criadas pelos imigrantes, ainda que cerca de 100 000 filhos de imigrantes não frequentem a escola.

Criam estágios para que os novos assalariados se familiarizem com a lei do trabalho, formam mediadores para auxiliar nas negociações entre operários e empregadores e propões actividades culturais.

Estes modos de organização, que anteriormente eram apenas tolerados pelas autoridades locais, são hoje encorajados e, por vezes, apoiados por estas, porque contribuem para a gestão de uma população nova, a que as instâncias oficiais como os gabinetes de quarteirão e os comités de residentes dificilmente têm acesso.

Isabelle Thireau

➤ CAMPONESES, DIREITO DO TRABALHO, DISPARIDADES REGIONAIS, GABINETES DAS CARTAS E VISITAS, MIGRAÇÕES INTERNAS, OPERÁRIOS, QUARTEIRÃO (GABINETES DE), REGISTO DE RESIDÊNCIA, RESIDENTES (COMITÉS DE)

IMOBILIÁRIO (SECTOR)

Nos anos 90, uma série de alterações legislativas permitiu o aparecimento progressivo de um mercado imobiliário.

Desde o fim do ano 2000, as unidades de trabalho deixaram de distribuir alojamentos aos seus empregados e estes têm, portanto, de recorrer ao mercado.

O Estado continua a ser o único proprietário dos terrenos tanto nas cidades como nas zonas rurais. Os direitos de utilização (alugueres de 70 anos para os imóveis residenciais e de 50 anos para os comerciais), embora diferentes dos direitos de propriedade, são objecto de compra e venda.

Fragmentado de início, o mercado unificou-se progressivamente. Desde há 20 anos que muitas empresas abandonaram o centro das cidades e melhoraram assim as suas contas, graças à cessão dos seus terrenos às municipalidades, o que estimulou a construção imobiliária.

Este sector registou um crescimento superior ao da economia e a sua contribuição para o produto interno bruto (PIB) praticamente duplicou desde o lançamento das reformas (passando de 3,8% do PIB em 1975 para 4,6% em 1990 e 6,9% em 2003).

Em todo o país, as cidades antigas são arrasadas e reconstruídas, surgindo novos quarteirões.

O Estado contribui para este dinamismo com os seus investimentos maciços em infra-estruturas (auto-estradas e redes de metro, nomeadamente).

Em Pequim e Xangai, a actividade é estimulada pela perspectiva da organização dos Jogos Olímpicos de 2008 e a Exposição Universal de 2010, respectivamente.

No mercado residencial, a diversificação dos produtos oferecidos (apartamentos e casas independentes) foi acompanhada da forte subida dos preços.

Desde 1999, foi em Xangai que o crescimento foi mais rápido, estimulado pela procura por parte de residentes não xangaienses (Chineses da diáspora, mas também residentes doutras províncias chinesas).

Entre 1998 e 2004, o crescimento anual do preço do metro quadrado teve mais de dois dígitos, sendo de 14% a subida verificada em 2004. O preço médio do metro quadrado duplicou, passando de 3000 para mais de 6000 *yuans*.

Com o rendimento mensal médio em 2000 *yuans*, há cada vez mais habitantes de Xangai que não podem residir no centro da cidade e se mudam para a periferia.

As autoridades falam há vários anos da formação de uma bolha especulativa. Se esta rebentar, o facto terá consequências importantes no sistema bancário, que está muito exposto.

Em 2002, um relatório oficial estimava que um quarto dos empréstimos ligados à actividade imobiliária não respeitava a legislação em vigor. Em teoria, uma operação imobiliária não pode ser financiada para além de 70% do seu custo com empréstimos bancários, mas, na prática, bancos e promotores contornam este limite.

Para além disso, a ausência de transparência nas transacções é uma fonte importante de corrupção. Os riscos não são apenas económicos, mas também sociais e políticos, porque a reconstrução maciça de quarteirões inteiros é fonte de litígios e protestos.

Gilles Guiheux

► CIDADES, CONSUMO, FUNDIÁRIO (SECTOR), HABITAÇÃO, PRIVATIZAÇÕES, URBANISMO

IMPRENSA

São publicados cerca de 2000 jornais e 9000 revistas na China. Todavia, esta profusão não nos deve iludir: a liberdade de imprensa não existe e a informação é severamente controlada.

Imprensa

A distinção entre «jornal» e «revista» fica mais a dever à apresentação das publicações do que à sua periodicidade. Apenas um quarto dos 2000 jornais são diários. Mais de metade não é publicada senão entre uma e três vezes por semana.

A imprensa constitui um mercado muito fragmentado. Os jornais de importância nacional não representam senão um décimo do total, sendo a maioria publicada ao nível das províncias. No conjunto dos jornais nacionais e provinciais, cerca de 300 são órgãos de informação geral.

Um terço das 9000 revistas é mensal e outro terço bimestral. Cerca de metade são revistas científicas ou técnicas. Apenas cerca de 500 são revistas de informação geral.

Todos os meios de comunicação social são controlados pelo Gabinete Central da Propaganda do Partido Comunista (PC), que assegura que o seu conteúdo está em conformidade com a sua linha de orientação.

Os grandes meios de comunicação social de importância nacional, como a Agência Xinhua («Nova China»), o *Renmin ribao* («Diário do Povo») e a Televisão Central Chinesa (CCTV), dependem directamente deste Gabinete Central da Propaganda do PC.

O *Renmin ribao*, criado em 1948, beneficia de leitores cativos, porque todas as administrações são assinantes. Reivindica uma tiragem de 1,8 milhões de exemplares.

A censura exercida pelo Gabinete Central da Propaganda do PC pode assumir diversas formas: proibição pura e simples da menção de uma informação, limitação a certas fontes para a cobertura de um acontecimento – por exemplo, aos despachos e às fotografias da Agência Xinhua – e ainda restrições à importância a conceder a um acontecimento, proibindo os jornais de publicar uma informação na primeira página, etc.

As empresas dos meios de comunicação social são consideradas estabelecimentos de utilidade pública e estão submetidas a um regime particular de propriedade que as coloca na dependência do Estado-Partido. Todas as empresas editoras têm de obter uma licença da Administração da Imprensa e das Publicações. Todas as publicações devem ter um número oficial, atribuído por esta mesma Administração.

Antes do lançamento das reformas de 1978, apenas existiam publicações de propaganda inteiramente financiadas pelo Estado. A transição para a economia de mercado e a redução dos subsídios governamentais obrigaram os meios de comunicação social a preocupar-se com a rentabilidade, o que conduziu ao desenvolvimento da publicidade e ao lançamento de jornais ditos «populares».

Estes jornais vespertinos ou metropolitanos, que se começaram a desenvolver a partir de 1992, privilegiam as informações de sociedade, desportivas e de lazer. A maioria pertence a grupos de imprensa provinciais.

Assim, em Cantão, o grupo Nanfang, que depende do comité do PC da província de Gaungdong, publicava o *Nanfang ribao* («Diário do Sul»), fundado em 1949 e que em 2003 reivindicava uma tiragem de 800 000 exemplares. Em 1997, lançou o *Nanfang dushi bao* («Jornal da Metrópole do Sul»), que anuncia 1,4 milhões de exemplares.

Há três outros grandes grupos de imprensa cantoneses: o editor do *Guangzhou ribao* («Diário de Cantão»), órgão do comité do PC da municipalidade de Cantão, jornal que tem as receitas publicitárias mais volumosas em todo o país, ou seja, 1,6 milhares de milhões de *yuans* em 2003, para uma tiragem de 1,6 milhões de exemplares; o grupo do diário *Yangcheng wanbao* («Jornal da Tarde de Cantão»), com 3,8 milhões de exemplares; e outro colocado na dependência do comité do PC da municipalidade de Shenzhen.

Em Pequim, há uma certa emulação motivada pela coexistência de jornais publicados ao nível central e outros pela municipalidade de Pequim. Em Xangai, dois outros grupos, que dependem do comité do PC da municipalidade, partilham entre si o essencial do mercado.

A audácia e a qualidade da imprensa cantonesa poder-se-ão explicar nomeadamente pela concorrência entre quatro grupos que dependem de autoridades diferentes.

Desafiar o poder é também fonte de desapontamentos. Um jornal pode ver suspensa a sua publicação ou ser encerrado arbitrariamente. A China detém o recorde de jornalistas presos.

As exigências comerciais abriram uma brecha no controlo governamental. No entanto, não tendo a reforma económica sido acompanhada por uma reforma política, os meios de comunicação social chineses são confrontados com o desafio de serem atraentes e rentáveis, ao mesmo tempo que se têm de manter nos limites fixados pela propaganda do PC.

Patricia Batto

➤ CONTROLO POLÍTICO E CENSURA, DIREITOS DO HOMEM, EDITORIAL (SECTOR), INTERNET, TELEVISÃO

ÍNDIA (A CHINA E A)

Os dois gigantes asiáticos que são a China e a Índia (com, respectivamente, 1,3 milhares de milhões e mais de 1 milhar de milhão de habitantes, em 2005) estiveram muito tempo separados pela história e pela geografia, com modestas relações económicas e humanas, para além de reservas em se aceitarem mutuamente como grandes potências.

Após uma curta lua-de-mel nos anos 50, período marcado pelo lançamento em comum dos «cinco princípios da coexistência pacífica», as relações entre Pequim e Nova Deli conheceram uma fase de oscilação entre o mau e o medíocre nas duas décadas seguintes, tendo ocorrido, nomeadamente, um conflito fronteiriço armado nos Himalaias, em 1962.

A abertura económica da China em 1979 assinalou o início do degelo das suas relações, mas a atenção da China virou-se para o Ocidente e a questão indiana tornou-se marginal.

Foram o pós-Tiananmen, o isolamento chinês na cena internacional e também o fascínio cada vez maior da Índia em relação à emergência económica da China que estiveram na origem de um começo de reaproximação.

Esta dinâmica foi relançada, paradoxalmente, após a Índia – e depois o Paquistão – ter acedido, em 1998, ao estatuto de potência nuclear, bem como dos acontecimentos do 11 de Setembro de 2001 e, sobretudo, da crise iraquiana, em 2003.

Noutros termos: a evolução que o teatro estratégico asiático conheceu desde 2001, assinalada pela presença militar americana (e europeia) na Ásia Central e no Afeganistão, a manutenção de laços estreitos entre o Paquistão e os Estados Unidos e o reforço das relações indo-americanas, contribuiu para uma verdadeira reaproximação entre Pequim e Nova Deli.

As relações políticas intensificaram-se, encetaram-se ligações militares, foram retomadas as negociações sobre os contenciosos fronteiriços e as trocas comerciais cresceram a um ritmo sem precedentes, passando de 264 milhões de dólares em 1990 para 19 milhares de milhões em 2005.

No entanto, mantém-se a desconfiança mútua entre as duas potências nucleares, tendo por centro as suas ambições e o desenvolvimento das suas capacidades militares. A Índia beneficia da colaboração e do apoio americanos, concretizados no levantamento das restrições em matéria de armamento.

Para além disso, a fraca complementaridade das duas economias e a concorrência derivada da semelhança das estruturas de exportação constituem obstáculos ao desenvolvimento do comércio bilateral.

Michal Meidan

➤ DEFESA, FRONTEIRAS, POLÍTICA EXTERNA

INDÚSTRIA E POLÍTICA DE INDUSTRIALIZAÇÃO

Quando o Partido Comunista tomou o poder, em 1949, a economia chinesa estava pouco industrializada. Apenas algumas regiões registavam um princípio de industrialização, como Xangai, com a sua indústria ligeira, e algumas cidades do Nordeste, onde o Japão desenvolvera a indústria pesada durante o período da colonização da Manchúria.

Desde o primeiro Plano Quinquenal de 1953-1957, o poder comunista, que procurava implantar o modelo soviético, deu *prioridade* ao desenvolvimento da indústria pesada, que não representava senão 35,5% do total da produção industrial em 1952. Um quarto de século mais tarde, quando se iniciou a política de abertura, a indústria pesada contribuía em cerca de 67% para a produção industrial.

Durante este primeiro período, o Estado comunista praticou uma política voluntarista de industrialização das grandes cidades do interior. Até Julho de 1960, data da partida dos especialistas soviéticos, o Estado privilegiou os grandes projectos (156 no total), que tinham por objectivo construir grandes complexos industriais, copiados das unidades que havia na URSS e assentes em importantes transferências de tecnologia.

De 1960 a 1978, a política de Mao Tzé Tung afastou-se da linha soviética e procurou desenvolver uma economia capaz de resistir a um ataque militar americano ou soviético. A auto-suficiência local era a palavra-chave deste período, durante o qual um programa de «terceira frente» (1964-1971) levou à deslocação das capacidades produtivas do litoral para as zonas recuadas do interior.

O período das reformas económicas que se iniciou em 1978, paradoxalmente, não ficou assinalado pelo reequilíbrio em benefício da indústria ligeira, porque em 2003 a indústria pesada representava ainda 61% do total da produção industrial e ocupava 60% da mão-de-obra deste sector.

Houve, no entanto, mudanças significativas. A indústria electrónica tornou-se a mais importante, seguida da indústria de material de transporte (automóvel, nomeadamente). A política de industrialização deixou de ser tão voluntarista e as províncias do litoral recuperam rapidamente a sua posição dominante na produção industrial.

Xangai continua a ser o centro industrial mais importante quer na indústria ligeira, nomeadamente na têxtil, quer na indústria pesada, com empresas que são das mais eficientes da China no ramo automóvel (SAIC) e na siderurgia (Baogang).

Na química pesada e na siderurgia, o Nordeste continua a ser um centro industrial importante, mas as grandes empresas do Estado que vieram do período anterior foram muito afectadas pelas reestruturações iniciadas em 1994.

No sector energético, o Shanxi mantém-se como a primeira província em extracção de carvão, que é ainda a primeira fonte de energia da economia chinesa, muito à frente do petróleo, e a província de Heilogjiang continua também a ser a principal produtora de petróleo na China, apesar do esgotamento dos campos petrolíferos de Daqing.

No entanto, é sobretudo a província de Guangdong que beneficia com as reformas, devido a uma transferência maciça de capacidade industrial de Hong Kong, durante os anos 80, e depois de Taiwan, durante os anos 90.

Graças à sua inserção na divisão internacional do trabalho, o Guangdong juntou-se a Xangai à frente da produção da indústria ligeira, com o desenvolvimento de distritos industriais muito produtivos no delta do rio das Pérolas. Especializaram-se na electrónica, electrodomésticos, jogos, têxteis, vestuário, móveis, cerâmica e calçado.

Quanto à estrutura do emprego, o sector das máquinas e do equipamento eléctrico ocupou sempre um lugar preponderante com cerca de 20% do emprego industrial, seguido do têxtil com 10,3% e da indústria siderúrgica com 4,4%.

Os sectores que se destacaram após 1978 ficaram, de uma maneira geral, muito mais expostos à concorrência, sendo dominados pelos capitais privados e estrangeiros.

Na indústria pesada, a dimensão das empresas é muito maior e a propriedade pública mantém-se dominante.

Deve notar-se, por fim, que a indústria chinesa continua a ser muito poluente e particularmente voraz em recursos energéticos com um consumo por unidade de produto interno bruto três vezes superior à indústria europeia.

Jean-François Huchet

➤ AUTOMÓVEL (SECTOR), DISPARIDADES REGIONAIS, EMPRESAS DE CAPITAL ESTRANGEIRO, EMPRESAS DO ESTADO, GRANDES GRUPOS, NOVAS TECNOLOGIAS, RIO DAS PÉROLAS (DELTA DO)

INFORMAL

Se considerarmos como definição de «informal» o conjunto das actividades que se realizam à margem da legislação penal, social e fiscal ou que escapam à contabilidade nacional, a economia chinesa aparece como uma mistura dinâmica ou disfuncional, consoante os casos, de práticas formais e informais que penetram todos os sectores.

Pode-se falar de economia *yin-yang*, onde o formal e o informal se alimentam um ao outro e o que está oculto é indissociável do que está à vista.

A China junta-se, deste modo, a muitos países do terceiro mundo e, sobretudo, ao seu alter-ego asiático, a Índia, cuja economia não declarada foi calculada em 40% do produto interno bruto (PIB).

O desenvolvimento da esfera do informal é indissociável, no caso chinês, do processo de transição, em que o crescimento dos mercados de bens e serviços, de trabalho, fundiário e financeiro foi acompanhado pela abandono por parte do Estado central de uma política de cobertura das necessidades fundamentais em matéria de emprego, saúde, educação e habitação.

Este retraimento do sector formal do Estado ocorreu numa indefinição jurídica, social e fiscal que foi propícia ao aparecimento de práticas informais, no quadro da descentralização, em benefício do Estado local e das empresas, que têm interesse em maximizar os seus rendimentos, apoiando-se nos monopólios territoriais ou sectoriais e apropriando-se dos activos públicos para os valorizar.

Em matéria de emprego, os 140 milhões de imigrantes rurais, disponibilizados pela descolectivização das zonas rurais e a elevação da produtividade agrícola, e que representam 20% da população activa, são uma reserva de mão-de-obra flexível sem qualquer garantia nem estatuto social.

Embora favoreça o dinamismo da economia não estatal, ponta de lança do crescimento, esta oferta quase ilimitada de mão-de-obra informal faz aumentar as arbitrariedades dos empregadores.

Independentemente dos atrasos nos pagamentos, que se cifravam em 100 milhares de milhões de *yuans* (12 milhares de milhões de dólares) em 2003, segundo o sindicato oficial, o número de acidentes nas minas de carvão, que totalizaram mais de 4200 mortos durante os três primeiros trimestres de 2005, levou o Estado a suspender a produção em metade dos 23 000 poços e a encerrar mais de 5000.

Pelo contrário, o desenvolvimento do comércio privado e das pequenas empresas de serviços, que constituiu uma saída profissional para os imigrantes rurais ou permitiu a requalificação dos trabalhadores despedidos do sector público, explica em grande parte a reavaliação do PIB de 2004 em 16,8%, porque não incluía de início estas actividades.

No domínio da fiscalidade local, os fundos extra-orçamentais escapam a qualquer controlo, apesar da sua importância.

O sistema financeiro no seu conjunto é invadido pelo informal. Os «negócios ilegais e não autorizados», ou seja, as fraudes, foram avaliados nos quatro bancos públicos em 73 milhares de milhões de dólares apenas durante o ano de 2005, o que explica, em parte, a insuficiência da sua recapitalização pelo Estado, que totalizou 260 milhares de milhões de dólares desde 1998.

Os créditos subterrâneos ou informais foram estimados em 750 milhares de milhões de *yuans* (92 milhares de milhões de dólares), em 2005, num estudo da Universidade Central de Finanças e Economia. Correspondem a 28% do total dos empréstimos, a um terço dos destinados às pequenas e médias empresas e a mais de metade dos reservados aos agricultores.

Os sectores fundiário e imobiliário são também objecto de grandes manobras informais no quadro da urbanização acelerada do país e da apropriação pelo aparelho do Estado e as empresas dos activos públicos mais valiosos e mais facilmente valorizáveis a curto prazo.

A expulsão maciça e a insuficiência sistemática das indemnizações aos citadinos dos centros das cidades e aos agricultores das periferias, devido aos projectos de infra-estruturas e ao desenvolvimento urbano, são frequentemente realizadas com recurso à violência.

Dois terços dos 130 conflitos de massas, em 2004, opuseram a polícia aos camponeses, devido a problemas de requisição fundiária, que desencadearam incidentes sangrentos na província de Guangdong, em Dezembro de 2005.

A especulação fundiária e imobiliária, que atinge até o ponto mais alto do aparelho de Estado, como se pôde verificar com a condenação a prisão perpétua, por corrupção, do ministro da Gestão e dos Recursos Fundiários, Tian Fengshan, resulta de práticas que são em grande parte informais. Podemos citar o recurso a créditos paralelos por parte dos promotores, a revenda sucessiva de apartamentos não acabados e o recurso a bandos de vadios para forçar a saída de residentes recalcitrantes.

À especulação interna juntaram-se as entradas de capitais, cujas modalidades são mal conhecidas, tendo aqueles sido aplicados no imobiliário, apostando na revalorização do *yuan*.

Em 2004, a rubrica «erros e omissões» da balança de pagamentos situou-se nos 27 milhares de milhões de dólares, ao passo que a China contabilizava um superavit de 110 milhares de milhões de dólares na sua conta de capital, inexplicável apenas pelos seus resultados comerciais.

O conjunto do sistema de saúde foi atingido também pelas práticas informais. Apenas 10% da população (133 milhões) beneficiam de cobertura social médica e 70% das despesas de saúde pública são afectadas às zonas urbanas, onde vivem 30% dos habitantes. A parte de financiamento das famílias nestas despesas passou de 20% em 1978 para 60% em 2005.

As restrições aos créditos públicos concedidos aos hospitais compeliram estes a obter entre 40% e 60% das suas receitas com a venda de medicamentos, cujo preço de retalho pode ser 20 vezes superior ao seu custo de produção.

Nos meios rurais, a desintegração do sistema de saúde foi acompanhada pelo aumento das práticas informais, o que favoreceu as epidemias. O ministério da Saúde estima que 390 000 Chineses tenham morrido devido à reutilização de seringas não desinfectadas.

Independentemente da extensão da gripe das aves, que é dificilmente controlável, segundo os responsáveis, devido ao subdesenvolvimento da rede de vigilância sanitária, a pandemia da sida foi crescendo durante mais de uma década, devido à inexistência de campanhas de sensibilização, com factores de risco como o vício da heroína, a homossexualidade, a recolha de sangue mediante pagamento e a prostituição.

A atrofia de alguns sectores pode ser acompanhada da hipertrofia burocrática, que resulta também de práticas informais. Por exemplo, mais de metade dos funcionários da província de Henan, em número superior a 300 000 numa população de 97 milhões de pessoas, estão empregados sem respeitar as normas quanto a efectivos aprovadas pelo governo central.

As práticas informais resultam, portanto, de uma série de factores, tais como a urbanização acelerada e a reestruturação do sector do Estado, que tornam precária uma parte cada vez maior do emprego, o desmantelamento programado do sistema de redistribuição em matéria de educação, saúde e habitação, cada vez mais financiado pelas famílias, e a privatização espontânea dos activos públicos.

As consequências económicas destas práticas já são consideráveis, com o reforço das desigualdades e o crescimento da poupança de precaução por parte das famílias, que atinge níveis recordes.

O informal é, portanto, sintomático da discrepância existente entre o dinamismo económico da China e a sua implosão social.

O descomprometimento dos poderes públicos e das empresas em matéria social criou as condições para um crescimento económico que é acompanhado por conflitos cada vez mais agudos sobre a repartição dos rendimentos e levanta a questão da viabilidade das políticas actuais, com a retórica das autoridades centrais a opor-se crescentemente à prática seguida pelas autoridades locais e os monopólios e oligopólios centrais.

Guilhem Fabre

▶ COMÉRCIO INTERPROVINCIAL, CORRUPÇÃO, IMOBILIÁRIO (SECTOR), MERCADO (TRANSIÇÃO PARA A ECONOMIA DE), SAÚDE

INTERNET

Embora o correio electrónico date de 1987, a Internet só se desenvolveu realmente na China na segunda metade dos anos 90.

Regista actualmente uma verdadeira explosão. Segundo as estatísticas do China Internet Network Center, o número de utilizadores passou de 40 000 em 1995 para 79,5 milhões em Janeiro de 2004, tendo atingido 100 milhões em 2005.

Os internautas chineses estão, assim, em vias de alcançar em número os Norte-Americanos, que estão em primeiro lugar com 185 milhões de internautas. Há motores de busca inteiramente chineses, sendo o mais célebre o Baidu.

A maioria dos utilizadores habita as grandes cidades das províncias costeiras: 28,6 % em Pequim e 26 % em Xangai, contra 2,2 % em Guizhou. São sobretudo jovens de origem urbana (80%), têm menos de 35 anos, são do sexo masculino (60%) e mais de 75% têm educação secundária.

A Internet passou a fazer parte da vida de muitos Chineses no trabalho, nos estudos e nos lazeres, sendo o correio electrónico a primeira utilização.

Os imigrantes também ocuparam o espaço da Internet com a utilização de telemóveis e o envio de SMS. Multiplicam-se os sítios de todos os géneros, com uma proporção importante dos dedicados aos lazeres e ao comércio, ainda que as compras na net sejam actualmente prejudicadas pela ausência de cartões de crédito.

Está em vias de ser instalado pelas autoridades centrais um sistema de administração electrónica para melhorar o serviço público e a imagem.

Diversificam-se os espaços de opinião. São muitos os fóruns de opinião e, desde 2002, os blogues. Estes jornais íntimos ou diários, colocados em linha, florescem aqui e ali, apesar da censura exercida pelas autoridades.

O desenvolvimento da Internet está relacionado com o aumento do número de computadores individuais e o dos cibercafés nas grandes metrópoles e também nas cidades de média importância.

Estes estabelecimentos são particularmente apreciados pelos jovens, que aí vão surfar na Internet ou jogar em rede. São igualmente frequentados pelos dissidentes, o que levou as autoridades a fechar um grande número deles em 2002.

A utilização da Internet é travada pela censura, que instalou filtros para bloquear o acesso aos sítios ditos sensíveis. Trata-se de sítios animados por pessoas que reclamam a democracia ou a independência do Tibete, discutem questões religiosas ou defendem a seita do Falungong.

Nem todos os internautas chineses são dissidentes, longe disso: há também grupos de *hackers* (*heike*), ou piratas da Internet, que atacam os sítios americanos.

Apesar da importância do controlo político, 20% do *spam* tem origem na China.

Jacqueline Nivard

➤ BLOGUES, CONTROLO POLÍTICO E CENSURA, DISSIDENTES, FALUNGONG, IMPRENSA

INVESTIGAÇÃO E DESENVOLVIMENTO

A investigação científica e tecnológica na China baseia-se num conjunto extremamente complexo de instituições.

No essencial, a investigação fundamental e académica realiza-se em institutos de investigação pública e universidades, que representam cerca de 10% das despesas de investigação.

A investigação mais acabada encontra-se nas instituições de investigação que pertencem a entidades produtivas: empresas do Estado, empresas colectivas e empresas privadas. São raras as universidades efectivamente dotadas de laboratórios de investigação importantes.

No entanto, a China criou uma rede densa de laboratórios certificados (*key laboratories*), muitas vezes situados nas universidades, que podem candidatar-se a financiamentos específicos para os projectos considerados estratégicos.

Frequentemente com ligações à Academia das Ciências, estes laboratórios chave são, ao nível das províncias, encarregados de efectuar actividades de controlo técnico (culturas de organismos geneticamente modificados, análise físico-química de produtos farmacêuticos ou alimentares).

Nos anos 90, assistiu-se ao aparecimento de actividades de investigação e desenvolvimento (I&D) realizadas por empresas privadas de capitais chineses e também à instalação de um número importante de centros de investigação pertencentes a empresas estrangeiras (mais de 400 inventariadas em 2002).

Tal como no resto da economia, as actividades de I&D sofreram profundas transformações: encerramento e privatização dos centros públicos de investigação aplicada, importância crescente das empresas colectivas e privadas no financiamento da I&D e multiplicação de iniciativas ao nível das províncias para apoiar o desenvolvimento industrial e tecnológico.

É difícil avaliar o esforço total em I&D e as estatísticas do ministério da Ciência e da Tecnologia não fornecem o âmbito exacto do que medem.

O rácio entre as despesas de I&D e o produto interno bruto (PIB) registou um forte crescimento a partir de 1996, ultrapassando 1,2% a partir de 2002.

Este esforço considerável foi conduzido com uma baixa dos recursos dos centros de investigação aplicada dependentes de ministérios técnicos (Agricultura, Indústria e Silvicultura) e o reforço dos orçamentos dos institutos de investigação fundamental em determinados domínios estratégicos (comunicações, tecnologias espaciais e informática).

Os orçamentos públicos distribuídos sob a forma de bolsas e de projectos a concurso financiados pela Fundação Nacional da Ciência e Tecnologia tiveram também um forte incremento.

Acompanhando o grande crescimento industrial, nomeadamente no Sul da China, houve empresas emblemáticas que criaram poderosos centros de I&D.

Foi o que se passou em empresas como a Huawei, nas comunicações, e a 999, no sector farmacêutico, duas grandes empresas que contam com o exército entre os seus principais clientes.

As outras grandes empresas tiveram ritmos rápidos de aceleração de criação de unidades de produção e, portanto, de investimentos importantes em tecnologia.

As empresas de produtos de grande consumo (motos, electrodomésticos, electrónica para o grande público, têxteis, sanitários e canalizações, produtos para a construção) registaram uma verdadeira explosão, nomeadamente no Sul da China.

Não surpreende ver, portanto, algumas destas empresas criarem centros de I&D e empenharem-se em actividades de investigação.

Mais impressionante ainda é a vontade dos governos locais e do governo central em apoiar esta actividade tecnológica.

De maneira geral, desde 1999, o governo chinês promoveu a inovação e o desenvolvimento tecnológicos como sua principal prioridade.

Esta política é posta em prática com a criação de centros técnicos de apoio às empresas, o reforço das estruturas de decisão relacionadas com a ciência e a tecnologia nos governos locais e o apoio à criação de zonas tecnológicas especializadas.

No Sul da China, que teve a maior criação de empresas privadas e colectivas, foi instalada uma densa rede de centros técnicos para servir as empresas dos pólos industriais.

O aparecimento de empresas de *software* e da Internet foi também espectacular. A sua criação foi ao encontro de um esforço de mais de dez anos do governo chinês em apoio da investigação nos domínio da informática e das telecomunicações, das tecnologias de concepção assistida por computador, dos sistemas operativos Linux e ainda do desenvolvimento de tecnologias robóticas e de controlo.

Existe agora uma indústria florescente de base tecnológica.

Mais reduzidos foram os esforços em matéria de investigação biomédica.

A crise da SRAS e a questão do sangue contaminado em Henan revelaram as fraquezas, não só do aparelho de saúde pública da China, mas também a dificuldade para a investigação de se libertar das estruturas oficiais de orientação em assuntos sensíveis como são as doenças contagiosas ou a sida.

O sistema de I&D na China é, portanto, complexo e tem cada vez maior dimensão. A investigação está prestes a atingir o lugar que lhe é devido na produção científica mundial.

Os esforços recentes para suscitar as inovações parecem mais difíceis de concretizar e a indústria chinesa continua a estar muito dependente da compra de patentes e licenças no estrangeiro.

Inegavelmente, a China dotou-se de um sistema de investigação profundamente transformado, que se apoia na iniciativa das empresas, numa infra-estrutura sólida e num forte potencial humano.

Uma boa parte do futuro científico da China irá depender da actualização do sistema universitário e da formação dos quadros que continua ainda muito aquém das ambições tecnológicas e económicas deste país.

Rigas Arvanitis

➤ CIÊNCIAS E TÉCNICAS, CRESCIMENTO, INTERNET, NOVAS TECNOLOGIAS

INVESTIMENTO DIRECTO ESTRANGEIRO

Em 1979, o governo chinês decidiu abrir o país ao investimento directo estrangeiro (IDE), ou seja, autorizar as sociedades estrangeiras a deter uma parte do capital das empresas do país.

O objectivo era acelerar a modernização económica da China, graças aos capitais e às técnicas modernas de produção e de gestão que os investidores estrangeiros traziam consigo.

Ao contrário dos investimentos em acções no mercado bolsista, os investimentos directos supõem, na verdade, que a sociedade estrangeira tem um interesse duradouro na participação no capital da empresa local. Na China, o investimento estrangeiro deve totalizar pelo menos 25% do capital da empresa.

Para atrair os investidores, são concedidas diversas vantagens fiscais, tais como as reduções do imposto sobre os lucros e a isenção de direitos alfandegários sobre algumas importações.

Em 1980, foram criadas quatro zonas económicas especiais para acolher os investimentos estrangeiros, tendo-se multiplicado depois as zonas abertas na fachada marítima.

Por isso, as províncias costeiras receberam 85% dos IDE. No final dos anos 90, para atenuar este desequilíbrio, o governo decidiu favorecer também o investimento estrangeiro nas províncias do interior.

Até 2001, a China canalizou estes investimentos estrangeiros para as indústrias exportadoras, os sectores de novas tecnologias e aqueles cuja produção iria reduzir as necessidades de importação (indústria automóvel, por exemplo).

Foi apenas após a entrada na Organização Mundial do Comércio que os serviços (comércio, telecomunicações, banca e seguros) foram abertos aos investimentos estrangeiros.

Entre 1980 e 2004, a indústria recebeu, assim, mais de metade dos capitais estrangeiros e o sector imobiliário cerca de um quinto.

Após um início bastante lento, desde o início dos anos 90 que os investimentos estrangeiros afluíram, atraídos pelo crescimento rápido e a liberalização da economia chinesa.

Segundo as estatísticas chinesas, entre 1992 e 2005, o fluxo de investimentos estrangeiros para a China ultrapassou em média os 40 milhares de milhões de dólares por ano. Durante este período a China terá sido o terceiro destino destes fluxos de capitais, a seguir aos Estados Unidos e ao Reino Unido. Teria recebido assim um quarto dos destinados aos países em desenvolvimento.

Os montantes registados pela China estão, no entanto, ao que parece, sobrestimados. São, na verdade, superiores aos que os países parceiros declaram aqui investir. Estes valores incluem, para além disso, capitais que vêm da China continental e passam por Hong Kong para nela serem reinvestidos, beneficiando do tratamento privilegiado concedido aos investimentos estrangeiros. Estes «falsos» investimentos estrangeiros (*roundtripping*) poderiam atingir até um quarto do total.

Com a reserva destas incertezas, de 1990 até 2003, os investimentos estrangeiros na China vieram, no essencial, dos países asiáticos (70%) e metade desse total apenas de Hong Kong.

Os Estados Unidos são o segundo investidor (9%), seguidos do Japão, Taiwan e União Europeia (8% cada um).

Os investimentos estrangeiros obedecem a dois grandes motivos: por um lado, tirar partido dos baixos salários da China e ganhar competitividade nos mercados mundiais e, por outro, produzir para o mercado interno.

Os investidores asiáticos privilegiaram a primeira estratégia, criando na China bases poderosas para as exportações, os investidores americanos e europeus visaram principalmente o mercado interno chinês.

Cada vez mais as empresas multinacionais combinam estas duas estratégias e integram as suas fábricas na China nas suas redes mundiais de produção e trocas.

Françoise Lemoine

➤ ABERTURA (LUGARES DE), BALANÇA DE PAGAMENTOS, COMÉRCIO EXTERNO, EMPRESAS DE CAPITAL ESTRANGEIRO, ZONAS ECONÓMICA ESPECIAIS

ISLÃO

Há 10 nacionalidades que praticam oficialmente o Islão, sendo oito de língua turca ou turcomongol (Uigures, Cazaques, Quirguizes, Tártaros, Bao'an, Dongxiang, Usbeques e Sala) uma de língua persa (Tajiques) e uma só de língua chinesa (Hui).

Sunitas de rito hanefita e xiitas ismaelitas, no caso dos Tajiques, formam um conjunto de mais de 20 milhões de habitantes. A China é o décimo primeiro país em número de muçulmanos.

Embora há muito houvesse mercadores árabes e persas em cidades como Cantão, Quanzhou e Xi'an, o Islão só se instalou de forma duradoura a partir do século XIII, sob o poder mongol dos Yuan (1271--1368).

Muitos muçulmanos, em grande parte vindos da Ásia Central, inseriram-se na paisagem social chinesa comos soldados, funcionários, sábios, artesãos e camponeses.

Pouco a pouco foram erigidas as primeiras mesquitas (*qingzhensi*, templo do puro e do verdadeiro) em estilo de pagode. Pertenciam à corrente do Islão tradicional *laojiao* (o velho ensinamento).

Por instigação das confrarias (Kubrawiyya, Qadiriyya, Naqshbandiyya), implantadas na Ásia Central e em Kashgar, desde o século X, o sufismo desenvolveu--se no território que se tornaria mais tarde o Xinjiang e nas províncias do Nordeste chinês. No entanto, também foi influenciado pela reflexão de um Islão letrado que se desenvolveu no século XVI no Leste do país.

O século XX ficou assinalado pelas correntes reformistas e fundamentalistas *ikhwan* e salafita.

O Islão é gerido pela Associação Islâmica da China (AIC), criada pelo governo, em 1953, e foi reprimido nos anos 50, tal como as outras religiões. Não recuperaria o seu lugar senão após 1978.

Actualmente, aparecem nas cidades e aldeias mesquitas de forma «médio-oriental moderna». Os novos edifícios beneficiam, por vezes, do apoio financeiro de países muçulmanos, como a Arábia Saudita e o Kuwait, distribuído pela AIC.

Esta arquitectura pretende recordar aos muçulmanos as suas obrigações, servindo para se demarcar dos não muçulmanos e sugerir a ideia de uma modernidade muçulmana.

A educação religiosa constitui uma das actividades essenciais dos fiéis. Trampolim para prosseguirem a escolaridade, em particular das raparigas, permite também que partam para o estrangeiro. As relações com o resto do mundo muçulmano intensificam-se com as peregrinações e aos estudos.

Surgem debates na imprensa e nos sítios da Internet.

O Islão é entendido pelo poder comunista de duas formas distintas. É reconhecido e respeitado quando se mantém no quadro estrito da política das nacionalidades, mas parece sedicioso e é reprimido quando assume a forma de reivindicação identitária, como a dos Uigures, em Xinjiang.

Élisabeth Allès

➤ HUI, NACIONALIDADES, UIGURES, RELIGIÃO, XINJIANG

J

JAPÃO (A CHINA E O)

As relações entre a China e o Japão sofreram na Primavera de 2005 um aumento de tensão que não diminuiu entretanto.

Pequim coloca em primeiro lugar a questão histórica, levantada pela autorização dada pelo governo japonês à difusão de um livro escolar controverso. Este manual atenua, na verdade, as exacções cometidas pelo exército imperial durante a II Guerra Mundial.

A China reagiu sobretudo à visita do primeiro-ministro Koizumi ao santuário Yasukuni, que funciona como monumento aos mortos, mas onde se encontram também «inscritos» os nomes de 14 criminosos de guerra condenados no processo de Tóquio.

O Japão, por seu lado, considera que esta controvérsia alimentada pela República Popular da China está essencialmente relacionada com as características do regime chinês e com a sua estratégia actual de potência regional.

Para Pequim, de facto, não é aceitável a emergência na Ásia de um Japão menos «complexado» e que reivindica a legitimidade do seu modelo democrático perante uma China que deseja, pelo contrário, restabelecer na Ásia uma ordem do mundo centrada na China.

O Japão surge como uma ameaça, quer devido ao papel mais relevante que o arquipélago é levado a desempenhar no quadro do tratado de segurança nipo-americano, que se traduziu no envio de tropas japonesas para o Iraque e o oceano Índico, embora com tarefas não combatentes, quer por causa das suas próprias ambições de ser reconhecido na cena internacional como um potência política «normal».

Outros temas vieram alimentar este conflito de fundo, relacionados, nomeadamente, com a questão dos aprovisionamentos energéticos e a segurança das vias marítimas no mar da China.

Pequim, por temer uma dependência externa demasiado grande, privilegia uma abordagem securitária destas questões, que passa pela vontade de controlo e se traduziu na multiplicação de incidentes no mar.

Os dois países continuam, contudo, ligados por uma interdependência económica crescente. Em 2005, as trocas elevaram-se a 189,4 milhares de milhões de dólares, ou seja, uma aumento de 12,7% em relação ao ano anterior.

O Japão é actualmente o primeiro investidor estrangeiro na China, atrás de Hong Kong e de Taiwan (6 milhares de milhões de dólares apenas no ano de 2005). A China é também o primeiro parceiro comercial do arquipélago.

Todavia, esta situação de interdependência não é suficiente para uma verdadeira aproximação diplomático-estratégica entre as duas potências asiáticas.

Pelo contrário, o diferencial de poder económico que se mantém entre Tóquio e Pequim alimenta também as frustrações da China face a um Japão que, apesar da sua derrota em 1945, conseguiu transformar-se na segunda economia mundial e assim continuará a ser no médio prazo.

Valérie Niquet

➤ DEFESA, INVESTIMENTO DIRECTO ESTRANGEIRO, NACIONALISMO, NANQUIM (MASSACRE DE), ORGANIZAÇÃO DAS NAÇÕES UNIDAS (A CHINA E A), POLÍTICA EXTERNA

JIANG ZEMIN

Jiang Zemin, originário do Jiangsu e nascido em 17 de Agosto de 1926, entrou para o Partido Comunista (PC) em 1946.

Diplomado pela Universidade Jiaotong, de Xangai, em 1947, e engenheiro de formação, trabalhou inicialmente em fábricas e institutos de pesquisa em Xangai e depois, até ao final dos anos 70, noutros grandes centros industriais. Efectuou um estágio de um ano em Moscovo, em 1955-1956.

No início dos anos 80, Jiang Zemin esteve em diversos ministérios em Pequim até dirigir o da electrónica (1983-1985).

Tendo regressado a Xangai para ser seu presidente da câmara e secretário do PC (1985-1989), foi um dos apoiantes de Deng Xiaoping durante os acontecimentos de Tiananmen, na Primavera de 1989. No entanto, conseguiu restabelecer a ordem em Xangai de forma pacífica, o que levou provavelmente Deng Xiaoping a chamá-lo à capital, em Junho de 1989, para substituir o secretário-geral do PC, Zhao Ziyang.

Jiang Zemin tornou-se, assim, o chefe de fila da terceira geração de dirigentes chineses, após Mao Tzé Tung e Deng Xiaoping, acumulando as funções de secretário-geral do Comité Central (1989-2002), presidente da república popular (1993-2002) e presidente da Comissão Militar Central (1989-2004).

Os anos de Jiang Zemin ficaram assinalados pela forte recuperação de Xangai, quer do ponto de vista económico, quer do ponto de vista político, e por uma presença cada vez maior da China na cena internacional.

A metrópole, graças à sua Nova Zona de Pudong, foi escolhida, na verdade, para ser a «cabeça de dragão» da nova vaga de reformas, lançada por Deng Xiaoping, em 1992. Ultrapassando o Guangdong, é hoje o centro económico, financeiro e comercial da China.

Ora, esta estratégia de desenvolvimento, concentrada no Leste do país, traduziu-se em diferenças crescentes na distribuição da riqueza entre a China costeira e o seu interior.

No plano político, Jiang chamou a Pequim muitos xangaienses – quadros dirigentes, especialistas e conselheiros – cujo conjunto formou a clique ou facção de Xangai, muito presente, e mesmo demasiado, aos olhos dos seus contraditores, na paisagem política, durante toda a década de 90 e até à saída de Jiang Zemin.

Apoiado firmemente por Deng Xiaoping, que faleceu em 1997, Jiang Zemin revelou ser um político tacticamente hábil, ao contrário do que todos esperavam. Conseguiu reforçar a sua posição centrista na direcção, bem como a autoridade e a legitimidade do Partido-Estado, ao mesmo tempo que o adaptava ao novo ambiente económico e social criado pelas reformas (instituição de um «Estado de Direito Socialista», teoria das «três representações»).

No entanto, Deng Xiaoping escolheu em 1992 o seu sucessor, Hu Jintao, que a partir de 2002 se esforçou por corrigir os efeitos perversos mais gritantes do período de Jiang Zemin.

Émilie Tran

➤ DENG XIAOPING, DISPARIDADES REGIONAIS, PARTIDO COMUNISTA, TIANANMEN (PRAÇA DE), TRÊS REPRESENTAÇÕES, XANGAI

JOGO

Jogo do go, majongue, diabolo, papagaios, adivinhas, jogos de bebidas, combates de galos, etc., são jogos chineses imemoriais, sendo o primeiro atribuído ao imperador mítico Yao, que o concebeu para aperfeiçoar a inteligência do filho, Dan Zhu, há quase 5000 anos.

Muito apagada durante a construção da China socialista e a Revolução Cultural, a vida lúdica teve um forte incremento e diversificou-se no início dos anos 80.

A diminuição das horas de trabalho, o acesso a um melhor nível de vida, a criação das lotarias do Estado e a proliferação dos jogos, nomeadamente os electrónicos, contribuem hoje para que os primeiros produtores de jogos em todo o mundo voltem a fazer jus à sua antiga designação de «Chineses jogadores».

A liberalização generalizada de outros jogos de azar e a dinheiro (casinos e aparelhos de jogos electrónicos) está inscrita na agenda do governo chinês.

Élisabeth Papineau
➤ LAZER, MACAU, PRÁTICA RECRIATIVA

JOGOS OLÍMPICOS

Em 13 de Julho de 2001, durante a 112.ª sessão do Comité Olímpico Internacional, que se realizou em Moscovo, Pequim foi eleito para acolher a 29.ª olimpíada, entre 8 e 24 de Agosto de 2008. Era uma notícia muito aguardada, após o insucesso da candidatura de 1992.

Os trabalhos de preparação centraram-se na construção do parque olímpico, no Norte de Pequim, ocupando uma superfície de 1135 hectares no eixo norte-sul da cidade, e a construção ou renovação de 31 equipamentos desportivos sob a direcção dos maiores nomes da arquitectura internacional.

A municipalidade de Pequim tinha uma grande expectativa em relação ao «factor olímpico». Colocados sob o signo da protecção do ambiente, os jogos olímpicos foram igualmente ocasião para continuar um programa ambicioso de desenvolvimento urbano, com a extensão da rede ferroviária, a renovação de alguns bairros antigos e a melhoria de muitas infra-estruturas.

Cinco outras cidades chinesas acolheram actividades desportivas: Tianjin (futebol), Qinhuangdao (futebol), Qingdao (vela), Xangai (futebol) e Hong Kong (desportos equestres).

Jean-François Doulet
➤ DESPORTO, PEQUIM, URBANISMO

JUSTIÇA

A organização judiciária compreende quatro escalões territoriais: distrito, municipalidade, província e nação.

Qualquer escalão pode ser competente em primeira instância, consoante a importância da questão que é apresentada. O direito de recurso é em princípio garantido em todos os domínios. Em cada um dos escalões, o tribunal está dividido em câmaras civis, penais, económicas e administrativas. O supremo tribunal popular tem uma dupla competência: jurisdicional e administrativa.

As instituições judiciárias baseiam-se numa separação funcional entre tribunais e procuradorias, que formam duas estruturas paralelas independentes. Os juízes e os procuradores pertencem a dois corpos distintos com o seu próprio estatuto, desde 1995.

O procurador chinês exerce as funções de acusação e de controlo da legalidade. Esta acumulação torna difícil a independência e a protecção dos direitos das pessoas durante os processos. A justiça é também caracterizada pela inexistência de competências jurídicas dos juízes e dos procuradores. Para além disso, os advogados não dispõem do monopólio da representação judiciária. Acrescente-se finalmente que a execução das decisões judiciárias é um dos elos fracos do regime judiciário chinês.

O sistema judiciário foi objecto de muitos aperfeiçoamentos desde 1979, traduzidos em esforços a favor da profissionalização dos magistrados e para tornar os processos mais justos.

Desde 2002, o acesso às profissões de juiz, procurador e advogado depende de um concurso nacional único, que garante uma maior competência.

Todavia, embora a justiça seja constitucionalmente independente, os juízes não o são, porque o poder de nomeação e de destituição dos juízes e dos procuradores pertence, na verdade, ao Partido Comunista (PC) e porque os seus responsáveis são dirigidos em todos os escalões pelas comissões políticas e judiciárias do PC.

Para além de uma reforma técnica e da aprovação de um código deontológico, em 2002, pelo supremo tribunal, do que a autoridade judiciária necessita é de uma reforma política que lhe conceda uma real independência estrutural e financeira.

Sendo um fenómeno novo na sociedade chinesa, o recurso aos tribunais para resolver os litígios é cada vez mais frequente (6 milhões de casos por ano). Todavia, a mediação continua a ser ainda utilizada com frequência em matéria civil e económica, antes de um eventual processo ou durante um processo judiciário ou arbitral.

Yves Dolais

➤ ADVOGADOS, CONSTITUIÇÃO, DIREITO, DIREITO DE PROPRIEDADE, DIREITO DO TRABALHO, DIREITOS DO HOMEM, MEDIAÇÃO SOCIAL, PARTIDO COMUNISTA

L

LAZER

O actual aumento rápido dos serviços propostos no domínio da ocupação dos tempos livres é sinal da evolução da China para uma «sociedade do lazer».

O desenvolvimento do turismo chinês e das agências especializadas é a este título revelador. Segundo as estatísticas do Gabinete Nacional do Turismo, o número de turistas internos atingiu 1,1 milhares de milhões em 2004, o que é cerca de quatro vezes mais do que em 1990. O rendimento do turismo interno representava já 3,45% do produto interno bruto em 2004, contra 0,92% em 1990.

O crescimento do turismo foi acelerado pela alteração do tempo de trabalho.

A partir de 1 de Maio de 1995, a duração legal do trabalho semanal foi reduzida de 44 para 40 horas. Em 18 de Setembro de 1999, o Estado chinês decidiu instituir três dias de licença por ano, o que contribuiu para o desenvolvimento da economia turística.

Desde então os trabalhadores gozam de três dias de licença por ano: a festa da Primavera, o 1.º de Maio, ou festa do trabalho, e a festa nacional de 1 de Outubro. Com dois fins-de-semana a enquadrar cada uma destas três festas, os trabalhadores dispõem de três «licenças prolongadas» (*changjia*) de sete dias. Enquanto estações turísticas de ponta, estas licenças são designadas na China como «semanas de ouro» (*huanjin zhou*).

Graças à redução do tempo de trabalho e à retirada progressiva do Estado da esfera privada, os Chineses dispõem hoje de mais tempo livre do que no passado. No entanto, não são verdadeiramente livres de dispor dele como o desejarem. As actividades de lazer são quase as únicas que são toleradas. As que mobilizam os cidadãos para interesses sociais e políticos, e que se arriscariam a colocar em causa o regime actual, são muito controladas.

No entanto, o abandono do ascetismo revolucionário parece ser, aos olhos de todos, uma emancipação decisiva, com o lazer a fazer parte, actualmente, de todos os aspectos da vida dos Chineses e dando-lhes um sentimento de liberdade.

A televisão, a leitura, a música – incluindo o *karaoke* –, os jogos de cartas e o majongue são as práticas mais difundidas neste país.

De manhã e à noite, há exercícios corporais, individuais ou colectivos, que são realizados nos lugares públicos – praças ou parques – das vilas e cidades.

As actividades de lazer têm tido modas sucessivas: o bilhar, o *hula-hoop* e os jogos electrónicos gozaram, assim, sucessivamente, do favor dos jovens chineses. Nos últimos anos, festas ocidentais como o Natal e o dia de São Valentim proporcionaram ocasiões de lazer originais aos jovens citadinos.

Em certa medida, estas novas actividades revelam um imaginário que é característico da vida moderna. Os mais idosos, em contrapartida, privilegiam práticas mais tradicionais, como o *tai chi chuan*, o xadrez chinês, a jardinagem e as danças folclóricas.

Para além destas diferenças entre gerações, também encontramos na esfera do lazer a cristalização das desigualdades de direitos sociais, políticos e económicos que existem entre as camadas sociais e as regiões chinesas.

A prostituição, bem como outras actividades eróticas comercializadas em lugares de diversão, tiveram um grande surto durante as duas últimas décadas.

Os «novos-ricos» urbanos renovam sem cessar a gama dos seus jogos favoritos, do ténis ao golfe, passando pelas corridas de cavalos, praticando assim actividades muito caras na China.

Nas zonas rurais, a oferta de actividades de lazer é mais escassa. A televisão e os jogos a dinheiro constituem os modos mais importantes de os camponeses se distraírem.

Ji Zhe

➤ CIDADES, ESPAÇOS PÚBLICOS, FESTAS SAZONAIS, JOGO, PARQUES E JARDINS, PROSTITUIÇÃO

LINHAGEM

A linhagem, instituição fundada no princípio da descendência patrilinear, apresenta-se com diversas configurações nas sociedades chinesas.

Todas elas formalizam a relação agnatícia no quadro de actividades colectivas centradas no culto de antepassados comuns.

A expressão localizada da linhagem é o segmento (*fang*), de extensão e profundidade genealógicas variáveis, que vai dos familiares que habitam uma mesma casa (*jia*) e que são definidos a partir de uma linha de três ou cinco gerações de ascendentes directos até ao agrupamento de vários segmentos, formando uma unidade territorial à escala de um lugar (*cun*), de vários lugares ou, então, de um quarteirão de um lugar com várias linhagens que reúnem diversas linhas não aparentadas.

Há um processo de fusão que está na base da formação das corporações de linhagem (*tang*), associações voluntárias constituídas em torno de um antepassado comum, em nome do qual é estabelecido um património de bens materiais transmitidos de forma indivisa.

A descendência inspira também a concepção dos grupos suprafamiliares, como o clã patronímico (*xing*), que invoca a ascendência fictícia de um antepassado epónimo.

No exterior da China, este parentesco fictício está na base de associações chinesas que reúnem pessoas com o mesmo patronímico (*tongxinghui*) e que funcionam segundo o princípio organizacional da linhagem (*tang*).

Esta ficção da ascendência comum opera igualmente nos mitos políticos que definem os Chineses Han como os descendentes dos imperadores lendários Huangdi e Yandi.

Durante a colectivização, a partir dos anos 50, a linhagem, privada dos seus direitos fundiários e territoriais, perdeu a sua autoridade política e o seu relevo social. As campanhas políticas, conduzidas em nome da luta de classes, combateram directamente a ideologia da descendência, que permitia transcender as clivagens sociais, e minaram as bases da solidariedade de linhagem, privada de expressão ritual.

O culto dos antepassados, como expressão de piedade familiar para com os próximos, apenas teve expressões toleradas no círculo dos familiares que habitavam uma mesma casa. Os templos ancestrais dos cultos de linhagem foram transformados em escolas, cantinas, salas de reuniões e habitações familiares. Os documentos escritos que registavam a memória da linhagem e os direitos estabelecidos pela descendência comum (genealogias, títulos de propriedade) foram destruídos.

Desde os anos 80, multiplicaram-se em todas as zonas rurais os sinais do retorno das linhagens. Ritos de oferendas voltaram a reunir diante das tumbas ou dos templos restaurados ou reconstruídos, nas datas importantes do culto dos antepassados (Ano Novo Lunar, *qingming* e *chongyang*), os membros de grupos de descendência.

As medidas económicas que acompanharam a descolectivização, no final dos anos 70, recriaram um contexto propício à defesa de interesses comuns e à mobilização dos recursos sociais disponíveis, entre os quais o parentesco.

O abandono crescente por parte do Estado, a partir dos anos 90, dos seus compromissos no domínio dos serviços públicos como a educação, a saúde e os transportes tendeu a devolver à linhagem a sua pertinência social e económica.

Os fundos colectados junto dos membros da linhagem passaram a financiar estes serviços e a mobilização dos parentes que viviam fora da região, nomeadamente nas cidades e no estrangeiro, contribuiu para dar continuidade ao laço com a «região natal» (*laojia, jiaxiang*).

As elites económicas, locais ou não, tomaram, aliás, muitas vezes, a iniciativa da revitalização de uma instituição que, tal como no passado, é fonte de prestígio social.

A renovação da linhagem não significa, no entanto, por si só, a sua reabilitação pelo Estado. A existência da linhagem não é tolerada senão com a condição de contribuir para a estabilidade social. Os comités de gestão dos templos ancestrais, que têm a responsabilidade das finanças da linhagem e das suas actividades colectivas, devem dar-se a conhecer às autoridades.

A sua dimensão identitária é também um factor importante para a continuidade de uma instituição que não se reduz apenas aos seus aspectos instrumentais. Com a linhagem, nos seus múltiplos aspectos, a sociedade chinesa volta a apropriar-se, não só da instituição familiar, fonte de laços sociais, mas também de uma tradição ritual, fonte de identidade cultural.

Béatrice David

➤ ANTEPASSADOS (CULTO DOS), FAMÍLIA, HAN, LOCAL, PARENTESCO, TEMPLOS

LOCAL

O grupo é uma característica constitutiva da sociedade chinesa. O indivíduo define-se em função do seu lugar na família, no clã ou na rede em que se distingue, na sua comunidade geográfica imediata.

A densidade da população, os seus modos agregados de distribuição e o envolvimento colectivo fizeram da escala local um lugar identitário forte. A região natal (*laojia*) continua a ser o local de referência afectivo e administrativo. O indivíduo está ligado a ele pelos documentos que registam os grandes períodos da sua vida.

A região natal permite-lhe situar-se também em relação aos outros Chineses, integrar-se numa comunidade com a mesma origem, mas deslocalizada noutra província ou no estrangeiro, e utilizar solidariedades exclusivas contra os que não falam o mesmo dialecto e não vêm do mesmo lugar.

O local estrutura fortemente uma sociedade de enorme população e em que o indivíduo passa, por isso, pelo grupo para sair do anonimato.

No entanto, a escala do lugar não é única: não se trata apenas da aldeia onde se encontra o altar dos antepassados, mas pode também corresponder à região onde se fala tal dialecto, ao distrito ou à província de origem e mesma à própria China. A região natal é uma entidade identitária encaixada, múltipla e variável em função do interlocutor a que o indivíduo se dirige.

Esta definição de «local» enriqueceu-se com o enquadramento muito mais restritivo das populações, nomeadamente desde a substituição das antigas elites chinesas pelas autoridades político-administrativas comunistas, nos anos 50.

O poder passou a controlar então o indivíduo ao nível do trabalho, da resi-

dência e das necessidades elementares.
O enquadramento ia nas zonas rurais até ao escalão da aldeia e do comité de aldeãos (*cunmin weiyuanhui*), nas cidades até aos escalões da unidade de trabalho e do comité de residentes (*jumin weiyuanhui*).

O local passou a articular-se então em função do poder administrativo que monopolizava em seu proveito os domínios económico e o social.

Estas estruturas da autoridade foram o alvo das reformas progressivamente aplicadas após 1978. Nem que fosse por ausência de alternativa, o poder local de natureza administrativa tornou-se, deste modo, o agente principal do dinamismo económico pretendido pelos dirigentes. A estratégia das reformas promoveu oficialmente as iniciativas dos agentes locais.

O espaço político-administrativo distendeu-se e, embora permitisse também que nos seus interstícios aparecessem novos agentes, estes tenderam as mais da vezes a identificar-se ou a aliar-se com as antigas elites locais do regime socialista.

A autoridade local pôde assim encarregar-se de múltiplas atribuições com exigências contraditórias.

O responsável de uma empresa rural era, por vezes, não só o representante do poder administrativo local, que deveria assegurar a melhoria das condições de vida das populações residentes, mas também o gestor de uma empresa que obedecia às leis da rentabilidade e do mercado e, finalmente, o secretário da célula local do Partido Comunista, que se fazia eco das palavras de ordem dos escalões superiores.

Os poderes locais tiveram então tendência para conduzir políticas produtivas e comerciais de vistas curtas, não cuidando das escolhas das localidades vizinhas, para se lançar em estratégias de integração directa nos mercados urbanos e externos, não levando em consideração as configurações regionais, e a desenvolver equipamentos exagerados em relação às suas necessidades próprias.

A China das reformas não explodiu: implodiu. Antes mesmo de o sector privado ou as empresas estrangeiras terem adquirido um peso real nas estruturas de produção, o Estado chinês já se tinha desmultiplicado em instâncias, a escalas e com estatutos variáveis, que se encavalitavam, entravam em concorrência e se iam paralisando, conforme os casos.

A comunidade local é também atravessada por lógicas ambivalentes.

O essencial das carreiras dos quadros locais decorreu frequentemente na localidade que administravam, de que eram originários e cujos interesses partilhavam. A cultura política dos mais idosos pode remontar ao começo do regime comunista. Têm uma longa prática das questões levantadas pelo território que administram, pelo seu ordenamento e pelas suas possibilidades de desenvolvimento.

Em contrapartida, alguns destes quadros podem também ser culpados de uma grande predação material, devido à sua relativa autonomia administrativa e ao enriquecimento da sua localidade.

Actualmente, as populações hesitam menos em se queixar aos escalões superiores da administração e aos tribunais. O Estado central é, neste aspecto, uma instância a que se apela contra os poderes locais.

Thierry Sanjuan

► ALDEÃOS (COMITÉS DE), DISPARIDADES REGIONAIS, EMPRESAS RURAIS, LINHAGEM, QUADROS E FUNCIONÁRIOS, REGISTO DE RESIDÊNCIA, RESIDENTES (COMITÉS DE), UNIDADES DE TRABALHO

LONGA MARCHA

Os reveses políticos, estratégicos e militares sofridos pelos comunistas a partir de 1927 provocaram a ruptura da Frente Unida entre o Partido Comunista (PC) e o Kuomintang (KMT) e provocaram alterações importantes na direcção do PC.

Afastado das instâncias dirigentes, Mao Tzé Tung criou com os seus camaradas a República Soviética do Jiangxi (1931-1934), onde foi posta em prática a revolução agrária. O poder central nacionalista reagiu à criação da base comunista com «campanhas de cerco e aniquilação». A quinta campanha, desencadeada no Outono de 1933, foi decisiva para o soviete do Jiangxi. Apoiado por conselheiros militares alemães e comandado por Chiang Kai-shek, o exército nacionalista desenvolveu uma estratégia de cerco e de bloqueio económico que visava a asfixia progressiva da base comunista.

Ao fim de um ano de cerco, os dirigentes comunistas decidiram uma «transferência estratégica», ou seja, em linguagem clara, a evacuação da base do Jiangxi – mas também das outras bases comunistas estabelecidas na China Central e Meridional (Henan-Anhui, Sichuan e Hubei-Hunan).

O Outono de 1934 assinala o início da Longa Marcha (Outubro de 1934-Outubro de 1935), êxodo considerado hoje pela historiografia comunista como um feito heróico.

No plano político, a Longa Marcha registou uma viragem decisiva em Janeiro de 1935, durante a conferência de Zunyi (Guizhou), no fim da qual Mao Tzé Tung garantiu o seu papel de dirigente incontestado do PC, sem que por isso tivessem cessado as crises e os conflitos internos.

Perseguido pelos exércitos do KMT e dos senhores da guerra aliados, o Exército Vermelho percorreu mais de 10 000 km, atravessando uma dúzia de províncias e regiões não Han, hostis e superando obstáculos naturais e os exércitos nacionalistas.

Em Outubro de 1935, os cerca de 10 000 resistentes do Exército Vermelho, que ficaram a dever, no essencial, a sua sobrevivência às dissensões que ocorreram no campo do adversário, chegaram à base comunista estabelecida no Norte de Shaanxi, onde Yan'an se tornará, a partir de 1937, a capital de guerra.

A Longa Marcha constituiu um feito de guerra, mas foi, sobretudo, um feito político importante, que assegurou a sobrevivência e o prestígio do movimento comunista chinês, ao mesmo tempo que lhe permitiu demarcar-se de Moscovo.

A propaganda comunista iria fazer dela um símbolo da coragem sobre-humana dos comunistas, da história da revolução chinesa e da resistência aos exércitos do KMT.

Os veteranos desta saga heróica, de uma fidelidade e de uma lealdade incondicionais ao PC, mas cujos méritos seriam, todavia, contestados por muitos Guardas Vermelhos durante a Revolução Cultural, iriam dominar a cena política da república popular até aos anos 90.

Françoise Kreissler

➤ CHIANG KAI-SHEK, COMUNISMO, MAO TZÉ TUNG, PARTIDO COMUNISTA

M

MACAU

Macau foi um entreposto português muito antigo, remontando a 1557. Tornou-se uma colónia em 1849.

Foi devolvido à China e em 1999 passou a ser uma região administrativa especial, tomando Hong Kong como modelo e em obediência ao princípio de «um país, dois sistemas». O chefe do executivo é Edmund Ho, um banqueiro formado no Canadá.

O território não tem mais de 24 km^2 e compõe-se de uma península e duas ilhas, Taipa e Coloane. Importantes trabalhos de ordenamento transformaram-no nos anos 90: construção de terraplenos e criação de um novo terminal a ligar Macau a Hong Kong, fecho do velho porto, valorização da ilha de Taipa (aeroporto, universidade, densificação da área construída), ligada por uma ponte ao continente e por via terrestre a Coloane.

Ao contrário de Hong Kong, a fronteira entre Macau e as margens muito próximas da China continental foi sempre porosa. Macau inscreve-se agora num contexto mais vasto, o da Zona Económica Especial de Zhuhai, que a rodeia a norte e oeste. Conta oficialmente 450 000 habitantes, incluindo mestiços macaenses e Chineses de origem cantonense.

As suas actividades principais são o turismo e, de forma proeminente, o jogo, que têm fama internacional. Macau tem 24 monumentos e sete lugares classificados no património mundial da UNESCO, resultado da enxertia da arquitectura europeia nas margens do Sul da China.

Nos últimos anos, os casinos registaram um novo desenvolvimento com o afluxo de continentais. Stanley Ho, o principal magnata do território, controla uma grande parte deles, entre os quais o famoso casino Lisboa, mas tem de passar a contar com a implantação recente de magnatas americanos de Las Vegas.

Thierry Sanjuan

➤ ADMINISTRAÇÃO TERRITORIAL, HONG KONG, JOGO, RIO DAS PÉROLAS (DELTA DO), «UM PAÍS, DOIS SISTEMAS»

MANCHUS

A palavra «manchu» é a transcrição da palavra tungue *manju* (transliterada em chinês como *manzhou*).

Foi o nome atribuído em 1635 às tribos *jürchen* por Hong Taiji (Abahai) (1592-1643), sucessor de Nurhaci (1559-1626), que as havia unificado a partir de finais do século XVI. A repartição dos seus membros em oito bandeiras (*qi*), em 1615, pôs fim à organização tribal e constituiu a base do Estado manchu que tomou o nome de Qing em 1636.

Beneficiando da decomposição política do império dos Ming (1368-1644), as bandeiras tomaram Pequim em 1644, conquistaram a China e estabeleceram o domínio Qing.

Durante a dinastia Qing (1644-1911) e mesmo no início da república, o termo que designava os Manchus era *qiren* («membros das bandeiras»), por oposição aos *minren* («civis»), palavra que designava a maioria da população, ou seja, os Han.

Os Manchus formavam um grupo compósito, que não apresentava nenhuma homogeneidade étnica, linguística ou cultural, pois incluíam Mongóis e Chineses. Mais do que a etnia, era a profissão (militar) que diferenciava os Manchus dos Chineses. No entanto, outros marcadores (antropónimos, vestuário, interdição de atar os pés das mulheres com ligaduras) contribuíram para a definição de uma identidade de que os Manchus nunca perderam o sentido.

O nascimento, no final do século XIX, de um novo antimanchuismo, diferente do legitimismo Ming tradicional, esteve ligado à formação do sentimento nacional chinês perante a agressão dos imperialismos ocidentais e japonês, com os Chineses a passarem a definir o seu país como um Estado-nação, e já não como o espaço da civilização.

Liang Qichao, em 1898, foi o primeiro a definir os Manchus como um grupo racial e a substituir a oposição civilizados/bárbaros pela oposição Chineses//Manchus (*Huaren/Manren*).

A recusa da dinastia em levar ao seu termo as reformas que encetara em 1901 e a sua tentativa de «reimperialização» do poder, após a morte da imperatriz viúva Cixi (1835-1908), provocaram uma radicalização das elites urbanas, cujo activismo social não apresentara até então nenhuma orientação antimanchu.

A conjugação desta radicalização com o movimento revolucionário antimanchu e republicano de Sun Yat-sen desembocou na revolução de 1911, que derrubou a dinastia manchu e o império.

Após a revolução, os Manchus constituíam um dos cinco grupos étnicos que compunham oficialmente a república. Sendo assimilacionista, o Kuomintang, entre 1928 e 1949, definiu a China como um Estado-nação unitário.

Regressando a uma concepção pluriétnica, a República Popular da China multiplicou, no entanto, as «nacionalidades minoritárias». Dividiu, nomeadamente, os Manchus em seis nacionalidades: Daur, Evencos, Hezhe, Oroqen, Xihe e Manchus propriamente ditos.

Laurent Galy

➤ HAN, NACIONALIDADE, NORDESTE

MANDARIM

A palavra «mandarim» designa, por um lado, a língua do Estado e, por outro lado, a língua falada numa grande parte da China (todo o Norte e uma grande parte do Sudoeste).

A língua do Estado, do ensino e dos principais meios de comunicação social é chamada *guanhua* («mandarim»), que significa literalmente «língua dos funcionários», porque resultou do uso pelos funcionários imperiais, que eram influenciados pelo das classes dominantes da capital. Estando esta instalada há vários séculos em Pequim, este uso baseou-se na língua do Norte da China.

Enquanto língua padrão, é chamada *putonghua* («língua comum») na República Popular da China (RPC) e *guoyu* («língua nacional») em Taiwan. Este último termo tinha sido criado durante a República, após o movimento de 4 de Maio de 1919 ter conduzido à marginalização da língua clássica como esteio da unidade nacional.

A fala de Pequim faz parte de uma língua relativamente homogénea que se estende por todo o Norte da China até ao rio Yangtzé, bem como o Sichuan e as regiões de população chinesa do Guizhou e do Yunnan. Como mais de 70% dos Chineses são originários destas regiões, a sua língua materna é o mandarim. Apesar de ter variações que, por vezes, são significativas, os seus falantes de toda esta vasta zona compreendem-se entre si.

Em contrapartida, há outras línguas chinesas faladas no Sudeste da China em que não é possível esta compreensão mútua e cujos locutores não compreendem o mandarim sem aprendizagem prévia.

Em Taiwan, as pessoas cuja primeira língua é o mandarim não são mais do que 12%. Na diáspora, esta percentagem é ainda mais pequena, em particular no Sudeste da Ásia, onde a imigração chinesa tem como principal origem as zonas costeiras do Sudeste da China.

No entanto, o mandarim é também a segunda língua da maioria dos Chineses escolarizados de que não é a língua materna.

Na RPC, esta «língua comum» é a única ensinada na escola e admitida na edição livreira e nos meios de comunicação social escritos. Nos meios de comunicação social audiovisuais, é quase exclusiva na zona de origem do mandarim e dominante nas outras regiões. É a língua chinesa que se ensina aos estrangeiros. Mesmo nos países onde há importantes comunidades chinesas de língua materna «dialectal», como Singapura, o ensino oficial do chinês faz-se em mandarim.

Segundo as normas em vigor para a «língua comum», a pronúncia é a da região de Pequim. Devido ao reduzido número de agentes políticos e económicos que daí são originários e ao facto de, há várias décadas, a maioria dos seus habitantes vir doutros lugares, a pronúncia específica desta cidade não está toda de acordo com o modelo comum.

A gramática é a das obras literárias escritas durante os últimos séculos em estilo vernáculo (*baihua*), em particular os grandes romances. O dicionário de referência, o *Xindai hanyu cidian* («Dicionário de Chinês Contemporâneo»), de 1979, 1996 e 2002, tem de algum modo força de lei e continua a ter uma difusão maciça.

A transcrição alfabética, o *pinyin*, literalmente «associar os sons», baseia-se no mandarim tal como é definido como língua comum. Esta transcrição, ensinada em todas as escolas para harmonizar as pronúncias, é também utilizada num dos métodos de digitação informática do chinês, aquele que é mais utilizado.

No que respeita à gramática, o mandarim tem as características de base comuns a todos os usos do chinês: é um língua de tons, a unidade do sentido (o morfema) corresponde a uma sílaba, a ordem dominante é «sujeito-verbo-objecto» e o determinante precede geralmente o determinado.

Pensou-se durante muito tempo que a gramática de todos os falares chineses era idêntica. Estudos mais detalhados revelaram profundas diferenças, caracterizando-se o conjunto do mandarim pela simplificação de muitas estruturas, provavelmente devido à influência das línguas altaicas do Norte da Ásia.

A língua chinesa, usada por mais de mil milhões de indivíduos, não é a única língua da China, para além de ser usada muito para além das fronteiras do país, em toda a diáspora chinesa.

Viviane Alleton

➤ DIALECTO, EDUCAÇÃO, GRAMÁTICA, MIGRAÇÕES INTERNACIONAIS E DIÁSPORA, MUNDO CHINÊS, NACIONALIDADES

MAO TZÉ TUNG

Nascido em Shaoshan, em Huan, em 26 de Dezembro de 1893, este filho de camponeses desafogados, que conseguiu obter do pai autoritário a possibilidade de realizar uma boa escolaridade secundária, tornou-se professor em 1918. Foi um dos animadores do movimento do 4 de Maio de 1911, em Hunan.

A sua adesão precoce ao Partido Comunista (PC) inseriu-se nessa altura num projecto modernista e libertador. Em Cantão, em 1924, participou na renovação do Kuomintang (KMT), de que se tornou rapidamente dirigente nacional, e descobriu a força revolucionária do campesinato. A passagem do Kuomintang à contra-revolução conduziu-o, a partir de 1927, a pensar que na China o poder está na ponta da espingarda.

Refugiado num antro de bandidos, Mao Tzé Tung construiu pouco a pouco no Sul de Jiangxi e no Fujian Ocidental um exército que resistiu a quatro «campanhas de aniquilação» pelo Kuomintang. Tendo-se tornado em Novembro de 1931 presidente da república soviética chinesa, sob cuja autoridade estavam entre dois e cinco milhões de pessoas, foi pouco a pouco marginalizado, entre 1932 e 1934, pela direcção do PC.

Em Outubro de 1934, os comunistas tiveram de abandonar de forma catastrófica a zona soviética central: foi a Longa Marcha. Mao capitalizou em seu benefício o fracasso dos seus adversários políticos e tornou-se, de facto, o número um do PC, em Janeiro de 1935, na conferência de Zunyi, em Guizhou.

Chegou ao Norte do Shaanzi com alguns milhares de homens, em Outubro de 1935. A situação internacional e nacional permitiu a estes sobreviventes encontrar um segundo fôlego. De facto, Chiang Kai-shek acabou por aceitar pôr termo à guerra civil e colaborar com os comunistas contra o inimigo japonês, no Outono de 1937.

A campanha de «rectificação do estilo de trabalho do Partido» (1942-1945) uniu os militantes em torno do «pensamento de Mao Tzé Tung», ao mesmo tempo que o culto de Mao Tzé Tung fazia a sua aparição em Yan'an, capital da base comunista.

Após a capitulação do Japão, a guerra civil passou a ser, a partir de Maio de 1946, uma guerra aberta. O KMT sofreu derrotas militares cada vez mais pesadas, a partir do Verão de 1947, e Mao Tzé Tung tornou-se senhor absoluto da imensa China durante mais de um quarto de século.

No dia 1 de Outubro de 1949, Mao Tzé Tung anunciou a fundação da República Popular da China.

A partir de 1950, a reforma agrária destruiu a classe dos proprietários fundiários. A China tomou a URSS como modelo. A partir do Verão de 1955, a terra foi colectivizada e foram cobrados aos rendimentos dos camponeses os fundos destinados a financiar o desenvolvimento industrial acelerado, dominado pela indústria pesada.

Em 1956, os grandes meios de produção e de troca foram nacionalizados. Mao Tzé Tung teve, porém, a lucidez de ver as contradições do sistema que criara. O seu texto de Fevereiro de 1957 sobre «a justa solução das contradições no seio do povo» sugere a necessidade de um socialismo diferente.

Entre 1957 e 1976, assistiu-se à fuga para a frente, para a utopia de um Mao Tzé Tung cada vez mais tirânico, que agravou até ao absurdo os defeitos do sistema que denunciava. O movimento das Cem Flores (1957) terminou com uma violenta campanha contra os intelectuais.

O Grande Salto em Frente (1958) e as comunas populares provocaram uma fome gigantesca que matou entre 25 e 30 milhões de camponeses.

Mao Tzé Tung lançou, todavia, a Revolução Cultural a partir de Maio de 1966 e sublevou milhões de jovens citadinos fanatizados, que se tornaram nos Guardas Vermelhos. Dentro de pouco tempo instalou-se o caos.

Em 1969, no IX Congresso do PC, Mao Tzé Tung tentou refundar o partido e, em Setembro de 1971, eliminou Lin Biao. Aceitou durante algum tempo que Zhou Enlai e Deng Xiaoping restabelecessem uma certa racionalidade na gestão de uma economia devastada.

Entretanto a China rompera com a URSS e Mao Tzé Tung encontrou-se com o presidente americano Nixon, em Fevereiro de 1972. Em 1976, num último gesto de insensatez, Mao afastou Deng Xiaoping do poder, alguns meses antes de morrer, a 9 de Setembro de 1976.

Apesar do repúdio da Revolução Cultural e da destruição programada de toda a construção maoista da sociedade, efectuada pela reforma económica de Deng Xiaoping, a camisa-de-forças ideológica e política que aprisionava os Chineses ainda subsiste.

Ainda que tenham sido provocadas várias fracturas com a irrupção do capitalismo selvagem, combinado com o capitalismo de Estado e com as lutas sociais destituídas de alcance político, conduzidas pelos camponeses e pelos trabalhadores urbanos, continua a ser a referência a Mao Tzé Tung que funda a legitimidade do PC e do seu monopólio do poder político.

Alain Roux

➤ CEM FLORES, COMUNA POPULAR, COMUNISMO, DENG XIAOPING, GRANDE SALTO EM FRENTE, LONGA MARCHA, MAOISMO, PARTIDO COMUNISTA, REFORMA AGRÁRIA, REPÚBLICA POPULAR DA CHINA, REVOLUÇÃO CULTURAL, ZHOU ENLAI

MAOISMO

«Movimento marxista-leninista pró-chinês que se reclama de Mao Tzé Tung», segundo o dicionário Robert, o maoismo constitui uma ideologia que, na China, remete para um período histórico particular, embora nem sempre bem determinado, onde o culto da personalidade de Mao Tzé Tung e o estudo do «pensamento de Mao Tzé Tung» (*Mao Zedong sixiang*) alcançaram uma capacidade sem precedentes de mobilização e de transformação, embora correndo o risco de marginalizar as outras componentes da ideologia directora do Partido Comunista (PC).

Conquanto o termo «maoista» tenha sido sempre banido do discurso oficial chinês, a catástrofe do Grande Salto em Frente (pelo menos 30 milhões de mortos devido à fome) e a Revolução Cultural (1 milhão de mortos e milhões de pessoas perseguidas), hoje alargada pelo PC a todo o final da era de Mao Tzé Tung (1966-1976), constituem os dois símbolos mais conhecidos e duradouros do maoismo.

No entanto, a influência das ideias e dos modos de organização enaltecidos por Mao Tzé Tung no seio do movimento comunista chinês é não só mais antiga, mas também mais profunda.

Por um lado, o maoismo representa uma adaptação à China do marxismo-leninismo, caracterizada pela elevação do campesinato a «classe revolucionária», e mesmo de proletariado, e pela ênfase dada à teoria das contradições, que se inspira mais na complementaridade entre o *yin* e o *yang* do que no materialismo dialéctico.

Por outro lado, desta abordagem das contradições decorrem as teses maoistas da «continuação da revolução sob a ditadura do proletariado», da luta de classes, marcada pela necessidade de recorrer, com regularidade, a «movimentos de massas», destinados a educar e, sobretudo, a reeducar o povo, bem como à «guerra popular», guerra em que, inspirando-se nos paradoxos de Sun Zi, o fraco pode suplantar o forte.

Que resta do maoismo hoje em dia? No exterior da China, um punhado de movimentos radicais sem qualquer relação com as autoridades de Pequim. Na própria China, continua a ser a fé, que também é confuciana, no papel educador e exemplar dos governantes e um certo pragmatismo político, que não deixa de ter relação com o Mao Tzé Tung anterior a 1957 e, sobretudo, o nacionalismo sobranceiro do fundador do regime.

Jean-Pierre Cabestan

➤ COMUNISMO, GRANDE SALTO EM FRENTE, IDEOLOGIA, MAO TZÉ TUNG, NACIONALISMO, REVOLUÇÃO CULTURAL

MEDIAÇÃO SOCIAL

Coexistem hoje na China várias formas de mediação social.

Na mediação informal ou privada, as partes que se opõem num conflito apelam a familiares, amigos, responsáveis pelas linhagens ou notáveis locais para resolverem o seu diferendo. Embora seja difícil calcular a sua importância, por ausência de estatísticas, este tipo de mediação desenvolveu-se desde há duas décadas, após ter tido um eclipse entre 1949 e 1978. Os acordos a que chegam são traduzidos, por vezes, em documentos escritos.

A mediação formal, dependente da intervenção pública, efectua-se de três modos: a mediação administrativa – qualquer departamento administrativo pode recorrer à mediação para resolver um litígio entre dois cidadãos ou entre a administração e um dos seus utentes –, a mediação judicial, que intervém nos processos em alternativa à arbitragem e ao julgamento, e a mediação dita popular.

Esta última constitui uma das instituições de base de resolução dos conflitos na China.

Criados em 1950, os comités de mediação popular foram colocados na dependência dos comités de aldeãos, nas zonas rurais, e dos comités de residentes, nas cidades. Desde 2002 que tais instâncias de mediação também existem, por vezes, nos escalões superiores, que são os cantões e as vilas, nos meios rurais, e os gabinetes de quarteirão, nos meios urbanos.

Entre 1980 e 2002, o número de comités de mediação popular passou de 810 000 para 890 600 e o número de mediadores de 5 750 000 para 7 161 600, o que reflecte a importância cada vez maior atribuída desde as reformas a este dispositivo.

O número de litígios resolvidos por estes comités diminuiu, todavia, durante o mesmo período, passando de 6 120 000 para 4 636 139. Embora esta diminuição reflicta o aumento progressivo do recurso aos serviços jurídicos e ao direito, não deixa de ser verdade que a mediação popular lida ainda hoje com mais diferendos do que os tribunais civis.

Os principais tipos de conflitos resolvidos pela mediação popular nestes últimos anos são, por ordem decrescente de importância, os problemas matrimoniais, as questões de vizinhança, os litígios imobiliários e comerciais, as dívidas não pagas, os conflitos familiares, os diferendos relativos ao apoio aos idosos e as questões de heranças.

Os mediadores são essencialmente quadros, operários e professores reformados, mas também há juízes e membros dos serviços jurídicos reformados. Há uma percentagem elevada de mulheres.

Os mediadores são, por vezes, em grande número. Assim, por exemplo, em 2002, num comité de residentes de Pequim que administrava 6946 indivíduos, distribuídos por 2681 lares, havia 12 mediadores oficiais e 97 mediadores benévolos.

Embora esta mediação seja dita «popular», no sentido em que é realizada por membros comuns da população e se apoie em comités de aldeãos ou de residentes que representam, teoricamente, organizações de massa autónomas, faz uso, na verdade, do poder administrativo delegado a estes comités de base e está associada aos dispositivos de acção pública.

Os comités de residentes ou de aldeãos que administram os comités de mediação popular cumprem, de facto, muitas tarefas impostas pelo Estado e dão o seu contributo para a gestão e o controlo da população.

Os mediadores não são, portanto, agentes do Estado, nem são designados por este, mas detêm um poder administrativo que não deixa de influenciar, quer o desenrolar, quer o desfecho das sessões de mediação.

Desde 2002 que os acordos concluídos no quadro da mediação popular são considerados equivalentes a um contrato entre as partes civis e possuem valor jurídico.

Isabelle Thireau

➤ ALDEÃOS (COMITÉS DE), QUARTEIRÃO (GABINETES DE), RESIDENTES (COMITÉS DE)

MEDICINA

Na China actual, tal como na do passado, as práticas médicas, as atitudes perante a doença, as orientações políticas em matéria de saúde, a formação dos médicos e as ofertas sanitárias são diversificadas. Esta diversidade é ainda hoje muito marcada, pois coexistem lado a lado, muitas vezes de forma complementar, «sistemas médicos» que propõem representações do corpo e da doença e procedimentos terapêuticos diferentes, senão mesmo opostos.

Assim, há doentes que recorrem, ao mesmo tempo, à biomedicina (designada pelo termo *xiyi*, «medicina ocidental») e à medicina tradicional (*zhongyi*, «medicina chinesa»), para não falar de um conjunto de práticas populares, por vezes de obediência religiosa, que vão do *qi gong* aos exorcismos.

Todavia, é necessário também sublinhar que a oferta médica ainda peca demasiado frequentemente por indigência em muitas regiões, sobretudo nas rurais.

Do ponto de vista histórico, os primeiros escritos especificamente médicos que nos chegaram datam apenas do século III a.C. É o caso dos manuscritos que foram descobertos no início dos anos 70 no túmulo de uma princesa, em Mawangdui (Hunan). Entre eles encontram-se textos sobre a moxibustão, farmacêuticos e sobre técnicas para «aumentar a longevidade» (*yangsheng*).

Na época seguinte, foi elaborada uma série de obras importantes, sendo a mais célebre o *Huangdi neijing* («Clássico Interno do Imperador Amarelo»), que ainda hoje é estudado pois expõe a vulgata da medicina «letrada».

Durante dois milénios, as instituições médicas foram-se desenvolvendo, muitas vezes com patrocínio imperial, ao mesmo tempo que floresciam escritos de todas as formas e de todas as escolas.

O desenvolvimento desta medicina erudita – as práticas populares são menos conhecidas e não deixaram testemunhos – foi certamente importante, mas não sofreu nenhuma «ruptura epistemológica» como a que atingiu a medicina ocidental, sobretudo no século XIX.

Se os missionários jesuítas que estavam na China nos séculos XVII e XVIII ficaram, por um lado, surpreendidos com alguns aspectos da medicina chinesa, como a pouca importância atribuída à anatomia, e, por outro, seduzidos pela sua eficácia, era porque, de certa forma, era ainda possível o diálogo entre duas medicinas, cujos critérios de cientificidade se aproximavam.

Já não aconteceu o mesmo algumas dezenas de anos depois. As elites chinesas do fim do império e do início da república foram muitas vezes hostis à sua própria medicina, que se tornou sinal de obscurantismo, e à qual que se deveria opor a medicina ocidental.

Em 1929, esta tendência chegou até à promulgação pelo Kuomintang de uma lei que proibia, ou, pelo menos, restringia fortemente, a prática da medicina chinesa. Esta lei não foi respeitada, porque os médicos tradicionais se organizaram para a porem em xeque.

Os próprios comunistas, ao chegarem ao poder, foram também hostis em relação à medicina antiga em nome da luta contra as superstições. Com o caos e as reviravoltas do período maoista, o estatuto da medicina tradicional teve altos e baixos e foi uma espécie de híbrido inferior que predominou, simbolizado pelo médico de pés descalços, o agente das vacinações que deveria conhecer também os rudimentos da ervanária.

Após 1979 foram postas em prática quatro novas políticas médicas. Privilegiaram-se os serviços hospitalares e foi programada a requalificação profissional dos médicos. Foi dada a primazia à tecnologia e decidiu-se que o sistema de saúde deveria ser «plural».

Em 1980 e depois, em 1982, o ministério da Saúde reconheceu o lugar da medicina tradicional e afirmou a sua independência, sem deixar de dizer que ela se deveria modernizar graças à aplicação das ciências e das técnicas, o que pode ser considerado paradoxal.

Razões ideológicas pretendiam também que se aliasse a medicina ocidental com a medicina chinesa para criar uma disciplina «universal» cujos contornos permaneceram fluidos. Em 1986 foi criada a Administração do Estado da Medicina Tradicional Chinesa.

Há agora universidades e faculdades que apenas ensinam a biomedicina, ao passo que outras foram devolvidas à medicina chinesa.

De uma maneira geral, 7,5% dos estudantes chineses seguem estudos médicos. Estes estudos são constituídos por um primeiro curso de seis ou sete anos, a que se segue um curso de especialização de quatro anos. Os estudos de medicina tradicional incluem, na verdade, uma maioria de disciplinas dedicadas à biomedicina (anatomia, bioquímica).

Após o diploma, o estatuto legal é idêntico, tanto para os praticantes da medicina «ocidental», como da medicina «chinesa». No que respeita aos medicamentos, as especialidades ocidentais podem ser prescritas pelas duas categorias de médicos, ao passo que os medicamentos da farmacopeia chinesa estão reservados aos médicos tradicionais.

Foram criados hospitais de medicina chinesa, que fascinam os estrangeiros. Estudos antropológicos mostraram que os pacientes, quando têm escolha, recorrem frequentemente às duas medicinas.

Estes hospitais são, no entanto, uma minoria (cerca de 4% do total das estruturas hospitalares) e o lugar da biomedicina tende a tornar-se cada vez mais dominante.

O seu ensino está reservado aos melhores estudantes e no final dos anos 90 havia cinco vezes mais médicos «ocidentais» do que médicos «tradicionais», tendência que se iria confirmar no futuro.

Frédéric Obringer

➤ ACUPUNCTURA, ARTES MARCIAIS, EPIDEMIAS, FARMACOPEIA, MEDICINA TRADICIONAL, *QI GONG*, SAÚDE

MEDICINA TRADICIONAL

A medicina tradicional chinesa (*zhongyi*), tal como a podemos encontrar actualmente na China, é fruto de uma longa história, de uma decisão política e de uma reconstrução teórica e prática.

Após ter tido um estatuto ambíguo na China comunista até à morte de Mao Tzé Tung, foi objecto de atenção e apoio da parte do ministério da Saúde, sobretudo a partir de 1979.

Foi encorajada a profissionalização dos médicos tradicionais e em 1982-1983 procurou-se definir estruturas de ensino (faculdades de medicina chinesa) e de investigação (incluindo hospitais) onde a medicina tradicional fosse claramente separada da biomedicina.

No domínio do ensino, optou-se por fundir numa mesma vulgata um conjunto de doutrinas e de terapêuticas provenientes dos períodos precedentes e vindas, por vezes, de escolas diferentes, mas todas elas cuidadosamente desembaraçadas do que pudesse ser facilmente considerado como «superstição».

Pretendia-se que a medicina tradicional chinesa fosse antes de mais preventiva, na medida em que se considera que um conjunto de práticas como a dietética, as «técnicas para aumentar a longevidade» (*yangsheng*), as massagens, os movimentos gímnicos e os exercícios respiratórios (daí a proximidade com o *qi gong*) conservam a saúde.

No entanto, perante a realidade mórbida, nunca se hesita em recorrer a medicamentações, por vezes violentas, para tentar a cura (o termo chinês *zhi* significa também «governar», «pôr em ordem»).

Mais do que à anatomia, os médicos estão sobretudo atentos aos fenómenos de fluxo e refluxo de alguns componentes do corpo, como os líquidos e a «respiração» (o *qi*, substrato físico e multiforme do universo), e às correlações existentes entre estas diferentes partes, os órgãos e a ordem cósmica.

A regularização da respiração no conjunto do organismo é essencial para garantir uma boa saúde.

Quando a doença aparece, o médico faz o seu diagnóstico principalmente graças à palpação do pulso e ao exame da língua, mas também interrogando o paciente e pela observação da voz, dos seus odores corporais e do seu hálito.

A patologia, ruptura do equilíbrio entre os diferentes elementos do organismo, pode ser relacionada tanto com excessos externos (frio, calor, vento, fogo, humidade e secura), como com excessos internos, tais como as sete paixões (alegria, cólera, tristeza, medo, obsessão, aflição e pavor).

Os procedimentos terapêuticos chineses mais frequentes são a «moxibustão», a acupunctura e a farmacoterapia.

A moxibustão consiste na aplicação sobre a pele de cones ou bastonetes de pó de artemísia (uma erva aromática) em combustão, cuja finalidade é estimular certos pontos do corpo, graças ao calor das *moxas*. Estes pontos, na ordem das centenas, utilizados igualmente na acupunctura, estão dispostos à superfície do corpo sobre canais «fictícios».

Na moxibustão e na acupunctura, o médico pretende agir no interior do corpo.

Recorre também a medicamentos administrados sob a forma de decocções, pós e pílulas – cada vez mais frequentemente preparadas industrialmente –, explorando assim uma *materia medica* muito rica.

Os medicamentos compõem-se de uma mistura de ingredientes de origem vegetal (gengibre, ruibarbo, acónito e ginseng, para dar apenas alguns exemplos entre centenas de plantas), animal (chifre de veado, hipocampo seco, pangolim) e mineral (cinábrio, rosalgar, pó de pérola), etc.

Na prática quotidiana, poder-se-ia dizer que há com frequência uma espécie de primazia do farmacêutico sobre o médico, porque muitas lojas propõem serviços de médicos que prescrevem medicamentos ali mesmo vendidos.

Frédéric Obringer

➤ ACUPUNCTURA, EPIDEMIAS, FARMACOPEIA, MEDICINA, *QI GONG*, SAÚDE

MÉDIO ORIENTE (A CHINA E O)

Uma longa tradição liga a China ao Médio Oriente através das rotas da seda. No entanto, esta região continuou a ser relativamente mal conhecida dos Chineses até à época contemporânea.

Nos anos 50, a república popular estabeleceu laços diplomáticos com os países árabes da região, independentemente do seu regime político (Egipto e Síria em 1956, Iraque e Iémen em 1958), mas absteve-se de tomar em consideração a vontade de normalização manifestada por Israel.

Na década que se seguiu, e à medida que radicalizava as suas posições políticas, Pequim deu um apoio cada vez mais activo à causa palestiniana, tanto no plano diplomático, como através de uma certa ajuda material.

Durante este período, a China forneceu assistência financeira ao Médio Oriente que representou cerca de 10% do total da sua ajuda ao terceiro mundo (66 milhões de dólares em 1972). Para além deste apoio económico, Pequim consolidou as suas relações com os países da região, encorajando os laços entre as minorias muçulmanas chinesas (Hui e Uigures) e o berço da sua religião.

As questões de ordem ideológica foram deixadas de parte a favor de considerações mais pragmáticas desde o lançamento das reformas económicas por Deng Xiaoping.

Nos anos 80, desenvolveu-se um comércio civil e militar florescente com esta região. A guerra Irão-Iraque (1980--1988) estimulou amplamente as vendas de armas chinesas aos dois países beligerantes. Entre outros países compradores de armamento chinês, devemos citar a Arábia Saudita, a Síria e o Egipto.

Por outro lado, a China compra cada vez mais equipamentos militares a Israel, país com o qual Pequim normalizou finalmente as suas relações em 1992. Esta cooperação levou o governo chinês a moderar as suas posições relativamente ao conflito israelo-palestiniano.

A dependência crescente da China em relação ao Médio Oriente em matéria de petróleo (cerca de 60% das importações) reforçou o pragmatismo diplomático do país nesta zona.

Pequim pretende participar na resolução das questões regionais, mas ocupa raramente a linha da frente. De facto, a China privilegia a melhoria dos seus laços com todos os produtores de petróleo da região, em particular a Arábia Saudita, o Irão e o Iraque.

Esta nova prioridade explica, em grande parte, tanto a relativa moderação da China na sua crítica à guerra desencadeada pelos Estados Unidos contra o regime de Saddam Hussein, em 2003, como a sua prontidão em normalizar as relações com o novo poder iraquiano.

Michal Meidan

➤ ENERGIA E RECURSOS NATURAIS, ISLÃO, PETRÓLEO, POLÍTICA EXTERNA

MEGALÓPOLES

A cidade chinesa integra nas suas funcionalidades as zonas rurais que lhe ficam próximas, pelo que estas não registam um êxodo gerador de desertificação rural, ao contrário do que se passou nos países desenvolvidos ocidentais.

Estas zonas, pelo contrário, tornaram-se atractivas nos anos 80 e surgiram processos de regionalização através da industrialização rural.

Foram-se formando megalópoles à escala do delta do rio das Pérolas e do delta do Yangtzé, que introduziram modificações importantes nas suas paisagens.

As grandes cidades, os outros pólos urbanos da sua região próxima e as zonas rurais industrializadas e densamente povoadas participaram no mesmo dispositivo regional em que os limites entre o urbano e o rural se tornaram imprecisos. Os centros administrativos das vilas polarizaram espaços rurais, que apenas eram remotamente agrícolas, e apresentavam o aspecto de pequenas cidades economicamente dinâmicas.

Esta megalopolização das regiões litorais chinesas resultou de um duplo processo de industrialização rural local e de metropolização, que contribuiu para a integração no sistema económico mundial, concretizada, por exemplo, na recentração da região cantonense em Hong Kong, em detrimento de Cantão, e do delta do Yangtzé em Xangai.

Tal processo espácio-económico seguiu, em larga medida, o modelo das «megalópoles asiáticas», definido por T. G. McGee, e traduziu-se em formas diferentes da megalópole americana, analisada por Jean Gottmann.

A formação actual de megalópoles litorais chinesas difere, na verdade, do modelo norte-americano por ter um êxodo rural comparativamente fraco, a manutenção de fortes densidades populacionais contínuas, o desenvolvimento não agrícola dos espaços rurais, complementaridade entre estes espaços rurais e a cidade e o aparecimento de formas mistas que já não relevam nem do estritamente rural nem do radicalmente urbano.

Os modos de recomposição destes deltas de fortes densidades variaram também ao longo do tempo.

As relações entre as cidades e os campos parecem ter-se transformado no período em que decorreram as reformas chinesas: a cidade acentuou o seu peso nas iniciativas territoriais.

Nos anos 80, os lugares do desenvolvimento económico foram, de facto, os próprios pólos rurais, as vilas e as aldeias. Os agentes foram as comunidades agrícolas, que reorientaram as suas actividades para os sectores secundário e terciário. Assistimos, assim, a um «desenvolvimento a partir de baixo», como no delta do rio das Pérolas.

Pelo contrário, os anos 90 fizeram da cidade já criada a organizadora do desenvolvimento económico, em seu próprio benefício, e a orientadora do ordenamento das suas periferias rurais.

O modelo de Wenzhou, baseado na industrialização familiar de base rural, foi assim substituído, nestes últimos anos, por uma concentração do desenvolvimento económico da municipalidade na própria cidade.

Actualmente, pequenas cidades como Jiangyin, no Norte de Suzhou, no delta do Yangtzé, deslocam os camponeses, apropriam-se das suas terras para criar zonas industriais e portuárias e realojam-nos em zonas de habitat colectivo, cercadas de muros e separadas das actividades agrícolas.

O desenvolvimento passou a surgir a partir de «cima», da autoridade urbana, que dedica todo o seu território administrativo disponível às suas próprias estratégias de desenvolvimento.

Thierry Sanjuan

➤ CIDADES E AS ZONAS RURAIS (AS), RIO DAS PÉROLAS (DELTA DO)

MERCADO (TRANSIÇÃO PARA A ECONOMIA DE)

A China começou a desmantelar o seu sistema de economia planificada no final dos anos 70.

A transição para a economia de mercado foi realizada de uma maneira original, a tal ponto que se pôde falar de um modelo chinês de transição progressiva a fim de o opor à política mais radical do *big bang* (ou terapia de choque), que foi aplicada sob diversas formas, vários anos depois, nos outros países comunistas, ou seja, a URSS e a restante Europa de Leste.

A prática da planificação na China era muito diferente da de uma economia de comando soviético, porque nunca foi possível elaborar um plano central verdadeiramente operacional. Foi essa a razão por que, apesar do quadro político muito hierarquizado imposto pelo Partido Comunista, se assistiu, na verdade, a uma multiplicidade de intervenções administrativas a diferentes níveis, mal coordenadas entre si, o que se traduziu em negociações permanentes, quer horizontais, quer verticais, entre os diferentes agentes da administração e os agentes económicos.

Deste ponto de vista, aquilo a que se chamou «abertura ao mercado» mais não foi do que, num primeiro momento, a oficialização das práticas generalizadas de negociação.

A característica mais significativa da planificação foi um sistema chamado de «carril duplo».

Este consistia em fazer coexistir plano e mercado, quando se autorizou os agentes a proceder livremente a trocas directas, uma vez satisfeitas as exigências administrativas (fornecimentos planificados e entrega de quotas a preços impostos), dando-lhes a possibilidade de adquirir *inputs* suplementares nos mercados livres e de escoar nestes as suas produções extra-plano, o que se traduziu na coexistência de dois tipos de preços.

Reduzindo as quotas e alinhando progressivamente os preços planificados pelos preços de mercado, dever-se-ia eliminar gradualmente este sistema dual. Foi, de facto, o que aconteceu, nomeadamente nas actividades industriais, embora no sector agrícola, onde este modelo fora inicialmente aplicado, tenha perdurado com resultados diversos segundo as épocas, com a singularidade de, se os preços de mercado se reduzissem drasticamente, os preços planificados permaneceriam como preços de apoio.

No entanto, o recurso marginal ao mercado processava-se efectivamente no sentido da racionalização da afectação dos recursos, libertava energias e suscitava iniciativas que os agentes económicos chineses se apressaram a aproveitar.

Não se deixou de denunciar as distorções e as rendas abusivas que um tal sistema não podia deixar de gerar, prelúdio a uma forma de corrupção económica muito fácil de prever (passagem ilícita de um circuito para outro, fazendo escoar, por exemplo, nos mercados onde vigoravam preços mais elevados os produtos destinados à produção planificada).

Este modo chinês de realizar a transição evitou, num primeiro momento, que se realizassem reformas institucionais prévias à liberalização dos mercados. Assistiu-se, em consequência, a um jogo cujas regras estavam mal definidas: inexistência de direito dos contratos e de jurisdições independentes destinadas a fazê-los respeitar e definição ambígua do direito de propriedade.

As adaptações institucionais adequadas a uma economia de mercado foram efectuadas *a posteriori* e não era possível deixar de notar a distância existente entre o discurso oficial e as práticas efectivas.

Por isso, o funcionamento dos mercados na China situa-se numa espécie de fronteira que é muitas vezes difícil de entender, porque resulta das interacções entre os agentes da administração nos seus diferentes papéis (burocrático ou de agente económico) e os empresários privados, que passaram a ser os actores essenciais da vida económica.

Yves Citoleux

➤ AGRICULTURA, CORRUPÇÃO, DIREITO DE PROPRIEDADE, ECONOMIA SOCIALISTA DE MERCADO, PRIVATIZAÇÃO

MIAO

População muito antiga, os Miao podem sem dúvida ser considerados, em conjunto com as populações do grupo linguístico tai-kadai, como os verdadeiros autóctones do Centro e do Sul da China.

São actualmente mais de cinco milhões (Guizhou e regiões adjacentes do Hunan, Sichuan, Guangxi e Yunnan), mas estão também presentes no Vietname, no Laos e na Tailândia, onde chegaram nos séculos XVIII e XIX.

Sendo montanheses, os Miao praticam a policultura extensiva, associada à criação de gado. Cultivam sobretudo o arroz em terraços irrigados ou arroteando terrenos secos.

A sociedade é de tipo segmentário, patrilinear e composta por linhagens patrilineares exógamas. A organização política é igualitária e centrada na autonomia das comunidades aldeãs, em que as decisões são tomadas em assembleia.

A religião tradicional é de tipo politeísta e animista e marcada pelo culto ancestral, a crença na reencarnação na linhagem de origem e as práticas xamanistas.

O sistema de crenças original integrou um número limitado de elementos taoistas.

Pascal Bouchery

➤ NACIONALIDADE, ZHUANG

MIGRAÇÕES INTERNACIONAIS E DIÁSPORA

Embora as migrações chinesas sejam muito antigas, não envolviam senão uma parte ínfima da população. O seu destino era o Sudeste da Ásia, onde mercadores, viajantes, marinheiros e militares em desgraça se foram estabelecendo ao longo dos séculos.

As emigrações em massa começaram no século XIX. As guerras do ópio (1839--1842 e 1858-1860) e a revolta dos Taiping

(1850-1864) provocaram uma enorme miséria e profunda desorganização social na China, sobretudo no Sul.

Paralelamente, a expansão colonial e a abolição progressiva da escravatura em todo o mundo deram origem à procura de mão-de-obra nas novas colónias da Ásia (Indonésia e Indochina) e nas explorações que os antigos escravos abandonaram (ilhas açucareiras dos oceanos Índico e Pacífico e plantações e minas da América Latina), que se traduziu na introdução do comércio de *coolies* e no recrutamento, principalmente nas províncias do Sul, de milhões de trabalhadores mediante contratos miseráveis.

Estas migrações, de início de proletários, deram origem a uma diáspora avaliada actualmente em 30-35 milhões de pessoas e caracterizada pela existência de relações de imigração, económicas, de informação e afectivas entre os seus diferentes pólos de fixação no mundo e com a China.

A repartição da diáspora ficou marcada pela sua história, porque o Sudeste da Ásia representou mais de três quartos dela. O mundo ocidental no sentido amplo, embora se tenha tornado o principal destino a partir dos anos 70-80, não recebeu senão uma sua modesta parte (três a cinco milhões). O resto da diáspora estabeleceu-se na América Latina, na África e nos países do antigo bloco soviético.

Para além da sua dimensão e extensão geográfica, a característica mais notória destas migrações foi a forma empresarial que assumiu, porque deram origem, progressivamente, nos países de acolhimento, a uma organização económica constituída por empresas de pequena dimensão, articuladas entre si nos domínios do aprovisionamento, do financiamento e da mão-de-obra, constituindo, deste modo, como que organizações económicas locais, frequentemente ligadas entre si numa escala transnacional.

Esta organização económica tem consequências sobre as migrações contemporâneas, porque dão mais resposta a um apelo de trabalho que emana destas empresas do que a uma procura do mercado geral de trabalho dos países envolvidos.

A maior parte dos imigrantes trabalha em estabelecimentos que são propriedade de compatriotas, os quais empregam maioritariamente mão-de-obra de origem chinesa.

A multiplicação destas empresas provoca uma imigração de mão-de-obra que contribui para o seu desenvolvimento, o que, por seu lado, vai reforçar a procura.

Há assim uma integração forte entre redes económicas e redes migratórias. Proletários e empresariais, as migrações chinesas, através do dispositivo transnacional que formaram, desempenharam um papel fundamental no desenvolvimento da China, porque uma grande parte dos investimentos estrangeiros na China provém delas.

As migrações contemporâneas inscrevem-se no quadro da diáspora que se iniciou a partir do final do século XIX. São interpolares, indo de um país de instalação até outro (refugiados de origem chinesa do Sudeste da Ásia para os países ocidentais, nos anos 70-80, migrações mais oportunistas, que procuraram uma melhoria material), e multipolares, dirigindo-se, a partir da China, para os diferentes países onde a diáspora se estabeleceu.

As migrações de mão-de-obra continuam a ritmo acelerado. São originárias das províncias de saída tradicionais (Fujian, Guangdong, Zhejiang), das grandes metrópoles (Pequim, Tianjin, Xangai) e das províncias do Nordeste, atingidas por gigantescas reestruturações industriais (Liaoning, Shandong, Heilongjiang).

Há migrações especificamente comerciais e empresariais, que também se começaram a desenvolver há pouco tempo, tendo por base a «fábrica do mundo» em que a China se transformou, a fim de importarem os seus produtos para os países de instalação (Europa Ocidental, América do Norte e Latina).

É neste quadro que se abrem novas rotas migratórias nos espaços pouco percorridos até há pouco tempo pelos emigrantes chineses, tal como o Norte de África e a região subsaariana.

Porém, uma parte das migrações situa-se fora do quadro do funcionamento da diáspora, tal como as migrações de estudantes, que aumentam rapidamente.

É também o caso das que se desenvolvem no quadro de contratos de obras públicas realizadas por empresas da China continental, nomeadamente em África e no Magreb. Importam para lá a sua própria mão-de-obra, mas uma parte fixa-se no local no final dos trabalhos e abre pequenos estabelecimentos. Estes imigrantes juntam-se então à diáspora através das suas redes económicas e migratórias segundo um esquema agora clássico.

As migrações contemporâneas reforçam assim a autonomia da diáspora, quer em relação ao país de instalação, quer em relação à própria China, pelo que a diáspora chinesa é menos uma extensão da China do que um corpo transnacional que vive por si mesmo.

Emmanuel Ma Mung

➤ CHINESES DO ESTRANGEIRO, MUNDO CHINÊS, TONTINAS

MIGRAÇÕES INTERNAS

Os resultados do recenseamento nacional realizado em 2000 confirmam a importância dos fluxos migratórios internos observados na China desde o início dos anos 80.

Em 1 265 830 000 pessoas recenseadas, 143 390 000 não residiam onde estavam domiciliadas de forma permanente. Este número é apenas indicativo: não tem em conta a duração da estadia efectuada fora da localidade de origem, tal como ignora as migrações oficiais registadas durante o ano, isto é, as mudanças de residência que são acompanhadas da transferência imediata do domicílio institucional.

Apesar destas incertezas, revela fluxos de migrações internas sem precedentes na história da China.

Os imigrantes de origem rural são os que suscitam mais inquietações sociais e políticas. A questão do êxodo da mão-de-obra rural excedentária domina igualmente os debates na imprensa e entre os especialistas.

Há aqui, portanto, uma dupla simplificação: a dos perfis, perspectivas e expectativas dos imigrantes de origem rural, por um lado, e a da própria composição destes fluxos migratórios, por outro.

Com efeito, nenhuma distinção é feita, por exemplo, entre o camponês que parte para trabalhar na cidade durante alguns meses, ou mesmo alguns anos, para pagar as suas dívidas ou acumular capital para abrir uma loja quando regressar e o filho do camponês que, tendo falhado por pouco a entrada na universidade, deixa a sua aldeia para ter a promoção social que acaba de lhe escapar.

A mobilidade urbana que é encorajada pelo desenvolvimento do sector industrial e comercial não estatal e o fim da afectação autoritária aos empregos continua largamente ignorada.

O recenseamento do ano 2000 revela, no entanto, que cerca de um quarto dos imigrantes ditos «flutuantes» ou espontâneos detinha um *hukou* não agrícola na sua localidade de origem. Mostra também que mais de 60% destes imigrantes não ultrapassavam as fronteiras da sua província de origem.

Perante estas migrações internas, o sistema de registo da residência (*hukou*) sofreu ajustamentos.

Surgiu uma categoria de imigrantes ilegais, formada por aqueles que não dispõem do certificado temporário instituído em 1985. Estimava-se que em 2000 apenas 50 milhões de imigrantes possuíam esse documento.

Para além do grupo dos imigrantes ilegais, há outras hierarquias.

Uma primeira separação é a que existe entre os residentes que gozam de direito de residência permanente e os que não possuem senão direitos temporários. Os segundos são de imediato colocados numa situação de inferioridade e defrontam muitas dificuldades no acesso ao emprego, à habitação e ao consumo.

No segundo grupo, os imigrantes de origem urbana possuem, em geral, recursos, materiais ou outros, que lhes permitem limitar os efeitos destas desigualdades e destes preconceitos. Constituem, de algum modo, uma categoria intermédia.

Podemos assim esboçar o quadro de uma população urbana composta de quatro estratos: os imigrantes ilegais, os imigrantes rurais, os imigrantes urbanos e a população citadina oficial.

As reformas em curso tendem, no entanto, a atenuar a importância do *hukou* e do certificado provisório e a permitir a determinados imigrantes pensar numa instalação definitiva na localidade de acolhimento escolhida.

Estas migrações internas modificam, portanto, as distinções anteriormente estabelecidas entre urbanos e rurais. Encorajam a circulação anónima e implicam a emergência de novas formas, susceptíveis de constituírem prova da honestidade e da credibilidade dos indivíduos.

Isabelle Thireau

➤ CIDADES, IMIGRANTES, REGISTO DE RESIDÊNCIA

MONGÓIS

É na China que os Mongóis são mais numerosos: 5,8 milhões em 2000, principalmente na região autónoma da Mongólia Interior (4 milhões), em Xinjiang e em Qinghai (Oirates), repartidos em grupos de particularismos acentuados, que são factores de riqueza cultural e de fraqueza identitária. Não são senão 2,5 milhões na Mongólia e 600 000 (Buriates e Calmuques) na Rússia.

Nómadas e xamanistas, os Mongóis de Gengis Khan alargaram o seu domínio à China, fundando a dinastia Yuan (1271--1368).

Rechaçados para as suas estepes pelos Ming, em 1368, continuaram a ser uma ameaça, controlando o Turquestão e o Tibete, onde os seus príncipes, que adoptaram o budismo, fizeram a fortuna dos dalai-lama.

Os Mongóis foram vencidos e feitos aliados pelos Manchus (1636: Mongólia Interior; 1691: Mongólia Exterior; 1751: Oirates aniquilados no Turquestão) e foram reorganizados em bandeiras (*qi*).

A imigração Han para as terras mongóis, iniciada em finais do século XIX, acelerou após 1949, acrescentando uma insuportável pressão demográfica às medidas de colectivização e de sedentarização dos nómadas nas comunas populares e aos actos de repressão, que tiveram o seu ponto mais alto durante a Revolução Cultural.

Na Mongólia Interior, os Han eram 18,5 milhões (78% da população) em 2000. As «municipalidades» chinesas substituíram pouco a pouco as bandeiras. Apesar da colaboração de uma parte dos Mongóis na política dos comunistas chineses, a exploração do subsolo, a industrialização e a urbanização estão nas mãos dos Han.

O regresso à iniciativa privada nos anos 80 ainda acentuou mais este controlo, que se estende ao próprio símbolo da identidade mongol, Gengis Khan, que passou a ser herói da «nação chinesa», cujo santuário, tornado acessível aos turistas, foi confiado em 2004 a uma sociedade chinesa.

Marginalizados na sua própria região autónoma, onde apenas metade fala a sua língua e um quarto a escreve, os Mongóis, para acederem à modernidade, têm de pagar o preço da sinização.

Os que se mantiveram como criadores de gado vêem-se sedentarizados e folclorizados, ao passo que os Mongóis agricultores ou urbanos, que já não partilham as mesmas referências identitárias, estão reduzidos a iludir alguns símbolos ideológicos oficiais, pois qualquer manifestação de sentimento nacional mongol é severamente punida.

Em suma, a Mongólia Interior já não passa de uma província chinesa ordinária. Será uma prefiguração do Tibete, do Xinjiang e do Qinghai, visados pelo projecto de «desenvolvimento do Oeste»?

Marie-Dominique Even

➤ BUDISMO, HAN, MANCHUS, NACIONALIDADE, NOMADISMO, OESTE (PROJECTO DE DESENVOLVIMENTO DO), REGIÕES FRONTEIRIÇAS

MOSSO

O Estado chinês integra oficialmente os cerca de 50 000 Mosso – ou Mos, Mosuo, etc. –, de Yongning, na nacionalidade naxi, nome do grupo dominante na região de Lijiang (província de Yunnan), apesar de diferenças sócio-culturais importantes.

Agricultores sedentários, os Mosso são, ao contrário dos outros Naxi, matrilineares e matrilocais. As suas casas são habitadas pelos consanguíneos aparentados pelas mulheres, formando a unidade de produção e de consumo.

O casamento é apenas marginal, face ao sistema de visitas (*tisese*). Os homens vão à noite a casa das suas parceiras e as relações estabelecidas são não exclusivas e não contratuais, sendo a residência bilocal.

Os filhos são integradas no grupo da mãe e o pai não tem nenhuma obrigação em relação a eles, embora possa prodigalizar o seu apoio sob a forma de serviços ou de ajuda material.

Os Mosso são objecto de muitos fantasmas, que vão do mito do matriarcado às delícias da liberdade sexual.

Esta prática, combatida durante as primeiras décadas do regime comunista, passou a ser um argumento para o desenvolvimento do turismo nesta «região de mulheres».

Stéphane Gros

➤ NACIONALIDADE

MULHER

A China conta actualmente 600 milhões de Chinesas.

As diferenças entre a cidade e o campo e entre províncias costeiras e as do interior são de tal monta que é difícil falar da situação das mulheres em geral. Podemos apenas apresentar as grandes tendências e as mudanças significativas que afectam hoje a vida das mulheres.

Os avanços tecnológicos permitiram o aumento do nível de vida de grande número de Chineses. O acesso a mais conforto (água corrente, gás, aparelhos electrodomésticos, etc.), a obtenção de apartamentos mais confortáveis e o desenvolvimento dos transportes melhoraram a vida quotidiana das mulheres e reduziu o tempo gasto nas tarefas domésticas.

A chegada dos imigrantes desenvolveu a indústria dos serviços. Os citadinos têm empregadas de limpeza ou empregadas domésticas para os ajudar nas tarefas da casa e na guarda das crianças.

Embora sejam muitas as desigualdades de estatuto e de riqueza, os Chineses, em geral, vivem melhor e gozam de melhor saúde. A esperança de vida das mulheres passou assim de 71,4 anos em 1990 para 73,6 em 2001.

Este novo conforto material foi acompanhado de maior liberdade nas condutas individuais. Acabou o tempo em que se passava do vestuário de Inverno para o de Verão apenas quando era chegada a altura e acabaram também as tranças e os vestidos azuis dos anos 70. A cirurgia estética e as indústrias da moda e dos cosméticos seduziram as mulheres abastadas, que ousam comportar-se na sua vida privada como bem lhes parece.

As relações entre os homens e as mulheres passaram a ser bastante mais livres nas cidades. As ligações estabelecem-se até, por vezes, na Internet. A coabitação dos jovens antes do casamento é coisa corrente.

Desde 2003 deixou de ser necessário apresentar a autorização da unidade de trabalho e um certificado médico para se efectuar o casamento: bilhete de identidade, certificado de residência e um documento que ateste que não são já casados são suficientes.

O processo de divórcio foi simplificado desde a lei do casamento de 2002. Pode ser obtido nomeadamente em caso de bigamia, abandono do domicílio conjugal e violência doméstica.

Na China, as mulheres têm os mesmos direitos que os homens nos domínios da educação e do trabalho. Serão elas, no entanto, «a metade do céu» de que se falava durante a Revolução Cultural?

As raparigas sofrem ainda discriminações em matéria de educação nas zonas rurais. São elas que mais cedo deixam a escola para ajudar no trabalho da exploração agrícola ou na gestão das tarefas familiares. As que possuem mais formação, ou seja, as que possuem o primeiro ciclo da escola secundária, deixam frequentemente o campo para irem trabalhar nas cidades.

Nos meios urbanos a situação é diferente: raparigas e rapazes seguem o mesmo currículo escolar, mas elas estão em maior número na universidade.

Ocupando ainda poucos lugares de responsabilidade nas empresas do Estado, as mulheres ocupam posições de direcção nas empresas de capitais mistos e estrangeiras das grandes cidades.

No entanto, embora a legislação do trabalho as proteja, os textos legislativos que enaltecem a igualdade dos sexos nem sempre são aplicados. Tal como noutros países, as mulheres chinesas têm de enfrentar discriminações no acesso ao emprego e nas remunerações. Salários por pagar e despedimentos abusivos atingem-nas mais do que aos homens. Por exemplo, foram elas as primeiras a ser despedidas aquando da privatização das empresas e constituem a maioria dos desempregados.

À excepção dos responsáveis da Federação Panchinesa das Mulheres, o mundo político também continua a ser dominado pelos homens.

São muitas as feministas na China, trabalhando não só em organismos oficiais, mas também em organizações não governamentais. Marcaram a sua presença após a conferência internacional sobre as mulheres, organizada em 1995, em Pequim, sob a égide da ONU.

Denunciam regularmente problemas sociais recorrentes, como o abandono escolar das raparigas nas zonas rurais pobres, o desemprego feminino, o mau acompanhamento médico das camponesas pobres e das imigrantes, os raptos e a prostituição.

São muitos os casos de mulheres em risco e a China é o único país em todo o mundo que tem uma taxa de suicídio das mulheres que é superior à dos homens.

O nascimento de uma rapariga é ainda mal aceite em muitas zonas rurais e há mulheres que são maltratadas simplesmente por terem dado à luz uma criança do sexo feminino. Verifica-se, aliás, nas estatísticas chinesas um défice de meninas nascidas (118 meninos para 100 meninas, quando a norma é 105 para 100). São várias as razões deste fenómeno: abortos selectivos, infanticídios e não declaração das crianças de sexo feminino.

Apesar da importância do desemprego feminino urbano, muitas jovens e mulheres jovens trocam as zonas rurais pelas vilas e as cidades vizinhas. Partem com a esperança num futuro melhor ou para encontrarem um bom partido, mas também para se reunirem ao marido, auxiliar um irmão a pagar a cerimónia de casamento, estudar ou construir uma nova casa na aldeia.

Muitas desejam apenas um mundo longínquo que as faz sonhar.

Outras, finalmente, deixam a aldeia logo a seguir ao casamento por razões financeiras ou para escaparem a condições de vida demasiado penosas. Estão dispostas, muitas vezes, a aceitar empregos mal remunerados e condições de vida difíceis, porque o que querem é ganhar dinheiro rapidamente.

Confrontadas com um modo de vida completamente diferente, adiam muitas vezes a data do seu regresso à localidade de origem.

As imigrantes tornaram-se deste modo um fenómeno social cuja amplitude e consequências são ainda mal conhecidas.

Jacqueline Nivard

➤ ADOPÇÃO, CASAMENTO, DESEMPREGO, DIVÓRCIO, FAMÍLIA, PROSTITUIÇÃO, SEXUALIDADE

MUNDO CHINÊS

A diáspora chinesa foi-se expandindo ao longo dos séculos, ao disseminar-se pelos cinco continentes, mas conservando uma identidade forte. Longe de enfraquecer a China, ela é hoje a pedra angular do seu crescimento.

Os compatriotas (*tongbao*) de Hong Kong, Macau e Taiwan e os Chineses do estrangeiro (*huaqiao*) do Sudeste da Ásia tiveram um papel determinante no fornecimento de capitais externos à China Continental desde finais dos anos 70.

Esta abertura foi conduzida por uma política nacional, apoiada na multiplicação, ao nível das autoridades locais, de comissões de todos os géneros, encarregadas dos laços com os Chineses do estrangeiro.

Estas transferências económicas materializaram-se em deslocalizações de indústrias para a China, na criação de *joint-ventures* e em muitos investimentos em diversas infra-estruturas e no sector imobiliário.

As províncias meridionais em particular beneficiaram com elas nos anos 80. Houve espaços regionais que foram completamente transformados por uma sinergia económica que uniu Hong Kong e Macau ao delta do rio das Pérolas e Taiwan à Zona Económica Especial de Xiamen e à região de Fuzhou, em Fujian.

Hoje em dia os investimentos dirigem-se cada vez mais para Xangai e as cidades do delta do Yangtzé.

No outro lado da cadeia, a diáspora chinesa e a emigração continental representam muitas vezes a produção chinesa nos países de acolhimento.

Uma tal complementaridade económica, facilitada por meios modernos de comunicação à escala mundial, releva também de uma profunda transformação da percepção dos «Chineses do estrangeiro» pelas autoridades continentais.

Durante muito tempo os preconceitos alimentados pelo confucionismo em relação ao comércio e pela corte imperial em relação às províncias periféricas do Sul, terras de partida privilegiadas, afectaram a sua imagem. A fuga dos seus filhos para países que ofereciam perspectivas de um futuro melhor representava sobretudo uma humilhação para um Estado que era pensado como uma família.

O desenvolvimento rápido da cidade das concessões estrangeiras, como era Xangai, nos anos 20, e depois a elevação de Hong Kong, Taiwan e Singapura ao estatuto de novos países industriais, nos anos 70, reforçaram a ideia de um mundo chinês que poderia sair por si mesmo do subdesenvolvimento e atingir níveis de riqueza comparáveis aos do Japão e dos países industrializados do Ocidente.

No início das reformas no continente, o Estado chinês foi obrigado, portanto, no seu discurso nacionalista, na sua vontade de reunificação territorial e na escolha de um desenvolvimento económico extrovertido, a reconhecer à «China» e aos Chineses do estrangeiro aptidão para resolver e dinamizar a identidade chinesa.

As comunidades chinesas na periferia do território continental reivindicam, na verdade, serem depositárias da identidade chinesa. Se as autoridades comunistas possuem os lugares simbólicos do império defunto, Taiwan abriga o património artístico do antigo palácio imperial, Hong Kong é uma placa giratória da Ásia Oriental e Singapura apresenta-se como uma alternativa ao Ocidente.

As comunidades chinesas estabelecidas sobretudo no Sudeste da Ásia, mas também na América e na Europa, beneficiam da mundialização para aumentar o seu poder económico, para além da malhagem complexa das diferentes redes identitárias (cantonesa, teochiu, hokkien e hakka).

Oferecem uma visibilidade chinesa cada vez maior no estrangeiro, inclusivamente em antigos países desenvolvidos. Os Chineses do estrangeiro, que, por vezes, apenas mantêm uma relação remota com o continente, reafirmam, de facto, os valores e a cultura chinesas devido à própria diáspora, apresentando-se como os filhos de uma mesma comunidade, reivindicada voluntariamente e reconstruída se a ocasião se apresentar.

Nesta época de mundialização, o efeito de massa do continente não podia, portanto, apagar a presença deste mundo chinês disseminado, com uma identidade forte e muito unido do ponto de vista económico. A China, embora sendo o referente familiar e cultural de um povo tradicionalmente ligado às suas origens, não deixava de ser apenas um dos seus pólos. A China já não era a única produtora da sua identidade. Num tal contexto, Pequim jogou inicialmente a cartada da associação económica com os seus compatriotas de Hong Kong, Macau e Taiwan, bem como com os Chineses do estrangeiro.

No início do século XXI, todavia, surgem novas relações de força. A China beneficia hoje em dia da sua emergência como potência económica mundial e geopolítica na região da Ásia.

A China instrumentaliza agora os eixos económicos e, por vezes, políticos que a diáspora tem no estrangeiro para promover o seu regresso à cena internacional. Os antigos filhos ingratos do império servem assim para salientar a grandeza da cultura e das capacidades do povo chinês, cujo líder incontestado seria a República Popular, em detrimento de Taiwan.

A China continental tenta ligar-se, mesmo no estrangeiro, com as comunidades no exterior, através das suas representações diplomáticas e os seus serviços anexos, os seus bancos, as suas empresas, os seus jornais e as suas cadeias de televisão. Actualmente vem multiplicando no estrangeiro os Institutos Confúcio.

Por isso, a diáspora chinesa voltou a ter nestes últimos anos uma nova visibilidade no Ocidente e os Chineses do estrangeiro redescobrem o orgulho de serem chineses, devido ao aumento de poder do continente. Ganharam com este uma certa aura nas sociedades ocidentais.

A transformação actual dos grandes conjuntos regionais em todo o mundo beneficia assim claramente um país que se apresenta como uma futura grande potência, em razão da sua população e da dimensão do seu mercado, do seu peso diplomático e militar e da sua abertura económica.

No entanto, este reconhecimento do poder chinês integra hoje também os outros poderosos pólos económicos e culturais, contíguos ou longínquos, territórios homogéneos ou implantações urbanas, de um mundo chinês que passou a ser alargado e multipolarizado e que continua a sentir a nostalgia da sua antiga unidade.

Thierry Sanjuan

▶ CANTONESES, *CHINATOWNS*, HAKKA, HONG KONG, MACAU, MIGRAÇÕES INTERNACIONAIS E DIÁSPORA, REDES, RIO DAS PÉROLAS (DELTA DO), TAIWAN, XANGAI

MÚSICA E POLÍTICA

Já mesmo durante o império, uma recolha organizada pelas instituições musicais do Estado pretendia reunir os reportórios musicais das diferentes populações, permitindo, deste modo, afirmar a unidade nacional e impor «tradições».
Esta prática foi continuada pelo poder comunista. Estas «tradições» relevam de registos «inventados» e supervisionados pelo Estado. De facto, de acordo com o ideal político chinês, a preocupação com o bom governo implica que os ritos e a música sejam tomados em consideração. Constituem o fundamento da legitimidade política.

Ao coligir as músicas das 56 nacionalidades da China contemporânea, milhares de funcionários trabalharam na elaboração de *uma* música nacional chinesa. Na verdade, surpreende os ouvidos do viajante desprevenido a impressão de ouvir nos *media* as mesmas melodias.
De vez em quando, as músicas de influência ocidental (*jazz* e *rock*) são estritamente vigiadas e até reprimidas. Quanto às músicas «ligeiras» (*pop*, canções de variedades), são tocadas em profusão. Provenientes, na maior parte dos casos, de Taiwan e Hong Kong, reforçam, à sua maneira, a ideia da unidade da China.

Sabine Trébinjac

➤ NACIONALIDADE, ÓPERA, *ROCK*

NACIONALIDADES

As noções de nação, nacionalidade, povo, etnia e grupo étnico são expressas em mandarim por um só termo: *minzu*.

Este neologismo de origem japonesa (*minzoku*) foi introduzido pelo reformador Liang Qichao durante a construção do Estado-nação, no final do século XIX.

No início do século XX, o fundador da República, Sun Yat-sen, definiu a nação chinesa (*zhonghua minzu*) como a reunião de cinco «povos» (Han, manchu, mongol, muçulmano e tibetano).

A República Popular da China é hoje um Estado multinacional composto por 56 «nacionalidades» (*minzu*), em que 55 são minoritárias, representando cerca de 8% da população, em que a maioria reside nas regiões fronteiriças.

O conceito de «nacionalidade» baseia-se no modelo teórico estalinista que define nação como «uma comunidade estável, historicamente constituída, de língua, território, vida económica e formação psíquica, que se traduz numa comunidade de cultura».

A estes critérios foi associado um esquema evolucionista que colocava as populações em diferentes estados históricos de evolução.

Para a China, os Mosso, matrilineares, e os Dulong, do Yunnan, correspondiam ao comunismo primitivo, as populações turcófonas do Noroeste e de língua tai do Sudoeste, ao feudalismo, e os Yi, ao estádio esclavagista. Apenas os Han representavam o estádio mais avançado, o de «nação».

No início dos anos 50, o Estado comunista lançou uma grande campanha de identificação das minorias, que chegou à classificação de cerca de 4000 grupos, definidos numa base local.

No recenseamento de 1953, estes grupos foram reunidos em 41 nacionalidades, mas em 1964 uma nova classificação reconheceu 53, às quais, em 1982, foram acrescentadas duas outras (She e Jingpo).

A política das nacionalidades, conduzida pelo poder comunista e fundada no princípio da igualdade entre elas, visava também assegurar a submissão das populações minoritárias das fronteiras e integrá-las no Estado-nação.

Foi instituída uma estrutura administrativa específica no quadro dos distritos, das prefeituras e de cinco regiões autónomas que fazem parte do território nacional (a região autónoma da Mongólia Interior, a dos Hui do Ningxia, a dos Uigures do Xianjiang, a do Tibete e a dos Zhuang do Guangxi).

Em complemento, o estatuto oficial de «nacionalidade minoritária» garantia a cada grupo uma representação política e aos indivíduos direitos específicos, como a dispensa, de princípio, da política do filho único em vigor para os Han.

Enquanto categoria política, a «nacionalidade» reúne populações que tinham poucas referências comuns, excepto, nalgumas delas, o critério da proximidade linguística (as línguas tibetano-birmanesas dos Yi, as línguas tai das «nacionalidades» zhuang e dai).

50 anos mais tarde, os indivíduos e os grupos, nas suas relações com o Estado, determinam-se no interior destas identidades atribuídas, ainda que estas sejam, por vezes, contestadas e não substituam as etnias locais reivindicadas (os Mosso do Yunnan integrados na «nacionalidade naxi», os Tai Lü dos Sishuang Banna na «nacionalidade dai»).

Élisabeth Allès et Béatrice David

➤ DAI, FRONTEIRAS, HAN, HUI, MANCHUS, MIAO, MONGÓIS, MOSSO, REGIÕES FRONTEIRIÇAS, TIBETANOS, TIBETE, UIGURES, XINJIANG, YAO, ZHUANG

NACIONALISMO

O nacionalismo chinês é uma realidade mais ambígua do que parece.

A sua existência é inegável. A sua força e a sua vivacidade são grandes, como se viu nestes últimos anos com as manifestações contra o bombardeamento americano da embaixada da China em Belgrado, em Maio de 1999, as denúncias das visitas do primeiro-ministro japonês ao santuário de Yasukuni, as críticas virulentas proferidas contra os dirigentes taiwaneses, de Lee Teng-hui a Chen Shui-bian, e, mais em geral, a ambição de fazer da China não só uma grande potência, mas a primeira potência mundial, à frente dos Estados Unidos.

O nacionalismo parece constituir hoje o valor mais partilhado tanto pela sociedade, como pelo governo chinês. Este último sabe-o, pois instrumentalizou-o em grande parte com os objectivos de reforçar o seu poder negocial perante os seu principais parceiros estrangeiros e também de impedir qualquer «evolução pacífica» do regime para a democracia.

No entanto, ao mesmo tempo, por motivos de interesse, muitas intervenções internacionais do governo de Pequim e muitas manifestações da sociedade ignoraram este sentimento nacionalista.

A abertura da economia e da sociedade chinesa ao exterior, o estabelecimento de laços diplomáticos e comerciais estreitos com as potências que, precisamente, haviam antes «humilhado» a China (Estados Unidos, Japão, Grã-Bretanha, Alemanha, França, etc.), a entrada da China na Organização Mundial do Comércio e a incapacidade militar do Exército Popular de Libertação de modificar a situação estratégica no estreito de Taiwan, ainda dominado pela VII Esquadra norte-americana são dados sobejamente conhecidos que atestam um certo «controlo» das emoções nacionalistas que podem estar despertas nos círculos dirigentes.

Analogamente, na sociedade chinesa, a procura do êxito individual, a vontade – e talvez mais ainda a possibilidade – de enriquecer e melhorar o nível de vida, o aumento do provincialismo e do localismo, o fascínio perante uma América que é, ao mesmo tempo, poderosa e próspera, a atracção por uma modernidade que é frequentemente sinónima de *American way of life*, a curiosidade geral por um mundo exterior que foi durante muitos anos proibido – o surto do turismo chinês para o estrangeiro é disso testemunho – e a emigração de milhões de Chineses para o mundo desenvolvido são sintoma, senão de ausência, pelo menos de fraqueza relativa do nacionalismo.

Embora o nacionalismo chinês, por razões que se prendem com a história da China, seja, sob muitos pontos de vista, específico, ele traduz, desde a época contemporânea, isto é, desde a primeira guerra do ópio (1839-1842), um profundo sentimento de insegurança.

Para além do sentimento de insegurança, coexistem, todavia, várias formas de nacionalismo neste país, como, aliás, em qualquer outro.

Há um nacionalismo oficial, inspirado pela ideologia comunista e a preocupação do Partido Comunista em manter o seu monopólio sobre a coisa pública. Na China, este é sinónimo de «patriotismo».

Há um «nacionalismo revanchista», de tendência racista, disseminado na sociedade pelos segmentos mais anti-estrangeiros das elites chinesas – a «nova esquerda», nomeadamente –, que se apoiam no desconhecimento popular sobre o estrangeiro e na sua desconfiança tradicional a respeito deste para propagar as suas ideias.

Baseado mais na necessidade de apagar as humilhações passadas do que numa análise racional da realidade, influenciado pelo patriotismo comunista, mas ultrapassando-o, este nacionalismo foi particularmente influente na segunda metade dos anos 90.

As suas manifestações assumiram mais frequentemente a forma de emoções abertamente expressas e de violências anti-estrangeiros do que de um discurso construído e de uma acção coerente.

Existe, finalmente, um outro nacionalismo chinês, que retira a sua legitimidade da realidade económica e social chinesa actual, sem com isso rejeitar *a priori* a influência estrangeira.

Procurando certamente modernizar a China e fazê-la recuperar o lugar e a influência a que tem direito na comunidade internacional, preservando ao mesmo tempo a sua cultura, este nacionalismo é menos agressivo e mais pacífico, colocando a ênfase na vontade de favorecer as convergências, sobretudo políticas, com o resto do mundo.

Simbolizado pelo conceito, caro a Hu Jintao, de «emergência pacífica» da China, poderá este nacionalismo dar origem, a prazo, a um nacionalismo democrático, isto é, ao mesmo tempo comedido, aberto e preocupado em defender, não só os interesses da nação chinesa, mas também os dos homens e das mulheres que a constituem?

As manifestações anti-americanas de 1999 e as violências antijaponesas da Primavera de 2005 evidenciam a dificuldade desta evolução e a tentação persistente do poder chinês de instrumentalizar a única ideologia que lhe permite prolongar a sua esperança de vida.

Jean-Pierre Cabestan

➤ ESTADOS UNIDOS (A CHINA E OS), IDEOLOGIA, JAPÃO (A CHINA E O), MUNDO CHINÊS, TAIWAN (A REPÚBLICA POPULAR E)

NANQUIM (MASSACRE DE)

60 anos após o fim da guerra sino-japonesa (1937-1945), as exacções cometidas pelos exércitos imperiais durante as semanas que se seguiram à ocupação da capital da China nacionalista, em Dezembro de 1937, ainda hoje envenenam as relações entre a República Popular da China e o Japão.

Ausente da memória oficial durante várias décadas, a questão do massacre de Nanquim surgiu em 1982, 10 anos após o estabelecimento das relações diplomáticas com o Japão, impulsionada pela controvérsia acerca dos manuais escolares japoneses.

As modificações sucessivas introduzidas nos referidos manuais de história tenderam a minimizar, e por vezes a negar, a responsabilidade japonesa pela guerra de agressão e, por isso, pelo massacre de Nanquim.

Em 15 de Agosto de 1985, dia do aniversário da derrota japonesa, teve lugar em Nanquim a inauguração do memorial dedicado às vítimas do massacre, que as fontes oficiais chinesas calculam ter sido 300 000.

Neste mesmo dia, em Tóquio, o primeiro-ministro dirigiu-se ao santuário de Yasukuni, construído em 1869, para honrar os soldados mortos pela pátria, entre os quais figuravam 14 criminosos de guerra, condenados pelo Tribunal Militar Internacional de Tóquio (1946-1948).

A década de 90 ficou marcada por manifestações hostis ao Japão, muitas vezes centradas nos crimes e nas atrocidades de que foram vítimas, durante os anos da guerra, não só a população chinesa, mas também as populações de todos os países da Ásia submetidos à ocupação japonesa.

A controvérsia não poupa o Japão, onde os defensores do ultranacionalismo adoptam uma posição negacionista, considerando o massacre de Nanquim como «a maior mentira do século XX».

A publicação em 1997 da obra da jornalista americana de origem chinesa Iris Chang (1968-2004), *The Rape of Nankin. The Forgotten Holocaust of World War II*, desencadeou tanto no Ocidente como na China um interesse crescente por este passado que confere ao massacre de Nanquim o estatuto de símbolo internacional.

Seguros do apoio da população, os dirigentes chineses usam episodicamente esta arma potencial para incitar o seu parceiro japonês a assumir as suas responsabilidades face ao seu próprio passado e à sua história. É agora habitual na China acentuar a atitude de arrependimento da Alemanha e julgar pouco «correcta» a atitude adoptada pelo Japão.

Surgiram outras questões sensíveis deste doloroso passado, que se associaram à do massacre de Nanquim: a das mulheres de conforto, a das vítimas de trabalhos forçados, a da guerra química e bacteriológica e a das experiências médicas.

Embora o governo chinês tenha renunciado a qualquer indemnização, em 1972, aquando da normalização das suas relações com o Japão, há cidadãos chineses que levantam actualmente a questão das compensações e reparações individuais, às quais o Japão tenta subtrair-se.

Em 2005, ano do 60.º aniversário da «vitória da China sobre o Japão», as relações bilaterais registaram um esfriamento considerável, que se traduziu em manifestações antijaponesas de uma amplitude sem precedentes.

Françoise Kreissler

➤ JAPÃO (A CHINA E O), NACIONALISMO, PRECEDENTE HISTÓRICO

NÃO PROLIFERAÇÃO (A CHINA E A POLÍTICA DE)

A posição da República Popular da China (RPC) relativamente às questões da não proliferação evoluiu consideravelmente nos últimos anos.

Durante muito tempo revelou-se sistematicamente reticente nesta matéria, considerando que os regimes de não proliferação eram instituídos por e para as «grandes potências», entre as quais recusava figurar.

Actualmente, e sobretudo após os atentados do 11 de Setembro de 2001, a China parece estar mais consciente dos riscos da proliferação das armas de destruição maciça e dos limites da ambiguidade da sua posição nesta matéria.

No que respeita aos princípios, a RPC adopta uma posição particularmente virtuosa, nomeadamente no domínio nuclear. A sua doutrina regula-se pelos princípios da não utilização em primeiro lugar e da não utilização contra potências não nucleares.

Desde os anos 80, encoraja a criação de zonas desnuclearizadas e é membro da Agência Internacional da Energia Atómica (1984), encarregada de controlar o seu uso para fins civis.

Foi desde os anos 90 que a China multiplicou os seus compromissos internacionais neste domínio.

Em 1992, assinou o tratado de não proliferação e acedeu ao estatuto de Estado dotado de armas nucleares, o que lhe reconheceu o direito de possuir este tipo de armas. Em 1996, assinou o tratado relativo à proibição total dos ensaios nucleares, mas que não ratificará enquanto os Estados Unidos não o fizerem também.

A China assinou as convenções sobre as armas biológicas em 1984 e sobre as armas químicas em 1993.

Declarou também melhorar o seu sistema de controlo das exportações, apesar de lacunas ainda importantes e da sua cooperação passada e actual no sector nuclear com o Paquistão, o Irão e a Coreia do Norte.

Pequim é membro do Comité Zangger de controlo das exportações de materiais físseis, desde 1997, bem como do grupo de países fornecedores de materiais nucleares, desde 2004.

No entanto, a política de não proliferação da RPC continua cheia de ambiguidades.

Por exemplo, Pequim recusa-se a assinar a convenção de Otava sobre a proibição das minas antipessoais, uma das principais vendas de armamento da China.

Ainda que se tenha comprometido verbalmente, junto dos Estados Unidos, a aplicá-lo, a RPC continua a não fazer parte do Missile Technology Control Regime (MTCR). Pequim considera, de facto, que a sua própria lista de materiais proibidos «corresponde aproximadamente» à lista do MTCR e recusa alterá-la a fim de poder fazer parte do referido regime.

Em matéria de fundo, Pequim continua a considerar que o controlo da proliferação deve ser o resultado da «confiança mútua», do diálogo e da cooperação, rejeitando por princípio qualquer recurso a sanções.

Para Pequim, o direito ao desenvolvimento da energia nuclear civil deve, para além disso, ser absolutamente garantido aos países em desenvolvimento.

A ambiguidade desta posição chinesa, particularmente evidente, devido ao direito de veto de que a China dispõe no Conselho de Segurança das Nações Unidas, surgiu claramente na estratégia de ganho de tempo que adoptou nas crises norte-coreana e iraniana.

Valérie Niquet

➤ DEFESA, ORGANIZAÇÃO DAS NAÇÕES UNIDAS (A CHINA E A), POLÍTICA EXTERNA

NOMADISMO

O nomadismo era um modo de via de populações não chinesas que ocupavam vastas zonas das províncias setentrionais e ocidentais da China: Tungue evencos no Nordeste da Mongólia Interior (Orontchones ou Eluchun, caçadores a cavalo; Evencos do Ologoi, caçadores e criadores de renas; Solons, criadores de gado, subsumidos pela cultura mongol), Mongóis na Mongólia Interior, em Qinghai (Amdo ou Koukounor) e em Xinjiang (Turquestão Oriental), Touvas, Cazaques e Quirguizes em Xinjiang (todos criadores de carneiros, cavalos, bovinos, cabras e camelos) e Tibetanos criadores de iaques dos planaltos elevados do Tibete e do Qinghai.

É a alguns destes nómadas fundadores de impérios poderosos, tais como os Mongóis da dinastia Yuan (1271-1368) e os Manchus da dinastia Qing (1644-1911), que a China deve a extensão actual do seu território.

Caracterizada pela exploração sazonal e racional das pastagens, a pastorícia nómada implica um habitat móvel (cabana cónica dos Tungues, iurta dos Turcomongóis, tenda de lã dos Tibetanos) e deslocações frequentes do grupo familiar num percurso definido.

Hoje em dia, está em vias de extinção na China, devido às migrações maciças de Han para estas regiões e às diversas políticas conduzidas pelas autoridades com o objectivo de «racionalizar» a criação de gado.

A colectivização do gado e a organização dos criadores nas comunas populares, nos anos 50 e 60, conduziram a uma sedentarização parcial das famílias, repartidas em diferentes equipas. As melhores pastagens foram progressivamente transferidas para a agricultura, a indústria, as minas e a urbanização, sectores dominados pelos Han.

Os anos 80 ficaram marcados pelo regresso à propriedade privada do gado e pela transferência da responsabilidade para a unidade familiar, o que suscitou a recuperação das práticas nómadas e o crescimento do número de cabeças de gado.

Todavia, a instituição pelas autoridades chinesas de um novo modo de utilização das pastagens, fundado na sua divisão em parcelas privadas e fechadas, tomadas de renda ao Estado, reduziu consideravelmente a mobilidade dos criadores e condenou o nomadismo a um fim rápido.

A diminuição da superfície e da qualidade das pastagens, o aumento do número de cabeças de gado e a perda de mobilidade são causas da sobreexploração das pastagens e, em concorrência com a forte emigração Han, o desenvolvimento da agricultura e a desflorestação, provocaram graves problemas de desertificação e de degradação do ambiente.

Marie-Dominique Even

➤ HAN, MANCHUS, MONGÓIS, OESTE (PROJECTO DE DESENVOLVIMENTO DO), TIBETE, TIBETANOS, XINJIANG

NORDESTE

A região do Nordeste é composta pelas províncias de Liaoning, de Jilin, de Heilongjiang e das quatro entidades administrativas mais orientais da região autónoma da Mongólia Interior (Chifeng, Zhelimu, Xing'an e Hulunbuir). É incontestavelmente uma região à parte.

Território periférico mal povoado até meados do século XIX, foi integrado na China das «dezoito províncias» e dos Han em pouco mais de um século, devido ao ritmo do avanço de uma notável fronteira agrícola.

Esta integração desenrolou-se num contexto geopolítico específico, assinalado pela rivalidade entre o império chinês e os seus dois vizinhos russo e japonês pelo controlo desta região, então chamada Manchúria, cujos recursos e potencialidades económicas pareciam ser infinitos aos olhos dos protagonistas da época.

Pontuado e enfraquecido por concessões urbanas e de caminhos-de-ferro, o Nordeste, à semelhança do litoral, foi duramente marcado pelo período do «século da vergonha».

A partir de 1932, foi mesmo colonizado pelo Japão, que, com a criação do Mandchoukouo, pretendeu fazer da região um «enclave económico moderno» para desenvolver as suas potencialidades agrícolas, mineiras e manufactureiras.

Todavia, os desvios fascista e militarista do Japão fizeram igualmente do Nordeste o centro de muitas experiências militares, nomeadamente no domínio das armas biológicas, que gravaram para sempre nas mentes dos Chineses a imagem da barbárie japonesa.

Em reacção à invasão, o Nordeste foi um importante foco de resistência antijaponesa, em que as forças comunistas se tornaram rapidamente maioritárias, o que lhes permitiu depois utilizar a religião como trampolim para a sua vitória posterior em Pequim.

Do «século da vergonha», o Nordeste herdou, todavia, uma sólida organização espacial. A rede de caminhos-de-ferro construída pelos Russos – o «T» manchu Manzhouli-Suifenhe e Harbin-Dalian –, que foi depois completada pelos Japoneses, constituiu o principal factor estruturante de um espaço que funcionava então segundo o modelo dos países novos.

Associada à presença de ricos recursos naturais, permitiu a criação de uma estrutura industrial avançada, de que o regime comunista tentou activamente tirar benefícios, a partir de 1949.

O Nordeste foi, de facto, uma das principais regiões industriais da China anterior às reformas, apresentada como modelo de desenvolvimento socialista, baseado principalmente na indústria pesada.

Estes anos de uma idade de ouro industrial são agora coisa do passado. Mantido à margem da primeira vaga de reformas, o Nordeste registou um forte declínio económico na segunda metade dos anos 80 e no início dos anos 90.

Está desde então à procura de um novo impulso. As autoridades centrais e locais integraram a região em estratégias de um novo desenvolvimento.

A primeira consistiu em abrir a região ao exterior, principalmente aos países vizinhos (a Rússia, as duas Coreias e o Japão). Para isso, as autoridades criaram zonas económicas nas capitais provinciais (Shenyang, Changchun, Harbin) e nas principais cidades fronteiriças (Dandong, Hunchun, Suifenhe, Tongjiang, Heihe e Manzhouli).

Embora esta abertura tenha incontestavelmente marcado a integração definitiva do Nordeste na política de abertura e de desenvolvimento nacional e fomentado o desenvolvimento económico, não permitiu resolver ainda os problemas específicos desta velha região industrial (reestruturação industrial e reformas das empresas do Estado).

Em 2003, o governo chinês fez da recuperação económica do Nordeste uma das «tarefas mais importantes e urgentes» do século XXI. Trata-se de transformar a antiga base industrial do Nordeste numa sustentáculo importante de fabrico de equipamentos na China.

Esta campanha não visa apenas anular o atraso de desenvolvimento em relação às províncias costeiras, mas traduz também a vontade da China em reajustar a sua estrutura industrial.

Face aos pólos da indústria ligeira que são o delta do rio das Pérolas e a bacia do Yangtzé, o Nordeste deve especializar-se na produção de máquinas e equipamentos a fim de limitar as importações chinesas neste sector.

Seria uma vantagem que houvesse uma boa rede de infra-estruturas de transporte, de recursos naturais e de infra-estruturas industriais, quer na indústria química, quer na pesada, e permitiria levar a bom termo esta nova política.

Em 2004, as autoridades centrais tinham já investido 61 milhares de milhões de *yuans* neste projecto.

Sébastien Colin

➤ COREIA DO SUL (A CHINA E A), FRONTEIRAS, JAPÃO (A CHINA E O), REGIÕES FRONTEIRIÇAS, REGIÕES INDUSTRIAIS (AS VELHAS), RÚSSIA (A CHINA E A)

NOVAS TECNOLOGIAS

A capacidade da China realizar plenamente o seu potencial de crescimento no século XXI e adquirir o estatuto de economia do saber dependerá em grande parte do desenvolvimento das novas tecnologias de informação e de comunicação (NTIC) no seu território.

O governo chinês mostra-se atento às NTIC com a finalidade de facilitar o desenvolvimento dos diferentes sectores da economia: serviços privados e públicos, ambiente de negócios, eficácia do sistema educativo e administração electrónica.

Há também um verdadeiro entusiasmo da população urbana pelos produtos e serviços de alta tecnologia: telemóveis, computadores portáteis e Internet.

O governo, no entanto, empenha-se em manter o controlo da sua utilização e, nomeadamente, em filtrar sistematicamente a transmissão de informações politicamente sensíveis pela Internet ou por telemóvel.

O desenvolvimento das NTIC na China é evidente, em primeiro lugar, do ponto de vista quantitativo. O país tornou-se um notável produtor de NTIC destinadas à exportação e, cada vez mais, ao consumo interno.

A China é o primeiro produtor mundial de telemóveis, tendo sido prevista a introdução de 340 milhões de unidades no mercado, em 2006, dos quais 250 milhões destinados à exportação, ou seja, 40% do mercado mundial.

Estão aqui presentes todas as grandes marcas internacionais, tendo mesmo a Motorola, a Nokia, a LG, a Samsung e a BenQ transformado a China numa base importante dos seus sectores de investigação e desenvolvimento.

Algumas marcas chinesas começam a produzir para o mercado interno (Hisense, TCL Corporation), ao passo que a produção chinesa para exportação é realizada em 95% por companhias estrangeiras.

Em matéria de redes de comunicação, as companhias chinesas de ponta são agora de nível mundial (Huawei) e a China faz parte dos pesos pesados da produção de computadores fixos e portáteis, como o Haier e o Lenovo. A companhia Lenovo, após a compra dos portáteis da IBM, tornou-se a terceira produtora mundial de PC.

A procura de NTIC na China cresce rapidamente. As redes de linhas fixas e de telemóveis explodiram literalmente nestes últimos anos, com um crescimento três vezes superior ao do produto interno bruto (cerca de 30% ao ano em média), o que transformou a China, em 2004, no maior mercado mundial de comunicações por telefone, à frente dos Estados Unidos.

Havia 350 milhões de linhas telefónicas fixas e 393 milhões de telemóveis no final de 2005. Este último número deverá ter atingido 520 milhões em 2008 e deverá atingir 600 milhões em 2010.

A taxa de equipamento por habitante coloca, todavia, o país muito atrás dos seus vizinhos mais desenvolvidos do Leste da Ásia (Japão e Coreia do Sul), se bem que este diferencial se reduza rapidamente.

Observa-se uma concorrência cada vez maior no mercado interno entre os dois operadores de telemóveis, a China Unicom (empresa privada sedeada em Hong Kong) e a China Mobile (empresa do Estado sedeada em Pequim).

As zonas e aglomerações urbanas do país estão bem cobertas com redes de fibra óptica de elevado débito. As zonas rurais estão-no muito menos.

Em relação à Internet, a China conta actualmente cerca de 111 milhões de internautas, o que faz dela o segundo país utilizador da rede, após os Estados Unidos.

Os internautas concentram-se nas províncias ricas e costeiras: Guangdong, Zhejiang, Fujian, Jiangsu e Shandong, com o Hubei e o Liaoning a fugir à regra. Pequim, Xangai e Tianjin têm também uma elevada concentração de utilizadores da Internet, pois 28% da população da capital tem acesso à rede.

Por outro lado, segundo o China Internet Network Information Center, os utilizadores de redes de elevado débito foram mais de 64 milhões no final de 2005, com um aumento de 50% num ano.

Existe, no entanto, uma grande disparidade entre as cidades e as zonas rurais, sendo ainda maior no caso da Internet do que no dos telemóveis. Não haveria mais do que 19 milhões de internautas nos meios rurais, ou seja, 2,6% da população rural, ao passo que há 91 milhões nas cidades, ou seja, 17% da população urbana.

Pode falar-se, portanto, numa fractura digital entre as zonas rurais e as urbanas, a qual corre o risco de agravar as disparidades de rendimentos e de crescimento já existentes.

A situação da China é paradoxal. O governo chinês controla de muito perto o desenvolvimento das NTIC. Segundo um estudo publicado pela Open Net Initiative, a China é o país mais censurado relativamente ao conteúdo da Internet. Porém, esta censura, que tem sobretudo carácter político, não é um travão às possibilidades de desenvolvimento económico relacionado com a expansão das NTIC no país.

Justine White

▶ BLOGUE, CONTROLO POLÍTICO E CENSURA, EMPRESAS DE CAPITAL ESTRANGEIRO, GRANDES GRUPOS, INTERNET

OBESIDADE

O número de casos de pessoas com peso excessivo e obesidade aumenta hoje em dia em todo o mundo e a China parece cada vez mais afectada por este fenómeno.

A obesidade é considerada pela Organização Mundial de Saúde como uma doença multifactorial não transmissível, cuja definição, de uma forma simplificada, se baseia no valor do índice de massa corporal. Este é igual ao peso da pessoa, expresso em quilos, dividido pelo quadrado da altura, expressa em metros. Há excesso de peso se o índice de massa corporal se situar entre 25 kg/m² e menos de 29,9 kg/m² e obesidade se for igual ou superior a 30 kg/m².

O aumento da taxa de obesidade na China data dos anos 90.

O terceiro inquérito nutricional, realizado em 1992, no conjunto das províncias urbanas e rurais, com uma metodologia aparentemente satisfatória, revelava já este crescimento, registando-se uma frequência maior da doença nas mulheres do que nos homens e nas zonas urbanas do que nas rurais.

Desde então, todas as observações corroboraram este resultado. O mais inquietante é que as crianças são cada vez mais afectadas.

O ministério da Educação publicou em Novembro de 2005 os resultados de um inquérito efectuado em 2002 sobre o desenvolvimento físico das crianças e dos adolescentes escolarizados, sendo uma das suas conclusões que os jovens entre sete e doze anos constituem o grupo etário mais atingido pela obesidade.

Entre estes, destacam-se os rapazes das cidades, devido ao crescimento da sua taxa de obesidade. A taxa dos adolescentes obesos de dez a doze anos, que em 1995 era de 6,05%, elevava-se em 2002 a 14,46%.

A obesidade, relacionada com a urbanização e o aumento do nível sócio-económico das populações, é, de alguma forma, uma má adaptação à modernidade (acentuada, no caso da China, pela política do filho único): contributos energéticos demasiado importantes e actividade física insuficiente.

A obesidade acompanha a mudança do regime alimentar (substituição dos cereais e dos legumes pelo consumo mal equilibrado de carne, gorduras e açúcar) e da vida quotidiana. Daí as tentativas do governo chinês para informar o público em matéria de dietética e de prática desportiva.

Frédéric Obringer

➤ ALIMENTAÇÃO, DESPORTO, FILHO ÚNICO, POPULAÇÃO, SAÚDE

OESTE (PROJECTO DE DESENVOLVIMENTO DO)

O projecto de desenvolvimento do Oeste (*xibu kaifa*) foi aprovado pelo Conselho dos Assuntos de Estado, em Janeiro de 2000, e pela Assembleia Nacional Popular, dois meses mais tarde. O X Plano

Oeste (Projecto de Desenvolvimento do)

Quinquenal (2001-2005) fez explicitamente do Oeste uma das suas prioridades.

O Oeste abrange oficialmente as franjas ocidentais da China dos Han e os territórios propriamente ocidentais e de povoamento inicialmente não Han. Inclui Chongqing, as províncias de Gansu, Guizhou, Qinghai, Shaanxi, Sichuan e Yunnan e as cinco regiões autónomas.

O Estado central consagra uma grande parte dos seus investimentos ao Oeste. A sua ajuda pretende ser multiforme: infra-estruturas, protecção do ambiente, reestruturação industrial, educação e transferências tecnológicas.

Trata-se de desencravar as províncias interiores, integrando o Oeste num tecido de eixos de transporte e de redes económicas à escala nacional, e de melhorar o nível de vida das populações locais, oferecendo novas ocasiões de produção e de emprego.

Foram apoiados dez projectos importantes, entre os quais as linhas férreas que ligam Xi'an a Nanquim e a Hefei, os prolongamentos dos aeroportos de Xi'an e de Dunhuang, a linha ferroviária ligeira de Chongqing, o gasoduto que deve fazer a ligação entre as jazidas de gás de Sebei, na bacia do Qaidam, a Xining e Lanzhou e uma grande fábrica de adubos potássicos, também em Qinghai.

De facto, os investimentos do Estado dedicaram-se essencialmente às infra-estruturas de transporte. Nove novas auto-estradas deverão fazer a ligação do Oeste ao resto do país. Um projecto em três fases orienta as obras ferroviárias: a construção de três corredores até 2010, depois a densificação da rede interna das regiões ocidentais e, finalmente, ligações ferroviárias intercontinentais entre a China e a Europa.

Por outro lado, foram aprovadas pelo Estado políticas preferenciais para atrair investimentos das províncias orientais e do estrangeiro ao Oeste, estabelecer com estes formas de cooperação económica e técnica e desenvolver a formação.

Implantaram-se ali grandes grupos chineses. A China Petroleum e a China National Electric Power Corporation estão envolvidas no transporte de gás natural e de electricidade para as regiões litorais. A China Unicom e a China Heavy-Duty Truck Group também se instalaram no Oeste.

Os primeiros investidores estrangeiros foram a Shell, para explorar com a China National Petroleum Corporation a reserva de gás de Changbei, na bacia do Ordos, e a IBM, que investiu no Software Industrial Park de Xi'an.

Em suma, é preciso distinguir no «Oeste» dois conjuntos regionais diferentes.

As regiões verdadeiramente ocidentais como o Tibete, o Xinjiang e o Qinghai são lugares de predação para a economia chinesa e de integração física para que se possa exercer um controlo acrescido e se desenvolva a colonização Han, face a populações autóctones muito hostis.

Apenas o Xinjiang é favorecido. Mas é verdade que a região autónoma representa desafios não só económicos, devido aos seus recursos naturais, mas também de geopolítica interna, com a necessidade de responder com o desenvolvimento às revindicações autonomistas das populações uigures, e de geopolítica externa, devido à sua situação na Ásia Central e ao acesso ao petróleo do Médio Oriente que permite a Pequim.

A prazo, o projecto poderia beneficiar sobretudo as franjas ocidentais da China dos Han, que oferecem um vasto mercado de emprego e consumo, para além de vantagens comparativas que a integração realizada pelos transportes irá tornar pertinentes.

Os verdadeiros pólos de desenvolvimento do Oeste são as grandes cidades do interior chinês, deixadas à margem da metropolização e do dispositivo litoral.

Foi mesmo proposta oficialmente uma gradação: as cidades centrais são Xi'an e Chongqing; as cidades de desenvolvimento prioritário são Hohhot,

Baotou, Yinchuan e Lanzhou no Norte, Chengdu e Mianyang no Centro, Guiyang, Kunming, Yuxi, Nanning e Liuzhou no Sul e apenas Urumqi no Oeste.

Thierry Sanjuan

➤ ADMINISTRAÇÃO TERRITORIAL, ÁSIA CENTRAL (A CHINA E A), ENERGIA E RECURSOS NATURAIS, INDÚSTRIA E POLÍTICA DE INDUSTRIALIZAÇÃO, PETRÓLEO, TIBETE, TRANSPORTES, UIGURES, XINJIANG

ÓPERA

A ópera ou teatro chinês reúne diferentes formas artísticas geralmente dissociadas no Ocidente: teatro, canto, música, dança, acrobacias, artes marciais, máscaras e maquilhagem elaboradas e mimos.

Tendo surgido no século XIII, na dinastia Yuan (1271-1368), como género autónomo, está actualmente ramificada em cerca de 300 estilos locais, sendo o mais conhecido a ópera de Pequim.

Este género artístico esteve sempre em simbiose com a vida social. Durante as festas religiosas, eram organizados espectáculos de ópera para divertir as divindades e para gozo dos viventes.

O reportório reproduzia as grandes epopeias da história chinesa. Os temas mais correntes eram histórias de amor, combates e lendas. Uma das peças mais representadas é *Mulian*, uma história de inspiração budista e taoista que relata a descida aos infernos de um filho em busca de sua mãe.

Outrora, as tropas itinerantes cruzavam constantemente as zonas rurais, alcançando deste modo as aldeias mais recuadas.

Devido ao seu papel social, o Estado tentou sempre controlar a ópera. Tornou-se um instrumento de propaganda comunista e foi transformado em «ópera modelo» durante a Revolução Cultural. Apenas oito peças foram autorizadas durante 15 anos.

A partir de 1980, a ópera tradicional foi reabilitada. Desde meados dos anos 90, o abandono por parte do Estado do seu empenhamento na vida cultural teve como consequência o desaparecimento de muitas trupes. No entanto, a ópera continua a estar presente nas zonas rurais, apesar da concorrência da televisão.

Embora pareça que as novas gerações se desinteressam da ópera, muitos amadores praticam o canto com assiduidade e organizam espectáculos independentes nas cidades.

Catherine Capdeville-Zeng

➤ CULTURA, LAZER, PRÁTICA RECREATIVA

OPERÁRIOS

Duas classes operárias coabitam hoje na China.

A primeira é constituída pelo antigo grupo dos «operários e empregados das empresas do Estado», ponta de lança da industrialização dos anos 50 e 60 e que sofreram desde meados dos anos 90 um verdadeiro processo de desqualificação. Cerca de dois quintos deles foram despedidos desde o início dos anos 90 e muitos não conseguiram voltar a encontrar um emprego estável.

Ao mesmo tempo, o antigo estatuto destes operários, que associava o emprego vitalício e a protecção social completa, foi suprimido. Foram aplicadas, todavia, disposições particulares para limitar as consequências sociais das reformas: caixas de desemprego, reformas antecipadas, criação do estatuto temporário de despedido-empregado (*xiagang*), organização de estágios de formação, etc.

Apesar destas disposições, o número de habitantes das zonas urbanas em situação de pobreza absoluta, por não poderem prover às suas necessidades básicas, elevava-se a 22,35 milhões em 2003.

Se acrescentarmos a este número as pessoas que escapam às estatísticas e as que estão em «situação difícil» (*kunnan ren*), ou seja, pouco acima do limiar de pobreza, chegamos a uma população pobre da ordem dos 50 a 60 milhões de indivíduos, ou seja, 10-12% da população urbana.

Apareceu uma segunda classe operária, composta por dezenas de milhões de camponeses – fala-se de 100 milhões – que abandonaram a agricultura para ir procurar trabalho nas grandes cidades e nas zonas em desenvolvimento do Leste do país.

As empresas estrangeiras (essencialmente de Hong Kong e de Taiwan) e as empresas chinesas exportadoras impõem-lhes condições de remuneração e de trabalho que são muitas vezes deploráveis.

Não sendo considerados «residentes urbanos», os assalariados imigrantes não podem beneficiar, nem dos serviços públicos (alojamento, saúde), nem de protecção legal contra os patrões desonestos, nem do novo sistema de segurança social.

Ausentes da cena social, os imigrantes pouco mais são do que estatísticas. Calculou-se oficialmente o seu número em 93 ou 94 milhões em 2003, sendo o número real sem dúvida superior. Todavia, não se encontram nem nos números do desemprego, nem nos do emprego. Compreende-se esta situação, porque entre 70 e 90% não dispõem de contrato de trabalho.

São, no entanto, os principais agentes do «milagre» chinês. Constituem sobretudo a totalidade da mão-de-obra empregada nas empresas da indústria transformadora *made in China*, instaladas nas zonas costeiras.

Feminina e juvenil na sua maioria – na zona de Shenzhen, 70% dos 5,5 milhões de trabalhadores são mulheres, a maioria com idade inferior a trinta anos –, esta mão-de-obra é vítima de uma exploração sem escrúpulos: são moeda corrente os acidentes de trabalho, a obrigação de efectuar horas extraordinárias, as violências, os sequestros e o confisco dos documentos de identidade.

O seu salário é entre duas e cinco vezes inferior ao salário médio, mas nitidamente superior ao rendimento médio das suas zonas de origem.

Jean-Louis Rocca

➤ CIDADES, DESEMPREGO, DIREITO DE TRABALHO, EMPRESAS DE CAPITAL ESTRANGEIRO, EMPRESAS DO ESTADO, IMIGRANTES, PROTECÇÃO SOCIAL

ORÇAMENTO

O peso das despesas do orçamento do Estado chinês registou um recuo nítido durante a primeira fase das reformas, antes de voltarem a aumentar a partir de 1996, estabilizando depois (35% do produto interno bruto, ou PIB, em 1978, contra 21% a partir de 2002).

Esta contracção das despesas explica-se principalmente pelo facto de o orçamento ter transferido para os bancos a responsabilidade de financiar as empresas do Estado a fim de concentrar os seus esforços apenas no financiamento dos investimentos em infra-estruturas.

Em 2002, o peso das despesas administrativas (23%), de investimento (20%) e militares (8%) continuava a ser relativamente elevado, enquanto as despesas com a educação (15%) e sobretudo com a saúde (3%) continuavam mais baixas do que nos países emergentes comparáveis.

A importância da participação do Estado na economia não se limita a estes valores, porque é preciso acrescentar as despesas públicas não incluídas no orçamento, nomeadamente as despesas «extra-orçamentais» (trata-se fundamentalmente das colectividades locais), o que eleva o peso das despesas públicas a 28% do PIB.

Finalmente, para se obter o montante global da intervenção pública na economia, é também necessário acrescentar os fundos da segurança social, o que eleva a taxa a 32% do PIB, sem contar com a assunção pelo Estado de uma parte dos créditos mal parados das instituições financeiras.

Perante a necessidade de melhorar a transparência e a eficácia das suas intervenções, o Estado iniciou um processo para voltar a incluir todas as suas despesas no orçamento. Durante a segunda metade dos anos 90, a política orçamental foi um instrumento central de gestão macroeconómica, permitindo manter o crescimento mediante despesas públicas de investimento e apoiar o emprego.

Paralelamente, uma parte importante das decisões orçamentais foi descentralizada para as colectividades locais: a parte das despesas públicas a cargo dos governos locais aumentou, perfazendo mais de 70% das despesas totais em 2001. Estas colectividades asseguram o essencial das despesas com a educação e a saúde e devem assumir o encargo crescente dos desempregados que resultam dos despedimentos das empresas do Estado.

Durante vários anos o orçamento ficou marcado pelo aumento do défice público (cerca de 3% do PIB em 2003), mas este ficou reduzido a 1,4% em 2004. A dívida não representava oficialmente senão 17% do PIB em 2003, mas com a inclusão das dívidas implicitamente garantidas pelo Estado (em particular o crédito mal parado dos Bancos do Estado), este rácio pode atingir entre 60 e 100% do PIB.

Samuel Guérineau

➤ DESCENTRALIZAÇÃO, EMPRESAS DO ESTADO, FISCALIDADE, PROTECÇÃO SOCIAL, REFORMA (SISTEMA DE)

ORGANISMOS GENETICAMENTE MODIFICADOS

Embora a difusão em grande escala da cultura dos organismos geneticamente modificados (OGM) seja indubitável na China, desde o final dos anos 90 e, mais ainda, no decurso da presente década, reina, no entanto, uma tal opacidade acerca deste assunto que não poderíamos fazer dele uma descrição exaustiva.

É muito provável que muitas destas culturas se realizem de forma fraudulenta, quer dizer, antes de ser emitida uma autorização governamental de utilização. A descoberta em 2005 de arroz transgénico à venda nos mercados do Hubei é disso exemplo.

Independentemente disso, a China situava-se, em 2004, no quinto lugar mundial no que respeitava à área cultivada com OGM, após os Estados Unidos, a Argentina, o Canadá e o Brasil.

Sem referir as investigações hoje em curso relativamente a animais e microrganismos transgénicos, citemos entre os OGM vegetais cultivados o tabaco, a pimenta, os amendoins, as papaias e os tomates.

Mas as duas plantas mais importantes do ponto de vista quantitativo são o algodão e o arroz.

Vários híbridos de algodão Bt, que integram genes bacterianos destinados a lutar contra a principal praga da planta, a larva do algodão, são cultivados desde 1996, representando cerca de 35% da produção total. Estes híbridos provêm quer de firmas estrangeiras, quer de trabalhos chineses.

A produtividade de tais OGM é certamente superior, num primeiro momento, à das variedades clássicas de algodão, mas observam-se ao fim de alguns anos fenómenos de resistência dos parasitas aos novos híbridos.

O arroz, cuja superfície cultivada sabemos que está em constante regressão na China, figura igualmente no centro da questão dos OGM.

O país experimenta quatro variedades de arroz geneticamente modificado nos seus campos, entre as quais arrozes Bt, supostamente resistentes aos ataques dos insectos.

Todavia, apesar de múltiplos anúncios ditirâmbicos dos promotores destes cultivares, o comité governamental sobre a biossegurança, composto por 74 membros, entre os quais especialistas de alimentação e do ambiente, não conseguiu, no final do ano de 2005, chegar a acordo quanto à inocuidade destas quatro variedades de arroz, diferindo, desta forma, a sua utilização agrícola e comercial.

De uma maneira geral, os OGM perecem ter um belo futuro na China, onde os investimentos na sua pesquisa atingem níveis muito elevados, confirmando assim a crença dos decisores chineses quanto aos benefícios económicos a esperar da sua futura exploração.

No entanto, a integração progressiva a China no comércio mundial levou à adopção de vários regulamentos acerca dos OGM.

No início de 2002, o ministério da Agricultura publicou três regulamentos que fornecem um quadro preciso para a gestão da biossegurança, das modalidades de comercialização e da etiquetagem dos produtos geneticamente modificados.

Em suma: a nova legislação exige que os importadores e os exportadores obtenham junto do ministério da Agricultura uma aprovação oficial, que só é concedida após a verificação da salubridade dos produtos, o que pode ser, em certos casos, uma forma de protecção comercial.

Para além disso, a China ratificou em 2005 o protocolo de Cartagena sobre a biossegurança, que procura tornar mais segura para as populações e o ambiente a utilização dos organismos viventes modificados, entre os quais os OGM.

Frédéric Obringer

➤ AGRICULTURA, ALIMENTAÇÃO, AMBIENTE, ARROZ, ARROZAIS, CEREAIS

ORGANIZAÇÃO DAS NAÇÕES UNIDAS (A CHINA E A)

Membro fundador da Organização das Nações Unidas (ONU) e com assento permanente no Conselho de Segurança, a China foi até 1971 representada pela República da China, de Taiwan.

A resolução 2758 (XXVI), de 25 de Outubro de 1971, da Assembleia Geral, sancionou «a devolução à República Popular da China (RPC) de todos os seus direitos e o reconhecimento dos representantes do seu governo como os únicos representantes legítimos da China na Organização das Nações Unidas».

As reticências iniciais de Pequim para com o sistema da ONU, considerado um instrumento ao serviço das potências «imperialistas», foram-se atenuando pouco a pouco, nomeadamente após o lançamento das reformas em 1979.

Nos anos 80, a China aderiu a um certo número de instrumentos internacionais relativos ao desarmamento e aos direitos do homem (por exemplo, a convenção contra a tortura).

O fim da Guerra Fria, uma década mais tarde, acelerou esta evolução. Desde os anos 90, a China manifesta empenho, pelo menos formal, a favor da promoção do multilateralismo.

Em 1992, ratificou o tratado de não proliferação. Em 1997, assinou o pacto sobre os direitos económicos e sociais e, um ano mais tarde, o dos direitos civis e políticos, embora, até hoje, ainda não tivesse ratificado o primeiro.

A atitude passiva da RPC nas negociações no Conselho de Segurança, excepto para evitar qualquer ingerência nos seus «assuntos internos» (quatro recursos em 1972, 1972, 1997 e 1999, tendo a defesa dos seus interesses na questão de Taiwan motivado os dois últimos), deu lugar a uma vontade declarada de assumir o conjunto das suas responsabilidades internacionais.

A participação chinesa nas operações de manutenção de paz (OMP) desenvolveu-se a partir de 1988 (2,5% do orçamento OMP em 1 de Janeiro de 2005; 1026 elementos do pessoal mobilizados em Junho de 2005).

A China é o quinto contribuinte para o orçamento regular da ONU (2% em 2005).

A diplomacia da China na ONU tornou-se mais activa desde o início de 2005, em particular no quadro do projecto de reforma da instituição. Pequim deseja sobretudo evitar o enfraquecimento do seu estatuto no Conselho de Segurança.

Dora Chesne

➤ ESTADOS UNIDOS (A CHINA E OS), POLÍTICA EXTERNA, TAIWAN (A REPÚBLICA POPULAR DA CHINA E), UNIÃO EUROPEIA (A CHINA E A)

ORGANIZAÇÃO MUNDIAL DO COMÉRCIO (A CHINA E A)

A China aderiu à Organização Mundial do Comércio (OMC) em 11 de Dezembro de 2001, após duas décadas durante as quais a sua participação nas trocas internacionais não cessou de aumentar.

Preparou-se para esta data reduzindo progressivamente as suas tarifas aduaneiras e alargando as quotas de importação. Esta nova etapa não só confirmou a sua integração na economia mundial, mas iria provocar, a mais ou menos longo prazo, modificações estruturais na sua economia.

A importância da participação da China no comércio mundial baseara-se durante muito tempo nos investimentos estrangeiros, com as firmas estrangeiras a realizar mais de metade das trocas externas no início do século XXI.

Em contrapartida, as firmas chinesas ficaram relativamente isoladas da competição internacional, apesar de uma abertura assinalável no final dos anos 90.

Ora, a ênfase da OMC incide particularmente no acesso livre aos mercados internos.

Havia, portanto, nesta decisão uma dimensão interna de que o antigo primeiro-ministro Zhu Rongji estava bem consciente.

Pretendia impor, por esta via, reformas à economia interna, a que os elementos mais conservadores sempre se tinham oposto. Assumia, deste modo, os riscos de gerar tensões sociais no sector do Estado e nas zonas rurais, ao passo que a política chinesa de transição consistira precisamente em contornar as reformas que traziam consigo riscos de desestabilização demasiado elevados.

Com este gesto, a China pretendia também afirmar-se com um actor essencial da cena internacional. As negociações entre a OMC e Taiwan estavam muito avançadas e a China não podia tolerar que a ilha nacionalista fosse nela admitida antes de si. Muito pelo contrário, pretendia «apadrinhar» a adesão de Taiwan, que deveria acontecer no mesmo dia.

No protocolo de adesão, a China empenhou-se em reduzir as barreiras não tarifárias e tarifárias.

O novo nível dos direitos aduaneiros sobre as importações de produtos industriais iriam cair abaixo do limiar de 10% em 2005 quando ainda em 2000 era de 17%.

No que diz respeito à agricultura, a China tinha não só de aumentar os contingentes de importação, como também de reduzir as suas tarifas (passar, em média, de 22% para 15% em quatro anos).

Estas imposições podem parecer particularmente severas, em comparação com as que foram aplicadas aos países que a precederam na OMC. Todavia, a China, que foi admitida tardiamente, não pôde beneficiar da etapa intermédia do Uruguay Round, que, procurando prioritariamente eliminar as barreiras não tarifárias, tinha concedido compensações aos países em desenvolvimento que eram membros do GATT (General Agreement on Tariffs and Trade).

A comunidade internacional, muito preocupada com a importância das actividades de contrafacção na China, exigiu a ratificação do acordo TRIP (Trade Related

Aspects of Intellectual Property), previamente à entrada na OMC. Porém, estes compromissos estão longe de terem passado à prática.

A adesão à OMC abriu ainda mais o mercado chinês aos investidores estrangeiros.

Foi no sector dos serviços que o impacto foi mais importante: comércio, telecomunicações, banca, seguros e gestão de carteiras abriram-se aos intervenientes estrangeiros, segundo um calendário preestabelecido, que prolongou a liberalização até 2007.

Os investidores estrangeiros alimentam grandes esperanças nestas actividades até então controladas pelos monopólios públicos e onde a procura a satisfazer é considerável, devido ao atraso acumulado.

É claro que não é possível ignorar que as práticas no terreno podem estar muito afastadas dos compromissos oficiais.

Há barreiras não tarifárias que é muito difícil de identificar, tanto mais quanto os governos locais podem ser tentados a ignorar os compromissos assumidos pelo poder central quando se trata de firmas sobre as quais mantiveram alguma forma de controlo directo ou indirecto, mesmo tendo havido privatização.

Yves Citoleux

➤ AGRICULTURA, COMÉRCIO EXTERNO, CONTRAFACÇÃO, ESTADOS UNIDOS (A CHINA E OS), INVESTIMENTO DIRECTO ESTRANGEIRO, SERVIÇOS, UNIÃO EUROPEIA (A CHINA E A), ZHU RONGJI

ORGANIZAÇÕES DE CAMPONESES

As organizações de camponeses actuam sobretudo ao nível das aldeias administrativas (as antigas brigadas de produção, constituídas por uma aldeia ou um grupo de lugares, durante o período colectivista) e dos «pequenos grupos de camponeses» (as antigas equipas de produção, constituídas por uma parte da aldeia ou por um ou vários lugares).

Não existe instância representativa dos interesses dos camponeses ao nível provincial ou nacional.

Coexistem actualmente muitas formas de organização nos meios rurais cuja legitimidade se baseia em diferentes momentos da história chinesa.

Qualquer aldeia administrativa possui pelo menos duas organizações oficiais: o comité dos aldeãos e o do Partido Comunista (PC). No entanto, desde o desaparecimento das comunas populares, no início dos anos 80, e a atribuição às famílias do direito de usufruto das terras colectivas, a criação doutras formas de organização foi encorajada ou tolerada.

Algumas delas têm como objectivo aplicar políticas nacionais, como as associações para o controlo dos nascimentos, os comités de segurança e de protecção e os comités de mediação.

Outras formas são criadas por iniciativa dos camponeses e nascem, por vezes, dos descontentamentos expressos perante as prevaricações e os abusos dos responsáveis aldeãos. É o caso dos «grupos para a gestão pública e transparente das questões aldeãs», «para a diminuição do ónus aldeão», ou, ainda, «para a luta contra a corrupção».

Tais organizações não obrigatórias podem nascer também da necessidade de solicitar apoio e sugestões a alguns indivíduos para que orientem o desenvolvimento económico local. Daí a criação de associações ditas de «dos homens de talento».

Estes grupos, embora não constituam organizações oficiais, tal como os comités citados acima, não deixam de ser instâncias formais autorizadas pelo Estado.

Organizações ditas «tradicionais», ligadas à gestão de bens comuns – parentesco, cultos religiosos, recursos hidráulicos – e desaparecidas durante os primeiros 30 anos do regime comunista, são por vezes reactivadas de maneira informal.

As designações mudaram (por trás de nomes como «gabinete» ou «associação dos antigos» podem ocultar-se organizações de linhagem), o mesmo tendo acontecido com o seu modo de funcionar e as suas relações com as autoridades locais.

Podem, no entanto, exercer uma influência determinante na gestão dos assuntos comunais, propondo mecanismos familiares, sempre julgados legítimos, para resolver os conflitos e assegurar uma justa distribuição dos bens comuns.

Embora as situações nas aldeias chinesas variem muito, indo de localidades destituídas de qualquer forma de organização, para além do comité de aldeãos e o do PC, até àquelas onde surgiram mais de uma dezena de instâncias especializadas, os espaços de discussão aldeãos multiplicaram-se, em geral.

Uma mesma questão é frequentemente debatida hoje em dia perante públicos diferentes por indivíduos que gozam de uma autoridade igualmente diferente e apoiando-se em princípios e usos muito diversos.

A voz do secretário-geral do PC, por exemplo, não exerce a mesma influência no seio do comité do PC e no seio da sua organização de parentesco.

É confrontado no segundo círculo com outras prioridades e com outras formas de perspectivar os assuntos comuns, que não pode ignorar, face aos laços de dependência económica, política e social que, por vezes, se desenvolvem. A menos que recorra à força para proteger os seus interesses particulares.

Estas diferentes formas de organização camponesa, oficiais ou não, são, portanto, frequentemente influentes no plano local e podem envolver várias localidades.

No entanto, é difícil voltarem-se para os escalões superiores da administração e exercerem a sua actividade para além do território muito circunscrito que é o seu.

Isabelle Thireau

▶ ALDEÃOS (COMITÉS DE), ALDEIAS ADMINISTRATIVAS, CAMPONESES, MEDIAÇÃO SOCIAL, ORGANIZAÇÕES DE MASSA, PARTIDO COMUNISTA

ORGANIZAÇÕES DE MASSA

Na China, a noção de organização de massa inclui, não só as tradicionais «correias de transmissão» entre o Partido Comunista (PC) e o povo, caras a Lenine, mas também os comités de aldeãos e de residentes, eleitos, em princípio, pelos cidadãos e igualmente chamados «organizações autónomas de base das massas». Apenas as primeiras serão aqui apresentadas.

As organizações de massa são muito numerosas e estão todas sob a tutela do PC. Em princípio, o PC dirige estas vastas estruturas em todos os escalões através dos seus departamentos de frente unida.

Embora já não tenham por missão mobilizar os diversos sectores da sociedade, as organizações de massa permitem ao PC tentar manter o seu controlo sobre toda uma série de actividades sociais, atrair a si os elementos que deram boas provas no seio destas organizações e, cada vez mais, gerir melhor os conflitos que o opõem à sociedade.

As organizações de massa mais conhecidas e sem dúvida mais oficiais são a Liga da Juventude Comunista (LJC), a Federação Panchinesa dos Sindicatos (FPS) e a Federação Panchinesa das Mulheres (FPM).

Outras estruturas deste tipo evoluíram de forma mais nítida e transformaram-se em organizações não governamentais à chinesa (protecção dos deficientes, do ambiente, etc.), isto é, cultivando laços e evitando entrar em conflito com um poder ansioso por impedir o aparecimento de qualquer oposição política.

De qualquer forma, desde meados dos anos 90, à medida que as desigualdades e os problemas sociais aumentavam, as organizações de massa viram desenvolver-se a sua autonomia, embora de forma desigual.

A LJC continua a ser considerada pelas autoridades, e em particular Hu Jintao, que foi seu presidente, como a principal escola dos futuros quadros do PC.

No entanto, a Liga não constitui um trampolim senão para uma minoria de activistas. Para além disso, como anteriormente sucedia no bloco soviético, ela gere actividades culturais que ajudam a manter o povo «em fase» com a juventude.

A FPS viu também evoluir a sua missão. Actualmente, o PC confia-lhe como tarefa principal a protecção dos direitos dos trabalhadores e sobretudo a resolução dos conflitos de trabalho. Apoiando-se nas alterações à lei e dotadas de meios financeiros mais importantes, as secções locais da FPS desempenham o papel de intermediários num número crescente de conflitos.

No entanto, a credibilidade da FPS não pode deixar de ser contestada e o PC, atormentado pelo risco de aparecimento de sindicatos independentes, continua a reprimir onde a FPS não consegue convencer.

Foi provavelmente a FPM que teve a evolução mais característica. Os seus responsáveis nacionais e locais levaram muitas vezes a peito a protecção dos direitos das mulheres e utilizaram a FPM mais como um grupo de pressão do que como uma organização de massa.

A longo prazo, este é, sem dúvida, o destino destas estruturas estreitamente ligadas, não só a um poder, mas a uma sociedade de tipo leninista.

Jean-Pierre Cabestan

▶ ALDEÃOS (COMITÉS DE), MULHER, MEDIAÇÃO SOCIAL, ORGANIZAÇÕES DE CAMPONESES, ORGANIZAÇÕES NÃO GOVERNAMENTAIS, PARTIDO COMUNISTA, RESIDENTES (COMITÉS DE), SINDICATOS

ORGANIZAÇÕES NÃO GOVERNAMENTAIS

As organizações não governamentais (ONG) correspondem a uma realidade diversa e ambígua.

No início das reformas, o Estado encorajou a emergência de organizações sociais encarregadas de compensar, sob o seu controlo, o desaparecimento de determinadas estruturas administrativas (comunas populares, unidades de trabalho) e, depois, a privatização dos serviços públicos.

Desde a viragem do século, há um número crescente destas organizações que tenta adquirir autonomia ou exercer um papel crítico (defesa do ambiente). Apresentam-se, por vezes, como grupos de defesa dos direitos dos imigrantes, dos camponeses ou dos doentes com sida.

O termo ONG, surgido nos anos 90, abrange diferentes tipos de organização, cujo estatuto é muitas vezes contraditório com o que se entende por ONG no Ocidente.

A legislação de 1998, que continua em vigor, reconhece «organizações não governamentais sem fins lucrativos». Mas estas organizações são directamente administradas pelo ministério dos Assuntos Civis e têm de ser apadrinhadas por uma organização do Partido Comunista ou do Estado para poderem ser legalmente registadas.

Em face das condições de registo, muitas são ilegais ou registadas como empresas.

Esta relativa tolerância perante o seu estatuto legal reflecte a ambivalência do Estado face a estas organizações.

Por um lado, tenta controlá-las e limitar o seu desenvolvimento, com receio de que se transformem em forças de oposição. Por outro lado, está consciente do seu papel amortecedor dos conflitos sociais.

Por seu lado, estas organizações distribuem-se por um largo espectro. Algumas são auxiliares e prolongamentos do Estado, ao passo que outras tentam alargar os limites da zona cinzenta em que se encontram para agir como grupos de pressão e fazer evoluir o sistema a partir do interior.

Chloé Froissart

▶ CONTROLO POLÍTICO E CENSURA, DIREITO

PARENTESCO

O parentesco é o conjunto de relações de filiação, de aliança e de irmandade que unem os homens entre si. Há vários sistemas de parentesco que coexistem ainda na nação chinesa multi-étnica.

O sistema matrilinear dos Mosso do Yunnan e o seu sistema matrimonial de visitas (*tisese*) estão na origem do carácter étnico deste grupo, integrado na nacionalidade Naxi.

A organização do parentesco em vários grupos do Yunnan manteve traços característicos do sistema de filiação indiferenciado das populações de língua tai, nomeadamente a residência matrilocal.

No entanto, a inserção no universo político e cultural chinês teve em todo o lado por efeito a influência e até a adopção do sistema de filiação patrilinear e o modo de residência patrilocal ou virilocal que lhe está associado.

No século XX, a política do Estado chinês moderno reforçou esta ideologia patrilinear, que modela as novas instâncias de pertença, como a nação ou o grupo étnico, de linhagem patrilinear.

No vasto conjunto formado pelos Han, bem como noutras populações chinesas, tal como os muçulmanos de nacionalidade hui, a concepção do parentesco e as suas práticas continuam sob a forte influência de um sistema de filiação unilinear, que determina a transmissão da instância de pertença por referência a um só dos progenitores, o pai.

Ao contrário dos modos de filiação indiferenciados, em que o indivíduo pertence à linha do pai e à da mãe e pode, em consequência, herdar de uma e/ou de outra das duas linhas, o sistema unilinear divide o campo do parentesco em universos familiares diferenciados, em que os direitos e as obrigações do indivíduo são função das relações de filiação ou de aliança.

Apesar da legislação que agora garante o princípio da igualdade de direitos entre o homem e a mulher, as leis da patrilinearidade conservam a sua autoridade social, moral e ritual na esfera familiar, com a perpetuação da linha paterna a pertencer aos filhos.

Deste modo, apesar da importância crescente das filhas na economia familiar e da manutenção frequente do seu auxílio mesmo depois de casarem, as práticas de sucessão nas zonas rurais continuam os usos declinados pela prática antiga, que reservam aos filhos a herança dos bens familiares, tanto simbólicos (culto dos antepassados), como materiais.

A co-residência com os pais do marido é outro legado importante do sistema patrilinear, que impõe às filhas casadas a residência patrilocal ou virilocal e prescreve ao(s) filho(s) a obrigação de cuidar dos pais idosos.

Inquéritos realizados na China urbana e rural mostram que a co-residência com os pais, quando é imposta por razões económicas, de saúde ou outras, é ainda rara com os pais da mulher.

A política de família posta em prática pelo Estado durante o colectivismo encorajou a residência patrilocal ou virilocal, concedendo as residências urbanas em função da «unidade de trabalho» do marido.

Nas zonas rurais, quando uma filha casa, deixa de ficar registada na sua aldeia natal. A sua família perde a sua parte das terras agrícolas distribuídas em função do número de pessoas por lar. Esta parte é-lhe atribuída na aldeia do marido (em função da disponibilidade de terras). Muitos jovens casais têm de contar apenas com a parte do marido.

As práticas quotidianas do parentesco seguem a unilateralidade de um modo de filiação que distingue claramente as relações de filiação das relações de aliança ou de afinidade.

O exercício do parentesco é, portanto, para a criança, o reconhecimento deste universo dividido em agnatos (parentesco interno) e afins (parentesco externo) e a sua iniciação precoce numa terminologia do parentesco que situa com rigor os indivíduos numa esfera social hierarquizada segundo o seu sexo, geração, idade e ordem de nascimento.

No entanto, podem distinguir-se agora sinais de enfraquecimento desta orientação patrilinear do parentesco chinês, nomeadamente por efeito da política do filho único, em vigor desde finais dos anos 70.

Novas práticas de parentesco vão-se desenhando nesta recente paisagem familiar de lares de filhos únicos.

A presença conjunta de duas famílias no banquete de casamento é outra inovação importante, introduzida num ritual de parentesco que, outrora, mantinha os aliados à distância. O rito contemporâneo tem sempre o cuidado, no entanto, de expressar a superioridade ritual dos pais do marido, reservando-lhes o lugar de honra.

Menos corrente, na refeição da véspera do Ano Novo, tradicionalmente celebrada na casa dos pais do marido, ou em sua companhia, começam a reunir-se as famílias de um casal formado por dois filhos únicos.

Pode antever-se, sem dúvida, uma evolução em direcção a uma prática mais indiferenciada do parentesco.

Os ritos do culto dos antepassados, bem como os outros ritos de parentesco, que valorizam o laço agnatício em detrimento doutras relações, dão uma imagem centrada no homem do parentesco chinês oficial, que o exame das relações de aliança contribuem para matizar.

O papel das mulheres no exercício da reprodução social não é de forma alguma negligenciável, nomeadamente na constituição das uniões matrimoniais, que mobilizam muitas vezes a mediação das suas redes relacionais. Daí ser frequentemente comum a origem familiar ou local das mulheres casadas nas comunidades aldeãs exógamas.

Inquéritos realizados na China urbana mostram não só o relevo das redes familiares, mas também das outras redes relacionais, num domínio em que os pais estão ainda fortemente implicados.

Estes usos matrimoniais são apenas um aspecto dos muitos usos sociais do parentesco. As redes de parentesco fornecem uma forma de capital social que é acessível. A necessidade de cultivar estes laços sociais primários, a coberto de uma ideologia da família que salienta as virtudes dos laços de parentesco sólidos, está na base de um mecanismo complexo de prestações e contraprestações que unem os indivíduos numa teia de obrigações recíprocas.

O universo do parentesco manifesta-se muito para além do campo do parentesco «real». As relações sociais são modeladas de acordo com as relações de parentesco. O uso de formas de tratamento que designam familiares (agnatos e afins) estabelece assim um parentesco fictício entre pessoas não aparentadas.

Neste «entre os seus», formado pela família, o outro é então o que não é designado por um termo de parentesco.

Béatrice David

➤ ANTEPASSADOS (CULTO DOS), FAMÍLIA, FILHO ÚNICO, LINHAGEM, REDES, RELAÇÕES INTERPESSOAIS

PARQUES E JARDINS

A tradição dos jardins chineses tem origem nos velhos mitos paradisíacos. Na literatura antiga, o conceito de «jardim» (*yuanlin*) é polissémico. Designa em geral um terreno fechado de mininatureza e finalidade espiritual. Nele se cultivam legumes e plantas e se criam animais para passeios ou estadias à procura de distracção.

O primeiro jardim, o jardim imperial de You, data da dinastia Zhou (século XI a.C.).

Com os Qin (221-206 a.C.) e os Han (206 a.C.-220 d. C.) apareceu uma nova forma de jardim, que consiste em dois elementos essenciais da paisagem natural: a montanha (*shan*) e a água (*shui*).

Durante os períodos das dinastias do Sul e do Norte (420-589), fizeram a sua aparição os jardins dos templos e os jardins privados, na sequência da propagação do budismo e do florescimento dos poemas e das pinturas chinesas.

A idade de ouro do jardim chinês durou até aos Ming (1368-1644). Atingiu o seu auge em 1634, aquando da publicação do *Yuanye* («Tratado dos Jardins»). Nesta primeira e única obra inteiramente consagrada à arte dos jardins, Ji Cheng explica de maneira quantitativa as técnicas de construção e as regras de composição dos jardins, avançando uma visão poética e pitoresca do jardim ideal.

Com os Qing (1644-1911), os jardins tornaram-se o lugar onde os seus proprietários, fossem eles os imperadores, os mandarins ou os letrados, podiam dedicar os seus próprios pensamentos e sentimentos à relação entre o homem e a natureza e reflectir sobre a vida.

Ao contrário da aparente simetria dos jardins franceses e italianos, o ordenamento dos jardins chineses caracteriza-se por uma disposição livre, irregular e estreitamente ligada ao tempo. Os jardins clássicos que ainda se encontram hoje na China datam da época dos Qing. Estão classificados como património nacional e até mundial.

O termo «jardim» foi substituído pelo de «parque» ou «jardim público» (*gongyuan*) no início do século XX. A transformação foi fundamental: enquanto o jardim era um lugar privado, íntimo e espiritual, o parque é um lugar público de lazer.

Os primeiros parques urbanos foram construídos na China no interior de concessões estrangeiras, no final do século XIX. O regime nacionalista começou a abrir ao público grandes jardins imperiais ou privados, transformando-os em parques urbanos.

Desde os anos 50, a construção dos parques passou a inserir-se na planificação urbana, enquanto principal equipamento recreativo, segundo os princípios da carta de Atenas. Todavia, os parques urbanos continuaram a ser fechados e pagos até ao início dos anos 90.

Os anos 90 ficaram assinalados por grandes operações urbanísticas impulsionadas pelo crescimento da economia de mercado. Um verdadeiro movimento de embelezamento urbano foi lançado nas cidades, que começaram a rivalizar entre si para atrair os investimentos do exterior.

O desenvolvimento de espaços verdes é a medida mais simples e mais eficaz de melhorar a qualidade do ambiente urbano. Ao mesmo tempo que os quarteirões insalubres eram arrasados para dar lugar a espaços verdes, os parques fechados foram também progressivamente transformados em espaços verdes.

Neste contexto, alguns preconizam um novo modelo de urbanismo, «a cidade de montanhas e de águas» (*shanshui chengshi*), em que o espaço construído e os espaços verdes se combinam em vista de uma relação harmoniosa entre o habitat humano e a natureza.

Wu Junyu et Zhuo Jian

➤ AMBIENTE, CIDADES, ESPAÇOS PÚBLICOS, PATRIMÓNIO, URBANISMO

PARTIDO COMUNISTA

Partido dirigente desde a fundação da República Popular da China, em 1949, o Partido Comunista (PC) foi fundado em Julho de 1921, em Xangai, por um reduzido grupo de intelectuais e de pequenos proprietários agrícolas, desprezadores de Confúcio, republicanos, marxistas e anarquistas.

Desde o seu início que o PC se inspirou no modelo soviético original, mas também se demarcou dele. Antes de 1949, o PC, sucessivamente aliado e inimigo do Kuomintang, conheceu a vida urbana clandestina, o recuo para as zonas rurais (após a repressão de 1927) e a experiência do poder na base do Jiangxi, em moldes soviéticos (1931-1934), e depois, após a Longa Marcha, em Yan'an, em Shaanxi (1942-1947).

Desde 1949 que o funcionamento e a organização do PC se normalizaram, apesar do papel preeminente de Mao Tzé Tung, presidente da Comissão Militar Central, a partir de 1935, e presidente do PC, a partir de 1945.

Tal como os outros PC no poder, o PC chinês tornou-se um Partido-Estado. No entanto, se durante os anos 50 pareceu aproximar-se do modelo soviético (criação de um secretariado geral), as suas estruturas continuaram a ser, em parte, específicas.

Desde 1958 e o lançamento do Grande Salto em Frente, os poderes de coordenação dos comités do PC em cada escalão tornaram-se mais amplos do que as competências funcionais das comissões e dos ministérios centrais, favorecendo uma certa desconcentração administrativa a favor das províncias.

Durante a Revolução Cultural, o PC pareceu viver um período de total apagamento, sendo nomeadamente suplantado pelo Exército Popular de Libertação (EPL). Todavia, desde 1968, retomou pouco a pouco o controlo das alavancas do poder e, após a morte de Lin Biao, em 1971, o EPL foi despojado da maioria das suas responsabilidades governamentais.

A morte de Mao, em 1976, e depois a política de abertura de Deng Xiaoping, a partir de 1978, estabilizaram de novo a vida do PC.

Este viu reforçar-se a sua autoridade, acompanhando o sucesso das reformas económicas e a repressão do movimento democrático em 1979-1980.

Os acontecimentos da Praça de Tiananmen e o desmoronamento do comunismo em todo o mundo, em 1989, obrigaram o PC a fazer evoluir a sua ideologia e os seus critérios de recrutamento.

Actualmente, graças a esta transformação, tornou-se uma organização mais nacionalista do que comunista e mais inclusiva do que exclusiva.

Sendo oficial desde 2001, com a adopção da teoria chamada das «três representações», de Jiang Zemin, a cooptação dos empresários privados no PC é a sua ilustração mais conhecida. O PC chinês é também o maior partido político em todo o mundo, contando mais de 70 milhões de aderentes em 2006 (cerca de 5% da população).

Apesar disso, as suas instituições iniciais permaneceram quase intactas. O princípio do centralismo democrático, que autoriza oficialmente cada membro a debater qualquer assunto até a tomada de decisão pelas autoridades centrais, que passa a ser irrevogável, continua a garantir a coerência do edifício.

No cimo da hierarquia, constituído por cerca de 2000 delegados escolhidos pelo Centro, o Congresso Nacional do PC reúne-se de cinco em cinco anos desde 1977 (XI Congresso).

Oficialmente, cada congresso designa um Comité Central (198 membros efectivos e 158 membros suplentes sem direito de voto, desde o XVI Congresso, de Novembro de 2002).

Este último escolhe, por sua vez, o secretário-geral (sucessivamente Hu Yaobang (1980-1987), Zhao Ziyang (1987--1989), Jian Zemin (1989-2002) e Hu Jintao (desde 2002), os membros do Gabinete Político e do Comité Permanente do Gabinete Político (nove membros desde 2002), o núcleo dirigente do país em que todas as decisões importantes (políticas públicas e nomeações) são adoptadas, em princípio de forma colectiva.

O Congresso ratifica igualmente as grandes orientações políticas do país.

O Comité Central do PC dirige também um certo número de administrações, entre as quais as mais poderosas são o departamento da Organização, encarregado da gestão dos quadros, o departamento da Propaganda, responsável pela ideologia, o departamento das Ligações Internacionais, o departamento da Frente Unida, cuja tarefa é vincular forças não comunistas («partidos democráticos» e organizações de massa) à direcção do PC, e, finalmente, a Escola Central do PC.

Em todos os escalões territoriais, o PC estabeleceu «células de base», cujo número é calculado em mais de 3 milhões em todo o país. Estas permitem-lhe exercer, no quotidiano, funções tanto políticas como sociais.

Partido revolucionário no passado, o PC pretende actualmente surgir como partido de governo.

Stéphanie Balme

➤ DENG XIAOPING, ESTADO, GOVERNO, GRANDE SALTO EM FRENTE, HU JINTAO, JIANG ZEMIN, MAO TZÉ TUNG, ORGANIZAÇÕES DE MASSA, PARTIDOS DEMOCRÁTICOS, TRÊS REPRESENTAÇÕES

PARTIDOS DEMOCRÁTICOS

Oito no total, os «partidos democráticos» (*minzhudang*) foram mantidos após 1949. São assim designados pelo Partido Comunista (PC) Chinês por três razões.

A primeira é que estas pequenas formações se aliaram ao PC durante a guerra civil que o opôs ao Kuomintang, entre 1946 e 1949.

A segunda é que legitimaram então a criação de uma assembleia (a Conferência Consultiva Política do Povo Chinês, CCPPC) e de um governo de frente unida, de modo a reforçar a legitimidade do regime fundado por Mao Tzé Tung.

A terceira é que esta política de frente unida era então preconizada em todo o campo socialista e, sobretudo, nas «democracias populares» da Europa Central e Oriental.

Criados na sua maioria no final da II Guerra Mundial, os oito «partidos democráticos» são os seguintes: Comité Revolucionário do Kuomintang, Liga Democrática da China, Associação Democrática Chinesa para a Edificação Nacional, Associação Chinesa para a Promoção da Democracia, Partido Democrático Camponês e Operário, Partido da Aspiração à Justiça, Sociedade do 3 de Setembro e Liga para a Autonomia Democráticas de Taiwan.

Estas formações são de pequena dimensão (580 000 membros no total, em 2006) e estão sob a direcção do PC, que controla o seu crescimento e assegura uma grande parte do seu financiamento.

Embora nestes últimos anos um maior número dos seus responsáveis tenha sido promovido a funções administrativas, estes partidos são mais clubes de negócios que retiram vantagens das reformas económicas do que o fermento de um futuro pluralismo político.

Estão representados na CCPPC, assembleia consultiva, que, após a criação da Assembleia Nacional Popular (ANP), em 1954, perdeu todo o poder legislativo.

Reunindo 2238 deputados desde 2003 e composta por dois terços de não comunistas (intelectuais, empresários, artistas, etc.), a CCPPC constitui uma segunda tribuna, depois da ANP, de discussão dos grandes problemas do país.

Todavia, presidida pelo número quatro da direcção do PC (Jia Qinglin, desde 2003), a CCPPC continua estritamente controlada por este último.

Jean-Pierre Cabestan

▶ ASSEMBLEIA NACIONAL POPULAR, PARTIDO COMUNISTA

PÁTIOS

Desenvolveu-se em Xangai e nalgumas cidades do delta do Yangtzé um habitat baseado no princípio dos pátios. Chamados *lilong* e *longtang*, estes pátios foram construídos entre os anos 1860 e 1930, em Xangai. Eram então objecto de operações imobiliárias cujo propósito era construir habitações colectivas de massa.

Os *lilong* são atravessados por uma rede hierarquizada de vias internas, ela mesma isolada das grandes artérias da cidade por lojas ou muros pontuados apenas por alguns pórticos e portas. Representam a arquitectura e a disposição espacial das casas rurais tradicionais da região de Xangai, com uma porta (*shikumen*) que dá para um primeiro pátio, depois à casa propriamente dita, a que sucede nas traseiras um segundo pátio interior, destinado às tarefas domésticas.

Estes espaços da comunidade, que as ruelas hierarquizadas materializam, são lugares de conversa, de entreajuda e de actividades em comum dos habitantes. O *lilong* é o lugar tradicional da construção da identidade, correspondente ao comité de residentes da cidade socialista.

Actualmente, esta construção herdada, que é morfologicamente múltipla nas suas realizações, está, contudo, em vias de desaparecimento, devido à modernização urbana da China, e quando se mantém tal fica a dever-se, na maior parte das vezes, a uma política de conservação do património no sector urbano.

Thierry Sanjuan

▶ ARQUITECTURA, CIDADE, PATRIMÓNIO, RESIDENTES (COMITÉS DE), URBANISMO, XANGAI

PATRIMÓNIO

Com 31 sítios inscritos no inventário do património mundial, a China dispõe de uma das heranças culturais mais ricas de todo o mundo. A concepção do património na China não é, porém, a mesma que no Ocidente.

Na época antiga, a história ocupava um lugar primordial na vida social chinesa, quer no plano moral, quer no plano político. Desde muito cedo as lições dos antepassados foram consideradas como códigos sociais susceptíveis de normalizar, não só o comportamento do povo, mas também o dos imperadores.

Esta superioridade absoluta do passado concede ao património um valor mental muito mais importante do que o seu valor material. Ou seja, é mais o significado moral do que o valor físico que pode fazer conceder carácter patrimonial a um objecto.

O objecto físico não é considerado senão o suporte substancial (o continente) das mentalidades antigas (o conteúdo).

Esta concepção explica, durante as mudanças de dinastia, a demolição em massa das realizações existentes, seguida por uma reconstrução total. Em vez de se apropriarem do valor material destas realizações, os sucessores preferiam arrasá-las totalmente, pois preocupava-os que a mentalidade dos seus predecessores permanecesse.

Em 1961, foi publicado pelo Conselho dos Assuntos de Estado o regulamento provisório da protecção e da gestão do património cultural, a primeira legislação nacional neste domínio. Permitia salvaguardar com carácter de urgência um grande número de monumentos históricos, vestígios culturais e objectos artísticos antigos, após anos de guerras.

No entanto, esta legislação foi suspensa, alguns anos mais tarde, pelo despoletar da Revolução Cultural, em 1966. Foram desencadeadas pelos guardas vermelhos operações ditas de «destruição dos quatro velhos» (*po sijiu*) a fim de estabelecer um sistema socialista de pensamento, cultura, usos e costumes e tradições inteiramente novo. Este movimento foi a catástrofe mais evidente que o património chinês sofreu na época contemporânea.

Foi necessário esperar pela publicação da lei relativa à protecção do património, em 1982, para que a herança cultural fosse protegida juridicamente.

Esta legislação autoriza o Conselho dos Assuntos de Estado, os governos das províncias e os presidentes das câmaras a classificar os monumentos patrimoniais segundo diferentes categorias, aplicando regulamentos específicos.

No entanto, ultrapassados as guerras e os movimentos ideológicos da China contemporânea, são hoje as construções rápidas que constituem uma ameaça para o património.

Para conservar as envolventes dos monumentos históricos e as características das cidades antigas, foi criada em 1988 uma classificação de «cidade histórica e cultural», juntamente com nova legislação sobre o urbanismo e a lei relativa à protecção do ambiente.

Assim, 99 cidades chinesas foram classificadas e protegidas pelo regulamento nacional relativo à protecção das cidades históricas e culturais, publicado em 1994. Este regulamento torna obrigatório para todas as cidades classificadas a elaboração de um plano de salvaguarda e de valorização do património urbano.

Após muitos anos de sensibilização por empenho dos intelectuais, as colectividades locais começam a tomar a iniciativa de práticas inovadoras.

Em colaboração com a Universidade Tongji, a cidade de Xangai identificou em 2004, pela primeira vez na China, os doze primeiros «quarteirões de morfologia tradicional». Entre o monumento histórico e a cidade inteira, o quarteirão tornou-se uma escala mais pertinente para as acções públicas que têm por objectivo a valorização do património urbano.

Nestes últimos anos tomou-se consciência do valor do património não físico. Em Fevereiro de 2006, foi organizada em Pequim a primeira feira nacional totalmente dedicada ao património cultural intangível.

Zhuo Jian

➤ ARQUITECTURA, CIDADES, HISTÓRIA, PÁTIOS, RUELAS, URBANISMO

PENA DE MORTE

A China continua a considerar as questões relacionadas com a pena de morte como segredos de Estado.

É difícil, portanto, calcular o número de condenados à morte. Todavia, diversos relatórios independentes, a começar pelos da Amnistia Internacional, falam de mais de 3000 execuções por ano. Alguns investigadores avançam um número de execuções considerável, compreendido entre 10 000 e 15 000 pessoas por ano.

Independentemente das estimativas apresentadas, a China regista de longe o maior número de condenações em todo o mundo.

As campanhas de luta contra a delinquência, nomeadamente a lançada em 2001, sob o slogan «bater forte», contribuíram claramente para um papel alargado da pena de morte.

O direito penal chinês contempla um número impressionante de crimes passíveis de pena de morte. Para além disso, as garantias jurídicas que enquadram oficialmente a condenação à pena capital (regras de processo imparcial, categorias de pessoas e de crimes visados, possibilidade de apelar, obrigação de tornar pública a decisão, prática das execuções públicas) estão longe de ser aplicadas.

Consciente dos limites de uma prática tão abusiva, nomeadamente à escala local, o governo chinês parece procurar enquadrá-la de forma mais estrita.

Os crimes de corrupção são, por exemplo, menos frequentemente sancionados com a pena de morte e, desde 2003, iniciou-se uma reflexão com a finalidade de limitar progressivamente o seu domínio de aplicação.

As execuções públicas são mais raras e o uso da arma de fogo vem sendo substituída, pouco a pouco, pela administração de uma injecção mortal intravenosa.

Por último, as condenações à pena de morte deveriam ser sistematicamente analisadas e aprovadas à escala nacional pelo Supremo Tribunal Popular, e não pelos tribunais superiores das províncias.

No entanto, esta recentralização tem dificuldade em ser aplicada. Com base no apoio popular muito forte a esta prática, as autoridades chinesas não têm qualquer intenção de abolir a pena de morte.

Leïla Choukroune
➤ DIREITO, DIREITOS DO HOMEM, JUSTIÇA

PEQUIM

Capital da China, Pequim possui também o estatuto de municipalidade de nível provincial. O seu território, com uma superfície de mais de 8000 km², conta cerca de 15 milhões de habitantes, estando metade concentrada na interior do aglomerado populacional, sendo este o segundo em peso demográfico, depois de Xangai.

O modo de desenvolvimento do aglomerado pequinês é caracterizado por uma forte centralidade e uma tendência para a dispersão urbana.

De facto, o centro da cidade tende a ser ocupado pelo sector terciário, com concentração de actividades administrativas e de serviços, enquanto a periferia acolhe conjuntos residenciais, essencialmente na forma de quarteirões de grandes habitações colectivas.

A pressão fundiária, muito forte no centro da cidade, ao favorecer operações de forte rentabilidade, levanta a questão da preservação do património arquitectónico e urbano: os quarteirões de *hutong* são destruídos e os seus habitantes são realojados na periferia longínqua.

O peso crescente do automóvel nas práticas de mobilidade influencia igualmente a organização do espaço segundo um esquema radiocêntrico que liga avenidas periféricas e radiais.

Os principais eixos de desenvolvimento urbano estão orientados para norte e para leste do aglomerado populacional.

Para norte, encontra-se o desenvolvimento do quarteirão de Zhongguangcun, que concentra as actividades de alta tecnologia e conjuntos residenciais em curso de construção. Os subúrbios a norte são servidos, desde 1998, por uma linha de comboios suburbanos.

Para leste desenvolve-se um grande centro de negócios no bairro de Chaoyang e localizam-se centros de actividades ao longo do eixo da auto-estrada Pequim-Tianjin.

Para limitar os efeitos da dispersão urbana, o esquema director de Pequim prevê um plano de apoio ao crescimento de cidades satélites, cuja concretização tem sido muito reduzida.

Apenas Yizhuang, a leste, beneficia de uma verdadeira dinâmica, graças, em parte, ao sucesso da zona de desenvolvimento económico e tecnológico de Pequim.

O crescimento demográfico de Pequim explica-se, em grande parte, hoje em dia, pelo fluxo migratório muito importante com origem nas zonas rurais. Os trabalhadores imigrantes vêm aumentar grandemente os números já elevados de uma população dita «flutuante», que perfaz cerca de 30% da população total do aglomerado populacional.

Estes habitantes, que não surgem nos registos estatísticos da cidade, vivem e trabalham em condições muito precárias.

Por outro lado, a geografia social de Pequim permite entrever formas de segregação sócio-espacial cada vez mais nítidas, tendo nas extremidades, por um lado, os quarteirões em que se juntam os trabalhadores imigrantes e, por outro lado, os quarteirões de vivendas individuais, protegidas do subúrbio norte de acordo com o modelo das *gated communities* americanas, conjuntos privados e dotados de segurança para ricos.

É através do procedimento de acesso à propriedade, desde o início dos anos 90, que se afirma uma apropriação social do espaço fortemente diferenciada.

Embora o estatuto de cidade capital leve a impor limitações à definição das estratégias de desenvolvimento e aos modos de gestão, as modalidades do governo urbano são, no entanto, mais abertas. Integram novos agentes, como os promotores imobiliários, e inserem o desenvolvimento de Pequim num conjunto regional mais amplo, que reúne a municipalidade de Tianjin e uma parte da província de Hebei.

Ultimamente, todos os esforços estiveram concentrados na preparação dos Jogos Olímpicos de 2008.

Jean-François Doulet

➤ CIDADES, IMOBILIÁRIO (SECTOR), JOGOS OLÍMPICOS, PATRIMÓNIO, RUELAS, URBANISMO

PEREGRINAÇÕES

A vitalidade do religioso e o surto de desenvolvimento do lazer durante os últimos vinte anos determinaram a vocação turística de lugares em que a busca do sagrado assume a forma religiosa da peregrinação, mas se realiza também através de actos que são, ao mesmo tempo, mais profanos e impregnados de religiosidade, como uma subida a uma montanha, uma caminhada ou a contemplação do nascer do Sol.

A montanha, divinizada desde a Antiguidade como lugar das divindades, é o local por excelência da manifestação do sagrado e subi-la tem em chinês o significado de peregrinação como «escalada da montanha para uma audiência [com os deuses] e oferecer incenso».

A identificação do templo com a «montanha» cobriu a China de lugares de culto (templos dos cultos populares, santuários e mosteiros budistas e taoistas), que são montanhas que têm tanto de real como de imaginário.

As montanhas mais célebres desta geografia sagrada nacional são os Cinco Picos, que assinalam as cinco direcções (Taishan, Hengshan do Norte e Hengshan do Sul, Huashan e Songshan), e as «quatro montanhas do budismo» (montes Wutai, Emei, Putuo e Jiuhua).

O afluxo de visitantes e o desenvolvimento turístico colocam em perigo este património cultural e natural frágil. Os efeitos sobre o ambiente são particularmente desastrosos.

Após Taishan, desde 1987 várias montanhas sagradas foram inscritas pela UNESCO na lista do património mundial em perigo. Os programas de conservação, apoiados por organismos internacionais públicos e privados, em parceria com as associações budistas e taoistas oficiais, os poderes públicos e as populações locais, têm por objectivo implementar um ordenamento turístico duradouro e que se preocupe mais com o equilíbrio entre o homem e a natureza. Ainda é demasiado cedo, todavia, para avaliar a eficácia destes programas.

O turismo contribui igualmente para a promoção dos «lugares santos» do Estado-nação secular. Estes lugares sacralizados pela história oficial comemoram personagens emblemáticas nos seus lugares de nascimento ou de residência (a aldeia natal de Mao Tzé Tung, por exemplo) e acontecimentos (a «base revolucionária sagrada» de Yan'an, nas casas grutas do Shaanxi). O Gabinete Nacional do Turismo declarou 2005 como ano oficial deste «turismo vermelho».

Béatrice David

➤ BUDISMO, LAZER, PATRIMÓNIO, TAOISMO, TEMPLOS, TURISMO

PETRÓLEO

A China era em 2004 o sexto produtor e o segundo consumidor de petróleo no mundo.

As jazidas descobertas no território chinês nos anos 50 permitiram uma política de auto-suficiência, destinada a cobrir a procura nacional com a produção própria.

Desde 1978, o crescimento económico contínuo, associado à maturação gradual dos recursos nacionais, fez com que a China se tornasse importadora de petróleo a partir de 1993.

Devido ao surto de industrialização, urbanização e motorização do país, o crescimento da procura de petróleo registou um ritmo notável (mais de 10% ao ano a partir de 2000), que se deverá manter igualmente no futuro.

Actualmente, o petróleo assegura 25% da produção de electricidade (contra 65% pelo carvão).

A produção estabilizou em cerca de 170 milhões de toneladas e já não pode satisfazer a procura. As importações cobriam cerca de 40% do consumo interno em 2004, um rácio que poderá ultrapassar 60% em 2030.

A curto prazo, a China será levada a importar maciçamente do estrangeiro, principalmente do Médio Oriente, da África e da América Latina (70% das suas importações).

O desenvolvimento de recursos alternativos ao petróleo, embora seja uma prioridade importante, necessita de pesados investimentos em infra-estruturas e não pode atenuar a dependência petrolífera do país senão a longo prazo.

Por intermédio das suas grandes companhias nacionais (Petrochina, China National Petroleum Corporation, CNOOC), Pequim esforça-se por estabelecer laços políticos bilaterais com todos os países produtores e adquirir jazidas no estrangeiro para assegurar a continuidade do seu aprovisionamento em caso de crise política internacional.

O carácter agressivo desta nova diplomacia petrolífera e sobretudo a sua percepção pelos outros actores internacionais fizeram da dependência petrolífera chinesa um verdadeiro desafio geopolítico, tanto para os outros países consumidores, como para os produtores.

Michal Meidan

➤ ÁFRICA (A CHINA E A), AMÉRICA LATINA (A CHINA E A), ENERGIA E RECURSOS NATURAIS, GRANDES GRUPOS, MÉDIO ORIENTE (A CHINA E O)

POBREZA

O desenvolvimento económico espectacular que a China conheceu após o lançamento da política de reformas de Deng Xiaoping, em 1978, traduziu-se num aumento considerável do rendimento nacional.

Segundo as estatísticas oficiais, teria passado de 362 milhares de milhões de *yuans*, em 1978, para 13 658 milhares de milhões, em 2004, o que, tendo em consideração um crescimento demográfico de cerca de 30%, significou uma multiplicação por 28 do rendimento nacional médio por habitante.

Ao mesmo tempo, não haveria praticamente ninguém a viver abaixo do limiar de pobreza. A respectiva taxa teria caído, sempre de acordo com os dados do governo, de 31% em 1978 para 2,8% em 2004.

Estes valores não têm em consideração, todavia, nem a desvalorização da moeda nacional, nem a evolução dos preços, nem as imobilizações sob a forma de investimentos. São a divisão mecânica do produto nacional pelo número de habitantes do país mais povoado do mundo. Por isso, não reflectem fielmente a situação.

Contrariamente aos objectivos afirmados de redução das diferenças entre as províncias e entre os urbanos e os rurais, a política igualitarista seguida durante os primeiros trinta anos do regime comunista não conseguiu anular as diferenças iniciais.

Durante a década de 80, a descolectivização beneficiou, em primeiro lugar, os camponeses, cujos rendimentos cresceram mais rapidamente do que os dos urbanos.

A escolha que consistiu em desenvolver prioritariamente as províncias costeiras, em seguida em desmantelar o sector público, julgado pouco rentável, e em privilegiar um modo de desenvolvimento cujo motor eram as exportações, a partir de meados dos anos 90, gerou, pelo contrário, desigualdades crescentes entre as regiões e entre os grupos sociais.

Segundo as estatísticas mais recentes, a franja costeira, que inclui as metrópoles de Dalian, Pequim, Tianjin, Xangai, Nan-quim e Cantão, industrializou-se rapidamente e forneceu em 2004 mais de 58,5% do produto nacional com 38% da população.

A zona intermédia, muito mais agrícola e agora parcialmente desindustrializada, após a reestruturação do sector público (Nordeste), não produziu senão 32% do produto nacional com 44% da população.

Quanto à zona ocidental, ainda pouco desenvolvida, a sua parte no produto nacional não representa senão 9,5% com 18% da população.

A proporção do rendimento por habitante entre as províncias era em 2004 de 1 para três e tinha tendência para aumentar após a admissão da China na Organização Mundial de Comércio, em Dezembro de 2001. Segundo o Gabinete Nacional das Estatísticas, as diferenças entre os ricos e os pobres não cessam de se agravar.

Assim, a proporção entre os rendimentos dos rurais mais pobres e a fracção mais rica dos urbanos passou de 1 para 14 em 1999 para 1 para 20 em 2004. O coeficiente de Gini, que mede as desigualdades, é pior do que o de muitos países em desenvolvimento.

Podemos considerar que há agora bolsas de pobreza. Correspondem a uma parte do mundo rural, que sofre de um excedente de mão-de-obra agrícola da ordem dos 150 milhões de pessoas (40% dos camponeses). Todavia, encontram-se também nas cidades em forte expansão, onde há várias categorias de desfavorecidos: desempregados (talvez 10% da mão-de-obra urbana), em que a maioria não recebe subsídios, imigrantes rurais, que não gozam de qualquer cobertura social e têm muitas vezes dificuldades em receber os seus salários, reformados e trabalhadores em pré-reforma, cujas pensões não acompanharam a subida dos preços.

Michel Cartier

➤ CIDADES E AS ZONAS RURAIS (AS), DESIGUALDADE DE RENDIMENTOS, DISPARIDADES REGIONAIS, POPULAÇÃO, PROTECÇÃO SOCIAL

POLÍTICA DEMOGRÁFICA

Em 1949, aquando da fundação da República Popular, a situação demográfica era mal conhecida. A China era considerada um país superpovoado, mas os novos dirigentes pensaram que a reforma agrária e a nacionalização da indústria desbloqueariam a economia.

Foi lançada uma campanha de «planeamento familiar» durante o movimento das Cem Flores, em 1956-1957, mas no quadro preciso da libertação das mulheres.

Foi rapidamente interrompida quando Mao Tzé Tung denunciou os «direitistas» e empenhou o país na aventura do Grande Salto em Frente, em 1958, e da colectivização forçada das comunas populares.

Segundo ele, a China carecia de mão-de-obra e o ministro da Agricultura, Tan Zhenlin, afirmou que, graças aos progressos da agricultura, poderia alimentar 2 milhares de milhões de Chineses.

O fracasso do Grande Salto em Frente e a fome dos anos negros, que provocou o desaparecimento de cerca de 30 milhões de pessoas, transformaram a demografia num assunto tabu. Os resultados do «recenseamento» de 1964 (uma contagem administrativa) não foram publicados e as autoridades habituaram-se a falar de uma população de 700 milhões de pessoas.

O recurso ao aborto era frequente nas cidades, sendo uma resposta espontânea das famílias às dificuldades económicas. O crescimento demográfico muito rápido nos anos 60 («segunda vaga de natalidade») foi ignorado.

Em 1972, depois da eliminação de Lin Biao, responsabilizado pela situação, o primeiro-ministro Zhou Enlai lançou a política dita dos nascimentos «tardios, espaçados e pouco numerosos», exercida com muitas pressões. No entanto, foi apresentada como uma resposta «política» da população.

O crescimento demográfico caiu para metade, em parte devido à mudança para casamentos tardios.

Encorajados por este sucesso, os responsáveis, conquistados pelas reformas e julgando que o crescimento rápido da população era um travão ao desenvolvimento, decidiram lançar em 1979 o programa radical chamado «de um filho por casal», com o objectivo de estabilizar a população em 1200 milhões de pessoas no início do terceiro milénio e, depois, baixá-la até 600 milhões, por volta de 2050, em conformidade com a teoria da «população óptima».

Paradoxalmente, este programa, apoiado numa panóplia de incentivos (prémios relacionados com a obtenção do «certificado de filho único» e penalidades em caso de nascimentos «fora do plano») e recorrendo ao aborto forçado, à inserção de dispositivos intra-uterinos e às esterilizações, teve um sucesso mitigado por causa das resistências encontradas na população rural (80% dos Chineses).

Os resultados dos recenseamentos de 1990 e 2000 revelaram um elevado número de nascimentos não registados (25 a 30%) e desequilíbrio quanto ao sexo das crianças (entre 110 e 120 rapazes para 100 raparigas).

Esta política despertou, para além disso, receios quanto a uma sociedade futura «invertida», com quatro avós para dois adultos e apenas uma criança, dificuldades encontradas pelos homens jovens em encontrar mulher e um envelhecimento insuportável.

A resistência da população, associada a adaptações da política, resultou numa evolução mais lenta e muito menos catastrófica.

Os demógrafos, que agora adquiriram o hábito de corrigir os resultados, estimam que a população culminará em 2030 ao nível dos 1500 milhões, que o desequilíbrio dos sexos não terá certamente o impacto que se lhe atribuía e que o envelhecimento será comparável ao das sociedades dos países desenvolvidos (Japão e Europa).

Michel Cartier

➤ CASAMENTO, FILHO ÚNICO, POPULAÇÃO

POLÍTICA EXTERNA

A política externa chinesa está actualmente ao serviço do projecto sem precedentes das reformas e do desenvolvimento económico que a direcção do Partido Comunista (PC) iniciou após a morte de Mao Tzé Tung, em 1976.

O aumento do poder da China nos anos 90 fez empolar as ambições mundiais do país e reforçou o seu combate a favor da multipolaridade e contra o domínio dos Estados Unidos.

Embora estas ambições continuem actualmente inalteradas, tanto o estilo como os objectivos da política externa chinesa sofreram uma evolução considerável após o início deste século, sendo caracterizados, não só por um discurso mais consensual e moderado e uma maior abertura ao multilateralismo, mas também por uma maior atenção aos novos problemas da segurança que surgiram devido à sua dependência económica crescente em relação ao estrangeiro.

Com a chegada de Hu Jintao ao poder, em 2002, e depois com a passagem à reforma de Jiang Zemin, esta evolução confirmou-se: a emergência da China é e continuará a ser pacífica, é-nos assegurado.

Assim, esforçando-se por estabelecer parcerias estratégicas ou privilegiadas com todas as grandes nações do mundo (Rússia, França, etc.), as autoridades de Pequim não parecem ter inimigos.

Mais dispostos a cooperar nos grandes dossiês internacionais e sobretudo asiáticos (questão nuclear da Coreia do Norte), a China viu crescer a sua influência regional, em particular no Sudeste da Ásia, na Coreia do Sul e, em menor medida, na Índia.

Participa também de forma mais activa nas organizações internacionais (operações de manutenção de paz da Organização das Nações Unidas).

Para aumentar a sua influência cultural, criou a partir de 2005 os institutos Confúcio num número cada vez maior de países.

Também não deixa de ser verdade que esta moderação não se aplica à questão de Taiwan, abordada sempre com muita intransigência pela direcção do PC, nem, cada vez mais, à rivalidade nacionalista e de poder com o Japão e, a mais longo prazo, com os Estados Unidos.

Pequim apoia-se, de facto, em parceiros continentais pouco ou nada democráticos (Rússia e Ásia Central ex-soviética, reunidas com a China na Organização de Cooperação de Xangai) para se abastecer de armamento moderno e recursos energéticos, bem como para contrabalançar a influência americana, que se reforçou após o 11 de Setembro, em redor da China.

A diplomacia chinesa mostra-se mais activa e influente em África e na América Latina, onde cultiva relações com os Estados que dispõem de matérias-primas e produtos agrícolas de que a sua economia tem dramaticamente necessidade (petróleo, cobre, carvão, cereais).

Para acelerar os seus progressos nos domínios económico e científico, a China corteja muito a União Europeia, esperando assim dividir o que julga ser ainda campo ocidental com os objectivos de travar as pressões políticas sobre as questões dos direitos do homem e da democracia e enfraquecer a «superpotência americana», sobretudo na zona em que pretende restaurar o seu magistério.

Jean-Pierre Cabestan

➤ ÁFRICA (A CHINA E A), AMÉRICA LATINA (A CHINA E A), ÁSIA CENTRAL (A CHINA E A), COREIA DO NORTE (A CHINA E A), ESTADOS UNIDOS (A CHINA E OS), ÍNDIA (A CHINA E A), JAPÃO (A CHINA E O), MÉDIO ORIENTE (A CHINA E O), ORGANIZAÇÃO DAS NAÇÕES UNIDAS (A CHINA E A), TAIWAN (A REPÚBLICA POPULAR DA CHINA E), UNIÃO EUROPEIA (A CHINA E A)

POLUIÇÃO

Em consequência da política conduzida por Mao Tzé Tung e, depois, das reformas económicas iniciadas em 1978, para as quais as considerações de ordem ambiental eram sobretudo entendidas como um obstáculo ao crescimento da produção agrícola e industrial, verifica-se uma importante poluição das águas e do ar no conjunto do território chinês.

A descarga de 100 toneladas de benzeno, um solvente cancerígeno, em 13 de Novembro de 2005, no rio Songhua, após uma explosão numa fábrica petroquímica da cidade de Jilin (província de Jilin) é um exemplo desta situação.

A descarga impôs o corte do fornecimento de água potável durante cinco dias, a partir de 22 de Novembro, aos 4 milhões de habitantes da cidade de Harbin, em Heilongjiang.

Um inquérito realizado em consequência desta catástrofe revelou que, num total de 21 000 fábricas químicas implantadas nas margens dos rios e ribeiras, a maioria dos estabelecimentos não tinha efectuado estudos de impacto ambiental. Vazavam com regularidade os seus lixos não tratados directamente nos cursos de água, donde resultava, entre outras, a poluição por metais pesados como o mercúrio.

De uma forma geral, a qualidade das ribeiras e das toalhas freáticas é extremamente problemática.

As autoridades chinesas anunciaram no início de Junho de 2005 que a qualidade da água era boa em dois dos sete grandes rios (rio das Pérolas e Yangtzé), muito má em quatro (Liao, Huai, rio Amarelo e Songhua) e má no Hai, que alimenta, nomeadamente, Pequim e Tianjin.

Após uma análise a 412 secções deste sete cursos de água, verificou-se que a qualidade desta era imprópria para consumo humano em 58,2% dos casos.

Esta poluição poderia estar na origem do forte aumento do número de cancros do sistema digestivo verificado nas zonas rurais.

Estima-se, para além disso, que em 2004 o rio Amarelo e o Yangtzé tenham transportado 11,45 milhões de toneladas de lixos tóxicos para o mar da China Oriental, o que representará um aumento de 6% do volume de águas costeiras contaminadas em relação ao ano anterior.

A qualidade do ar é igualmente muito má, sobretudo nas grandes cidades.

Em 2001, o Banco Mundial recenseou 16 cidades chinesas entre as 50 cidades mais poluídas do mundo, entre as quais Pequim, Xangai e, pior ainda, Jilin, Taiyuan, Lanzhou e Urumqi.

Entre as causas principais desta poluição é preciso salientar o recurso generalizado às centrais eléctricas a carvão e o aumento enorme do número de viaturas particulares em circulação, estando previstos 130 milhões de veículos nas estradas chinesas até 2030.

O custo económico e humano desta situação é difícil de avaliar, mas as mortes relacionadas com a poluição do ar foram estimadas em cerca de 600 000 por ano, entre 1995 e 2000, com um aumento forte e contínuo do número de bronquites crónicas.

À escala internacional, as correntes atmosféricas transportam esta poluição para a Coreia e o Japão. A China ratificou o protocolo de Quioto, mas, enquanto «país em vias de desenvolvimento», não se comprometeu a reduzir as suas emissões de gases de efeito de estufa, sendo já responsável por 14% destas emissões a nível mundial.

Frédéric Obringer

► ÁGUA, AMBIENTE, CARVÃO, INDÚSTRIA E POLÍTICA DE INDUSTRIALIZAÇÃO, SAÚDE

POPULAÇÃO

Um despacho de 6 de Janeiro de 2005 anunciava que a China acabava de ultrapassar a barreira dos 1300 milhões de habitantes.

Esta notícia, em conformidade com os dados dos três últimos recenseamentos (1982, 1990 e 2000), pode ser aceite como uma estimativa razoável.

Confirma que o país realizou o essencial do seu processo de transição demográfica, após cerca de 3 décadas, e que a sua população poderá estabilizar, num prazo de 25 a 30 anos, a um nível da ordem dos 1500 milhões de habitantes. A China, ultrapassada pela Índia, deixará então de ser o país mais povoado do planeta.

A fundação da República Popular coincidiu com uma forte retoma do crescimento demográfico, porque o total da sua população foi multiplicado por 2,4 em pouco mais de meio século, um crescimento intermédio, se se comparar com o de muitos países do terceiro mundo.

A história dos 55 anos decorridos pode ser dividido em duas grandes fases.

De 1950 a 1971, o regime demográfico foi parecido com o dos países em desenvolvimento: fecundidade de cinco a seis filhos por mulher, natalidade superior a 30‰ e mortalidade em quebra acentuada.

Apesar da grave crise dos «anos negros» e da fome de 1959-1962, que provocou o desaparecimento de 30 milhões de pessoas, a população cresceu 54% em 20 nos, passando de 540 para 830 milhões de habitantes.

A segunda fase, que se iniciou em 1972, caracterizou-se pela aplicação de políticas voluntaristas de controlo de nascimentos.

Registou-se uma quebra da fecundidade, que baixou de cinco filhos para um nível realmente inferior ao limiar de renovação das gerações, e uma forte redução da natalidade, que caiu para 13 ou 14‰. O crescimento natural manteve-se em cerca de 6‰, em consonância com uma reduzida mortalidade (6 ou 7‰).

Os problemas levantados por esta evolução devem-se sobretudo ao seu carácter não linear. Os demógrafos chineses caracterizam-na como uma sucessão de três «vagas de natalidade» (1950-1957, 1963-1971 e 1985-1991), separadas por fases de crise ou de controlo.

Esta evolução produziu uma pirâmide de idades «como um acordeão», alternando gerações reduzidas (12 a 20 milhões) e gerações pletóricas (mais de 25 milhões), cuja alternância determina problemas sociais relacionados com os efectivos a escolarizar e com a criação de empregos.

Por volta de 2015, a chegada à idade de cessação de actividade por parte dos *baby boomers* dos anos 50 permitirá efectuar o equilíbrio entre gerações ascendentes e descendentes e modificará a situação do emprego.

Ficará a assinalar, ao mesmo tempo, a entrada da sociedade numa fase de envelhecimento acelerado (a proporção das pessoas com mais de 65 anos ultrapassará 25%), o que não deixará de pesar fortemente no desenvolvimento económico futuro.

Michel Cartier

➤ FILHO ÚNICO, IMIGRANTES, POLÍTICA DEMOGRÁFICA

PRÁTICA RECREATIVA

Antes da fundação da República Popular da China (RPC), em 1949, as actividades recreativas articulavam-se em torno de uma lógica social muito precisa. As elites divertiam-se com a cultura letrada tradicional (ópera clássica, poesia e caligrafia) e uma cultura urbana marcada pela tecnologia (orquestra, cinema e ballet), ao passo que as massas camponesas se distraíam com a arte folclórica e práticas populares (dança, canto, técnicas corporais, narração de histórias, teatro, artes marciais e recorte de papel).

Desde a fundação da RPC que as actividades recreativas foram progressivamente recuperadas pelo Partido Comunista, que procurava educar o povo nos valores sócio-culturais da «nova China», fora das horas de trabalho. Foi o que aconteceu, por exemplo, com as práticas populares do *yangge* e do *qi gong*, reorganizadas e geridas por associações de massa, que as impuseram como actividades colectivas obrigatórias, até serem proibidas durante a Revolução Cultural.

As actividades recreativas não escaparam às transformações económicas e às tensões políticas provocadas pelo lançamento das reformas: diversificaram-se, modernizaram-se, apropriaram-se dos espaços públicos urbanos e autonomizaram-se sem todavia escaparem a um certo controlo ideológico do Estado. Reapareceram assim práticas colectivas antigas (*yangge, tai chi chuan* e *qi gong*), que foram reinvestidas quotidianamente por associações de quarteirão, e emergiram novas formas de lazer modernas (bilhar, jogos de vídeo e *karaoke*), muito apreciadas por uma grande parte da população.

Apesar de uma abertura inegável e de uma maior facilidade de acesso, os Chineses continuam ainda tributários da política cultural imposta pelo Estado. Este último procura encorajar as actividades recreativas «sãs» como o *yangge*, que não só proporcionam um certo bem-estar físico e psíquico aos que as praticam, mas são também representativas da cultura nacional, à imagem da «civilização espiritual socialista».

Pelo contrário, o Estado opõe-se fortemente às que considera malsãs, a exemplo de certas formas de *qi gong* que deram lugar ao desenvolvimento do Falungong, no final dos anos 90, porque colocam em causa a sua legitimidade política.

Florence Graezer-Bideau
▶ DANÇA POPULAR, JOGOS, LAZER, ÓPERA, *QI GONG*, TEATRO, TEATRO DE SOMBRAS

PRECEDENTE HISTÓRICO

A referência a um acontecimento do passado para qualificar uma situação presente e inferir a conduta a manter pelos soberanos e os seus súbditos é indissociável da autoridade nas sociedades pré-modernas.

Como em todas as grandes civilizações, na China a escrita serviu desde muito cedo para conservar a lembrança destes acontecimentos memoráveis.

Atribuído a Confúcio e tornado, por isso, num dos treze clássicos, *Chunqiu* («As Primaveras e os Outonos») apresenta-se como a crónica dos acontecimentos que se considera legitimarem ou estigmatizarem estas condutas e darem assim a ver a ordem do mundo.

Foi, todavia, a partir do desenvolvimento do poder burocrático dos letrados, no século XI, que a cultura dos precedentes históricos se tornou no fundamento de um modo de governo.

A comunidade letrada afirmou então a sua vocação para avaliar por analogia as realidades sociais e políticas e definir assim as normas da acção pública. Este modo de governo concedia desde logo o monopólio da palavra pública aos que estavam em condições de explicitar estas analogias.

Na China contemporânea, a palavra de ordem da burocracia do Partido Comunista segundo a qual «o antigo é útil ao presente» levou muito cedo a confundir o materialismo histórico com este modo de referência analógico.

Poder-se-ia apresentar a longa lista das denúncias em «espelho» que legitimou.

No final dos anos 40 e 1950, Chiang Kai-shek e depois Mao Tzé Tung foram comparados, de maneira implícita, com o protótipo do despotismo que fora o primeiro imperador dos Ming (1368-1644).

A partir de meados dos anos 60, os partidários da experiência soviética na China foram denunciados como «Krustchevs chineses».

Por fim, nos anos 70, os dirigentes da Revolução Cultural relacionaram a sua política de «edificação socialista» com a fundação do império por Qin Shihuang e caracterizaram a luta de classes na China a partir dos conflitos entre a escola confucionista e a escola legista.

Desde os anos 80, a nova palavra de ordem de «procura da verdade nos factos», que assinalava a ruptura política das reformas, valorizou claramente os resultados sociais e económicos como critério de conduta nos assuntos públicos, enfraquecendo, senão mesmo condenando, este modo de referência ao passado.

Christian Lamouroux
▶ BUROCRACIA, ESCRITA, HISTÓRIA

PRIMAVERA DE PEQUIM (MOVIMENTO DA)

No Inverno de 1978-1979, um vasto movimento de contestação que se reivindicava das liberdades democráticas fundamentais e do respeito pelos direitos do homem tomou conta de Pequim para se espalhar depois pelo país.

Dazibao cada vez mais numerosos apareceram no Muro da Democracia, no cruzamento de Xidan, em Pequim, onde se sucederam encontros improvisados e fóruns de discussão tolerados pelas autoridades.

No início de Dezembro de 1978, Wei Jingsheng, antigo guarda vermelho, redigiu o *dazibao* mais conhecido, reclamando a Quinta Modernização, a democracia, sem a qual as outras quatro modernizações, pregadas pelos dirigentes do país, se arriscavam a ser votadas ao fracasso.

O movimento ganhou ainda maior amplitude em Dezembro, quando os animadores do movimento da «Primavera de Pequim» formaram grupos informais e fundaram jornais e revistas, muitas vezes policopiados, que permitiram uma difusão mais ampla das suas ideias e dos seus textos.

Pela primeira vez desde 1949, uma imprensa autónoma em relação ao poder colocava em causa o monopólio político do Partido Comunista (PC).

Embora algumas destas revistas não pretendessem denunciar o regime e militassem antes a favor de um socialismo de rosto humano, outras eram bem mais críticas e audaciosas.

O editor de *Tansuo* («Inquéritos») Wei Jingsheng, colocou-se em oposição radical ao sistema político em vigor, indo até ao ponto de reclamar uma mudança de regime e o fim da ditadura do PC.

Na viragem do ano de 1979, o movimento entrou numa fase de contestação social.

«Jovens instruídos», colegiais e estudantes enviados para as zonas rurais durante a Revolução Cultural (RC) reclamaram o direito de voltar às suas cidades de origem, enquanto milhares de queixosos se dirigiam a Pequim para «visitar as autoridades superiores» e exigir a reparação das injustiças de que foram vítimas durante a RC.

Considerando que a «ordem pública» estava em perigo, o poder desencadeou no final de Março de 1979 uma contra-ofensiva e decapitou o movimento, procedendo à prisão de Wei Jingsheng e de vários outros activistas, condenados depois a pesadas penas de cadeia.

Durante vários meses, o movimento da «Primavera de Pequim» pôde expressar-se livremente e até beneficiar do apoio de Deng Xiaoping, tornando-se depois em alvo de um governo que, quando o objectivo das quatro modernizações foi confirmado no III Plenário do XI Congresso, em Dezembro de 1978, optou por censurar a contra-ideologia nascente.

Françoise Kreissler

▶ DEMOCRACIA E MOVIMENTO DEMOCRÁTICO, DIREITOS DO HOMEM, DISSIDENTES

PRISÕES E *LAOGAI*

Existem na China dois tipos principais de centros de detenção em que qualquer pessoa condenada por um tribunal a uma pena de privação da liberdade pode ficar retida: as prisões e os campos de reabilitação pelo trabalho (*laogai*).

Desde 1983, estes estabelecimentos são geridos pelo ministério da Justiça e já não pelo da Segurança Pública.

No dia 20 de Dezembro de 1994, a lei sobre os estabelecimentos penitenciários oficializou esta evolução e reuniu sob o termo «prisão» estes dois tipos de centros de detenção.

Este texto passou a definir duas categorias de centros de detenção: as prisões para os detidos condenados a penas de seis meses a vinte anos e as casas de educação dos prisioneiros menores (menos de dezoito anos) condenados a penas de detenção na sequência de julgamento.

Os funcionários encarregados do enquadramento fazem parte da polícia popular. O custo das prisões está contemplado no orçamento do Estado. O conjunto do sistema baseia-se numa associação da pena com a reabilitação pelo trabalho obrigatório. Na realidade, contudo, as prisões (em geral situadas em zonas urbanas) são distintas dos campos de reabilitação pelo trabalho.

O objectivo do *laogai* (*laodong gaizao*) é reabilitar os detidos pelo trabalho obrigatório em campos, em geral situados nas zonas rurais. O *laogai* deve ser claramente diferenciado da detenção administrativa (*laojiao* ou reeducação pelo trabalho), gerida pela Segurança Pública.

Os campos e as prisões em todo o território chinês devem ser mais de mil. Neles estarão detidas dois milhões de pessoas, segundo o governo, e talvez oito milhões, segundo algumas fontes independentes, como a Laogai Research Foundation, do antigo prisioneiro Harry Hu.

O número de campos e prisões seria ainda muito mais elevado (quatro mil) se se contabilizassem as instituições registadas como empresas, fábricas e mesmo hospitais psiquiátricos que apresentam todas as características do *laogai*.

Cinquenta milhões de indivíduos teriam passado pelo *laogai* desde 1949 e vinte milhões de pessoas aí teriam morrido.

Fundamentalmente diferente dos outros sistemas de detenção, o *laogai* teve a sua inspiração no gulag soviético e foi inicialmente concebido como um instrumento de punição e de reabilitação dos contra-revolucionários.

Actualmente, a grande maioria dos detidos no *laogai* são prisioneiros de direito comum. No entanto, a vontade de «reformar o pensamento», bem como a ênfase dada ao trabalho manual, senão mesmo à rentabilidade económica, continuam a justificar a manutenção do sistema.

Por isso, o *laogai* continua a reprimir os opositores políticos e, desde há alguns anos, em grande quantidade, os praticantes de determinadas religiões, como o Falungong (dez mil dos seus elementos teriam sido presos).

Para além disso, as autoridades chinesas propõem actualmente afectar determinadas prisões em exclusivo à detenção dos doentes com sida.

Os fundamentos jurídicos do *laogai* são essencialmente os regulamentos de 1954 relativos à reabilitação pelo trabalho, aos quais convém acrescentar algumas disposições da lei penal e da lei do processo penal de 1979, alteradas em 1997.

A aplicação destes últimos textos é, no entanto, muito aleatória, como é disso testemunha a prática quase sistemática da tortura.

Em Dezembro de 2005, pela primeira vez na história das prisões chinesas, o relator da Organização das Nações Unidas sobre a tortura foi autorizado a visitar o conjunto dos estabelecimentos. Na sequência de uma difícil missão de inquérito de 13 dias, confirmou claramente a aplicação muito ampla da tortura e de procedimentos inumanos e degradantes.

Desde 1983, cada *laogai* é considerado como uma entidade económica autónoma, submetida a imperativos de rentabilidade.

Os responsáveis pelos estabelecimentos penitenciários procuram hoje em dia aumentar o rendimento económico dos prisioneiros, que são submetidos a condições de trabalho inumanas. Todavia, este objectivo não parece ter sido atingido: o trabalho dos dois milhões de detidos não permitiu acumular senão duzentos milhões de euros de rendimentos anuais, segundo estimativa de Pequim.

Os produtos do *laogai* são os mais diversos (chá, peças de automóvel, brinquedos, adubos químicos) e são muitas vezes destinados à exportação. A estas actividades económicas é conveniente acrescentar o tráfego de órgãos retirados a antigos prisioneiros, muito difundido.

Em 16 de Dezembro de 2005, a Câmara dos Representantes dos Estados Unidos aprovou uma decisão que condenava firmemente o *laogai* e a importação dos seus produtos.

Leïla Choukroune

➤ CAMPOS DE REEDUCAÇÃO PELO TRABALHO, DIREITO, DIREITOS DO HOMEM, FALUNGONG, JUSTIÇA, ORGANIZAÇÃO DAS NAÇÕES UNIDAS (A CHINA E A)

PRIVATIZAÇÕES

Desde 1978 que os Chineses generalizaram as trocas comerciais e criaram as condições de uma concorrência que é certamente imperfeita, mas se revelou operacional, e sem terem criado previamente instituições de uma economia de mercado, nomeadamente sem privatizar as empresas do Estado.

Estas empresas não eram, de facto, meras unidades de produção, mas entidades sociais que asseguravam ao seu pessoal muitos serviços de base. A racionalização que uma privatização rápida teria implicado teria custos sociais que o poder não podia correr o risco de impor à população urbana.

Mesmo sem ter havido privatização, a primeira fase das reformas registou incontestáveis sucessos, que se explicam, em parte, pelo comportamento dos quadros governamentais.

Estes não bloquearam as reformas para preservar o seu poder burocrático, e, muito pelo contrário, a confusão de funções entre políticos e empresários desempenhou, em última análise, um papel decisivo.

A política de descentralização inaugurada no início das reformas contribuiu amplamente para isso e aproximou-se mesmo de uma primeira variante de «privatização», pois os governos locais, sujeitos a uma maior disciplina orçamental, encontraram-se perante a obrigação de financiar os novos encargos que lhes incumbiam e foram, portanto, incitados a comportar-se como verdadeiros empresários, ao valorizarem os activos que estavam sob o seu controlo.

Verifica-se igualmente que nessa época, quando o tabu que envolvia a propriedade privada ainda não fora levantado, já havia na China autênticas empresas privadas, que, com a cumplicidade das autoridades locais, eram, no entanto, consideradas como relevando da propriedade colectiva.

Nos anos 90, os desempenhos das empresas rurais, que durante uma década tinham sido os motores do crescimento, foram-se sucessivamente deteriorando. Os governos locais, que não retiravam delas as mesmas vantagens, encorajaram a sua transformação em sociedades cooperativas por acções.

Foram vendidos títulos de propriedade aos empregados e dirigentes, o que também permitiu obter fundos para a modernização destas unidades de produção.

Esta política foi em seguida generalizada nas zonas rurais e nas cidades, sobretudo a partir de 1997, quando, após se ter reconhecido oficialmente o papel positivo das empresas privadas, se começou a transformar as empresas colectivas e estatais em sociedades (sociedades de responsabilidade limitada ou sociedades anónimas) na perspectiva de uma abertura do seu capital.

Na maior parte dos casos, foram operações internas, sendo as partes das empresas vendidas apenas aos empregados e dirigentes. Todavia, como estes contributos foram frequentemente insuficientes, o Estado ficou directa ou indirectamente como accionista maioritário, pelo que aconteceu sobretudo uma alteração na forma da propriedade, e não tanto uma efectiva privatização.

As acções detidas pelos empregados não podiam ser vendidas a agentes exteriores. Pelo contrário, foram cedidas muitas vezes aos gestores, os quais, como accionistas maioritários, exerciam o seu controlo sobre as firmas. Esta política foi, aliás, encorajada pelos poderes públicos para clarificar a direcção das empresas renovadas.

Ao mesmo tempo, em proporções relativamente limitadas, procedeu-se a fusões e à abertura de falências no caso das empresas com resultados menos bons.

Esta política foi resumida de início com o slogan «manter o controlo das maiores empresas e privatizar as mais pequenas».

Todavia, na verdade, este movimento afectou o conjunto das firmas chinesas, porque, desde 1998, mais de metade das grandes empresas do Estado terão sido transformadas em sociedades por acções. As mais importantes podem ser cotadas na bolsa, ainda que o capital continue a ser controlado pelo Estado.

Quando as partes são vendidas a intervenientes externos à firma (o que não é muito frequente), o abandono do compromisso do Estado é mais radical. Verifica-se que raramente os investidores estrangeiros compraram empresas chinesas e tiveram de se contentar com tomadas de participação minoritárias, em média na ordem dos 30%.

O emprego urbano nas empresas do Estado, que representava 65% em 1995, caiu para 44% em 2003.

Ora, como muitos trabalhadores não puderam encontrar trabalho no sector privado, apesar do seu dinamismo, o desemprego cresceu em proporção elevada, de modo que a transição chinesa se afastou finalmente da via paretiana (sem perdedores) que caracterizara a primeira fase das reformas, e tanto mais quanto foram também privatizados de facto alguns serviços sociais (saúde, escolas).

Os dirigentes locais que orientaram com prudência esta política, pois estavam preocupados em limitar estes custos sociais, acabaram por ser os seus grandes beneficiários.

A abertura do Partido Comunista (PC) aos empresários privados passou a ser encorajada, de acordo com a teoria das «três representações». Contudo, estes eram, na maior parte dos casos, antigos membros do PC, que, de forma mais ou menos lícita, se encontraram sobretudo na posição de representantes desta nova classe de capitalistas, e não tanto como novos actores na cena económica chinesa.

Yves Citoleux

➤ BOLSA, CORRUPÇÃO, DESCENTRALIZAÇÃO, DESEMPREGO, DIREITO DE PROPRIEDADE, DESIGUALDADE DE RENDIMENTOS, EMPRESAS DO ESTADO, EMPRESAS PRIVADAS, MERCADO (TRANSIÇÃO PARA A ECONOMIA DE), PROTECÇÃO SOCIAL, TRÊS REPRESENTAÇÕES

PROSTITUIÇÃO

O comércio do sexo enquanto fenómeno social voltou a tornar-se visível a partir dos anos 80, ao passo que fora negado, erradicado ou dissimulado durante as três primeiras décadas do regime comunista, no quadro de uma política de reeducação pelo trabalho. Esta última baseava-se nos princípios morais que visavam a construção de uma sociedade socialista moderna.

A prostituição reveste diversas formas, implicando uma transacção sexual mercantil.

Os sociólogos chineses identificaram assim sete categorias de trabalhadoras do sexo: a segunda esposa; a pessoa recrutada para uma viagem de negócios ou para um período mais longo; a mulher acompanhante nos *karaokes*, nas discotecas e nos bares restaurantes, cujos serviços visam a excitação sexual e jogos eróticos que conduzem ou não a relações sexuais; a mulher que reside num quarto de hotel e solicita os clientes por telefone para uma relação sexual única; a mulher empregada nos salões de cabeleireiro e em salões como massagista ou aplicadora de champô, que pode eventualmente oferecer serviços sexuais; a pessoa que «anda na rua» e encontra os seus clientes em espaços de recreação; e finalmente, no lugar mais baixo da escala, a mulher empregada nos lares de trabalhadores imigrantes para prestar diversos serviços, incluindo os sexuais.

Vários factores sociais e económicos favorecem o desenvolvimento do comércio sexual: um contexto social de desigualdade estrutural de género, onde a compra de serviços sexuais é uma marca de distinção social entre os homens, como o era no passado o concubinato, agora proibido pela lei, mas que se perpetua sob a forma de segunda esposa, e o carácter dominante de modelos familiares onde o erotismo e a sexualidade para o prazer, reservados ao homem, são vividos em geral fora do casamento e onde uma filha que se prostitui pode auxiliar nas necessidades da sua família, fazendo assim prova de piedade filial.

A prostituição, bem como a frequência de prostitutas, são estritamente proibidas pelo código penal. Um decreto aprovado em 1991 prevê uma pena de seis meses a dois anos de «reeducação pelo trabalho» aplicável às prostitutas, ou prostitutos, e aos seus clientes, mas estas disposições jurídicas ficam muitas vezes sem efeito.

São em geral aplicadas às prostitutas noviças, que, após três meses de detenção, são libertadas e se colocam depois sob a «protecção» de proxenetas e de redes mafiosas que colaboram com a polícia. Os clientes raramente são detidos.

Os controlos sanitários obrigatórios (exames médicos de despistagem das doenças sexualmente transmissíveis, entre as quais a sida) são efectuados durante a detenção dos trabalhadores do sexo.

O uso do preservativo, até há pouco tempo controlado pelos serviços de planeamento familiar, é actualmente promovido no quadro de um programa lançado pelo Centro de Controlo das Doenças, do ministério da Saúde, dirigido aos grupos mais vulneráveis às infecções (prostituição, drogados por injecção e homossexuais).

Em 2003, cerca de 20% declararam nunca terem utilizado o preservativo. Por outro lado, a mesma proporção utiliza-o sistematicamente. Em 2004, a taxa se seroprevalência à infecção pelo HIV era em média de 1%, ou seja, mais de 10 vezes superior à taxa da população em geral (0,1%-0,7%).

A prostituição estrangeira está sobretudo presente nas zonas fronteiriças (Coreia do Norte e Vietname, bem como Myanmar e Mongólia). Muito marginal, a prostituição de jovens russas, verificada nos anos 90 em algumas grandes cidades, dirige-se à clientela rica dos homens de negócios.

Nos bares das grandes cidades do Norte da China, como Pequim, Harbin e Shenyang, jovens chamados *money boys* ou, em chinês, *shaoye* («pequenos senhores»), vendem serviços sexuais a uma clientela exclusivamente masculina. Estes jovens, de origem rural e frequentemente com baixa escolaridade, são cerca de 20 000.

Évelyne Micollier

➤ CRIMINALIDADE, DROGA, HOMOSSEXUALIDADE, SEXUALIDADE, SIDA

PROTECÇÃO SOCIAL

A protecção social foi reformulada para ter em consideração as limitações de uma economia de mercado e as mudanças ocorridas no regime de propriedade das empresas.

Anteriormente, era assegurada pelas empresas públicas em relação às famílias urbanas, ao passo que os rurais não beneficiavam senão de um mecanismo de assistência aos mais carenciados.

A criação de empresas privadas que não forneciam protecção social e a reforma das empresas do Estado e colectivas, que se pretendia que fossem financeiramente autónomas em relação ao Estado, impuseram a criação de uma segurança do Estado directamente dependente do ministério do Trabalho e da Segurança Social.

As reformas, que dizem respeito essencialmente ao sector urbano, começaram em 1997-1998 e ainda decorrem.

Visam alargar a segurança social ao conjunto dos trabalhadores urbanos, excluindo os empresários individuais e os imigrantes de origem rural.

Agora, o financiamento das prestações requer em geral a contribuição dos trabalhadores, em complemento da das empresas e do Estado. Em média, as quotizações sociais representam 41% da massa salarial (30% a cargo das empresas e 11% dos trabalhadores).

A maior parte destina-se aos reformados (28%), depois seguem-se os subsídios de doença (8%), de desemprego (3%), de maternidade (1%) e de acidentes de trabalho (1%).

Os cuidados médicos são assegurados pelos hospitais públicos, estabelecimentos das empresas e clínicas privadas. Os dois primeiros são parcialmente gratuitos para os empregados do Estado e das empresas, pelo menos no caso dos cuidados básicos, mas as clínicas são pagas.

O sistema de saúde ligado às empresas está em curso de substituição por um sistema municipal que prevê a criação de um sistema de segurança para fazer face às despesas médicas, mediante a constituição de um fundo com as contribuições dos empregadores (6% do salário), dos empregados (2%) e das municipalidades.

Todos os trabalhadores deverão ter uma conta individual para as pequenas despesas, financiada exclusivamente por si e pelo empregador. As despesas mais importantes, como as de hospitalização, seriam financiadas por um fundo social cujas despesas teriam um limite.

As prestações de maternidade são financiadas apenas pelos empregadores (1% do salário). Incluem o direito a três meses de licença paga.

Os subsídios de desemprego datam de 1986. Aplicáveis de início aos trabalhadores das empresas do Estado em processo de liquidação, estas prestações foram alargadas a todos os trabalhadores urbanos.

As indemnizações pagas durante um máximo de dois anos representam 60 a 70% do salário mínimo. São calculadas não só em função do custo de vida, mas também dos recursos de que a administração dispõe. Os desempregados que estejam no fim do período com direito a subsídio podem candidatar-se à assistência aos mais desfavorecidos.

O trabalhador desempregado de uma empresa do Estado não faz parte da categoria dos desempregados (*shiye*), mas da dos «suspensos» (*xiagang*). Como não cortou todos os laços com a sua empresa de origem, é esta que lhe paga os subsídios. Com o fim das reestruturações, esta categoria deveria desaparecer por volta de 2002, mas continua a existir.

O seguro de acidentes de trabalho foi criado em Janeiro de 2004. É obrigatório em todas as empresas.

O mínimo vital existe nas zonas urbanas desde 1999. Esta prestação é concedida a todos os residentes urbanos permanentes cujo rendimento está abaixo do limiar de pobreza, variável segundo as cidades, mas é inferior, em média, a um dólar por dia.

O apoio aos mais carenciados das zonas rurais, designado as «cinco garantias», cobre as necessidades de alimentação, vestuário, cuidados médicos, habitação e sepultura.

Há, para além disso, uma disposição especial em caso de catástrofe natural.

O limiar de pobreza nas zonas rurais, que confere direito ao mínimo vital, é estimado em um terço do das cidades.

Diana Hochraich

➤ DESEMPREGO, EMPREGO, POBREZA, REFORMA (SISTEMA DE), SAÚDE

PROTESTANTISMO

O protestantismo é a religião que mais cresceu na China contemporânea. O número de protestantes, que era de 700 000 em 1949, ultrapassará hoje 30 milhões, ou seja, pelo menos três vezes mais do que os católicos.

Outrora vista como uma religião estrangeira associada ao imperialismo ocidental, o protestantismo sofreu um processo de sinização durante o século XX, tornando-se uma componente incontornável da paisagem religiosa chinesa. A influência do protestantismo ultrapassa o número de fiéis declarados.

Durante a primeira metade do século XX, figuras públicas como Sun Yat-sen e Chiang Kai-shek converteram-se ao protestantismo.

Associações liberais como a Young Mens' Christian Association (YMCA) desempenharam um papel não negligenciável na emergência da visão de uma cultura moderna para a China.

As formas protestantes de organização institucional e de acção social das congregações religiosas serviram de modelos inspiradores às correntes de reforma das outras religiões, nomeadamente do budismo, e continuam a ser a norma de acordo com a qual é elaborada a política religiosa do Estado Chinês.

Desde os anos 20, correntes nacionalistas permeiam o protestantismo chinês, no qual aparecem igrejas autóctones, independentes das organizações missionárias, e que reivindicam uma «tripla autonomia» das igrejas chinesas ao nível da gestão, do financiamento e da expansão.

Este movimento foi recuperado pelo regime comunista depois de 1949, que forçou a unificação de todas as igrejas (baptista, anglicana, metodista, etc.) em torno de uma associação controlada pelo Partido Comunista, o Movimento Patriótico das Três Autonomias, que tentou eliminar todas as influências estrangeiras e «contra-revolucionárias» e elaborar uma nova teologia compatível com o maoismo.

As tensões provocadas por estas campanhas continuam a fazer-se sentir actualmente.

Após um período de supressão total durante a Revolução Cultural, quando as comunidades protestantes sobreviveram de maneira clandestina, reforçando a sua autonomia e o seu carácter autóctone, a igreja oficial foi reconstituída e tenta gerir a expansão rápida das comunidades.

Todavia, a maioria dos crentes prefere as igrejas autónomas (*house churches*). Estas últimas manifestam fortes tendências evangélicas e pentecostais, tal como em África e na América Latina, desprezam a orientação liberal e secularizante do protestantismo oficial e absorvem frequentemente elementos da religião popular chinesa.

Ao mesmo tempo, a corrente dos «cristãos culturais» inspira intelectuais e universitários a procurar na cultura cristã soluções para os problemas morais e sociais da China contemporânea.

David A. Palmer

➤ CATOLICISMO, RELIGIÃO

PUDONG

A Nova Zona do Pudong, a leste de Xangai, foi um despoletador simbólico da modernização e da renovação da escala das cidades chinesas em 1990.

Estas terras subexploradas, situadas em frente do Bund e da maior concentração urbana da China, tinham alinhados ao longo das ribas do rio Huangpu estaleiros navais, fábricas e quarteirões pobres, que prolongavam a perder de vista os arrozais.

As autoridades chinesas decidiram em 1990 investir um projecto grandioso neste potencial fundiário, que completaria a cidade de Xangai com a colonização do seu meandro oriental e a criação de novos sectores de actividade, dignos de uma metrópole internacional.

O bairro de negócios de Lujiazui abriga a Pérola do Oriente (1994), uma torre de televisão muito alta, construída com três esferas alinhadas, a torre Jinmao (1999), cujas linhas se inspiram directamente num pagode chinês, o World International Center e a avenida do século XXI (5 km de comprimento por 100 m de largura).

Pudong

As zonas de desenvolvimento de Jinqiao e Gaoqiao acolhem, respectivamente, indústrias não poluentes (microelectrónica, telecomunicações, electrodomésticos, automóvel) e firmas multinacionais (Hewlett Packard, IBM e Philips).

Estas zonas são prolongadas por muitas operações imobiliárias, que chamam a si, progressivamente, uma parte da população xangaiense.

Novas vias de comunicação, entre as quais as pontes Nanpu e Yangpu e uma linha de metropolitano, desencravam, de facto, o Pudong e integram-no mais facilmente na velha cidade.

O novo aeroporto internacional do Pudong, que suplantou o de Hongqiao, a oeste, está ligado ao centro da cidade por um comboio de suspensão magnética, desde Dezembro de 2002.

O Pudong permite transformar Xangai numa cidade directamente aberta ao Yangtzé e à sua embocadura devido à criação do porto de Waigaoqiao, que, a prazo, deveria prolongar um novo porto de águas profundas, ao sul da municipalidade, capaz de rivalizar com o de Hong Kong.

Thierry Sanjuan

➤ ABERTURA (LUGARES DE), CIDADES, URBANISMO, XANGAI

Q

QI GONG

O termo *qi gong*, embora apareça pela primeira vez num texto taoista dos Tang (618-907), com o sentido de «procedimentos de respiração», não se tornou corrente senão a partir do início do século XX.

É formado por dois caracteres: *qi*, uma espécie de sopro vital, de energia vaporosa, em movimento constante no universo e no corpo humano, e *gong*, uma força virtuosa característica dos mestres de artes marciais.

A expressão *qi gong* foi escolhida e adoptada pelos quadros do partido comunista, em 1949, para designar um conjunto de técnicas corporais elaboradas ao longo dos séculos precedentes e conhecidas com outras designações, mas que se pretendeu então separar, por razões ideológicas, da sua conotação mágico-religiosa.

Tentou-se então atribuir um capital científico à nação chinesa com base neste conjunto de saberes e técnicas aparentados com os poderes paranormais.

Concretamente, trata-se de diversas práticas físicas. Algumas provêm das artes de combate, sendo necessário, por exemplo, quebrar tijolos com os punhos. Outras provêm das tradições de meditação ou de disciplinas gímnicas antigas (*daoyin*) e integram frequentemente uma dimensão terapêutica.

O *qi gong* registou um desenvolvimento frenético durante os anos 80, tendo-se assistido ao nascimento de muitas associações, mais ou menos encorajadas pelo Estado, que se reuniam em torno de «mestres» com ambições diversas (médicas, políticas, religiosas e/ou comerciais).

Vários destes grupos populares, herdeiros longínquos dos chamados grupos do «Lótus Branco», espalhados pela China desde os Yuan (1271-1368), adquiriram uma tal importância que se tornaram insuportáveis ao regime.

Foi o caso, em particular, do Falungong, o que teve como consequência a repressão deste movimento a partir de Julho de 1999.

Frédéric Obringer

➤ ARTES MARCIAIS, FALUNGONG, MEDICINA TRADICIONAL, TAOISMO

QUADROS E FUNCIONÁRIOS

A ideia de quadro (*ganbu*), de origem soviética, é ainda muito utilizada na China, mas foi sempre muito difícil de definir.

Englobando o conjunto dos funcionários (9,62 milhões), os quadros são, porém, uma população, estimada em 2006 em 41 milhões de pessoas, que ultrapassa largamente os limites da administração. Para além disso, esta última compreende numerosos agentes subalternos que não são quadros nem funcionários e são assimilados a operários. No total, há 66 milhões de Chineses que continuam a ser pagos directamente pelo Estado.

Os quadros incluem, portanto, diversas categorias de pessoas que exercem funções de direcção ou de gestão no aparelho do Partido Comunista (PC), nas organizações de massas, nas empresas do Estado e sobretudo nos serviços públicos não comerciais (*shiye danwei*, universidades, hospitais, etc.), onde trabalham 23 milhões (56%).

Para além disso, na linguagem corrente, a designação de «quadro» pode actualmente ser aplicada a responsáveis de empresas privadas ou estrangeiras.

A partir de 1987, as autoridades chinesas esforçaram-se por criar uma função pública. O projecto proposto nesse ano por Zhao Ziyang, secretário-geral de então, e aceite pelo PC distinguia duas categorias de funcionários: por um lado, os «funcionários políticos», que ocupavam cargos de direcção, eram formalmente eleitos pelas assembleias populares, mas eram «recomendados» pelo PC, e, por outro lado, os «funcionários profissionais», todos recrutados através de concursos.

Todavia, esta distinção foi rapidamente posta em causa devido aos perigos políticos que representava. Tiananmen pôs em evidência a prudência do legislador. Em 1993, foi promulgado um «decreto provisório» que estabeleceu outra distinção, nitidamente mais conservadora, entre, por um lado, uma categoria muito mais vasta de «funcionários que ocupam postos de direcção», escolhidos segundo procedimentos especiais que permitiam ao PC manter a sua influência, e, por outro lado, a massa dos «funcionários que não ocupam postos de direcção», recrutados por concurso.

A lei promulgada em Abril de 2005 e que entrou em vigor no dia 1 de Janeiro de 2006 confirmava no essencial o conteúdo deste regulamento.

Não deixa de ser verdade que esta reforma contribuiu para melhorar a qualidade dos quadros do Estado. A totalidade dos funcionários de base é actualmente recrutada mediante um exame (*kaoshi*) ou avaliação (*kaohe*) das suas competências.

Responsáveis pelas promoções, os departamentos da organização do PC, desde o nível nacional até ao escalão do cantão, recrutam os candidatos aos lugares de direcção no viveiro destes novos funcionários profissionais. Paralelamente, embora continue a ser modesto, o ordenado destes agentes do Estado melhorou.

Pelo que fica exposto, a função pública chinesa não é neutra. Ela está ao serviço do PC. Para além da competência, a integridade política e moral constitui um critério essencial de promoção.

A adesão ao PC é quase obrigatória por quem quer que pretenda fazer carreira na administração.

Acrescente-se finalmente que as reformas introduzidas desde o final dos anos 80 ainda não permitiram conter a corrupção dos funcionários, fenómeno preocupante que continua a travar a modernização do Estado chinês.

Jean-Pierre Cabestan

➤ ADMINISTRAÇÃO TERRITORIAL, CORRUPÇÃO, ESTADO, PARTIDO COMUNISTA

QUARTEIRÃO (GABINETES DE)

Os gabinetes de quarteirão representam o escalão inferior da administração urbana, após os da municipalidade e do bairro.

Associados ao sistema das unidades de trabalho e ao do registo de residência, contribuem desde 1954 para a gestão e o controlo da população urbana.

Os seus membros organizam diferentes tarefas de interesse comum em domínios como a saúde, a higiene, o desenvolvimento urbano, a segurança e a animação cultural, ao mesmo tempo que exercem actividades de controlo político e ideológico.

Em 1995, face à transformação das funções atribuídas às unidades de trabalho, foi iniciada uma reforma dos gabinetes de quarteirão, procurando aumentar o poder administrativo deste escalão e o seu campo de intervenção.

Verdadeiros governos locais, cada um deles pode agora empregar 200 pessoas, quando os textos oficiais prevêem efectivos de apenas algumas dezenas.

Dotados de maior autonomia face aos níveis superiores da administração, viram ser-lhes atribuída uma nova missão: coordenar os diferentes agentes que intervêm ao nível local na vida urbana.

Entre estes encontram-se, de facto, agentes oficiais como as instâncias do Partido Comunista, o Gabinete da Construção do Bairro, que releva do ministério da Construção, e o Gabinete dos Assuntos Civis do Bairro, colocado sob a direcção do ministério dos Assuntos Civis.

No entanto, agentes desconhecidos no passado fizeram igualmente a sua aparição, como os comités de proprietários ou as sociedades de gestão de bens imobiliários, encarregadas da manutenção dos edifícios e dos espaços públicos das ilhas residenciais que formam um quarteirão.

Principais responsáveis pela gestão social e política dos quarteirões, avaliados pelos seus resultados no domínio da manutenção da ordem social, mas também da qualidade de vida proposta aos habitantes, os gabinetes de quarteirão têm, portanto, de negociar actualmente com muitas organizações.

Têm também de administrar uma população mais complexa do que anteriormente, quer do ponto de vista da composição social, quer do estatuto – imigrantes ou não imigrantes –, que não gozam todos do mesmo tipo de direitos e prerrogativas e, no entanto, coabitam frequentemente no mesmo quarteirão.

Isabelle Thireau

➤ CONTROLO POLÍTICO E CENSURA, RESIDENTES (COMITÉS DE), UNIDADES DE TRABALHO

4 DE JUNHO DE 1989 (ACONTECIMENTOS DE)

A repressão do movimento democrático de 1989 fica a assinalar uma viragem determinante no período das reformas iniciado em 1979, sob o impulso de Deng Xiaoping.

Até esta data, a população, na sua grande maioria, defendia o regime, mas queria que as reformas, que se restringiam ao domínio económico, se alargassem às estruturas políticas.

Uma parte dos mais altos dirigentes, e nomeadamente dois secretários gerais do Partido Comunista, Hu Yaobang, em primeiro lugar, e Zhao Ziyang, depois, mostraram-se favoráveis a uma democratização progressiva do sistema.

Os manifestantes que desfilaram aos milhões pelas ruas das grandes cidades da China estavam convencidos de que as suas iniciativas davam apoio aos reformistas contra os conservadores. Não pretendiam fazer cair o regime.

Foi a morte de Hu Yaobang, em 15 de Abril de 1989, que provocou os primeiros ajuntamentos estudantis na Praça de Tiananmen, inspirados, de forma algo confusa, por factores diversos, tais como a reivindicação da democracia, o bicentenário da Revolução Francesa e a *glasnost* soviética.

Em 21 de Abril, 47 intelectuais assinaram uma declaração de apoio aos estudantes para que o poder encetasse um diálogo com os seus representantes.

O poder respondeu a 26 de Abril num virulento editorial do *Renmin ribao* («Diário do Povo»), que tratou os estudantes como «amotinadores».

Desde então, o confronto endureceu, com os manifestantes a exigir o início de um diálogo de igual para igual com os dirigentes, que começaram por recusar, até porque esperavam a visita oficial de Gorbachev a Pequim, no dia 15 de Maio, e não queriam «perder a face».

Em 13 de Maio iniciou-se uma greve de fome dos estudantes, que duraria até ao dia 20 no calor sufocante da praça.

A visita do presidente da URSS foi empalidecida pela desordem reinante, enquanto Li Peng, encorajado por Deng Xiaoping, surgia cada vez mais como o responsável pela intransigência do poder.

Embora os estudantes não tivessem procurado o afrontamento, parecia cada vez mais improvável uma saída pacífica do braço de ferro a que os dirigentes e manifestantes se entregaram.

Em 20 de Maio, foi proclamada a lei marcial. Enquanto os tanques se reuniam em torno da capital, as manifestações continuavam em Pequim, Xangai, Chengdu, Nanquim, Hangzhou, etc.

Na noite de 3 para 4 de Junho, o exército limpou as grandes artérias de Pequim, deixando mais de 1000 cadáveres atrás de si, entre os quais 300 militares. Muitos chefes do movimento fugiram para o estrangeiro.

Este gesto provocou uma ruptura de que a sociedade chinesa não iria recuperar.

16 anos mais tarde, a repressão deste movimento não se atenuou. Os acontecimentos não deram lugar à «reabilitação». Pelo menos algumas centenas de activistas implicados nas manifestações continuam atrás das grades.

É proibido referir na imprensa a data de 4 de Junho e comemorar os mortos. Todos os que se aventuraram a fazê-lo desde então foram condenados a penas de prisão de quatro (Huang Qi) a 20 anos (Hu Shigen). Todos os anos a partir do fim do mês de Maio o acesso à Praça de Tiananmen é estritamente controlado.

Um colectivo das mães de Tiananmen organizou-se a partir de 1993 em torno da Sra. Ding Zilin, mãe de uma das vítimas do massacre.

Este colectivo, mundialmente conhecido, exige que os responsáveis pela repressão sejam julgados e que os manifestantes deixem de ser considerados criminosos.

Estas reivindicações não encontraram eco e as «mães de Tiananmen» sofrem a perseguição quotidiana da polícia, que filtra os seus apelos e vigia os mínimos movimentos.

A reabertura deste dossiê permitiria, no entanto, retomar o trabalho de democratização do sistema, prudentemente iniciado durante os anos 80 e que se manteve suspenso desde então.

Marie Holzman

▶ CONTESTAÇÃO, CONTROLO E CENSURA POLÍTICA, DENG XIAOPING, DIREITOS DO HOMEM, PARTIDO COMUNISTA, TIANANMEN (PRAÇA DE), ZHAO ZIYANG

4 DE MAIO DE 1919 (MOVIMENTO DE)

Movimento nascido em 4 de Maio de 1919 de uma manifestação de cerca de 3000 estudantes pequineses.

Estes protestavam contra a decisão tomada alguns dias antes pelos Aliados (Grã-Bretanha, França e Estados Unidos), no quadro do tratado de Versalhes, de transferir para o Japão os direitos e interesses alemães em Shandong.

Reclamavam também sanções contra três dirigentes políticos, acusados de terem vendido a soberania chinesa e considerados responsáveis pelo fracasso diplomático da China.

A repressão desta manifestação, tendo sido presos 32 estudantes, provocou a mobilização da juventude estudantil e escolar num grande número de cidades do país.

O movimento de 4 de Maio de 1919, sendo uma irrupção na cena política dos estudantes, um novo grupo social que resultou da reforma da educação que a dinastia Qing encetara na sua última década, exprimia, pela primeira vez à escala do país, o nacionalismo urbano que nascera no início do século.

Foi também veículo de uma contestação da ordem socio-política saída da revolução de 1911, a república dos «senhores da guerra» e a autoridade dos notáveis.

O boicote intransigente dos produtos nipónicos que os estudantes procuraram organizar, com desprezo pelos interesses dos comerciantes chineses, a sua decisão de deixar de assistir às aulas («greve às aulas» em 23 de Maio), a «greve ao comércio», que tentaram impor aos comerciantes, após o governo de Pequim ter posto em prática as primeiras medidas de repressão, a 3 de Junho, perturbaram o desenrolar prudente e moderado do protesto patriótico, conduzido pelos notáveis.

Embora os delegados chineses à Conferência de Paz tenham recusado assinar o tratado de Versalhes, a mobilização dos estudantes, a que se associaram outras componentes da sociedade urbana, prolongou-se até ao início de 1920 com acções então dirigidas mais directamente contra o Japão.

A mobilização dos estudantes constituiu a resposta prática de toda uma geração aos apelos à autonomia individual e à crítica dos valores confucionistas, formulados a partir de 1915 por intelectuais ocidentalistas do Movimento para uma Nova Cultura (Chen Duxiu, Hu Shi, etc.), nas revistas *Xin Qingnian* («A Nova Juventude») e *Xinchao* («Renascença»).

Desembocou numa radicalização política de que surgiu o movimento comunista chinês.

Laurent Galy

➤ CONTESTAÇÃO, JAPÃO (A CHINA E O), NACIONALISMO, PEQUIM

QUATRO MODERNIZAÇÕES (AS)

Formulado pelo primeiro-ministro Zhou Enlai, na IV Assembleia Nacional Popular, em Janeiro de 1975, o slogan das quatro modernizações (*si ge xiandaihva*, agricultura, indústria, ciência e tecnologia e defesa nacional) inaugurou uma reorientação radical das políticas económicas chinesas.

A rejeição da retórica da Revolução Cultural e dos seus arrebatamentos catastróficos transparecia numa palavra de ordem que rompia com o idealismo radical da «política no posto de comando» e colocava a ênfase num pragmatismo económico centrado na «procura da verdade a partir dos factos».

Não foi nada surpreendente que Mao Tzé Tung, aliás ausente da sessão, lhe criticasse violentamente o conteúdo, numa directiva tornada pública em Fevereiro, e denunciasse a restauração do «pensamento burguês».

No entanto, durante os dois anos de interregno entre a morte de Mao Zegong, em Setembro de 1976, e o regresso de Deng Xiaoping ao poder, em Dezembro de 1978, afrontamentos violentos abalaram a direcção do Partido Comunista a respeito do significado a dar à palavra de ordem das quatro modernizações.

Hua Guofeng, herdeiro designado por Mao Tzé Tung, tentou, graças ao seu «plano de dez anos», fazer da campanha «aprender com Dazhai» – a organização em comunas populares e a política de auto-suficiência – a base da modernização da agricultura chinesa, que arrastaria depois a modernização dos outros sectores.

Pelo contrário, Deng Xiaoping, consciente da estagnação da economia, resultante das mudanças de rumo maoistas, preconizou uma via totalmente diferente: reabilitação dos intelectuais perseguidos, reforma radical da economia, apoiada nas tecnologias estrangeiras, e abertura do país. O objectivo quantitativo era claramente proclamado: quadruplicar o produto interno bruto por habitante até ao ano 2000.

Em Dezembro de 1978, o III Plenário do XI Comité Central rejeitou o plano económico de Hua Guofeng e fez das quatro modernizações, para as quais foi solicitado explicitamente o apoio dos intelectuais e dos especialistas, o fundamento oficial da sua política.

Virando resolutamente as costas ao voluntarismo maoista, esta orientação pragmática orientou durante um quarto de século a política económica chinesa.

François Gipouloux

➤ DENG XIAOPING, REFORMAS E ABERTURA, ZHOU ENLAI

R

REDES

A arte das relações (*guanxi*) e das «redes de relações (*guanxi wang*) é, na China, uma actividade social central.

Os seus usos cobrem situações muito diferentes, indo das relações baseadas numa ética da compaixão à corrupção institucionalizada.

A lógica que está subjacente a esta prática é a seguinte: como qualquer relação social é concebida como sendo motivada por valores e serviços, estes não podem implicar senão os indivíduos que se identificaram previamente como pertencendo a redes comuns de solidariedade.

As bases de solidariedade mais legítimas, embora evoluam ao ritmo da modernização da sociedade, são prioritariamente os laços de sangue ou de solo, bem como a camaradagem escolar, militar ou profissional.

Neste círculo dinâmico de relações, que é, no entanto, fechado (o termo *guanxi* significa literalmente «sistema fechado»), as relações de entreajuda são mantidas e simbolizadas pela troca de favores, de presentes ou de banquetes.

A norma social implica, teoricamente, manter o outro endividado, reembolsando sempre mais do que se recebe a fim de manter, não só a dinâmica da relação, como a sua «face».

Em si mesmas, as relações do tipo *guanxi* não são específicas da cultura chinesa. A especificidade chinesa é a das origens (a ética confucionista), das características dos seus desenvolvimentos (durante as épocas maoistas e, depois, no contexto de um capitalismo que emergiu no quadro de um sistema de partido único) e da cultura das próprias relações que alimenta.

Os usos tradicionais das *guanxi* foram assim transformados sob o triplo efeito da economia de penúria, durante os trinta primeiros anos do regime comunista, depois, em sentido contrário, da mercantilização das relações sociais que acompanhou o desenvolvimento progressivo da economia de mercado e, finalmente, do regime de partido único, que produz, ao mesmo tempo, uma competição política informal e institucionaliza as relações clientelares.

Anteriormente, a arte das *guanxi* constituía um contributo essencial para corrigir e contornar as disfunções da economia planificada.

Actualmente, desempenha um papel central, em concorrência com a norma do uso do direito. De facto, nesta fase, as reformas económicas têm um efeito acelerador do fenómeno das redes informais, pois foram estas últimas que permitiram o sucesso das reformas. As *guanxi* continuam a ser o método mais eficaz, no respeito pela lei, para a maioria dos indivíduos, num grande número de situações de ordem económica ou social.

Perante a verificação da impossibilidade de erradicar as práticas informais do tipo *guanxi*, inclusivamente no contexto de uma sociedade modernizada, alguns juristas chineses perspectivam a possibilidade de legalizar os seus usos, desde que estes últimos não ultrapassem a zona cinzenta das práticas de corrupção.

Na verdade, a prazo, o grau elevado de corrupção na China e do «capitalismo de amigos» (*crony capitalism*) pode revelar-se uma fonte de instabilidade e de desintegração do Estado socialista.

Stéphanie Balme
➤ CORRUPÇÃO, DIREITO, FACE, INFORMAL, RELAÇÕES INTERPESSOAIS

REFORMA (SISTEMA DE)

Tal como na maioria das economias planificadas, foi centrado nas empresas que foi organizado o sistema social urbano da China, entre 1949 e 1978.

Estas «empresas previdência» asseguravam elas mesmas aos seus trabalhadores o emprego para toda a vida, a reforma e o acesso aos cuidados de saúde. O processo de reformas das empresas do Estado pôs em causa esta organização.

O governo criou progressivamente um sistema de protecção social para a população que tinha registo de residência urbano. Os rurais, mesmo trabalhando nas cidades, estavam dele excluídos.

Após várias experiências, foi criado a partir de 1997 um sistema de reforma unificado para o conjunto dos trabalhadores urbanos. Combina um sistema por repartição e elementos de um sistema por capitalização. Possui vários pilares.

O primeiro é um fundo financiado pelas empresas (17% da massa salarial), que assegura a reforma num montante equivalente a 20% do salário médio local.

O segundo é constituído por contas pessoais, financiadas por quotizações do empregado (8% do salário) e da empresa (3%). Este pilar foi pensado para garantir, em princípio, uma reforma equivalente a 38% do salário.

Existe um terceiro nível, facultativo, que se baseia numa contribuição voluntária da empresa e do trabalhador.

A aplicação deste sistema enfrenta graves dificuldades.

Os fundos são constituídos a nível local e não há compensação entre os défices e os excedentes dos sistemas de reforma das várias regiões. Os défices são financiados pelo orçamento do Estado, mas, em muitos casos, as reformas não são pagas.

O primeiro pilar está globalmente em situação de défice. O seu equilíbrio é perturbado pelas reformas pagas aos que têm direito segundo o sistema antigo (anterior às reformas de 1978), que assegurava taxas de substituição elevadas, da ordem dos 80%.

Foi criado no ano 2000 um fundo nacional de segurança social para cobrir o défice deste primeiro pilar. Actualmente, 60% apenas dos trabalhadores urbanos estão cobertos por este sistema. Muitas empresas privadas esforçam-se para se lhe eximirem ou reduzirem as suas quotizações.

Foram perspectivadas várias soluções para assegurar o financiamento das reformas: alargar o sistema ao conjunto das empresas urbanas, prolongar a idade de reforma, que é actualmente de 55 anos para as mulheres e de 60 anos para os homens, agrupar os fundos de reforma a nível nacional e reduzir as reformas pagas a partir das contas individuais.

O problema do financiamento das reformas vai ter mais acuidade nos próximos anos à medida que o envelhecimento da população se acentuar, sobretudo após 2010.

Antoine Kernen
➤ EMPRESAS DO ESTADO, POPULAÇÃO, PROTECÇÃO SOCIAL, REGISTO DE RESIDÊNCIA, UNIDADES DE TRABALHO

REFORMA AGRÁRIA

Oficialmente promulgada em Junho de 1950, a reforma agrária generalizou ao conjunto do país medidas aplicadas antes de 1949 nas bases comunistas do Norte da China.

Confiscaram-se as terras dos ricos e foram distribuídas aos pobres. A transferência incidiu em 47 milhões de hectares, ou seja, 43% da superfície cultivada.

Como foram repartidos por 300 milhões de camponeses, tal não representou senão três quartos de hectare por família. A reforma agrária multiplicou assim as microexplorações.

Os seus objectivos económicos foram, na verdade, menos decisivos do que os seus objectivos sociais e políticos. A violência que a acompanhou procurava destruir o prestígio e a influência da elite rural tradicional.

Durante criticados durante «exposições de azedume» e «encontros de combate», os proprietários fundiários foram muitas vezes humilhados e por vezes executados.

Destinados a convencer camponeses tradicionalmente submissos que podiam erguer a cabeça sem temer eventuais represálias, a violência e mesmo o terror transformaram esta reforma numa verdadeira revolução agrária.

Foi uma revolução conduzida de cima e que visava forjar uma aliança entre o novo poder e as «massas camponesas», as quais, ao contrário do que sucedera na Rússia, em 1917, não se sublevaram espontaneamente para se apoderarem das terras dos proprietários fundiários.

Lucien Bianco

➤ DESCOLECTIVIZAÇÃO, PARTIDO COMUNISTA

REFORMAS E ABERTURA

Este slogan encontra a sua origem no 3.º Plenário do XI Comité Central do Partido Comunista (PC), de Dezembro de 1978.

Durante esta reunião chave, Deng Xiaoping derrotou definitivamente o clã dos neomaoistas, reunidos em torno do presidente do PC, Hua Guofeng.

Tendo feito regressar ao poder várias grandes figuras do período anterior à Revolução Cultural, entre os quais Chen Yun e Hu Yaobang, e apoiado pelos partidários de Zhou Enlai (entre os quais Li Xiannian e Wan Li), Deng fixou então a nova linha directora do PC: «reformas e abertura» (*gaige yu kaifang*).

Com este slogan geral, foram aplicadas em seguida muitas políticas e decisões, podendo nós perguntar hoje quais eram os seus verdadeiros limites.

Em Dezembro de 1978, as reformas e a abertura abrangiam duas grandes séries de mudanças capitais.

Por um lado, tratava-se de reformar as estruturas económicas (generalização do sistema de exploração familiar das terras, desenvolvimento progressivo dos mecanismos de mercado) e institucionais (reforço das instâncias estatais), de restaurar a «legalidade socialista», de libertar e reabilitar as vítimas políticas das campanhas maoistas e de pôr termo aos movimentos de massas.

Por outro lado, iniciava-se uma abertura ideológica, ou seja, uma liberalização política relativa e uma abertura ao estrangeiro, o que conduziria ao desenvolvimento sem precedentes das relações económicas e comerciais com o Ocidente capitalista e a entrada de investimentos provenientes desta parte do mundo.

É claro que o conteúdo desta fórmula evoluiu. A repressão do movimento democrático de 1979-1980, o lançamento e, depois, após o massacre de Tiananmen, em 1989, o questionamento da reforma das estruturas políticas, o aprofundamento das reformas económicas, na sequência da queda da URSS, em 1992, a ambição de instituir um «Estado de direito socialista», em 1996, e, finalmente, a entrada da China na Organização Mundial do Comércio não derivaram todos directamente das decisões aprovadas em Dezembro de 1978.

A história das reformas e da abertura não foi, de facto, apenas escrita pelo PC.

A profunda evolução da sociedade chinesa, bem como as interacções cada vez maiores entre a China e o estrangeiro também contribuíram grandemente para colocar mais longe os limites fixados e o caminho traçado por Deng Xiaoping em 1978.

Jean-Pierre Cabestan

➤ DENG XIAOPING, DESCOLECTIVIZAÇÃO, INVESTIMENTO DIRECTO ESTRANGEIRO, MERCADO (TRANSIÇÃO PARA A ECONOMIA DE), ZHOU ENLAI

REGIÕES DE EMIGRAÇÃO

No século XIX e na primeira metade do século XX, as províncias de Guangdong, de Fujian e, em menor medida, de Zhejiang foram as principais regiões de emigração.

A pressão demográfica, a falta de terras, os conflitos e o recrutamento de mão-de-obra para as colónias europeias alimentaram os fluxos migratórios para o Sudeste da Ásia, o continente americano, a Austrália e a África do Sul e, no século XX, a Europa.

Muitos descendentes destes emigrantes chegaram à Europa Ocidental, sobretudo à França, como refugiados do Sudeste da Ásia, depois de 1975.

No Guangdong, os imigrantes são originários de três regiões: do delta do rio das Pérolas, do delta do rio Han (Chaozhou) e de Meixian, a região originária dos Hakka.

A descoberta de ouro e a construção do caminho-de-ferro transcontinental no Oeste Americano provocaram uma saída maciça, no final do século XIX, em particular em Taishan, donde partiram 60% dos que se estabeleceram nos Estados Unidos.

Os Chaozhou (ou Teochiu) provêm da região costeira de Chaozhou e Shantou, que foi um dos principais focos de recrutamento de mão-de-obra chinesa para as colónias europeias do Sudeste da Ásia.

O número de emigrantes entre 1869 e 1934 foi estimado em 1,4 milhões de indivíduos. Actualmente, os Teochiu representam o grupo maioritário na Tailândia, no Cambodja, em Singapura e em França.

O principal centro de emigração hakka é a prefeitura de Meixian, situada numa região montanhosa a nordeste do Guangdong. Os Hakka instalaram-se na Malásia, no Vietname, no Cambodja, nas Antilhas, nas ilhas dos oceanos Indico (Reunião e Maurícias) e Pacífico e depois em França.

Os imigrantes do Fujian são originários das cidades costeiras de Xiamen, que foi também um centro importante de recrutamento de mão-de-obra, de Zhangzhou, Quanzhou, Jianjiang e, embora menos, de Fuzhou.

Tendo partido em grande número para Taiwan, Hainan e Sudeste da Ásia, constituem mais de metade da população chinesa da Indonésia, da Malásia e das Filipinas.

A emigração do Zhejiang saiu de dois distritos: Qingtian, no interior, e Wenzhou, cidade costeira, e dos seus arredores.

No final do século XIX, os motores da emigração foram o comércio ambulante das pedras semipreciosas pelos Qingtian e abertura das rotas comerciais em Wenzhou para a madeira, o açúcar e os citrinos.

Actualmente os descendentes destes emigrantes contribuem para o desenvolvimento da sua região de origem. Empresas de Taiwan, de Hong Kong e do Sudeste da Ásia estabelecem-se nas cidades costeiras da China Meridional.

Nos anos 80, assistiu-se à reactivação de antigas redes de emigração. Do Fujian, entre 1993 e 1996, partiram para as Filipinas cerca de 20 000 chineses da cidade de Jianjiang. Outros ainda, originários do Zhejiang, retomaram também o caminho da emigração. Em 1995, partiram de Wenzhou e de Qingtian 240 000 e 60 000 indivíduos, respectivamente, essencialmente para a Europa Ocidental (França, Itália, Espanha e Holanda).

No entanto, durante os anos 90, formou-se no Nordeste uma nova corrente de emigração. Esta região foi, na verdade, duramente afectada pelas reestruturações industriais e as mudanças sociais.

As causas das migrações são agora diferentes. Estes novos emigrantes, em que há mulheres em grande número, expatriam-se por razões relacionadas com o seu itinerário de vida: divórcio, incerteza quanto ao futuro da educação dos filhos, fracasso e insegurança profissionais, rendimentos demasiado baixos e desejo de conhecer o mundo.

A sua partida é facilitada pela existência de sociedades intermediárias (agências de viagem e empresas privadas) que lhes fornecem passaportes e vistos de negócios ou de turismo para os países de destino: Estados Unidos, Canadá, Austrália, Sudeste da Ásia e Europa.

Live Yu-sion

➤ CANTONESES, CHINESES DO ESTRANGEIRO, HAKKA, MIGRAÇÕES INTERNACIONAIS E DIÁSPORA, MUNDO CHINÊS

REGIÕES FRONTEIRIÇAS

À escala do território chinês, as regiões fronteiriças são na maior parte montanhosas e parecem, à primeira vista, pouco povoadas.

Esta questão do povoamento é, todavia, complexa. A fisionomia demográfica das regiões fronteiriças chinesas está longe de ser homogénea. Os números relativos às províncias são suficientes para fornecer uma ideia geral.

De facto, às regiões pouco povoadas do Oeste chinês (Mongólia Interior, Xinjiang e Tibete) opõem-se as províncias ou regiões fronteiriças do Sudoeste (Yunnan e Guangxi) e do Nordeste (Liaoning, Jilin e Heilongjiang), cujas densidades mais conformes à média nacional recordam que estas províncias, apesar da sua situação fronteiriça, estão culturalmente integradas com o que se designa chamar de China dos Han.

Apesar deste contraste, as regiões fronteiriças chinesas possuem as características comuns de serem habitadas por muitas minorias étnicas, sendo mais importantes no Oeste e no Sul, e maioritariamente reunidas em entidades administrativas ditas «autónomas».

Esta localização fronteiriça das minorias étnicas é ainda mais saliente quando se observa a repartição a uma escala inferior à província: 107 dos 138 distritos fronteiriços eram ainda maioritariamente povoados por nacionalidades minoritárias, no final dos anos 90.

Estas nacionalidades pertencem, por vezes, às mesmas entidades culturais que as populações dos países vizinhos e, devido à natureza transfronteiriça das áreas que ocupam, levantam problemas específicos ao governo chinês, sobretudo nos processos de abertura e de cooperação que animam hoje as regiões fronteiriças do país.

Para além de determinadas minorias do Xinjiang, como os Uigures e os Cazaques, notemos que os Dai do Yunnan e os Coreanos do Nordeste fazem também parte destas minorias transfronteiriças.

Mantidas à margem da primeira fase de abertura, por vezes militarizadas e fechadas durante toda a década de 80, as regiões fronteiriças chinesas estavam no início dos anos 90 nitidamente atrasadas em matéria de desenvolvimento. Eram geralmente suburbanizadas e subindustrializadas. A sua economia era dominada pelas actividades agrícolas, pastoris e de extracção.

As primeiras medidas de abertura datam de 1988: o conceito de porto aberto foi então oficialmente alargado aos espaços fronteiriços. Em 1992, nove capitais provinciais, entre as quais seis situadas em províncias ou regiões autónomas fronteiriças (Harbin, Changchun, Hohhot, Nanning, Kunming e Urumqi), bem como quinze cidades fronteiriças obtiveram respectivamente os estatutos de «capitais provinciais abertas» e de «cidades fronteiriças abertas», o que lhes permitiu estabelecer zonas económicas e acolher investimentos estrangeiros.

Um ano mais tarde, em Abril de 1993, Shenyang, Harbin e Changchun foram dotadas de uma zona de desenvolvimento económico e técnico.

Em Agosto de 1994, foi a vez de Urumqi, ao passo que Hohhot e Kunming tiveram de esperar pelo ano 2000 e pelo lançamento do X Plano Quinquenal e da política de desenvolvimento do Oeste.

Finalmente, as autoridades chinesas empenharam-se também em dois projectos multilaterais importantes em zonas de desenvolvimento económico transfronteiriço. O primeiro, o programa de desenvolvimento económico do rio Tumen, está localizado em torno do cruzamento fronteiriço sino-russo-coreano, enquanto o segundo, actualmente integrado na região do Grande Mekong, reúne regiões fronteiriças do Yunnan, do Laos, da Tailândia e de Myanmar.

Esta questão do desenvolvimento das regiões fronteiriças é tanto mais importante quanto está intimamente relacionada com a política das minorias nacionais.

As disparidades territoriais tiveram tendência para acentuar as desigualdades interétnicas, não apenas entre os Han e as minorias, mas também entre destas últimas, que estão longe de representar um grupo economicamente homogéneo.

As autoridades centrais e locais encorajaram, por isso, as populações transfronteiriças a comerciar e a reactivar laços económicos com os seus homólogos situados do outro lado da fronteira.

Todas estas medidas permitiram incontestavelmente um forte desenvolvimento do comércio fronteiriço e do turismo, geralmente propício ao desenvolvimento local.

À escala das regiões fronteiriças, foram, todavia, as cidades que surgiram como as principais beneficiárias destas novas dinâmicas. Registaram-se nelas importantes mutações, nomeadamente no sector imobiliário, bem como um forte crescimento da sua população, resultado conjugado do crescimento natural e do saldo migratório positivo.

Transformadas em lugares atractivos, as regiões fronteiriças chinesas atraem cada vez mais populações originárias doutras províncias em busca de novas oportunidades económicas.

A maioria dos novos imigrantes são Han e prolongam assim, sob outra forma, o movimento de sinização (ou, melhor, de «hanização») iniciado nos 30 primeiros anos do regime comunista. Isto não acontece, aliás, sem suscitar novas tensões interétnicas entre os Han e as minorias.

Alimentam igualmente os fluxos de imigrantes, legais e ilegais, que atravessam regularmente as fronteiras chinesas, contribuindo para criar novos desafios geopolíticos aos países vizinhos.

Este desenvolvimento das regiões fronteiriças também não parece ser igualitário e beneficia sobretudo as populações Han. Ora, esta desigualdade tende desde há alguns anos a levar à partida de alguns membros das nacionalidades minoritárias, acentuando assim a «hanização» destas regiões.

Elegendo como destino as províncias costeiras e as grandes cidades do país ou do estrangeiro, estes já não hesitam em deixar a região natal para procurarem forma de melhorar a sua subsistência.

Finalmente, a reactivação dos laços entre as minorias que povoam as regiões fronteiriças chinesas e as populações dos países vizinhos não deixa de criar novos problemas políticos, não só nas relações entre Pequim e estas diferentes minorias, mas também entre a China e os países vizinhos.

De facto, o governo chinês encontra-se confrontado com um duplo desafio: permitir o desenvolvimento das minorias e das suas entidades administrativas, encorajando as trocas comerciais e a cooperação inter-étnica, ao mesmo tempo que vela para que estes encontros não encorajem eventuais reivindicações políticas.

Sébastien Colin

➤ ADMINISTRAÇÃO TERRITORIAL, FRONTEIRAS, IMIGRANTES, NOROESTE, TIBETE, XINJIANG

REGIÕES INDUSTRIAIS (AS VELHAS)

As velhas regiões industriais são, neste contexto, as que se industrializaram a partir da extracção do carvão e dos minerais de ferro.

Esta associação entre recursos naturais e industrialização foi essencial. Excluiu, por isso, muitas cidades e regiões que foram dotadas de complexos de indústria pesada, durante os primeiros 30 anos do regime comunista, mas que não possuem qualquer actividade extractiva.

Aliás, as velhas regiões industriais não correspondem necessariamente à geografia do carvão e do mineral de ferro, cuja localização se encontra muito disseminada pelo território chinês. Nada menos de 27 províncias produzem carvão, mas muito poucas são verdadeiras «regiões negras».

Encontram-se, deste modo, duas velhas regiões industriais de dimensões importantes: no Oeste e no Nordeste.

A primeira está centrada na província de Shanxi, ao longo do eixo Datong--Taiyuan-vale do Fen, e prossegue para o Norte de Shaanxi, para as regiões de Shenmu e Fugu, bem como para a Mongólia Interior, à volta das cidades de Baotou e Dongsheng.

Corresponde à extensão da bacia hulhífera mais importante do país (e do mundo), cujas reservas conhecidas são calculadas em mais de 1,5 biliões de toneladas.

Esta abundante matéria-prima favoreceu a industrialização de toda esta região, onde dominam as indústrias pesadas como a metalurgia, a produção de adubos químicos e o fabrico de equipamentos pesados.

Embora a extracção do carvão tenha verdadeiramente acelerado após o nascimento da República Popular, foi travada, a longo prazo, pelo arcaísmo técnico e a insuficiência das infra-estruturas de transporte, que não permitiam uma saída rápida da produção.

Desde o início dos anos 80, as autoridades, quer através de investimentos públicos, quer pela abertura aos capitais estrangeiros, têm por objectivo fazer desta região uma plataforma de produção energética a fim de alimentar o litoral em carvão e electricidade de origem térmica.

A segunda velha região industrial corresponde à conurbação de Shenyang--Fushun-Benxi-Anshan, que se situa por inteiro na província de Liaoning.

Estruturou-se em redor de uma bacia hulhífera de orientação este-oeste, que se estende de Fushun até Beipiao, e de uma importante bacia ferrífera que engloba as regiões de Anshan e de Benxi.

Nela se pode encontrar, para além da extracção, um importante complexo siderúrgico (Anshan) e um sector desenvolvido de equipamentos pesados (Shenyang).

Essencialmente desenvolvida pelos investimentos japoneses durante a primeira metade do século XX, esta região esteve depois no centro das estratégias industriais da China comunista. É objecto desde há alguns anos de uma política activa de reestruturação industrial, destinada, aliás, a todo o Nordeste.

A China conta também com outras «regiões negras» de dimensão mais reduzida e de menor importância económica.

A cidade de Tangshang, situada na província de Hebei, deve à sua bacia hulhífera, rica em carvão de coque, bem como às suas minas de ferro, uma industrialização precoce, dominada pela siderurgia e pelas centrais térmicas.

As regiões de Hegang e de Shuangyashan, na província de Heilongjiang, e a «região negra» de Zibo, na província de Shandong, integram-se também nesta categoria.

As velhas regiões industriais chinesas são ricas em paradoxos.

Contrariamente às que se encontram na Europa, não têm verdadeiras crises económicas, ainda que defrontem muitos e graves problemas sociais. As grandes necessidades da China em carvão e aço continuam, na verdade, a dinamizar a sua produção.

Pelo contrário, a transformação das estruturas produtivas, com o desaparecimento de algumas empresas do Estado, e as mudanças dos processos de produção, devido à introdução de novas técnicas, conduziram a muitos despedimentos e ao crescimento do subemprego.

Algumas autoridades locais, nomeadamente em Shanxi, queixam-se, por vezes, dos fracos resultados económicos destas actividades industriais, que servem sobretudo para alimentar as grandes cidades do Leste.

Problemas de segurança cada vez mais graves colocam-se, por fim, em algumas minas geridas pelos cantões e as vilas. A multiplicação dos acidentes mortais nestes últimos anos obrigou as autoridades centrais a intervir e a fechar as minas julgadas demasiado perigosas.

Sébastien Colin

➤ CARVÃO, ENERGIA E RECURSOS NATURAIS, INDÚSTRIA E POLÍTICA DE INDUSTRIALIZAÇÃO, NORDESTE

REGISTO DE RESIDÊNCIA

O sistema de registo de residência, ou *hukou*, teve uma reforma importante a partir de 2001, após ter desempenhado um papel sem precedentes durante três décadas, afectando a distribuição dos recursos, a estratificação social, a mobilidade geográfica e também a natureza dos laços estabelecidos com o Estado.

Este instrumento não foi uma criação da República Popular da China, pois existia na época imperial, exercendo uma influência variável, mas constante, em assuntos como o recrutamento militar e o pagamento de taxas. As primeiras medidas relativas a este mecanismo foram tomadas em 1951, mas foi necessário esperar por 1958 para que fosse promulgada uma série completa de regulamentos. Todos os lares passaram a ter um livrete onde constavam informações sobre cada um dos seus membros: nome, data e local de nascimento, laço de parentesco com o «dono da casa», género, nível de educação e data em que o indivíduo fora oficialmente registado neste livrete doméstico. Duas outras indicações nele constam: o nome da localidade onde o *hukou* foi registado e o estatuto do *hukou* possuído: agrícola ou não agrícola. A combinação destes dois critérios permite obter uma categorização complexa dos indivíduos.

A primeira destas indicações – o nome do lugar onde está registado o *hukou* – acentua a importância do nível local no sistema instalado. Os indivíduos pertencem a uma dada comunidade, rural ou urbana, e os direitos e as obrigações que têm variam em função dos recursos económicos e sociais desta última.

A segunda indicação introduz uma hierarquia entre citadinos e rurais. Os primeiros, detentores de uma autorização de residência não agrícola, usufruem de muitas vantagens: atribuição de cupões de racionamento que permitem adquirir muitos produtos, pagamento das despesas médicas e de escolaridade, segurança de emprego, sistema de reforma e atribuição de habitação subsidiada. A estas diversas protecções garantidas pelo Estado correspondem para os segundos, os detentores de uma licença agrícola, o compromisso público de satisfazer as necessidades de consumo de cereais de cada um.

Transferir o seu *hukou* implica procedimentos complexos. Na maior parte das vezes, é preciso registar o *hukou* numa nova localidade sem modificar a sua natureza, uma operação que necessita, não obstante, o acordo formal das autoridades do local de acolhimento e do local de origem. Mas trata-se, por vezes, de modificar a natureza da licença que se possui: se a passagem de um *hukou* agrícola para um não agrícola tem de satisfazer muitos critérios que visam, precisamente, limitar tais transferências, o movimento inverso resultava, em geral, de uma sanção política, que vigorou nos primeiros trinta anos do regime. Este sistema limitou as migrações ditas espontâneas até ao final dos anos 70, com a mobilidade geográfica a corresponder antes de mais às necessidades da planificação.

A mobilidade observada na China desde as reformas iniciadas em 1978 é, em geral, conhecida a partir das categorias administrativas relacionadas com o sistema do *hukou*. São qualificados como imigrantes e considerados problemáticos os indivíduos que não residem onde têm o seu domicílio oficial. O receio de uma invasão das cidades por legiões de camponeses tem enformado, aliás, os ajustamentos sucessivos do sistema *hukou* desde o início dos anos 80. Assinalemos alguns momentos importantes destas reformas.

Em 1985, o aluguer de casas ou apartamentos à população imigrante deixou de ser ilegal. Foi instituído igualmente um certificado de residência temporário. Qualquer indivíduo que resida três meses numa localidade urbana onde não esteja oficialmente domiciliado tem de solicitar esse certificado junto dos órgãos da Segurança Social. Este certificado, válido durante um ano, envolve custos de inscrição e de administração. Sobretudo, não concede aos imigrantes os direitos e as vantagens que são atribuídos aos citadinos oficialmente domiciliados nesta localidade no que respeita ao acesso aos cuidados de saúde, à educação, à habitação e ao trabalho. (Em 1995, este sistema foi alargado aos imigrantes que se instalassem nas zonas rurais.) Paralelamente, multiplicaram-se os critérios que permitem transformar um *hukou* agrícola num não agrícola e aumentaram as quotas atribuídas a tais transferências. Para além disso, foram instituídas subcategorias de *hikou*, quer nos meios rurais quer nos urbanos.

Desde 1984, por exemplo, os camponeses que possuem um domicílio fixo e um emprego nas vilas rurais podem nelas adquirir um novo tipo de licença não agrícola chamada «auto-suficiente no plano dos cereais alimentares»: esta licença legaliza a domiciliação de facto, mas não pode ser transferida para outra localidade urbana, nem confere o direito às vantagens concedidas aos «locais».

Por último, em 1998, as autoridades chinesas modificaram as modalidades de transmissão do *hikou*: as crianças passaram a herdar o tipo de autorização possuído pelo pai ou a mãe, ao passo que nos trinta anos anteriores era o *hukou* da mãe que determinava os dos membros da geração seguinte.

A partir de 2001, face à ineficácia administrativa de um sistema que se tornara demasiado complexo e ao descontentamento dos imigrantes, por vezes muito bem providos no plano dos recursos culturais e económicos, foram iniciadas reformas. A dicotomia entre certificado agrícola e não agrícola foi oficialmente contestada. O objectivo anunciado é pôr termo ao sistema dualista do *hukou* nos próximos anos. Algumas províncias já instalaram um sistema unificado de «lares residentes», que deixaram de referir, no plano interno, os estatutos agrícola ou não agrícola.

A segunda grande reforma tem por objectivo instaurar uma maior adequação entre o domicílio de facto e o domicílio de direito. Agora, as pessoas que possuem um domicílio fixo, um emprego estável ou fontes de rendimento regulares numa localidade urbana correspondente à sede de um distrito ou a uma pequena cidade podem aí domiciliar o seu *hukou* se assim o desejarem.

Trata-se, assim, de simplificar o sistema existente em cerca de 20 000 localidades, suprimindo as subcategorias de *hukou* resultantes das reformas e concedendo automaticamente aos imigrantes que o desejarem o estatuto de residente permanente. A médio prazo, este modelo deverá ser estendido às grandes cidades e às metrópoles.

O recurso à planificação, ou seja, ao uso de quotas que limitam o número de recém-chegados a cada localidade urbana, já diminuiu. A ausência de um sistema unificado de segurança social no conjunto do território chinês é todavia apresentado para justificar o ritmo muito gradual das reformas em curso.

Transferir o *hukou* próprio para uma cidade é, contudo, possível actualmente aos que possuem recursos e domicílio fixos e que podem corresponder às necessidades do desenvolvimento económico e social local. Ou seja, os critérios que permitem obter direitos de residência permanentes nos meios urbanos são hoje em dia estabelecidos, nas grandes cidades, ao nível dos governos municipais. Estes detêm assim os meios para determinar a dimensão e a composição da população local, registando de imediato certos imigrantes como residentes oficiais e não reconhecendo aos outros senão direitos temporários.

As reformas do sistema de registo de residência, apesar do seu carácter inacabado, anunciam desta forma uma banalização progressiva da noção de residência, bem como uma reconfiguração profunda dos laços políticos e sociais.

Isabelle Thireau

➤ CIDADES E AS ZONAS RURAIS (AS), IMIGRANTES, LOCAL, MIGRAÇÕES INTERNAS, PROTECÇÃO SOCIAL,

RELAÇÕES INTERPESSOAIS

As relações interpessoais (*guanxi*) desempenham um papel importante na sociedade chinesa.

O capital relacional que se possui constitui, de facto, um critério de identificação dos indivíduos enquanto membros da sociedade. Revela as suas competências, destaca a sua capacidade de acção e atesta a sua dignidade no espaço público.

Possuir uma rede alargada de relações, quer fundada nos laços de parentesco, por definição irreversíveis, quer na confiança longamente testada e experimentada, e ser capaz de a manter no tempo e no espaço proporcionam o ter «face», ou seja, consideração social.

A relação entre particulares é tanto mais importante quanto assinala o grau de lealdade ou de prestígio que os outros reconhecem ao próprio e, consequentemente, permite aos indivíduos situarem-se no seio de grupos cujos pontos de referência são bastante difusos: nem a profissão, nem a classe social, nem a origem geográfica, nem o lugar de residência permitem actualmente traçar os contornos de um grupo social relativamente homogéneo e de que se partilhem os princípios ou os usos.

Daí a atenção dirigida aos laços pessoais e, sobretudo, aos laços profissionais fundados num certo grau de fiabilidade e lealdade.

Daí também a existência de uma sociabilidade assinalada pela encenação ostentadora por parte destas redes e pela frequência de usos, regras e princípios que indicam a importância dos laços particulares enquanto base da constituição da sociedade e das entidades que a compõem.

Esta sociabilidade implica sobretudo a troca de serviços e de favores (*renqing*), que são os garantes e os substitutos dos laços pessoais estabelecidos.

O termo «*guanxi*» é por vezes utilizado para designar estas relações interpessoais.

A importância das *guanxi*, ou relações sociais privilegiadas, é amplamente debatida na literatura dedicada à sociedade chinesa contemporânea e facilmente relacionada com o regresso de uma tradição confuciana que fora colocada entre parêntesis durante três décadas.

Estas relações, associadas à corrupção e ao favoritismo clientelar e entendidas na sua dimensão puramente instrumental, são, por isso, ou contestadas, por serem conducentes ao nepotismo e ao clientelismo, ou consideradas, de forma mais positiva, como tendo permitido a modernização do regime.

Palavra banal, que evoca tanto a relação e os seus dois termos como as partes assim relacionadas, «*guanxi*» acentua hoje dia, pertinentemente, a dimensão de mercantilização das relações interpessoais na China pós-maoista.

No entanto, é utilizada de maneira normativa – certas relações sociais, e não outras, são reconhecidas como *guanxi* – e sobretudo redutora, porque aponta para um emprego utilitarista da rede de relações possuída, ou seja, apenas com a finalidade de melhorar e conservar os recursos possuídos, sejam eles materiais ou não.

Este termo não se aplica, portanto, senão parcialmente às relações interpessoais na China e oculta, devido à sua dimensão instrumental, um processo actualmente necessário, mas difícil: a formação de laços ao mesmo tempo generalizados e particulares.

Isabelle Thireau

➤ FACE, REDES

RELIGIÃO

As línguas chinesas não dispuseram de termo para traduzir a categoria ocidental moderna de religião até à introdução, no final do século XIX, do neologismo, de origem japonesa, *zongjiao*. Este termo significa literalmente «ensino de seita».

A República Popular da China reconheceu oficialmente cinco religiões – budismo, taoismo, islamismo, protestantismo e catolicismo –, organizadas em associações nacionais sob a tutela directa do Estado.

No entanto, o substrato do sagrado é muito mais complexo. Não poderia ser inserido num quadro tão rígido. As práticas religiosas exercem-se sobretudo por meio de rituais familiares ou comunitários, que necessitam ou não de especialistas (xamanes, médiuns, adivinhos, geomantes, oficiantes taoistas ou monges budistas). São ordinariamente designadas no Ocidente pela expressão «religião popular».

O fenómeno religioso foi sempre considerado com a maior desconfiança pelos poderes instalados. Embora o império tivesse constantemente o cuidado de controlar o budismo e o aparecimento de novos cultos – e reprimiu-os eventualmente sob o pretexto de heterodoxia (*xiejiao*) –, as campanhas anti-religiosas só começaram verdadeiramente durante a república, em 1922.

Na China comunista, as actividades religiosas foram reprimidas desde o início dos anos 50, sendo totalmente proibidas durante a Revolução Cultural.

Foram retomadas com intensidade após as reformas de 1978. A liberdade religiosa voltou a ser inserida na constituição de 1982, mas continua a ser estritamente vigiada pelo departamento dos Assuntos Religiosos do governo central.

O mero reconhecimento de cinco religiões confere ao Estado o poder de tolerar ou de reprimir outros tipos de culto. Os cultos locais podem assim ser considerados como superstições, embora sejam praticados por uma larga maioria da população.

Élisabeth Allès

➤ ANTEPASSADOS (CULTO DOS), BUDISMO, CATOLICISMO, FALUNGONG, ISLÃO, PROTESTANTISMO, SEITA, TAOISMO, TEMPLOS

REPÚBLICA POPULAR

O regime comunista, instituído em Outubro de 1949, na sequência da guerra civil, sucedeu à «democracia nova» prometida pelo Partido Comunista (PC) contra os seus adversários da República da China.

Esta política já tinha evoluído para uma «ditadura democrática», exercida pelo PC em nome do povo, ou seja, da ínfima classe operária (1% da população) e de um campesinato imenso, mas que vivia, na sua grande maioria, à margem de qualquer instituição ou quadro formal.

Após 1949, o papel dirigente do PC e a partilha das responsabilidades aos diversos níveis do Partido-Estado delimitavam a cúpula do regime chinês.

Ao afirmar em Março de 1979 a perenidade dos «quatro princípios do socialismo», Deng Xiaoping colocava logo no início da era das reformas um travão a qualquer mudança institucional ou política importante.

Os seus sucessores, Jiang Zemin e Hu Jintao, reafirmaram ambos a manutenção destes princípios, consentindo, todavia, algumas evoluções de pormenor.

Tal não impediu a China de, mais do que qualquer outro país socialista, registar peripécias e desvios políticos e institucionais, que se ficaram essencialmente a dever a debates sobre a linha a seguir no interior do PC e à rivalidade das facções no seio do grupo dos seus fundadores históricos.

A partir de 1949, a preeminência de Mao Tzé Tung sobre os outros dirigentes comunistas afirmou-se através dos movimentos de massas e de transformações políticas profundas e voluntárias, que não deixaram de ter consequências nas instituições do regime.

O movimento das Cem Flores e a campanha antidireitista (1956-1957) dilaceraram o interior do PC, os quadros económicos, a elite intelectual e o embrião das profissões legais que existiam nos primeiros anos da república popular.

O Grande Salto em Frente (1958-1960) destruiu a política económica e muitos dos órgãos, a começar pela cúpula do exército popular de libertação, impedindo, após a ruptura sino-soviética, a continuação do desenvolvimento económico planificado.

O movimento de educação socialista (1962-1965) enfraqueceu e desmoralizou os quadros rurais do PC, preparando o terreno para a década da Revolução Cultural (1966-1976).

Esta, ao pôr termo à formação das elites e ao ressuscitar um ciclo histórico de fragmentação e mesmo de anarquia (1967-1968), representou a ameaça interior mais grave para o regime e as suas instituições.

Durante a Revolução Cultural, duas constituições sucessivas (1969 e 1975) introduziram uma ditadura pessoal, em nome da «teoria do génio», a que seguiu a degradação do próprio conceito de direito, qualificado de «burguês», ao ser exaltada a linha de massas maoista.

20 anos mais tarde, a divisão na cúpula do PC entre os conservadores liderados por Li Peng (nascido em 1928) e os reformadores liderados por Hu Yaobang (1915-1989) e Zhao Ziyang provocou uma curta fase de efervescência política liberal, entre as «Duplas Cem Flores» de 1986 e o desastre político de Tiananmen (1989).

Uma vez livres, devido à morte de Mao Tzé Tung, em Setembro de 1976, os dirigentes comunistas começaram por restaurar os princípios e as instituições da República Popular, «anulando os veredictos» pronunciados de 1957 a 1976.

Independente da extensão das reformas, da política de abertura, da liberalização da sociedade e do «compacto» legal laboriosamente criado desde 1978, o regime continuou a ser de excepção em matéria de direito e, por isso, sentiu-se obrigado a demonstrar e, eventualmente, a renovar as bases da sua própria legitimidade.

Após a resistência antijaponesa e a revolução social e, depois, a construção do socialismo, esta legitimidade reclama-se actualmente da renovada política do *fuqiang* (rico e poderoso), retomada da dinastia Qing (1644-1911).

A era que se inicia em 2002 com Hu Jintao e os quadros da «quarta geração», que não conheceram outro contexto senão o da república popular, parece voltar a abrir os debates sobre o modelo e a crise social, bem como sobre a integração nas regras globais e a afirmação nacionalista.

A república popular continua marcada por duas tendências. Por um lado, é unitária nos seus princípios e instituições, o que, para além do mais, é consequência do grande temor em relação às tendências centrífugas (minorias étnicas e religiosas, poderes locais e secessionismo, em particular com a questão não resolvida de Taiwan).

No entanto, por outro lado, também está fragmentada, devido à sua imensidão geográfica e demográfica e à impossibilidade de dominar as redes e poderes das administrações e quadros provinciais e locais, para além da própria realidade actual do crescimento económico e do sistema de mercado.

Embora estes últimos tenham criado instrumentos eficazes de unificação (infra-estruturas de transporte, de energia e de telecomunicações), suscitam também forças e interesses económicos provinciais cada vez mais poderosos.

Devido ao talento dos sucessores de Mao Tzé Tung em representar e defender o seu país na cena internacional, talento exemplificado, por exemplo, pela entrada da China na Organização Mundial do Comércio, em 2001, o regime conservou a sua preeminência e o seu direito de controlo sobre qualquer outro escalão ou centro de iniciativas.

O equilíbrio e a partilha futura dos poderes e das competências, após a longa fase actual de construção de um sistema e de profissões legais, serão, no entanto, um dia a questão mais importante da república popular.

François Godement

➤ CEM FLORES, CONSTITUIÇÃO, DENG XIAOPING, GRANDE SALTO EM FRENTE, MAO TZÉ TUNG, MAOISMO, ORGANIZAÇÃO MUNDIAL DO COMÉRCIO (A CHINA E A), PARTIDO COMUNISTA, 4 DE JUNHO DE 1989 (ACONTECIMENTOS DE), REFORMAS E ABERTURA, TAIWAN (A REPÚBLICA POPULAR DA CHINA E)

RESIDENTES (COMITÉS DE)

Após a chegada do Partido Comunista (PC) ao poder, a gestão urbana nas grandes cidades chinesas foi assumida por organizações espontâneas, que foram depois substituídas pelos comités de residentes.

Estes últimos, regidos por uma lei de 1954, foram apresentados como organizações «populares e autónomas». Na verdade, dificilmente poderão representar os interesses dos residentes, sendo designados frequentemente pela população como «os pés do governo local».

Os membros dos comités de residentes são, de facto, remunerados pelo gabinete de quarteirão e colocados sob a sua direcção. Cada um destes gabinetes administra e financia vários comités de residentes. O responsável e o secretário do PC dos comités de residentes são designados pelos gabinetes de quarteirão.

Os membros destes comités, cujo número pode variar entre três e nove, têm por missão conhecer bem a população local, com a qual estão directamente em contacto, uma missão que se tornou difícil nas grandes cidades, pois um comité de residentes pode gerir vários milhares de pessoas.

Estão encarregados não só da segurança e da higiene, mas também de difundir as políticas nacionais e locais, fiscalizar o respeito pelo controlo dos nascimentos, organizar colectas, distribuir e fazer preencher questionários, resolver os conflitos entre habitantes, animar actividades culturais e desportivas, vigiar os residentes e enquadrá-los durante os momentos de crise como os que foram provocados pela epidemia da SRAS.

Os comités de residentes são igualmente destinatários das queixas, sugestões e pedidos da população local, que se esforçam por transmitir aos escalões superiores.

Assim, segundo as situações encontradas e as pressões exercidas pelos residentes, a posição dos comités de residentes pode variar hoje em dia. Alguns são considerados como simples agentes de execução dos gabinetes de quarteirão, enquanto outros tentam contestar as decisões destes últimos para defender as condições de vida dos habitantes.

Isabelle Thireau

➤ CIDADES, QUARTEIRÃO (GABINETES DE),

REVOLUÇÃO CULTURAL

Desencadeada há quarenta anos, a Revolução Cultural (RC) continua a provocar reacções fortes por parte das autoridades chinesas, ainda reticentes em 2006 em comemorar este episódio crucial da história da República Popular.

Uma controvérsia levantada sobre a «frente cultural», por instigação de Mao Tzé Tung, em Novembro de 1965, embora anódina no seu início, fez em poucos meses a China entrar numa luta pelo poder que durou dez anos.

Em Maio de 1966, o Comité Central do Partido Comunista (PC) lançou a «Grande Revolução Cultural Proletária» para evitar o aparecimento de um «revisionismo» à soviética, expulsar os quadros que «se tinham afastado das massas» e lutar contra «os representantes da burguesia, infiltrados no Partido, no exército e no governo».

A curto prazo, o país assistiu à destruição das estruturas burocráticas do aparelho do poder e à desintegração do PC,
bem como ao afastamento de Liu Shaoqi, presidente da República, e de Deng Xiaoping, secretário-geral do PC, enquanto Lin Biao, ministro da Defesa, era proclamado delfim de Mao Tzé Tung.

Durante o Verão de 1966, este mobilizou a juventude, que incitou à revolta. Promovidos a guardas vermelhos (*hongweibing*), milhões de alunos do liceu e de estudantes fanatizados percorreram o país com total liberdade e impunidade para se entregarem a ataques em regra contra a «velha» sociedade e os detentores tradicionais da autoridade – pais, professores e dirigentes locais –, submetidos a sessões de crítica e de autocrítica de uma violência por vezes extrema, destinadas a desmascarar pensamentos e actos contra-revolucionários, verdadeiros ou supostos.

Em 1966, a China ameaçava mergulhar na anarquia e no caos de uma guerra civil. O culto da personalidade, orquestrada por Lin Biao, e o *Livro Vermelho*, recolha de pensamentos do presidente Mao Tzé Tung, eram na altura os pontos de referência exclusivos de uma sociedade que tinha de viver na época da propaganda oficial.

Enquanto os períodos de greve se multiplicavam nas cidades, Mao Tzé Tung era obrigado, em Janeiro de 1967, a apelar ao exército, a única instituição ainda intacta em todo o país, para restabelecer a ordem e controlar os abusos dos guardas vermelhos, cujas facções e gangs rivais se afrontavam, até serem enviados para o campo para se submeterem à reeducação pelas massas camponesas.

Progressivamente, no Verão de 1967, o exército voltou a fazer funcionar as instituições e instalou uma nova administração sob a forma de «comités revolucionários», controlados pelos militares, sendo constituídos por membros do exército e das organizações de massa e por quadros do PC.

A fase radical terminou em Abril de 1969, quando o IX Congresso do PC anunciou o fim «vitorioso» da RC e consagrou a vitória do exército e de Lin Biao.

Os anos de 1969 a 1976 foram um período de lutas entre facções rivais na cúpula do Estado. A partir de 1971, assistiu-se, no entanto, às primeiras reabilitações políticas, mas a eliminação de Lin Biao nesse mesmo ano não pôs termo às crises conflituais nem aos litígios pela sucessão que devastaram os meios dirigentes.

Até à morte de Mao Tzé Tung, em Setembro de 1976, os moderados e a esquerda da RC opuseram-se quanto às orientações e aos objectivos tanto políticos como económicos.

A última fase desta crise política permanente terminou um mês após a morte de Mao Tzé Tung com a detenção do «Bando dos Quatro» e o afastamento definitivo dos «esquerdistas».

Françoise Kreissler

➤ MAO TZÉ TUNG, MAOISMO, REPÚBLICA POPULAR

REVOLUÇÕES

A China teve duas revoluções no século XX, uma revolução republicana, em 1911, e uma revolução socialista, em 1949.

A revolução de 1911, que derrubou em poucos meses o império manchu dos Qing (1644-1911), criou a República da China (*minguo*). Esta última teve duas décadas de instabilidade (1912-1928), sendo depois o país reunificado sob a autoridade do Kuomintang, fundado por Sun Yat-sen (1866-1925).

Este partido, vencedor da guerra civil em 1928, tomou o controlo da república com a ditadura de Chiang Kai-shek. A República da China, refugiada na ilha de Taiwan, no final de 1949, prolongou a sua existência. Todavia, as modificações institucionais e políticas iniciadas por Chiang Ching-kuo e depois ampliadas por Lee Teng-hui conduziram à democratização do regime, tendo-se registado a vitória eleitoral de Chen Shui-bian, à frente do Partido Democrático Progressista, em Março de 2000, que pôs termo à hegemonia do Kuomintang.

A história da República Popular da China, marcada pela continuidade da ditadura de um partido único, o Partido Comunista chinês (PC), divide-se em duas épocas.

Durante a ditadura de Mao Tzé Tung, o regime colectivizou a economia, procurou controlar toda a sociedade e, após o fracasso dramático do Grande Salto em Frente, tentou uma Revolução Cultural, que supostamente prepararia a introdução do comunismo, mas degenerou num caos geral, arbitrado pelo exército.

O fracasso evidente da revolução maoista permitiu a Deng Xiaoping abrir o país e nele desenvolver progressivamente uma economia de mercado, a partir do Inverno de 1978-1979.

Depois, sob o impulso de Jiang Zemin e, em seguida, de Hu Jintao, deu-se na China uma revolução económica espectacular, que transformou profundamente as estruturas sociais, sem deixar de ser dirigida por um PC todo-poderoso.

A evolução pós-comunista do regime faz-se deste modo sob as dobras da bandeira vermelha, o que mascara mal o abandono do seu projecto revolucionário igualitarista inicial.

Alain Roux

➤ COMUNISMO, GRANDE SALTO EM FRENTE, MAO TZÉ TUNG, PARTIDO COMUNISTA, REPÚBLICA POPULAR, REVOLUÇÃO CULTURAL

RIO DAS PÉROLAS (DELTA DO)

O delta do rio das Pérolas corresponde à baixa região cantonesa, dirigida administrativamente por Cantão e situada no centro da província de Guangdong.

É composto, de facto, por três deltas encaixados uns nos outros, os dos rios Xijiang, Beijiang e Dongjiang. Tem fortes densidades demográficas e muito cedo manteve relações comerciais e humanas com o Sudeste da Ásia e o mundo exterior. Uma parte da diáspora chinesa é dele originária.

Nos anos 80, esta região registou taxas de crescimento económico excepcionais. Compreende as duas zonas económicas especiais de Shenzen e de Zhuhai, criadas em 1980. A cidade de Cantão foi aberta em 1984 e o próprio delta em 1985. A zona económica do delta do rio das Pérolas foi fundada em 1994.

Houve uma forte industrialização rural das vilas e aldeias, acompanhando a integração no mercado mundial.

Os cantoneses beneficiaram neste aspecto da proximidade de Hong Kong, da necessidade da colónia britânica redistribuir pela periferia as suas indústrias de reduzido valor acrescentado, que requeriam muita mão-de-obra, exigentes em espaço e poluidoras, e dos serviços que a metrópole internacional lhe oferecia (transportes portuários e aeroportuários, serviços financeiros e bolsistas e comunicações).

Hong Kong serviu, portanto, de placa giratória, nomeadamente para os investimentos que se dirigiam para o delta, a partir do próprio território de Hong Kong, da diáspora chinesa, da Ásia Oriental, do Ocidente e até do continente, beneficiando das vantagens oferecidas aos fundos vindos do exterior.

Até meados dos anos 90, este desenvolvimento do delta dirigiu-se sobretudo para as terras rurais centrais. Factores endógenos, como a abertura das antigas indústrias das comunas populares aos mercados externos, associaram-se a um desenvolvimento mais exógeno, relacionado com as deslocalizações industriais e com os investimentos feitos em conjunto com agentes locais.

As indústrias fizeram por isso um forte apelo a populações imigrantes das periferias provinciais e das regiões interiores do país.

As vilas cresceram sob a forma de pequenas cidades, renovadas na sua área construída e modernizadas no sector dos serviços. Os antigos pântanos com peixes foram cheios com as terras retiradas das colinas do delta.

Uma densa rede de estradas e auto-estradas percorre hoje em dia o delta, relegando para o passado as inúmeras bacias que se tinham de atravessar.

Este desenvolvimento regional não se realizou, todavia, sem inconvenientes.

A destruição da paisagem foi agravada com uma poluição que a difícil gestão comum da região não consegue resolver.

Um localismo encarniçado e uma especialização industrial demasiado grande e sem economias de escala colocam em perigo a perspectiva da elevação da gama de produção, embora a província multiplique actualmente os pólos de investigação e desenvolvimento.

A paisagem rural do delta do rio das Pérolas dos anos 70 foi assim substituída por uma sementeira de vilas e pequenas cidades com extensões industriais e residenciais em crescimento constante.

Operações imobiliárias e urbanísticas ambiciosas transformaram muitos subúrbios rurais em novos bairros urbanos. Foram fundadas cidades (Shenzhen, Zhuhai, Nansha) e as operações turísticas multiplicam-se, utilizando a estratégia da atracção tropical.

Actualmente, a região cantonesa é um dos centros principais do desenvolvimento chinês, mas a industrialização rural é agora substituída pelo impulso das dinâmicas económicas a partir das cidades, fenómeno que ocorre também no conjunto da China.

Thierry Sanjuan

➤ ABERTURA (LUGARES DE), CANTONESES, HONG KONG, IMIGRANTES, MEGALÓPOLES, REFORMAS E ABERTURA, ZONAS ECONÓMICAS ESPECIAIS

ROCK

A música *rock* chinesa surgiu nos anos 80, associando um estilo de canção popular da província de Shanxi com músicas ocidentais *rock* e *pop*.

Na cena musical e nos *media* chineses, o *rock* contrastava com a canção de variedades, chamada «a música de Hong Kong e Taiwan», que foi novamente autorizada no continente na mesma época.

Em 1986, Cui Jian e o seu grupo tornaram-se célebres junto da juventude citadina graças à sua canção de culto «Não tenho nada».

O *rock* chinês, embora integre elementos musicais do rock ocidental (ritmo e harmonia), não deixa de levantar a questão do seu carácter chinês, porque utiliza instrumentos chineses (flautas, *guzheng* e *suona*) e elementos musicais chineses. O grupo Dinastia Tang inclui passagens da ópera tradicional nas suas canções.

O *rock* chinês é frequentemente considerado uma música contestatária. As canções de Cui Jian foram cantadas por estudantes durante a ocupação da Praça Tianamen, em 1989.

No entanto, nenhuma canção rock é directamente dissidente. A pretexto da luta contra a «poluição espiritual», estão proibidas nos *media*, mas circulam abundantemente em cassetes.

Os anos 90 ficaram assinalados por um declínio relativo da vaga do *rock*, que perdura nos bares e nos lugares de vida nocturna das grandes cidades, integrando músicas ocidentais mais recentes como o *rap*.

Em Setembro de 2005, Cui Jian foi autorizado a apresentar-se em público, tendo organizado em Pequim o primeiro grande concerto desde os anos 90.

Dedicou esta frase aos sonhadores que constituem o seu público: «O que antes parecia impossível acontece agora, porque há quem persista em querer realizar os seus sonhos.»

Catherine Capdeville-Zeng
➤ CONTESTAÇÃO, MÚSICA E POLÍTICA

ROMANCE

Ao sair do cataclismo da Revolução Cultural, o romance chinês entrou num novo período, cuja dinâmica e diversidade continuam nas criações actuais.

Na sua adesão ao projecto colectivo da modernização, os romancistas retomaram a tradição do 4 de Maio de 1919, adoptando como referência o discurso da modernidade do Ocidente.

Descobriram nestes anos o existencialismo, o absurdo e o inconsciente, entusiasmando-se com os grandes clássicos ocidentais do século XX, até então proibidos, bem como pelos escritores latino-americanos.

O aparecimento da sociedade de consumo e o contexto da mundialização, a partir da última década do século que passou, geraram vias de renovação diversificadas, tecendo novas tensões entre a tradição e a modernidade.

No final dos anos 70 surgiu, na verdade, uma literatura qualificada de «cicatriz» e de «reflexão», cujos temas foram as consequências catastróficas da Revolução Cultural.

Esta vaga de denúncias, que remonta por vezes às experiências trágicas anteriores, visava reabilitar uma humanidade desprezada. A procura de um eu fragmentado incitou os escritores, como Wang Meng, a empenharem-se numa exploração inédita, recorrendo naturalmente à linguagem irracional e às técnicas da escrita contemporânea.

Um movimento reactivo, céptico em relação ao ocidentalismo excessivo, apareceu em meados dos anos 80. A «busca das raízes» juntou adeptos como Han Shaogong, A Cheng e, de certa forma, Mo Yan, que pretenderam explorar e revalorizar o património nacional.

Este regresso às raízes expressou-se através da evocação de uma China profunda ou periférica, descoberta durante a sua estadia nas zonas rurais, enquanto «jovens instruídos», durante a Revolução

Cultural. A glorificação da herança nacional confundiu-se com a reivindicação das culturas regionais, ao mesmo tempo que se apresentava como tendo vocação universal.

Este movimento, no entanto, não se reduziu apenas a uma obsessão temática, que alguns consideram, aliás, «culturalista», mas também se dedicou ao questionamento formal, que a escrita de Wang Zenqi prefigurou, sendo marcada por uma espontaneidade e uma naturalidade que fazem recordar a liberdade tradicional das narrativas «ao correr do pincel».

A segunda metade dos anos 80 pareceu afastar-se da «febre cultural» e do reenraizamento, surgindo dividida em duas correntes diferentes.

Começou por se desenhar, em primeiro lugar, uma escrita experimental, mediante uma violência temática inédita ou uma aventura formal resolutamente inovadora.

Can Xue dedicou-se à representação de um universo de pesadelo. No universo de Yu Hua reinam os mesmos terrores e a mesma loucura, senão mesmo o abjecto. Ge Fei, nos seus relatos «policiais» poéticos, concedeu alguma extensão ao jogo de *mise en abyme*, considerando como texto o conjunto dos sistemas de significação que ligam o homem ao mundo.

Outra corrente, contrária quer à «busca das raízes», demasiado arreigada a uma cultura mítica e rural, quer às experimentações formalistas narcisistas, praticou uma retórica do ordinário, preconizando a ligação com a vida contemporânea, urbana e quotidiana.

Fang Fang, Chi Li e Liu Zhenyun encarnaram este «neo-realismo» que, contrariamente ao realismo socialista, se revelou mais centrado na realidade imediata do que na ideologia, na representação ou no discurso.

Reclamou uma atenção particular à vida «no estado bruto», cuja transcrição textual não obedece senão à lógica do real, excluindo qualquer conceptualização e qualquer modelo quimérico. Advogou uma aproximação às pessoas miúdas, ou seja, aos citadinos vulgares, permanecendo colado aos seus gestos e preocupações quotidianos.

A liberalização económica e a mudança social suscitaram o feiticismo mercantil, o vazio ideológico e a transformação da vida cultural.

Alguns, como Wang Sho, reagiram através da desenvoltura, outros, como Zhang Chengzhi e Zhang Wei, através da defesa da grandeza moral da literatura. A perturbação e a ansiedade incitaram, no entanto, a continuar a renovação por caminhos sem dúvida diferentes da década precedente e mais bem adaptados às grandes transformações sócio-culturais.

Alguns escritores que se impuseram na cena literária como vanguardistas operaram uma mudança muito espectacular – foi o caso de Yu Hua – ao dissociarem-se dos jogos formalistas para adaptarem mais uma vez uma linguagem narrativa neotradicional, revalorizando a linearidade da narrativa e da psicologia das personagens.

Outros, célebres pela sua temática claramente definida, pareceram também afastar-se da ideologia para privilegiar um tipo de narrativa que procurava alcançar um público mais amplo.

Cada um à sua maneira tendeu a eliminar as fronteiras dos géneros e das normas, procurando libertar-se das restrições formais e da clivagem artificial entre a literatura séria e a literatura popular.

Jin Pingwa não hesitou em cair numa história escabrosa com *Feidu* («A Capital Perdida»). Wang Anyi, em *Changhen ge* («O Canto de Lamentos Eternos»), evoca com acuidade e nostalgia a Xangai moderna nas suas fachadas, mas também nos seus jardins secretos.

O *Maqiao cidian* («Dicionário de Maquiao»), de Han Shaogong, ilustra, de maneira ainda mais original, estas orientações eclécticas, porque este romance lexicográfico mistura o referencial com o fantástico, a lembrança do vivido com as reflexões etnolinguísticas, o ensaio com a ficção.

No novo milénio surgiu uma geração jovem, que se distingue por uma linguagem narrativa estreitamente associada às experiências pessoais mais profundas.

Pouco sensíveis ao peso da história e aos *a priori* ideológicos, a sua escrita pessoal não deixa de ser permeável às transformações sociais, tal como a sexta geração de cineastas, mais atentos à mudança actual do que à busca de uma China mítica.

A iniciativa passou para mulheres escritoras jovens, notabilizadas pela audácia dos temas tratados e a frescura do estilo, como em Wei Hui ou Mian Mian. A censura nem sempre as poupa, devido aos assuntos tabu relacionados com o *underground* de Xangai, assolado pelo sexo e a droga.

A esta literatura de forte consonância autobiográfica, que não deixa de remeter para as suas antecessoras Chen Ran e Lin Bai, acrescenta-se uma nova paisagem urbana que fascina, de uma maneira geral, as jovens romancistas.

Qiu Huadong avalia a metamorfose de Pequim, numa escrita fragmentária, refractada e pulsional. Opera assim um processo transgenérico, paródico e intertextual, como em Diao Dou, que se deleita na reescrita do género policial.

O heterogéneo vai-se acentuando com o desenvolvimento da literatura electrónica. O desaparecimento das clivagens dos géneros tem por corolário o desmoronamento das fronteiras políticas. Cai, *o Canalha*, ou Cai Zhiheng, doutor em hidráulica em Taiwan, foi assim saudado pelos cibernautas, tanto da ilha como do continente.

Antes dele, Jing Yong, mestre do romance de «capa e espada», de Hong Konk, já tivera um sucesso sem fronteiras através das comunidades sinófonas de todo o mundo.

Gao Xingjian, prémio Nobel, cuja obra é marcada tanto pela busca pessoal como pela vocação universal, consagra definitivamente este espaço panchinês, alargado pela diáspora e a Internet, e perfila no horizonte o romance chinês de amanhã.

Zhang Yinde

➤ ARTE CONTEMPORÂNEA, CINEMA, CULTURA, TEATRO

RUELAS

As *hutong*, ruelas que não ultrapassam os nove metros de largura, são características da rede viária da Pequim histórica, herdada da dinastia mongol dos Yuan (1271-1368). Separam as casas muradas de pátio quadrado (*siheyuan*), segundo um eixo orientado essencialmente no sentido leste-oeste.

De acordo com a etimologia mongol, a palavra *hootog* significa poço, porque os habitantes se agrupavam à volta de uma fonte.

Actualmente as *hutong* tornaram-se o símbolo da velha Pequim. Fala-se de quarteirões de *hutong*. Embora houvesse ainda vários milhares no final dos anos 70, o seu número não cessa de diminuir devido às demolições programadas de quarteirões antigos no centro de Pequim.

As pressões exercidas pelos defensores da conservação do património e o interesse em promover o turismo urbano levaram, porém, a municipalidade de Pequim a decidir preservar uma vintena de quarteirões de *hutong*. O quarteirão de Shishahai, ao norte da Cidade Proibida, é um dos mais importantes.

Jean-François Doulet

➤ CIDADES, JOGOS OLÍMPICOS, PATRIMÓNIO, PEQUIM, URBANISMO

RÚSSIA (A CHINA E A)

As relações entre a China e a Rússia não cessaram de alternar entre a confrontação e a cooperação desde o seu primeiro conflito na bacia do Amur, no final do século XVII.

Tendo suportado o imperialismo czarista durante a segunda metade do século XIX e nos primeiros anos do século XX, a China encontrou depois na URSS uma aliado de circunstância e, após 1949, um verdadeiro país irmão, com o qual encetou uma cooperação activa na década de 50.

Comprometida desde 1959, esta cooperação terminou em 1961, dando lugar a mais de duas décadas de conflitos ideológicos, de lutas de influência e de tensões militares. Só com a chegada de Gorbachev ao poder e o lançamento da sua política de *perestroika* as relações entre os dois países puderam ser verdadeiramente retomadas.

O desmoronamento da URSS, em 1991, não alterou em nada esta nova dinâmica que, actualmente, significa essencialmente «cooperação» e «parceria».

A década de 90 e o início do século foram, de facto, assinalados por uma cooperação sino-russa dinâmica, definida por uma «parceria estratégica», assinada em 1997 e depois renovada em 2001 com a assinatura de um tratado de «amizade, cooperação e boa vizinhança».

Esta parceria, através da qual os dois parceiros procuram antes de mais garantir a durabilidade da sua cooperação, foi motivada pelas complementaridades económicas dos dois países e pela convergência da sua política externa, cujos principais objectivos são a construção de um mundo multipolar e combater o hegemonismo dos Estados Unidos.

Assim, a China e a Rússia empenharam-se em reforçar a sua cooperação em muitos domínios, nomeadamente o comércio, a tecnologia militar, a energia (petróleo e gás, mas também energia nuclear), os transportes, as finanças, a aeronáutica, o espaço e a electrónica.

Em matéria de política internacional, o tratado de 2001 compromete os dois países a esforçarem-se por conservar o equilíbrio estratégico e a segurança ao nível mundial e consolidar a posição da Organização das Nações Unidas enquanto entidade mais competente e mais universal para gerir as questões internacionais.

A assinatura da «parceria estratégica» dinamizou incontestavelmente a cooperação económica entre os dois países, nomeadamente nos sectores do comércio e da energia. Entre 2000 e 2005, o comércio sino-russo passou, por isso, de 8 para 29 milhares de milhões de dólares.

Entre as mercadorias comerciadas são sobretudo as armas que despertam mais a atenção dos observadores. A China é actualmente um dos principais compradores de armas russas. Entre 1992 e 2004, gastou anualmente entre 800 milhões e três mil milhões de dólares, comprando navios, submarinos, aviões de caça e mísseis.

O sector da energia apresenta-se como outro dos pilares da cooperação, se bem que os resultados ainda não sejam muito visíveis. Foram já assinados pelos dois países acordos para a exploração conjunta de jazidas de hidrocarbonetos na Sibéria Oriental, ao passo que projectos de construção de oleodutos e de gasodutos transfronteiriços, com o objectivo de aumentar o fornecimento de hidrocarbonetos russos à China, estão em curso de concretização.

No entanto, esta harmonia sino-russa não deixa de ter limites. Os dois países já reconheceram haver tensões comerciais devido à má reputação dos seus respectivos produtos.

Surgiu também um desacordo sobre o traçado do gasoduto que deverá ligar Irkutsk à China, o que levou mesmo a Rússia a propor uma alternativa, redireccionando-o para a cidade russa de Nakhodka, com a intenção de contornar a China e abastecer os mercados sul-coreano e japonês.

No plano internacional, as aproximações da China e da Rússia aos Estados Unidos, após os atentados terroristas do 11 de Setembro, tenderam também a enfraquecer a parceria sino-russa.

Muito satisfeita por poder participar na coligação contra o terrorismo ao lado dos Norte-Americanos e legitimando assim a sua guerra na Chechénia, a Rússia expressou, por exemplo, o desejo de participar na Organização do Tratado do Atlântico Norte, em prejuízo da China.

Por trás do seu acordo político e da sua cooperação económica dinâmica, acontece também os dois Estados entrarem em concorrência em algumas regiões.

Apesar da sua presença na Organização de Cooperação de Xangai com os Estados da Ásia Central, a Rússia não deixa de desconfiar da influência crescente da China nesta região, que considera ser o seu próprio quintal.

A cooperação sino-russa manifesta-se ao longo da fronteira. Os dois países estão empenhados em processos graduais de delimitação e de abertura da sua fronteira comum.

Após um primeiro acordo de delimitação fronteiriça, assinado em 1991, a China e a Rússia colocaram gradualmente termo à sua disputa sobre as fronteiras, já com três séculos, assinando três outros acordos em 1997, 1999 e 2004.

A abertura deu origem igualmente a um forte crescimento dos fluxos comerciais e migratórios, permitindo iniciar o desenvolvimento das regiões fronteiriças.

No entanto, a permanência de desigualdades dos dois lados da fronteira e a questão recorrente da imigração chinesa para as regiões despovoadas e em curso de despovoamento do Extremo Oriente russo motivam de vez em quando algumas tensões locais, que os dois governos pretendem controlar para que não prejudiquem o seu bom entendimento político-estratégico.

Sébastien Colin

➤ ENERGIA E RECURSOS NATURAIS, FRONTEIRAS, NORDESTE, POLÍTICA EXTERNA, REGIÕES TRANSFRONTEIRIÇAS

S

SAÚDE

Um relatório da Organização de Cooperação e Desenvolvimento Económico, que data de Fevereiro de 2006, afirmava que, se a China pretendia modernizar a sua economia e respeitar os seus objectivos sociais, deveria aumentar as despesas no domínio da saúde, bem como no da educação, para além de reformular em matéria fiscal as relações entre o Estado Central e as administrações locais.

Verifica-se uma desigualdade cada vez mais acentuada da política de saúde pública em função dos territórios respectivos, com um contraste preocupante entre as cidades e as zonas rurais.

Algumas grandes cidades, como Pequim e Xangai, propõem agora serviços de saúde em que não só a qualidade, mas também o custo tendem a aproximar-se dos dos países desenvolvidos, ao mesmo tempo que se verifica a degradação acentuada das condições sanitárias de algumas regiões rurais onde, para além disso, os médicos carecem de formação suficiente.

De uma maneira geral, 50% da população urbana e 80% dos habitantes das zonas rurais não dispõe de qualquer apoio da segurança social em caso de doença.

O acesso aos cuidados depende, em primeiro lugar, do estatuto económico do doente, com os funcionários da administração pública e das empresas detidas pelo Estado, que beneficiam de protecção na doença, a obter cuidados de saúde com maior frequência do que os doentes que têm de pagar as despesas médicas.

Segundo a Organização Mundial de Saúde, no início desta década, metade dos rurais chineses não dispunha de meios para se tratar. A parte do financiamento público ou mútuo baixou para 16% (sendo de 44% nos Estados Unidos e de 70% na Europa).

Os hospitais, que estão cada vez mais privados de ajudas públicas, têm de facturar os cuidados prestados sem qualquer redução e há prescrições exageradas de medicamentos, com recurso excessivo aos antibióticos, porque os médicos, muitas vezes mal pagos, vêm neste comércio um meio de aumentar um pouco os seus rendimentos.

Para além disso, há uma tendência para o excesso de equipamento em aparelhos de diagnóstico, sinais de modernidade, em detrimento de uma oferta sanitária de base que deveria ser melhor repartida.

Em 2003, foi iniciada em alguns distritos de 31 províncias, regiões autónomas e municipalidades a experiência de um novo tipo de tratamento médico cooperativo rural.

Os fundos provêm do governo central, dos governos locais e dos camponeses, que contribuem numa base voluntária. Estes fundos concedem subsídios em caso de doença grave.

Em 2005, 17% da população rural beneficiou deste sistema de protecção na doença e a experiência seria alargada ao conjunto do país em 2007.

Do ponto de vista epidemiológico, assiste-se na China urbana a uma transição característica para a predominância das doenças crónicas (doenças cardiovasculares, cancros, etc.) em relação às doenças infecciosas, verificando-se, no entanto, o recrudescimento da tuberculose e o aumento da sida.

A China irá ser confrontada, para além disso, com o envelhecimento da sua população nos próximos anos. A esperança de vida à nascença, em 2003, era de 70 anos para os homens (78 anos no Japão) e de 73 para as mulheres (85 no Japão). A mortalidade infantil era de 43‰ para as meninas (20‰ no Vietname e 4‰ no Japão) e de 32‰ para os meninos (26‰ no Vietname e 4‰ no Japão).

O total das despesas de saúde por habitante elevava-se, em 2002, a 63 dólares, contra 2476 no Japão.

Frédéric Obringer

➤ ACUPUNCTURA, DROGA, EPIDEMIAS, FARMACOPEIA, MEDICINA, MEDICINA TRADICIONAL, OBESIDADE, PROTECÇÃO SOCIAL, SIDA

SEDA

O comércio dos tecidos de seda na Antiguidade contribuiu para a criação de uma rica rede de comunicações entre a China e o Ocidente, que era, ao mesmo tempo, um rota comercial de seda, especiarias e cerâmicas e via de trocas intelectuais e religiosas.

Foi ao que o geógrafo alemão do final do século XX, Ferdinand von Richthofen, chamou a Rota da Seda, expressão que teve êxito imediato.

Durante toda a história da China imperial, a produção de seda, que deu origem a uma divisão do trabalho, foi uma indústria importante, ao mesmo tempo sinal de um notável saber técnico e, devido ao alto valor dos tecidos de seda, fonte de desenvolvimento e de prosperidade de algumas regiões, entre as quais a de Suzhou é o exemplo mais brilhante.

A criação do bicho-da-seda (*Bombyx mori*) exige o controlo constante da temperatura, da humidade e da iluminação.

As borboletas depositam os seus ovos sobre papel, sendo guardados até ao Inverno. Após a eliminação dos ovos menos resistentes, colocam-se as larvas sobre gaze aquando da eclosão, sendo alimentadas com folhas de amoreira.

Depois de transformadas em crisálidas, recolhem-se os casulos, que são expostos a vapor de água a ferver, sendo depois desenredados num recipiente de água tépida. Seguem-se as operações de bobinagem, tingimento dos fios e tecelagem.

O conjunto das operações é delicado e são muitos os seus riscos: doenças, roedores, etc.

A China é de longe, actualmente, o primeiro produtor mundial de seda (cerca de 80 000 toneladas). Este sector ocupa cerca de 20 milhões de camponeses, ao passo que 500 000 pessoas trabalham na transformação da seda.

Embora o consumo mundial tenda a baixar, o consumo interno está a aumentar. No entanto, a sericicultura, muito exigente, diminui fortemente nas zonas urbanas, devido a actividades mais rentáveis, sendo inimaginável, apesar de tudo, que a excelência chinesa neste domínio possa vir a desaparecer.

Frédéric Obringer

➤ AGRICULTURA

SEITAS

Desde a repressão do Falungong, iniciada em 1999, que a propaganda do Estado desenvolve um discurso sobre a natureza perigosa, «anti-social» e «anti-humana» das «seitas perniciosas» (*xiejiao*).

Este último termo, usado durante as dinastias Ming (1368-1644) e Qing (1644-1911) para designar movimentos religiosos heterodoxos frequentemente associados a revoltas populares e, por isso, violentamente reprimidos, caiu em desuso no período republicano.

A historiografia dos primeiros 30 anos do regime comunista apresenta as *xiejiao* do período imperial como grupos proto-revolucionários que mobilizaram o campesinato contra o poder feudal.

Desde a tomada do poder, em 1949, uma das primeiras campanhas do Partido Comunista visou a erradicação total dos grupos ainda activos, então qualificados de «sociedades secretas reaccionárias».

Com o fim da Revolução Cultural, estes grupos reapareceram, mas foram perseguidos durante novas campanhas, no início dos anos 80. Na fase de ressurgimento do religioso, na era pós-maoísta, apareceram igrejas populares nas zonas rurais, como os Pregoeiros ou o Raio Oriental, que são consideradas heréticas pela Associação Oficial dos Protestantes Chineses.

Quando o Ocidente e o Japão se encontravam em plena psicose das «seitas», em meados dos anos 90, o Estado chinês proibiu estes grupos cristãos como sendo *xiejiao*.

Ao mesmo tempo, jornalistas e ideólogos acusavam grupos praticantes de exercícios respiratórios como o *qi gong*, objecto de um entusiasmo popular sem precedentes, de ter semelhanças com as «seitas» estrangeiras. Autores budistas acusaram nomeadamente o Falungong de ser uma *xiejiao*.

O Estado tentou então aumentar o seu controlo sobre os mestres do *qi gong*, mas foi apenas a partir de 1999 que o conceito de *xiejiao* se tornou uma categoria fundamental do discurso sobre o religioso na China.

Embora o conceito de *xiejiao* ressuscite o paradigma clássico do Estado imperial contra as revoltas sectárias, o discurso contemporâneo tenta reactualizá-lo, fazendo dele uma categoria eterna e universal das ciências sociais, de que o caso chinês não seria mais do que uma das manifestações particulares.

David A. Palmer

➤ BUDISMO, FALUNGONG, *QI GONG*, RELIGIÃO

SERVIÇOS

O sector dos serviços está ainda relativamente subdesenvolvido na China.

O recenseamento económico realizado em 2004, que pela primeira vez abrangeu os serviços, indica que contribuem com 41% do produto interno bruto (PIB), nitidamente menos do que a maioria dos países de nível de desenvolvimento comparável, onde representam cerca de metade do PIB, ocupando 45% da população activa, contra cerca de 30% na China.

A actividade nos serviços progrediu rapidamente na última década (o seu valor acrescentado cresceu 10% por ano, entre 1993 e 2004), mas ligeiramente menos do que na indústria (12%), que continuou a ser o sector prioritário.

Entre os serviços, surgem à cabeça o comércio e a restauração (cerca de um quarto do total), seguidos dos serviços financeiros (bancos e seguros, com cerca de 16%). Mas foram os serviços de correios e telecomunicações que tiveram o crescimento mais rápido destes últimos anos (20% de 1997 a 2003). 13% das despesas de investimento em inovação são consagrados aos serviços de telecomunicações, que constituem assim o primeiro beneficiário delas entre todos os sectores.

Actualmente, sem porem em causa o seu interesse pela indústria, as autoridades chinesas desejam acelerar o desenvolvimento dos serviços, o que permitiria absorver uma parte do desemprego.

Essa estratégia supõe que a mão-de-obra à procura de emprego tem as competências requeridas pelos novos postos criados. Ora, nalguns segmentos (por exemplo, nas tecnologias de informação), verifica-se já que a China não dispõe de mão-de-obra especializada em quantidade suficiente.

Trata-se de responder a uma procura acrescida de serviços de melhor qualidade, mais adaptados e mais diversificados, na sequência da melhoria do nível de vida nos meios urbanos e do grande desenvolvimento das empresas privadas.

A sua expansão defronta-se sobretudo com o subdesenvolvimento dos serviços financeiros e bancários.

Esta vontade de desenvolver os serviços, que eram inicialmente fornecidos, em grande parte, pelos monopólios do Estado, é acompanhada de uma política de abertura progressiva à concorrência, tanto nacional como estrangeira, a qual é definida especificamente para cada segmento.

A maioria dos serviços já podem ser oferecidos por empresas privadas chinesas e estrangeiras.

Em conformidade com os compromissos assumidos aquando da adesão à Organização Mundial do Comércio, as autoridades chinesas autorizariam, até ao ano de 2007, as empresas de capital totalmente estrangeiro a fornecer os principais serviços (excepto as telecomunicações e a gestão dos títulos nacionais, em que a participação estrangeira está limitada a 50%).

Até agora, os procedimentos de acesso ao mercado chinês continuam a ser opacos ou complexos num grande número de serviços e a abertura é desigual, em conformidade com as actividades e o comportamento dos governos locais.

Em 2004, 15% do investimento directo estrangeiro na China destinava-se ao sector dos serviços, contra 70% à indústria. Quanto ao comércio externo chinês de serviços, deficitário em 11 milhares de milhões de dólares em 2004, viu o seu crescimento acelerar desde 2002 (19% nas exportações, 18,5% nas importações em 2002 e 2003), estando a China no nono lugar ao nível mundial no caso das exportações e no oitavo no das importações.

Em 2003, o turismo foi o primeiro subsector excedentário (2,2 milhares de milhões de dólares) e os transportes o primeiro deficitário (10,3 milhares de milhões de dólares).

Isabelle Goi

➤ CONSUMO, DISTRIBUIÇÃO, ORGANIZAÇÃO MUNDIAL DO COMERCIO (A CHINA E A), TURISMO

SEXUALIDADE

No início dos anos 90, os sociólogos chineses falavam de «revolução sexual» para caracterizar as mudanças drásticas em matéria de práticas e de representações da sexualidade.

Verificavam assim uma diversificação e uma grande visibilidade das actividades sexuais, o reconhecimento do desejo e a busca do prazer sexual, outras tantas características que estão associadas à modernização da sociedade, ao desenvolvimento do individualismo, bem como ao nascimento de uma cultura do lazer nas categorias sociais emergentes, sobretudo nas cidades, e nos jovens adultos.

Devido a influências diversas relacionadas com a globalização, foi sendo elaborada uma nova moral sexual, apesar do carácter impositivo das normas familiares tradicionais e das normas comportamentais e éticas definidas pelo Estado, que submetiam a sexualidade do indivíduo ao controlo do grupo social.

Desde final dos anos 80, os inquéritos sociológicos revelam o aumento das relações pré-matrimoniais e extramatrimoniais e dos divórcios por causa de desajustamento sexual.

Os relatórios oficiais da polícia mostram também um grande crescimento da criminalidade sexual.

O sucesso das obras de sexologia, dos sítios da Internet e das linhas de urgência atendidas por sexólogos demonstra, por outro lado, a necessidade de educação sexual.

A tradição erótica foi revitalizada pela reedição e a releitura de obras clássicas proibidas depois de 1949 e relegitimadas em parte graças ao sucesso nos países ocidentais das traduções de romances célebres como o *Jinpingmei* («Flor em Frasco de Ouro»).

Paralelamente, a prostituição, bem como as outras formas de comércio sexual, as doenças sexualmente transmissíveis, entre as quais a sida, o aumento das gravidezes pré-matrimoniais e os pedidos de aborto são actualmente reconhecidos como problemas sanitários e sociais.

No final dos anos 90, a actividade sexual entre pessoas do mesmo sexo foi despenalizada e os grupos homossexuais começaram a organizar-se e a reivindicar o reconhecimento dos seus direitos.

Esta «revolução» pode ser explicada por factores sociais como a transformação do *habitat*, que oferece uma maior separação espacial entre a vida privada e a vida colectiva, e a reformulação relativa das relações entre os homens e as mulheres, que favorece nomeadamente uma sexualidade conjugal menos ao serviço apenas da satisfação do desejo masculino.

Factores económicos aumentam também a autonomia financeira das mulheres, o enriquecimento dos homens e a mercantilização do sexo, associado ao consumismo.

Por fim, há factores psicológicos que são induzidos pela atenuação do controlo do grupo social sobre os indivíduos.

Évelyne Micollier

➤ CASAMENTO, CRIMINALIDADE, DIVÓRCIO, DROGA, HOMOSSEXUALIDADE, MULHERES, PROSTITUIÇÃO, SIDA

SIDA

A epidemia da sida tornou-se um problema de saúde pública preocupante.

Embora o número estimado de pessoas que vivem com o HIV seja relativamente pequeno, situando-se entre 650 000 e 1,02 milhões no final de 2003, há zonas de prevalência elevada em determinadas zonas geográficas e nalguns subgrupos da população.

Nos anos 90, a propagação da epidemia produziu-se devido à partilha de seringas infectadas, utilizadas pelos consumidores de drogas injectáveis, e depois pela via heterossexual, segundo modelos epidémicos idênticos na Tailândia, Vietname, Myanmar e Sul da China.

Testes efectuados desde 2003 revelam o alargamento geográfico da epidemia ao conjunto do país e da população. A maioria das pessoas recenseadas como seropositivas foi infectada por via sanguínea e por injecção de drogas, mas também por injecção e manipulação de sangue infectado durante o tráfego de sangue e de plasma em grande quantidade na província de Henan.

Nestes últimos anos, o número de infecções por via sexual teve um aumento exponencial: 5,5% do número total de infecções pelo HIV recenseados em 1997, 10,9% em 2002, 19,8% em 2004, contraídos por via heterossexual, a que é necessário acrescentar 11,1% por via homossexual, o que eleva a taxa de infecções por via sexual a 30,9%.

Os homossexuais constituem o terceiro grupo vulnerável à infecção pelo HIV, depois dos consumidores de drogas por via intravenosa e os trabalhadores e trabalhadoras do sexo.

Os principais factores sociais de vulnerabilidade são a pobreza, a mobilidade interna e transfronteiriça (incluindo a dos actores da indústria do sexo), a dificuldade de acesso ao sistema de saúde pública, em vias de desmantelamento, em particular o sistema de saúde rural – que se degrada inexoravelmente, apesar da intervenção do ministério da Saúde, no final dos anos 80, nas regiões –, e, por fim, a pertença a grupos étnicos minoritários nas regiões fronteiriças da China do Sul, que acumulam a vulnerabilidade social e a económica.

O ano de 2004 foi decisivo em matéria de respostas oficiais face ao risco epidémico de infecção pelo HIV. Em 2003, a crise gerada pela gestão da SRAS favoreceu uma tomada de consciência do governo, que reavalia actualmente os problemas de saúde pública e o impacto epidémico sobre o desenvolvimento económico.

O elemento chave das mudanças recentes em matéria de políticas públicas é a elaboração de um quadro global de intervenção para a prevenção e o controlo da sida com a criação de um novo Comité Nacional da Sida, colocado sob a tutela do Conselho dos Assuntos de Estado, em Fevereiro de 2004.

O acesso aos preservativos, até há pouco tempo controlado pelos serviços de planeamento familiar, é actualmente promovido por diversas organizações oficiais e não oficiais empenhadas na luta contra a sida.

Têm sido alcançados progressos consideráveis na compreensão da dinâmica epidémica, na aplicação dos tratamentos e no assumir do encargo das pessoas infectadas pelo HIV.

Em Dezembro de 2003, o governo anunciou uma política de assunção do encargo destas pessoas, preconizando nomeadamente a gratuitidade dos anti-retovirais para os doentes com sida que vivem nos meios rurais e para os que, embora vivam nos meios urbanos, têm dificuldades financeiras, a gratuitidade dos medicamentos para as mulheres grávidas seropositivas e uma ajuda económica e o acompanhamento das famílias das pessoas infectadas pelo HIV.

Porém, em Junho de 2005, apenas 20 000 doentes, em 28 províncias e regiões autónomas, teriam recebido tratamento anti-retroviral gratuito.

O maior desafio actual é, evidentemente, a aplicação efectiva de todas estas medidas ao nível local, tendo em consideração as disparidades regionais, a estratificação administrativa e as modalidades de funcionamento das instituições chinesas e, por último, o estigma associado ao HIV.

Évelyne Micollier

➤ DROGA, EPIDEMIAS, HOMOSSEXUALIDADE, PROSTITUIÇÃO, SAÚDE

SINDICATOS

A Federação Nacional dos Sindicatos Chineses constitui a única organização legal de defesa dos interesses dos trabalhadores.

Desde 1949 que é uma correia de transmissão cuja tarefa é transmitir as políticas do governo e do Partido Comunista.

Apesar do seu monopólio, entrou em crise profunda desde o início das reformas. A introdução das categorias da economia capitalista, a abolição do paradigma do emprego socialista – um emprego para toda a vida, associado a um esquema completo de protecção social – e a reestruturação industrial que trouxe consigo o desemprego e a precariedade colocam os sindicatos numa contradição insolúvel.

Têm de defender políticas que vão contra uma grande parte dos seus membros. Nem podem opor-se aos despedimentos, nem apoiar abertamente a luta dos «novos operários», os imigrantes do interior, vítimas de condições de remuneração e de trabalho muitas vezes deploráveis.

Sente-se em muitos sindicalistas um mal-estar profundo devido à sua impotência e sobretudo à sua incapacidade em responder às críticas e até aos sarcasmos dos seus camaradas.

Há sindicatos que respondem a este mal-estar transformando-se numa espécie de organismos não governamentais que fornecem ajuda de urgência aos operários em dificuldade, organizam estágios de formação e financiam a criação de pequenas actividades económicas.

Desempenham assim o papel de «*lobby* do trabalho» ao nível local, tentando limitar os despedimentos, melhorar as condições em que estes e as reclassificações se processam e aumentar as prestações sociais.

Verifica-se mais recentemente que há responsáveis sindicais que mostram interesse pela causa dos imigrantes: a Federação poderia reencontrar aqui uma nova forma de legitimidade, para além de limitar os riscos da auto-organização e, portanto, de concorrência deste grupo social.

Porém, embora as autoridades centrais estejam claramente a favor da melhoria da condição social dos imigrantes, as autoridades locais encaram frequentemente de forma reprovadora uma política que poderia aumentar o custo do trabalho.

Jean-Louis Rocca

➤ EMPREGO, EMPRESAS DO ESTADO, EMPRESAS PRIVADAS, ORGANIZAÇÕES NÃO GOVERNAMENTAIS, OPERÁRIOS, PROTECÇÃO SOCIAL, TRABALHO

SOCIOLOGIA

Em 1979, o apelo de Deng Xiaoping para «anular o atraso» assinalou o restabelecimento oficial da Sociologia na China.

Introduzida no início do século XX, a disciplina teve um desenvolvimento rápido nos anos 20 e 30 com a formação de sociólogos chineses e a realização de muitos inquéritos nas cidades e nas zonas rurais.

Este desenvolvimento foi interrompido em 1952, aquando da reorganização do ensino superior. A Sociologia foi então eliminada das universidades e centros de investigação e depois condenada ideologicamente, em 1957, como «ciência burguesa».

Após 27 anos de interdição, a reintrodução da disciplina inseriu-se na política de reformas e de abertura do país. Outrora criticados pelo seu reformismo, os sociólogos chineses passaram a ser convidados a participar no projecto de modernização do país e na avaliação das políticas públicas.

No entanto, a Sociologia continua a ser uma «ciência sensível» e teve de enfrentar ataques durante as diferentes campanhas políticas conduzidas na década de 80 e após Junho de 1989.

A década de 80 foi essencialmente dedicada à reconstrução das instituições e à formação de estudantes e de investigadores.

Os inquéritos conduzidos durante este período continuaram as investigações sociológicas anteriores a 1949, como os trabalhos de Fei Xiaotong (1910-2005), que propunham um modelo de industrialização nas zonas rurais e pretendiam compreender e resolver problemas sociais identificados pelo governo.

A partir de 1990, a emergência de uma nova geração de investigadores, formados em Sociologia na China ou no estrangeiro, favoreceu a profissionalização da disciplina, a sua especialização e uma maior autonomia na definição dos assuntos abordados.

Esta nova sociologia estuda as grandes transformações contemporâneas da sociedade chinesa, em particular a passagem de uma economia planificada para uma economia de mercado e as suas consequências.

A nova estratificação social, as desigualdades económicas e sociais, as transformações da sociedade rural e as migrações, mas também a evolução dos sistemas de valores, as formas de acção colectiva e a questão da memória fazem parte das grandes temáticas desenvolvidas pelos sociólogos.

Diversificada nos seus objectos, a sociologia chinesa é igualmente plural nos seus instrumentos teóricos e metodológicos.

Fortemente influenciada pela sociologia anglo-saxónica aquando da sua recuperação, a disciplina abriu-se nos anos 90 aos escritos de intelectuais europeus como Foucault, Habermas, Giddens e Bourdieu.

Embora ainda largamente dominada pelas referências americanas e europeias, abre-se cada vez mais a outras zonas geográficas, como a Índia, o Brasil e a Coreia do Sul.

Após mais de vinte anos de desenvolvimento, a Sociologia alcançou legitimidade perante o poder chinês, devido à sua competência. No entanto, continua confrontada com muitos desafios, entre os quais a questão da sua autonomia e a sua capacidade de debater a sua própria história.

Aurore Merle

➤ ANTROPOLOGIA, EDUCAÇÃO, ESTRATIFICAÇÃO SOCIAL

SUDESTE DA ÁSIA (A CHINA E O)

As relações milenares estabelecidas entre estes dois mundos que se encontram lado a lado parecem ser regidas historicamente por três factores fundamentais: uma relativa proximidade geográfica, o estabelecimento de comunidades chinesas no Sudeste da Ásia e relações políticas e comerciais antigas.

Estes dados contribuíram para a criação de uma ideia por vezes contraditória acerca da China. O Sudeste da Ásia, muito vasto e submetido a influências religiosas, civilizacionais e políticas diversificadas, foi sempre palco das rivalidades entre impérios e potências antagónicos. Tendo em consideração os laços estabelecidos com o poder chinês e o seu maior o menor afastamento, estes Estados sentem ainda hoje a influência da China, segundo os casos, ora como uma ameaça, ora como um parceiro potencial nos domínios político e comercial.

A presença de comunidades chinesas no Sudeste da Ásia conduziu à criação de grupos económica e politicamente activos. Tiveram um papel determinante durante o período de luta antijaponesa e na maior parte dos processos de independência.

A proclamação da República Popular da China (RPC) em 1949 deu origem a um novo período de tensões, assinalado pelo receio da propagação do comunismo no Sudeste da Ásia, até porque muitos viam a mão de Pequim na maior parte das crises que sacudiram a região.

A vontade de poder da China, o seu desejo de fazer reconhecer a sua soberania num vasto espaço marítimo no Sudeste da Ásia (mar da China Meridional) e o seu apoio directo ou indirecto a movimentos considerados rebeldes (partidos comunistas, movimentos étnicos) fizeram aumentar as inquietações regionais.

As relações entre as duas zonas agravaram-se no decurso dos anos 60 (derrube de Sukarno na Indonésia, Revolução Cultural na China). A criação da Associação das Nações do Sudeste Asiático (ASEAN), em 1967, destinada a assegurar o desenvolvimento da região e a sua estabilidade foi, portanto, violentamente denunciada por Pequim como um instrumento destinado a conter a China.

Apenas em Agosto de 1990 a RPC regressou à região. A acalmia foi, porém, de curta duração, porque em 1992 promulgou uma lei sobre os espaços marítimos que confirmava a extensão das suas reivindicações.

Desde esse período, no entanto, a China afirma pretender desenvolver relações amistosas e vantajosas com os países da zona. Na verdade, tomou parte activa nos fóruns regionais, tentou dar uma imagem mais consensual e dinâmica e tentou também fazer esquecer o que alguns consideram ser uma política hegemónica, para passar a ter uma participação estratégica e comercial mutuamente proveitosa, a qual foi formalmente selada entre a China e a ASEAN em 2003.

Todavia, desde a crise financeira de 1997, o poder económico chinês passou a inquietar o Sudeste da Ásia. Possuindo mais de 500 mil milhões de habitantes, a ASEAN teme não passar de uma «anã» entre a Índia, a China e o Japão. Este receio é alimentado pela entrada na China da maior parte dos investimentos directos estrangeiros, em detrimento dos antigos «dragões» da zona.

Para além disso, a assinatura em 2002 de um acordo geral de cooperação económica promoveu um forte crescimento das trocas entre os dois parceiros, cujo valor aumenta anualmente cerca de 40% (ultrapassando a fronteira de 100 mil milhões de dólares em 2004), com o risco de colocar o Sudeste da Ásia numa situação de dependência.

A ASEAN tornou-se deste modo o quarto parceiro económico da China. Para além disso, no final de 2004 as duas partes assinaram acordos de comércio e um sistema de regulação de conflitos.

A criação de 880 filiais de empresas chinesas no Sudeste da Ásia, no primeiro semestre de 2005, levou alguns a temer que, a prazo, não irão passar de «prestadores de serviços» à República Popular. Isso é tanto mais de recear quanto os Chineses militam a favor da criação de uma zona de comércio livre a partir de 2010.

Actualmente, no seio da ASEAN há muitos que temem que com o desenvolvimento das trocas comerciais Pequim possa dispor dos instrumentos necessários à imposição dos seus objectivos e o seu controlo em certos espaços estratégicos.

Nathalie Hoffmann

➤ ÁGUAS TERRITORIAIS, CHINESES DO ESTRANGEIRO, CRISE ASIÁTICA (A CHINA E A), MIGRAÇÕES INTERNACIONAIS E DIÁSPORA, POLÍTICA EXTERNA

SUN YAT-SEN

A homenagem feita a Sun Yat-sen, em Pequim, em Abril de 2006, por uma delegação do Kuomintang taiwanês evidencia como Taipé e Pequim concordam desde há seis décadas quanto ao papel histórico do fundador da república, elevado ao nível de «pai da nação» em Taiwan e de «pioneiro da revolução» na República Popular da China.

Nascido numa família camponesa de Guangdong, Sun Yat-sen (Sun Wen ou Sun Zhongshan, 1866-1925) teve um percurso pessoal atípico e complexo.

Frequentou no Hawai uma escola de missionários, diplomou-se em medicina ocidental em Hong Kong, converteu-se ao cristianismo e estava mais familiarizado com a diáspora chinesa do que as elites letradas tradicionais, aos olhos das quais passou durante toda a vida por um marginal incontestável.

Os seus contactos precoces com o Ocidente iniciaram-no no mundo moderno e orientaram-no desde os anos 90 do século XIX para a política. Lançou-se numa carreira de revolucionário profissional, pouco convencional na Ásia do século XIX, e entrou em oposição frontal à dinastia manchu dos Qing (1644-1911).

Tendo sido fundador da primeira organização revolucionária, a Sociedade para a Regeneração da China, em 1894, Sun Yat-sen desencadeou na China Meridional uma série de levantamentos antimanchus que foram outros tantos fracassos, sinais de uma debilidade organizacional manifesta e de ausência de uma efectiva base revolucionária.

Até à revolução de 1911, Sun Yat-sen levou uma existência de banido no estrangeiro, tendo a cabeça a prémio pelo governo imperial.

O seu destino político foi-se precisando com a fundação da Liga Jurada (*Tongmenghui*), em 1905, em Tóquio, que foi precursora do Kuomintang e cuja maioria dos membros foi recrutada entre os Chineses do estrangeiro e os estudantes chineses no Japão, favoráveis a soluções políticas radicais.

Elaborada na viragem do século XX, a teoria dos três princípios do povo (nacionalismo, democracia e socialismo ou bem-estar do povo), ou «triplo demismo» (*sanminzhuyi*), constituiu o núcleo do programa ideológico e político de Sun Yat-sen e da Liga Jurada.

O princípio do «nacionalismo» aliava a luta antidinástica, a reconquista da soberania nacional e a abolição dos tratados desiguais, enquanto o da «democracia» previa o estabelecimento de uma república fundada na separação dos cinco poderes (legislativo, executivo, judicial, censura e exame). A reconstrução nacional e a modernização económica do país visavam o «bem-estar do povo».

A revolução desencadeada em Outubro de 1911 apanhou desprevenida a Liga Jurada e Sun Yat-sen. Após o seu regresso à China, no seguinte mês de Dezembro, decorridos 16 anos de exílio, foi eleito presidente provisório. Proclamou a fundação da República da China (*Zhonghua minguo*), no dia 1 de Janeiro de 1912, em Nanquim.

Privado dos apoios políticos e militares indispensáveis à realização dos seus objectivos, Sun Yat-sen abandonou a presidência a Yuan Shikai, que em contrapartida negociou com sucesso a abdicação da dinastia manchu dos Qing, em Fevereiro de 1912.

Depois do fracasso da «segunda revolução», de 1913, e durante a década seguinte, a carreira de Sun Yat-sen decorreu essencialmente à margem das realidades políticas chinesas. Embora não tivesse reprovado as 21 exigências formuladas pelo Japão em 1915, expressou a sua hostilidade à entrada da China em guerra ao lado da Entente, no Verão de 1917, e absteve-se de se juntar ao movimento de 4 de Maio de 1919.

A sua carreira política recomeçou em 1923, quando, sob a influência da União Soviética, Sun Yat-sen, então chefe do governo militar revolucionário, estabelecido em Cantão, empenhou o Kuomintang, reorganizado segundo o modelo leninista, numa política de frente unida com o Partido Comunista chinês, recém-criado.

A radicalização progressiva do seu pensamento no início dos anos 20 – alguns falam de uma conversão ideológica –, conduziu Sun Yat-sen, e depois os seus sucessores, a adaptar o programa inicial às exigências políticas, económicas e sociais do momento.

Sun Yat-sen morreu em Março de 1925, durante uma viagem a Pequim.

Françoise Kreissler

➤ NACIONALISMO, PARTIDO COMUNISTA, REVOLUÇÕES

T

TAIWAN

Situada a cerca de 130 km do continente chinês, em frente da província de Fujian, a ilha de Taiwan foi e continua a ser uma terra de fronteira no espaço chinês.

Povoada desde antes da era cristã por Austronésios (2% da população actualmente), a ilha tornou-se o destino regular de colonos chineses a partir do século XVI.

Taiwan não ficou à margem das expedições ocidentais. Descoberta no século XVI pelos Portugueses, aos quais deve o seu nome ocidental, Formosa, foi ocupada no século seguinte pelos Espanhóis e pelos Holandeses.

Todavia, foi ao Japão que o império manchu teve de ceder a ilha, em 1895. Embora os 50 anos seguintes de colonização japonesa não estivessem isentos de episódios fortemente coercivos, trouxeram consigo a modernização das infra-estruturas, bem como um embrião de autonomia local.

O regresso à soberania chinesa em 1945 traduziu-se rapidamente num divórcio profundo entre a população insular e o poder central chinês, após o que, durante o «incidente» dito de 28 de Fevereiro de 1947, a repressão de um movimento de revolta contra a corrupção dos funcionários do Kuomintang (KMT) se saldou em várias dezenas de milhares de mortos.

Foi neste clima altamente conflituoso que se deu a retirada de Chiang Kai-shek, em 1949, para Taiwan, tendo-se a ilha tornado a sede provisória da República da China e a base de uma futura reconquista do continente pelos nacionalistas.

Ora, o alargamento da Guerra Fria à Ásia e em particular o conflito coreano (1950-1953) levaram Washington, e, depois, a maioria das chancelarias ocidentais a não retirar o apoio ao governo de Taipé.

Desde então, os dois regimes concorrentes pretenderam representar o conjunto da China, com o de Taipé a conservar nomeadamente o lugar de membro permanente no Conselho de Segurança da Organização das Nações Unidas, que pertencia à China.

Todavia, esta vantagem exorbitante, quando se considera a partilha muito desigual dos territórios efectivamente controlados, foi perdida por Taipé a partir dos primeiros sinais da normalização sino-americana.

A República Popular da China substituiu a República da China nas relações internacionais interestaduais, tanto ao nível multilateral (nomeadamente na Organização das Nações Unidas, em 1971) como bilateral, tendo, para além disso, Pequim obtido dos seus parceiros diplomáticos o reconhecimento da soberania da China sobre Taiwan.

Actualmente a República da China é reconhecida por cerca de 25 países, não tendo nenhum deles peso na cena internacional. No entanto, possui todos os atributos conferidos a um Estado pelo direito internacional e, para além disso, modificou-se profundamente.

Após 1949, foi reforçada em Taiwan a legislação de excepção motivada pelo afrontamento com os comunistas.

Os mandatos dos membros das instituições nacionais eleitas no continente foram «congelados» para manter a ficção de um regime representativo do conjunto da China, enquanto a alta hierarquia do KMT, do governo e da administração ficava reservada apenas aos continentais que chegaram à ilha ao lado de Chiang Kai-shek.

A clivagem profunda entre os continentais (*waishengren*, literalmente «exteriores à província», cerca de 13% da população) e os taiwaneses ditos de raiz [*benshengren*, originários de Fujian (Minnan) e de Guangdong (Hakka)] e a monopolização do poder pelos primeiros tornaram o regime nacionalista semelhante a um regime colonial.

No plano cultural, paralelamente a uma política coerciva, que procurava erradicar qualquer particularismo insular, o carácter chinês da população foi sistematicamente valorizado, nomeadamente com a generalização do mandarim, rebaptizado como língua nacional (*guoyu*).

Todavia, uma transformação dupla, económica e política, iria mudar a prazo a distribuição das cartas.

Por um lado, a reforma agrária aplicada entre 1951 e 1953 favoreceu a criação de uma classe de empresários, na sua maioria de origem taiwanesa, com o tecido industrial da ilha a juntar a alguns grandes grupos uma multiplicidade de pequenas e médias empresas exportadoras.

Graças ao crescimento contínuo, Taiwan, com uma população actual de 23 milhões de habitantes, impôs-se como a quarta potência económica asiática em termos de produto interno bruto por habitante.

Por outro lado, cedo teve início uma indigenização (*bentuhua*), quer dizer, uma taiwanização (*taiwanhua*), do regime do KMT, mediante um processo de cooptação das elites insulares dentro da administração e do partido, nomeadamente através das eleições locais, realizadas com regularidade, por sufrágio universal, desde os anos 50.

Para além disso, sendo também autorizados a apresentar-se candidatos independentes, foi-se estruturando progressivamente uma oposição com a etiqueta «fora do partido» (*dangwai*), sem que, todavia, este processo estivesse isento de episódios fortemente conflituais.

Tendo a exclusão da República da China da comunidade dos Estados tornado obsoleta a pretensão do regime representar o conjunto da China, parecia então inelutável um novo compromisso institucional.

O impulso decisivo foi dado pelo movimento *dangwai* ao constituir-se em partido político (Partido Democrático Progressista ou *Minjindang*), em Setembro de 1986, e pela recusa do sucessor de Chiang Kai-shek, o seu filho Chiang Ching-kuo, em aplicar as disposições da lei marcial que acabavam assim por ser infringidas.

A partir dessa altura, o processo de democratização realizou-se em dois momentos principais.

Uma primeira fase de liberalização do regime, nomeadamente com o levantamento da lei marcial, em Julho de 1987, autorizou, entre outros aspectos, a criação livre de partidos políticos.

Numa segunda fase, a democratização propriamente dita foi conduzida sob a presidência do taiwanês Lee Teng-hui. As instituições da República da China tornaram-se representativas apenas da população insular e o regime reformado passou a basear-se em eleições de sufrágio universal, livres e regulares, na separação dos poderes e no multipartidarismo.

A dupla oposição de Pequim e da velha guarda do KMT a que se pusesse em causa o princípio da unidade da China explica que a constituição de 1947 tenha sido simplesmente emendada, com cada alteração a inserir-se deste modo na continuidade jurídica da República da China, fundada em 1912.

Dois momentos fortes ficaram a assinalar este processo: a primeira eleição presidencial por sufrágio universal directo, em 1996 – aliás, não sem que Pequim tivesse tentado intimidar o eleitorado taiwanês com exercícios de disparo de mísseis ao largo das costas da ilha – e depois, em 2000, a alternância no poder, com a eleição do candidato do Partido Democrático Progressista, Chen Shuibian, à presidência (reeleito em 2004).

Para além das reformas constitucionais, a democratização traduziu-se na redescoberta da identidade local, no honrar, e até na instrumentalização, das culturas aborígenes e na generalização, ao lado do mandarim, do uso dos dialectos.

Todavia, de uma maneira geral, tanto as questões relacionadas com a identidade nacional como o próprio xadrez político encontram-se sobredeterminados pela questão das relações com a China.

Ora, perante o irredentismo de Pequim, todos os compromissos se reconduzem finalmente à gestão do *statu quo*, ou seja, a adiar *sine die* qualquer forma de reunificação, bem como qualquer forma de independência da república de Taiwan.

Françoise Mengin

➤ CHIANG KAI-SHEK, REPÚBLICA POPULAR DA CHINA, TAIWAN (A REPÚBLICA POPULAR DA CHINA E)

TAIWAN (A REPÚBLICA POPULAR DA CHINA E)

Em 1949, com a vitória comunista no continente e a retirada da República da China para Taiwan, iniciou-se um período em que o afrontamento entre regimes concorrentes se traduziu pela interrupção de qualquer relação entre as populações situadas de ambos os lados do estreito.

No entanto, logo após a normalização sino-americana, em 1979, Deng Xiaoping opôs à política de «liberalização» (*jiefang*) de Taiwan a da «reunificação pacífica» (*heping tongyi*), que seria retomada a partir de 1983 com a fórmula «um país, dois sistemas», sem com isso renunciar ao uso eventual da força, e propôs que se retomassem as trocas e a abertura de relações directas entre as duas partes.

No entanto, seria preciso esperar por 1987 para que o regime de Taipé liberalizasse progressivamente as trocas comerciais, sem, todavia, autorizar relações directas.

De ambas as partes, a retomada das relações comerciais fazia parte de mudanças políticas importantes no plano interno.

A política de reformas e de abertura na China traduziu-se, nomeadamente, no apelo aos capitais dos Chineses do estrangeiro e aos dos «compatriotas» de Taiwan em particular.

Do lado taiwanês, a liberalização das trocas com o continente acompanhou a democratização do regime, que passou a representar apenas a população insular, cujo ponto prévio era o reconhecimento *de facto* da existência do rival comunista.

No entanto, a multiplicação do comércio não gerou uma aproximação política.

Foi criado de ambos os lados um canal de negociações paragovernamental, em 1991. Porém, o diálogo timidamente iniciado entre as duas partes foi cortado em 1995.

As intimidações militares das autoridades continentais contra qualquer declaração formal de independência de Taiwan e mesmo contra qualquer independentismo sorrateiro não pararam, aliás, de aumentar, como se pôde verificar com o aumento contínuo do número de mísseis apontados para a ilha (800 em 2006) e a aprovação da lei dita «anti-secessão», de Março de 2005.

No entanto, a ausência de acordo político e mesmo de relações directas entre as duas margens não foi um travão às trocas.

Na esteira das pequenas e médias empresas taiwanesas, os grandes grupos industriais da ilha deslocalizaram as suas actividades para a China.

As autoridades taiwanesas estão, portanto, constantemente confrontadas com um dilema: liberalizar mais as trocas com o risco de tornar a ilha fortemente dependente do regime de Pequim, ou privilegiar uma abordagem securitária, com o risco de pôr em causa o crescimento económico, garantia da independência de facto, senão de direito, deste Estado não reconhecido.

Françoise Mengin

➤ DEFESA, ESTADOS UNIDOS (A CHINA E OS), MUNDO CHINÊS, POLÍTICA EXTERNA, TAIWAN, «UM PAÍS, DOIS SISTEMAS»

TAOISMO

Na China, são muitos os templos taoistas, havendo-os erigidos em cada cidade e mesmo em cada quarteirão.

Vistos do exterior não são fáceis de distinguir dos seus homólogos budistas, confucionistas ou da religião popular, pertencendo todos à arquitectura chinesa clássica, a menos que se distinga o seu emblema: o círculo que representa o *yin* (escuro) e o *yang* (claro), separados por uma linha que serpenteia em volta do diâmetro (diagrama da cumeeira suprema).

No interior, pelo contrário, facilmente se reconhecem. As estátuas pintadas com cores vivas representam geralmente os grandes deuses do panteão desta religião politeísta: o Imperador de Jade, os Três Puros e os Oito Imortais.

Os monges que habitam muitos destes templos parecem-se com os Chineses da época imperial antes da chegada dos manchus: cabelos compridos, erguidos num carrapito sob uma touca de seda preta, veste azul-escuro ou negra, polainas brancas e sapatos de tecido.

Distinguem-se nisso dos seus confrades budistas, que rapam a cabeça e têm vestes amarelas, vermelhas ou cinzentas. Os taoistas vestem também um hábito ritual colorido, bordado com motivos codificados, para celebraram o ofício, os rituais fúnebres, comunitários ou de cura. Não intervêm nos nascimentos nem nos casamentos.

Nem todos os mestres taoistas são monges. Pelo contrário, nas diferentes ordens, os monges formam uma obediência (*Quanzhen*) relativamente recente (século XII), nomeadamente em relação à dos mestres celestes, muito mais antiga (século II). Estes últimos levam uma vida secular, e podem e devem mesmo casar-se, porque o seu cargo é hereditário.

Os monges foram promovidos à direcção da Associação Taoista do Estado após o longo período de proibição das religiões na China, do final dos anos 50 até ao início dos anos 80.

Esta instituição, criada em 1958, foi verdadeiramente activada depois da Revolução Cultural, quando uma certa liberalização permitiu que de novo se praticassem os cultos e os rituais e que os mestres taoistas pudessem regressar à vida religiosa.

A Associação Taoista tem por missão canalizar este ressurgimento por intermédio dos mestres taoistas, que devem reunir-se periodicamente nos diferentes escalões (regional, provincial e nacional) para receber as directivas do ministério dos Assuntos Religiosos e prestar contas da vida no interior dos templos.

Como os mestres taoistas que não habitam nos mosteiros são mais difíceis de localizar e vigiar, o poder encoraja a renovação do monaquismo, em prejuízo dos oficiantes seculares.

No entanto, os diferentes mestres taoistas coexistem, concedem hospitalidade uns aos outros e encontram-se no quadro de cerimónias celebradas em conjunto.

Tal como os seus pais fundadores, Lao-tseu e Zhuangzi, que teriam vivido, respectivamente, nos séculos VI e IV a.C., perpetuam a principal religião autóctone chinesa, pois o budismo veio da Índia e o confucionismo não tem verdadeiramente clero.

Embora haja jovens nascidos durante ou após a Revolução Cultural que decidem actualmente tornar-se mestres taoistas, isso deve-se, nomeadamente, à busca do tao, o «Caminho», o princípio inefável e fonte de todas as coisas.

O taoismo preocupa-se menos com a morte e com o que se irá passar depois e mais com a própria vida, que é necessário prolongar, na esperança de atingir a imortalidade.

Os meios diferem. Os monges são conhecidos pela sua ascese individual interiorizada (chamada «alquimia interna»), enquanto os mestres celestes se distinguem na arte ritual dos exorcismos e dos talismãs. No entanto, todos observam determinados preceitos como o não agir e a quietude.

Adeline Herrou

➤ CERIMÓNIAS FÚNEBRES, RELIGIÃO, TEMPLOS

TEATRO

Durante o século XX, o teatro registou uma transformação profunda na China.

As suas antigas funções rituais de divertimento e educação foram radicalmente postas em causa pelo movimento intelectual do «novo teatro», moderno e ocidentalizado, no início do século passado.

Foi criado um novo teatro, falado e antes inexistente, nomeadamente por Hong Shen e Cao Yü, muito influenciados por O'Neill.

Ao transformar-se progressivamente numa instituição nacional, este teatro, capaz de transmitir as ideias novas e experimentar formas estéticas modernas, ocupou um lugar importante nas grandes cidades. No entanto, não pôde rivalizar nas zonas rurais com as formas teatrais tradicionais.

Estes dois grandes tipos de teatro foram deliberadamente fundidos durante o regime comunista.

Um teatro ao mesmo tempo «nacional» e «socialista» passou a ter por função mobilizar as massas e propagar a ideologia comunista.

Oito «peças modelo» monopolizaram a cena chinesa durante a década da Revolução Cultural. Montagens, por vezes criativas, de elementos tradicionais foram utilizadas numa óptica antitradicionalista para servir a nova utopia política.

A partir dos anos 80, o teatro chinês empenhou-se em pelo menos três vias distintas.

O movimento do «pequeno teatro experimental», contra o «grande teatro» ideológico, foi lançado no início dos anos 80 por Gao Xingjian e Lin Zaohua e prosseguido por Zhang Yuan, Mou Sen e Guo Shixing.

Defende os direitos da subjectividade e contribui para a criação de um espaço público em que são debatidos os problemas da sociedade [homossexualidade em *Donggong, Xigong* («Palácio do Leste, Palácio do Oeste»), de Zhang Yuan, a vida privada na China em *Cesuo* («As Casas de Banho»), a peça de Guo Shixing].

As óperas tradicionais e regionais regressaram também e renovaram o seu repertório. Vários programas de televisão difundem peças clássicas, interpretadas pelos melhores actores das diferentes escolas artísticas. Redescobriram-se ao mesmo tempo tradições anteriormente marginalizadas, como o teatro *nuo*, do Sul, de origem xamanista.

Finalmente, não se pode negligenciar o regresso das antigas funções religiosas e rituais do teatro nas zonas rurais, que foram reprimidas durante muito tempo pela ideologia estatal e são objecto de novos estudos pelos antropólogos.

De uma maneira geral, as actividades teatrais estão hoje em dia ameaçadas pela comercialização, a diversificação dos divertimentos e pela falta de empenho do Estado, que impõe aos grupos ainda existentes que se autofinanciem.

Zhang Ning

➤ ARTE CONTEMPORÂNEA, CINEMA, CULTURA, ÓPERA, ROMANCE

TEATRO DE SOMBRAS

A origem deste teatro é ainda incerta, podendo ser indiana ou chinesa, mas já existia na época Song (960-1279).

As personagens e as decorações eram fabricadas com pele de búfalo, de burro ou de carneiro, donde deriva a designação «teatro das sombras em pele». As silhuetas articuladas eram manipuladas por trás de um ecrã branco e apareciam coloridas ao espectador. Os espectáculos eram interpretados na língua regional ou dialectal.

Cada região desenvolveu uma gestualidade, um canto e uma música específicas das suas tradições estéticas.

As representações ocorriam geralmente por ocasião das festas dos templos, como oferenda aos deuses, ou por iniciativa de uma pessoa para celebrar um acontecimento da família (nascimento, casamento ou funeral).

Desenvolviam-se em dois momentos: um primeiro espectáculo, assumindo a forma de ritual de invocação aos deuses e, depois, o divertimento propriamente dito, com episódios de obras clássicas históricas ou fantásticas como *Sanguo yanyi* («Romance dos Três Reinos»), *Shuihu zhuan* («À Beira da Água»), *Xiyouji* («Viagem ao Ocidente»), *Baishe zhuan* («A Cobra Branca») e *Bao gong an* («Os Casos do Juiz Bao»).

Esta prática, que esteve totalmente proibida durante a Revolução Cultural, onde apenas o repertório «revolucionário» era autorizado, renasceu nos anos 80 nas aldeias das zonas rurais muito isoladas, onde ainda existia um público de apreciadores.

Nas cidades, tornando-se raro o público com conhecimentos de teatro tradicional, a tendência actual é para a simplificação: utilização do plástico em vez do couro, de uma fita gravada em vez de uma pequena orquestra ao vivo e um repertório adaptado às crianças e aos turistas estrangeiros.

Michèle Zedde

➤ CULTURA, ROMANCE, TEATRO

TELEVISÃO

À televisão acontece o mesmo que a todos os meios de comunicação social da China: continua sob estrito controlo, nomeadamente do exercido directamente pela Administração Estatal da Rádio, Cinema e Televisão (SARFT, no acrónimo inglês).

A televisão é, sobretudo, um instrumento de propaganda por excelência. Facilmente controlável na produção e na difusão e acessível na maioria dos lares, nenhum outro suporte mediático, nem sequer a Internet, lhe pode disputar ainda a profundidade, a extensão e a reactividade da sua supremacia «audiovisual».

Mas a televisão é também sinónimo de modernidade e, na China das reformas que as busca da maneira mais fácil, acaba por ser lógico que até este bastião da intoxicação ideológica sofra alguns acomodamentos.

No final dos anos 70, havia menos de um aparelho de televisão por 100 habitantes e apenas uma dezena de milhões de pessoas tinha acesso aos programas. Há actualmente mais de 46 aparelhos por 100 habitantes e calcula-se que haja pelo menos um milhar de milhões de telespectadores todos os dias.

Em meados dos anos 60, havia apenas doze canais de televisão. Actualmente há mais de 4000, nacionais e locais, hertzianos, por cabo e por satélite a partilhar a paisagem audiovisual chinesa.

A maior rede nacional continua a ser a Televisão Central da China (CCTV no acrónimo inglês ou *Zhongguo zhongyang dianshitai*), com dezasseis canais, sendo o mais «importante» a generalista CCTV-1 e os mais «ousados» no tom e nos assuntos tratados, mas apenas acessível fora da China, a CCTV-4, em chinês, e a CCTV-9, em inglês, e até a CCTV-E&F, em espanhol e francês, desde Outubro de 2004.

Entre os outros grandes actores, é necessário destacar os dezasseis canais do Shangai Media Group e os dez canais da Beijing Television Station.

O único canal semiprivado, em chinês, autorizado a produzir informações é o Phoenix, da China e Hong Kong, que funciona por satélite e foi lançado em 1996 por Liu Changlie, mas a sua margem de manobra continua estreita, apesar da sua popularidade ser incontestável junto das elites económicas e políticas das cidades.

Entre as evoluções mais salientes dos últimos quinze anos, destacamos: a passagem progressiva de um modelo centrado no emissor para outro centrado na audiência; a transição de uma concepção hierática, edificante e puramente educativa para um suporte multifuncional que difunde informações e divertimento; o alargamento do conteúdo exclusivamente local e nacional para uma abertura ao global; e a afirmação da vontade de emitir para além das fronteiras nacionais para rivalizar com as grandes redes internacionais.

Há vários exemplos da realidade destas mudanças. Alguns programas de informação e documentários de investigação estão verdadeiramente em sintonia com o quotidiano e as preocupações das pessoas e são extremamente populares. É o caso de *Jiaodian Fangtan* («Foco»), de *Xinwen diaocha* («Complemento de Inquérito») e *Jinri shuofa* («Relatório Legal»), todos apresentados na CCTV.

Há igualmente cada vez mais programas «em directo», ainda que estejam todos submetidos à regra de um atraso de sinal de 30 segundos.

As regras de co-produção com sociedades estrangeiras para programas não informativos foram muito flexibilizadas.

Há actualmente dois canais de informação em contínuo, um deles apresentado pela Phoenix (lançado em 2001) e o outro pela CCTV (lançado em 2003).

Estes programas são muito populares.

O final do *reality show* muito popular *Chaoji nüsheng* («Raparigas com Super Voz»), equivalente à Operação Triunfo portuguesa, apresentado em Agosto de 2005 numa «obscura» televisão por satélite de Hunan, teve mais telespectadores do que a Gala do Ano Novo chinês da CCTV-1, que habitualmente regista a maior taxa de audiências do ano inteiro.

Apesar dos episódios de *hacking* pelo Falungong a alguns canais provinciais, a omnipotência do Estado-Partido mantém-se.

As mudanças que se desenham, quer sejam puramente comerciais, devido às somas consideráveis que a publicidade televisiva representa, quer estejam relacionadas com os desenvolvimentos tecnológicos – televisão pela Internet e televisão digital de alta definição, disponíveis na China desde 2005 –, não parecem poder pô-la em causa a curto prazo.

Éric Sautedé

➤ CONTROLO POLÍTICO E CENSURA, INTERNET, LAZER

TEMPLOS

Os templos chineses estão, no início do século XXI, em plena fase de reconstrução, a qual se iniciou nos anos 80, após um século de destruições contínuas.

Estas últimas foram totais (edifícios arrasados) ou aliaram a destruição dos conteúdos religiosos (estátuas, mobiliário, inscrições e textos) a uma nova utilização dos edifícios (escolas, casernas, entrepostos ou habitações).

Motivadas por uma política religiosa que protegia as cinco religiões reconhecidas (catolicismo, protestantismo, islamismo, taoismo e budismo), pretendiam erradicar as «superstições», quer dizer, os cultos locais. Nalguns distritos, esta política permite ainda destruir templos não oficialmente registados, nomeadamente nos contextos do reforço político ou da especulação fundiária.

No entanto, uma vontade nova de separar a «religião popular» da «superstição» abriu a porta ao reconhecimento oficial de muitos lugares de culto como «lugares de actividade religiosa oficialmente registados».

Embora a situação concreta no terreno e a posição ideológica das autoridades locais variem muito de um lugar para outro, estas, até aos governos provinciais, participam agora naturalmente no processo burocrático de registo dos templos.

A vigilância e a repressão concentram-se nas religiões «estrangeiras» e nos grupos «sectários».

Para além disso, as autoridades encaram geralmente de forma favorável as grandes festas destes templos e recebem em troca somas importantes da parte das comunidades locais.

Para elas, estas festas favorecem a renovação da moral tradicional (adequada para apoiar a ordem estabelecida) e dão um contributo para o desenvolvimento do turismo e a economia local.

Esta nova política reconhece, portanto, a renovação espontânea e extremamente poderosa das estruturas religiosas locais: templos ancestrais das grandes linhagens, templos territoriais, que fazem renascer alianças antigas entre as aldeias, peregrinações regionais, cultos de cura e de protecção, etc.

Ainda que em certos casos possa vir alguma ajuda do exterior (Chineses de Taiwan, de Hong Kong ou da diáspora), esta renovação resultou essencialmente das comunidades locais e da emergência de líderes aldeãos.

Estes, muitas vezes saídos das fileiras do Partido Comunista, legitimam a sua riqueza, o seu estatuto e o seu orgulho identitário com a reconstrução dos templos antigos destruídos, cuja memória ficou frequentemente bem viva no lugar, ou com a edificação de novos templos.

O fenómeno estende-se por todo o país, embora as restrições materiais e políticas sejam muito maiores nos meios urbanos e limitem muito nestes as possibilidades de construção.

Vincent Goossaert

➤ ANTEPASSADOS (CULTO DOS), CERIMÓNIAS FÚNEBRES, LINHAGEM, RELIGIÃO, SEITAS

TERCEIRO MUNDO (A CHINA E O)

A política chinesa para com o terceiro mundo baseia-se umas vezes na sua solidariedade com os países em desenvolvimento e outras na sua pertença, do ponto de vista económico, a este vasto grupo de nações.

Após 1949, a China apresentou-se constantemente como vítima do imperialismo, baseando a sua política nos cinco princípios da coexistência pacífica e num discurso diplomático em grande parte «terceiro-mundista».

No entanto, como membro permanente do Conselho de Segurança das Nações Unidas e potência nuclear, poderá a China representar verdadeiramente o «terceiro mundo»?

No plano económico, de facto, nalgumas regiões chinesas o produto interno bruto por habitante é comparável aos dos países africanos.

Porém, desde o lançamento das reformas, em 1978, a pertença da China ao terceiro mundo, bem como a sua vontade de o comandar, tornaram-se suspeitas, pois ambas contrariam a sua ambição de se tornar um país economicamente avançado e uma potência capaz de rivalizar com os Estados Unidos.

Para além disso, apesar das necessidades crescentes de matérias-primas, e sobretudo de petróleo, as trocas económicas entre a China e o terceiro mundo estagnaram, em termos relativos, desde os anos 90.

Quanto à ajuda chinesa ao desenvolvimento, diminuiu drasticamente em relação aos anos precedentes.

Actualmente a política chinesa em relação ao terceiro mundo existe nominalmente, mas parece ser uma concha ideológica vazia de conteúdo, posta ao serviço dos interesses e dos objectivos pragmáticos, e sobretudo económicos, do país.

Michal Meidan

➤ ÁFRICA (A CHINA E A), AMÉRICA LATINA (A CHINA E A), POLÍTICA EXTERNA, SUDESTE DA ÁSIA (A CHINA E O)

TIANANMEN (PRAÇA DE)

Embora a Praça de Tiananmen seja sobretudo o lugar simbólico do movimento democrático de 1989, foi também, desde o início do século XX, o cenário de todas as manifestações e ajuntamentos nacionalistas e antigovernamentais mais importantes.

Estes momentos fortes da história da República da China, que são outros tantos pontos de referência chave da primeira metade do século XX, formam uma cadeia que engloba, sucessivamente, o movimento de 4 de Maio de 1919, as manifestações patrióticas de protesto dos anos 1925-1926, as acções de oposição à política governamental, julgada demasiado conciliadora perante a ameaça japonesa, nos anos 1935-1936, e as manifestações contra o Kuomintang, nos anos 1946-1948.

Lugar de nascimento da República Popular da China, proclamada por Mao Tzé Tung no dia 1 de Outubro de 1949, a Praça de Tiananmen – a Praça da Porta da Paz Celestial – situa-se no centro de Pequim, a sul do palácio imperial e da porta Tiananmen.

Construída no início da época Ming (1368-1644), a praça foi despojada do seu património histórico durante as primeiras três décadas do regime comunista.

Quanto aos símbolos da nova ordem política – o Palácio da Assembleia Nacional Popular e o museu da História Chinesa –, foram erigidos no final dos anos 50, no mais puro estilo de realismo socialista.

Lugar privilegiado no meio da Praça de Tiananmen é o obelisco do monumento aos Heróis do Povo, ornado com dez relevos de mármore branco, *digest* da história revolucionária do povo chinês desde 1840.

A construção do mausoléu de Mao Tzé Tung, terminado em 1977, foi a conclusão da reconfiguração maoista da praça.

A partir de 1950, Tiananmen acolheu grandes desfiles e paradas por ocasião da festa do trabalho (1.º de Maio) e da festa nacional (1 de Outubro), mas também durante os ajuntamentos pró-governamentais com o objectivo de mobilizar e instrumentalizar as massas revolucionárias.

Em 1966, centenas de milhares de guardas vermelhos fanatizados desfilaram perante Mao Tzé Tung, que acabava de desencadear a Revolução Cultural.

Embora até meados dos anos 70 a Praça de Tiananmen fosse um espaço público oficial, tornou-se espaço de contestação a partir do movimento de 5 de Abril de 1976, considerado pelo poder como «incidente político contra-revolucionário». A partir de então as manifestações e os movimentos de protesto em Tiananmen passaram a ser entendidos pelo regime como outras tantas provocações políticas.

Durante o movimento de 4 de Junho de 1989, os estudantes contestatários tomaram conta da praça. Em frente do retrato de Mao Tzé Tung, que do alto da porta Tiananmen desloca o centro simbólico do império comunista chinês, ergueram a «deusa da democracia», escultura sobredimensionada, inspirada na estátua da Liberdade, até que o exército reprimiu o movimento de forma sangrenta.

Desde 1989, o poder passou a ter grande preocupação em controlar a Praça de Tiananmen e qualquer movimento de massas aventuroso (adeptos do Falungong, contestatários) dá imediatamente origem a medidas de segurança reforçadas.

Foi o que aconteceu, uma vez mais, em Janeiro de 2005, aquando da morte de Zhao Ziyang, por temor de manifestações de simpatia a favor do antigo alto dirigente colocado em residência vigiada desde o seu afastamento do poder em 1989.

Após os acontecimentos de Tiananmen, o regime esperou dez anos e pelo 50.º aniversário da República Popular para se reapropriar deste importante lugar de contestação, organizando em 1999 a parada mais grandiosa em Tiananmen, agora uma praça multifuncional, transformada nessa ocasião em parque temático, muito apreciado pelo público chinês.

Françoise Kreissler

► ESPAÇOS PÚBLICOS, FALUNGONG, PEQUIM, 4 DE JUNHO DE 1989 (ACONTECIMENTOS DE), 4 DE MAIO DE 1919, REPÚBLICA POPULAR

TIBETANOS

A área de povoamento dos Tibetanos é composta por zonas ecológicas muito diversas.

Estende-se do Tibete Central (Ü--Tsang), que constitui uma grande parte da actual Região Autónoma do Tibete (RAT), até às regiões orientais de Amdo (actual Qinghai, Gansu e Sichuan) e de Kham (sudividido entre Sichuan, Yunnan, Qinghai e RAT) e às zonas fronteiriças da Índia e do Nepal, do Siquim e do Butão.

O conjunto das populações tibetanas, estimado em 5,4 milhões de pessoas, está inserido na China na «nacionalidade» zang.

Neste conjunto oficial estão igualmente integrados alguns grupos cultural e historicamente ligados aos Tibetanos, mas que diferem sobretudo na língua e reivindicam, por vezes, outras pertenças étnicas, como os Qiang e os Pumi (*premi*), em que a maioria não se considera tibetana.

Estes dois grupos falam línguas tibetano-birmanesas não tibetanas.

A existência da nacionalidade zang contribui para a afirmação de um sentimento de unidade dos Tibetanos, que, aliás, adoptaram o termo tibetano equivalente *Bod-rigs* (*phörik*), «etnia tibetana», para se autodesignarem.

Aplicado ao conjunto dos Tibetanos, este termo sucede à designação *Bod-pa* (*Phöpa*), que engloba as populações tibetófanas que habitam no Tibete (*bod*) e as que falam dialectos tibetanos, independentemente da sua região de origem.

No entanto, os Tibetanos autodesignam-se frequentemente em função da sua região de origem, como os Kham-pa, de Kham, e os Amdo-wa, de Amdo.

A região de origem (*pha yul*), que pode ser um simples vale ou um território mais extenso, constitui uma referência identitária importante, actualmente muitas vezes substituída pelas circunscrições administrativas criadas pelas autoridades chinesas.

A extensão geográfica e a diversidade dos modos de vida e das tradições regionais, a que se junta uma grande complexidade dialectal, explicam a compartimentação e o enraizamento local da identidade.

Esta disparidade perdeu, porém, uma parte da sua pertinência na própria China e também na comunidade exilada na Índia e na diáspora tibetana, animadas por um forte sentimento nacional desde a anexação do Tibete.

A imigração crescente de populações não tibetanas (Han e Hui sobretudo) que acompanha a liberalização económica, mas também a exploração turística das zonas de povoamento tibetano, contribuem para a afirmação dos particularismos e para reforçar o sentimento identitário tibetano.

Por seu lado, a política governamental chinesa apoia a expressão de uma identidade tibetana remodelada e sinizada, que se insere no quadro oficial da nacionalidade zang, concebida como um subconjunto da nação chinesa, totalmente assimilada à «mãe pátria».

A sinização efectua-se sobretudo pela educação e os meios de comunicação social, bem como pela integração política e económica. Já muito avançada nos centros urbanos, deverá ainda acelerar com a linha ferroviária que liga Pequim a Lassa em 48 horas.

Para além da diversidade geográfica, climática e biológica que se pode encontrar no elevado planalto tibetano, a altitude (entre 3000 e 4000 metros) é uma constante que tem implicações fundamentais sobre a sociedade, nomeadamente em certas formas de expressão religiosa, arquitectónica e de vestuário, na alimentação, nos transportes, etc.

O budismo, introduzido a partir da Índia, difundiu-se no Tibete em duas vagas e tornou-se a religião dominante, sobrepõe-se frequentemente aos cultos populares locais. Coexiste até hoje com o *bön*, que é considerado a religião antiga do Tibete pré-budista e, mais marginalmente, com o islamismo e o cristianismo.

O budismo tibetano e o *bön* difundiram-se melhor pelo Alto Planalto por serem veiculados por uma língua escrita, que surgiu no século VII, na época do império tibetano. O tibetano literário clássico tornou-se uma das grandes línguas literárias da Ásia e, tal como o chinês, o sânscrito e o japonês, é uma das mais antigas.

A língua escrita, bem como a religião e a prática das peregrinações constituíram factores de unidade cultural da área tibetana, reforçada pelas trocas e as relações comerciais a longas distâncias.

Embora a economia se baseie essencialmente na agricultura, na criação de gado e no comércio, há diferenças importantes do ponto de vista cultural, social, económico e religioso.

Até aos anos 50, a área de cultura tibetana, cuja unidade política variou muito no decurso da história, constituía uma justaposição de sociedades agrícolas politicamente centralizadas, onde surgiram os principais centros comerciais e as grandes instituições monásticas. Os agricultores viviam lado a lado com as sociedades que eram essencialmente linhagens de pastores nómadas.

Até aos nossos dias, o grupo doméstico (a «casa») tem sido geralmente a unidade socioeconómica. Muitas destas sociedades praticam a poliandria de irmãos, fundada num princípio geracional monomarital (um só casamento em cada geração, com os irmãos mais novos adstritos ao casamento do irmão mais velho), mas a aristocracia praticava também a poligamia, que ainda se encontra excepcionalmente na comunidade exilada.

As sociedades urbanas, historicamente mais diversificadas e compósitas, registam actualmente importantes mudanças. A imigração, que é essencialmente de etnia Han, é elevada nas zonas urbanas como Lassa, bem como nas regiões de povoamento tibetano de Kham e Amdo.

O processo actual de sinização tem como consequências a adopção das práticas chinesas pelos jovens tibetanos que vivem nas cidades, bem como a perda progressiva da sua língua materna.

Stéphane Gros et Nicolas Tournadre
▶ BUDISMO, NACIONALIDADES, REGIÕES FRONTEIRIÇAS, TIBETE

TIBETE

O Tibete, *Bod* (Phö), que se caracteriza pela sua altitude média de 4000 metros e por contrastes climáticos importantes segundo as regiões e as estações, estende-se por um território maior do que a Europa Ocidental.

A Região Autónoma do Tibete (RAT), criada em 1965, não compreende a região dita central, chamada Xizang em chinês.

A área de cultura tibetana estende-se, no entanto, na China, para além do Tibete Central (Ü-Tsang) até às regiões orientais de Amdo (Qinghai, Gansu e Sichuan) e de Kham (subdividido entre Sichuan, Yunnan, Qinghai e a RAT).

Estes territórios tibetanos situados fora da RAT, organizados em prefeituras autónomas tibetanas de estatuto político e administrativo diferente, representam mais de metade da população tibetana da China, calculada em 5,4 milhões de pessoas.

Durante a sua história, o Tibete não conheceu senão uma centralização política variável e estende-se por regiões mais ou menos vastas, integrando entidades políticas governadas por linhas nobres e religiosas ou sociedades de linhagem, como algumas sociedades de pastores.

O império tibetano do século VII ao IX foi um Estado poderoso e unificado, cujos reis guerreiros alargaram o território. Receberam embaixadas da China e dos diferentes Estados turcos.

O budismo entrou nele a partir da Índia, no século VIII, e também mais tarde, no século XI, num reino então fragmentado. Tornou-se a religião dominante, representada por várias linhas, que se opuseram por vezes de forma violenta.

No século XVII, a escola dos *dge-lugs-pa* (*guélougpa*) tornou-se politicamente dominante, graças ao apoio dos Mongóis Tumed.

Em 1642, o 5.º dalai-lama tornou-se o chefe religioso e político do Tibete com o apoio militar dos Mongóis. Fez de Lassa o centro político e ordenou a construção do palácio do Potala, símbolo de uma administração religiosa e laica que passou a estar centralizada.

Continuando a relação de «capelão a donatário» que ligava o Tibete à dinastia mongol, a dinastia manchu dos Qing (1644-1911) impôs-se como única potência protectora.

O governo imperial foi desde então representado em Lassa por dois comissários imperiais (*ambans*), cada um deles à frente de uma guarnição. Uma parte das províncias orientais do Tibete (Kham Oriental e Amdo) foi definitivamente incluída no quadro administrativo provincial chinês, mas o Tibete Central não foi remodelado pelos Qing.

Nos últimos anos de século XIX, o Tibete tornou-se um alvo geoestratégico importante no quadro do *Great Game* em que Britânicos e Russos se afrontavam pelo controlo desta parte da Ásia. O 13.º dalai-lama teve de fugir diante dos Británicos, em 1904, e depois dos Chineses, em 1909.

A revolução republicana de 1911 e as perturbações internas da China contribuíram para colocar o Tibete numa situação internacional confusa. Em 1913, o dalai-lama declarou a independência do seu país e o Tibete permaneceu como tal até à chegada das tropas comunistas chinesas em 1950 e à ocupação que se seguiu.

As instituições do governo central de Lassa, incluindo funcionários laicos e religiosos, foram suprimidas em 1959, na sequência de um importante levantamento popular e da fuga do 14.º dalai-lama.

O governo militar que lhe sucedeu desencadeou um período de repressão. O estatuto de região autónoma, adquirido em 1965, não pôs fim às destruições dos mosteiros, que se intensificaram durante a Revolução Cultural.

O presidente da região autónoma foi sempre um tibetano, mas a gestão política esteve frequentemente nas mãos de não tibetanos e continua submetida às decisões do governo central. O secretário-geral do Partido Comunista (PC) da região autónoma, o quadro político mais importante, nunca foi um tibetano.

Apesar da fragmentação dos territórios de povoamento tibetano, a política das nacionalidades do governo chinês contribuiu para a afirmação do sentimento nacional dos Tibetanos.

Coexistindo cada vez mais com os Han e outras populações (Hui, Uigures, etc.), também tomaram consciência de maneira cada vez mais aguda da sua especificidade etnocultural.

O sentimento de unidade dos Tibetanos baseava-se outrora na partilha da mesma religião, de um conjunto de costumes e de uma língua escrita, sem que, apesar disso, tomasse a forma de uma consciência nacional.

Após a integração do Tibete na China popular e da fuga do 14.º dalai-lama para a Índia, em 1959, a comunidade no exílio e a diáspora manifestaram um forte sentimento de identidade nacional tibetana e reivindicaram a independência do Tibete.

Estas reivindicações fizeram-se ouvir no próprio Tibete, tanto na comunidade laica como na religiosa, e deram lugar a protestos importantes no final dos anos 80, que culminaram nas manifestações de Março de 1989, em Lassa.

Foram duramente reprimidas quando Hu Jintao, promovido depois a presidente da República Popular e a secretário-geral do PC chinês, era secretário do PC da RAT.

A lei marcial foi proclamada pela primeira vez na República Popular da China.

De 1992 a 2000, o seu sucessor, Chen Kuiyan, tomou medidas desde a sua nomeação para refrear o nacionalismo tibetano, agindo em dois planos: o desenvolvimento da economia e a repressão anti-religiosa.

Favoreceu a implantação maciça do pequeno comércio Han, até então relativamente limitado e, a partir de 1994, iniciou uma campanha anti-religiosa e contra o dalai-lama, nomeadamente nos mosteiros. A liberdade religiosa foi gravemente entravada desde 1997 e a cultura tibetana tradicional atacada.

Desde os anos 50, a rede rodoviária foi amplamente desenvolvida para desencravar esta região de altitude. As frequentes deslocações por razões comerciais ou religiosas, a pé, a cavalo ou em caravana, demoravam meses anteriormente.

Agora, há estradas que ligam as principais cidades e integram ainda mais a RAT no resto da China. Em Outubro de 2005, foi concluído o caminho-de-ferro que liga Pequim a Lassa. Segue o traçado da estrada de Golmud a Lassa, construída no início do regime comunista, que chegou a esta última cidade em 1954. Com um comprimento de 1142 km, é a via ferroviária a maior altitude em todo o mundo.

Aos anos de transformações económicas e de destruição do período maoísta, sucedeu depois uma fase de reconstrução e de reparação, acompanhada de uma sinização crescente.

Lassa tornou-se uma cidade moderna e o Potala um museu, em frente do qual florescem casinos, karaokes e casas de passe.

Restaurantes e lojas, muitas vezes propriedade de imigrantes Han e doutras «nacionalidades» (muçulmanos hui, Uigures), abriram às centenas numa cidade cuja população não tibetana aumenta com a liberalização económica.

Outras cidades importantes como Shigatse, a segunda da região autónoma, Bayi e Tsethang revelam um crescimento semelhante. Os antigos quarteirões tibetanos são, por vezes, reconstruídos para satisfazer o turismo.

A situação linguística do Tibete é complexa e caracteriza-se por uma diglossia muito pronunciada. Encontra-se, de facto, uma língua literária, comum ao conjunto da área tibetanófona e um grande número de falares – cerca de 200 – que apresentam uma grande diversidade dialectal.

Desde meados dos anos 90, assiste-se a uma declínio constante da língua tibetana em todas as suas formas e, paralelamente, a um reforço da língua chinesa, que se torna dominante.

Excluindo o tibetano das actividades administrativas, conferindo na escola e na universidade um lugar predominante ao chinês e proporcionando apenas alguns lugares profissionais baseados no domínio do tibetano, as autoridades contribuíram para dar a este a imagem de língua inútil.

Mencionemos igualmente a emergência de um falar misto tibetano-chinês chamado *ramalug-kä* (*ra ma lug skad*) («meio cabra, meio carneiro»), que se desenvolve nas cidades.

Em Maio de 2002, o governo chinês aprovou uma lei para proteger a língua tibetana. Esta lei afirma que o tibetano é a «língua comum da Região Autónoma do Tibete» e que deveria ser aprendida por todas as pessoas que residam no Tibete.

Por ausência de medidas e encorajamentos precisos, esta lei não irá melhorar a situação da língua tibetana. Entre as dificuldades susceptíveis de entravar o desenvolvimento da língua e da cultura encontra-se a diversidade dialectal, porque não há intercompreensão entre todos os dialectos.

Nestas condições, é necessário promover um tibetano padrão, mas o governo central nem sempre tomou medidas neste sentido, embora uma língua padrão baseada no dialecto de Lassa se venha desenvolvendo naturalmente há algumas décadas.

Stéphane Gros et Nicolas Tournadre

➤ BUDISMO, CONTROLO POLÍTICO E CENSURA, DIREITOS DO HOMEM, NACIONALIDADE, OESTE (PROJECTO DE DESENVOLVIMENTO DO), REGIÕES FRONTEIRIÇAS, TIBETANOS, TURISMO

TONTINAS

As tontinas são associações de entreajuda financeira e de crédito que na China têm origens muito antigas, porque as primeiras teriam aparecido durante a época dos Tang (618-907).

Hoje como no passado, os membros de uma mesma comunidade podem decidir, por iniciativa de um deles, reunir-se periodicamente e, por ocasião de um banquete, proceder a entregas de dinheiro. A soma recolhida é colocada sucessivamente à disposição de cada um dos participantes.

Um tal sistema não pode funcionar a não ser que haja confiança mútua entre os seus membros, que deverão ser, portanto, em número limitado.

A tontina é uma instituição informal de uma grande flexibilidade, embora as normas de funcionamento estejam antes claramente definidas. Há muitas variantes em função das regras e da ordem de concessão do crédito (o levantamento) entre os participantes, dos modos de reembolso e das cotizações (em função de se ter já obtido ou não o crédito).

A forma mais difundida é a de levantamento por licitação. Quem fizer a oferta mais elevada (a soma que resultará na diminuição das cotizações dos outros membros) obtém o crédito.

Trata-se, portanto, de um verdadeiro mercado à escala da comunidade, onde se confrontam oferta e procura, porque as motivações dos participantes são diferentes e complementares, desejando uns obter um crédito para financiar um investimento ou fazer face a despesas extraordinárias, enquanto outros pensam simplesmente obter dividendos dos fundos de que dispõem.

Os primeiros são incitados a fazer licitações elevadas para obterem o mais rapidamente possível o seu levantamento, enquanto os outros retardam tal obtenção para fazerem aumentar os seus ganhos.

Este tipo de organização justifica-se num contexto em que os mercados de crédito e de seguros são inoperativos ou estão segmentados. Ora, na China, é muito difícil um empresário individual encontrar financiamento para os seus projectos junto do sistema bancário e são também limitadas as oportunidades de colocação das poupanças das famílias, frequentemente muito avultadas.

Os poderes públicos proíbem oficialmente estas práticas, Mas, na verdade, estas restrições são muitas vezes contornadas, o que exemplifica bem a diferença tão frequente entre o discurso oficial e os comportamentos efectivos.

Poder-se-ia pensar que com a introdução progressiva de estruturas comerciais (certamente muito limitadas na esfera financeira), estas formas originais de obtenção de crédito perdessem a sua justificação.

Todavia, a finalidade da tontina não é de ordem estritamente económica, porque se trata de um modo de estruturação social e parece que no mundo chinês (ao contrário do que se passa no Japão) estas organizações se mantêm, como se pôde verificar entre os Chineses do estrangeiro ou em Taiwan.

Em Hong Kong as tontinas participam em associações mais vastas, que podem recolher fundos consideráveis e influenciar de forma não negligenciável a actividade económica no território. São cobradas comissões para se proceder à perequação dos riscos e para pagar um imposto exigido pelo governo.

São intermediários financeiros não monetários (na ausência de depósitos, não contribuem para o aumento da massa monetária) que constituem um complemento incontestável do sistema bancário tradicional.

Yves Citoleux

➤ COOPERATIVAS RURAIS DE CRÉDITO, INFORMAL, MIGRAÇÕES INTERNACIONAIS E DIÁSPORA, REDES

TRABALHO

Nos anos 90, houve no domínio do trabalho uma série de mudanças que afectou, não só os grandes equilíbrios macroeconómicos, mas também as condições de vida dos trabalhadores.

Em 2003, a população activa elevava-se a 760,75 milhões de indivíduos. Dos 744,52 milhões de que trabalham, 256,39 milhões são urbanos e 487,93 milhões são rurais.

A repartição por sector revela uma transformação radical. O terciário ocupa agora 29,3% da população activa (218,09 milhões), contra 18,5% em 1990, ao passo que o sector primário passou de 60,1% para 49,1% (160,77 milhões).

Quanto ao sector secundário, permanece estável. Embora o número de operários e empregados das empresas do Estado tenha baixado 34,7 milhões, cifrando-se em 68,76 milhões, esta redução foi compensada pelo desenvolvimento de um novo sector transformador que emprega camponeses imigrantes.

Paralelamente, o emprego no sector privado e individual cresceu 35,96 milhões desde 1990 e empregava 42,67 milhões de pessoas em 2003. No conjunto do período, representou 46,45% dos novos empregos.

O desemprego não afecta senão oito milhões de pessoas, apesar dos despedimentos maciços desde os anos 90. Mas este número apenas toma em consideração os desempregados registados, essencialmente trabalhadores urbanos que estão abrangidos pelo novo sistema de segurança social e cujas empresas desapareceram.

Exclui assim os empregados que passaram à reforma antecipada e têm de continuar a trabalhar para sobreviver – os *xiagang gongren*, desempregados que, embora já não ocupem qualquer posto de trabalho, continuam a ser «empregados» pela empresa e a receber um modesto subsídio – e todos os indivíduos que apenas têm actividades episódicas (empregos temporários, a tempo parcial, etc.).

Neste contexto, o conceito de trabalho sofreu uma profunda transformação. Ter um emprego não significa ter um estatuto e uma identidade social. Trata-se, essencialmente, de uma relação económica entre um comprador e um vendedor de força de trabalho. Simultaneamente, o trabalho torna-se cada vez mais precário.

Segundo algumas análises, mais de metade dos novos empregos é informal: sem contratos e/ou temporários, a tempo parcial, sazonais, de empreitada, etc. Segundo números oficiais, a China urbana não cria senão nove milhões de empregos para uma procura que se eleva todos os anos a 23 ou 24 milhões.

No entanto, para além das avaliações globais, a situação é diversificada. A maioria das vítimas da reestruturação das empresas públicas vive num estado intermédio entre o trabalho e o emprego.

Recebem algumas prestações sociais, beneficiam do novo sistema de rendimento mínimo, recebem apoios sociais pagos pelas administrações sociais ou, então, contam com a solidariedade da família para sobreviver.

Ao mesmo tempo, as autoridades locais proporcionam-lhes pequenos trabalhos temporários: jardinagem, manutenção de espaços verdes, ajuda à polícia que se ocupa da circulação urbana, etc.

Entre os que conseguiram conservar o emprego, as situações são variáveis. Nalgumas empresas, estão em concorrência com os imigrantes e sofreram uma deterioração das suas condições de trabalho e de remuneração. Noutras empresas, nomeadamente nas que conservam alguma forma de monopólio (transportes, energia), as mudanças continuam a ser limitadas.

No que respeita aos imigrantes, entramos noutro mundo do trabalho. Os cerca de 100 a 120 milhões de camponeses que deixaram a terra foram trabalhar nas empresas transformadoras ligadas à exportação ou ocupar «nichos» de emprego com baixos níveis de remuneração que apareceram nas grandes metrópoles.

Todavia, o desenvolvimento destas empresas e surgimento destes nichos não podem ser considerados sem a existência desta mão-de-obra pouco exigente.

Nas zonas da costa em desenvolvimento, os imigrantes trabalham em empresas modestas ou de dimensão média em condições típicas da primeira industrialização: baixa remuneração, grande rotação da mão-de-obra, equipamentos técnicos e organização do trabalho rudimentares, condições de trabalho perigosas, maus-tratos habituais, etc.

A organização da produção, a hierarquia e as formas de resistência à exploração têm por base, frequentemente, a origem geográfica.

Quanto aos imigrantes que trabalham nas grandes cidades, dedicam-se a todas as actividades que os citadinos não querem realizar: restauração, recolha de lixo, trabalhos domésticos, etc.

É também necessário ter em conta o desenvolvimento, limitado mas muito real, do que se pode chamar o trabalho *high tech* dos engenheiros, financeiros, técnicos comerciais, consultores e especialistas em comunicação, que acompanha a prosperidade das grandes empresas chinesas e estrangeiras.

Atentemos ainda nas dificuldades que os jovens citadinos que não conseguiram passar no exame de admissão à faculdade têm para encontrar trabalho. Não podendo ocupar um emprego *high tech* e encontrando-se em concorrência com os imigrantes, estão também muitas vezes reduzidos à precariedade.

Jean-Louis Rocca

➤ DESEMPREGO, EMPREGO, IMIGRANTES, OPERÁRIOS, PROTECÇÃO SOCIAL, SINDICATOS

TRANSPORTES

O forte crescimento económico destes últimos anos na China deu origem a necessidades de transporte que as infra-estruturas existentes não estão em condições de satisfazer, apesar dos esforços recentes para modernizar e alargar as redes ferroviárias, rodoviárias e aéreas.

Em 2002, a estrada e o caminho-de-ferro asseguraram o essencial do tráfego de passageiros com 55% e 35% dos passageiros-quilómetro.

O transporte ferroviário é o modo mais utilizado nas longas distâncias. Todavia, a saturação da rede continua a ser um obstáculo que não lhe permite evoluir ao mesmo ritmo que a estrada ou o avião, pelo que a parte do mercado ferroviário relativa aos particulares não tem deixado de diminuir (era de 60,6% em 1980).

A rede fluvial e marítima é preponderante no transporte de mercadorias (55% do tráfego em toneladas-quilómetro em 2002), se se incluir o transporte internacional. O caminho-de-ferro vem em segundo lugar (31%), mas calcula-se que apenas 35% da procura de transporte ferroviário seja satisfeita. Devido sobretudo às longas distâncias a percorrer, a estrada não assegura senão 13% do tráfego de mercadorias.

A insuficiência da rede rodoviária é, de facto, evidente. No ano 2000, a China tinha apenas 940 quilómetros de estradas por milhão de habitantes (ou seja, 25 vezes menos do que os Estados Unidos). A extensão da rede era de 1,755 milhões de quilómetros em 2002 (incluindo 25 100 quilómetros de auto-estradas).

Esta rede cresce rapidamente e os investimentos passaram de 0,3% do produto interno bruto nos anos 80 para 2,5% em 2004. Foi feito um esforço particular no domínio das auto-estradas, tendo como objectivo 35 000 quilómetros até 2010.

A rede ferroviária chinesa é muito extensa, mas insuficiente, por ser lenta e estar saturada. A sua extensão era de 72 000 quilómetros em 2002, havendo apenas 17 400 de linhas electrificadas. O objectivo é alcançar 100 000 quilómetros em 2020. Todavia, as rigidezes deste modo de transporte não permitem que seja concorrencial com a estrada e o avião, que estão em pleno desenvolvimento.

Enquanto o tráfego dos portos marítimos está em forte expansão (tendo à cabeça Xangai e Cantão), a dimensão da rede fluvial navegável está, por seu lado, em forte diminuição (110 000 quilómetros em 2004, contra 172 000 em 1960), devido a investimentos insuficientes.

O crescimento notável do transporte aéreo deverá vir a ser confirmado nos anos futuros. Em termos de volume transportado, a China passou em 2004 do quinto para o terceiro lugar mundial, muito perto dos Estados Unidos e da Alemanha, e tornou-se o primeiro mercado mundial para os aviões de transporte.

Em 2001, foram constituídos três grandes grupos, Air China, China Eastern Airlines e China Southern Airlines, que controlam 80% do mercado interno e a quase totalidade do tráfego internacional assegurado pelos Chineses.

Nas grandes cidades, o crescimento do parque automóvel tem efeitos fortemente perniciosos, nomeadamente a poluição do ar e os engarrafamentos gigantescos. Parece necessário desenvolver os transportes públicos ferroviários, e não o transporte em autocarros, o modo urbano tradicional.

Por isso, está a ser alargada a rede de metro em Pequim, Xangai e Cantão. Estão em curso projectos de instalação de redes de metro numa dezena de cidades que ainda não dispõem delas.

Stéphanie Souche

➤ AUTOMÓVEL (SECTOR), BICICLETA, DISPARIDADES REGIONAIS, GRANDES GRUPOS, OESTE (PROJECTO DE DESENVOLVIMENTO DO)

TRÊS GARGANTAS (BARRAGEM DAS)

O projecto da barragem das Três Gargantas, no Yangtzé, foi aprovado pela Assembleia Nacional Popular em 1992.

Tem 2309 metros de comprimento. Dispõe de 26 turbo-alternadores e tem um elevador para navios e um sistema de eclusas nos dois sentidos. As águas elevavam-se a 145 metros de altitude em 2003 e a barragem foi concluída em 2006.

Sendo um projecto governamental, tem três objectivos: regular o curso do Yangtzé para evitar novas inundações na bacia média do rio, aumentar significativamente a produção hidroeléctrica nacional e melhorar a navegabilidade do rio, permitindo que navios de 10 000 toneladas subam até Chongqing.

Completa este projecto uma política de valorização turística da região das Três Gargantas.

Na verdade, a barragem irá permitir um extenso ordenamento das Três Gargantas e das regiões a montante do rio até Chongqing e irá melhorar a sua integração económica no delta do Yangtzé e em Xangai.

Denunciada, contudo, por cientistas e intelectuais, tanto na China como no Ocidente, a barragem poderá ver-se confrontada com riscos técnicos de acumulação de sedimentos e terramotos. As suas incidências ambientais são regionalmente muito importantes e continuam a gerar interrogações. Implica, para além disso, a cobertura parcial de um dos berços da cultura chinesa.

Provocou sobretudo o deslocamento de entre 1,2 e 1,4 milhões de pessoas, que o governo redistribuiu, por vezes, em regiões muito afastadas do seu lugar de origem, mas a quem apoia com uma política de auxílio e reconversão económica.

O projecto das Três Gargantas insere-se, finalmente, num programa mais vasto de desvio de uma parte das águas do Yangtzé para as regiões do Norte da China.

Thierry Sanjuan

➤ ÁGUA, AMBIENTE, ENERGIA E RECURSOS NATURAIS, HIDRÁULICA, OESTE (PROJECTO DE DESENVOLVIMENTO DO), YANGTZÉ

TRÊS REPRESENTAÇÕES

Divulgada por Jiang Zemin, em Fevereiro de 2000, e depois inscrita nos estatutos do Partido Comunista (PC), em Novembro de 2002, e na constituição da república popular, em Março de 2003, a teoria das «três representações» (*san ge daibiao*) estipula que o PC deve representar: as forças produtivas de vanguarda, a cultura chinesa moderna e os interesses fundamentais da maioria do povo.

Apesar da terceira afirmação, é o carácter elitista das «três representações» que prevalece. Como mostrou Jiang Zemin no seu discurso de 1 de Julho de 2001, esta nova abordagem teórica tem por objectivo permitir que as categorias socioprofissionais nascidas na era das reformas, e sobretudo os empresários privados (as forças produtivas de vanguarda), adiram ao PC.

Procurando absorver e doutrinar as novas elites, o PC pretende assim demonstrar que governa de harmonia com os tempos. Ao proceder deste modo, é sobretudo a sua legitimidade e a sua autoridade que tenta reforçar, esperando assim garantir melhor a sobrevivência do regime de partido único instalado em 1949.

Émilie Tran

➤ ELITES, IDEOLOGIA, JIANG ZEMIN, PARTIDO COMUNISTA

TURISMO

Com 83 milhares de milhões de dólares de receitas em 2004, a indústria do turismo representou 5% do produto interno bruto chinês. No final de 2002, tinha recebido mais de 50 milhares de milhões de dólares de investimentos estrangeiros. O seu crescimento regista uma forte progressão desde 1978.

O turismo interno é a principal fonte de receitas turísticas da China (70% do total em 2004) com mais de um milhar de milhões de turistas chineses (40% provenientes das cidades) a visitar o seu país. Estas deslocações, muito concentradas em três semanas de férias legais por ano, são encorajadas pelas autoridades, que vêem também neste crescimento um dos meios de contribuir para o desenvolvimento das províncias do Oeste.

Segundo a Organização Mundial do Turismo (OMT), a China continental será o primeiro destino turístico para estrangeiros, em todo o mundo, em 2020.

Dotada de uma rica herança histórica e cultural e de sítios naturais de uma grande diversidade, acolheu 109 milhões de visitantes em 2004, o que representa um crescimento de 19% em relação a 2003.

Os turistas não continentais privilegiam quatro destinos: Pequim, Xangai, Guangdong e Jiangsu. Para além dos provenientes de Hong Kong, Macau e Taiwan, que constituem 84% dos visitantes, dos restantes, dois terços provêm da Ásia, principalmente do Japão, da Coreia do Sul e da Malásia.

Depois das crises sanitárias (SRAS e gripe das aves) de 2003, as autoridades chinesas dedicam-se a reconstruir uma imagem positiva do seu país para atrair ainda mais turistas não asiáticos, como se pode ver com as campanhas de comunicação centradas nos Jogos Olímpicos de Pequim, em 2008.

De acordo com os compromissos aceites aquando da adesão à Organização Mundial do Comércio (OMC), as autoridades aceleraram igualmente a sua política de abertura do sector do turismo, tornando a China mais acessível (obtenção mais fácil dos vistos, melhoria das infra-estruturas aeroportuárias).

Autorizaram a criação da primeira agência de turismo de capitais exclusivamente externos em Dezembro de 2003, ou seja, dois anos antes do prazo fixado pela OMC.

Segundo a OMT, a China será o quarto país fornecedor de turistas ao mundo em 2020. 29 milhões de turistas chineses, 55% dos quais a título privado, saíram do país já em 2004, privilegiando Hong Kong e Macau em 70% dos casos.

O desenvolvimento do turismo é controlado pelas autoridades chinesas, que já concederam o estatuto de destino autorizado a 64 países ou territórios, entre os quais 22 países da União Europeia, desde 1 de Setembro de 2004.

Primeiro destino turístico mundial, a França recebeu 400 000 turistas chineses em 2003, num total de 75 milhões de visitantes, e esperava entre 1 e 1,5 milhões em 2006, tornando-se assim os chineses a sua primeira clientela turística.

A chegada de turistas chineses aos Estados Unidos (350 000 pessoas em 2003) deverá igualmente aumentar, tanto mais quanto a política de concessão de vistos aos chineses foi flexibilizada em Janeiro de 2005.

Isabelle Goi

➤ ANO NOVO, CONSUMO, FESTAS SAZONAIS, JOGOS OLÍMPICOS, LAZER, PEREGRINAÇÕES

U

UIGURES

De origem setentrional, os Uigures são Turco-mongóis. Instalados de início nos oásis ao longo do Taklamakan, são actualmente cerca de 9 milhões.

Budistas e maniqueístas, converteram-se ao Islão devido ao dinamismo da expansão do sufismo a partir do século X. De língua turco-chagatai, utilizavam o alfabeto árabe e identificavam-se, em primeiro lugar, pelo seu local de origem.

«Uigure» provém do nome da tribo turca Oghuz, cuja autoridade se impôs na Ásia Central no século VIII.

Reservado depois apenas aos budistas, concentrados em volta de Turfan, a designação «uigure» foi reutilizada a partir de 1937, imposta pelos soviéticos, para designar as várias populações sedentárias do Sul do Xinjiang actual.

Nas fontes chinesas, eram chamados «muçulmanos de cabeça com turbante» (*shantou hui*).

Durante o século XX, a sua situação geográfica, no coração da Ásia Central, colocou-os, de facto, na cena internacional, lisonjeados pelos Ingleses e cortejados pelos Russos e depois pelos Soviéticos.

Foram por fim os Chineses que ganharam este «jogo de influências». Dispõem desde 1955 de uma região autónoma em seu nome, a Região Autónoma Uigure do Xinjiang.

Os acasos da política levaram muitos Uigures a emigrar, formando uma diáspora de cerca de 3 milhões de pessoas, disseminadas pelos países da Ásia Central, a Turquia, a Alemanha, os Estados Unidos e a Arábia Saudita.

Hoje em dia, qualquer reivindicação identitária dos Uigures será considerada sediciosa. Repressão, migrações Han para o Xinjiang e disparidades sociais intensificaram as tensões com os Uigures.

Actualmente, reagindo às pressões do poder central, têm tendência a afirmarem-se prioritariamente como Uigures ou como muçulmanos, antes de se considerarem Chineses.

Sabine Trébinjac

➤ ISLÃO, NACIONALIDADES, OESTE (PROJECTO DE DESENVOLVIMENTO DO), RELIGIÃO, XINJIANG

UM PAÍS, DOIS SISTEMAS

Concebido para reintegrar no ambiente da China popular os confins insulares do país que escapam ao seu controlo, esta fórmula participa da perspectiva de compromisso da política de reforma e de abertura: a coexistência de sistemas políticos e económicos ideologicamente opostos.

Em 30 de Setembro de 1981, a declaração dita dos nove pontos do marechal Ye Jianying (1897-1986) propôs a Taiwan um grau elevado de autonomia enquanto região de administração especial, oferta que Deng Xiaoping resumiu, dois anos mais tarde, com a fórmula «um país, dois sistemas» (*yi guo liang zhi*).

Recusada por Taipé, esta fórmula foi pouco depois proposta ao Reino Unido e em seguida a Portugal, que a aceitaram para servir de quadro às retrocessões de Hong Kong e Macau.

A declaração sino-britânica de 26 de Setembro de 1984 estipula, assim, que «o sistema e a política socialistas não serão postos em prática na região de administração especial e o sistema e o modo de vida capitalistas de Hong Kong continuarão inalterados durante 50 anos» a contar do regresso do território à China, em 1 de Julho de 1997.

Um acordo similar foi assinado por Pequim e Lisboa, em 17 de Abril de 1987, o qual regula a retrocessão de Macau, que sucedeu em 20 de Dezembro de 1999.

Com as interferências do poder central chinês em Hong Kong e Macau a colocarem regularmente em causa o princípio da autonomia, Taipé defende, por enquanto, embora de forma implícita, uma soberania partilhada, e mesmo dividida, como se pode verificar pelas várias fórmulas contrárias propostas a Pequim: «uma China, duas entidades políticas», num primeiro momento, e, depois, «relações especiais Estado a Estado», apresentada por Lee Teng-hui, em 1999.

Embora a fórmula «um país, dois sistemas» já não seja o núcleo da política das autoridades continentais em relação a Taiwan, estas não deixam de se manter intransigentes quanto ao princípio da unidade da China e opõem-se a qualquer abdicação de soberania.

Françoise Mengin

➤ HONG KONG, MACAU, POLITICA EXTERNA, TAIWAN (A REPÚBLICA POPULAR DA CHINA E)

UNIÃO EUROPEIA (A CHINA E A)

As relações entre a República Popular da China e a União Europeia (UE), estabelecidas em 1975, baseiam-se num acordo de cooperação comercial e económica assinado em 1985 e completado por uma troca de cartas em 9 de Junho de 1994 onde se prevê o estabelecimento do diálogo político.

As relações sino-europeias passaram por um período de esfriamento após os acontecimentos de Tiananmen, que ficou assinalado pelo embargo europeu à venda de armas com destino à China, decidido em 27 de Junho de 1989.

Receberam, porém, um novo impulso nos anos 90. A «parceria global», lançada em 2001, foi orientada pela China e, em certa medida, pela França no sentido da promoção da multipolaridade, mas evolui desde 2003 para uma «parceria global estratégica».

O diálogo político sino-europeu intensificou-se, nomeadamente com realização de uma cimeira anual ao nível dos chefes de Estado e de governo a partir de 1998. Foi iniciado em 1995 um diálogo China-UE sobre os direitos do homem.

A cooperação da China com a Europa baseia-se actualmente numa vintena de diálogos e em seis acordos sectoriais. O orçamento de ajuda comunitária à China para 2005-2006 elevou-se a 250 milhões de euros.

A UE alargada tornou-se o primeiro parceiro comercial da China, com 177 milhares de milhões de euros de trocas entre ambos em 2004. Detendo 8% do stock de investimentos estrangeiros directos na China, a UE é nesta o primeiro investidor, a par dos Estados Unidos e do Japão. A China é desde 2002 o segundo parceiro comercial da UE, a seguir aos Estados Unidos.

Tendo em conta o défice europeu (78,4 milhares de milhões de euros em 2004), a UE deseja o reequilíbrio das suas relações comerciais com a China com base no respeito de Pequim pelos seus compromissos no seio da Organização Mundial do Comércio (abertura do mercado chinês e luta contra a contrafacção) e no desenvolvimento de parcerias estruturantes (Galileu, Airbus).

No domínio dos têxteis, as duas partes chegaram a um acordo amigável em 10 de

Junho de 2005 para limitar as exportações chinesas para o mercado europeu até 2008.

Pela sua parte, a China tem como prioridade que a UE levante o embargo imposto em 1989 e lhe conceda o estatuto de economia de mercado.

Dora Chesne

➤ COMÉRCIO EXTERNO, FRANÇA (A CHINA E A), INVESTIMENTO DIRECTO ESTRANGEIRO, ORGANIZAÇÃO MUNDIAL DO COMÉRCIO (A CHINA E A), POLÍTICA EXTERNA

UNIDADES DE TRABALHO

Tendo surgido depois da realidade correspondente, o conceito sociológico de unidade de trabalho (*danwei*) é relativamente recente, porque só apareceu na viragem para os anos 80 e em primeiro lugar nas investigações ocidentais.

Designa o que alguns observadores apresentaram como a principal especificidade da sociedade urbana chinesa: a sua organização em torno e a partir dos lugares de trabalho.

O conceito de unidade de trabalho apresenta diferenças segundo os autores e as épocas, mas todas as definições concordam quanto às suas características de base, a saber: a pertença da unidade de trabalho ao sector público, a sua multifuncionalidade, o seu relativo fechamento ao resto da sociedade e a quase ausência de mobilidade da mão-de-obra.

As unidades de trabalham formavam assim, até ao final dos anos 80, as células de base do Estado e também do Partido Comunista (PC), cujo aparelho se apoiava nos milhares de células organizadas ao nível dos lugares de trabalho, permitindo a sua penetração no nível mais profundo da sociedade urbana.

As grandes empresas do Estado, ponta de lança da industrialização e da modernização socialista, eram as unidades de trabalho que dispunham dos recursos económicos e dos apoios políticos mais importantes.

Foram elas que encarnaram melhor, durante mais de quatro décadas, a unidade de trabalho, devido ao grande número e à qualidade dos equipamentos que colocavam à disposição dos seus empregados.

Todavia, todas as organizações urbanas públicas, incluindo as administrações, os centros desportivos e as empresas colectivas, eram unidades de trabalho, tendo também elas a seu cargo serviços e equipamentos sociais, mas sobretudo as mesmas missões de natureza política e administrativa que as mais célebres fábricas estatais.

A unidade de trabalho não foi fruto de uma escolha explícita e planificada por parte das autoridades. Foi criada progressivamente nos anos 50 e 1960 como modalidade prática de implementação das grandes políticas do regime.

Contrariamente aos outros países socialistas, o esforço de desenvolvimento do Partido-Estado, tanto dos seus aparelhos burocráticos, como das suas actividades, realizou-se, não por intermédio de uma amplo espectro de instituições públicas (administrações locais e nacionais, células do PC, sovietes, etc.), mas quase exclusivamente nos lugares de trabalho.

Assim, ao longo dos anos e na aplicação das políticas públicas, os lugares de trabalho urbanos viram ser-lhes confiados a construção de habitações para os seus empregados, a gestão dos sistemas de segurança social, o controlo e a vigilância dos indivíduos, a organização e acompanhamento das campanhas políticas, o registo de toda uma série de actos administrativos (dossiê individual, registo dos lares, certificados de casamento), a luta contra as pequenas ilegalidades e a criação de escolas e de serviços de saúde.

Até à segunda metade dos anos 90, as autoridades chinesas continuaram a confiar às empresas do Estado e às outras organizações públicas a aplicação das suas grandes políticas sociais.

Unidades de Trabalho

As unidades de trabalho foram encarregadas da melhoria do habitat com uma política de grandes trabalhos, da luta contra o desemprego com a contratação de milhões de jovens no sector público e de programas de saúde pública, cujos custos foram essencialmente assumidos por intermédio de serviços sociais de saúde que as unidades de trabalho geriam com os seus próprios fundos.

Contudo, as transformações que a economia e a sociedade sofreram desde o início do processo das reformas e, sobretudo, o desenvolvimento da economia não pública obrigaram o regime a desmantelar as unidades de trabalho a partir da segunda metade dos anos 90.

As empresas do Estado encontravam cada vez maiores dificuldades para enfrentar a concorrência dos intervenientes do sector privado, que não tinham de financiar serviços sociais e administrativos.

Os citadinos que trabalhavam fora do sector público não beneficiavam, para além disso, dos serviços e vantagens sociais dos seus colegas do sector estatal. A legitimidade do regime estava, portanto, a ser posta em causa, quer pelas dificuldades económicas da indústria do Estado, quer pelo crescimento das desigualdades no acesso aos serviços sociais de base.

O processo de desmantelamento das unidades de trabalho foi longo e complexo. Foi iniciado com o abandono da prática do emprego para toda a vida, a partir de 1996, quando começaram a aparecer os primeiros *xiagang*. Deste modo, foi o núcleo do sistema das unidades de trabalho que desapareceu: não fora possível organizar a aplicação das grandes políticas do Partido-Estado senão com estruturas estáveis e controláveis.

O sistema das unidades de trabalho pertence hoje à história, ainda que algumas organizações pareçam ter escapado por enquanto às grandes reformas lançadas em 1996.

As transformações foram consideráveis, não só para os próprios citadinos, mas também para as formas de intervenção do PC e as modalidades de acção do Estado.

Durante quase cinco décadas, o essencial das políticas no domínio social, na redistribuição dos recursos aos citadinos e também no controlo quotidiano dos indivíduos foi criado e aplicado em locais de trabalho constituídos assim em unidades de trabalho.

O que as autoridades enfrentam hoje é, portanto, uma nova construção do Estado e das suas estruturas administrativas.

Actualmente, os citadinos têm de se voltar, por seu lado, para novos e numerosos interlocutores.

Enquanto até agora os trabalhadores do sector público e as suas famílias dependiam das suas empresas para a educação dos filhos, o acesso à saúde ou as férias, actualmente têm de lidar com organismos privados, administrações públicas e estruturas mistas.

As gerações que cresceram nas unidades de trabalho têm dificuldades efectivas em se adaptar às novas regras da sociedade.

Na verdade, a universalização do acesso aos serviços sociais não se realizou, mas a fronteira entre os beneficiários e os excluídos foi deslocada: já não se situa entre os trabalhadores do sector público e os do sector privado, mas entre os que possuem rendimentos suficientes e os que se encontram em situação económica precária.

Esta reconfiguração dos privilégios e das exclusões é actualmente uma das características mais marcantes da sociedade chinesa.

Pierre Miège

➤ CONTROLO POLÍTICO E CENSURA, ESTRATIFICAÇÃO SOCIAL, PROTECÇÃO SOCIAL, QUARTEIRÃO (GABINETES DE), RESIDENTES (COMITÉS DE)

URBANISMO

O termo chinês *chengshi* (cidade) corresponde às duas principais funções antigas da cidade: a defesa (*cheng*, a muralha) e o comércio (*shi*, o mercado).

Revela que a cidade era o centro político e comercial do país, apesar de este ter uma população maioritariamente rural.

Muito cedo foram desenvolvidos projectos de urbanismo para ajudar os imperadores e os senhores feudais a utilizar as cidades como dispositivos de controlo do seu território. As cidades eram planificadas antes de serem construídas.

A sua disposição, estritamente regulamentada pelo *Zhou li* («Ritual dos Zhou»), caracterizava-se por uma orientação exacta de norte para sul e uma forma de tabuleiro de xadrez, rodeada por uma muralha em quadrado. As cidades eram hierarquizadas em função da sua população. Os citadinos eram registados e agrupados segundo a sua classe social em quarteirões diferentes.

Não havendo uma verdadeira industrialização, a taxa de urbanização foi muito fraca até ao início do século XX. As zonas rurais, directamente controladas pelos proprietários fundiários, eram o centro da produção da economia nacional.

O termo «urbanismo» apareceu pela primeira vez na China em relação com o projecto da Grande Xangai, elaborado em 1930, durante o regime nacionalista. Nos anos 30, os intelectuais formados no estrangeiro, uma vez regressados à China, começaram a difundir teorias sobre o urbanismo moderno, entre as quais a da cidade-jardim, de E. Howard, e a cidade radiosa, de Le Corbusier.

No entanto, foi apenas em 1952 que a primeira formação especializada em urbanismo foi criada na Universidade Tongji, em Xangai.

Embora na China os conhecimentos sobre as cidades não estivessem muito atrasados, quando comparados com aos países ocidentais, a urbanização ficou muito tempo dominada pela relação complexa entre o crescimento urbano e a produção agrícola.

Aquando da proclamação da república popular, em 1949, a China era ainda um país agrícola. A população urbana – 77,25 milhões de citadinos recenseados em 1954 – não representava senão 13,6% da população total.

Sob a influência da ideologia soviética, que pretendia que a indústria estivesse na origem da cidade moderna, a nova China pôs em prática a primeira parte do seu crescimento urbano seguindo a via da industrialização planificada.

O I Plano Quinquenal, lançado em 1953 com o objectivo de lançar as bases de um vasto sector industrial à escala nacional, previa a criação de pequenas e médias cidades industriais no interior da China e o desenvolvimento de cidades-satélite industriais em redor das grandes metrópoles.

Foi então inventado o sistema de registo de residência (*hukou*) para estabilizar a população nos seus territórios e assegurar assim o controlo óptimo nas relações entre as cidades e as zonas rurais.

A população nacional foi dividida em duas categorias, segundo a sua ocupação: população rural, dedicada às actividades agrícolas, e população urbana, para todas as actividades não agrícolas.

A caderneta de registo de residência urbana, gerida pela polícia municipal, permitia habitar na cidade correspondente, ser trabalhador nas empresas do Estado ou colectivas, ter acesso à segurança social e aos bens racionados e beneficiar dos serviços públicos urbanos.

Apesar de uma circulação das pessoas cada vez mais livre, o sistema de registo de residência continuava em vigor. As pessoas que moravam numa cidade sem dispor desta caderneta eram consideradas «população flutuante».

O sucesso do I Plano Quinquenal suscitou um voluntarismo cego e conduziu à política do Grande Salto em Frente, lançada em 1958, que preconizava alcançar os países capitalistas industrializados, industrializando a China em cinco anos.

Esta orientação conduziu a um crescimento excessivo da população urbana e à perturbação do equilíbrio económico entre os sectores. Vários desastres naturais consecutivos entre 1959 e 1961 e a retirada dos especialistas soviéticos em 1960 agravaram a situação e colocaram a economia chinesa numa situação crítica. Esta crise suscitou hostilidade contra as cidades e o regresso à produção agrícola passou a ser o centro das preocupações da política nacional.

A construção e o ordenamento urbano não voltaram à agenda política senão com o fim da Revolução Cultural, em 1979.

Após as experiências de reforma económica realizadas com êxito nos meios rurais, o decreto relativo à reforma nacional do sistema da economia, de 1984, colocou as cidades no centro da economia de mercado e decidiu aplicar também nelas a referida reforma.

A urbanização foi então relançada por duas medidas administrativas: a competência em matéria de urbanismo passou a ser, com algumas excepções, descentralizada ao nível dos governos municipais e foi adoptado nas cidades um sistema de receitas fiscais previamente fixadas, com o governo central a não cobrar senão esse montante sobre as receitas fiscais locais, ficando o restante à disposição dos governos municipais.

Com autonomia reforçada e recursos e responsabilidades precisos, as cidades puderam passar a dialogar directamente com o Estado e a afirmar-se como actores políticos de primeiro plano.

Nas duas últimas décadas decorreu a segunda fase importante de crescimento da urbanização na história da China contemporânea.

O número de cidades passou de 193 em 1978 para 633 no ano 2000. A população urbana elevava-se a 523,76 milhões em 2003, ou seja, 40,53% da população nacional. Há actualmente 37 metrópoles em que a população ultrapassa um milhão de habitantes.

Esta explosão urbana ficou assinalada nomeadamente pela formação de três grandes regiões metropolitanas, a saber, o delta do Yangtzé, o delta do rio das Pérolas e região Pequim-Tianjin-Tangshan, que são hoje os pilares da economia chinesa.

Em 1999, o Estado lançou um projecto de desenvolvimento do Oeste da China. Está em curso de elaboração uma nova estratégia de urbanismo nacional.

Zhuo Jian

▶ ARQUITECTURA, CIDADES, CIDADES E AS ZONAS RURAIS (AS), HABITAÇÃO, IMOBILIÁRIO (SECTOR), MEGALÓPOLES, OESTE (PROJECTO DE DESENVOLVIMENTO DO), PEQUIM, XANGAI

XANGAI

Xangai tem um lugar particular no destino contemporâneo da China.

A criação de concessões estrangeiras após o tratado de Nanquim, em 1842, e os seus alargamentos sucessivos até 1914 estão na origem de uma cidade dividida durante muito tempo em três sectores: sob administração de uma elite urbana no interior da concessão internacional, sob a autoridade do cônsul na concessão francesa e sob a autoridade dos poderes locais chineses no Sul e no Norte.

Rapidamente esta cidade portuária situada na margem oeste do Huangpu, um afluente que se dirige directamente para a embocadura do Yangtzé, foi dominada no seu centro por uma cidade moderna de imigrantes ocidentais. A grande maioria da população continuou, no entanto, a ser constituída por Chineses desejosos de encontrar trabalho e de fugir às crises políticas e económicas do final do império e, depois, da república.

A partir da segunda década do século XX, a cidade teve um surto de desenvolvimento de uma poderosa indústria ligeira e agro-alimentar. Sob o impulso de dirigentes de empresa chineses, Xangai abriu-se às inovações tecnológicas e tornou-se um pólo de crescimento económico, comercial e financeiro. O seu porto assegurava então metade do comércio externo do país.

Xangai era sobretudo a metrópole que soube combinar as culturas ocidental e chinesa. A sua arquitectura, os seus *lilong*, os seus modos de trabalho e de vida, como, por exemplo, o lugar que reservava às mulheres, eram disso testemunho.

Uma sociedade de consumo e de lazer veio corresponder à formação progressiva de uma classe média que obedecia aos padrões das grandes cidades ocidentais. Primeiro pólo de produção e de serviços do país, Xangai encarnava então a China moderna, capitalista e cosmopolita.

Tudo mudou em 1949, quando os comunistas colocaram um fim brutal a este desenvolvimento de uma China capaz de dar resposta ao desafio ocidental. Os laços com o estrangeiro foram cortados, a economia urbana foi nacionalizada e planificada e a elite anterior fugiu para Hong Kong e Taiwan ou foi privada dos seus meios de acção. A cidade teve de suportar a ideologia oficial, hostil a qualquer influência estrangeira.

Após 1978, a China das reformas e da abertura ignorou Xangai numa primeira fase e privilegiou as províncias meridionais. Xangai continuou a ser um pilar económico e social interior que o poder comunista decidiu colocar ao abrigo de uma aventura ainda incerta.

A cidade ficou privada de grande parte do seu orçamento em benefício do governo central. Apoiou a sua orientação industrial, rodeando-se a perder de vista com subúrbios monótonos feitos de «muralhas» colectivas de cinco andares.

Todavia, após os acontecimentos de 1989 e uma breve fase de austeridade, as autoridades centrais lançaram o país na «economia socialista de mercado», em

1992. A China entrava, por sua vez, na mundialização.
É Xangai que encarna esta mudança e se torna o seu farol.

A cidade lucrou com a ascensão às mais altas responsabilidades do Estado de dois dos seus antigos presidentes da câmara, Jiang Zemin e Zhu Rongji, respectivamente, presidente da república e primeiro-ministro. Beneficiou também da vontade declarada pelo governo central de vir a retomar a iniciativa face ao desenvolvimento do Sul do continente.

Ora, Xangai está, felizmente, situada no centro do litoral chinês e à saída do eixo leste-oeste do Yangtzé, que a construção da barragem das Três Gargantas deve ir valorizar.

Dotada de uma bolsa e de muitos serviços destinados às empresas, Xangai é exemplo também do lugar que as cidades encontraram no desenvolvimento chinês enquanto pólos de crescimento, redistribuindo as suas actividades industriais pela periferia e rearticulando redes urbanas e comerciais à escala regional e, a prazo, à escala nacional.

A Xangai do século XXI acolhe corridas de fórmula 1 e prepara uma exposição universal para 2010. Foi concebida uma nova ópera pelo arquitecto francês Jean-Marie Charpentier. A renovação de Xangai ficou sobretudo marcada pelo lançamento da Nova Zona de Pudong, em 1990.

Longe de ser uma ruptura, a vitalidade da cidade é uma renovação. A nova Xangai, que destruiu os seus *lilong* e expulsou grande parte da sua população para a periferia, insere-se num linha de continuidade que remonta aos anos 20.

A idade de ouro da cidade não deixa, aliás, de ser reabilitada em museus, exposições e publicações. É o mesmo entusiasmo que permeia também a moda e a criação com a abertura de lugares pós-modernos como os cafés em voga de Xin Tiandi, um antigo *lilong* reabilitado.

Prolongando, por fim, a sua vocação cosmopolita inicial, cada uma das cidades novas da periferia da cidade central de Xangai pretende actualmente afirmar uma arquitectura estrangeira diferente.

Xangai torna-se deste modo a janela de uma China moderna, que recupera a memória e a utiliza, bem no centro do seu desenvolvimento espectacular, para se impor no século XXI como uma das grandes metrópoles da mundialização.

Thierry Sanjuan

➤ CIDADES, PÁTIOS, PUDONG, URBANISMO

XINJIANG

Os territórios que correspondem ao Xinjiang, a «nova fronteira» em chinês, foram assim designados após a sua conquista pelos Qing, em meados do século XVIII.

Esta região desértica, cuja área corresponde a um sexto da república popular, engloba ao sul a bacia do Tarim, ladeada pelos montes Altyn, Kunlun, Pamir e Tianshan, e ao norte a bacia da Dzungaria, encerrada pela cordilheira Tian Shan e pelo Altai.

Acolhendo populações de dominante turcófona muçulmana, adquiriu autonomia formal, em 1955, devido à política comunista das nacionalidades, ficando com o nome de Região Autónoma dos Uigures do Xinjiang.

Em 2002, esta região autónoma tinha oficialmente 19 milhões de habitantes, sendo 45% Uigures, 41% Han, 7% Cazaques, 5% Hui e cerca de 1% Mongóis e Quirguizes, além de outras minorias em número menos importante.

Desde 1949 que este território da Ásia Central, durante muito tempo marginal, é objecto de uma integração cada vez maior. Regista, nomeadamente, uma imigração Han maciça, canalizada em parte para as colónias semimilitares, dirigidas pelos poderosos Corpos de Produção e de Construção do Xinjiang.

Fazendo fronteira com a Mongólia, a Rússia, o Cazaquistão, o Quirguistão, o Tajiquistão, o Afeganistão, o Paquistão e a Índia, este território estratégico contém jazidas importantes de hidrocarbonetos (Karamay, bacia do Tarim).

Tendo beneficiado de investimentos importantes por parte do governo de Pequim e da aproximação entre a China e os seus vizinhos da Ásia Central, o Xinjiang teve nestas últimas dezenas de anos uma taxa de crescimento superior ao resto do Grande Oeste chinês.

Apesar de haver grandes desigualdades entre os Han e as minorias nacionais, a região autónoma está classificada em 12.º lugar na China em termos de produto interno bruto por habitante.

Esta região, que teve duas independências efémeras no século passado com o nome de República do Turquestão Oriental (1933-1934 e 1944-1949), foi recentemente agitada por perturbações separatistas de fraca intensidade.

As autoridades chinesas responderam à subida de tom das reivindicações anticolonialistas e separatistas, sancionando severamente qualquer expressão política, religiosa ou cultural subversiva, prosseguindo a sua política de colonização demográfica e de investimentos e promovendo o uso do mandarim no sistema escolar.

Rémy Castets

➤ ISLÃO, NACIONALIDADE, OESTE (PROJECTO DE DESENVOLVIMENTO DO), UIGURES

Y

YANGTZÉ

O Yangtzé é o terceiro rio mais comprido do mundo, com 6300 quilómetros, e o seu débito médio é de 22 000 m³/s. Atravessa a China de oeste para leste, desde as montahas Kunkun, ao norte do planalto tibetano, até às margens do mar da China Oriental. Tem 3600 afluentes. Na sua embocadura, o seu débito anual é de cerca de 980 milhares de milhões de metros cúbicos.

Linha de demarcação entre as terras organizadas que vêm desde a planície do Norte e as diversas periferias meridionais do país, é sobretudo uma artéria ao longo da qual se concentraram e alinharam centros de povoamento constitutivos do mundo chinês: a bacia do Sichuan – os antigos países de Shu e de Ba –, os regimes dos lagos – Dongting e Poyang –, o delta do Yangtzé e, sobretudo, a sua parte sul, o Jiangnan.

Este conjunto regional do Yangtzé ocupa um lugar central no dispositivo territorial da China: representa, com efeito, 1,5 milhões de quilómetros quadrados, ou seja, 15% do território chinês, e concentrava 38% da população chinesa, bem como 39% do produto interno bruto do país, em 2004.

A linearidade levanta, contudo, a questão da organização espacial e da unidade regional a que dá origem. Há só uma região do Yangtzé? As supostas solidariedades entre as sub-regiões atravessadas, as que existem entre as cidades multimilionárias de Chengdu, Chongqing, Wuhan, Nanquim e Xangai, e entre as economias locais ligadas pelo rio são entravadas pelas distâncias e a influência de centralidades exteriores como Pequim. O Yangtzé é, de facto, um laço entre segmentos regionais abandonados aos localismos e a lógicas transversais ao rio.

Para além da regularização do débito do Yangtzé e da produção de electricidade, o interesse da construção da barragem das Três Gargantas consiste em renovar esta configuração com uma integração tornada possível pela melhoria da navegabilidade fluvial e pelo acesso às terras interiores a partir do litoral.

A ligação mais fácil entre Chongqing e Xangai irá reforçar o papel integrador do rio como transversal essencial do território chinês. A barragem das Três Gargantas é sobretudo um instrumento de ordenamento do território e é completado pelo projecto de desenvolvimento do Oeste e pelo projecto, a jusante, da transferência de uma parte da água do Yangtzé para a planície do Norte.

Esta vontade de o Estado chinês construir um corredor de desenvolvimento perpendicular ao litoral está ao serviço de uma multiplicidade de desafios que, portanto, relevam do ordenamento do território, do desenvolvimento económico e da geopolítica.

A criação de uma região do Yangtzé não pode deixar de ir beneficiar a primazia de Xangai, actualmente ainda relativa, mas, mais ainda, a integração de um território chinês anteriormente fragmentado pelas lógicas da autarcia e que se tornou cada vez mais desigual desde há 20 anos, devido à concentração do surto de crescimento económico no litoral. Este desenvolvimento regional é, finalmente, uma resposta às hipóteses muitas vezes avançadas sobre uma possível e até iminente implosão da China.

Thierry Sanjuan

➤ ÁGUA, DISPARIDADES REGIONAIS, HIDRÁULICA, OESTE (PROJECTO DE DESENVOLVIMENTO DO), TRÊS GARGANTAS (BARRAGEM DAS)

YAO

Os Yao da China, que são mais de 2,5 milhões, habitam as províncias meridionais de Guangdong, Guizhou, Hunan, Yunnan, Jiangxi e, sobretudo, Guangxi, que representa só por si dois terços desta nacionalidade. Estão igualmente presentes no Vietname, no Laos e na Tailândia.

Agricultores montanheses, os Yao cultivam principalmente o arroz em terraços irrigados e em terras de queimada e o milho, o milho-miúdo, a mandioca e o centeio em certas zonas cársicas pouco favoráveis à agricultura.

A organização social é de tipo segmentar, patrilinear e patrilocal, sendo o grupo de linhagem, constituído em torno de uma casa original, a unidade de referência.

Os Yao formam uma sociedade acéfala, igualitária, em que as aldeias constituem unidades políticas autónomas. A sua religião associa o taoismo da tradição de Meishan e o culto dos antepassados.

A sua diversidade linguística e cultural muito grande intrigou durante muito tempo os especialistas. A actualização da «Carta do rei Ping», documento antigo que isenta perpetuamente os seus possuidores de taxas e corveias, sugere que a «etnia» – que é mencionada pela primeira vez na época dos Tang (618-907) com a designação Mo Yao, «não sujeitos a corveia» – se teria constituído por agregação de populações heterogéneas com base num privilégio fiscal partilhado.

Pascal Bouchery

➤ NACIONALIDADES

YUAN

O *yuan* ou *renminbi*, a «moeda do povo», é a moeda da República Popular da China.

A emissão e a circulação do *yuan* e a política de câmbios são da competência do banco central, o Banco Popular da China, que desempenha estas funções sob o controlo do governo.

Até ao início dos anos 80, a taxa de câmbio do *yuan* era fixada administrativamente pelas autoridades. Todavia, esta taxa não tinha qualquer papel nas decisões de exportar ou importar, que eram planificadas.

Desde 1981, o regime de câmbios evoluiu para responder aos imperativos da política de abertura económica (aumento das exportações e do investimento estrangeiro).

Entre 1981 e 1994, funcionou um regime duplo de câmbios que fazia coexistir uma taxa de câmbios oficial administrada e taxas de conversão cuja razão de existir era garantir a rentabilidade das exportações.

Em Janeiro de 1994, foi instituída uma taxa de câmbio única (8,28 *yuans* por dólar americano).

Em Abril de 1996, foi instituída a convertibilidade da moeda para as operações comerciais. As empresas que tivessem um contrato de importação podiam obter no mercado de câmbios, sem autorização prévia, as divisas necessárias para o pagamento da operação.

A convertibilidade existia também para as outras operações correntes, como o repatriamento dos lucros das empresas estrangeiras na China.

Mas a convertibilidade não se aplica às operações de capital. É necessário obter uma autorização para as operações de concessão ou obtenção de empréstimos no estrangeiro e também para investimentos no estrangeiro.

De 1994 a Julho de 2005, a taxa de câmbio permaneceu fixa em relação ao dólar, com uma margem de flutuação muito estreita (mais ou menos 0,2%). O Banco Popular da China interveio no mercado para manter a estabilidade dos câmbios.

Durante a crise financeira asiática de 1997-1998, que levou à desvalorização da maioria das moedas asiáticas, a China resistiu às pressões especulativas que foram exercidas para que houvesse desvalorização do *yuan*.

A partir de 2003, a desvalorização do dólar em relação à maioria das moedas (nomeadamente o euro) arrastou a desvalorização do *yuan* e fez aumentar as pressões internacionais a favor da revalorização da moeda chinesa. O Banco Popular da China interveio no mercado de câmbios para impedir tal revalorização.

No dia 21 de Julho de 2005, as autoridades chinesas introduziram uma reforma no regime de câmbios. Por um lado, revalorizaram o Yuan em 2% (8,11 *yuans* por dólar), por outro, decidiram fixar a sua taxa de câmbio em relação a um cabaz de moedas, e já não apenas por referência o dólar, o que deveria atenuar as flutuações da taxa de câmbio face às diferentes moedas estrangeiras.

Esta reforma foi um pequeno passo em direcção à flexibilização da política de câmbios, que continua a ser o objectivo a longo prazo das autoridades chinesas. Ficou longe da grande revalorização que algumas vozes reclamavam, nomeadamente nos Estados Unidos, que acusaram a China de beneficiar de uma competitividade induzida nos mercados mundiais graças a um *yuan* subavaliado.

Françoise Lemoine

➤ BALANÇA DE PAGAMENTOS, BANCA, COMÉRCIO EXTERNO, CRISE ASIÁTICA (A CHINA E A)

Z

ZHAO ZIYANG

Nascido em 1919 numa família de proprietários fundiários de Henan, Zhao Ziyang aderiu ao Partido Comunista (PC) em 1938, durante a guerra sino-japonesa.

Até 1949, ocupou diferentes funções na administração da sua província natal, antes de ser nomeado sucessivamente para Guangdong em 1950, Mongólia Interior em 1971, de novo para Guangdong em 1972 e depois para Sichuan em 1975, encarregado sobretudo das questões agrárias.

Nesta última província, a mais povoada da China, conseguiu inverter de maneira assinalável a situação económica.

No início da Revolução Cultural, a sua carreira foi brutalmente interrompida entre 1967 e 1971, data da sua reabilitação.

O regresso de Deng Xiaoping ao poder, no Verão de 1977, significou para Zhao Ziyang uma rápida ascensão política. Nomeado vice-primeiro-ministro encarregado dos assuntos económicos, em Abril de 1980, sucedeu alguns meses mais tarde a Hua Guofeng na função de primeiro-ministro.

Os anos 80 foram uma década decisiva na carreira do reformista Zhao Ziyang. Desempenhou um papel importante ao lado de Deng Xiaoping na política de modernização económica e procurou uma abertura prudente do sistema político, à qual os conservadores do PC souberam pôr freio.

Designado para secretário-geral do PC, em 1987, após a destituição de Hu Yaobang, Zhao Ziyang abandonou a sua função de primeiro-ministro ao conservador Li Peng.

A degradação da situação económica durante o ano de 1988 impôs uma política de austeridade que avivou as tensões sociais. Zhao Ziyang não conseguiu retomar o controlo da economia e viu-se pouco a pouco marginalizado perante os dirigentes conservadores do PC.

O ano de 1989 marca o fim da carreira política de Zhao Ziyang. As «perturbações contra-revolucionárias» provocadas pelo movimento estudantil e a que o secretário-geral do PC testemunhou a sua simpatia levaram a que fosse posto de parte.

Acusado de «falta política grave», Zhao Ziyang abandonou as suas funções e ficou em residência vigiada. Quando morreu em Janeiro de 2005, a direcção do PC recusou reavaliar o papel desempenhado durante os acontecimentos de 1989 pelo líder caído em desgraça.

Françoise Kreissler

▶ PARTIDO COMUNISTA, 4 DE JUNHO DE 1989 (ACONTECIMENTOS DE), REFORMAS E ABERTURA, REPÚBLICA POPULAR

ZHOU ENLAI

Zhou Enlai, nascido em 1898 e falecido em 1976, participou na fundação do ramo europeu do Partido Comunista (PC) chinês, em 1922, em Paris, e depois pertenceu sem interrupção à direcção do PC de 1927 até 1976.

Primeiro-ministro de 1949 até à sua morte e ministro dos Negócios Estrangeiros até 1958, Zhou não inspirou, todavia, nem a política externa, apesar dos seus reconhecidos talentos de diplomata, nem a política interna da China Popular.

Contentou-se em administrar sob a férula de Mao Tzé Tung, raramente se permitindo fazer qualquer desvio. Um deles, a oposição ao «primeiro Salto», de 1956, valeu-lhe acerbas críticas de Mao Tzé Tung, em 1958.

Mais tarde, o seu alinhamento com a facção maoista durante a Revolução Cultural não o impediu de se tornar alvo da campanha anticonfucionista, desencadeada em 1973.

A colaboração com um presidente fantasista e autoritário obrigou frequentemente este primeiro-ministro acomodatício a vergar a coluna. Sempre activo, Zhou Enlai foi o indispensável segundo, nada mais, excepto em ocasiões muito raras.

Durante a Revolução Cultural, manteve como pôde a actividade governativa e ajudou o exército a conter a anarquia.

No fim da vida, lançou o slogan das quatro modernizações, retomado por Deng Xiaoping, após a revolução chinesa ter ficado livre do seu pai fundador.

Lucien Bianco

➤ MAO TZÉ TUNG, PARTIDO COMUNISTA, QUATRO MODERNIZAÇÕES (AS), REPÚBLICA POPULAR, REVOLUÇÃO CULTURAL

ZHU RONGJI

Nascido em Changsha, Hunan, a 1 de Outubro de 1928, membro do Partido Comunista (PC) desde Outubro de 1949, e diplomado em engenharia eléctrica pela Universidade Qinghua, em 1951, Zhu Rongji foi primeiro-ministro entre Março de 1998 e Março de 2003.

Após ter sido vice-ministro da Comissão de Estado da Economia, entre 1983 e 1987, aquele de quem Deng Xiaoping dizia que «tinha as suas próprias ideias, ousava tomar decisões e tinha competência em economia», foi presidente da câmara de Xangai em 1987, onde se fez notar pela sua energia na modernização das infra-estruturas da cidade (telecomunicações e rede de transportes) e na criação de Pudong, um distrito vasto, escolhido para se tornar a montra da alta tecnologia e da finança.

Vice-primeiro-ministro encarregado da economia, a partir de 1993, foi também governador do Banco Popular da China.

Chamado o «czar da economia» pelos comentadores ocidentais e arquitecto da transição chinesa após o desaparecimento de Deng Xiaoping, Zhu Rongji ficou associado ao grande crescimento dos anos 90 e à tentativa de criação de um sistema de protecção social, tornado necessário devido à reestruturação das empresas do Estado.

Foi também apreciado pelo seu papel durante a crise financeira asiática e por ter negociado a entrada da China na Organização Mundial do Comércio, em Dezembro de 2001.

Oscilando entre a imperiosa necessidade da transição para a economia de mercado e o fascínio por um governo autoritário, Zhu Rongji quis ser o «primeiro-ministro do povo» e adoptou posições inflexíveis sobre a corrupção, o que não impediu que os seus filhos, financeiros hábeis, obtivessem contratos lucrativos.

Foi durante o seu ministério que rebentou o escândalo do contrabando em Xiamen, em que estava implicada toda a organização local do PC.

A sua estratégia reformadora foi, no entanto, posta em causa pela nova direcção chinesa, a partir de 2003.

Embora Zhu continuasse a ser popular no estrangeiro, o seu prestígio já não é tão elevado na China desde o fim do seu mandato. É-lhe criticado sobretudo ter permitido o descontrolo dos empréstimos não produtivos, que paralisaram o sistema bancário, ter financiado o crescimento graças a défices orçamentais recordes e ter aprovado projectos de infra-estruturas e programas de criação de emprego cuja viabilidade a longo prazo está sujeita a caução.

Entre as queixas figura igualmente a pouca atenção concedida aos problemas dos camponeses pobres das regiões centrais e ocidentais, tendo sido privilegiados pelas suas medidas económicas os residentes urbanos da franja costeira.

Desaprovando implicitamente a política de Zhu Rongji, Wen Jiaobao (nascido em 1942), que era, no entanto, seu protegido, ficou preocupado com as disparidades sociais crescentes e dedicou-se a partir de 2005 a promover a ideia de uma «sociedade harmoniosa».

François Gipouloux

➤ MERCADO (TRANSIÇÃO PARA A ECONOMIA DE), ORGANIZAÇÃO MUNDIAL DE COMÉRCIO (A CHINA E A), PUDONG, XANGAI

ZHUANG

Com uma população de mais de 16 milhões de indivíduos, os Zhuang, repartidos principalmente pelo Oeste da Região Autónoma Zhuang de Guangxi, junto à fronteira sino-vietnamita, pelo Yunnan e pelo Noroeste de Guangdong, são a nacionalidade minoritária mais numerosa.

Produto da política das nacionalidades, aplicada desde os anos 50, a «nacionalidade zhuang» reúne no mesmo conjunto étnico oficial a maioria das populações de língua tai de Guangxi (Butu, Buzhuang, Buyue, Buyi, Bunong, Buban, Budai, etc.).

Em Março de 1958, a criação da Região Autónoma Zhuang de Guangxi alargou a área de autonomia administrativa dos Zhuang, primeiramente circunscrita a uma prefeitura autónoma na parte ocidental, ao conjunto desta província, cuja metade oriental, adjacente a Guangdong, tinha uma população de maioria Han, principalmente de línguas cantonesa e hakka.

A região autónoma tem actualmente 12 nacionalidades: 62% de Han, 34% de Zhuang, cerca de 2,5% de Yao e cerca de 1% de Miao. O resto da população reparte-se por minorias com menor expressão (Dong, Mulao, Maonan, Hui, Jing, Yi, Shui e Gelao).

A representação oficial dos Zhuang, considerados como os «autóctones de Guangxi», em relação aos Han, de origem alógena, e a outras minorias (muçulmanos hui, Jing vietnamitas, Miao e Yi) esforça-se por dar uma imagem unificada desta nacionalidade, com a selecção de práticas e de atributos culturais que sirvam de marcadores comuns de identidade, como o dialecto de Wuming, elevado a língua padrão.

Esta representação não escapa ao processo de folclorização que tende a fixar as culturas das populações minoritárias num quadro estreito de tradições imutáveis.

Os Zhuang evocam inevitavelmente a prática dos cantos alternados, as habitações sobre estacas, que tendem a desaparecer, substituídas pelas habitações no solo dos Han, e a «festa do terceiro dia do terceiro mês».

A intensificação das disparidades económicas entre o Oeste e o Leste de Guangxi, nomeadamente devido ao impacto da estratégia de desenvolvimento do final dos anos 80, que favoreceu as planícies orientais e costeiras Han, fomentou a unidade política dos Zhuang.

Instrumentalizada com objectivos económicos, a nacionalidade foi mobilizada para uma maior autonomia administrativa, susceptível de apoiar o desenvolvimento económico das regiões interiores.

Apesar dos esforços das elites intelectuais, nos anos 90, para a promoção da cultura zhuang, a integração económica e política desta nacionalidade minoritária na nação chinesa cimenta igualmente a integração cultural dos Zhuang na China dos Han.

Apesar do número significativo de publicações em língua zhuang (mais de 120 títulos publicados entre 1984 e 1989), esta língua local não tem qualquer utilidade num desenvolvimento económico que se apoia sobretudo na educação em mandarim e na utilização de um dialecto Han (mandarim e cantonês). Tem actualmente sobretudo um valor de símbolo de identidade da nacionalidade zhuang.

Béatrice David

➤ DAI, HAN, MIAO, NACIONALIDADES, REGIÕES FORNTEIRIÇAS, YAO

ZONAS ECONÓMICAS ESPECIAIS

Foram criadas quatro zonas económicas especiais no Sul da China, em 1980: Shenzhen, Zhuhai e Shantou, na província de Guangdong, e Xiamen, na de Fujian. Foi acrescentada uma quinta com Hainan, em 1988.

O Estado pretendeu fazer destas zonas, mais do que outro espaço costeiro, os lugares simbólicos da abertura chinesa.

Todavia, a ambiguidade, tanto da sua função política, como da económica, fragilizou-as. A própria origem da ideia de «zona económica especial» permanece vaga.

Uma primeira explicação fala da vontade de Wu Nansheng, secretário do Partido Comunista da província de Guangdong, de criar em Shantou uma zona franca similar às de Taiwan. Outros invocam Ye Fei, então ministro dos Transportes, que teria pretendido encorajar o ramo de Hong Kong da companhia de navegação China Merchants a instalar-se em Zhekou.

A interpretação mais corrente sublinha a contiguidade destas zonas com os territórios reivindicados pelo regime de Pequim: Hong Kong, Macau e Taiwan.

As zonas económicas especiais deveriam fazer frente aos seus vizinhos capitalistas, graças à atracção dos capitais estrangeiros e das tecnologias avançadas, mostrar a capacidade da China comunista em inserir-se no sistema da economia mundial e, finalmente, dar segurança às populações chinesas dos territórios convidados a regressar à China.

De facto, as zonas económicas especiais foram antes de mais laboratórios das reformas circunscritas a territórios limitados e dispostos ao longo da costa meridional, nas províncias tradicionalmente abertas ao estrangeiro e suficientemente periféricas para não colocarem em causa o próprio país.

Clãs ideológicos opostos no seio do Partido Comunista lutaram constantemente a favor e contra o prosseguimento desta experiência. Em 1992, Deng Xiaoping visitou Zhenzen e reafirmou o seu papel piloto na política de reformas e de abertura.

Lugares de experiências, as zonas económicas especiais tornaram-se efectivamente canais privilegiados de comunicação entre a China e a economia mundial.

Nos anos 90, perderam a sua condição de excepção e passaram a integrar-se nas lógicas regionais. Integraram-se nos seus anteriores mentores capitalistas, em função da sua complementaridade económica e urbana.

Assim, muitos são os originários de Hong Kong que residem hoje em Shenzhen e vão trabalhar todos os dias para a região de administração especial de Hong Kong.

Thierry Sanjuan

➤ ABERTURA (LUGARES DE), HONG KONG, MACAU, REFORMAS E ABERTURA, TAIWAN

Lista dos Colaboradores

Élisabeth ALLÈS, antropóloga, CNRS.
Viviane ALLETON, linguista, EHESS.
Rigas ARVANITIS, economista, IRD.
Claude AUBERT, engenheiro agrónomo, INRA.
Estelle AUGUIN, socióloga, Universidade de Paris 5.
Stéphanie BALME, politóloga, CERI.
Marianne BASTID-BRUGUIÈRE, historiadora, CNRS.
Patricia BATTO, politóloga, CEFC (Hong Kong).
Lucien BIANCO, historiador, EHESS.
Pascal BOUCHERY, antropólogo, Universidade de Poitiers.
Jean-Pierre CABESTAN, jurista e politólogo, CNRS.
Bruno CABRILLAC, economista, ministério da Economia, das Finanças e da Indústria.
Catherine CAPDEVILLE-ZENG, antropóloga.
Michel CARTIER, historiador, EHESS.
Rémy CASTETS, politólogo, IEP de Paris.
Anne CHENG, historiadora das Ideias, INALCO.
Dora CHESNE, politóloga.
Leïla CHOUKROUNE, jurista, HEC.
Yves CITOLEUX, economista, Universidade de Paris 1.
Sébastien COLIN, geógrafo, Universidade de Paris 8.
Béatrice DAVID, antropóloga, Universidade de Paris 8.
Sylvie DÉMURGER, economista, CNRS.
Yves DOLAIS, jurista, Universidade de Angers.
Jean-François DOULET, geógrafo, Universidade de Aix-en-Provence.
Marie-Dominique EVEN, antropóloga, CNRS.
Guilhem FABRE, sociólogo, Universidade de Havre.
Chloé FROISSART, politóloga, IEP de Paris.
Luca GABBIANI, historiador, IEP de Estrasburgo.
Laurent GALY, historiador, INALCO.
François GIPOULOUX, economista, CNRS.
François GODEMENT, politólogo, IEP de Paris.
Isabelle GOI, economista, Universidade do Auvergne.
Vincent GOOSSAERT, historiador, CNRS.
Florence GRAEZER-BIDEAU, antropóloga, Universidade de Lausanne.
Stéphane GROS, antropólogo, Universidade de Paris 10.
Karine GUÉRIN, socióloga, EHESS.
Samuel GUÉRINEAU, economista, Universidade do Auvergne.
Gilles GUIHEUX, sociólogo, Universidade de Paris 7.
Adeline HERROU, antropóloga, CNRS.

Diana HOCHRAICH, economista, ministério da Economia, das Finanças e da Indústria.
Nathalie HOFFMANN, politóloga.
Marie HOLZMAN, socióloga, Universidade de Paris 7.
Jean-François HUCHET, economista, CEFC (Hong Kong).
JI Zhe, sociólogo, EHESS.
Antoine KERNEN, politólogo, Universidade de Lausanne.
André KNEIB, calígrafo, INALCO.
Françoise KEISSLER, historiadora, INALCO.
Christian LAMOUROUX, historiador, EHESS.
Françoise LEMOINE, economista, CEPII.
Nina LEVIN-JALLADEAU, coordenadora, Festival des Trois Continents.
LIVE Yu-sion, sociólogo, Universidade da Reunião.
Emmanuel MA MUNG, geógrafo, CNRS.
Jean-Marie MARTIN-AMOUROUX, economista, CNRS.
Pascal MAZODIER, estatístico, INSEE.
Michal MEIDAN, politólogo, INALCO.
Françoise MENGIN, politóloga, CERI.
Aurore MERLE, socióloga, Universidade de Lyon 2.
Évelyne MICOLLIER, antropóloga, IRD.
Pierre MIÈGE, sociólogo, Universidade de Berkeley.
Valérie NIQUET, politóloga, IFRI.
Jacqueline NIVARD, historiadora, EHESS.
Frédéric OBRINGER, historiador, CNRS.
David A. PALMER, sociólogo, EFEO.
Élisabeth PAPINEAU, antropóloga, Institut National de Santé Publique du Québec.
Sandra PONCET, economista, Universidade de Paris 1.
Caroline PUEL, jornalista, *Le Point*.
Mary-Françoise RENARD, economista, Universidade do Auvergne.
Jean-Louis ROCCA, politólogo, CERI.
Alain ROUX, historiador, INALCO.
Françoise SABBAN, historiadora, EHESS.
Thierry SANJUAN, geógrafo, Universidade de Paris 1.
Éric SAUTEDÉ, politólogo, Institut Ricci (Macau).
Alain SÉPULCHRE, engenheiro, CEFC (Hong Kong).
Stéphanie SOUCHE, economista, Universidade de Clermont-Ferrand 2.
Isabelle THIREAU, socióloga, CNRS.
Alain THOTE, arqueólogo, EPHE.
Nicolas TOURNADRE, linguista, Universidade de Paris 8.
Émilie TRAN, socióloga, EHESS.
Sabine TRÉBINJAC, antropóloga, CNRS.
Justine WHITE, economista, World Bank Institute.
Jean-Paul WIEST, politólogo, Universidade de Hong Kong.
Pierre-Étienne WILL, historiador, Collège de France.
WU Junyu, paisagista, EHESS.
Michèle ZEDDE, marionetista.
ZHANG Ning, historiadora, Universidade de Genève.
ZHANG Yinde, professor de literatura comparada, Universidade de Paris 3.
ZHENG Aiqing, jurista, Universidade do Povo (Pequim).
ZHUO Jian, arquitecto urbanista, Universidade Tongji (Xangai).

Bibliografia e Sítios da Internet

História e Cultura

BERGÈRE, Marie-Claire, *La Chine de 1949 à nos jours*, Paris, Armand Colin, 2000.
BLUNDEN, Caroline, e Mark ELVIN, *Cultural Atlas of China*, Abingdon, Checkmark Books (1983), reed. 1998.
BONNIN, Michel, *Génération perdue. Le mouvement des jeunes instruits à la campagne en Chine, 1968-1980*, Paris, EHESS, 2004.
CHENG, Anne, *Histoire de la pensée chinoise*, Paris, Seuil, 1997.
GERNET, Jacques, *Le Monde chinois*, Paris, Armand Colin, 1972.
LARIVIÈRE, Jean-Pierre (org.), *La Chine et les Chinois de la diaspora*, Paris, CNED-SEDES, 1999.
ROUX, Alain, *La Chine au XXe siècle*, Paris, Armand Colin (1998), 2006.

Geografia

DOULET, Jean-François, e Geneviève GERVAIS-LAMBONY (orgs.), *La Chine et les Chinois de la diaspora*, Paris, Atlande, 2000.
GENTELLE, Pierre, *Chine et « diaspora »*, Paris, Ellipses, 2000.
GENTELLE, Pierre, *Chine. Un continent... et au-delà?*, Paris, Belin, 2001.
GENTELLE, Pierre, e André GAMBLIN, *Chine et « Chinois » outre-mer à l'orée du XXIe siècle*, Paris, SEDES, 1999.
LARIVIÈRE, Jean-Pierre, e Jean-Pierre MARCHAND, *Géographie de la Chine*, Paris, A. Colin, 1999.
SANJUAN, Thierry, *La Chine. Territoire et société*, Paris, Hachette, 2000.
TROLLIET, Pierre, *Géographie de la Chine*, Paris, PUF, 1993, reed. 2000.

População

ATTANÉ, Isabelle (org.), *La Chine au seuil du XXIe siècle. Questions de population, questions de société*, Paris, INED, 2002.
BLAYO, Yves, *Des Politiques démographiques chinoises*, Paris, INED-PUF, 1997.

Língua

ALLETON, Viviane, *Grammaire du chinois*, Paris, PUF, 1973, reed. 1996.
ALLETON, Viviane, *L'Écriture chinoise*, Paris, PUF, 1970, reed. 2002.
BOTTERO, Françoise, e Redouane DJAMOURI (orgs.), *Écriture chinoise. Données et représentations*, Paris, EHESS, 2006.
CHAPPELL, Hilary (org.), *Chinese Grammar, Synchronic and Diachronic Perspectives*, Oxford, Oxford University Press, 2001.

Antropologia

ALLÈS, Élisabeth, *Musulmans de Chine. Une anthropologie des Hui du Henan*, Paris, EHESS, 2000.
BLANC, Marie-Ève, HUSSON, Laurence, e Évelyne MICOLLIER (orgs.), *Sociétés asiatiques face au sida*, Paris, L'Harmattan, 2000.
BULAG, Uradyn B., *The Mongols at China's Edge. History and the Politics of National Unit*, Lanham, Rowman and Littlefield Publishers, 2002.
CAPDEVILLE-ZENG, Catherine, *Rites et rock à Pékin. Tradition et modernité de la musique rock dans la société chinoise*, Paris, Les Indes savantes, 2001.
CHARBONNIER, Jean, *Histoire des chrétiens de Chine*, Paris, Les Indes savantes, 2002.
EVANS, Harriet, *Women and Sexuality in China. Dominant Discourses of Female Sexuality and Gender since 1949*, Cambridge, Polity Press, 1997.
GLADNEY, Dru C., *Muslim Chinese. Ethnic Nationalism in the People's Republic*, Cambridge, Harvard University Press, 1991, reed. 1999.
GOOSSAERT, Vincent, *Dans les Temples de Chine. Histoire des cultes, vie des communautés*, Paris, Albin Michel, 2000.
HARRELL, Stevan, *Ways of Being Ethnic in Southwest China*, Seattle, University of Washington Press, 2001.
HERROU, Adeline, *La Vie entre soi. Les moines taoïstes aujourd'hui en Chine*, Nanterre, Société d'ethnologie, 2005.
JUN, Jing, *The Temple of Memories. History, Power and Morality in a Chinese Village*, Stanford, Stanford University Press, 1996.
MACKERRAS, Colin, *China's Ethnic Minorities and Globalisation*, Londres, Routledge-Curzon, 2003.
PALMER, David A., *La Fièvre du qigong. Guérison, religion et politique en Chine, 1949-1999*, Paris, EHESS, 2005.
PAPINEAU, Élisabeth, *Le Jeu dans la Chine contemporaine. Mah-jong, jeu de go et autres loisirs*, Paris, L'Harmattan, 2000.
ROSSADI, Moris (org.), *Governing China's Multiethnic Frontiers*, Seattle, University of Washington Press, 2004.
SANJUAN, Thierry (org.), « Les marges culturelles du territoire chinois », *Géographie et cultures*, n° 34, 2000.
STARR, Frederic (org.), *Xinjiang*, Nova Iorque, M. E. Sharpe, 2004.
TRÉBINJAC, Sabine, *Le Pouvoir en chantant. L'art de fabriquer une musique chinoise* (tome 1), Paris, Société d'ethnologie, 2000.
YAN, Yunxiang, *The Flow of Gifts. Reciprocity and Social Networks in a Chinese Village*, Stanford, Stanford University Press, 1996.
ZHOU, Huashan, *Histoires de « camarades ». Les homosexuels en Chine*, Paris, Paris-Méditerranée, 1997.

Ciências e Técnicas

BROOK, Timothy, e Gregory BLUE (orgs.), *China and Historical Capitalism. Genealogies of Sinological Knowledge*, Cambridge, Cambridge University Press, 1999.
BRUUN, Ole, *Fengshui in China. Geomantic Divination Between State Orthodoxy and Popular Religion*, Honolulu, University of Hawaii Press, 2003.
ELVIN, Mark, *The Retreat of the Elephants. An Environmental History of China*, Yale, Yale University Press, 2004.
FÈVRE, Francine, e Georges MÉTAILIÉ, *Dictionnaire Ricci des plantes de Chine*, Paris, Cerf, 2005.
JUN, Jing (org.), *Feeding China's Little Emperors. Food, Children, and Social Change*, Stanford, Stanford University Press, 2000.
NEEDHAM, Joseph (org.), *Science and Civilisation in China*, Cambridge, Cambridge University Press, 1954-2004, 25 volumes publicados, outros em preparação.
OBRINGER, Frédéric, *Fengshui, l'art d'habiter la terre. Une poétique de l'espace et du temps*, Arles, Philippe Picquier, 2001.
SCHEID, Volker, *Chinese Medicine in Contemporary China*, Durham, Duke University Press, 2002.

SMIL, Vaclav, *China's Past, China's Future. Energy, Food, Environment*, Nova Iorque e Londres, Routledge Curzon, 2004.
UNSCHULD, Paul U. (org.), *Médecines chinoises*, Montpellier, Indigènes éditions, 2001.

Economia

«La Chine après Deng», *Revue tiers-monde*, n° 147, 1996.
«La Chine dans l'économie mondiale», *Économie internationale*, n° 92, 2002.
«Le devenir financier de la Chine», Revue d'économie financière, n° 77, 2004.
BHATTASALI, Deepak, LI Shantong, e Will MARTIN (orgs.), *China and the WTO. Accession, Policy Reform and Poverty reduction Strategy*, Washington e Oxford, World Bank and Oxford University Press, 2004.
CABRILLAC, Bruno, *Économie de la Chine*, Paris, PUF, 1997, reed. 2003.
China Statistical Yearbook, Pequim, Bureau national des statistiques, série annuelle.
China. Promoting Growth with Equity, Washington, World Bank, 2003.
DAHLMAN, Carl J., e Jean-Éric AUBERT, *China and the Knowledge Economy. Seizing the 21st Century*, Washington, World Bank Institute Development Studies, 2001.
GIPOULOUX, François, *La Chine au XXIe siècle. Une nouvelle superpuissance?*, Paris, Armand Colin, 2005.
Governance in China, China in the Global Economy, Paris, OCDE, 2005.
HUANG, Yasheng, *Selling China. Foreign Direct Investment during the Reform Era*, Nova Iorque, Cambridge University Press, 2003.
La Chine dans l'économie mondiale. Les enjeux de politique économique intérieure, Paris, OCDE, 2002.
LARDY, Nicholas R., *China's Unfinished Economic Revolution*, Washington, Brookings Institution Press, 1998.
LARDY, Nicholas R., *Integrating China in the World Economy*, Washington, Brookings Institutions Press, 2002.
LEMOINE, Françoise, *L'Économie de la Chine*, Paris, La Découverte, 1986, reed. 2006.
LINGE, G. H. R. (org.), *China's New Spatial Economy. Heading towards 2020*, Oxford, Oxford University Press, 1997.
MADDISON, Angus, *L'Économie chinoise. Une perspective historique*, Paris, OCDE, 1998.
NAUGHTON, Barry, *Growing Out Of The Plan. Chinese Economic Reform 1978-1993*, Cambridge, Cambridge University Press, 1996.
OECD Economic Surveys, China, Paris, OCDE, 2005.
OI, Jean C., e Andrew G. WALDER (orgs.), *Property Rights and Economic Reform in China*, Stanford, Stanford University Press, 1999.
OI, Jean C., *Rural China Takes off. The Institutional Foundations of Economic Reform*, Berkeley, University of California Press, 1999.

Administração e Política

BALME, Stéphanie, *Entre soi. L'élite du pouvoir dans la Chine contemporaine*, Paris, Fayard, 2004.
BÉJA, Jean-Philippe, *À la recherche d'une ombre chinoise. Le mouvement pour la démocratie en Chine, 1919-2004*, Paris, Seuil, 2004.
CABESTAN, Jean-Pierre, *Le Système politique de Taiwan*, Paris, PUF, 1999.
CHEN, Yan, e Marie HOLZMAN (orgs.), *Écrits édifiants et curieux sur la Chine du XXIe siècle. Voyage à travers la pensée chinoise contemporaine*, Paris, L'Aube, 2004.
CHEN, Yan, *L'Éveil de la Chine. Les bouleversements intellectuels après Mao, 1976-2002*, Paris, L'Aube, 2003.
DOMENACH, Jean-Luc, e Philippe RICHER, *La Chine*, Paris, Seuil, 1997.
DOMENACH, Jean-Luc, *Où va la Chine?*, Paris, Fayard, 2002.
HOLZMAN, Marie, e Bernard DEBORD, *Wei Jingsheng, Chinois inflexible*, Paris, Bleu de Chine, 2005.

KUHN, Philip A., *Les Origines de l'État chinois moderne*, Paris, EHESS, 1999.
LAU, Sanching, *Dix ans dans les camps chinois. Témoignage 1981-1991*, Paris, Dagorno-Lézard, 2002.
MENGIN, Françoise, e Jean-Louis ROCCA, *Politics in China. Moving Frontiers*, Nova Iorque, Palgrave Macmillan, 2002.
POULPIQUET, Valérie de, *Le Territoire chinois*, Paris, LGDJ, 1998.
RUAN, Ming, *Deng Xiaoping. Chronique d'un empire, 1978-1997*, Arles, Picquier, 1998.
WILMOTS, André, *Gestion politique et centres du pouvoir en République populaire de Chine*, Paris, L'Harmattan, 2001.
ZHANG, Liang, et alii, *Les Archives de Tian'anmen*, Paris, Éditions du Félin, 2004.
ZHANG, Lun, *La Vie intellectuelle en Chine depuis la mort de Mao*, Paris, Fayard, 2003.

Sociedade

CAI Chongguo et alii, *Où va la Chine? Dix ans après la répression de Tian'anmen, vingt ans après le lancement des réformes économiques*, Paris, Le Félin, 2000.
DESPEUX, Catherine, e Christine NGUYEN TRI (orgs.), *Éducation et instruction en Chine. L'éducation élémentaire*, tome 1, Paris, Peeters Leuven, 2003.
DIAMANT, Neil J., Stanley LUBMAN, e Kevin O'BRIEN (orgs.), *Engaging the Law in China. State, Society and Possibilities for Justice*, Stanford, Stanford University Press, 2005.
EYRAUD, Corinne, *L'Entreprise d'État chinoise. De l'« institution sociale totale » vers l'entité économique?*, Paris, L'Harmattan, 1999.
FABRE, Guilhem, *Chine. Crises et mutation*, Paris, L'Harmattan, 2002.
MICHAUD, Yves (org.), *La Chine aujourd'hui*, Paris, Odile Jacob, 2003.
STOECKLIN, Daniel, *Enfants des rues en Chine. Une exploration sociologique*, Paris, Karthala, 2000.
THIREAU, Isabelle (org.), « Le retour du marchand dans la Chine rurale », *Études rurales*, n° 161-162, 2002.
THIREAU, Isabelle, e Hansheng WANG (orgs.), *Disputes au village chinois. Formes du juste et recompositions locales des espaces normatifs*, Paris, Maison des sciences de l'homme, 2001.
YAN, Yunxiang, *Private Life under Socialism. Love, Intimacy and Family Change in a Chinese Village, 1949-1999*, Stanford, Stanford University Press, 2003.

Cidades

FRESNAIS, Jocelyne, *La Protection du patrimoine en République populaire de Chine, 1949-1999*, Paris, CTHS, 2000.
IKELS, Charlotte, *The Return of the God of Wealth. The Transition to a Market Economy in Urban China*, Stanford, Stanford University Press, 1996.
SANJUAN, Thierry (org.), *Les Grands Hôtels en Asie. Modernité, dynamiques urbaines et sociabilité*, Paris, Publications de la Sorbonne, 2003.
YUSUF, S., e Weiping WU, *The Dynamics of Urban Growth in Three Chinese Cities*, Nova Iorque, Oxford University Press, 1997.
ZHANG, Liang, *La Naissance du concept de patrimoine en Chine (XIX-XXe siècles)*, Paris, Recherches-Ipraus, 2003.

Regiões

BERGÈRE, Marie-Claire, *Histoire de Shanghai*, Paris, Fayard, 2002.
BLONDEAU, Anne-Marie, e Katia BUFFETRILLE, *Le Tibet est-il chinois?*, Paris, Albin Michel, 2002.
CHAIGNE, Christine, PAIX, Catherine e Chantal ZHENG (orgs.), *Taiwan. Enquête sur une identité*, Paris, Karthala, 2000.
CHENG, Ying, *Les Paysans de Mancang. Chronique d'un village taïwanais*, INRA-Karthala, 2003.
DOULET, Jean-François, e Mathieu FLONNEAU, *Paris – Pékin. Civiliser l'automobile*, Paris, Descartes et Cie, 2003.
DUFOUR, Jean-François, *Hong Kong. Enjeux d'une transition historique*, Paris, Le Monde Éditions, 1997.

FERHAT-DANA, Samia, *Le Dangwai et la démocratie à Taiwan. Une lutte pour la reconnaissance de l'entité politique taïwanaise, 1949-1986*, Paris, L'Harmattan, 1998.
GED, Françoise, *Shanghai*, Paris, Institut français d'architecture, 2000.
GEOFFROY, Claude, *Le Mouvement indépendantiste taïwanais. Ses origines et son développement depuis 1945*, Paris, L'Harmattan, 1997.
GOLDSTEIN, Melvyn C., Dawei SHERAP, e William R. SIEBENSCHUH, *A Tibetan Revolutionary. The Political Life and Times of Bapa Phüntso Wangy*, Berkeley, University of California Press, 2004.
GOODMAN, David S. G. (org.), *China's Provinces in Reform. Class, Community and Political Culture*, Londres, Routledge, 1997.
HENRIOT, Christian, e Zu'an ZHENG, *Atlas de Shanghai. Espaces et représentations de 1849 à nos jours*, Paris, Éditions du CNRS, 1999.
HOOK, Brian (org.), *Fujian Gateway to Taiwan, Hong Kong*, Oxford University Press, 1996.
HOOK, Brian (org.), *Peking and Tianjin. Towards a Millennial Megalopolis*, Hong Kong, Oxford University Press, 1998.
HOOK, Brian (org.), *Shanghai and The Yangtze Delta. A City Reborn*, Hong Kong, Oxford University Press, 1998.
HSIEH, Hsiao-min, et alii, *China. A Provincial Atlas*, Londres, MacMillan, 1996.
LI, Linda Chenla, *Centre and Provinces. China 1978-1993. Power as Non-zero-sum*, Nova Iorque, Oxford University Press, 1998.
LIN, George C.S., *Red Capitalism in South China. Growth Development of the Pearl River Delta*, Vancouver, University of British Columbia Press, 1997.
LOUBES, Jean-Paul, *Architecture et urbanisme de Turfan. Une oasis du Turkestan chinois*, Paris, L'Harmattan, 1998.
RUDELSON, J.-J., *Oasis Identities. Uyghur Nationalism Along China's Silk Road*, Nova Iorque, Columbia University Press, 1997.
SANJUAN, Thierry, *À l'Ombre de Hong Kong. Le delta de la rivière des Perles*, Paris, L'Harmattan, 1997.
YEUNG, Yue-man, e David Kim-yu CHU (orgs.), *Guangdong. Survey of a Province Undergoing Rapid Change, Hong Kong*, The Chinese University Press, 1994, reed. 1998.
YEUNG, Yue-man, e Jianfa SHEN (orgs.), *Developing China's West. A Critical Path to Balanced National Development*, Hong Kong, The Chinese University Press, 2004.
YEUNG, Yue-man, e Yun-wing SUNG (orgs.), *Shanghai. Transformation and Modernization under China's Open Policy*, Hong Kong, The Chinese University Press, 1996.
ZHU, Guobin, *Le Statut de Hong Kong. Autonomie ou intégration*, Aix-Marseille, Presses universitaires d'Aix-Marseille, 2003.

Geopolítica

BOURBEAU, Philippe, *La Chine et la diaspora chinoise. L'Extrême-Orient russe convoité*, Paris, L'Harmattan, 2002.
BRISSET, Jean-Vincent, *La Chine, une puissance encerclée?*, Paris, IRIS, 2002.
CABESTAN, Jean-Pierre, *Chine-Taiwan. La guerre est-elle concevable? La sécurité extérieure de Taiwan face à la menace de la Chine populaire*, Paris, Économica, 2003.
CABESTAN, Jean-Pierre, e Benoît VERMANDER, *La Chine en quête de ses frontières. La confrontation Chine-Taiwan*, Paris, Presses de Sciences-Po, 2005.
CHEMILLER-GENDREAU, Monique, *La Souveraineté sur les archipels Paracels et Spratleys*, Paris, L'Harmattan, 1996.
CHOUKROUNE, Leïla, *La Chine et le maintien de la paix et de la sécurité internationales. Une relation complexe et multiforme entre dépendance, souveraineté et multilatéralisme*, Paris, L'Harmattan, 1999.
COUÉ, Philippe, *Cosmonautes de Chine*, Paris, L'Harmattan, 2002.
DENÉCÉ, Éric, *Géostratégie de la mer de Chine méridionale et des bassins maritimes adjacents*, Paris, L'Harmattan, 2000.

DUFOUR, Jean-François, *Géopolitique de la Chine*, Bruxelles, Complexe, 1999.
FOUQUOIRE-BRILLET, Élisabeth, *La Chine et le nucléaire*, Paris, PUF, 1999.
GUILLERM, Alain, *Le Maître de la mer et le maître de la terre: Chine – USA, XXIe siècle*, Paris, Spm, 2002.
LASSERRE, Frédéric, *Le Dragon et la mer. Stratégies géopolitiques chinoises en mer de Chine du Sud*, Paris, L'Harmattan, 1996.
MENGIN, Françoise, *Trajectoires chinoises. Taiwan, Hong Kong et Pékin*, Paris, Karthala, 1998.

Diáspora

BERJEAUT, Julien, *Chinois à Calcutta. Les tigres du Bengale*, Paris, L'Harmattan, 1999.
LEVER-TRACY, Constance, et alii, *The Chinese Diaspora and Mainland China*, Londres, MacMillan, 1996, reed. 1998.
MA MUNG, Emmanuel, *La Diaspora chinoise. Géographie d'une migration*, Paris, Ophrys, 2000.
PAN, Lynn (org.), *The Encyclopaedia of the Chinese Overseas*, Singapura, Chinese Heritage Centre, Nanyang Technological University, 1998.
TROLLIET, Pierre, *La Diaspora chinoise*, Paris, PUF, 1994, reed. 1999.

Revistas

China and World Economy, Academia das Ciências Sociais da China, Pequim.
China Economic Review, The Chinese Economist Society, Elsevier, New York.
China Information, Leiden University, Leyde.
Journal of Contemporary China, University of Denver, Denver (Colorado).
Pespectives chinoises, Centre d'études français sur la Chine contemporaine, Hong Kong.
The China Journal, Australian National University, Canberra.
The China Quarterly, University of London, Londres.
The China Review, The Chinese University of Hong Kong, Hong Kong.

Sítios da Internet

Antenne Pekin, Pequim: http://www.antenne-pekin.com/
Asia Centre, Paris: http://www.centreasia.org/
Centre d'études et de recherches internationales, Paris: http://www.ceri-sciencespo.com/
Centre d'études français sur la Chine, Hong Kong: http://www.cefc.com.hk/
Centre d'études prospectives et d'informations internationales, Paris: http://www.cepii.fr/
Centre d'études sur la Chine moderne et contemporaine, Paris: http://cecmc.ehess.fr/
Chine Arte, Paris: http://www.arte-tv.com/fr/histoire-societe/archives/Chine/490206.html
Institut français de relations internationales, Paris: http://www.ifri.org/frontDispatcher/
Internet Guide for China Studies, Heidelberg: http://sun.sino.uni-heidelberg.de/igcs/
Librairie Le Phénix: http://www.librairielephenix.fr/
Pôle de recherche pour l'organisation et la diffusion de l'information géographique, Paris: http://anastasie.univ-paris1.fr/umr/
Universities Service Center for China Studies, Hong Kong: http://www.usc.cuhk.edu.hk/uscen.asp/

PEQUIM

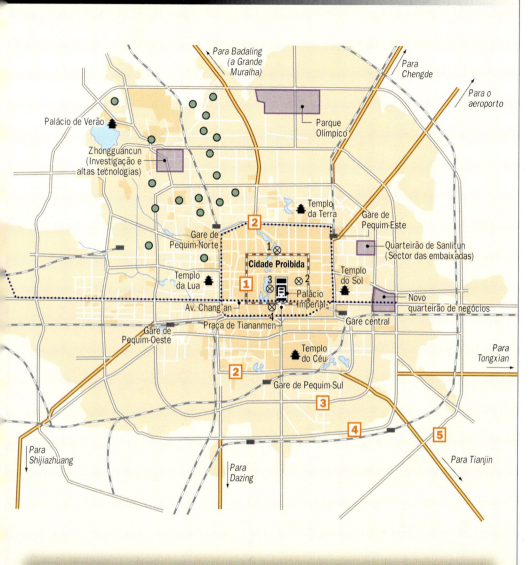

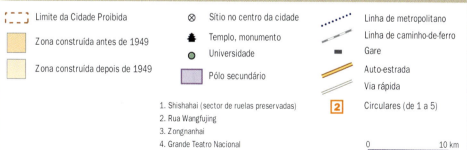

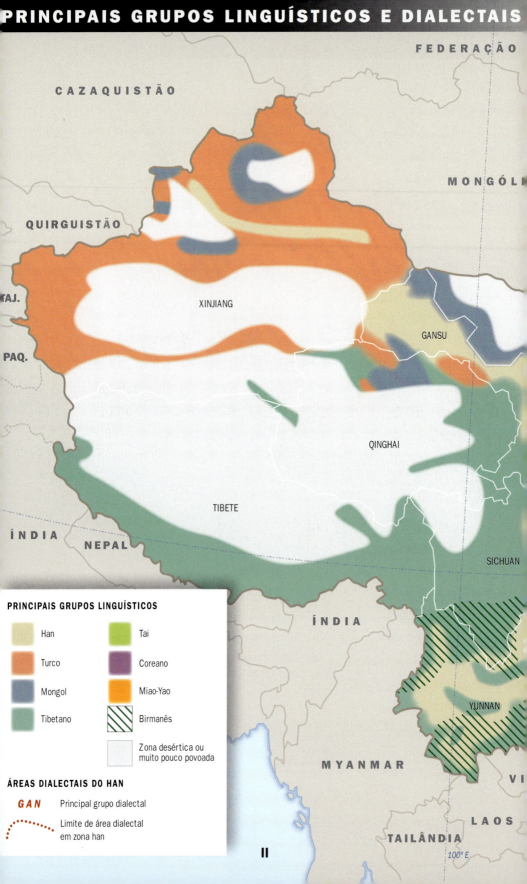

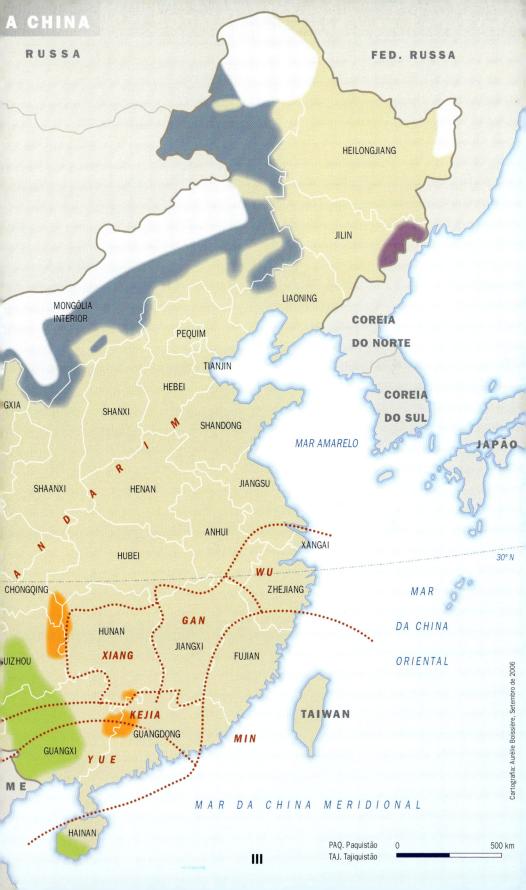

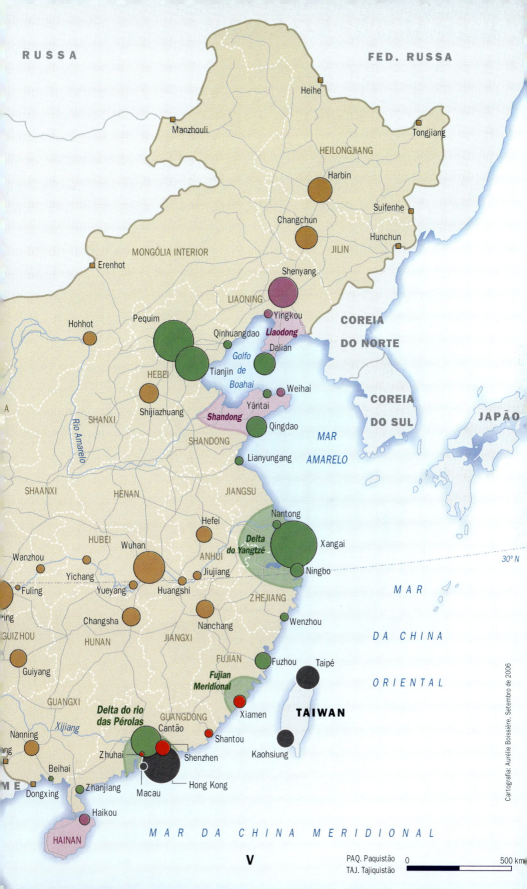

ORDENAMENTO DO TERRITÓRIO CHINÊS

CAZAQUISTÃO
FEDERAÇÃO
QUIRGUISTÃO
MONGÓL[IA]
TAJ.
Urumqi
XINJIANG
PAQUISTÃO
GANSU
QINGHAI
ÍNDIA
TIBETE
NEPAL
Lassa
SIC[HUAN]
Kunmi[ng]
YUNNAN
MYANMAR
TAILÂNDIA
LA[OS]

PÓLOS E EIXOS DE DESENVOLVIMENTO
- Pólo litoral
- Eixo fluvial
- Eixo ferroviário

População urbana
- 10 milhões
- 5 milhões
- 2 milhões
- 1 milhão
- 500 000
- Menos de 500 000

ORDENAMENTO DO YANGTZÉ E DA SUA BACIA DESDE 1992
- Barragem
- Canal de derivação
- Chengdu — Cidade principal da bacia

POLÍTICA DE DESENVOLVIMENTO DO OESTE DESDE 2000
- Cidade central
- Cidade de desenvolvimento prioritário
- Franjas ocidentais da China dos Han
- Periferias ocidentais

Dados urbanos: 2001

100° E

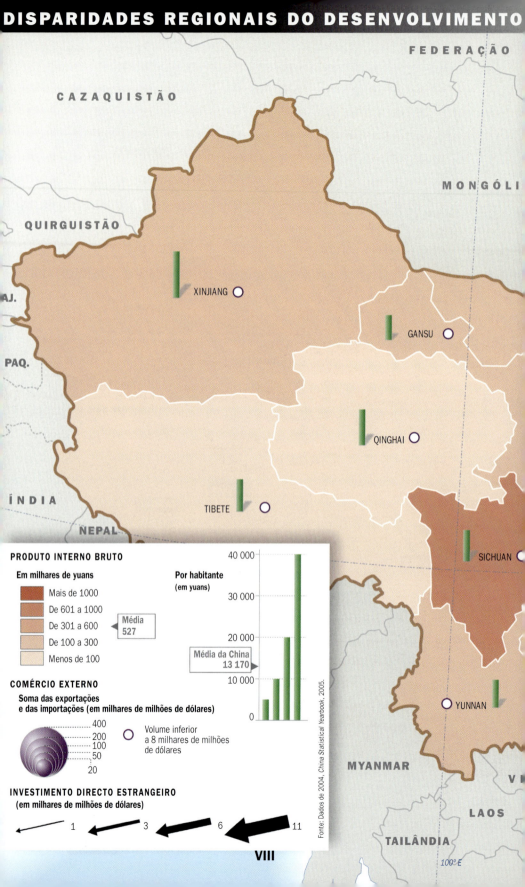

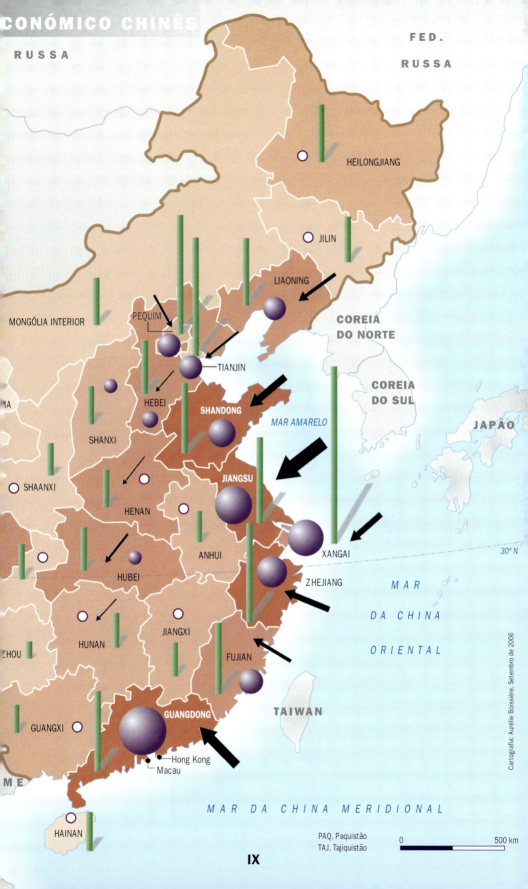

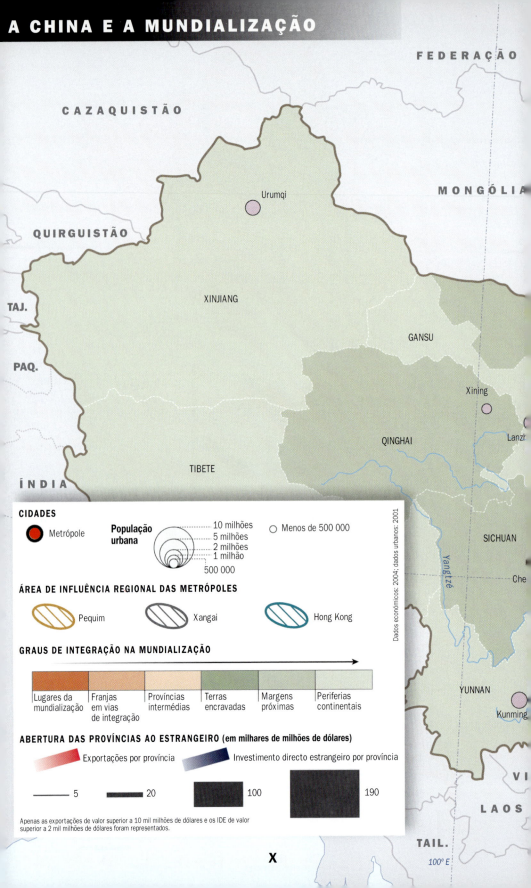

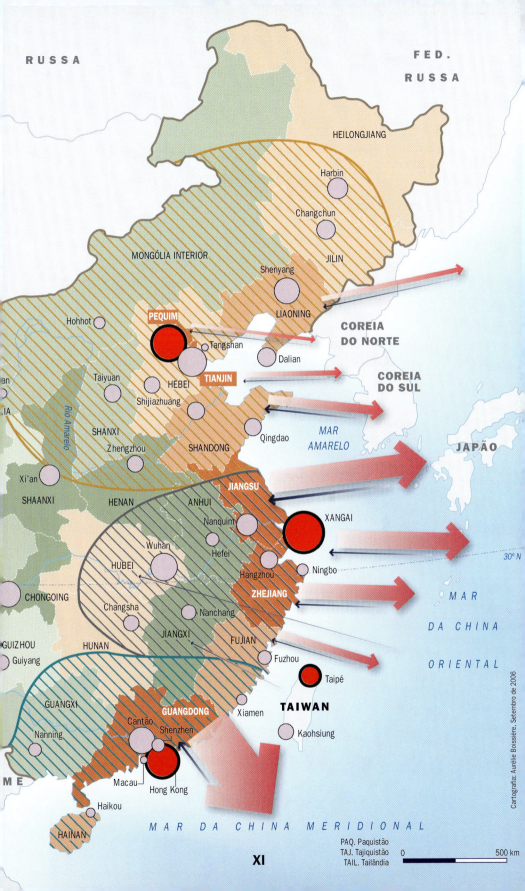

AS COMUNIDADES CHINESAS NO MUNDO

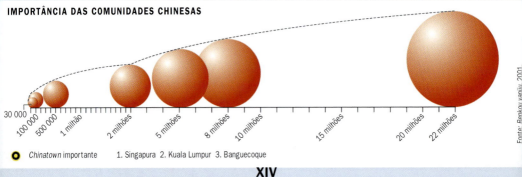

IMPORTÂNCIA DAS COMUNIDADES CHINESAS

Fonte: Renkou vaniiii, 2001

○ *Chinatown* importante   1. Singapura 2. Kuala Lumpur 3. Banguecoque

XIV

OCEANO PACÍFICO

OCEANO ATLÂNTICO

CANADÁ
- Vancôver
- Toronto

ESTADOS UNIDOS DA AMÉRICA
- São Francisco
- Nova Iorque

PANAMÁ

PERU
- Lima

BRASIL

Cartografia: Aurélie Boissière, Setembro de 2006

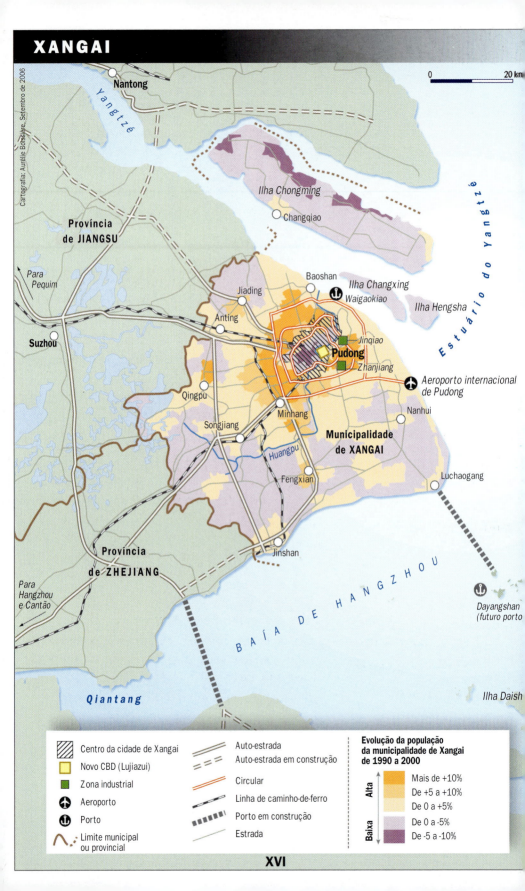

Índice de Entradas

A

Abertura (Lugares de), 25
Acupunctura, 26
Adivinhação, 27
Administração Territorial, 28
Adopção, 29
Advogado, 30
África (A China e a), 31
Agricultura, 32
Água, 33
Águas Territoriais, 35
Álcool, 37
Aldeãos (Comités de), 37
Aldeias Administrativas, 38
Alimentação, 39
Almanaque, 40
Ambiente, 41
América Latina (A China e a), 42
Analfabetismo, 43
Ano Novo, 44
Antepassados (Culto dos), 45
Antropologia, 46
Arqueologia, 47
Arqueologia e Poder Local, 48
Arquitectura, 49
Arroz, 50
Arrozais, 51
Arte Contemporânea, 52
Artes Marciais, 53
Ásia Central (A China e a), 53
Assembleia Nacional Popular, 55
Automóvel (Sector), 56

B

Balança de Pagamentos, 59
Banca, 59
Bicicleta, 61
Blogues, 61
Bolsa, 62
Budismo, 63
Burocracia, 64

C

Calamidades Naturais, 67
Caligrafia, 67
Camponeses, 68
Campos de Reeducação pelo Trabalho, 69
Cantoneses, 70
Carvão, 72
Casamento, 73
Catolicismo, 73
Cem Flores, 74
Centros Comerciais, 75
Cereais, 76
Cerimónias Fúnebres, 77
Chá, 78
Chiang Kai-shek, 79
Chinatowns, 80
Chineses do Estrangeiro, 80
Cidade Proibida, 82
Cidades, 83
Cidades e as Zonas Rurais (As), 84
Ciências e Técnicas, 85
Cinema, 86
Circulação Urbana, 88
Comércio Externo, 88
Comércio Interprovincial, 90
Comunas Populares, 91
Comunismo, 92
Confucionismo, 93
Constituição, 94
Consumo, 95
Contestação, 96
Contrafacção, 97
Controlo Político e Censura, 98
Cooperativas Rurais de Crédito, 99
Coreia do Norte (A China e a), 100
Cores, 101
Corrupção, 103
Crescimento, 104
Criminalidade, 105
Crise Asiática (A China e a), 106
Cultura, 107

D

Dai, 109
Dança Popular, 109
Defesa, 110
Democracia e Movimento Democrático, 111
Deng Xiaoping, 112
Descentralização, 113
Descolectivização, 114
Desemprego, 115
Desigualdade de Rendimentos, 116
Desporto, 117
Dialecto, 118
Direito, 119
Direito de Propriedade, 120
Direito de Trabalho, 121
Direitos do Homem, 122
Disparidades Regionais, 123
Dissidentes, 125
Distribuição, 126
Divórcio, 127
Droga, 128

E

Economia Socialista de Mercado, 131
Editorial (Sector), 131
Educação, 132
Eleições, 134
Elites, 135
Emprego, 136
Empresas Colectivas, 137
Empresas de Capital Estrangeiro, 138
Empresas do Estado, 139
Empresas Privadas, 140
Empresas Rurais, 140
Energia e Recursos Naturais, 142
Epidemias, 143
Escrita, 144
Espaço (Conquista do), 145
Espaços Públicos, 146
Estado, 148
Estados Unidos (A China e os), 149
Estatísticas, 150
Estratificação Social, 152
Exército, 153

F

Face, 155
Falungong, 155
Família, 157
Farmacopeia, 158
Fauna, 158
Festas Sazonais, 159
Filho Único, 160
Fiscalidade, 161
Flora, 162
França (A China e a), 163
Fronteiras, 163
Fundiário (Sector), 164

G

Gabinetes das Cartas e Visitas, 167
Gastronomia, 168
Geomancia, 169
Governo, 170
Gramática, 171
Grande Muralha, 171
Grande Passo em Frente, 172
Grandes Grupos, 173

H

Habitação, 175
Hakka, 176
Han, 176
Hidráulica, 177
História, 179
Homossexualidade, 179
Hong Kong, 180
Hu Jintao, 181
Hui, 182

I

Ideologia, 183
Imigrantes, 183
Imobiliário (Sector), 186
Imprensa, 186
Índia (A China e a), 188
Indústria e Política de Industrialização, 189
Informal, 190
Internet, 192
Investigação e Desenvolvimento, 193
Investimento Directo Estrangeiro, 194
Islão, 196

J

Japão (A China e o), 197
Jiang Zemin, 198
Jogo, 199
Jogos Olímpicos, 199
Justiça, 199

L

Lazer, 201
Linhagem, 202
Local, 203
Longa Marcha, 204

M

Macau, 207
Manchus, 207
Mandarim, 208
Mao Tzé Tung, 209
Maoismo, 211
Mediação Social, 211
Medicina, 213
Medicina Tradicional, 214
Médio Oriente (A China e o), 215
Megalópoles, 216
Mercado (Transição para a Economia de), 217
Miao, 218
Migrações Internacionais e Diáspora, 218
Migrações Internas, 220
Mongóis, 221
Mosso, 222
Mulher, 222
Mundo Chinês, 224
Música e Política, 226

N

Nacionalidades, 227
Nacionalismo, 228
Nanquim (Massacre de), 229
Não Proliferação (A China e a Política de), 230
Nomadismo, 231
Nordeste, 232
Novas Tecnologias, 233

O

Obesidade, 235
Oeste (Projecto de Desenvolvimento do), 235
Ópera, 237
Operários, 237
Orçamento, 238
Organismos Geneticamente Modificados, 239
Organização das Nações Unidas (A China e a), 240
Organização Mundial do Comércio (A China e a), 241
Organizações de Camponeses, 242
Organizações de Massa, 243
Organizações não Governamentais, 244

P

Parentesco, 245
Parques e Jardins, 247
Partido Comunista, 248
Partidos Democráticos, 249
Pátios, 250
Património, 250
Pena de Morte, 251
Pequim, 252
Peregrinações, 253
Petróleo, 254
Pobreza, 254
Política Demográfica, 255
Política Externa, 256
Poluição, 257
População, 258
Prática Recreativa, 259
Precedente Histórico, 260
Primavera de Pequim (Movimento da), 261
Prisões e *Laogai*, 261
Privatizações, 263
Prostituição, 264
Protecção Social, 265
Protestantismo, 266
Pudong, 267

Q

Qi Gong, 269
Quadros e Funcionários, 269
Quarteirão (Gabinetes de), 270
4 de Junho de 1989 (Acontecimentos de), 271
4 de Maio de 1919 (Movimento de), 272
Quatro Modernizações (As), 273

R

Redes, 275
Reforma (Sistema de), 276
Reforma Agrária, 276
Reformas e Abertura, 277
Regiões de Emigração, 278
Regiões Fronteiriças, 279
Regiões Industriais (As velhas), 281
Registo de Residência, 282
Relações Interpessoais, 284
Religião, 285
República Popular, 286
Residentes (Comités de), 287
Revolução Cultural, 288
Revoluções, 289
Rio das Pérolas (Delta do), 289
Rock, 291

Romance, 291
Ruelas, 293
Rússia (A China e a), 293

S

Saúde, 297
Seda, 298
Seitas, 298
Serviços, 299
Sexualidade, 300
Sida, 301
Sindicatos, 302
Sociologia, 303
Sudeste da Ásia (A China e o), 304
Sun Yat-Sen, 305

T

Taiwan, 307
Taiwan (A República Popular da China e), 309
Taoismo, 310
Teatro, 311
Teatro de Sombras, 312
Televisão, 312
Templos, 323
Terceiro Mundo (A China e o), 314
Tiananmen (Praça de), 315
Tibetanos, 316
Tibete, 317
Tontinas, 320
Trabalho, 321
Transportes, 322
Três Gargantas (Barragem das), 323
Três Representações, 324
Turismo, 324

U

Uigures, 327
Um País, Dois Sistemas, 327
União Europeia (A China e a), 328
Unidades de Trabalho, 329
Urbanismo, 331

X

Xangai, 333
Xinjiang, 334

Y

Yangtzé, 337
Yao, 338
Yuan, 338

Z

Zhao Ziyang, 341
Zhou Enlai, 341
Zhu Rongji, 342
Zhuang, 343
Zonas Económicas Especiais, 344

Índice Geral

Sumário	7
Prefácio: A China Contemporânea	9
Cronologia	17
Lista dos Artigos	21
Artigos, de *Abertura (Lugares de)* a *Zonas Económicas Especiais*	25
Lista dos Colaboradores	345
Bibliografia e Sítios da Internet	347

Mapas
    Mapa de Pequim I
    Principais Grupos Linguísticos e Dialectais da China II
    As Etapas da Abertura Chinesa IV
    Ordenamento do Território Chinês VI
    Disparidades Regionais do Desenvolvimento Económico Chinês VIII
    A China e a Mundialização X
    A China, Potência Regional XII
    As Comunidades Chinesa no Mundo XIV
    Mapa de Xangai XVI

Índice de Entradas 353